U0444393

1967年作者大學畢業照

1982年作者於山西大同雲岡石窟

1979年初作者與諸同門在徐中舒師家中聽課

1980 年作者與徐中舒師於四川大學校園

1990 年作者於德國科隆鄉間

1988 年於吉林長春。第一排右起依次爲林澐、李學勤、胡厚宣、姚孝遂、郝本性、于潤儀；第二排左第二人爲作者，右一何琳儀，右五吳振武；第三排左起李零、彭裕商

1992 年於家中。前排左起作者、母親；後排子、二姐、妻、三姐

1996 年作者與陳昭容於陝西鳳翔秦公一號大墓遺址前

1996 年作者與沈建華於吉林長春

1998年作者在香港中華文化促進中心講演，左為饒宗頤先生

2000年作者與陳昭容、張天恩在甘肅禮縣大堡子山秦公陵園遺址

2002年作者與蔡哲茂、陈偉於廣東番禺

2002年作者與彭裕商、黃德寬、林志強等於廣東番禺

2003 年作者於香港中文大學圖書館前

2003 年作者與彭裕商、陳平同遊黃山

2007年作者與李學勤先生、張懋鎔、張仲立、孫秉君、王偉等在陝西考古研究院涇渭基地

2011年作者與祝中熹於山東萊蕪

2012年作者在臺灣"中央研究院"第四屆國際漢學會議上發言

2012年作者與張懋鎔於臺灣臺中東海大學校園

2013年於陳復澂藝術館。右起林小安、陳復澂、曹錦炎、彭裕商、作者、黃錫全

2013年作者與張光裕、李家浩、朱鳳瀚同遊天柱山

視月集

王輝文存三

王輝 著

商務印書館
The Commercial Press

圖書在版編目(CIP)數據

視月集：王輝文存. 三 / 王輝著. — 北京：商務印書館，2020
ISBN 978-7-100-17616-3

Ⅰ. ①視… Ⅱ. ①王… Ⅲ. ①考古學－中國－文集
Ⅳ. ①K870.4-53

中國版本圖書館CIP數據核字（2019）第141818號

權利保留，侵權必究。

視月集
—— 王輝文存三

王 輝 著

商 務 印 書 館 出 版
（北京王府井大街36號 郵政編碼 100710）
商 務 印 書 館 發 行
北京蘭星球彩色印刷有限公司印刷
ISBN 978 - 7 - 100 - 17616 - 3

2020年10月第1版　　開本 880×1230 1/16
2020年10月第1次印刷　　印張 34 3/4　彩插 10

定價：238.00元

目　錄

卷一　銘文考釋..1

"秦新郪虎符"析疑..3
釋文雅堂藏幾枚與府有關的秦封泥..7
秦封泥等出土文字所見內史及其屬官..16
八年相邦薛君、丞相殳漆豆考..30
子湯簠銘文試解..37
徐銅器銘文零釋..41
關於"吳王胐發劍"釋文的幾個問題..47
揚州平山漢墓遣策釋讀試補..51
平湖璽印篆刻博物館藏兩漢封泥選釋..52

卷二　簡牘考釋..121

清華楚簡《保訓》"惟王五十年"解..123
讀清華楚簡《保訓》劄記（四則）..136
也說清華楚簡《保訓》的"中"字..145
《天水放馬灘秦簡》校讀記..150
一粟居讀簡記（一）..168
一粟居讀簡記（二）..182
一粟居讀簡記（三）..189

一粟居讀簡記（四）..195
一粟居讀簡記（五）..210
一粟居讀簡記（六）..218
一粟居讀簡記（七）..226
一粟居讀簡記（八）..238
一粟居讀簡記（九）..247
一粟居讀簡記（十）..255

卷三　古史、古文化研究..263

古文字所見的早期楚..265
秦族源、秦文化與秦文字的時空界限..277
秦文字研究的回顧與展望..308
聘禮的起源及其演變..321
秦西漢懷德縣小考..335

卷四　序、跋、書評、雜文..341

高山仰止　景行行止
　　——寫在張政烺先生誕辰一百週年之際..343
《沙苑子文史論集》序..346
《新出陶文封泥選編》序..350
《耕播集》序..356
《秦璽印封泥職官地理研究》序..360
《簡牘秦律分類輯析》序..363
《秦漆器研究》序..367
《古史鉤沉》序..370
《民國初天水出土秦公簋研考論叢》序..382
《中國封泥大系》序..389
唐代玉册的重要發現
　　——《唐惠昭太子陵發掘報告》評介..401

《墨子》城守諸篇研究的新突破
　　——讀史黨社《〈墨子〉城守諸篇研究》..................403
創闢創新　求真求實
　　——讀《平頂山應國墓地Ⅰ》..................406
中國古代青銅器的系統整理與深層次研究
　　——讀張懋鎔主編多卷本《中國古代青銅器整理與研究》..................415
在《殷周青銅器綜覽》第一卷中譯本新書座談會上的發言..................426
《秦出土文獻編年訂補》跋..................429
《秦文字通論》跋..................431
《秦文字編》跋及附記..................433
《〈秦文字編〉讀後記》編輯後記..................438
中國古文字研究會第五届年會在西安召開..................439
我的爲學之路..................442
白河十年雜記..................446

卷五　視月筆記..................453

卷六　小説..................525

羑里之秋..................527

附録：王輝論著目..................537

後　記..................547

卷一　銘文考釋

"秦新郪虎符"析疑

　　羅振玉《增訂歷代符牌圖録》上·26[1]、容庚《秦金文録》1·41[2]著録有秦新郪虎符。符原藏東京某氏。1973年冬，該符出現在巴黎一項中國古代藝術品拍賣會上，後歸巴黎陳氏。侯錦郎《新郪虎符的再現及其在先秦軍事、雕塑及書法研究上的重要性》[3]刊載其照片及銘文放大照片（見圖）。銘曰："甲兵之符，右才（在）王，左才（在）新郪。凡興士被甲，用兵五十人以上，必會王符乃敢行之。燔燧［之］事，雖母（毋）會符，行殴。"從文例看，此符接近西安南郊出土的秦杜虎符[4]，而與羅振玉舊藏，現藏中國國家博物館的秦陽陵虎符[5]不同。從形制看，此符則接近陽陵虎符，而與杜虎符作立虎不同。總體上看，此符具有由杜虎符向陽陵虎符過渡的特點，故其時代應在秦惠文君之後，秦始皇之前，銘稱"王"，不稱"君"或"皇帝"，也說明了這一點。王國維《觀堂集林·秦新郪虎符跋》說此符"敢""殴"與詛楚文同，因定爲秦物。又云："新郪本魏地……在舞陽之東，其中間又隔以楚之陳邑，時楚正都陳，秦不能越魏、楚地而東取新郪明矣。至昭王五十四年，楚徙鉅陽，始皇五年，又徙壽春，新郪入秦，當在此前後。然則此符當爲秦并天下前二三十年間物也。"[6]唐蘭《懷鉛隨録——新郪虎符作於秦王政十七年滅韓後》[7]則說新郪符年代爲"在秦始皇十七年滅韓置潁川郡之後，廿六年稱皇帝之前"。陳昭容先生認爲王國維、唐蘭的理由皆非"必然"，但並不反對他們的結論，因爲"楚徙鉅陽，再徙壽春，秦滅韓置潁川，都有利於秦國長驅直入今安徽地區。總之，新郪虎符的年代宜在戰國末期至秦統一天下之間"[8]。

　　韓自強先生《記新見淮南王劉安浚遒虎符》[9]第三節爲"'秦新郪虎符'質疑"。韓文指出安徽阜陽市某收藏家藏有浚遒虎符，形如伏虎，尾上曲，與新郪虎符大小亦相同；二器除地名外，文字風格、字數都是一樣的；浚遒爲漢高祖封少子劉長爲淮南王後置縣，新郪據《漢書·地理志》汝南郡下應劭注"秦伐魏取郪丘，漢興爲新郪"，亦爲漢縣。韓先生據此認爲浚遒、新郪二虎符皆漢淮南王劉安謀反時鑄造的，因要與朝廷唱反調，故銘文内容、文字風格皆仿秦文字。韓先生的分析有其道理，但仍有討論餘地，不能遽作定論。

1. 浚遒虎符未見原物，即令如韓先生所說屬真，也未必能肯定它是漢物。浚遒在《漢書·地理志》中屬九江郡，且云："九江郡，秦置。高帝四年更名爲淮南國，武帝元狩元年復故。"九江爲秦郡，已由出土秦封泥[⑩]、嶽麓書院藏秦簡[⑪]所證明。九江既爲秦郡，則浚遒無法確定不是秦縣。漢高祖四年設立淮南國，祇是改郡爲國，並不需要改變原有的縣名，

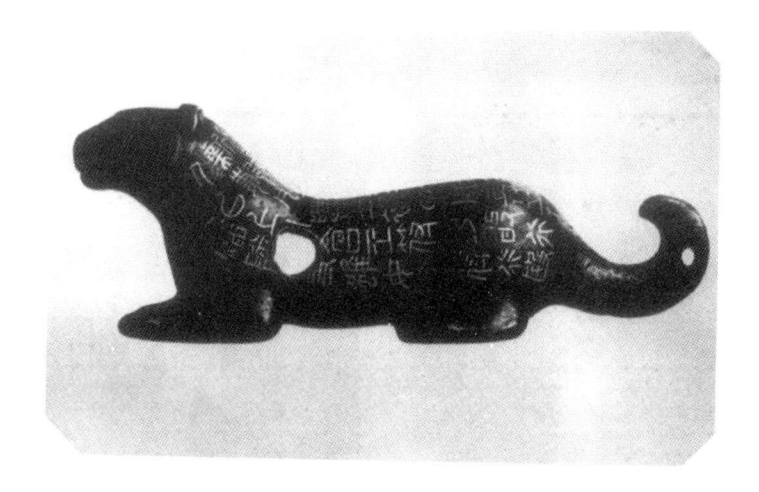

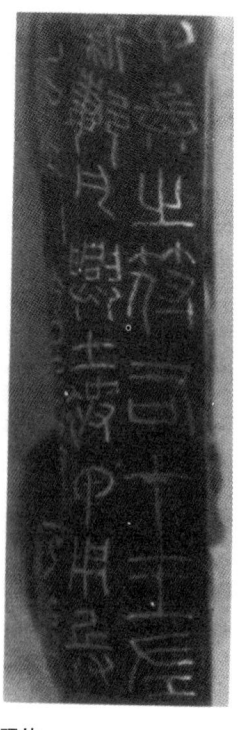

新郪虎符照片及銘文放大照片

也無必要重新設縣。據《水經·江水注》，九江郡置於秦王政二十四年，在秦統一之前二年，若其時秦在浚遒駐軍，製作虎符，形制文字與新郪虎符相同，是合乎情理的（王國維、唐蘭二位先生都認爲新郪虎符作於秦統一前不久）。

2. 新郪見於《戰國策·魏策一》："大王之地，南有鴻溝、陳、汝南，有許、鄢、昆陽、邵陵、舞陽、新郪。"《史記·蘇秦列傳》引這句話，"舞陽"之後又多了"新都"一地。韓先生推測"新郪"爲"新都、郪丘"誤省"都""丘"二字，但這僅是一種可能性，而非必然。《史記·蘇秦列傳》原作"南有……舞陽、新都、新郪"，不作"新都、郪丘"，難說誤省"都""丘"二字。"新郪"之名已見新出秦封泥，北京楊廣泰先生編《新出封泥彙編》0980 爲"新郪丞印"[12]，證明秦代確有"新郪"，並非如應劭所說"漢興爲新郪"。新郪或郪丘入秦時間，上限無法確定（《史記·魏世家》記魏安釐王"十一年，秦拔我郪丘"，魏安釐王十一年即秦昭襄王四十一年，《史記·秦本紀》此年則記"夏，攻魏取邢丘、懷"，證明其時秦所取者是邢丘，不是郪丘，此點亦爲睡虎地秦墓竹簡《編年記》所證實），但其下限在魏亡之年（秦王政二十二年，前 225），則是肯定的。郪丘入秦，秦改名新郪，最遲在秦統一前四年。

3. 新郪西漢時屬汝南郡，在其東北部，與淮南國（原九江郡）並不相連，中間隔有汝南郡的富波、慎、女陰、細陽數縣，淮南王劉安謀反時如何能徵調該地駐軍？可能有人會說，淮南王劉安是假借漢朝廷的名義製作虎符，徵調軍隊。《史記·淮南衡山王列傳》說："於是王乃令官奴入宫，作皇帝璽，丞相、御史、大將軍、軍吏、中二千石、都官令、丞印，及旁近郡太守、都尉印，漢使節法冠。"又劉安謀反失敗後，膠西王劉端等查抄其宫中物，"見其書、節、印、圖"，可見劉安確曾製作過符節。問題是，劉安製作皇帝璽、符節、印等，是爲了預備謀反成功後用的，照理應依照漢之制度，而不能依照秦之制度。劉安曾說："上無太子，宫車即晏駕，廷臣必徵膠東王，不即常山王，諸侯並爭，吾可以無備乎？且吾高祖孫親，行仁義，陛下遇我厚，吾能忍之，萬世之後，吾寧能北面而臣事竪子乎？"劉安謀反，祇是想作漢皇帝，絕不是要滅漢復秦。劉安謀反時，徵求伍被的意見，伍被開始時勸他不要謀反，以秦國暴虐亡國爲喻，說明漢得民心；劉安"好讀書……亦欲以行陰德，拊循百姓，流名譽"，一位熟諳歷史，以行"仁義"爲號召的諸侯王，怎麼可能僅是爲了與朝廷唱反調，就要仿照秦的文字風格與內容製作虎符呢！真要那樣，豈不是暴露了其狼子野心，同時授人以柄嗎？《漢書·文帝紀》："（二年）九月，初與郡守爲銅虎符、竹使節。"顏師古注引應劭曰："銅虎符第一至第五。國家當發兵，遣使者至郡合符，符合乃聽受之。竹使節皆以竹箭五枚，長五寸，鐫刻篆書第一至第五。"漢代銅虎符、竹使節皆發至郡國，不發至縣，銘文皆作"與某王（侯）爲虎符""與某郡守爲虎符"。如咸陽博物館藏西漢初魯王虎符，銘："漢與魯王爲虎符。魯左五。"[13]又《增訂歷代符牌圖錄》著錄長沙大守、東萊大守虎符銘

"與長沙大守爲虎符，長沙左二""與東萊大守爲虎符，東萊左一"[14]。劉安僞作虎符若依秦制，發至縣，不發至郡國，能調動駐軍嗎？

由以上三點，我仍認定新郪虎符爲秦虎符。

附記：非常感謝韓自強先生寄示其文及有關浚道虎符的資料。韓先生是老朋友，幾次古文字會議期間，我們同遊長白山、香山，多次暢談。對新郪虎符的看法，我們不盡相同，但也祇是"疑義相與析"而已，希望繼續得到韓先生的指教。

2018年校記：韓先生已辭世幾年了，重校舊文，往事如昨，言之黯然。

注釋：

① 羅振玉：《增訂歷代符牌圖錄》，1925年印本，哈爾濱出版社2003年重印。

② 容庚：《秦金文錄》，中央研究院歷史語言研究所印行，1931年。四虎連排，爲羅福頤所作仿本。

③ 侯錦郎：《新郪虎符的再現及其在先秦軍事、雕塑及書法研究上的重要性》，臺灣《故宮季刊》10·1，1975年，第44頁。

④ 黑光：《西安市郊發現秦國杜虎符》，《文物》1979年第9期。符作立虎形，銘："兵甲之符，右才（在）君，左才（在）杜。凡興士披甲，用兵五十人以上，必會君符，乃敢行之。燔燧之事，雖母（毋）會符，行殹。"

⑤ 《增訂歷代符牌圖錄》上·3著錄白描圖形及摹寫銘文。符作伏虎形，銘："甲兵之符，右才（在）皇帝，左才（在）陽陵。"

⑥ 王國維：《觀堂集林》第3冊，中華書局，1959年，第903—904頁。

⑦ 唐蘭：《懷鉛隨錄——新郪虎符作於秦王政十七年滅韓後》，《申報》1948年6月26日。

⑧ 陳昭容：《秦系文字研究》，"中央研究院"歷史語言研究所專刊之103，2003年，第261頁。

⑨ 韓自強：《記新見淮南王劉安浚道虎符》，安徽阜陽《志鑒》2008年第1期。

⑩ 周曉陸、路東之《秦封泥集》第254頁有"九江守印"封泥，三秦出版社，2000年。

⑪ 陳松長：《嶽麓書院藏秦簡中的郡名考略》，《湖南大學學報》（哲社版）2009年第2期。

⑫ 楊廣泰編：《新出封泥彙編》，西泠印社出版社，2010年，第16頁。

⑬ 時瑞寶：《西漢魯王虎符》，《考古與文物》1988年第5期，第108頁。

⑭ 同①。

（原載《古文字研究》第29輯，中華書局，2012年）

釋文雅堂藏幾枚與府有關的秦封泥

北京楊廣泰先生文雅堂藏戰國秦漢封泥、陶文萬餘枚，已出版《新出封泥彙編》（以下簡稱《泥彙》）[①]，近日即將出版《新出陶文封泥選編》（以下簡稱《陶泥》）[②]，其中多精品。拙文《〈新出陶文封泥選編〉序》已對其部分陶文、封泥做過討論，兹再對其所藏幾枚與府有關的封泥加以討論（附圖見文末），以就教於同道。

一、河外府丞

《泥彙》0379—0382："河外府丞。"

《陶泥》30·6："河外府丞。"

此外，秦封泥又見"南郡府丞"（《泥彙》0605—0611）、"上黨府丞"（《泥彙》0676）、"薔川府丞"（《古封泥集成》[③]335、《陶泥》51·5）、"蜀大府丞"（《泥彙》0741）。孫慰祖先生《官印封泥中所見秦郡與郡官體系》説："由'南郡府丞'已自明'府丞'在郡……南郡、蜀、上黨皆秦始皇二十六年前已有之郡，薔川、河外爲郡不能例外。府丞應即太守丞，《漢官儀》稱郡太守爲'大府'，曰大府秩二千石，丞一人，秩六百石。這與《百官志》所記太守及丞的秩次正好對應。《漢書·朱博傳》：'於是府丞詣閤，博遒見丞掾曰：以爲縣自有長吏，府未嘗與也，丞掾謂府當與之邪？'也表明了'府丞'的地位。漢初封泥中仍見有'府丞'如'薔川府丞'（《集成》336），而無'守丞'，新出秦封泥也未見有'守丞'，這似乎也提示'大府丞'即秦時郡丞之正式官號，而非與'少府'或曰'小府'相對之職署。印文'府丞'又爲官印四字定式而緊縮文字。"[④]

按孫先生説"府丞"爲郡丞，甚是。但秦時郡太守仍稱"大守"或"泰守"，不直接稱

"府"或"大府",所謂"某郡府丞"之"府"衹是指某郡官府這一機構,而非指太守這一職務。府的本義指收藏文書及財物、器物的處所。《說文》:"府,文書藏也。"戰國秦漢時有各種名目的府,如楚有大府、高府、造府,三晉、東西周有中府、府、少府,秦有少府、茜府、右府、左府,燕有廄具府,齊有餼(貸)府,性質大多如此⑤。大約從戰國晚期起,出現了"官府"這一名稱,它最初指國家府庫。睡虎地秦簡《秦律十八種·金布》:"賈市居列者及官府之吏,毋敢擇行錢、布。"《關市》:"爲作務及官府市,受錢必輒入其錢缿中。"《管子·問篇》:"官府之藏,彊兵保國。"《小匡》:"是故聖王之處士必於閒燕,處農必就田壄,處工必就官府,處商必就市井。"引申之,官吏所居亦曰官府。《周禮·天官·大宰》:"以八灋治官府。"鄭玄注:"百官所居曰府。"賈公彥疏:"官府,在朝廷之官府也。"《廣雅·釋宮》:"府,官也。"王念孫疏證:"府,謂官舍也。""官府"或省稱"府",郡、縣官署皆稱"府"。《漢書·朱博傳》:"姑幕縣有羣輩八人報仇廷中,皆不得。長吏自繫書言府。賊曹掾史自白,請至姑幕,事留不出。功曹諸掾即皆自白,復不出。於是府丞詣閤……"所說的"府",當指郡守官府,亦即署衙。

新出秦簡牘文字亦能佐證這種看法。里耶秦簡 5-23:"□□□□印,一泰(太)守府,一成固。"《里耶秦簡牘校釋(第一卷)》(以下簡稱《校釋》)⑥注:"泰守府,郡太守之府,這裏應指洞庭郡太守。"又里耶簡 8-62:"遷陵丞昌敢言之:令曰上箈繕牛車薄(簿),恒會四月朔日泰(太)守府。"又 8-410:"廿八年,遷陵田車計付雁門泰守府。"又 8-67+8-652:"廿六年十二月癸丑朔辛巳,尉守蜀敢告之:大(太)守令曰:秦人□□□侯中秦吏自捕取,歲上物數會九月朢(望)大(太)守府。"上言"大(太)守",下言"大(太)守府",一指太守,一指其署衙,很是清楚。

里耶簡牘又提到"守府",如 8-60 背+8-656 背+8-665 背+8-748 背:"……六月庚辰水十一刻刻下六,守府快行少内。"《校釋》注:"守府,里耶簡所見,一爲'泰守府'的省稱,如 8-768 云:'遷陵守丞有敢言之:守府下四時獻者上吏缺式曰放式上,今牒書應書者一牒上,敢言之。'另外一種似是縣府差遣之人。如 8-141 背'守府定以來',8-1477 背'守府交以來'。8-756+8-757 記令曰:'吏僕養、走、工、組織、守府門、勮匠及它急事不可令田,六人予田徒四人,徒少及毋徒薄(簿)移治虜御史,御史以均予。'守府門似指守府、守門之人。然則,這種'守府'乃是看守縣府者,在需要的時候也充當信使。"依其說,郡太守府可省稱"守府","府"爲郡太守署衙;守縣府者亦可省稱"守府","府"指縣令長署衙。

說"河外"爲秦郡亦是,然而孫先生未指明其地域,今試作探索。《左傳·僖公十五年》:"(晉惠公)賂秦伯以河外列城五,東盡虢略,南及華山,内及解梁城,既而不與。"杜預注:"河外,河南也。東盡虢略,從河南而東,盡虢界也。解梁城,今河東解縣也。華山在弘農華陰縣西南。"孔穎達疏:"河自龍門而南,至華陰而東。晉在西河之東,南河之北,以河北爲内，河南爲外。虢略，虢之竟界也，獻公滅虢而有之。今許以賂秦列城五者，自華山而東，盡虢之東界，其間有五城也。《傳》稱'許君焦瑕'，蓋焦瑕是其二，其餘三城不可知也。……解梁城則在河北，非此河外五城之數也。""許君焦瑕"一語見《左傳·僖公三十年》，是鄭大夫燭之武對秦穆公説的話。燭之武説晉惠公曾"許君焦瑕，朝濟而夕設版焉"。杜預注："焦瑕，晉河外五城之二邑。"高士奇《春秋地名考》以爲晉河外之瑕，在河南陝縣（今三門峽市）西南三十二里。焦又見《史記·周本紀》"武王追思先聖王，乃褒封神農之後於焦"。裴駰集解："《地理志》弘農陝縣有焦城，故焦國也。"又《史記·蘇秦列傳》記蘇秦説趙肅侯之語曰："今大王與秦，則秦必弱韓、魏；與齊，則齊必弱楚、魏。魏弱則割河外，韓弱則效宜陽。宜陽效則上郡絶，河外割則道不通。"張守節正義："河外，同、華等地也。言魏弱，與秦河外地，則道路不通上郡矣。《華山記》云：'此山分秦、晉之境。晉之西鄙則曰陰晉，秦之東邑則曰寧秦。'"

"河外"與"河内"相對而言。晉都絳，在山西南部，其西、南、東皆爲黄河包圍，稱"河内"；河西、河南，即後來魏的西河，稱"河外"。大體包括《漢書·地理志》弘農郡之陝（三門峽市）、盧氏，左馮翊之夏陽（今韓城市）、臨晉（今大荔縣，亦即後世同州）、郃陽、華陰（今華陰市）等地。《史記·秦本紀》："（惠文君）六年，魏納陰晉，陰晉更名寧秦。……八年，魏納河西地。……圍焦，降之。"河外地入秦及置郡，應在惠文君時，最初可能因襲晉人舊稱以爲郡名。這一郡名存在時間可能很短，後來併入内史。

"蜀大府丞"之"大府"是否蜀郡署衙，甚或蜀郡太守的尊稱，似乎難以定論。秦封泥另有"大府丞印"（《泥彙》0166—0169），前無郡名，不能肯定其"大府"是郡太守。戰國時其他國家的"大府"多爲國家府庫。如安徽壽縣出土楚銅牛銘"大賸（府）之器"[7]。楚器鄂君啓節："女（如）載馬、牛、羊以出内（入）闈（關），則政（征）於大賸（府），勿政（征）於闈（關）。"此"大府"征稅，自是國家府庫。另《古璽彙編》[8]0127有"大賸"官璽。《周禮·天官·大府》："大府掌九貢、九賦、九功之貳，以受其貨賄之入……"已指出其職掌。蜀雖秦郡，但地域較大，是否可設大府不得而知。漢人稱公府爲大府，《漢書·杜周傳》："郡吏大府舉之廷尉。"顏師古注引文穎曰："大府，公府也。"《張湯傳》："言大府。"顏師古注："大府，丞相府也。"秦時"大府"是否可如此解，甚或"大府"爲"大守府"之省，材料太少，目前還無從判斷[9]。

二、廷府、中殿廷府、御廷府印

《陶泥》56·3—8："廷府。"

《泥彙》1181—1183:"中廄廷府。"

《在京》⑩1·20:"御廷府印。"

林義光《文源》:"廷與庭古多通用。……象庭隅之形。"何琳儀說:"廷,西周金文作𤣩(孟鼎)。从𠃊(曲之初文),𡈼聲。……廷爲庭之初文,門與宮之間曲地爲庭。"⑪《說文》:"庭,宮中也。"段玉裁注:"宮者,室也,室之中曰庭。"引申之,官署稱廷。《說文》:"廷,朝中也。"《玉篇》:"廷,朝廷也。"指君王接受朝拜及處理政事之處。地方郡縣官署亦稱廷。睡虎地秦簡《法律答問》:"'辭者辭廷。'今郡守爲廷不爲?爲殹(也)。"其時成例,"訴訟者向廷訴訟"。簡文問:"如郡守算不算廷?"回答:"算。"此處"廷"指郡守官署甚或其本人。《墨子·號令》:"符傳疑,若無符,皆詣縣廷言,請問其所使。"睡虎地秦簡《秦律十八種·倉律》:"禾、芻稾積索(索)出日,上贏不備縣廷。出之未索(索)而已備者,言縣廷,廷令長吏雜封其廥,與出之,輒上數廷。"上言"縣廷",下言"廷",皆指縣之署衙。里耶簡8-1:"廷户發。"《校釋》注:"廷,縣廷。……'户'似是主户或户曹的省稱。"又里耶簡8-769:"卅五年八月丁巳朔己未,啓陵鄉守狐敢言之:廷下令書曰取鮫魚與山今盧(鱸)魚獻之。問津吏徒莫智(知)。問智(知)此魚者具署物色。"簡言遷陵縣廷下令向其下屬啓陵鄉索要鮫魚、鱸魚,鄉守不知其"物色",行書縣廷請問。由此可知"廷府"即署衙,中央、郡、縣皆得稱之。睡虎地秦簡《秦律十八種·內史雜》:"毋敢以火入臧(藏)府、書府中。吏已收臧(藏),官嗇夫及吏夜更行官。毋火,乃閉門户。令令史循其廷府。"此爲內史之廷府。《漢書·東方朔傳》:"(郭舍人)即妄爲諧語曰:'令壺齟,老柏塗,……何謂也?'朔曰:'令者,命也。壺者,所以盛也。齟者,齒不正也。老者,人所敬也。柏者,鬼之廷也。'"顏師古注:"言鬼神尚幽闇,故以松柏之樹爲廷府。"王先謙補注:"沈欽韓曰:'陵寢兆域爲柏城。'"東方朔說的"廷",顏師古說的"廷府",沈欽韓說的"柏城"均指鬼所居之館舍,是更進一步的引申。《陶泥》所收"廷府"封泥皆半通,殆縣廷物。

"中廄"舊說指皇后養馬之廄。《三輔黃圖》卷六:"中廄,皇后車馬所在。"睡虎地秦簡《秦律十八種·廄苑律》:"其大廄、中廄、宮廄馬牛殹(也),以其筋、革、角及其賈(價)錢效。"整理小組注:"大廄、中廄、宮廄,均係朝廷廄名。……中廄見《史記·李斯列傳》。據《漢舊儀》載,漢代大廄爲天子六廄之一,中廄爲皇后車馬所在。"周曉陸則說:"中廄,或可能爲中央政府所設之廄,與地方廄相對稱。《張家·二年·秩律》:'大倉、中廄……秩各八百石,有丞、尉者半之。'亦表明中廄當非專爲皇后而設。"⑫其說或是。

中廄有"馬府",見"中廄馬府"封泥(《考古與文物》1997年第1期,第44頁,圖26)。"中廄廷府"則爲中廄之館署。

"御廷府"可能爲"御府廷府"之省。《漢書·百官公卿表》:"少府,秦官……屬官有……御府。"顏師古注："御府主天子衣服也。"王先謙補注："《續志》：御府令宦者，典官婢作中衣服及補浣之屬。"不過，御府似乎並非單純製作、儲藏衣物，而是製作、儲藏各種器物，以供君王所用。御本指帝王所用或與之有關的事物。《春秋·桓公十四年》："秋八月壬申，御廩災。"杜預注："御廩，公所親耕以奉粢盛之倉也。"《荀子·大略》："天子御珽，諸侯御荼，大夫服笏，禮也。"楊倞注："御、服皆器用之名，尊者謂之御，卑者謂之服。"《尚書·顧命》："御王冊命。"蔡沈集傳引蘇氏曰："凡王所臨、所服用皆曰御，卑者謂之服。"御府是一個很大的機構，其下又設各種名目的府（詳下條），"廷府"即其館署。

三、御府金府、御府帑府、御府器府、御府瑟府、御府行府

《泥彙》2127—2150："御府金府。"

《陶泥》81·1—3："御府金府。"

《泥彙》2154—2168："御府帑府。"

《泥彙》2127—2150："御府器府。"

《陶泥》81·4："御府器府。"

《泥彙》2151—2153："御府瑟府。"

《陶泥》81·5—6："御府瑟府。"

《泥彙》2169—2180："御府行府。"

御府職掌上文已作分析。

金可指銅。睡虎地秦簡《秦律十八種·金布律》："其金及鐵器入以爲銅。"整理小組注："金，此處意爲銅。入以爲銅，意當爲上繳回爐作爲金屬原料。"亦可指黃金，龍崗秦簡145："購金一兩。"亦可指貨幣。《戰國策·秦策一》："以季子之位尊而多金。"《秦律十八種·司空》："官有金錢者自爲買脂、膠，毋（無）金錢者乃月爲言脂、膠。"睡虎地秦簡有"金布律"，整理小組注："金布律，關於貨幣、財物方面的法律。漢代有金布律，或稱金布令，《漢書·蕭望之傳》注：'金布者，令篇名也，其上有府庫金錢布帛之事，因以名篇。'《晉書·刑法志》：'金布律有毀傷亡失縣官財物……金布律有罰贖入責以呈黃金爲價。'"

《說文》："帑，金幣所藏也。"段玉裁注："此與府、庫、廥等一律。"《玉篇》："帑，金布所藏之府。"亦指庫藏金帛。《韓非子·亡徵》："羈旅僑士，重帑在外，上間謀計，下與民事者，可亡也。"

金、帑皆可指金錢、貨幣，則"金府""帑府"的職能是否重疊？但二者既然同設於御府，則這種可能性必定很小。我推測：秦時"金府"所藏重點應是金錢，亦即銅錢，"帑府"

所藏重點應是布帛，猶如秦簡《金布律》稱"金、布"，二者既有共同點，又有區別。布本指布帛，爲紡織品，因其是重要的生活必需品，在商品活動中可以交換，後來也成爲貨幣。《詩·衛風·氓》："抱布貿絲。"毛傳："布，幣也。"再後來，則帤引申指金幣、金幣所藏，與金的區別已不明顯了。

《說文》："器，皿也。"最初主要指飲食之器皿。《爾雅·釋器》陸德明釋文："器，皿也，飲食之器也。"《漢書·司馬相如傳》："滌器於市中。"顏師古注："器，食器也。"秦陶文習稱陶器曰器，如《秦文字集證》[13] 196·45 "咸亭完里丹器"，《秦印文字彙編》[14] 400 "咸亭當柳恚器"，皆指某里某人製作之陶器皿。又泛指各種器具。《說文》"器"字下段玉裁注："器乃凡器統稱。"睡虎地秦簡《秦律十八種·工律》："毋擅叚（假）公器，者（諸）擅叚（假）公器者有罪。"《法律答問》："舍公官（館），燧火燔其舍，雖有公器，勿責。"《工律》："爲器同物者，其小大、短長、廣亦必等。"又有各種器。睡虎地秦簡《秦律十八種·司空律》："城旦舂毀折瓦器、鐵器、木器……輒笞（答）之。"睡簡《日書》甲68正："裹以泰（漆）器。""御府器府"爲御府儲藏宮廷器具之府，其中主藏應是食器，此外恐也會藏一些玩弄之器。《史記·秦始皇本紀》："三十六年，使者從關東夜過華陰平舒道，有人持璧遮使者，曰：'爲吾遺滈池君。'……使者奉璧具以聞，始皇……使御府視璧，乃二十八年行渡江所沉璧也。"此璧（玉器）殆亦御府器府舊藏，二十八年始皇"乃西南渡淮水，之衡山"渡江時所沉，故使御府令察看，因是舊物，故御府令得以判定。

《說文》："瑟，庖犧所作弦樂也。"瑟爲樂器之一種。"瑟府"從字面上說，應爲藏瑟之府。秦少府屬官有樂府令、丞，秦封泥有"樂府"（《秦文字集證》，圖版138）、"樂府丞印"（同上）。樂府儲藏各種樂器，而御府特設"瑟府"，特別強調藏瑟者，也不是沒有原因的。瑟是雅樂器，常用於宗廟祭祀及燕飲奏樂。《呂氏春秋·適音》："清廟之瑟，朱弦而疏越，一唱而三嘆，有進乎音者矣。"《史記·樂書》："然後鐘磬竽瑟以和之，干戚旄羽以舞之，此所以祭先王之廟也。"《漢書·禮樂志》載漢武帝郊祀歌十九章，其第八章《天地》："九歌畢奏斐然殊，鳴琴竽瑟會軒朱。"顏師古注："軒朱即朱軒也，言總合音樂會於軒檻之前。"漢哀帝時郊祭樂工有"張瑟員八人"。《詩·小雅·鹿鳴》："我有嘉賓，鼓瑟吹笙。吹笙鼓簧，承筐是將。"朱熹集傳："瑟、笙，燕禮所用之樂也。"孔穎達疏："文王既有酒食，亦有懇篤誠實之心發於中，召其臣下，而共行饗燕之禮以致之。王既有懇誠以召臣下，臣下被召，莫不皆來。我有嘉善之賓，則爲之鼓其瑟而吹其笙。吹笙之時，鼓其笙中之簧以樂之，又奉筐篚盛幣帛於是而行與之。由此燕食以享之，瑟琴以樂之，幣帛以將之，故嘉賓皆愛好。"據孔疏，則王者燕禮賓客，既奏雅樂，又賜幣帛，如此，御府之同時設立金府、帤府、瑟府，就是完全必要的。

"瑟府"所儲藏者，可能也不僅是瑟一種樂器，而是包括笙、竽、琴等在内的一組雅樂器。鳳翔南指揮村秦公一號大墓出土一件小漆筒，其上墨書"寂（柴）之寺（持）簧"4字。拙文《秦文字釋讀訂補（八篇）》⑮說此爲秦景公生前祭天所用物，簧即笙。秦景公的時代爲春秋中晚期之交，其時還没有"御府"這一機構，但宫廷儲藏笙、瑟一類樂器，則是肯定的。

"行府"文獻未見。

秦封泥有"泰行"（《考古與文物》1992年第1期，第45頁圖33），"泰行"即"大行"。《封泥彙編》⑯有漢"大行丞印"封泥。《周禮·天官·大行人》云："大行人掌大賓之禮及大客之儀，以親諸侯。"《左傳·文公十二年》："秦行人夜戒晉師曰：……"行人或爲禮賓之官，或爲使者，其職責與御府無關，"行府"非行人之府。

"行府"應是"行羞府"或"羞行府"之省稱。秦封泥有"中羞丞印"（《考古與文物》1997年第1期，第46頁圖64），又有"中行羞府"印（《秦漢南北朝官印徵存》⑰0005，故宫博物院藏）、"中行羞府"封泥（《考古與文物》1998年第2期，第51頁圖16），又有"御羞行府"封泥（《封泥彙編》2236）。《漢書·百官公卿表》水衡都尉屬官有"御羞令丞"，顏師古注引如淳曰："御羞，地名也，在藍田，其土肥沃，多出御物可進者……羞者，珍羞所出。"拙著《秦文字集證》說："（御羞、中羞）秦代的職掌不盡可知。秦代這兩種機構皆屬少府，從字面上理解，二者皆職掌宫廷膳食所需珍羞之物的供應。"⑱"行羞""羞行"之"行"爲薦用義。《周禮·天官·庖人》："庖人掌共六畜六禽，辨其名物。凡其死生鱻薧之物，以共王之膳，與其薦羞之物，及后、世子之膳羞，共祭祀之好羞，共喪紀之庶羞，賓客之禽獻……凡用禽獻，春行羔豚，膳膏香；夏行腒鱐，膳膏臊；秋行犢麑，膳膏腥；冬行鱻羽，膳膏羶。"鄭玄注："薦，亦進也。備品物曰薦，致滋味乃爲羞。"賈公彥疏："言行者，義與用同。春用羔豚者，草物始生，羔豚食而肥……""行羞""薦羞"意近，皆進獻珍羞之謂。

御府所屬"行［羞］府"，備辦宫廷膳食所需珍羞。

圖1 河外府丞　　圖2 廷府　　圖3 中廄廷府

圖4 御廷府印　　圖5 御府金府　　圖6 御府帑府

圖7 御府器府　　圖8 御府瑟府　　圖9 御府行府

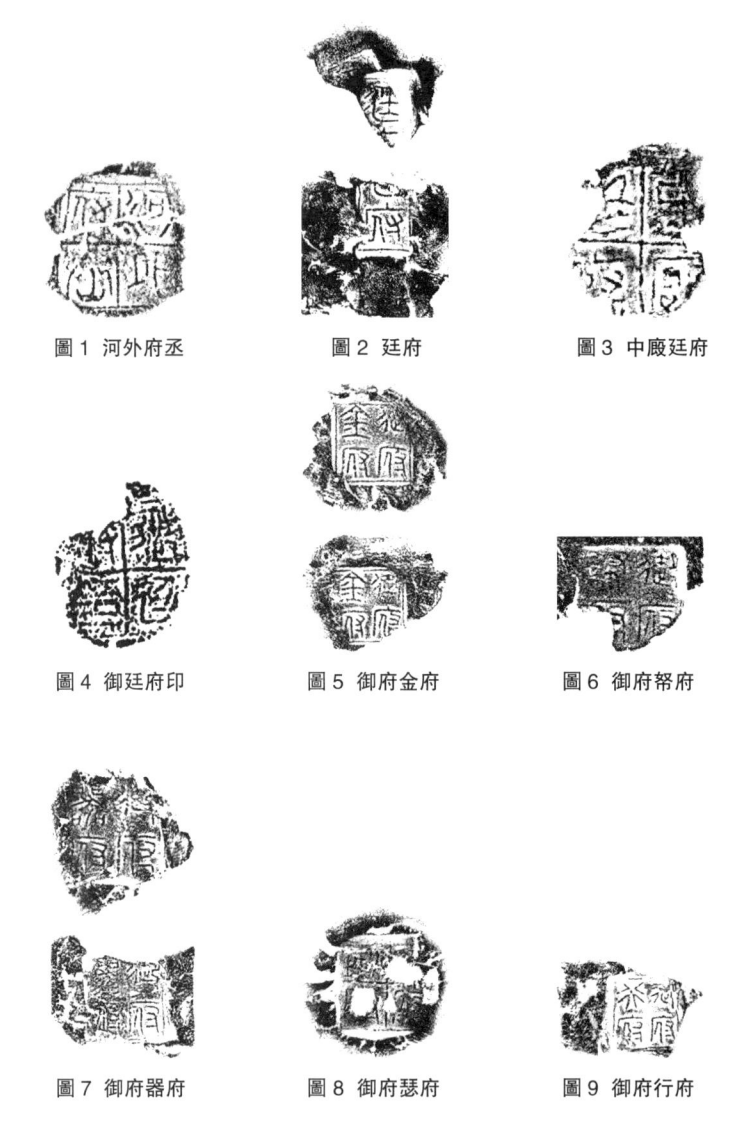

注釋：

① 楊廣泰編：《新出封泥彙編》，西泠印社出版社，2010年。

② 楊廣泰：《新出陶文封泥選編》，文雅堂稿本，2015年。

③ 孫慰祖主編：《古封泥集成》，上海書店出版社，1994年。

④ 孫慰祖：《官印封泥中所見秦郡與郡官體系》，載西泠印社、中國印學博物館編：《青泥遺珍——戰國秦漢封泥文字國際學術研討會論文集》，西泠印社出版社，2010年，第72頁。

⑤ 王輝：《戰國府之考察》，載《中國考古學研究論集》編委會編：《中國考古學研究論集——紀念夏鼐先生考古五十週年》，三秦出版社，1987年；後又收入氏著：《高山鼓乘集——王輝學術文存二》，中華書局，2008年。

⑥ 陳偉主編：《里耶秦簡牘校釋（第一卷）》，武漢大學出版社，2012年。

⑦ 殷滌非：《安徽壽縣新發現的銅牛》，《文物》1959年第4期。

⑧ 羅福頤主編：《古璽彙編》，文物出版社，1981年。

⑨ 里耶木牘8-461："大府爲守□公。"文句有殘，其"大府"究竟是國家府庫還是公府不清楚。又陳曉捷、周曉陸《新見秦封泥五十例考略——爲秦封泥發現十週年而作》(《秦陵秦俑研究動態》2006年第2期)說新出秦封泥有"大原大府"，但無圖，暫無法討論。

⑩ 周曉陸等：《在京新見秦封泥中的中央職官内容——紀念相家巷秦封泥發現十週年》，《考古與文物》2005年第5期。周文所釋亦爲文雅堂藏秦封泥。

⑪ 何琳儀：《戰國古文字典》，中華書局，1998年，第806頁。

⑫ 同⑩，第9頁。

⑬ 王輝、程學華：《秦文字集證》，臺灣藝文印書館，1999年。

⑭ 許雄志：《秦印文字彙編》，河南美術出版社，2001年。

⑮ 王輝：《秦文字釋讀訂補（八篇）》，《考古與文物》1997年第5期；後又收入氏著：《一粟集——王輝學術文存》，臺灣藝文印書館，2002年。

⑯ 吳熊：《封泥彙編》，上海書店出版社1984年據1931年本影印。

⑰ 羅福頤主編：《秦漢南北朝官印徵存》，文物出版社，1987年。

⑱ 同⑬，第162頁。

（原載《陝西歷史博物館館刊》第21輯，三秦出版社，2014年；又載《出土文獻與中國古代文明——李學勤先生八十壽誕紀念論文集》，中西書局，2016年）

秦封泥等出土文字所見内史及其屬官

《漢書·百官公卿表》："内史，周官，秦因之，掌治京師。景帝二年分置左［右］内史。右内史武帝太初元年更名京兆尹，屬官有長安市、厨兩令丞，又都水、鐵官兩長丞。左内史更名左馮翊，屬官有廩犧令丞尉。又左都水、鐵官、雲壘、長安四市四長丞皆屬焉。"又云："治粟内史，秦官，掌穀貨，有兩丞。景帝後元年更名大農令，武帝太初元年更名大司農。屬官有太倉、均輸、平準、都内、籍田五令丞，斡官、鐵市兩長丞。又郡國諸倉農監、都水六十五官長丞皆屬焉。"《漢書·地理志》："京兆尹，故秦内史，高帝元年屬塞國，二年更爲渭南郡，九年罷，復爲内史。武帝建元六年分爲右内史，太初元年更爲京兆尹。……左馮翊，故秦内史，高帝元年屬塞國，二年更名河上郡，九年罷，復爲内史。武帝建元六年分爲左内史，太初元年更名左馮翊。……右扶風，故秦内史，高帝元年屬雍國，二年更爲中地郡。九年罷，復爲内史。武帝建元六年分爲右内史，太初元年更名主爵都尉爲右扶風。"據《表》《志》，秦時本有内史、治粟内史兩種職官，内史爲一級行政機構，治理京師咸陽，即漢代的京兆尹、左馮翊、右扶風，其轄地相當於今天的陝西省關中地區（包括今寶雞、咸陽、渭南、商洛四個地級市，西安市及河南西部個別縣）；治粟内史主管穀貨，亦即經濟事務，二者的職責及屬官判然有别。秦時情形是否完全如此？以下僅據秦封泥等相關文字資料，對此略加探討。

西安相家巷村出土秦封泥"内史之印"，見周曉陸、路東之《秦封泥集》[①]，共4枚（圖1—4）；又傅嘉儀《新出土秦代封泥印集》[②]一枚（圖5）；傅嘉儀《秦封泥彙考》[③]收有7枚，其中5枚與《秦封泥集》及《新出秦代封泥印集》同；不同者爲原編號47及48兩枚（圖6、7）；中國社會科學院考古研究所漢長安城工作隊發掘品T2③：23[④]（圖8）；陝西省考古研究院2006年《考古年報》第27頁著錄一枚（圖9），該枚封泥出土於西安市長安區神禾原戰國晚期秦大墓（疑爲秦始皇祖母夏太后墓）。

"內史"又見於廣州南越王墓出土王四年相邦張義（儀）戟，戈內正面刻銘3行12字："王四年相邦張義（儀）、內史□操之造□界戟，□工師賤，工卯。"⑤

澳門蕭春源珍秦齋藏王八年內史操戈，內正面穿下豎刻銘文3行14字："王八年內史操左（或釋犰）之造，［咸］陽二〈工〉帀（師?）屯。"⑥

睡虎地秦簡⑦多處提到"內史"：

《秦律十八種·廄苑律》："今課縣、都官公服牛各一課，卒歲，十牛以上而三分一死；不【盈】十牛以下，及受服牛者卒歲死牛三以上，吏主者、徒食牛者及令、丞皆有罪。內史課縣，大（太）倉課都官及受服者。"

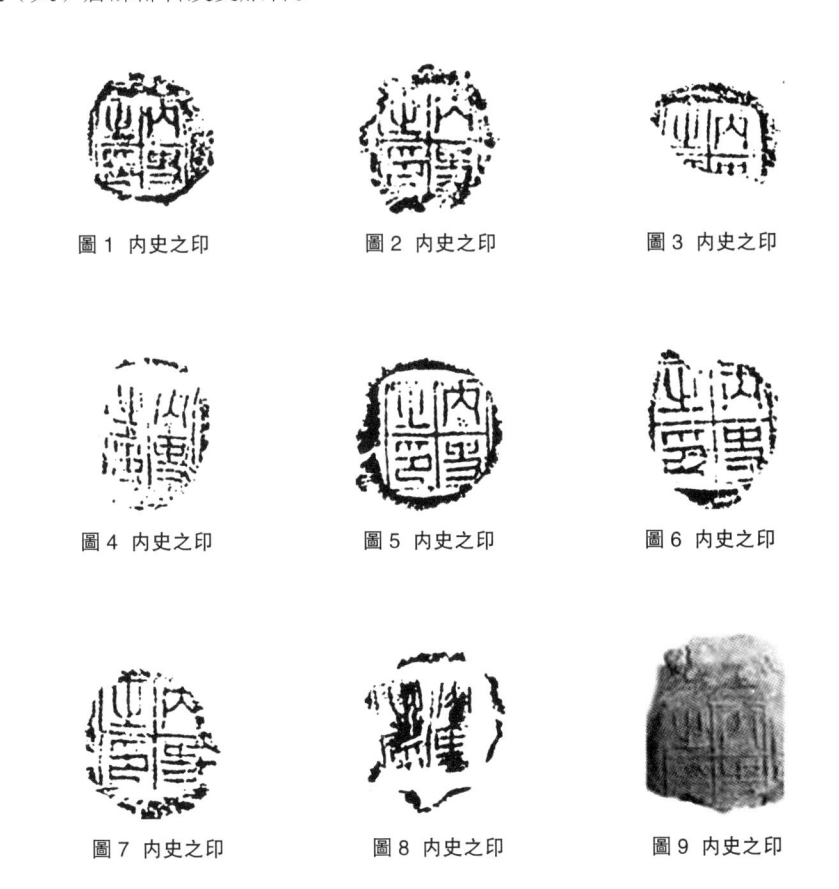

圖1 內史之印　　圖2 內史之印　　圖3 內史之印

圖4 內史之印　　圖5 內史之印　　圖6 內史之印

圖7 內史之印　　圖8 內史之印　　圖9 內史之印

《倉律》："入禾稼、芻稾，輒爲廥籍，上內史。""稻後禾孰（熟），計稻後年。已獲上數，別粲、穤（糯）秙（黏）稻。別粲、穤（糯）之襄（釀），歲異積之，勿增積，以給客，到十月牒書數，上內【史】。"

《金布律》："縣、都官以七月糞公器不可繕者，有久識者靡蚩之。其金及鐵器入以爲銅。

都官輸大內，內受買（賣）之，盡七月齎（畢）。都官遠大內者輸縣，縣受買（賣）之。糞其有物不可以須時，求先買（賣），以書時謁其狀內史。"

《均工》："新工初工事，一歲半紅（功），其後歲賦紅（功）與故等。工師善教之，故工一歲而成，新工二歲而成。能先期成學者謁上，上且有以賞之。盈期不成學者，籍書而上內史。"

《效》："禾、芻稾積廥，有贏、不備而匿弗謁，及者（諸）移贏已賞（償）不備，群它物當負賞（償）而僞出之以彼（貱）賞（償），皆與盜同法。大嗇夫、丞智（知）而弗罪，以平罪人律論之，有（又）與主廥者共賞（償）不備。至計而上廥籍內史。"

《秦律十八種》有《內史雜》11條，是關於內史職務的各種法律條文：

"縣各告都官在其縣者，寫其官之用律。"

"都官歲上出器求補者數，上會九月內史。"

"有事請殹（也），必以書，毋口請，毋羈（羈）請。"

"官嗇夫免，□□□□□□其官亟置嗇夫。過二月弗置嗇夫，令、丞爲不從令。"

"除佐必當壯以上，毋除士五（伍）新傅。苑嗇夫不存，縣爲置守，如廄律。"

"令敎（赦?）史毋從事官府。非史子殹（也），毋敢學學室，犯令者有罪。"

"下吏能書者，毋敢從史之事。"

"侯（候）、司寇及群下吏毋敢爲官府佐、史及禁苑憲盜。"

"有實官縣料者，各有衡石贏（纍）、斗甬（桶），期蹊（足）。計其官，毋叚（假）百姓。不用者，正之如用者。"

"有實官高其垣牆。它垣屬焉者，獨高其置芻廥及倉茅蓋者。令人勿劤（近）舍。非其官人殹（也），毋敢舍焉。善宿衛，閉門輒靡其旁火，慎守唯敬（儆）。有不從令而亡、有敗、失火，官吏有重罪，大嗇夫、丞任之。"

"毋敢以火入臧（藏）府、書府中。吏已收臧（藏），官嗇夫及吏夜更行官。毋火，乃閉門戶。令令史循其廷府。節（即）新爲吏舍，毋依臧（藏）府、書府。"

《法律答問》："盜出朱（珠）玉邦關及買（賣）於客者，上朱（珠）玉內史，內史材鼠（予）購。"

四川青川縣出土秦更修田律木牘[⑧]："二年十一月己酉朔＿（朔朔）日，王命丞相戊（茂）、內史匽氏□更修爲田律：田廣一步，袤八則爲畛……"

嶽麓書院藏秦簡[⑨]秦令多條提到"內史"：

0355："內史、郡二千石共令　第甲。"

0690："內史、郡二千石共令　第乙。"

0617："內史、郡二千石共令　第庚。"

1768：“內史旁金布令乙四。”

1921：“內史倉曹令甲卅。”

1266《內史雜律》曰：“黔首室、侍舍有與廥、倉庫、實官補屬者絶之，毋下六丈……”

另據陳松長先生說，嶽麓簡還有《內史倉曹令》《內史户曹令》等。嶽麓簡目前祇公佈了零星資料，其詳不可得知。

湖南龍山縣里耶鎮出土秦簡⑩數處提到"內史"：

J1（16）6簡正面："廿（二十）七年二月丙子朔庚寅，洞庭守禮謂縣嗇夫……屬尉：令曰：'傳送委[輸]必先悉行城旦舂、隸臣妾……急事不可留，乃興繇（徭）。'今洞庭兵輸內史及巴、南郡、蒼梧，輸甲兵當傳者多，節（即）傳之……"

J1（16）5簡正面内容同。

湖北江陵縣（今荆州區）張家山出土漢初（下限爲吕后二年，前186）竹簡⑪的《二年律令》中數處提到"內史"：

《置吏律》："……縣道官之計，各關屬所二千石官。其受恒秩氣（餼）稟，及受財用年輸，郡關其守，中關內史。受（授）爵及除人關於尉。都官自尉、內史以下毋治獄，獄無輕重關於正；郡關其守。"

《田律》："官各以二尺牒疏書一歲馬、牛它物用稟數，餘見芻稟數，上內史，恒會八月望。"

《秩律》："御史大夫、廷尉、內史、典客、中尉、車騎尉、大僕、長信詹事、少府令、備塞都尉、郡守、尉……秩各二千石。"

《津關令》："囗、相國上內史書言，請諸詐（詐）襲人符傳出入塞之津關，未出入而得，皆贖城旦舂；將吏智（知）其請（情），與同罪。御史以聞，制曰：可。"

"相國下〈上〉內史書言，函谷關上女子刷傳，從子雖不封二千石官，內史奏，詔曰：入，令吏以縣次送至徙所縣……"

"囗議，禁民毋得私買馬以出扜〈扞〉關、鄖關、函谷[關]、武關及諸河塞津關。其買騎、輕車馬、吏乘、置傳馬者，縣各以所買名匹數告買所內史、郡守，內史、郡守各以馬所補名爲久久馬，爲致告津關，津關謹以藉（籍）、久案閲，出。"

"相國議，關外郡買計獻馬者，守各以匹數告買所內史、郡守，內史、郡守謹籍馬職（識）物、齒、高，移其守，及爲致告津關，津關案閲，津關謹以傳案出入之。"

"相國上內史書言，諸以傳出入津關而行囗子囗未盈一歲，與其母偕者，津關謹案實籍書出入。御史以聞，制曰：可。"

前人對秦內史的討論，主要涉及睡虎地秦簡。

睡虎地秦墓竹簡整理小組爲《秦律十八種·廄苑律》"內史課縣"作注："內史，《漢書·百官表》：'周官，秦因之。掌治京師。'一説，此處指治粟内史，《百官表》：'治粟内史，秦官，掌穀貨。'漢景帝時改名大農令，武帝時改名大司農。"列舉兩種説法，而整理者的看法不明確。

于豪亮先生首次對睡簡"内史"作了較深入的分析[12]。他説："秦的内史，統治京師附近地區，這是秦的腹心地區，内史的職務當然是非常重要的。爲什麽内史由宣達王命變爲'掌治京師'了呢？根據《周禮·内史》的記載，内史的職權很大，宣達王命，祇是其職權的一部分，而且還不是最主要的一部分。"于先生引《周禮·内史》："内史掌王之八枋之灋，以詔王治。一曰爵，二曰禄……八曰奪。執國灋及國令之貳，以考政事，以逆會計。"然後説："内史的權力真够大了，不僅掌握爵禄廢置、生殺予奪之權，還要參加執行'國法'及'國令'，考核政事，審查財政，掌管尊卑的等級制度，同時還要瞭解下級情況，向王室報告。"又説："内史之所掌，必然是畿内了。這正是《百官公卿表》内史'掌治京師'的由來，《内史》所謂'執國法、國令'，乃是執掌行於畿内之法、行於畿内之令。也許西周時内史也掌管畿内的政令，不過不見於金文而已。"

對于先生的説法，彭邦炯先生有所批評，説："（周代）内史祇不過是起草、宣讀、記録和保管這些方面的有關檔案材料的具體事務而已，決定大權並不在他那裏。就依《周禮》講，内史也祇是六卿之一的春官宗伯下屬。從金文看，内史更顯而易見是起草、宣讀王命的號令的官員。"[13]彭先生的意見是對的。從五祀衛鼎、王臣簋、免盤、師㝨父鼎、䜌鼎、師虎簋、井侯簋等30餘件銅器銘文[14]看，西周的内史多出現在册命、賞賜的場合。《周禮·春官宗伯·内史》内史的職掌大體與金文同。于先生説西周時内史"掌爵禄廢置、生殺予奪之權"，顯然出於誤解。春秋時代，内史的主要職責仍是册命賞賜。不過，因内史常在王之左右，王也常以國家大事諮詢内史。如《國語·周語上》記周惠王十五年（前662）"有神降於莘"，"王問於内史過，曰：'是何故？固有之乎？'"内史過發了一通議論，建議惠王派太宰奉玉帛、犧牲、粢盛往虢獻丹朱之神，過亦隨往。秦穆公三十四年（前626），"戎王使由余於秦"，穆公與之談治國之道，深感由余是一個人才。"於是穆公退而問内史廖曰：'孤聞鄰國有聖人，敵國之憂。今由余賢，寡人之害，將奈之何？'"内史廖給穆公出主意，要穆公"遺其（戎王）女樂，以奪其志"，並厚待由余，離間其與戎王的關係，終使由余歸秦。到了戰國，特別是戰國中晚期，内史的權力越來越大。這時的内史職責已不再是册命、賞賜，而主要是掌畿内之事了。王四年相邦張儀戟作於秦惠文王後元四年（前321），由相邦張儀和内史操共同監造，王八年内史操戈作於惠文王後元八年，由内史操一人監造（也有學者説四年戟銘"操"前的囗、八年戈"操"後的囗皆爲人名，當時内史分左、右，有二人）。戰國中晚期，秦兵器製造有中央和地方兩個系統。中央大多由相邦（或大良造、庶長）或中央機構

（寺工、詔事、少府、屬邦）監造；地方則由郡守監造，祇有少數由相邦與郡守共同監造，如三年相邦呂不韋戈銘："三年相邦呂[不韋，上]郡假守定，高工[龠?]，丞申，工地。"⑮由此看，"内史操"的地位不低於郡守。操之名見於《史記·六國年表》："秦惠文王七年（前331），義渠內亂，庶長操將兵救之。"又《後漢書·西羌傳》："至（周）貞王二十五年（前444），秦伐義渠，虜其王。後十四年，義渠侵秦至渭陰。後百許年，義渠敗秦師於洛。後四年，義渠國亂，秦惠王遣庶長操將兵定之，義渠遂臣於秦。"操在秦惠文王七年已爲庶長，將兵定義渠內亂，使之臣服於秦，必爲武將。秦早期郡守均爲武將，如上郡守有武將白起、向壽、司馬錯等。操之官職曾爲庶長，職級也甚高，這點由青川木牘亦可得到證明。青川更修田律木牘作於秦武王二年（前309），在牘文中"內史匽氏"居丞相甘茂之後，共同主持修訂爲田律。"內史匽氏"又見珍秦齋藏秦惠文王後元十四年（前311）的十四年□平匽氏戟銘："十四年□平匽氏造戟。"⑯"□平"董珊先生疑爲官名⑰，但文獻未見。我則疑"□"爲"上"字，爲"上郡"或"上郡守"之省，匽氏能監造兵器，也以郡守爲最大可能。匽氏在惠文王後元十四年任上郡守，兩年後任內史，是可能的。

嶽麓書院秦令簡文"內史郡"應讀作"內史、郡"，二者爲並列關係。這説明兩點：1.內史與郡皆爲一級行政單位；2.內史與郡不完全相同。關於第一點，里耶秦簡明言"今洞庭兵輸內史及巴、南郡、蒼梧……"洞庭郡的兵器輸往內史及巴郡、南郡、蒼梧郡，內史與諸郡並列，足證內史是一政區。嶽麓簡的時代約秦統一前數年至秦始皇三十五年，里耶簡時代約爲秦始皇二十五年至秦二世二年，大體上反映了秦代的情況。張家山簡《二年律令·秩律》稱"內史"與"郡守""秩各二千石"，待遇相同。張家山簡時代下限爲呂后二年，反映的是秦漢之際的情況。關於第二點，秦時內史雖與郡并列，但其後從不加"郡"字；郡長官稱"太守"，內史不稱，如張家山簡《二年律令·津關令》要求"買騎、輕車馬、吏乘、置傳馬者，縣各以所買名匹數告買所內史、郡守"，"內史"即內史之長官。在《二年律令·秩律》中，二千石官的排名次序爲"御史大夫、廷尉、內史、典客、中尉、車騎尉、大僕、長信詹事、少府令、備塞都尉、郡守尉……""內史"排名顯然靠前。御史大夫據《漢書·百官公卿表》説"位上卿，銀印青綬，掌副丞相"，廷尉"掌刑辟"，典客"掌諸歸義蠻夷"，皆九卿之一，內史廁列其中，大體相當。內史與郡的關係大體如今日首都、直轄市與省、自治區的關係，在行政級别上，它們都屬省部級，但直轄市特别是首都，因其地理位置的特殊，故地位略高於一般的省。《戰國策·秦策三·應侯謂昭王》："其令邑中自斗食以上，至尉、內史，及王左右，有非相國之人者乎？""內史"與"尉"（廷尉）並列，可見其地位較高。《史記·秦始皇本紀》記秦王政九年（前238）嫪毐之亂後，"盡得毐等。衛尉竭、內史肆、佐弋竭、中大夫令齊等二十人，皆梟首。"內史肆在首都，接近權力中樞，參與內亂，終有殺身之禍。《秦始皇本紀》又載："十六年九月，發卒受地韓南陽假守騰……十七年，內史騰攻韓，得韓王安，盡納其地。"高敏先生說："韓國的南陽郡假守騰，對韓國的情況自然很熟悉，所以，當伐韓時秦始皇用他去做將領，正是用其所長，符合以內史騰征韓的道理。"高先生還認爲騰在始皇二十年任南郡守，加強南郡戰備[18]。馬非百先生則說："始皇十六年九月，秦發卒受地韓南陽，騰爲假守。旋遷爲內史。十七年，內史騰攻韓，得韓王安，盡內其地"[19]，"遷"殆有陞遷意。內史長官參與軍事活動，與郡守是一致的。庶長操因將兵平定義渠之亂，戰功卓著，在惠文王後元四年陞任內史，四年後留任，在內史任上恐也會參與軍事，因而需要監製兵器。

秦時內史主要管理首都咸陽及畿內縣事務。睡虎地秦簡《廄苑律》說官用牛馬放養死後處理，"內史課縣，大（太）倉課都官及受服者"。《內史雜》："縣各告都官在其縣者，寫其官之用律。"整理小組注："縣，這裏指內史所轄各縣。"《置吏律》："縣、都官、十二郡免除吏及佐、群官屬，以十二月朔日免除，盡三月而止之。"以"縣、都官、十二郡"並列，"縣"指內史縣，"十二郡"指秦莊襄王元年至二年間秦關外所有郡[20]。睡虎地秦簡《法律答問》："盜出朱（珠）玉邦關及買（賣）於客者，上朱（珠）玉內史。""邦關"，國家之關，亦即函谷關，可見關內事務才報告內史。張家山簡《置吏律》提到"縣道官之計（報表）……及受財用年輸，郡關（報告）其守，中關內史"，"中"可能即畿內關中。內史與關外郡並列，內史應不在秦郡數之內。

彭邦炯先生對睡虎地秦簡《內史雜》的內容作了分析，認爲"其中直接與倉庫、苑囿等有關的共有五項，占了百分之四十五強"。他也對《廄苑律》《倉律》《效》《均工律》《法律答問》作了分析，從而得出結論："戰國時的秦內史是主管財政經濟的（與趙國的內史也可印證），其職掌具體包括三個方面：1. 物資（包括穀物）；2. 金錢；3. 苑囿。由此看來，過去一般根據《漢書·百官公卿表》籠統地說秦內史'掌治京師'是不妥當的。問題主要在於《漢書》這裏並不是指的統一六國前（即戰國時代）的秦內史，而是指的秦統一後和漢初內史的職掌。"[21]"'掌治京師'的內史，並不是有如守、令的'掌治其郡'和'掌治其縣'那樣總攬那裏的軍政大權。京師是直屬國君之地，軍政大權並不在內史，內史祇不過代國君掌管京師地區的賦稅和與之相關的戶口、手工業、商業及其藏穀、養牲等事項。"[22]

彭先生的說法有其道理，但也不很全面。從出土文字資料看，秦內史的職責在春秋到戰國中晚期之間有較大變化，戰國中晚期之前，內史主管冊命、賞賜、保存檔案等，而到戰國中晚期之後，這一職責已由御史代替。秦昭王與趙惠文王會澠池，雙方有御史記事。張家山簡記秦漢之際內史有事務要請示皇帝，須由相國、御史代呈，"御史以聞"，然後，"制曰：可"。而在秦統一前後以至漢初，內史的職責似無大的變化。統一前，秦內史操、騰都參與軍事活動；統一後至漢初，内史仍主管財政經濟事務。嶽麓簡下限到始皇三十五年，基本上在秦代。嶽麓簡有"内史旁金布令""内史倉曹令"，又《内史雜》提到"廥、倉庫"與"黔首室、侍舍"隔絶，應至少六丈，説明其時内史職責與倉廩、金錢有關。張家山簡《置吏律》提到"縣道官之計（報表）……其受恒秩氣（餼）稟，及受財用年輸，郡關其守，中關内史"，《田律》稱"一歲馬、牛它物用稾數"要上（報）内史，《津關令》要求"縣各以所買（馬）名、匹數告買所内史、郡守"，説明漢初仍是如此。值得注意的是，張家山簡强調漢初各縣道經濟事務在郡者"關（報告）其守"，在畿内者"關内史"，漢初承秦制，可見秦内史與郡的職責並無根本分别，無論在統一前還是統一後，都是"掌治"其轄地的政務與經濟事務的。不過，内史因地處畿内，經濟事務更多一些罷了。

《漢書·百官公卿表》所説的"治粟内史"秦出土文字迄未一見。北京故宫博物院藏一印，羅福頤先生收入《漢印文字徵》[23]《秦漢南北朝官印徵存》[24]，後書釋爲"銍粟將印"，定爲秦印，云："此印之銍粟殆即治粟，此當是治粟内史之屬官。"趙超先生則説："銍將粟印……將爲管理義……銍縣秦時屬泗水郡，將粟爲負責管理糧食的官員。"[25] 我也曾指出："《百官表》治粟内史屬官……無治粟將一職，且銍粟讀爲治粟亦無根據。"[26] 其實，將有治理義，睡虎地秦簡《秦律十八種·司空》："仗城旦勿將司，其名將司者，將司之。"將爲監管意。"銍將粟"爲銍地管理糧食的官員，"治粟内史"則爲内史地管理糧食的官員。《百官公卿表》："治粟内史，秦官。"王先謙補注："治粟内史見《陳平傳》，又《韓信傳》漢王以信爲治粟都尉，蓋内史屬官，猶沿秦制，故以治粟爲稱。"查《漢書·韓信傳》，稱韓信初投劉邦，坐法當斬，嘆曰："上不欲就天子乎，而斬壯士？""滕公（夏侯嬰）奇其言，壯其貌，釋弗斬。與語，大悦之，言於漢王。漢王以爲治粟都尉，上未奇之也。"治粟都尉的地位卑賤，而治粟内史之職設置，也是秦漢之際短時間的事。

彭邦炯先生對與内史有關的大内、少内、少府作了討論，結論是："戰國時代秦國内史下分設平列的大内、少内和少府，它們的具體分工是：大内主管物資（包括穀物、衣物器用等）；少内主管財貨（包括王室私用錢財），少府分管苑囿園地等。内史主管範圍因原包括穀貨——這是古代封建政府財政經濟的主要内容，故後來專'掌穀貨'官稱作'治粟内史'，而内史之職掌在統一六國後，祇剩下管理畿内之事了。"[27] 這段話後半部分不盡符合事實，上文已經討論過；前半部分主要言及内史的屬官，以下略作分析。

大内爲内史屬官，睡虎地秦簡《金布律》説大内處理物資時需書面報告内史，可爲證明。大内還向服役者發放衣物。秦封泥有"泰内丞印"（《考古與文物》1998年第2期，第51頁圖10），又有"大内丞印"（漢長安城工作隊考古發掘品T2③：11，本文圖11）、"大内"（《在京新見秦封泥中的中央職官内容》，圖二，6，本文圖12）。

《漢書·百官公卿表》治粟內史"屬官有太倉、均輸、平準、都內、籍田五令丞,斡官、鐵市兩長丞,又郡國諸倉、農監、都水六十五官長丞。"其郡國官屬郡國,當與秦內史無關。

太倉見秦封泥。《考古與文物》1997年第1期第45頁有"泰倉"(圖13)、"泰倉丞印"(圖14)。睡虎地秦簡《倉律》提到穀物、芻稾入倉,要計入倉簿籍,上報內史;又說收穫後上報產量時,應將秈稻和糯稻區別開來,到十月用牒寫明數量,上報內史,足見太倉是內史屬官。

秦封泥有"斡官",見周曉陸等《在京新見秦封泥中的中央職官內容》[28](圖二,1,本文圖15)。《漢書·百官公卿表》"斡官"顏師古注引如淳曰:"斡音筦,或作幹。斡,主也,主均輸之事。"

秦封泥有"斡都廥丞",見《考古與文物》1997年第1期第45頁(圖16),及龐任隆《秦封泥官印考》[29](圖211,本文圖17)。《說文》:"廥,芻稾之藏也。"《廣雅·釋宮》:"廥,倉也。"又《廣雅·釋詁》:"都,大也。""斡都廥"應是主管諸廥之官。

圖10 泰內丞印

圖11 大內丞印

圖12 大內

圖13 泰倉

圖14 泰倉丞印

圖15 斡官

圖 16　斡都廥丞 　　　　圖 17　斡都廥丞

《秦封泥集》第 128 頁有"鐵市丞印"（圖 18）。此封泥文字不是很清晰，且祇有一枚，但首字爲"鐵"字，似無疑。《說文》："市，買賣所之也。"秦時在咸陽及縣邑多設有市。傳世秦印有"市印"[30]，秦陶文有"麗市""咸陽市于"[31]等。市的職責爲市場管理，也製造器物。"鐵市"可能管理鐵的交易。

《漢書·百官公卿表》說漢代左、右內史屬官都有"鐵官"，王先謙補注："鐵官在鄭縣，見《地理志》。"《漢書·地理志》京兆尹鄭縣條下云："周宣王弟鄭桓公邑，有鐵官。"錢坫曰："今華州南山商洛之間出鐵。"可見"鐵官"是採鐵之官。秦封泥有"鐵官丞印"（《在京新見秦封泥中的中央職官內容》，圖四，6，本文圖 19）。《史記·太史公自序》："（司馬）靳孫昌，爲秦主鐵官，當始皇之時。"

秦封泥有"采司空印"（《考古與文物》1997 年第 1 期，第 45 頁圖 20）。"采司空"之名文獻失載，有可能爲採礦之官。睡虎地秦簡《秦律雜抄》："采山重殿，貲嗇夫一甲。"整理小組注："采山即採礦，《文選·吳都賦》：'采山鑄鐵。'"《雜抄》又說："右采鐵、左采鐵課殿，貲嗇夫一盾。""采司空"是否職司採鐵不明，但其主採集礦物，與鐵官性質相近，則可肯定，故有可能也是內史的屬官。

秦封泥又有"采青丞印"[32]"采銀"（《在京新見秦封泥中的中央職官內容》，圖四，12）等，當爲採集丹青、銀礦之官。但丹青產地在蜀，銀產地不明，故二者恐不會爲內史屬官。

圖 18　鐵市丞印 　　　　圖 19　鐵官丞印 　　　　圖 20　采司空印

睡虎地秦簡《金布律》："縣、都官坐效、計以負賞（償）者，已論，嗇夫即以其直（值）錢分負其官長及冗吏，而人與參辨券，以效少內，少內以收責之。"整理小組注："漢末鄭玄注《周禮·職內》：'……若今之泉所入謂之少內。'簡文此處的少內可能也是朝廷管理錢財的機構。"彭邦炯也說："大內，不見直接與金錢發生關係，而祇見管理物資一類事，

而這裏的少内又祇見與金錢直接發生關係,與物資却無關。……它們之間是並列的。"㉝天津藝術博物館藏"少内"印、"茝陽少内"印(《秦漢南北朝官印徵存》0004、0066,圖21、22)。睡虎地秦簡《法律答問》:"府中公金錢私貸用之,與盜同法。可(何)謂'府中'?唯縣少内爲'府中'。""茝陽"即"芷陽",後爲内史縣。少内、芷陽少内皆爲内史屬官。

秦封泥有"内官丞印",見《秦封泥集》(第158頁,本文圖23),又見漢長安城工作隊發掘品、西安文物保護考古所藏品等。周雪東㉞、王偉㉟認爲内官也可能爲治粟内史屬官,大内、少内皆屬内官。《漢書·百官公卿表》内官屬宗正,並云:"初内官屬少府,中屬主爵,後屬宗正。"

圖21 少内　　　　圖22 茝陽少内　　　　圖23 内官丞印

《漢書·百官公卿表》:"少府,秦官,掌山海池澤之稅,以給共養。"應劭曰:"名曰禁錢,以給私養,自别爲藏。少者小也,故稱少府。"顔師古曰:"大司農供軍國之用,少府以養天子也。"少府與内史的職責有重疊,如二者都主管廐苑、工官。但總體上看,二者的分工是明確的:少府主管宫廷事務,"大約相當於清之内務府",而内史主管國家財政及轄地事物。《漢書·百官公卿表》少府屬九卿之一,屬官遠多於内史及治粟内史,名將章邯曾在秦二世時任少府一職,出土兵器又多見"少府"監造者(如二年少府戈、十三年少府矛、珍秦齋藏十六年及二十三年少府戈等),這些都説明少府是與内史並列的機構,而非其屬官。

睡虎地秦簡《廐苑律》説各縣官用駕車之牛由内史統一考核,説明内史所主管的主要是轄地放牧公馬牛的廐苑。至於專供皇帝游樂的苑囿,其在内史轄地者,内史也爲之置吏。如《内史雜》提到:"候、司寇及群下吏毋敢爲官府佐、史及禁苑憲(害)盜。"又説:"苑嗇夫不存,縣爲置守,如《廐律》。"但這祇是因爲該苑在内史轄縣,在其官員有空缺時,由縣代爲安排臨時代理其職務的人員,其正式任命,則權在中央㊱。内史轄地苑囿的具體事務,據《漢書·百官公卿表》,則歸少府(漢武帝時歸水衡都尉)主管。

秦時工官分中央和地方兩個系統。其中中央系統包括相邦、寺工、詔事、少府、屬邦,以及封君等,地方系統則爲郡縣工官。中央系統的寺工,黃盛璋先生説即見於《漢書·百官公卿表》的"寺互"㊲,爲中尉屬官,云:"初寺互屬少府,中屬主爵,後屬中尉。""詔事"多見於昭襄王後期及始皇銅器銘文,是獨立機構還是屬何機構不明(黃盛璋先生説詔事即若盧，少府屬官，理由不很充分）。屬邦即《漢書·百官公卿表》的"典屬國"。總之，中央系統的以上工官都不是内史主管的。

内史主管者應爲其轄地的工官。

秦封泥有"咸陽工室"（漢長安城工作隊發掘品 T2③：61，本文圖 24）、"咸陽工室丞"（《秦封泥集》，第 89 頁，本文圖 25），"咸陽工室"即首都咸陽之工室。

圖 24 咸陽工室

秦封泥有"櫟陽右工室丞"（《秦封泥集》，第 248 頁，本文圖 26）、"櫟陽左工室"（《於京》[38]，圖 3，本文圖 27）。又二世元年丞相斯戈有"櫟陽左工"[39]。櫟陽爲秦舊都，其地工室且分左右。

秦封泥有"雍工室印"（《新出秦代封泥印集》，第 106 頁，本文圖 28）。雍亦秦舊都。

秦封泥又有"雲陽工丞"（陳曉捷等《新見秦封泥五十例考略》，無圖），雲陽爲内史轄縣。

咸陽、櫟陽、雍地工官屬中央系統還是地方系統，目前學人意見不一，雲陽工官則肯定屬地方系統。無論如何，以上四地工官都在内史轄地内，由内史主管。睡虎地秦簡《均工》談到内史對工匠的調度、管理，恐主要涉及的是内史轄地的工匠。

圖 25 咸陽工室丞　　圖 26 櫟陽右工室丞　　圖 27 櫟陽左工室　　圖 28 雍工室印

注釋：

① 周曉陸、路東之編著：《秦封泥集》，三秦出版社，2000 年，第 108 頁。此枚封泥原載《考古與文物》1997 年第 1 期，第 46 頁圖 67。

② 傅嘉儀編著：《新出土秦代封泥印集》，西泠印社出版社，2002 年，第 4 頁。此枚封泥原載《收藏》1997 年第 6 期，第 2 頁，2 行圖。

③ 傅嘉儀編著：《秦封泥彙考》，上海書店出版社，2007 年，第 8—9 頁。

④ 中國社會科學院考古研究所漢長安城工作隊：《西安相家巷遺址秦封泥的發掘》，《考古學報》2001 年第 4 期。原圖十六，13；圖版七，7。

⑤ a. 廣州市文物管理委員會、中國社會科學院考古研究所、廣東省博物館：《西漢南越王墓》，文物出版社，1991 年，圖版二二；b. 又見王輝、程學華：《秦文字集證》，臺灣藝文

印書館，1999年，圖版十七。"内史"二字原釋"庶長"，後已糾正，參看下注。

⑥ 王輝、蕭春源：《珍秦齋藏王八年内史操戈考》，《故宫博物院院刊》2005年第3期。

⑦ 睡虎地秦墓竹簡整理小組編：《睡虎地秦墓竹簡》32開平裝本，文物出版社，1978年。以下凡引睡虎地秦簡皆出此書，不再一一注明。

⑧ 四川省博物館等：《青川縣出土秦更修田律木牘——四川青川縣戰國墓發掘簡報》，《文物》1982年第1期。牘文"氏"字簡報釋"民"，此從黄文傑說釋"氏"，見氏著：《秦至漢初簡帛文字研究》，商務印書館，2008年，第136—141頁。

⑨ a. 陳松長：《嶽麓書院所藏秦簡綜述》，《文物》2009年第3期；b. 陳松長：《嶽麓書院藏秦簡中的郡名考略》，《湖南大學學報》（社科版）2009年第2期。

⑩ a. 湖南省文物考古研究所：《湖南龍山里耶戰國—秦代古城一號井發掘簡報》，《文物》2003年第1期；b. 湖南省文物考古研究所：《湖南龍山縣里耶戰國秦漢城址及秦代簡牘》，《考古》2003年第7期。

⑪ 張家山二四七號漢墓竹簡整理小組：《張家山漢墓竹簡（二四七號墓）》，文物出版社，2001年。

⑫ 于豪亮：《雲夢秦簡所見官職述略》，《文史》第58輯；後又收入氏著：《于豪亮學術文存》，中華書局，1986年，第88—91頁。

⑬㉑㉒㉗㉝ 彭邦炯：《從新出秦簡再探秦内史與大内、少内和少府的關係》，《考古與文物》1987年第5期，第68—73頁。

⑭ 參看華東師範大學中國文字研究與應用中心編：《金文引得》（殷商西周卷），廣西教育出版社，2001年，第212頁。

⑮ 王輝編著：《秦銅器銘文編年集釋》，三秦出版社，1990年，第84頁。

⑯ 王輝、蕭春源：《珍秦齋藏秦銅器銘文選釋（八篇）》，《故宫博物院院刊》2006年第2期。

⑰ 董珊：《讀珍秦齋藏秦銅器札記》，《珍秦齋藏金（秦銅器篇）》，澳門基金會，2006年，第214頁。

⑱ 高敏：《南郡守騰的經歷及其發佈〈語書〉的意義——讀秦簡〈語書〉札記》，《雲夢秦簡初探》，河南人民出版社，1979年；後又收入氏著：《睡虎地秦簡初探》，臺灣萬卷樓圖書有限公司，2000年，第24頁。

⑲ 馬非百：《秦集史》，中華書局，1982年，第305頁。

⑳ 王輝：《秦史三題·秦十二郡》，《陝西歷史博物館館刊》第6輯，陝西人民教育出版社，1999年；後又收入氏著：《一粟集——王輝學術文存》，臺灣藝文印書館，2002年。

㉓ 羅福頤編：《漢印文字徵》7·8，文物出版社，1987年。

㉔ 羅福頤主編：《秦漢南北朝官印徵存》，文物出版社，1978年。

㉕ 趙超：《試談幾方秦代的田字格印及有關問題》，《考古與文物》1982年第6期。

㉖ 王輝、程學華：《秦文字集證》，第172頁。

㉘ 周曉陸等：《在京新見秦封泥中的中央職官内容》，《考古與文物》2005年第5期。

㉙ 龐任隆：《秦封泥官印考》，《秦陵秦俑研究動態》1997年第3期。

㉚ 曹錦炎：《古璽通論》，上海書畫出版社，1995年，第199頁。

㉛ 袁仲一、劉鈺編著：《秦陶文新編》，文物出版社，2009年，第88、123頁。

㉜ 王輝：《西安中國書法藝術博物館藏秦封泥選釋（十則）》，《文物》2001年第12期。

㉞ 周雪東：《秦漢内官、造工考》，《西北大學學報》（哲社版）1998年第2期。

㉟ 王偉：《秦璽印封泥職官地理研究》，陝西師範大學博士學位論文，2008年，第83頁。

㊱ 王輝：《出土文字所見之秦苑囿》，《考古與文物》叢刊第四號：《古文字論集（二）》，2001年。

㊲ 黃盛璋：《寺工新考》，《考古》1983年第9期。

㊳ 周曉陸等：《於京新見秦封泥中的地理內容》，《西北大學學報》（哲社版）2005年第4期。

㊴ 許玉林、王連春：《遼寧寬甸發現秦石邑戈》，《考古與文物》1983年第3期。

（原載《青泥遺珍——戰國秦漢封泥文字國際學術研討會論文集》，
西泠印社出版社，2010年）

八年相邦薛君、丞相殳漆豆考

2010年11月，西安市公安局刑偵二處五大隊破獲一盜掘秦東陵團伙，繳獲高柄漆豆1件（圖1、2），殘漆豆足座3件（圖4、6、8）。高柄漆豆木質，表面髹漆，至今仍有光澤，豆上腹圓盤狀，已殘，直徑16.7厘米，通高28.6厘米。中爲細柄，下爲足座，座徑14.6厘米，邊緣有一圈紅色雲紋圖案。12月2日，陝西省文物局文物鑒定研究中心邀請袁仲一、尹盛平、王輝、劉雲輝、曹瑋、呼林貴等先生共同鑒定，確定爲戰國晚期秦豆。完整的一件高柄漆豆盤底刻有針刻文字二處（圖3），極細淺，足座底部有烙印文字一處，又針刻一字。

盤底右邊一條銘文3行15字（圖3、10）：

　　八年相邦辥（薛）君
　　造，雍工帀（師）效，
　　工大人申。

左邊一條銘文3行14字（圖3、11）：

　　八年丞相殳
　　造，雍工師效，
　　工大人申。

足座底部烙印"大官"2字，又倒刻一"冋"字（圖3、12）。
3件殘漆豆足座底部皆烙印"大官"2字（圖5、7、9、13、14、15）。

卷一　銘文考釋　31

圖1　高柄漆豆 　　　　　圖2　高柄漆豆底部 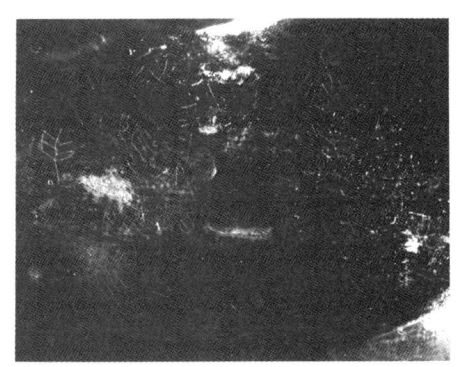　　　　圖3　高柄漆豆盤上的針刻文字

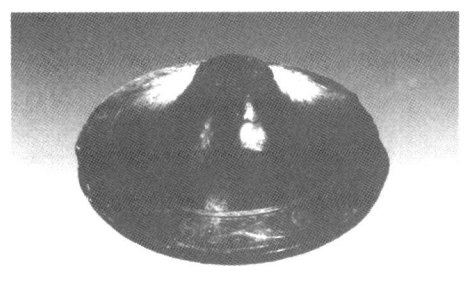

圖4　殘漆豆甲 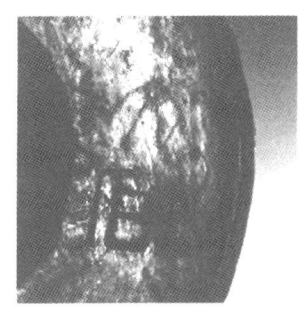　　　　　　　　　　圖5　殘漆豆甲底部烙印文字

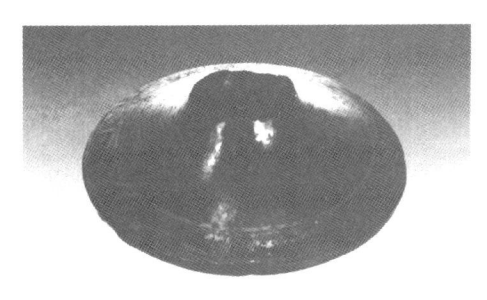

圖6　殘漆豆乙 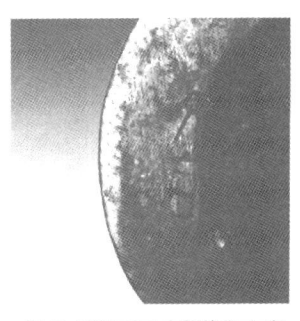　　　　　　　　　　圖7　殘漆豆乙底部烙印文字

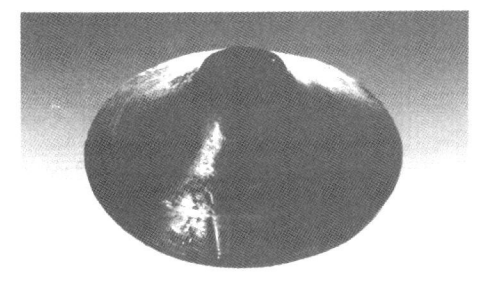

圖8　殘漆豆丙 　　　　　　　　　　圖9　殘漆豆丙底部烙印文字

圖一　秦東陵出土漆豆

以下對銘文試作討論：

《廣韻·薛韻》："辥,《說文》：'辠也。'凡从辥者經典通作薛。"在古文字中，辥訓罪孼（俗作孽），或讀爲乂（治理），薛訓草，作國族名今通作薛。

"八年"爲秦昭襄王八年。《史記·秦本紀》："（昭襄王）九年，孟嘗君薛文來相秦。"日本瀧川資言《史記會注考證》云："《館本考證》云：《年表》及《田完世家》薛文相秦在秦昭王八年。"查《史記·六國年表》："齊湣王二十五年（秦昭襄王八年），薛文入相秦。"《田敬仲完世家》："（齊湣王）二十五年，歸涇陽君於秦。孟嘗君薛文入秦，即相秦。文亡去。"《孟嘗君列傳》："齊湣王二十五年，復卒使孟嘗君入秦，昭王即以孟嘗君爲秦相。""薛君"即孟嘗君。《孟嘗君列傳》云："孟嘗君名文，姓田氏。文之父曰靖郭君田嬰。……宣王卒，湣王即位。即位三年，而封田嬰於薛。"田文繼其父爲薛地封君，因稱"薛君"，"孟嘗"或說是其諡號。

"殳"爲秦丞相名，不見於傳世文獻，但見於出土文字。加拿大華人蘇致準藏七年丞相夬、殳戈銘："七年丞相夬、殳造，咸囗（陽）工帀（師）琢，工游。"梁雲指出夬、殳爲秦昭王七年的左右丞相，"夬"即見於《秦本紀》的"庶長夬"①，其說甚是。《秦本紀》云："（昭襄王）六年……庶長夬伐楚，斬首二萬。……九年，孟嘗君薛文來相秦。夬攻楚，取八城，殺其將景快。"梁先生說："夬任丞相前後，都是率軍攻楚的主將。文獻中關於他的記載僅此兩條，姓氏、事蹟不詳。……至於右丞相殳，更是名不見經傳。"

我們懷疑"殳"即見於《秦本紀》之"金受"，亦即見於《戰國策·東周策》之"金投"。《秦本紀》云"（昭襄王）十年……薛文以金受免。樓緩爲丞相。"張守節正義："金受，秦丞相姓名。"瀧川資言考證："方苞曰：'九年薛文來相秦，十年免，中間無金受相秦事。金受名別無所見，恐傳寫之誤。蓋薛文以受金免，而樓緩代相耳。'張文虎曰：'金受疑倒。'梁玉繩曰：'考《孟嘗君傳》，秦昭王以爲相，人或說昭王曰：孟嘗君相秦，必先齊而後秦，秦其危矣。於是昭王乃止，囚孟嘗君。疑金受是說昭王之人。又文之免相在九年，此誤在十年。'中井積德同梁說。愚按：楓山本無'薛文'二字，以金受未詳，闕疑可也。"

馬非百《秦集史·國君紀事十七·昭襄王》引了《孟嘗君列傳》一段話，加按語云："然則《孟嘗君傳》之或人，即《秦本紀》之金受明矣。又孟嘗君爲右丞相，故金受當即左丞相。有人謂金受即《東周策》周最謂金投之金投，乃趙臣之親秦者，其說無據，不可信。"馬先生說金受爲其時秦左丞相，是完全對的，但說金受不是金投，則未必對。由七年丞相夬、殳戈及八年相邦薛君、丞相殳漆豆，我們知道昭襄王七年有丞相夬、殳，八年僅有丞相殳，而文獻記載其時僅有丞相金受，夬爲庶長夬，則"受"必是"殳"之誤字。殳字秦文字作"殳"，見咸陽塔兒坡出土的十九年大良造鞅殳鐏②。受字秦文字作"受"（寺工矛"武庫受[授]屬邦"）、"受"（睡虎地秦簡《封診式》"受賈錢"）、"受"（睡虎地秦簡《法律答問》

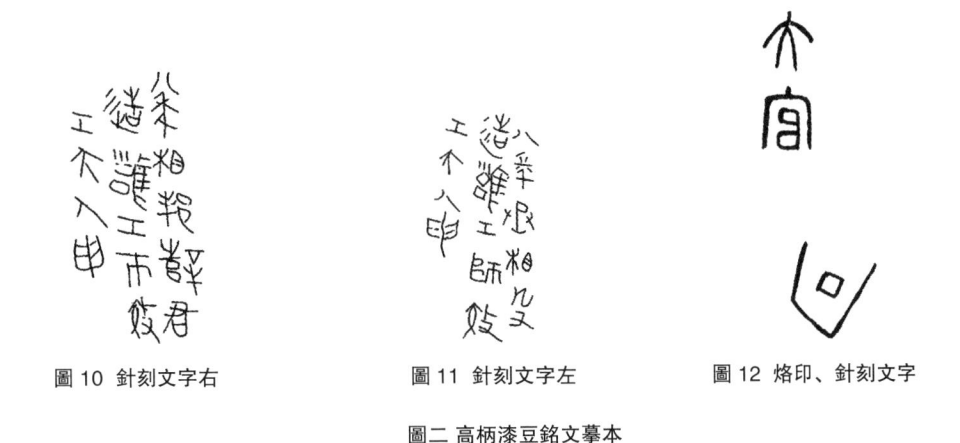

圖 10 針刻文字右　　圖 11 針刻文字左　　圖 12 烙印、針刻文字

圖二　高柄漆豆銘文摹本

"受分臧（贓）不盈一錢"③。殳、受二字下部皆从又，上部輪廓又接近，極易混淆；加之司馬遷作《史記·秦本紀》時所據的竹簡本《秦記》自秦流傳至漢武帝時，文字墨迹已不清晰，"其文略未具"，因此，司馬遷誤以"殳"爲"受"是極可能的，方苞也疑"金受"是"傳寫之誤"，有其道理。至於"殳"之作"投"，更毫不足怪。投字从手，殳聲，上古音投侯部定紐，殳侯部禪紐，二字疊韻，定禪準旁紐，故通用④。睡虎地秦簡《法律答問》："邦客與主人鬥，以兵刃、投梃、拳指傷人，擊（撞）以布。"所謂"投梃"即"殳梃"，殳爲兵器之一，十九年大良造鞅殳鐏即自名"殳"。"金受""金投"皆姓金，"受"爲"殳"之誤字，殳、投又通用，要說二者不是一人，是説不過去的。

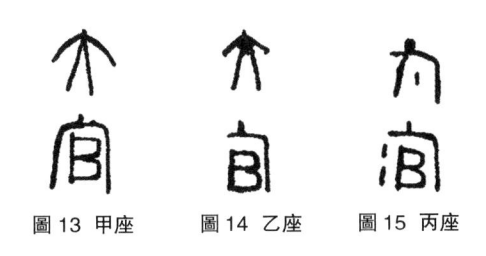

圖 13 甲座　　圖 14 乙座　　圖 15 丙座

圖三　殘漆豆座底部烙印文字摹本

"金投"與孟嘗君是同時人。《戰國策·東周策》有《或爲周最謂金投》《周最謂金投》二章，緊接著有《謂薛公》一章，云："謂薛公曰：'最於齊王也而逐之……'"鮑彪注："薛公，田文。"黃丕烈札記："今本'公'誤'君'。"可見"薛公"一本作"薛君"，其或另有所本，未必是今本誤。三章相連，金投、薛君，皆與周最同時，其爲同時人可無疑。

《或爲周最謂金投》云："或爲周最謂金投曰：'秦以周最之齊疑天下，而又知趙之難子齊人戰，恐齊、韓之合，必先合於秦。秦、齊合，則公之國虛矣。公不如救齊，因佐秦而伐韓、魏，上黨長子趙之有。公東收寶於秦，南取地於韓，魏因以因〈困〉，徐爲之東，則有合矣。'"鮑彪注："金投，蓋趙人之不善齊者。"周最時任齊相，而趙人金投"不善齊"。周最顧慮趙國在金投鼓動下禍害齊，因而派人勸説金投。説者謂秦、齊如果聯合，則"公之國"（趙）將成爲廢"虛（墟）"，爲趙計，金投不如"救齊，因佐秦而伐韓、魏"，這樣一來，趙可取得韓上黨之地長子，又因佐秦而"收寶"，齊國也因懼怕秦、韓，而與趙聯合。表面上，這是爲趙國及金投打算，實際上是爲齊國打算。但由此章可以看出，金投一人身繫齊、趙兩國之安危，必非平庸之輩。這樣一個人物，出於當時外交的需要，在秦昭襄王七、八兩年在秦國任丞相一職，是完全可能的。秦昭襄王八年，孟嘗君入秦，任相邦，地位在金投（殳/受）之上，金投肯定不舒服。孟嘗君是齊人，金投則"不善齊"，政見也必然不同。兩種因素作用之下，金投（殳/受）説孟嘗君的壞話（"齊族也，今相秦必先齊而後秦"），並危言聳聽，説孟嘗君相秦，"秦其危矣"，自在情理之中。事實證明，昭襄王是完全相信金投的話的，於是"乃止，囚孟嘗君，謀欲殺之"。以至於孟嘗君情急之下，用賓客中能爲"狗盜"者，偷去原先獻給昭王的狐白裘，轉獻給王之幸姬，"幸姬爲言昭王，昭王釋孟嘗君"。在逃出函谷關時，孟嘗君又用賓客中"又能爲雞鳴者"，引雞盡鳴，始得出關，脱離危險境地。由此更可見金投在當時秦國政壇影響之巨大。八年相邦薛君、丞相殳漆豆銘文證明金受、金投、金殳爲一人，並使這一聲勢顯赫人物撲朔迷離的歷史事蹟得以初步廓清，是有重大意義的。

在八年相邦薛君、丞相殳漆豆中，"相邦""丞相"同時出現，也是有重大意義的。我們曾指出相邦、丞相是兩個職位，相邦佐王治國，丞相則輔佐相邦，如果相邦去職，暫時找不到合適的人選，丞相可代行相邦的職責[5]。梁雲則説："（王輝先生）這個觀點，基本是對的……相邦的地位高於丞相，而且更爲正式。相邦與丞相是否有同時在位的可能？如果丞相是輔佐相邦的助手，這自然不成爲問題；但細審文獻與刻銘材料則不然……由此可見，雖然相邦、丞相的職位常設，但相邦在位時，丞相往往空缺；如果相邦缺乏合適的人選，就暫時任命左、右丞相，共行相邦之職。"漆豆銘文提供了唯一一條相邦、丞相同時在位的例子，是對梁説的補充與完善。昭襄王元年至七年，秦相邦是樗里疾。《史記·秦本紀》："昭襄王元年，嚴君疾爲相。"《史記·樗里子甘茂列傳》："秦惠王卒，太子武立，逐張儀、魏章，以樗里子、甘茂爲左右丞相。……秦武王卒，昭王立，樗里子又益尊重。"樗里疾秦武王時已爲丞相，昭襄王時"又益尊重"，始爲相邦，可見相邦地位高於丞相。澳門蕭春源珍秦齋藏有元年相邦疾戈[6]，董珊藏六年相邦疾戈摹本[7]。昭襄王七年，樗里疾卒，次年未設相邦，而由夋、殳二人爲丞相。依通例，夋爲左丞相，殳爲右丞相，在没有相邦的情況下，右丞相地位高於左丞相。昭襄王八年，孟嘗君來秦，任相邦，而夋不再擔任左丞相，而"帥軍去攻楚，取八城"，極可能由殳（金受/金投）改任左丞相，位在孟嘗君之下。漆豆由相邦、丞相共同監造，殆因此豆爲王室之器，格外受到重視。此前學者或認爲秦相邦、丞相爲兩職，或認爲是一職，漆豆銘文說明兩職說是完全對的。一個爭論多年的問題，從此有了定論。

雍爲秦舊都，戰國中晚期，其地仍設有隸屬中央工官系統的製器機構。中國國家博物館、珍秦齋各藏一件二十一年相邦冉戈，銘有"雍工市（師）葉"⑧，珍秦齋藏三十二年相邦冉戈銘文有"雍工市（師）齒"⑨。

"工大人"見於秦惠文王前元十三年（前325）或後元十三年（前312）的十三年相邦張儀戈（《集成》11394A），銘"咸陽工師田，工大人耆，工積"。又見抗戰期間長沙出土的昭襄王二十九年（前278）太后漆奩（或稱樽，或稱卮），銘"右工市（師）象，工大人臺"。"大人"爲敬稱。"工大人"上有"工師"，下有"工"，乃工師副手，約與工師丞相當。荊州博物館藏六年漢中守戈（《集成》11367）銘"右工師齊，丞熙，工牲"。

"大官"是掌管宮廷膳食的機構。"大"或作"泰""太"。咸陽博物館藏秦大官盉，器底刻有銘文"大官四升"⑩。1996年西安相家巷出土秦封泥有"泰官丞印"⑪。北京楊廣泰文雅堂近年收藏相家巷秦封泥有"大官丞印"14枚、"大官"6枚、"泰官"1枚、"泰官丞印"6枚⑫。陝西歷史博物館藏有"大官丞印"封泥，吳鎮烽《陝西歷史博物館館藏封泥考（下）》斷爲漢初封泥⑬，但從文字風格看，也不能完全排除其爲秦封泥的可能。睡虎地秦簡《秦律雜抄》："大官、右府、左府、右采鐵、左采鐵課殿，貲嗇夫一甲。"《漢書·百官公卿表》："少府，秦官，掌山海池澤之稅，以給供養。屬官有尚書、符節、太官、湯官……十二官令丞。"顏師古注："大司農供軍國之用，少府以養天子也。"又曰："太官主膳食，湯官主餅餌。"《漢書補注》王先謙曰："太官令續《志》云'掌御飲食'……太官見霍光、召信臣、谷永《傳》，太官丞見《東方朔傳》，太官獻丞見《張延年傳》。"《霍光傳》載霍光在漢昭帝崩後，迎立昌邑王賀即帝位，後因昌邑王"行淫亂"，又以皇太后詔廢之。太后詔列舉昌邑王的罪行有："與從官、官奴夜飲，湛沔於酒。詔太官上乘輿食如故。食監奏：'未釋服（指在昭帝喪服期間），未可御故食。'復詔太官趣具，無關食監。太官不敢具，即使從官出買雞豚，詔殿門內（入）以爲常。"詔書"太官"當指太官令。《東方朔傳》："久之，伏日詔賜從官肉。太官丞日晏不來。朔獨拔劍割肉，謂其同官曰：'伏日當蚤歸。'即懷肉去。"

大官既爲宮廷食官，足見漆豆爲宮廷食器，而器主則爲王而非太后、后、太子等。因爲太后器多由詹事製作，如十七年太后漆盒、二十九年太后漆奩主造者都爲"太后詹事丞"；且太后、后食官稱"私官"⑭。漆豆既作於昭襄王八年，器主自是昭襄王。據盜墓者交代，漆豆出自秦東陵M1，陵園內相近有M2。據《史記·秦始皇本紀》後附《秦記》，昭襄王

"葬芷（芷）陽"，則 M1 極可能是昭襄王陵墓，M2 爲昭襄王媵妾唐八子，亦即孝文王母唐太后墓，漆豆爲昭襄王生前自用器。秦孝文王享國一年，"葬壽陵"，不明所在。秦莊襄王享國三年，亦"葬芷陽"。孝文、莊襄二王享國甚短，恐亦不會用先王之漆器隨葬。

附記：本文所附圖片由陝西省文物鑒定中心徐濤拍攝，特此致謝。

注釋：

① 梁雲：《秦戈銘文考釋》，《中國歷史文物》2009 年第 2 期，第 56—58、79 頁。
② 王輝：《十九年大良造鞅殳鐏考》，《考古與文物》1996 年第 5 期。
③ a. 參看陳振裕、劉信芳編著：《睡虎地秦簡文字編》，湖北人民出版社，1993 年，第 24 頁；b. 何琳儀：《戰國古文字典》，中華書局，1998 年，第 186 頁。
④ 參看王輝編著：《古文字通假字典》，中華書局，2008 年，第 147 頁。
⑤ 王輝編著：《秦銅器銘文編年集釋》，三秦出版社，1990 年，第 41—43 頁。
⑥ 王輝：《珍秦齋藏元年相邦疾戈跋》，《湖南博物館館刊》第 5 輯，嶽麓書社，2008 年；後又收入氏著：《高山鼓乘集——王輝學術文存二》，中華書局，2008 年。
⑦ 董珊：《戰國題銘與工官制度》，北京大學博士學位論文，2002 年，第 211 頁。
⑧⑨ a. 中國社會科學院考古研究所編：《殷周金文集成》，中華書局，1984—1991 年，第 1342 頁；b. 王輝、蕭春源：《珍秦齋藏秦銅器銘文選釋（八篇）》，《故宮博物院院刊》2006 年第 2 期。
⑩ 劉曉華：《咸陽市出土秦代銅盉》，《考古與文物》1989 年第 6 期。
⑪ 周曉陸、路東之、龐睿：《秦代封泥的重大發現》，《考古與文物》1997 年第 1 期，第 45 頁圖 44。
⑫ 楊廣泰編：《新出封泥彙編》，西泠印社出版社，2010 年，第 35—36 頁。
⑬ 吳鎮烽：《陝西歷史博物館館藏封泥考（下）》，《考古與文物》1996 年第 6 期，第 65 頁圖一，9。
⑭ 朱德熙、裘錫圭：《戰國銅器銘文中的食官》，《文物》1974 年第 7 期，又《集成》10357 邵宮盉銘有"邵宮私官"。

（原載《考古與文物》2011 年第 2 期，與尹夏清、王宏合寫）

子湯簠銘文試解

據《文物研究》1986年第2期報道，安徽六安市郊九里溝村收集一件青銅簠（器形見該期圖版壹，1；銘文見第39頁附圖）。肩部有陰刻銘文14字（其中重文2）：

襄胂子湯之鬻，
子＝孫＝永保用之。

此器出土情況不明，器形罕見，銘文有幾個字又比較特殊，易致人疑竇。但細察銘文，秀逸自然，爲典型的南土風格，可見絕非僞器。茲對其銘文略作考索，以俟大雅君子之教焉。

首字與鄂君啓節"襄陵"之"襄"作"襄"，除少一土符外，極其相似，胡仁宜先生釋作襄，是。

胂字不見於字書，但字从肉，叀聲，胡仁宜先生讀爲惠也不是不可以。不過叀與專同音，所以胂也可看作膞的異體字。《說文》："膞，切肉也，从肉，專聲。"段玉裁注："膞與剸義近。《儀禮》說牲體前有肩臂臑，後有肫髀骼。髀不升於俎，故多言肫骼，肫亦作膞。《經》肫膞錯出，皆假借字也。《經》本應作腨。腨，腓腸也，以腓腸該全脛，假肫膞字爲之。"按段氏的說法，膞是腨之假字，甚是。《說文》："腓，脛腨也。"段玉裁注："《咸·六二》：'咸其腓。'鄭曰：'腓，膞腸也。'"膞腸"即"腨腸"，今稱小腿。膞在古籍中可作人名，《史記·外戚世家》："中山李夫人有寵，有男一人，爲昌邑王。"索隱："生昌邑哀王髆。"髆與膞同，骨與肉義近通用，《康熙字典》未集引作膞，而《漢書·武帝紀》"立皇子髆爲昌邑王"，髆當爲髆之訛。

"襄胂"二字在銘文中的位置，他器多爲父祖之名號，如：

趩亥鼎："宋檣（莊）公之孫趩亥自乍會鼎。"
慶孫之子簠："慶孫之子峩之餴𣪘。"
沇兒鐘："郳王庚之怂子沇兒。"
郄大宰鐘："郄大宰儥子懿自乍其御鐘。"
者減鐘："工獻王皮難之子者減擇其吉金。"
陳䀠𣪘："䀠曰：余陳中產（仲完）孫。"

"慶孫""庚""儥""皮難""陳仲完"皆作器者父祖之名，"宋莊公"則作器者先祖之謚號。于豪亮先生指出："大約在春秋以前，子孫稱其父祖之名，還不算不敬，儒家的學說風行以後，子孫稱其父祖之名就是大不敬了。"（《陝西省扶風縣强家村出土虢季家族銅器銘文考釋》，《古文字研究》第9輯）此𣪘爲春秋器，故"襄膊"可能是子湯父親的名字。膊可作人名，前文已指出了。以肉旁字爲人名，古代習見。《古璽彙編》1411有"宋脅"，0752有"長（張）腋"，0623有"王腄"，2829有"□生臍"，1566有"湯脅"，1505有"畋腹"。依照胡仁宜先生的讀法，"襄惠"當是子湯之父的謚號，猶趩亥鼎的"宋莊"。《謚法》："柔質慈民曰惠。"兩種可能性中，大概以前者爲近是。無論如何，此二字不當如胡先生那樣，説是"然就詞意分析，似含有賞賜之意"。

鬻字前所未見，但字从鬲郄聲甚明。《金文編》附録下136—141、高明《古文字類編》第328頁收有幾個从鬲的字，意義比較接近。《説文》："鬻，䰞也，古文亦鬲字，象孰飪五味氣上出也。"段玉裁説："'䰞也'二字淺人妄增。""鬲鬻本一字，鬲專象器形，故其屬多謂器。鬻兼象熟飪之氣，故其屬皆謂熟飪。"按段説甚是。从鬲之字與从鬻之字《説文》相通，如鬻或作鬻；从鬻之字亦多與从食之字相通，如鬻或體作餌，鬻或體作飦、䭈。鬻既然像鬲及其中食物冒出熱氣之形，故从鬻字多表示一種烹飪行爲，如鬻即煮。鬻从郄聲，郄字邑旁在左，但古文字邑部字邑居左居右無别（參看《金文編》卷五）。郄古音侯部端紐，者魚部照紐，照端準雙聲，魚侯韻部接近，故鬻當是鬻即煮之異構。煮馬王堆帛書作鬻，《五十二病方·治瘙》："鬻叔（菽）取汁灑□"，鬻亦鬻之省文。

鬻字見庚兒鼎，作"鬻"，張頷、張萬鍾以爲與鬻爲一字（《庚兒鼎解》，《考古》1963年第5期）。《歷代鐘鼎彝器款識法帖》卷九收叔夜鼎，銘："叔夜鑄其餴鼎，以征以行，用鬻用鬻。"郭沫若《金文叢考·釋鬻》説鬻當讀烹；鬻从兄得聲，當讀爲薵。《説文》："薵，煮也。"薵、烹、煮經傳互訓，大概都與烹煮祭祀有關，銘中有這幾個字，祇説明器之用途，而不是器名。銅器凡銘中有从鬻之字者，器或爲鼎，或爲甗（陳公子甗），或爲鬲（樊君鬲）。

鼎、鬲、甗在容庚《殷周青銅器通論》中屬食器部的烹煮器門，而簠則屬盛食器，烹煮器與盛食器均屬食器，是一個大類。然此器從總體看，似乎更接近盉、鐎，簡報已指出它接近長治分水嶺的鐎盉（《考古學報》1974年第2期）、吳縣何山東周墓出土的銅盉（《文物》1984年第5期），是很有見地的。鐎盉容庚列於煮酒器類。容氏煮酒器有爵，父乙爵腹下有煙痕，可爲明證。《集韻》："鐎，溫器三足而有柄。"《漢金文錄》4.8有漢富平侯家銅溫酒鐎。《博古圖》三螭盉以下八器，與富平侯鐎形制接近，容先生也改稱爲鐎。

文獻也提到以鐎煮酒之事。《周禮·春官·鬱人》："鬱人掌祼器，凡祭祀賓客之祼事，和鬱鬯以實彝而陳之。"鄭玄注："築鬱金煮之以和鬯酒。鄭司農云：鬱，草名，十葉爲貫，百二十貫爲築以煮之鐎中，停於祭前。"

《博古圖》三螭盉以下八器，大抵爲戰國中期以後之物，紋飾繁縟。至於春秋時期的鐎，出土較少，故發掘者多沿襲舊説稱盉。鐎是從盉分化出來的一個器種，在春秋戰國間形成自己的特點。長治分水嶺M269出的鐎（《考古學報》1974年第2期，圖版叁，2）、M270出的鐎（同上，圖版玖，3），爲春秋晚期或戰國早期器，腹扁圓，腹部有凸弦紋兩道，三獸蹄足，除了流和提梁外，與子湯簋極相似。

鐎字在西周、春秋金文中未出現過，戰國陶文中有一鐎字，見顧廷龍《古陶文舂錄》卷十四，高明《古文字類編》第517頁隸定作鐎，甚是。但字在陶文中是否爲器名尚有疑問。漢有溫酒器，自名爲鐎，鐎字又見於漢史游的《急就章》。

漢代又另有一種三足、無蓋、無流，僅有柄的煮食器，名之爲鐎斗。故《説文》云："鐎，鐎斗也。"段注："即刀斗也。孟康曰：'以銅作鐎器，受一斗，晝炊飯食，夜擊持行，名曰刀斗。'"孟康説見《史記·李將軍列傳》"不擊刀斗以自衛"集解所引。但正如《正字通》所指出的："《周禮》'煮鐎'與此小別。"煮酒鐎與煮食鐎二者是有區别的。

此器據簡報説，"腹底有嚴重的煙炱"，其非盛食器之簋，而爲煮酒器之鐎似無疑問；祇是與其他鐎比較，此器有耳，却無流及提梁。是此器時代早，還是當時人用鐎改作簋，已難以考察。據簡報説，此器附件（耳、足）與器身分鑄焊接，也可能是改作，所以本文仍姑稱爲簋。此器既非墓葬出土，且目前祇此一件，其名稱一下子還難於下結論，但它的發現對探索鐎的早期形制、用途提出了一些新問題，值得我們今後加以注意。

子湯，胡仁宜先生推測是見於《左傳》昭公五年、六年的楚令尹子蕩。

《左傳·昭公五年》："楚子以屈申爲貳於吴，乃殺之，以屈生爲莫敖，使與令尹子蕩如晉逆女。過鄭，鄭伯勞子蕩於氾。"

《左傳·昭公六年》："徐儀楚聘于楚，楚子執之，逃歸。懼其叛也，使薳泄伐徐。吴人救之，令尹子蕩帥師伐吴，師于豫章而次于乾谿。吴人敗其師於房鍾，獲宫廄尹弃疾。子蕩歸罪於薳泄而殺之。"

不過楚國名子蕩者不祇一人。

《左傳·成公七年》："及共王即位，子重、子反殺巫臣之族子閻、子蕩及清尹弗忌，及襄老之子黑要，而分其室。子重取子閻之室，使沈尹與王子罷分子蕩之室……"巫臣即申公巫臣，字子靈，又見於《左傳》宣公十二年、襄公二十六年。楊伯峻注："巫臣爲申縣之尹，故稱申公巫臣，蓋氏屈，故成二年《傳》又稱屈巫，據襄二十六年《傳》，字子靈。"子蕩既與屈巫同族，則亦屈姓。

屈蕩見《左傳·宣公十二年》："彭名御左廣，屈蕩爲右。"屈蕩曾爲左廣之右，在晉、楚邲之戰中曾奮力保護過楚莊王。

屈蕩亦有兩人。《左傳·襄公二十五年》："楚薳子馮卒，屈建爲令尹，屈蕩爲莫敖。"魯襄公二十五年（前548）距魯宣公十二年（前597），已五十年。前爲左廣之右的屈蕩，即使仍在世，必已老態龍鍾，不堪再任莫敖之職。此屈蕩當爲另一人，或即昭五年之令尹子蕩。襄公二十五年距昭公五年（前537），不過十一年，則十一年前爲莫敖（位僅次於令尹）的屈蕩在十一年後升任令尹，完全可能。

子湯簠究竟是哪個子蕩之器，遽難判定。不過器既可能是改作的，則取自曾爲左廣之右，後被子重、沈尹等滅室的巫臣族人屈蕩，可能性更大一些。

（原載《文物研究》總第 6 輯，黃山書社，1990 年）

徐銅器銘文零釋

今所見徐國有銘銅器有郐王糧鼎（《三代》4.9.1）、庚兒鼎（《考古》1963年第5期）、宜桐盂（《周金》4.39）、沇兒鐘（《三代》1.53）、王孫遺者鐘（《三代》1.63）、僉兒鐘（《三代》1.50）、郐王子㞢鐘（《録遺》4）、郐王義楚耑（《三代》14.55.6）、義楚耑（《三代》14.53.3）、郐王䇂又耑（《三代》14.55.4）、郐韶尹鉦鋮（《三代》18.3）、郐命尹盤（《文物》1980年第8期）、郐王義楚盤（同前）共13器。另外，安徽舒城九里墩出土的青銅鼓座[1]，以及傳世銅器子璋鐘、姑馮句鑃、其㝬句鑃也有人以爲是徐器[2]。這些銅器銘文特别是鐘銘，典雅華麗，音節和諧，足證徐雖出自夷狄，但其立國久遠，又接受了中原文化的影響，至春秋時，其文化已與華夏無别，蔚然爲江淮大國。這些銘文爲研究徐國歷史、文化提供了可貴資料，前此學者如王國維、郭沫若、楊樹達、容庚、張頷等已有考釋，然仍有一些問題未能解決，影響銘文通讀。近日重讀徐器銘文及諸賢大作，再作考索，偶有所得，名曰《零釋》，未敢自是，願質諸海内宏達，祈有以教之。

一、雍、羕、迖斯于、舟此于

有幾件徐器銘文提到徐的先祖：

郐命尹盤："雍君之孫郐命（令）尹者旨𦉢（型）擇其吉金自乍（作）盧（爐）盤。"

僉兒鐘："余迖斯于之孫。"

九里墩鼓座："余舟此于之玄孫。"

傳世又有冉鉦鋮（又稱南疆鉦，見《貞松》1.2.1；《三代》18.4.2—5.1），此器國别不明，但從形制大體可看作吴、越、楚等南方諸國器物。銘文提到作鉦的目的是："以伐徐羕子孫。"

鐘、盤作者自稱是"雍君""达斯于"之孫，則雍君、达斯于爲其先祖。冉鉦鍼提到的羨，徐國君爲其子孫，亦必徐先祖之聲名顯赫者。

先祖有遠近之分。近者即父之父，亦即祖父，如宜桐自稱是"邾王季量之孫"，季量爲其祖父。遠者則祖父以上以至始祖之謂。而春秋銅器作者多提到聲名顯赫之先祖。如：

邾公釛鐘："陸覃（蟓，讀爲終）之孫邾公釛作氒龢鐘。"陸終爲邾之先祖。

晉公䇦："我皇祖鄸（唐）公膺受天命，左右武王。"唐公即晉之始祖唐叔虞。

邵黛鐘："畢公之孫。"邵伯即魏氏，其先出於畢公。

趩亥鼎："宋莊公之孫趩亥自乍（作）會鼎。"

雍、羨、达斯于、舟此于既爲徐先祖之聲名顯赫者，則非徐偃王莫屬。

徐偃王始見於《尸子》及《荀子·非相》，《史記·秦本紀》集解引《尸子》稱其"有筋而無骨"，《荀子》稱其"目可瞻馬"，是帶有傳說性的人物。偃王之偃，《淮南子·説山》注以爲諡，但周、秦、漢諡號多以文、武、莊、哀、閔、宣、成之類有褒貶意義的字爲之，未見諡偃者。或以爲是名，張華《博物志·異聞》云："徐君宫人娠而生卵，以爲不祥，棄之水濱。獨孤母有犬名鵠蒼，獵於水濱，得所棄卵，銜以東歸。獨孤母以爲異，覆煖之，遂蚳成兒，生時正偃，故以爲名。徐君宫中聞之，乃更録取。長而仁智，襲君徐國……以己得天瑞，遂因名爲弓（弓，周心如説乃號之誤，《太平御覽》卷三百四十七引正作號），自稱徐偃王。"③徐偃王，《抱朴子·仁明》作徐媈，《潛夫論·氏姓》作徐偃，《漢書·古今人表》作徐隱，看來偃應是名而非諡。這些都是文獻上的説法。

在出土材料中，徐偃王之名可稱作雍。

關於雍字，江西省歷史博物館、靖安縣文化館《江西靖安出土春秋徐國銅器》（《文物》1980年第8期）一文注釋引裘錫圭先生的説法可能是雍字，隸定作雍。"雍、雁一聲之轉，自是雁字，釋爲偃，或即偃王之偃。"按雁上古音元部疑紐，偃元部影紐，疊韻，喉、牙鄰紐，聲音很接近。

羨應是鄰國對偃的稱呼。《説文》："羨，束炭也。从火，差省聲。"《集韻》："羨，側下切，鮓，上聲。"羨又見河南淅川縣出土的楚器王孫誥鐘："余不畏不羨，惠于政德。"同出王子午鼎作"余不畏不着"④。從上下文看，應讀爲差。差上古音歌部初紐，差與偃歌元陰陽對轉。"徐羨子孫"即徐偃子孫，也就是後世徐君的代名詞。

偃、羨、雍爲一人之名，而非泛指。殷滌非先生説："徐偃王不是某一個徐王的名號，殆指徐偃姓之王。"⑤又説"與周穆王同時之徐王，或與楚文王同時、與楚莊王同時之徐王，皆可稱爲徐偃王"。依其説，則徐王皆可稱偃王，那樣，就無法確定"偃王之孫"，銘文也就失去了意義，所以殷先生的説法顯然不妥。

徐、楚、吴、越諸國的王名很複雜，同一人既有夷式名，又有華化名。所謂夷式名可能即其自稱之名，華化名則可能是中原對其名的譯音或譯意。顧頡剛先生《楚、吴、越王之名、號、謚》(《史林雜識》)曾指出吴王僚又稱州于、吴王光又稱闔廬；又如吴王諸樊又稱"姑發""胡發"⑥；又越王名"者旨於賜"即《史記·越王句踐世家》之"鼠碑"⑦。达斯于、舟此于可能也是徐王的夷式名。前人曾説吴楚之人輕淺，"惟輕淺，故多發音，數語合爲一言，猶今之三合聲四合聲。吴爲句吴，謁爲諸樊，皆其徵也"⑧。达斯于、舟此于大概是"三合音"，以音求之，大概就是徐偃王之偃，偃爲華化名，达斯于爲夷式名。

达斯于三字，达从夫得聲，夫上古音魚部並紐，于上古音魚部匣紐，偃與达、于魚元通轉。斯在支部心紐，斯與差通，《左傳·襄公十四年》"庾公差"，《孟子·離婁下》作"庾公之斯"。所以，從古音看，达斯于三字讀同偃或差，没有問題。

九里墩鼓座之"舟此于"亦即"达斯于"。此上古音支部清紐，與斯疊韻旁紐。斯又訓此，《爾雅·釋詁》："斯，此也。"二字義亦相涵。

徐偃王的時代，諸説不一。或以爲是周穆王時人，《史記·秦本紀》言穆王西遊，忘歸，徐偃王作亂，造父爲穆王御，長驅歸周以救亂。《後漢書·東夷傳》云穆王令造父御以告楚，令伐徐，於是楚文王大舉兵而滅之。但此説前人已表示懷疑。張守節正義："《古史考》云：'徐偃王與楚文王同時，去周穆王遠矣。且王者行有周衛，豈得救亂而獨長驅，日行千里乎？'並言此事非實。"又崔述《豐鎬考信録》卷六《辨造父御穆王滅徐偃王之説》云："前乎穆王者，有魯公之《費誓》曰：'徂兹淮夷、徐戎並興。'後乎穆王者，有宣王之《常武》曰：'震驚徐方，徐方來庭。'則是徐本戎也，與淮夷相倚爲邊患，叛服不常，其來久矣。非能行仁義以服諸侯，亦非因穆王遠遊而始爲亂也。且楚文王立於周莊王之八年，上距共和之初已一百五十餘年，至是不下三百年，而安能與之共伐徐乎？"⑨張、崔二氏之説誠是。徐偃王既與楚文王同時，則已至春秋早期末段。

徐早期常與周爲敵，如《費誓》所説。金文彔戜卣、敔簋、虢仲盨、蓼生盨、兮甲盤、師寰簋都屢次説到征伐南淮夷之事。徐爲南淮夷之一，甚至是其他小國的首領。但在西周一代，包括徐在内的南淮夷在多數時間内對周還是賓服的。麩簋記厲王時"南夷東夷具見，廿又六邦"。駒父盨蓋記見"南淮夷，乎獻乎服"。兮甲盤記"淮夷舊我員(貝布)畮(賄)臣，毋敢不出其積、其進人、其貯"。大概到春秋早中期之交的徐偃王時代，徐始强大，與中原諸國相頡頏，故子孫懷之不忘。

二、觀尹

郐觀尹鉦鋮："郐觀尹□故□自乍(作)征城。"尹前一字諸家多隸作觀，至其意義，則多無説。按此字左旁爲音，固無問題，至於右旁，上並不能肯定爲央，下从臼，央置臼中，亦無所取義，所以字隸作讋，並無多少道理。

羅福頤先生主編之《古璽彙編》[10]0001 著録一方古璽，陰文，有邊欄，從風格看似爲楚系文字。該璽文爲："王右䂠鉩。"

值得注意的是璽文右後一字與鉦鋮尹前一字左同从音。右上璽文爲用，郲公鈇鐘用字作"𤰈"可證，右下則璽文从廾（奴）。由此我們推測，鉦鋮"䂠"字右下臼字也應是廾之訛變，而右上"央"字其實是用之訛變，䂠與䂠應爲一字，䂠尹、右䂠都是官名。

䂠字不見於字書，不過經過反覆琢磨，我頗疑心此字是西周及春秋中原諸國常見的鐘字的異體，試説明其理由如下：

《説文》："鐘，樂鐘也。秋分之音，萬物種成，故謂之鐘，从金，童聲。古者垂作鐘。銿，鐘或从甬。"又《説文》："鏞，大鐘謂之鏞。"今所見周金文鐘字或作鍾，未見銿或鏞字，但鐘、鍾、銿、鏞的童、重、甬、庸都是聲旁，不成問題。鐘，東部照紐，童、重東部定紐，甬、庸皆从用得聲，在東部喻紐。諸字韻部相同，定、照、喻皆舌音，可作旁紐或準旁紐看。

鐘、銿左从金，表示鐘屬金屬樂器，䂠字左从音，表示其屬樂器，各強調一個側面。鐘與金屬及樂器皆有關，故任取其一作偏旁均可。此例徐器即有，如郲王子㚇鐘形容鐘聲爲"韹韹熙熙"，韹字他器或作皇、作煌、作喤，《説文》作鍠，云"鐘聲"，韹、鍠實一字異體。

用之本義，《説文》云："用，可施行也，从卜中。"用，小篆作"用"，用之从中，劉心源[11]、商承祚[12]等已指出其非是。然商氏及高鴻縉[13]謂用象桶版形，亦非是。宋戴侗、元周伯琦以爲用、庸乃打擊樂器鐘、鏞之象形，清徐灝又多加發揮[14]，近世唐蘭《古樂器小記》[15]、郭沫若《兩周金文辭大系考釋》[16]、蔣禮鴻《讀字臆記》[17]多從之，至於李純一先生《試釋用、庸、甬並試論鐘名之演變》[18]，更是專論這一問題的。諸家的論證不盡一致，但皆以爲用是鐘類樂器象形，幾可成爲定論。

至於䂠下从廾，也有義可説。廾爲雙手，䂠象雙手持用（鐘）而擊。鉦、鐘本同類器，鐘從鉦演變而出。鉦及開始階段的鐘用手持而擊，故柄在下而口在上，後鐘懸之於虡，以槌擊之，故甬在上而口在下。

䂠字象以手持用而擊，發出聲音，又以用爲聲，是一個會意兼形聲的字。

鐘尹大約相當於楚的樂尹，《左傳·定公四年》記楚以鍾建爲樂尹，掌舞與樂；也相當中原諸國的樂正。《國語·晉語五》記趙盾請師救宋："乃發令於太廟，召軍吏而戒樂正，令三軍之鐘鼓必備。"《禮記·王制》："樂正崇四術，立四教，順先王。"尹與正同，而楚及江淮間諸國多稱尹，楚有令尹（即徐之命尹）、工尹、郊尹、沈尹、清尹、中㢵尹等，皆見

《左傳》[19]。

鉦是鐘的前身，後雖主要用於軍樂，但仍與鐘同屬一類。《國語·吳語》："昧明，王乃秉枹，親就鳴鐘鼓、丁寧、錞于，振鐸，勇怯盡應，三軍皆譁釦以振旅，其聲動天地。"韋昭注："丁寧，謂鉦也……軍行鳴之，與鼓相應。"鉦既爲軍樂器，由鐘尹監造，是合乎道理的。到了戰國及秦代，由音樂機構製造樂器，更屬常見。如1976年秦始皇陵區出土編鐘，耳上銘"樂府"[20]。樂府是樂器的收藏機構，同時亦造樂器。今由此鉦看，則春秋時已有樂官製造樂器之事。

"王右鐘璽"國別雖不能確切判定，但肯定是南方諸國之物，由徐鐘尹鉦鍼看，此璽也極可能是徐國之物。吳、徐、楚、越皆曾稱王，他國則未。

三、備至劍兵

徐鐘尹鉦鍼："郐韶尹□故□自乍（作）征城，次□□祝，俈至鍼（劍）兵。"至前一字學者多釋敞，似不確。河北平山縣出土的中山侯鉞有"以敞氒衆"的話，敞字作"䇂"，又中山王䇂方壺"以憼嗣王"，憼字作"䇂"，皆與至前一字不同。而中山王䇂大鼎"雩（越）人敞學備忎（信）"，備字作"俈"，與鉦銘左同從人，右旁亦相似，故知"俈"字當釋備，而非敞字。

《說文》訓敞爲"戒"，訓備爲"慎"。《方言》："藏、敕、戒，備也。"朱駿聲《說文通訓定聲》："戒，備也。"《左傳·成公十六年》："退，舍於長渠。不敞。"杜預注："守師不敞備。"《廣韻·映韻》："敞，敞慎。"在戒備的意義上，敞與備意義接近，但從字形上看，此字祇能釋備，不能釋敞。備引申爲武備、守備。《左傳·哀公十四年》："家備盡往。"杜預注："甲兵之備。"《史記·三王世家》："毋乃廢備。"司馬貞索隱引褚先生云："言無乏武備。"《左傳·昭公二十一年》："齊致死莫如去備。"在這個意義上，用備而不用敞。

"備至劍兵"之備亦應訓武備，"劍兵"與"甲兵"意近，均指武器裝備。

至訓到、來。

《國語·周語下》景王將鑄大錢，單穆公曰："……且夫備，有未至而設之，有至而後救之，是不相入也。"韋昭注："備，國備也。未備而設之，謂豫備不虞，安不忘危也。""備至劍兵"應指預先準備了精良武器，亦即做好了戰鬥準備，用在鉦銘中，是一句激勵士氣的話。《國語·晉語五》："乃發令於太廟，召軍吏而戒樂正，令三軍之鍾鼓必備……是故伐備鍾鼓，聲其罪也。戰以錞于、丁寧，敞其民也。"鉦上刻激勵士氣的銘文，與它軍樂器的性質相符。

注釋：

① 器形見《考古學報》1982 年第 2 期楊九霞文。殷滌非《舒城九里墩的青銅鼓座》一文以爲是徐器，見香港中文大學國際中國古文字學研討會編：《古文字學論集》初編，1983 年。

② 劉體智《善齋吉金錄》云子璋鐘："文句字體，與沇兒鐘絶相似，兄字亦同構，殆徐國器也。"郭沫若《殷周青銅器銘文研究·雜説林鐘、句鑃、鉦、鐸》云："姑馮其疕諸器余疑亦是郯器；即使不中，則其與徐方文化爲同一系統者，固可斷言也。"

③ 張華撰，范寧校證：《博物志校證》卷七《異聞》，中華書局，1980 年。

④ 河南省丹江庫區文物發掘隊：《河南省淅川縣下寺春秋楚墓》，《文物》1980 年第 10 期。

⑤ 同 ① 殷滌非文。

⑥ 晋華：《山西榆社出土一件吴王肵發劍》，《文物》1990 年第 2 期。

⑦ 林澐：《越王者旨於賜考》，《考古》1963 年第 8 期。

⑧ 長孫訥言語，見商承祚《〈姑發門反劍〉補説》一文引，《中山大學學報》（哲社版）1964 年第 1 期。

⑨ 顧頡剛編訂：《崔東壁遺書》，上海古籍出版社，1983 年。

⑩ 羅福頤主編：《古璽彙編》，文物出版社，1981 年。

⑪ 劉心源：《奇觚室吉金文述》，光緒廿八年石印本。

⑫ 商承祚：《説文中之古文考》，《金陵學報》四·二、五·二、六·二。

⑬ 高鴻縉：《中國字例》，臺灣廣文書局，1960 年。

⑭ 丁福保編纂：《説文解字詁林》，中華書局影印丁氏詁林精舍本，1982 年，第 1389 頁。

⑮ 唐蘭：《古樂器小記》，《燕京學報》第十四期。

⑯ 郭沫若：《兩周金文辭大系考釋》，科學出版社，1957 年。

⑰ 蔣禮鴻：《讀字臆記》，《説文月刊》第三卷第十二期。

⑱ 李純一：《試釋用、庸、甬並試論鐘名之演變》，《考古》1964 年第 6 期。

⑲ 參看楊伯峻、徐提編：《春秋左傳詞典》，中華書局，1985 年。

⑳ 袁仲一：《秦代金文、陶文雜考三則》，《考古與文物》1982 年第 4 期。

（原載《東南文化》1995 年第 1 期）

關於"吳王肵發劍"釋文的幾個問題

1985年8月,山西省榆社縣城關村民燒磚取土時發現一件春秋晚期吳國青銅劍①。劍身有銘文2行24字,原報道釋爲"工吳王肵發訾謁之弟季子脪肩後余厥吉金甸曰其元用劍"。細讀之後,覺得有些釋文似不盡妥,因草此小文。

一、肵發□謁

銘稱"工虞王肵發□謁",原報道釋"謁"前一字爲訾,說:"'訾',通疵。《說文》:'疵,病也。'"又引《說文》:"謁,白也。"因此解釋此句大意爲:"吳王諸樊得了疾病,請告弟弟季子,爲他祈禱福祥,求得永貞。"這樣解釋,既不合春秋戰國兵器刻銘通例,也有增字解銘之嫌。按照通例,"肵發□謁"應是吳王之字及名連用,而古人名與字相連是字在前,名在後。李家浩先生在《攻敔王光劍銘文考釋》②一文中指出,吳王光名趞或韓,傳世有虞(吳)王光趞及攻五王光韓劍,可以爲證。名趞字光,光與趞意思接近。說"□謁"是吳王之名,是有文獻根據的。《史記·吳太伯世家》:"(壽夢)二十五年,王壽夢卒。壽夢有子四人,長曰諸樊,次曰餘祭,次曰餘眛,次曰季札。季札賢而壽夢欲立之,季札讓不可,於是乃立長子諸樊,攝行事當國。"索隱:"《春秋經》書吳子遏,《左傳》稱諸樊,蓋遏是其名,諸樊是其號。《公羊傳》遏作謁。"按《春秋經》襄公廿五年:"十有二月,吳子遏伐楚。"杜預注:"遏,諸樊也。"吳子之名,《公羊傳》《穀梁傳》皆記作謁,《左傳》記作諸樊。遏與謁同從曷得聲,例得相通。劍銘吳子名與《公羊傳》《穀梁傳》相同。

"肵發"當即諸樊。安徽省淮南市蔡侯墓曾出土一件"工獻太子姑發□反"劍③。對此劍銘文，郭沫若、陳夢家、商承祚及孫稚雛等先生皆有考釋④。郭、商、孫三位先生認爲該劍爲諸樊未即位前所作。

"諸樊"之"諸"當是詞頭，無實義，如齊襄公名諸兒⑤、越大夫有諸鞅⑥。諸樊與遏意義接近。《爾雅·釋詁》："遏，止也。"玄應《一切經音義》引《蒼頡》："遏，遮也。"《易·大有》："君子以遏惡揚善。"虞注："遏，絶也。"釋文："遏，止也。"《詩·大雅·文王》："無遏爾躬。"毛傳："遏，止也。"樊本指籬笆，《詩·小雅·青蠅》："營營青蠅，止于樊。"籬笆可將内外隔開，引申亦有阻止義。《説文》："樊，鷙不行也。"徐鍇《繫傳》："鷙猶縶也。"《類篇》正引作縶。《説文》段注："沈滯不行意……《莊子》'澤雉畜乎樊中'，樊，籠也，亦是不行意。"又《廣雅·釋詁三》："驥，止也。"王念孫疏證："驥與樊同。"諸樊既與遏意義相近，則司馬貞推測遏爲名、諸樊爲號（字）當可信。衹是從此劍及工厰太子劍看，"□遏""□反"是吴王諸樊在吴國方言中的名，"姑發""肵發"是諸樊在吴國方言中的字，與商承祚先生的看法微别。

二、季子肵肙後余

原報道稱此劍爲"吴王肵發劍"，顯然認爲器主爲吴王肵發。但銘稱："工虞王肵發□遏之弟季子"，吴王肵發衹作定語，而主語是其弟季子，所以，嚴格説，此劍應正名爲吴季子劍。

所謂"肵"字，搨片看不清楚，摹本作"佣"，大概近是，唯釋肵，解作俎，則殊誤。按此字左旁"ʔ"應爲刀字，刀字早期金文作"ʎ"，晚期金文作"ʕ"，此爲反書。右旁月應爲肉，此字从刀，从肉，應即刖字。刖字甲骨文作"㕦"，《睡虎地秦墓竹簡》5·29作"肵"，與劍銘同。《説文》："刖，絶也，从刀，月聲。"許慎混淆月與肉，解刖爲形聲字，非是。

"刖"應爲吴季子之名，文獻又稱季札，刖與札大概也是名與字的關係。刖、札意義接近。刖，《説文》訓"絶"，《廣雅·釋詁一》訓"斷"。札也有斷義，《説文》："札，牒也，从木，乚聲。"段注："長大者曰槧，薄小者曰札。"札是截短的小木牘。朱駿聲《説文通訓定聲》："札，假借爲折。《周禮·大司徒》'大荒大札'，注：'大疫病也。'《莊子·人間世》：'名也者，相札也。'李注：'折也。'……《釋名·釋天》：'札，截也，氣傷人如有斷絶也。'截、札一聲之轉。"

"刖"後一字原報道釋"肙"，字形不類，應釋"曰"。"後余"之"余"作"孚"，應釋"子"。"曰後子"是説季子是其父壽夢的嗣子。《荀子·正論》："聖不在後子，而在三公。"

楊倞注："後子，嗣子。"《墨子·節葬》："妻與後子死者。"孫詒讓《墨子閒詁》："孔廣森云：'後子者，爲父後之子，即長子也。《戰國策》謂齊太子申爲後子，《荀子》謂丹朱爲堯後子，其義並同。'畢云：'後子，嗣子適也。'"又《睡虎地秦墓竹簡·法律答問》："擅殺、刑、髡其後子，瀆之。何謂'後子'？官其子爲爵後，及臣邦君長所置爲後大（太）子，皆爲'後子'。"簡文謂後子是爵位的繼承人，臣邦君長所置爲後嗣的太子，都是後子。後子是嗣子，嗣子可以是嫡長子，也可以是他子，孔廣森及畢沅說後子僅指嫡長子，過於絕對化。師衰簋："余用作朕後男鯱（臘）隣簋。"曾姬無卹壺："後嗣用之。"中山王𰐱壺："祇祇翼翼邵告後嗣。"後子與"後男""後嗣"意義應接近。

三、厥吉金旬曰其元用劍

第四字原報道釋"旬"，誤甚。旬字西周金文作"𦉢"（柳鼎）、"𦉦"（格伯簋），此字揭片雖不清楚，但尚可見殘畫"⊙"，與旬字字形懸隔。工𨻻太子劍銘"⊃用⊃隻（獲）"，從殘畫看，此字顯與"⊃"爲一字。"⊃"字郭沫若釋"云"，商承祚釋"以"，認爲是"⊃"之異體，當以商說爲是。

第五字原報道釋"曰"，文義扞格難通。細審字形，當是"𠃊"（乍）字之殘。《說文》："以，用也。""厥吉金以作其元用劍"，即"以厥吉金作其元用劍"。"以……作"即"用……作"，"用作"金文習見，例不枚舉。這樣隸定，文從字順，不需輾轉索解。"以作"金文例較少，但也不是孤例，欒書缶："以役（作）鑄缶。"邵大叔斧："邵大叔以新金爲賞車之斧。"均是。

通過以上分析，對此劍銘試重作釋文如下："工𨻻王肷發□諯（遏）之弟季子刵曰後子厥吉金以乍（作）其元用鐱（劍）。"

注釋：

① 晉華：《山西榆社出土一件吳王肷發劍》，《文物》1990年第2期。

② 李家浩：《攻敔王光劍銘文考釋》，《文物》1990年第2期。

③ 安徽省文化局文物工作隊：《安徽淮南市蔡家崗趙家孤堆戰國墓》，《考古》1963年第4期。

④ a. 郭沫若：《跋江陵與壽縣出土銅器群》，《考古》1963年第4期；b. 陳夢家：《蔡器三記》，《考古》1963年第7期；c. 商承祚：《"姑發冐反"即吳王"諸樊"別議》，《中山大學學報》（哲社版）1963年第3期；《〈姑發冐反劍〉補說》，《中山大學學報》（哲社版）1964

年第 1 期；d. 孫稚雛：《淮南蔡器釋文的商榷》，《考古》1965 年第 9 期。

⑤《春秋經》莊公八年。

⑥《左傳》哀公二十三年。

（原載《文物》1992 年第 10 期）

揚州平山漢墓遣策釋讀試補

《文物》1987年第1期《揚州平山養殖場漢墓清理簡報》一文，報道了三件木牘。根據形制，實即遣策。M3:37一件墨書三字，原釋"大餸（？）笥"。M3:44二件，一件墨書"大食笥"三字，另一件墨書四字，原釋"艙笥一笥"。對餸、艙二字的摹寫及釋讀似乎有誤。

餸字見於唐段成式《酉陽雜俎》卷二"酒食"，段氏云："飴謂之餦。"旁注："（餦）一作餸。"但漢人隨葬之飴類食品多稱糖或餳，如馬王堆一號漢墓遣策簡97"孝（膠）餳（餳）一資"，簡121"唐（糖）一笥"，未見稱餸者。所謂餸應是雞字之誤。雞字从隹奚聲。雞字漢馮昆碑溪字偏旁與此字左旁極相似。此字原摹左旁與"大食笥"之食也絕不相類。馬王堆一號漢墓遣策簡45"炙雞一笥"，簡54"濯雞一笥"，可見漢人以雞隨葬。

艙字不見於字書，以字形推測，當是鮑字誤摹。馬王堆一號漢墓遣策簡12"鹿肉鮑魚筍白羹一鼎"，又簡17"鮮鱖禺（藕）鮑白羹一鼎"，後簡之"鮑"即前簡"鮑魚"之省，與平山漢墓遣策同例。鮑字馬王堆遣策寫法與艙字亦極相似。鮑魚爲鹹乾魚，揚州地處江淮間，鮑魚、筍乾皆其地常產，故隨葬時並盛一笥中。

（原載《文物》1987年第7期）

平湖璽印篆刻博物館藏兩漢封泥選釋

　　平湖璽印篆刻博物館藏封泥逾萬枚，皆爲真品，品相好，內容豐富，彌足珍貴。這批封泥中最重要的是傳出西安相家巷、六村堡、高陵和河南平輿縣古城村的秦封泥，以及西安盧家口、河南平輿古城村的新莽封泥。秦封泥20世紀末以來，已形成研究熱潮，專著、論文數以百計；新莽璽印、封泥，葉其峰、王人聰、孫慰祖[①]三位先生已有研究。本文僅選擇傳出西安焦家村，河南靈寶函谷關、平輿古城村，江蘇徐州土山，山東臨淄劉家寨所出漢封泥略加考釋。

　　本文所謂"漢"，除特別指明者外，皆指西漢。

一、朝官封泥

　　所謂朝官，即中央系統職官。但因漢時王國職官多仿中央，故很多半通印及未標明齊、楚等國別者，也有可能是王國之物。

　　1. 御史大夫（古城村）

　　"御"字左右筆畫不是很清楚，但中間部分上從午，下從止，其爲御字無疑。

　　《漢書·百官公卿表》（以下簡稱《百官表》）："御史大夫，秦官，位上卿，銀印青綬，掌副丞相……在殿中蘭臺，掌圖籍祕書，外督部刺史，內領侍御史員十五人，受公卿奏事，舉劾按章。成帝綏和元年更名大司空……哀帝建平二年復爲御史大夫，元壽二年復爲大司空。"

　　秦封泥有"御史之印""御史府印"，是御史曹署和吏員用印，可參看王偉《秦璽印封泥職官地理研究》[②]（以下簡稱《職地》）。這兩枚封泥有田字格，字體纖細疏朗，與漢封泥明顯不同。"御史大夫"還見於秦泰山刻石、琅邪刻石以及里耶秦簡。

孫慰祖《古封泥集成》③（以下簡稱《古封》）24、25、26"御史大夫"漢封泥，文字風格與此封泥同。

《秦漢南北朝官印徵存》④（以下簡稱《徵存》）817"御史大夫"印，注："《後漢書·百官志》司空公下劉昭注：前漢綏和元年罷御史大夫官，法周制，初置司空。獻帝建安十三年，又罷司空，置御史大夫。"印文筆畫較粗肥，行筆平直方折，結體方整，《徵存》斷爲東漢印，是。此封泥"御史大夫"原收入《新出封泥彙編》⑤（以下簡稱《泥彙》）5189，屬該書第九編《傳平輿古城村所出兩漢封泥（上）》，即傾向於爲西漢封泥。按綏和元年爲公元前8年，建平二年爲公元前5年，元壽二年爲公元前1年，建安十三年爲公元208年，則漢代御史大夫改稱"大司空"，長達212（208＋8－5＋1）年，"御史大夫"印宜爲建安十三年以後物，"御史大夫"封泥殆爲綏和元年以前物。

2. 大司農丞（古城村）

《百官表》："治粟內史，秦官，掌穀貨，有兩丞。景帝後元年更名大農令，武帝太初元年更名大司農。屬官有太倉、均輸、平準、都內、籍田五令丞。"大司農是治粟內史在漢武帝太初元年（前104）後的更名，丞爲其副職。

此封泥又見《泥彙》4533，爲西漢封泥。

《古封》91"大司農印章"。

3. 倉印（焦家村）

大司農屬官除大倉外，還有"郡國諸倉農監、都水六十五官長丞"，此"倉印"當爲"諸倉"之一。

"倉印"亦見《徵存》444。

4. 都水丞印（焦家村）

《百官表》："奉常，秦官，掌宗廟禮儀，有丞。景帝中六年更名太常。屬官有太樂、太祝、太宰、太史、太卜、太醫六令丞，又均官、都水兩長丞，又諸廟寢園食官令長丞，有廱太宰、太祝令丞，五時各一尉。又博士及諸陵縣皆屬焉。景帝中六年更名太祝爲祠祀，武帝太初元年更曰廟祀，初置太卜。"

都水爲奉常屬官，又《百官表》少府、主爵中尉、內史、治粟內史屬官亦有。奉常屬官"都水"下顏師古注引如淳曰："律，都水治渠隄水門。"《漢書補注》⑥（以下簡稱《補注》）："何焯曰：'都水屬太常，治都以內之水，故其官曰長。山陵所在，尤以流水爲急，故太常有專責也。'先謙曰：'都，總也，謂總治水之工，故曰都水，非都以內之水也。'"王說是。焦家村同出有"長陵丞印"封泥（見下），故此"都水"是負責陵園水利事務的。

5. 長陵丞印（焦家村）

《古封》949—951"長陵丞印"。

長陵爲"陵縣"，奉常屬官。《漢書·高帝紀》："（十二年）五月丙寅，葬長陵。"《補注》："《黄圖》：長陵北去長安城三十五里。長陵山東西廣一百二十步，高十三丈。長陵城周七里百八十步，因爲殿垣門四出，及便殿掖庭諸官寺在中。"《漢書·地理志》（以下簡稱《地理志》）左馮翊有"長陵"縣，班固自注："高帝置。户五萬五十七，口十七萬九千四百六十九。莽曰長平。"《補注》："高帝陵，十二年置，見《年表》（引者按指《漢興以來諸侯王年表》）。縣，見《成帝紀》。縣人田蚡、車千秋，見本傳。"

6. 祠官（劉家寨）

《徵存》454"祠官"，注："《史記·封禪書》：自新垣平誅死，文帝怠於神明之事，而渭陽、長門五帝使祠官領，以時致禮，不親往焉。又景帝即位十六年，祠官各以歲時祠如故，無有所興。"祠官爲祠祀之官。

7. 祠官之印（劉家寨）

"祠官之印"是"祠官"機構的官員自用印，加"之"是爲了凑足四字，這一現象在秦代已經出現[7]。

8. 廟室守印（劉家寨）

《古封》2130"廟印"，2131"守廟"，56—58"廟室守印"。後三枚封泥原著錄於羅振玉《齊魯封泥集存》、周明泰《續封泥考略》和《建德周氏藏封泥搨影》，殆亦出於臨淄者。

"廟室守"典籍未見。廟室本指宗廟内安置神主之石室。《公羊傳·文公二年》："用栗者，藏主也。"何休注："藏於廟室中當所當奉事也。質家藏於室。"阮元校勘記："閩監本同，毛本上'當'作'堂'，宜據正。《儀禮經傳通解》上'當'作'常'，鄂本下'當'作'常'，皆誤。按當作'藏於廟中堂所常奉事也。質家藏於室'。"[8]又《水經注·河水》："河水又南逕子夏石室東，南北有二石室，臨側河崖，即子夏廟室也。"[9]泛言之，廟室即廟，守即守護。睡虎地秦簡《法律答問》："'甸人'守孝公、獻公冢者也。""廟室守"乃守護宗廟之官。

9. 田印（劉家寨）

《徵存》13"右公田印"、15"泰上寖左田"，此皆秦印；481"都田"、482"西田"、483"北田"，皆西漢印。秦封泥又有"大田丞印""都田之印"（《職地》，第250頁）。"泰上寖"爲始皇父莊襄王陵寖，可見陵寖有田。田官可能分屬九卿中的不同職官，拙著《秦文字集證》（以下簡稱《集證》）[10]第四章《秦印通論》"田官之印"節已有討論。

10. 未央廄丞（焦家村）

《徵存》178、179"未央廄丞"，180"未央廄監"。

《百官表》："太僕，秦官，掌輿馬，有兩丞。屬官有大廄、未央、家馬三令，各五丞一尉。"此當爲漢未央宮之廄丞印。

《徵存》178、179"未央廄丞"印，與此封泥風格接近。封泥"央""丞"二字缺，"廄"字下部殘，皆可意補。

11. 都廄丞印（焦家村）

"都廄"已見於秦封泥（《職地》，第130頁）。《漢書·惠帝紀》："（三年）秋七月，都廄災。"《補注》："沈欽韓曰：'《黃圖》：都廄，天子車馬所在。'"《職地》引張家山漢簡《二年律令·金布律》"傳馬、使馬、都廄馬日匹叔（菽）一斗半斗"，推測都廄應爲廄苑名稱，"或是漢'都官'機構所用馬匹之廄苑的專稱"，"似爲供給設立在地方而直屬於中央的各官署的廄苑"。

12. 廄印（土山）
13. 廄印（劉家寨）

《徵存》88、89"廄印"，注："《漢書·百官公卿表》：詹事，秦官，屬官有廄。師古注：皇后之官。"秦封泥有"廄丞之印""廄璽"（《職地》，第564頁）。《百官表》："詹事，秦官，掌皇后、太子家，有丞。屬官有太子率更、家令丞，僕、中盾、衛率、廚廄長丞，又中長秋、私府、永巷、倉、廄、祠祀、食官令長丞。諸宦官皆屬焉。"秦漢時有各種名目的廄，分屬太僕及水衡都尉，此封泥單稱"廄"，其歸屬有幾種可能，但以屬詹事的可能性爲大。

14. 廚印（劉家寨）

《徵存》457"廚嗇"，注："《漢書·百官公卿表》，詹事、內史、主爵中尉屬官均有廚長丞。廚嗇即廚嗇夫，亦爲廚官。"又458"廚印"。今按內史屬官有"長安廚"，主爵中尉屬官有"雍廚"，此單稱"廚"，似爲詹事屬官。

15. 大子家丞（焦家村）

"家""丞"二字缺，《泥彙》2642、2643皆"大子家丞"封泥，後者即此枚封泥，前者"家"字尚有"宀"殘畫，故知釋文不誤。"家丞"當是"家令"之丞。

16. 傳舍（焦家村）
17. 傳舍（劉家寨）

二枚封泥"傳"字上部筆畫均殘。

《徵存》60"傳舍之印"，《古封》2222—2224"傳舍"。前者《徵存》定爲漢初官印，王人聰定爲秦印。傳舍是供往來使者及車馬飲食休息的驛傳機構。《職地》將之歸爲典客屬官。《百官表》："典客，秦官，掌諸歸義蠻夷，有丞。景帝中六年更名大行令……屬官有行人、譯官、別火三令丞及郡邸長丞。"傳舍當與大行、行人有關。

18. 郵印（劉家寨）

《徵存》90"郵印"，乃秦印。《漢書·薛宣傳》："始（宣子）惠爲彭城令，宣從臨淮遷至陳留，過其縣，橋梁郵亭不修。"師古曰："郵，行書之舍，亦如今之驛及行道館舍也。"郵與傳舍同類。

19. 少府丞印（焦家村）

秦封泥有"少府丞印"（《職地》，第155頁）。《古封》93—96"少府丞印"。《百官表》："少府，秦官，掌山海池澤之稅，以給供養，有六丞。屬官有尚書、符節、太醫、太官、湯官、導官、樂府、若盧、考工室、左弋、居室、甘泉居室、左右司空、東織、西織、東園匠十二官令丞，又胞人、都水、均官三長丞，又上林中十池監。"應劭曰："名曰禁錢，以給私養，自別爲藏。少者，小也，故稱少府。"顏師古曰："大司農供軍國之用，少府以養天子也。"《補注》："少府掌中服御諸物衣服、寶貨、珍膳之屬。"少府掌管宮廷事務，屬官甚多，故有六丞。

20. 上林丞印（焦家村）

此二枚封泥皆殘，前封泥存"林""印"二字，後封泥存"上林"二字，互補可知爲"上林丞印"。

秦封泥有"上林丞印""上林禁印"（《職地》，第172頁）。《古封》168、169"上林丞印"，170"上林尉印"。《徵存》3"上林郎池"，注："《史記·秦始皇本紀》：乃營作朝宮渭南上林苑中。《三輔黃圖》，上林苑有郎池。又《漢書·百官公卿表》，少府屬官有上林中十池監。"

上林爲秦舊苑，但範圍較小。《三輔黃圖》："漢上林苑，即秦之舊苑也。《漢書》云：'武帝建元三年開上林苑，東南至藍田宜春、鼎湖、御宿、昆吾，旁南山而西，至長楊、五柞，北繞黃山，瀕渭水而東，周袤三百里。'離宮七十所，皆容千乘萬騎。"1961年12月，西安市高窑村出土西漢上林苑銅器22件，有鑑、鼎、鍾、鈁、鋗等，涉及的紀年有天漢四年（前97）、鴻嘉三年（前18），前後連綿80年之久。漢武帝時司馬相如作《上林賦》，更極言其宏大、繁華、壯觀、氣勢。

21. 樂府丞印（焦家村）

四字均殘，"樂""丞"二字殘留下部，"府""印"二字殘留上部。

《百官表》少府屬官有"樂府"官令丞、"樂府三丞"。

秦封泥有"樂府丞印"（《集證》，第164頁）。1976年，秦始皇陵封土西北飤官遺址內出土編鐘一枚，耳側有銘文"樂府"二字。樂府貯藏樂器，以供奏樂之用。或説樂府爲奉常屬官大樂令執掌，然書無明文。

22. 司空（土山）

秦封泥有"司空"（《職地》，第166頁），但筆畫纖細，與此枚封泥不同。《徵存》828"司空"，"空"字中"八"字作"⊃⊂"，羅福頤先生定爲東漢印，殆是。秦漢時除中央外，郡縣亦設有司空。

睡虎地簡《秦律十八種·徭律》："未卒堵壞，司空將功及君子主堵者有罪……度功必令司空與匠度之，毋獨令匠。"司空亦多見於秦陶文，其職責當與建築（燒造磚瓦）有關。

23. 中司空丞（焦家村）

"中"字殘，"司"字缺。"中"指内宫，《說文解字》（以下簡稱《說文》）："中，内也。""中司空"當是服務於宫中的司空。

24. 金府（劉家寨）

《徵存》431"金府"。

秦封泥有"御府金府"（《泥彙》2127—2150），可能是御府貯藏黄金或製造黄金器物的機構，也有可能是貯藏銅錢的機構。《百官表》："少府……屬官有……又中書謁者、黄門、鉤盾、尚方、御府、永巷、内者、宦者七官令丞。"御府主管皇帝御用物品的貯藏、製造。

25. 庫印（土山）

26. 庫印（劉家寨）

《徵存》87、448"庫印"，前者有日字格，爲秦印；後者風格與此封泥幾乎全同，爲西漢印。《說文》："庫，兵車藏也。"秦漢中央及地方有武庫，亦有單稱庫者（《集證》第195頁有"泰官庫""特庫""修武庫""商庫"）。引申之，庫不單藏兵器，也藏一般器物。《左傳·昭公十八年》："大庭氏之庫。"孔穎達疏："藏車曰庫。亦藏財貨，非獨車馬甲兵也。"

27. 居室丞印（焦家村）

"印"字缺，以意補。

秦封泥有"居室丞印"（《集證》，第160頁）。據《百官表》，居室在漢武帝太初元年（前104）已更名爲保宫，則此封泥時代爲西漢早期。拙著《集證》引《漢書·灌夫傳》"劾灌夫罵坐不敬，繫居室"，指出："從字面看，居室最早可能與管理住宅有關。《禮記·曲禮下》：'君子將營宫室，宗廟爲先，廄庫爲次，居室爲後。'居室與廟、庫並列，指住宅。秦時居室當是宫室管理之官。《周禮·天官冢宰》有宫正一職，'掌王宫之戒令糾禁'，又有宫人，'掌王之六寢之修'，秦漢時居室的職責應該相近。因其掌'戒令糾禁'，故有時拘禁有罪者。"

28. 大匠丞印（焦家村、劉家寨）

秦封泥有"大匠""大匠丞印"（《職地》，第190頁），又有"東園大匠"（《職地》，第

170頁），但"匠"字作"㢈"，與漢封泥作"匠"不同。《古封》150、151"大匠丞印"，與焦家村、劉家寨封泥風格同。

《百官表》："將作少府，秦官，掌治宫室，有兩丞、左右中候。景帝中六年更名將作大匠。"王偉以爲："秦陶文和封泥中的'大匠'和'東園大匠'可證明'大匠'在（秦）統一之前就已經存在，是少府中職掌陵園宫室有關的土木工程和建築的部門……秦無將作少府，將作少府機構是吕后二年之後至景帝中六年之前，整合了秦時少府和中尉部分屬官和職能後新組建的一個機構……蓋因其組成主體是由少府抽調而來，故曰'將作少府'……因'將作少府'遠遠没有少府那樣繁複的職能，故景帝中六年更名'將作大匠'，也祇是恢復舊名，使'掌治宫室'的職能與其'將作大匠'的名稱相符而已。"（《職地》，第190—191頁）其説是。

29. 東園主章（焦家村）

《百官表》："將作少府……屬官有石庫、東園主章、左右前後中校七令丞，又主章長丞。武帝太初元年更名東園主章爲木工。"注："如淳曰：'章謂大材也。舊將作大匠主材吏名章曹掾。'師古曰：'今所謂木鍾者，蓋章聲之轉耳。東園主章掌大材，以供東園大匠也。'""東園大匠"已見秦封泥（《職地》，第170頁），屬少府，可見將作少府是從少府分出來的。

30. 東園章丞（焦家村）

"東園章"爲"東園主章"之省。上封泥爲東園主章機構印，下封泥爲其丞之印。

31. 右校丞印（焦家村）

"右校"見於秦陶文（袁仲一、劉鈺：《秦陶文新編》，文物出版社，2009年，第157頁）。王偉《職地》（第190頁）指出陶文見於秦都咸陽第一、三號宫殿建築遺址出土板瓦和陶盆上，"應是'左右校'所轄刑徒燒造磚瓦的標記"。

《古封》153"左校丞印"，154"右校丞印"，後者與焦家村所出者風格相近。《漢印》6·10有"左校丞印"。

《百官表》："將作少府……屬官有……左右前後中校七令丞……成帝陽朔三年省中候及左右前後中校五丞。"《補注》："右校丞見《辛慶忌傳》。《續志》後漢有左校令、右校令各一人，掌左右工徒，六百石，丞各一人。"《漢書·辛慶忌傳》："辛慶忌，字子真，少以父任爲右校丞……元帝初補金城長史……成帝初徵爲光禄大夫。"成帝陽朔三年（前22）省"左右前後中校五丞"，辛慶忌此前任右校丞，當在其少年時。

《後漢書·安帝紀》："（延光）三年秋七月丁酉，初復右校令、左校丞官。"章懷太子注："《續漢志》曰：將作大匠屬官有左右校，皆有令、丞。中興未置，今始復。"焦家村封泥從文字風格看，當是陽朔三年前物，而不會晚至安帝延光三年以後。

32. 都候丞印（函谷關）

《徵存》164、165"都候之印"，注："《後漢書·百官志》：衛尉，掌宮門衛士徼循事，屬官有左右都候各一人。"又166"都候丞印"，注："《後漢書·百官志》：衛尉屬官有左右都候各一人，丞各一人。"

《古封》73"衛都候丞"、74"都候丞印"，文字風格與函谷關封泥相近。

《百官表》："衛尉，秦官，掌宮門衛屯兵。"屬官有"諸屯衛候、司馬二十二官。"《補注》："《續志》'左右都候各一人，丞一人'。《周禮·司寤》有'夜士'，干寶注：'今都候之屬。'蓋稍變制。"《周禮·秋官·司寤氏》："以詔夜士夜禁。"鄭玄注："夜士主行夜徼候者，如今都候之屬。"《後漢書·百官志》云衛尉屬官："左右都候各一人，六百石。"本注曰："主劍戟士，徼循宮，及天子有所收考。丞各一人。"劉昭注："《漢官》曰：'右都候員吏二十二人，衛士四百一十六人。左都候員吏二十八人，衛士三百八十三人。'蔡質《漢儀》曰：'宮中諸有劾奏罪，左都候執戟戲車縛送付詔獄，在官大小各付所屬。以馬皮覆。見尚書令、尚書僕射、尚書皆執板拜，見丞、郎皆揖。'"

故宮博物院藏有"都候"半通印，印有日字格，收於《徵存》74，注："此印可證漢初已有都候之官。"王偉將之看作秦印（《職地》，第124頁）可能秦、西漢僅稱都候，至東漢始分左右。

33. 輕車之印（焦家村）

《徵存》182"輕車令印"。秦印有"四川輕車"（《集證》，第186頁），原為日本菅原石盧氏藏，乃四川郡之輕車。又張家山漢簡《二年律令·秩律》："中司空、輕車。"此指"中（宮中）"之輕車。《說文》："輕，輕車也。"桂馥義證："輕車也者，其用有二。《埤蒼》：'輕車轅兩尾。'《楚辭·九辯》：'前輕轙之鏘鏘兮。'……此言坐乘輕小之車也。《周禮·車僕》：'掌輕車之萃。'注云：'輕車所用馳敵致師之車也。'……此言軍旅之輕車也。"睡虎地秦簡《秦律雜抄》："輕車、趀張、引強、中卒所載傳〈傳〉到軍，縣勿奪。"封泥"輕車"不知是"坐乘輕小之車"，還是"軍旅之輕車"。

二、王國職官封泥

《史記·秦楚之際月表》："秦既稱帝，患兵革不休，以有諸侯也，於是無尺土之封，墮壞名城，銷鋒鏑，鉏豪桀，維萬世之安。然王跡之興，起於閭巷，合從討伐，軼於三代，鄉秦之禁，適足以資賢者，為驅除難耳。故憤發其所為天下雄，安在無土不王。"大概是吸取了秦速亡的教訓，從秦楚之際起，就有各種名目被封或自立的王、侯。漢興，大封同姓或異姓爲王、侯。《史記·漢興以來諸侯王年表》："高祖子弟同姓爲王者九國，唯獨長沙異姓，而功臣侯者百有餘人。"以後，文、景、武帝續有封建。

《百官表》："諸侯王，高帝初置，金璽盭綬，掌治其國。有太傅輔王，内史治國民，中尉掌武職，丞相統衆官，群卿大夫都官如漢朝。景帝中五年令諸侯王不得復治國，天子爲置吏，改丞相曰相，省御史大夫、廷尉、少府、宗正、博士官，大夫、謁者、郎諸官長丞皆損其員。武帝改漢内史爲京兆尹，中尉爲執金吾，郎中令爲光禄勳，故王國如故。損其郎中令，秩千石；改太僕曰僕，秩亦千石。成帝綏和元年省内史，更令相治民，如郡太守，中尉如郡都尉。"可見諸侯之職官是在漢中央職官的基礎上略有變通。

34. 楚宫司丞（土山）

《徵存》226"楚宫司丞"印，與此封泥風格同。又見《古封》2599。

《史記·漢興以來諸侯王年表》："楚。"索隱："高祖五年封韓信，六年王弟交也。"又云："都彭城。"《史記會注考證》（以下簡稱《考證》）[11]："韓信都下邳，至劉交始都彭城。"《楚元王世家》："都彭城。"《考證》："彭城，今江蘇銅山縣治。"銅山即徐州，楚國封泥出徐州土山，方位正合。

王人聰云："'宫司丞'官名不見於文獻記載，1960年長沙楊鐵墓7曾出土一方'宫司空丞之印'，《再續封泥考略》卷一亦著録有'宫司空丞'封泥，此印文'宫司丞'，當係'宫司空丞'之省稱。周明泰《再續封泥考略》'宫司空丞'條考云：'按《漢書·百官公卿表》宗正屬官有都司空令丞，主罪人。少府屬官有左右司空令丞。此宫司空丞當是主宫中罪人之官，證之《續漢志》少府屬官有暴室丞一人，本注曰：宦者，主中婦人疾病者，就此室治，其皇后、貴人有罪，亦就此室。則宫司空丞亦必宦者之屬於少府者也。'今按《史記·倉公列傳》：'齊北宫司空命婦出於病'，是齊北宫司空亦主中婦人疾病者，其職掌與暴室丞同，據此，可以推知此'楚宫司丞'當係楚國少府所屬主宫中婦人疾病者之官。"[12]王先生説"宫司空"屬少府甚是，但其主要職責恐怕仍是管理工程，如《後漢書·百官志》本注所説"（司空）掌水土事"，與暴室丞不同；所謂宫司空"主宫中婦人疾病者"，恐是誤會。《史記·扁鵲倉公列傳》："齊北宫司空命婦出於病……臣意（倉公）診其脈曰……""出於"正義説是命婦之名；《考證》引崔適説"出於病"乃"病於出"之倒，出是病名，即陰挺。不管怎麽説，診病者乃倉公，非北宫司空。

35. 楚宦者丞（土山）

秦封泥有"宦者丞印"（《集證》，第154頁）。《百官表》少府屬官有"宦者令丞"。宦者是宦官，亦是其管理機構。

36. 楚内官丞（土山）

秦封泥有"内官"及"内官丞印"(《職地》,第141頁)。《百官表》宗正屬官有"内官長丞",云:"初,内官屬少府,中屬主爵,後屬宗正。"顏師古注:"《律曆志》主分寸尺丈也。"《集證》指出:"秦時内官可能屬少府,其職掌也未必是'分寸尺丈'。""内官本指君之近臣……後指宦官。"⑬《職地》以爲"内官機構應是專門管理皇室宗親及外戚成員的機構,可獨立辦理涉及皇室宗親的案件","也設有製作皇室用器的工室,可能還參與部分武器的接收或製造事務"⑭。

37. 楚内史印(土山)

《百官表》:"内史,周官,秦因之,掌治京師。"秦封泥有"内史之印"。秦時内史治理咸陽及畿内縣,也管理經濟事務⑮。漢諸侯王國的内史則"治國民"。《後漢書·百官志·王國》:"至漢成帝省内史治民,更令相治民。"漢成帝前32年至前7年在位,"楚内史印"時代下限爲前7年。

38. 楚飤官丞(土山)

《百官表》奉常屬官有"諸廟寢園食官令長丞"。飤與食通用⑯。食官掌飲食,奉常、少府、詹事屬官均有。

39. 楚中廄印(土山)

"中廄"應是詹事屬官,掌後宮之廄。秦封泥有"中廄""中廄丞印""中廄馬府""中廄將馬"(《集證》,第196、199頁)。

40. 齊宫司空(劉家寨)

41. 齊宫司長(劉家寨)

42. 齊宫司丞(劉家寨)

"宫司"爲"宫司空"之省,説見前。

《古封》349—350"齊宫司空",351—362"齊宫司丞"。

43. 齊悼惠園(劉家寨)

44. 齊悼惠㝢(劉家寨)

下封泥"齊""惠"二字缺,以文例補。《古封》242—244"齊悼惠園",234—237"齊悼惠㝢(寢)"。園、寢令長丞皆奉常屬官。

《史記·齊悼惠王世家》:"齊悼惠王劉肥者,高祖長庶男也。其母外婦也,曰曹氏。高祖六年,立肥爲齊王,食七十城,諸民能齊言者皆予齊王。"正義:"諸齊民言語與楚魏燕趙異者,隨地割屬齊也。"齊爲大國,如《齊悼惠王世家》末太史公曰:"諸侯大國無過齊悼惠王。以海内初定,子弟少,激秦之無尺土封,故大封同姓,以填萬民之心。"《史記·漢興以來諸侯王年表》:"齊,都臨菑。"此封泥出臨淄劉家寨,方位正合。

《百官表》奉常屬官有"諸廟寢園食官令長丞。"《補注》:"寢令見《平紀》《韋賢傳》,園令見《司馬相如傳》。"以上二枚封泥爲齊悼惠王陵園、寢廟之機構印封泥。

45. 齊哀園印（劉家寨）

46. 齊哀㵋印（劉家寨）

《古封》245—247"齊哀園印"。

《齊悼惠王世家》:"悼惠王即位十三年,以惠帝六年卒。子襄立,是爲哀王。"劉襄是第二代齊王,其時漢惠帝已崩,呂太后稱制,諸呂專權。"二年,高后立其兄子酈侯呂台爲呂王,割齊之濟南郡爲呂王奉邑","哀王八年,高后割齊琅邪郡立營陵侯劉澤爲琅邪王",齊封地日縮。劉襄弟劉章封朱虛侯,與太尉周勃誅諸呂,迎立文帝。其間劉襄曾起兵,"西攻呂國之濟南",欲入長安稱帝,終未達到目的。

47. 齊文園長（劉家寨）

48. 齊文㵋長（劉家寨）

《齊悼惠王世家》:"孝文帝元年,盡以高后時所割齊之城陽、琅邪、濟南郡復與齊,而徙琅邪王王燕,益封朱虛侯、東牟侯各二千户。是歲,齊哀王卒,太子則立,是爲文王……齊文王立十四年卒,無子,國除,地入於漢。"

49. 齊御史丞（劉家寨）

《古封》217、218"齊御史大夫"。"御史丞"殆"御史大夫丞"之省。

50. 齊都水長（劉家寨）

51. 齊都水丞（劉家寨）

52. 齊都水印（劉家寨）

僅殘存"齊""水"二字,《泥彙》3776"齊都水印"殘存"都""印"二字,與此可以互補。《古封》329—332"齊都水印"。此爲齊都水之官署印。

53. 齊大倉印（劉家寨）

《古封》323—328"齊大倉印"。大倉爲大司農屬官。

54. 齊祠祀印（劉家寨）

55. 齊祠祀長（劉家寨）

殘存"齊""祀"二字,缺"祠""長"二字。《古封》226—228"齊祠祀印",229"齊祠祀長"。

《百官表》:"奉常,秦官,掌宗廟禮儀……屬官有太樂、太祝、太宰、太史、太卜、太醫六令丞……景帝中六年,更名太祝爲祠祀,武帝太初元年,更曰廟祀。初置太卜。"據其說此封泥稱祠祀,其時代在景帝中六年（前144）以後,武帝太初元年（前104）之前。但漢初（吕后二年，前186）的張家山漢簡有大祝，也有祠祀，則二者可能同時存在。

56. 齊大祝印（劉家寨）

57. 齊祝長印（劉家寨）

下封泥"長""印"二字殘，但爲"長""印"二字無疑。

《古封》221—225"齊大祝印"。

"祝長"可能是"大祝長"之省，也可能僅是一般祝官之長。秦封泥有半通"祝印"而無大祝。《史記·封禪書》："（秦始皇）從陰道下，禪於梁父。其禮頗采太祝之祀雍上帝所用……（高祖二年）乃立黑帝祠，命曰北畤。有司進祠，上不親往。悉召故秦祝官，復置太祝、太宰，如其故儀禮。"《職地》説："可見秦時有太祝，並領員'祝官'若干人，其職責是主祭五畤上帝之禮儀，又主持各種祭祀儀式。"漢代的情況近是。

58. 齊食官丞（劉家寨）

《古封》424—430"齊食官丞"。

《百官表》詹事屬官有"食官令長丞"，是主管皇后、太子飲食的。

59. 齊郎中丞（劉家寨）

《古封》252—266"齊郎中丞"，251"齊郎中印"。

《百官表》："郎中令，秦官，掌宫殿掖門户，有丞。武帝太初元年更名光禄勳。"

60. 齊中謁者（劉家寨）

"齊""謁"二字上部殘。《古封》364"齊中謁者"。

《百官表》郎中令屬官有"謁者"。《漢印文字徵》[17]（以下簡稱《漢印》）3·3"中宫謁者"，"中"即"中宫"之省，而"中宫"即皇后之宫。《説文》："謁，白也。"引申指進見、拜見。謁者掌引進、拜見，多用宦者。《百官表》少府屬官亦有"中書謁者"。

61. 齊内史丞（劉家寨）

《古封》436、437"齊内史印"，438"齊内史丞"。

《百官表》："諸侯王……有太傅輔王，内史治國民……成帝綏和元年省内史，更令相治民。"此"内史"時代在成帝綏和元年之前。

62. 齊衛士印（劉家寨）

《古封》269—272"齊衛士印"。

《百官表》："衛尉，秦官，掌宫門衛屯兵，有丞……屬官有公車司馬、衛士、旅賁三令丞。"秦有半通封泥"衛士"。

63. 齊大僕印（劉家寨）

四字筆畫皆有殘，但其隸定應無問題。

《古封》277"齊大僕印"。

《百官表》："太僕，秦官，掌輿馬，有兩丞。屬官有大廄、未央、家馬三令，各五丞一尉。"太僕主馬政。

64. 齊家馬丞（劉家寨）

《百官表》太僕屬官有"家馬'令、丞。顏師古注："家馬者，主供天子私用，非大祀戎事軍國所須，故謂之家馬也。"齊家馬主管齊王私用車馬。

65. 齊中廄丞（劉家寨）

《古封》290—296"齊中廄丞"。

"中廄"指官中之廄，與"大廄"相對而言。

66. 齊廄丞印（劉家寨）

"齊"字殘。《古封》283、284"齊廄丞印"，又279—281"齊大廄丞"，齊有大廄、中廄，又有普通的廄，可見養馬之多。

67. 齊正之印（劉家寨）

《徵存》16"安民正印"，注："《禮·王制》：成獄辭，史以獄成告於正，正聽之。又《漢書·百官公卿表》：廷尉，秦官，掌刑辟。有正、左右監，皆千石。由此知安民正爲掌獄訟之官。"《禮記·王制》鄭玄注："正，於周鄉師之屬，今漢有平正丞，秦所置。"曹錦炎先生和筆者都認爲正爲廷尉屬官[18]，"齊正"的情況應該相同。

68. 齊家丞印（劉家寨）

《百官表》："宗正，秦官，掌親屬，有丞……屬官有都司空令丞，內官長丞。又諸公主家令、門尉皆屬焉。"又《百官表》："詹事，秦官，掌皇后、太子家，有丞。屬官有太子率更、家令丞……""家丞"乃太子、公主等宗親家之丞。

69. 齊內官丞（劉家寨）

《古封》306—308"齊內官印"，309—322"齊內官丞"。

此齊內官之丞印。

70. 齊居室丞（劉家寨）

此齊居室之丞印。

71. 齊鐵官長（劉家寨）

72. 齊鐵官丞（劉家寨）

73. 齊采鐵印（劉家寨）

《古封》448—453"齊鐵官印"，454—457"齊鐵官丞"，458"齊采鐵印"。

《百官表》："治粟內史……屬官有……幹官、鐵市兩長丞。"吳榮曾云："採鐵是專管礦山開採，而鐵官則是管理冶鑄之官。"⑲《地理志》齊郡"臨淄"縣下班固自注："有服官、鐵官。"《補注》："吳卓信曰：'《一統志》：商山在臨淄縣西，即古鐵山。崔炎《述征賦》云"登鐵山，望齊岱"是也。'"

74. 齊樂府印（劉家寨）

75. 齊樂府長（劉家寨）

上封泥"齊""府"二字缺。

《古封》340—342"齊樂府印"。

此齊樂府長之印。

76. 齊宦者丞（劉家寨）

《古封》379"齊宦者長"，380—389"齊宦者丞"。

此齊宦者丞之印。

77. 齊大官印（劉家寨）

"大官"即太官，少府屬官，主管王之膳食。秦封泥有"大官"，亦有"泰官"（《職地》，第159頁）。

78. 齊御府印（劉家寨）

79. 齊御府丞（劉家寨）

《古封》368—374"齊御府印"，376、377"齊御府丞"。

《百官表》少府屬官有"御府"，顏師古注："御府主天子衣服也。"秦封泥有"御府""御府廷府""御府金府""御府器府""御府瑟府""御府帑府""御府工室"等，可見御府是一個大機構，主管御用物品及金錢，下設各種名目的府庫⑳。

80. 齊中尉丞（劉家寨）

《古封》403"齊中尉丞"。

《百官表》："中尉，秦官，掌徼循京師，有兩丞、候、司馬、千人。武帝太初元年更名執金吾。屬官有中壘、寺互、武庫、都船四令丞。"齊中尉是徼循齊都臨淄治安、防備盜賊之官。

81. 齊武庫長（劉家寨）

82. 齊武庫丞（劉家寨）

上封泥"武"字缺，據下封泥以意補。

《古封》407"齊武庫印"，408—418"齊武庫丞"。

武庫是儲藏武器的機構，秦漢時中央和地方都有設置，見於三晉、秦漢的多件兵器銘文。齊為大國，有自己的軍隊，所需兵器甚多，故齊武庫封泥屢有出土。

83. 淮陽都水（古城村）

《地理志》"淮陽國",班固自注:"高帝十一年置。"《補注》:"先謙曰:'封子友。'全祖望云:'故屬秦楚郡,楚漢之際屬楚國,六年置淮陽郡,十一年爲國。'先謙按:惠帝元年友徙趙國,爲郡;高后元年復爲國,立强及武;文帝誅武,復爲郡;五年徙子武淮陽,十年徙梁,復爲郡;景帝二年立子餘,二年徙魯,又爲郡;宣帝元康二年立子欽。"淮陽王國雖屢有變動,但一直存在。"都水"説解見第4、50—52條。

三、侯國職官封泥

84. 安成侯相(古城村)

西漢有兩個安成侯國。《地理志》汝南郡有"安成"侯國,《補注》:"戰國魏安城。秦取之,見《秦紀》。王崇國,元帝封。"《外戚恩澤侯表》有"安成共侯崇",封於建始元年(前32),其後有靖侯奉世、侯持,王莽始建國二年(10)絶。《地理志》長沙國有"安成"縣。《補注》:"武帝封長沙定王子蒼爲侯國,見《表》。"《王子侯表》有"安城思侯蒼",封於元光六年(前129)。元鼎元年(前116),節侯自當嗣。後壽光嗣,五鳳二年(前56),"坐與姊亂,下獄病死"。《表》列其郡地爲"豫章",《補注》:"安城《長沙縣志》城作成,《史表》同,亦見《贛水注》,非豫章。"兩個"安成"東漢皆作"安城"。

從文字風格無法判斷封泥"安成"是在汝南郡還是長沙國。但出土地古城村在平興縣,是汝南郡首縣,則此"安成"以汝南郡王崇侯國爲近是。

85. 安國侯相(劉家寨)

86. 安國鄉印(劉家寨)

上封泥僅殘存一"國"字,由下封泥意補。

《古封》486"安國侯相"。"侯相",諸侯之相。《古封》1739—1745"安國鄉印"。

《地理志》中山國"安國"縣,《補注》:"高帝封王陵,成帝封趙共王子吉爲侯國,見《表》。"《表》指《漢書》之《高惠高后文功臣表》及《王子侯表》。前《表》有"安國武侯王陵"。王陵之後有哀侯忌、終侯斿、安侯辟方、侯定。元鼎五年(前112),侯定坐酎金免。後《表》記"安國侯吉",綏和元年"六月丙寅封,十六年免"。上封泥年代下限爲公元8年(漢孺子嬰居攝三年)。"安國鄉印"時代更晚,當在安國爲縣鄉之後。漢"安國"在今河北安國縣北、蠡縣南。

87. 辟陽邑丞(劉家寨)

《古封》488、489"辟陽侯相",據此知"邑"爲侯之封邑。

《地理志》信都國"辟陽"縣,《補注》:"高帝封食其爲侯國,見《表》。"《高惠高后文功臣表》"辟陽幽侯審食其"。審食其後被淮南王劉長所殺，文帝四年侯平嗣，後坐謀反自殺。"辟陽"在今河北冀州市南。

88. 博陽邑丞（劉家寨）

89. 博陽侯相（古城村）

《地理志》汝南郡有"博陽"侯國，《補注》："邴吉國，宣帝封。《表》屬南頓，是博陽分南頓置。"《漢書·外戚恩澤表》"博陽定侯丙吉"。丙吉在漢宣帝幼時保護過他，《漢書·丙吉傳》："宣帝初即位，賜吉爵關内侯。吉爲人深厚，不伐善。自曾孫（宣帝）遭遇，吉絕口不道前恩……制詔丞相：'朕微眇時，御史大夫吉與朕有舊恩，厥德茂焉。《詩》不云乎？"亡德不報。"其封吉爲博陽侯，邑千三百户。'"吉封侯在元康三年（前63），五鳳三年（前55）侯顯嗣，鴻嘉元年（前20）康侯昌嗣，至王莽時絶。又《高惠高后文功臣表》有"博陽嚴侯陳濞"。"博陽"在今河南商水縣東北。

90. 昌侯邑丞（劉家寨）

《地理志》琅邪郡"昌"縣，《補注》："高帝封張卿，武帝封城陽頃王子差爲侯國，見《表》。《功臣》宜冠侯高不識《表》注：'昌。'蓋嘗析宜冠縣……《一統志》：故城今諸城縣東南。"《高惠高后文功臣表》"張卿"作"旅卿"。

91. 阜陵邑印（劉家寨）

92. 阜陵邑長（劉家寨）

《古封》1659—1663"阜陵邑印"。

《地理志》九江郡"阜陵"縣，《補注》："文帝封淮南厲王子安爲侯國，見《表》……《一統志》：'阜陵故城今安徽滁州全椒縣東十五里。'"《王子侯表》："阜陵侯安，淮南厲王子，八年五月丙午封。八年，爲淮南王。"

93. 廣侯邑丞（劉家寨）

《地理志》齊郡"廣"縣，《補注》："高帝封召歐，元帝封菑川孝王子便爲侯國，見《表》……《一統志》：故城今益都縣西南四里。"

94. 建成侯相（劉家寨）

95. 建成邑丞（劉家寨）

上封泥"成"字缺，據下封泥意補。

《古封》472"建成侯相"，1012"建成邑丞"。

《地理志》沛郡"建成"侯國，《補注》："吕釋之國，高帝封。長沙定王子拾，武帝封。黄霸，宣帝封。曹參號建成君，索隱以爲此國……《一統志》：故城今永城縣東南。"

"吕釋"見《史記·留侯世家》，作"吕澤"，乃吕后之兄。

96. 郊侯邑丞（劉家寨）

《地理志》沛郡"洨"侯國，《補注》曰："趙敬肅王子周舍國，武帝封。高后封吕産，亦在此。辨見《表》。"《史記·惠景間侯者年表》："郊。吕后兄悼武王身佐高祖定天下，吕氏佐高祖治天下，天下大安，封武王少子産爲郊侯。（高后）六年七月壬辰，産爲吕王，國除。八年九月，産以吕王爲漢相，謀爲不善。大臣誅産，遂滅諸吕。"索隱："郊一作洨。"吕産爲郊侯的時間很短。

97. 梁鄒邑丞（劉家寨）

98. 梁鄒丞印（劉家寨）

上封泥"鄒""丞"二字殘，但尚有殘畫，據下封泥補。

《地理志》濟南郡"梁鄒"縣，《補注》："高帝封武虎爲侯國，見《表》……《一統志》：故城今鄒平縣治。"

99. 平都侯相（劉家寨）

100. 平都邑丞（劉家寨）

漢時平都有三地：一爲西漢上郡縣，一爲東漢豫章郡縣，一爲東漢巴郡縣。《地理志》上郡"平都"縣，《補注》："《趙策》有平都侯，蓋封此。"無法肯定，戰國與漢也時代懸隔。《後漢書·郡國志》豫章郡有"平都"侯國。比較而言，此封泥時代大概在東漢，是豫章郡侯國。

101. 祁侯邑丞（劉家寨）

《古封》973"祁侯邑丞"。

"邑丞"二字缺，首二字雖略殘，但其隸定應無問題。

《地理志》太原郡"祁"縣，《補注》："晋祁奚食邑，見《左襄傳》。戰國屬趙，見《國策》。高帝封繒賀爲侯國，見《表》。"《高惠高后文功臣表》有"祁穀侯繒賀"，後又有"頃侯胡""侯它"。

102. 清侯邑丞（劉家寨）

"邑丞"二字缺，"清侯"二字已殘，但隸定應無問題。

《地理志》東郡"清"縣，《補注》："春秋齊地，國勝待命於此，見《左傳》。高帝封室中同爲侯國，見《高惠高后文功臣表》。"《表》有"清簡侯室中同"，後有"頃侯聖""康侯鮒""共侯古""侯生"，元鼎五年（前112）坐酎金免。

103. 請郭侯相（劉家寨）

104. 請郭邑丞（劉家寨）

《漢印》33"請郭邑丞"。

《史記·孝文本紀》："（元年）封……齊王舅父駟鈞爲清郭侯。"集解："如淳曰：邑名，六國時齊有清郭君。清音静。"索隱："按《表》，駟鈞封鄔侯……鄔屬鉅鹿郡。"《考證》："《漢書》'清郭'作'靖郭'。"今按《史記·惠景間侯者年表》作"清都"，"都"乃"郭"之訛字。《漢書·外戚恩澤侯表》有"鄔侯駟鈞"，《補注》："鄔，太原縣，《本紀》作'靖郭'，《史表》作'清都'。"《戰國策·齊策一》有靖郭君，乃孟嘗君父田嬰封邑。駟鈞當是始封於靖郭，後徙封鄔。清、請、靖通用。

105. 臺侯邑丞（劉家寨）

"侯""丞"二字缺，《古封》1138"臺侯邑丞"，此據以補字。

《地理志》濟南郡"臺"縣，《補注》："春秋齊邑，景公以封晏子，見《晏子春秋》。高帝封戴野爲侯國，見《表》……《一統志》：故城今歷城縣東北三十里。"歷城即今濟南市。《高惠高后文功臣表》有"臺定侯戴野"，後有"侯午"。

106. 陽都邑丞（劉家寨）

《地理志》城陽國"陽都"縣，《補注》："高帝封丁復、宣帝封張彭祖爲侯國，見《表》……《一統志》：故城今沂水縣南。"《高惠高后文功臣表》有"陽都敬侯丁復"，其後有"趨侯甯""侯安城"。《外戚恩澤侯表》"富平敬侯張安世"；安世以昭帝元鳳六年（前75）封，至宣帝元康三年（前63）子張彭祖封陽都侯。

107. 營侯丞印（劉家寨）

《王子侯表》有"營平侯信都"，《補注》："營，縣名。平，其謚也。《史表》上標'營'字，下云'平侯'，其明證也。營見《淄水注》，詳齊都'臨淄'下。"信都爲齊悼惠王子。《地理志》齊郡無營縣。《史記·惠景間侯者年表》"營"下，《考證》："營即營丘，在齊郡臨淄縣。"《地理志》齊郡"臨淄"縣下，班固自注："莽曰齊陵。"顏師古注："應劭曰：齊獻公自營丘徙此，臣瓚曰：臨淄即營丘也。故晏子曰：'始爽鳩氏居之，逢伯陵居之，太公居之。'又曰：'先君太公築營之丘。'今齊之城中有丘，即營丘也。師古曰：瓚説是也。築營之丘，言於營丘地築城邑。""營"爲"營丘"省稱，臨淄別名。

108. 益邑丞印（劉家寨）

《古封》1225"益邑丞印"。

《地理志》北海郡"益"縣，《補注》："武帝封淄川懿王子胡爲侯國……《一統志》：故城今壽光縣西益都，今壽光北十五里王城店。"《王子侯表》有"益都敬侯胡"。

109. 都昌侯相（劉家寨）

110. 都昌邑丞（劉家寨）

111. 都昌丞印（劉家寨）

《地理志》北海郡"都昌"縣，《補注》："齊景公以封晏子，見《晏子春秋》。高帝封朱軫爲侯國，見《表》。"《高惠高后文功臣表》有"都昌嚴侯朱軫"，其後有"剛侯率""夷侯詘""共侯偃""侯辟彊"。都昌在今昌邑市西。

112. 安陽國丞（古城村）

113. 安陽國尉（古城村）

《地理志》汝南郡"安陽"侯國，《補注》："淮陽厲王子勃國，文帝封。周左車，景帝封。王音，成帝封……《一統志》：故城今正陽縣西南。"國尉，侯國之尉，此猶第80條齊有中尉。

114. 安成國丞（古城村）

115. 安成侯相（古城村）

下條"相"字缺。

《地理志》汝南郡"安成"侯國，《補注》："戰國魏安城，秦取之，見《秦紀》。王崇國，元帝封……《一統志》：故城今汝陽縣東南七十里。"此與第84條可相參。

116. 長平邑丞（古城村）

《地理志》汝南郡"長平"縣，《補注》曰："戰國魏地，《國策》：'芒卯曰，秦王欲魏長平。'始皇攻定之，見《始皇紀》。武帝封衛青爲侯國，見《表》。"《外戚恩澤侯表》有"長平烈侯衛青"。

117. 樊侯邑丞（古城村）

118. 樊侯國丞（古城村）

《地理志》東平國"樊"縣，《補注》："王鳴盛曰：'《成紀》：建始二年，東平王宇有罪，削樊、亢父二縣。《志》仍有者，其後又復，詳宇本傳。《紀》書削不書復者，脫漏也。'先謙曰：'文帝封蔡兼爲侯國，見《表》……《一統志》：故城今滋陽縣西南。'"《高惠高后文功臣表》有"樊侯蔡兼"，其後有"康侯客""共侯平""侯辟方"。

119. 歸德侯相（古城村）

《地理志》汝南郡"歸德"，班固自注："侯國，宣帝置。"《補注》："先賢撣國，宣帝封。"《景武昭宣元成功臣表》有"歸德靖侯先賢撣"，其後有"煬侯富昌""侯諷""侯襄""侯霸"。

120. 臨汝國丞（古城村）

121. 臨汝侯相（古城村）

下封泥"臨"字缺，"侯"字殘。

《漢書》無"臨汝"縣或侯國。《後漢書·郡國志》豫章郡有"臨汝"縣，云"永元八年置"，不曰侯國，且位置也過於偏南[21]。疑封泥"臨汝"與汝水有關，地當在漢汝南郡。《水經·汝水》："又東南過汝南上蔡縣西。"注："……永初元年，安帝封鄧騭爲侯國。"漢上蔡在汝水北岸，南臨汝水。鄧騭是安帝之舅，國之權臣，其封地或距汝水不遠，也可能即"臨汝"。這衹是一種假說，有待證明。這兩枚封泥時代或在東漢。

122. 南侯國丞（古城村）

123. 南侯相印（古城村）

124. 南利丞印（古城村）

末封泥缺"南""丞"二字，據前二枚封泥以意補。

《地理志》無南縣，封泥"南"殆"南利"之省。南利不見於《地理志》，其地在今汝陽縣。《地理志》汝南郡"女陽"縣，《補注》引《水經注》："汝水別瀆自召陵來，東逕西門城，即南利，宣帝封廣陵厲王子劉昌爲侯國。縣北三十里有敦城，號曰北利，故瀆出於二利之間，間關汝陽之縣，世名之死女縣，取水名，故曰汝陽也。"㉒《王子侯表》有"南利侯昌"，云："（本始元年）七月壬子封，五年，地節二年，坐賊殺人免。"地屬"汝南"，《補注》："南利地屬女陽縣，見《潁水注》，蓋免侯後并入。"王先謙所引文字略有出入。

125. 女陰國丞（古城村）

126. 女陰侯相（古城村）

127. 女陰邑丞（古城村）

128. 女陰令印（古城村）

129. 女陰丞印（古城村）

130. 女陰之印（古城村）

131. 女陰左尉（古城村）

《古封》468、469"女陰侯相"，495"女陰家丞"。

《地理志》汝南郡"女陰"縣，《補注》："先謙曰：'高帝封夏侯嬰爲侯國，見《表》。'"《高惠高后文功臣表》有"汝陰文侯夏侯嬰"，其後有"夷侯竈""共侯賜""侯頗"。128—131是元鼎二年（前115）侯頗自殺後女陰縣府及其令、丞、尉印之封泥。

132. 慎陽侯相（古城村）

133. 慎陽國丞（古城村）

134. 慎陽長印（古城村）

135. 慎陽丞印（古城村）

136. 慎陽尉印（古城村）

《地理志》汝南郡"慎陽"縣，注："應劭曰：'慎水出東北，入淮。'師古曰：'慎字本作滇，音真，後誤爲慎耳。今猶有真丘、真陽縣，字並單作真，知其音不改也。闞駰云永平五年失印更刻，遂誤以水爲心。'"《補注》："高帝封樂説爲侯國，見《表》。索隱引如淳曰：'音慎。'如氏見字作滇，音爲慎耳。今《表》引如説作'音震'，疑又顏所改。若闕駰合作順陽，《續志》作滇陽。洪頤煊云：據此闕駰謂'誤以水爲心'，是改順陽作慎陽，川、水篆形相近，滇陽又慎陽之訛字也。《後書・黃憲傳》'汝南慎陽人'，李注'南陽有慎陽國，而流俗書此作順者誤'。即闕駰本。《續志》後漢因。《淮水注》：'慎水出慎陽縣西，東逕縣故城南，縣取名焉。'"由以上五枚封泥看，則縣名漢時本作慎陽，闕駰、顏師古的説法都是不對的。《集韻・真韻》："滇，滇陽，縣名，在汝南。"《字彙補・水部》："滇，滇陽，漢縣名，屬汝南郡。"二説皆據顏説而誤。《高惠高后文功臣表》有"慎陽侯樂説"，其後有"靖侯願""侯買之"。

137. 鮦陽侯相（古城村）

138. 鮦陽邑令（古城村）

139. 鮦陽邑丞（古城村）

140. 鮦陽之印（古城村）

141. 鮦陽令印（古城村）

142. 鮦陽丞印（古城村）

143. 鮦陽右尉（古城村）

《地理志》汝南郡有"鮦陽"縣，但《漢書》諸《表》均無鮦陽侯，可見以上封泥時代非西漢。《後漢書・郡國志》汝南郡有"鮦陽"侯國。《後漢書・陰興傳》："永平元年詔曰：'故侍中衛尉關內侯興，典領禁兵，從平天下，當以軍功顯受封爵，又諸舅比例，應蒙恩澤，興皆固讓，安乎里巷。輔導朕躬，有周昌之直，在家仁孝，有曾、閔之行，不幸早卒，朕甚傷之。賢者子孫，宜加優異，其以汝南之鮦陽封興子慶爲鮦陽侯，慶弟博爲灈强侯。'……慶卒，子琴嗣。建初五年，興夫人卒，肅宗使五官中郎將持節即墓賜策，追謚興曰翼侯。琴卒，子萬全嗣。"又《吳祐傳》："（祐）因自免歸家，不復仕，躬灌園蔬，以經書教授。年九十八卒。長子鳳，官至樂浪太守……鳳子馮，鮦陽侯相。"據此説，以上七條皆鮦陽侯國及其後縣之職官封泥。

144. 吳房侯相（古城村）

145. 吳房邑丞（古城村）

146. 吳房長印（古城村）

147. 吳房丞印（古城村）

《地理志》汝南郡"吳房"縣，顏師古注引孟康曰："本房子國，楚靈王遷房於楚。吳王闔閭弟夫槩奔楚，楚封於此，爲堂谿氏。以封吳，故曰吳房。"《補注》："《周語》：'昭王取以封吴，故曰吴房。'……高帝封楊武爲侯國，見《表》。"《高惠高后文功臣表》有"吴房嚴侯楊武"，其後有"侯去疾"。《後漢書・鄧晨傳》："光武即位……封晨長子汎爲吴房侯。"此封泥從文字風格看，爲東漢之物。

148. 細陽侯相（古城村）

149. 細陽令印（古城村）

150. 細陽丞印（古城村）

151. 細陽左尉（古城村）

《地理志》汝南郡"細陽"縣，《補注》："夏侯嬰益食細陽千户，見《嬰傳》，蓋秦邑。《功臣》信成侯王定《表》注'細陽'，蓋嘗析置信成縣。"《夏侯嬰傳》："（高帝）至平城，爲胡所圍，七日不得通。高帝使使厚遺閼氏冒頓，開其圍一角。高帝出欲馳，嬰固徐行，弩皆持滿外鄉，卒得脱。益食嬰細陽千户。"《景武昭宣元成功臣表》有"信成侯王定"，其後有"侯廣漢"。

152. 陽安侯相（古城村）

153. 陽安國丞（古城村）

154. 陽安邑丞（古城村）

155. 陽安長印（古城村）

156. 陽安丞印（古城村）

157. 陽安右尉（古城村）

《地理志》汝南郡"陽安"縣，顔師古注引應劭曰："道國也，今道亭是。"《補注》："成帝封丁明爲侯國，見《表》。後漢因，《續志》有'道亭故國'，劉注：'有朔山。'《一統志》：故城今確山縣東北。"《外戚恩澤侯表》有"陽安侯丁明"。丁明爲成帝之舅，綏和二年（前7）封，元始元年（1）被王莽殺害。

158. 西平邑丞（古城村）

159. 西平丞印（古城村）

下封泥"平""印"二字殘，但"平"字上横畫尚清晰可見。

《古封》760"西平令印"。

《地理志》汝南郡"西平"縣，《外戚恩澤侯表》有"西平安侯于定國"。《漢書・于定國傳》："甘露中，代黄霸爲丞相，封西平侯。"其後子永嗣。

160. 宜春侯相（古城村）

161. 宜春國丞（古城村）

《地理志》汝南郡"宜春"侯國，《補注》："衛伉國，武帝封。王訢，昭帝封……《一統志》：故城今汝陽縣西南六十里。"衛伉爲衛青長子，以父功封侯，後因矯制免。《外戚恩澤侯表》有"宜春敬侯王訢（引者按"訢"與《補注》作"昕"不同），其後有"康侯譚""孝侯咸""釐侯章"。又《王子侯表》有"宜春侯成"，乃長沙定王子。此宜春爲豫章郡縣。又《後漢書·宗室四王三侯列傳·泗水王歙傳》云歙從父弟茂之弟匡在建武二年（26）曾封宜春侯。

162. 義陽侯相（古城村）

《景武昭宣元成功臣表》"義陽侯衛山"，注："平氏。"又"義陽侯傅介子"，注："平氏。"又"義陽侯厲溫敦"。又"若陽侯猛"，注："平氏。""衛山"條下《補注》："食南陽平氏。義陽因鄉爲侯國，亦見《淮水注》。後封傅介子。魏文帝復置義陽縣，見《元和志》。"《地理志》南陽郡"平氏"縣，《補注》："《功臣》'若陽侯猛'《表》注'平氏'，'義陽侯衛山傅介子'《表》注同。蓋嘗析置若陽、義陽二縣。"又曰："《一統志》：故城今桐柏縣西。"義陽是漢平氏縣鄉名，後成爲縣，此以鄉爲侯。

163. 弋陽侯相（古城村）

164. 弋陽國丞（古城村）

165. 弋陽國尉（古城村）

《地理志》汝南郡有"弋陽"侯國，《補注》："任宮國，昭帝封。後漢因，《續志》'有黃亭……'"《景武昭宣元成功臣表》有"弋陽節侯任宮"，其後有"剛侯千秋""願侯惲""孝侯岑""侯固"。又《後漢書·宗室四王三侯列傳·成武孝侯順傳》："建武二年（26），詣洛陽，光武封……（劉）國爲弋陽侯。"以上封泥時代在東西漢之交。

166. 終弋國丞（古城村）

"終""國"二字殘。

《王子侯表》有"終弋侯廣置"，爲"衡山賜王子"，注："汝南。"《地理志》汝南郡漏收終弋縣。《地理志》云："汝南郡，縣三十七。"《補注》："見《侯表》者有終弋、安平、承陽三縣，無考。"

167. 期思侯相（古城村）

168. 期思長印（古城村）

169. 期思丞印（古城村）

170. 期思尉印（古城村）

《地理志》汝南郡"期思"縣，《補注》："高帝封賁赫爲侯國，見《表》……《一統志》：故城今固始縣西北。"《高惠高后文功臣表》有"期思康侯賁赫"。

171. 强侯相印（古城村）

172. 强侯邑丞（古城村）

173. 强侯國丞（古城村）

《地理志》無"强"縣，諸《表》亦無"强侯"。疑强爲灈强縣鄉名或省稱。《地理志》汝南郡"灈强"縣，《補注》："《灈水篇》：'灈水出灈縣南澤中，東入潁。'注云'灈水出陽城縣少室山'，與《説文》合也。注又云小灈水自潁川臨潁東來，'東逕灈陽城北，又逕灈縣故城南……'又《潁水注》：'潁水自臨潁來，東逕灈陽城南。《紀年》云"孫何取灈陽"。灈强城在東北。'"灈水是潁水的中源，中下游與潁水時合時分，灈陽即得名於灈水，灈强亦然。

《水經注・灈水》："建武二年，世祖封揚化將軍堅鐔爲侯國。"㉓《後漢書・郡國志》汝南郡下有"灈强侯國"。《後漢書・光武帝紀下》："（建武）二年春正月……庚辰，封功臣皆爲列侯。"堅鐔爲所封者之一，亦見《堅鐔傳》。以上所説僅爲推測。如所説不誤，則以上封泥時代爲東漢。

174. 灈陽國尉（古城村）

175. 灈陽長印（古城村）

176. 灈陽丞印（古城村）

177. 灈陽右尉（古城村）

《地理志》《郡國志》均有"灈陽"縣。《中國古今地名大辭典》云："漢置，後漢爲侯邑。"㉔首封泥"灈陽"二字殘，據後三枚封泥補，從文字風格看，宜爲東漢物。"國尉"，侯國之尉。

178. 召陵國丞（古城村）

179. 召陵國尉（古城村）

180. 召陵侯相（古城村）

181. 召陵令印（古城村）

182. 召陵長印（古城村）

183. 召陵丞印（古城村）

184. 召陵之印（古城村）

《古封》759"召陵令印"。《地理志》《郡國志》均有"召陵"縣，未言其爲侯國。《後漢書・李通傳》："（建武七年）封通少子雄爲召陵侯。"以上封泥從文字風格看，宜爲東漢物。

185. 征羌侯相（古城村）

《後漢書・郡國志》汝南郡有"征羌"侯國。《後漢書・來歙傳》："歙乃大修攻具，率蓋延、劉尚及太中大夫馬援等進擊羌於金城，大破之，斬首虜數千人，獲牛羊萬餘頭，穀數十萬斛。又擊破襄武賊傅栗卿等……蜀人大懼，使刺客刺歙……（歙亡，光武）乃賜策曰：'中郎將來歙，攻戰連年，平定羌、隴，憂國忘家，忠孝彰著。遭命遇害，嗚呼哀哉！'使太中大夫贈歙中郎將、征羌侯印綬。謚曰節侯……，以歙有平羌、隴之功，故改汝南之當鄉縣爲征羌國焉。"來歙之後，嗣侯位者爲其子褒（袖）及孫歷。此爲東漢封泥至爲明確。征羌故城在今河南郾城縣西南七十五里。

186. 原鹿侯相（古城村）

187. 原鹿長印（古城村）

《古封》852"原鹿長印"，"鹿"原隸作"麓"，誤。

《郡國志》汝南郡有"原鹿"侯國。

188. 褒信侯相（古城村）

《郡國志》汝南郡有"褒信"侯國，在今新蔡縣南。

189. 縫陵邑丞（劉家寨）

《漢印》13·5"縫陵邑丞"。

縫同縫。《集韻·鍾韻》："縫，《説文》：'以鍼紩衣也。'或省。"詛楚文："縫以婚姻。"縫與逢聲符皆爲夆，應可通用，地名"縫陵"即逢陵。《左傳·昭公二十年》："昔爽鳩氏始居此地，季萴因之，有逢伯陵因之，蒲姑氏因之，而後太公因之。"杜預注："逢伯陵，殷諸侯，姜姓。"南朝宋於淄川縣西北置逢陵縣。由此封泥看，漢已有逢陵侯邑，祇是《地理志》《郡國志》失載。《地理志》云："訖於孝平，凡郡國一百三，縣邑千三百一十四，道三十二，侯國二百四十一。"這些數字，與實際並不完全相符。《補注》："周壽昌曰：《百官公卿表》云'凡縣道國邑千五百八十七'，綜此計之，適符其數，而以每郡國所領縣計之，止有一千五百七十八；本注'侯國'一百九十三，尚有四十八未注，則皆傳寫脱漏之失也。"《百官表》又云："列侯所食縣曰國，皇太后、皇后、公主所食曰邑。"所以邑名失載數目不在少數。

190. 定陵邑印（劉家寨）

《古封》1648—1651"定陵邑印"。

《地理志》潁川郡、汝南郡皆有"定陵"縣，汝南郡下《補注》："《續志》後漢省。按潁川亦有定陵，後漢因，在汝水南。此在汝水北。《一統志》：故城今郾城縣西北六十里。"《郡國志》汝南郡有"定潁"侯國，潁川郡有"定陵"縣，疑"定潁"爲"定陵"之訛。

191. 委壤侯相（劉家寨）

"委壤侯"，無考。

192. 西華邑丞（古城村）

193. 西華右尉（古城村）

上封泥"西""邑"二字缺，以意補。

《地理志》《郡國志》汝南郡皆有"西華"縣，不云侯國或封邑。《後漢書·鄧晨傳》："（建武）十三年，更封南䜌侯……明年，定封西華侯……"則"西華邑"乃鄧晨所封侯邑。

四、郡官封泥

194. 汝南大守（古城村）

195. 汝南大守章（古城村）

《古封》562—566"汝南大守章"。

《地理志》："汝南郡，高帝置。"《補注》："全祖望曰：'故屬秦潁川、南陽二郡，楚漢之際屬楚國。高帝四年屬漢，分置。十一年屬淮陽國，十二年復故。景帝二年別爲汝南國，四年復故。'"《郡國志》亦有"汝南"郡。古城村所出漢汝南郡封泥，《泥彙》分爲上、下兩編，上編主體爲西漢，下編主體爲東漢，但在編輯後記中又指出："平輿新出封泥原訂爲第九編西漢、第十二編東漢兩編，但對部分介於兩漢之際的實物亦未及作出更充分的考辨。"㉕"汝南大守章"上、下兩編均有，從文字風格上看不出明顯的差別，難於區分東、西漢。以下所說汝南各縣封泥也是這樣。

《地理志》"汝南郡"，《補注》："閻若璩曰：'郡先書平輿縣，却不爲治，治上蔡縣，以《翟方進傳》知之。其《傳》首敘次，與《賈誼傳》正同。《元和志》謂"治平輿"者非。《汝水注》於上蔡縣云"漢高祖四年置汝南郡"，又於平輿縣云"東漢汝南郡治"。是《元和志》所言，誤以東漢爲西漢也。'"今按閻説未見其是。《漢書·翟方進傳》云："翟方進，字子威，汝南上蔡人。"並未説上蔡爲汝南郡治。《水經》："（汝水）又東南過汝南上蔡縣西。"注："汝南郡，楚之別也，漢高祖四年置，王莽改郡曰汝汾。"酈道元祇是解釋汝南郡置年，並未説上蔡爲郡治。之所以先提上蔡縣，後提平輿縣，祇是因爲上蔡居平輿之西，汝水西來，先經上蔡而已。《水經注》又云："《史記》曰：秦將李信攻平輿，敗之者也。建武三十年，世祖封銚統爲侯國，本汝南郡治。"㉖祇是説平輿是東漢汝南郡治，而未説西漢不是，東漢纔是。閻氏對《漢書》《水經注》的話斷章取義。

《百官表》："郡守，秦官，掌治其郡，秩二千石。有丞……景帝中二年更名太守。"

196. 汝南守丞（古城村）

丞爲郡丞。郡國有守丞，《古封》705"河南守丞"，706"齊昌守丞"。縣級"守丞"的資料則大量見於里耶秦簡㉗，學者於此討論甚多。王偉的看法是：縣守丞是"縣守府（縣廷設立的，在縣丞領導下的秘書班子）機構中的當值秘書人員"；而"漢封泥'河南守丞'，應爲漢河南郡郡守之丞。另，漢'齊昌守丞'（《古封泥集成》706號），應爲漢郡國齊國所置郡守之丞"[28]。這一問題，目前還難以定論。

197. 汝南尉印（古城村）

198. 汝南都尉（古城村）

《古封》709"汝南尉印"。

《百官表》："郡尉，秦官，掌佐守典武職甲卒，秩比二千石。……景帝中二年更名都尉。"《後漢書·百官志》："建武六年，省諸郡都尉，并職太守，無都試之役。"劉昭注："《古今注》曰：'六年八月，省都尉官。'應劭曰：'每有劇職〈賊〉，郡臨時置都尉，事訖罷之。'"後封泥時代在景帝中二年（前148）至光武帝建武六年（30）之間。

199. 汝南水長（古城村）

"水長"爲"都水長"之省。《百官表》治粟内史屬官有"郡國諸倉農監都水六十五官長丞"，王人聰先生據此認爲："西漢在中央的一些官署及地方均設有水官，管理水利灌溉工程，征收水税和漁税，其官名叫都水，丞是其佐官，如大司農、奉常、少府、水衡都尉以及三輔和一些郡國都有都水之官。郡國所設的都水官隸屬於大司農。"又説："漢代在郡國一級的地方行政區劃中，有因當地物産之宜或某種需要而特設的專官，據《漢書·百官公卿表》及《續漢書·百官志》的記載，這些特設的專官種類很多，包括有農、林、水、工、鹽、鐵、畜牧等各個方面。在西漢時，這些郡國的特設官一般隸屬於中央的官署管轄，東漢則皆改隸於郡縣。各官主管官吏的秩次是皆如縣道。"[29] 秦封泥有"浙江都水""四川水丞"，皆郡之都水官，《職地》看作郡級職官[30]。鑒於漢封泥很多難於確切劃分東、西漢，加之這些特設官又多在郡，我們採取寬泛的做法，將其視爲郡職官。

200. 汝南鐵長（古城村）

201. 汝南鐵丞（古城村）

齊有"采鐵""鐵官"封泥，説見上第71—73條。此"鐵長"殆"鐵官長"之省。《地理志》汝南郡西平縣下，班固自注："有鐵官。"《補注》："後漢因，《續志》'有鐵'。《潕水注》：'潕水自潁川舞陽來，東過西平縣北……有龍泉水，可以砥礪刀劍。是以龍泉之劍，爲楚寶也。'……《一統志》：故城今西平縣西四十五里師靈鎮。又西七十五里冶鑪城，韓王鑄劍處。蘇秦説韓王'韓有劍戟出於棠谿'，今縣西棠谿村也，漢晋皆置鐵官。"可見汝南之冶鑄鐵器源遠流長。

202. 河内大守章（函谷關）

《古封》521"河内守印"，549"河内大守章"，與此封泥風格同。

秦封泥有"河内邸丞""河内左工"，秦河内郡名還見於里耶秦簡和嶽麓秦簡（《職地》，第344頁）。

《地理志》:"河内郡,高帝元年爲殷國,二年更名。"《補注》引胡渭云:"古者河北之地,皆謂之河内。自戰國魏始有河内、河東之名,而秦漢因以置郡。《周禮》所謂河内不止河内郡地也。《史正義》:古帝王之都,多在河東、河北,故呼河北爲河内,河南爲河外。又云:河内西阻王屋諸山,其北又有太行蔽之,與河東隔絶。"又引錢坫曰:"《諸侯王表》二年三月屬漢,爲河内郡。"

203. 南陽大守章(函谷關)

《古封》523—526"南陽守印",566"南陽大守章",與此封泥風格相同。

秦封泥有"南陽守印""南陽司馬""南陽邸丞""南陽邦尉"(《職地》,第575頁)。秦南陽郡還見於嶽麓秦簡(《職地》,第344頁)。

《地理志》:"南陽郡,秦置。"《補注》:"昭襄王三十五年置,見《秦紀》。習鑿齒《襄陽記》:'秦兼天下,自漢以北爲南陽郡。'全祖望云:'楚漢之際屬楚國,高帝二年屬漢。'"又曰:"《釋名》:'在中國之南,而居陽地,故以爲名。'閻若璩云:'郡治宛,以《地理志》《翟方進、王莽傳》知之。'"秦漢俱有南陽郡,但所轄縣不盡同,析縣、丹水秦屬南陽郡,西漢則屬弘農郡。東漢轄區大體同秦。

《泥彙》6024古城村"南陽大守章",文字筆畫較粗,宜爲東漢物。

204. 陳留都尉章(函谷關)

《地理志》:"陳留郡,武帝元狩元年置。"《補注》引全祖望云:"故屬秦碭郡,楚漢之際屬楚國。"又引錢大昕云:"《諸侯王表》梁分爲五,其一濟川國。《志》無濟川郡,亦不言濟川國所在。《濟水注》引應劭云'濟川今陳留濟陽縣',乃知陳留郡即濟川,《志》稱陳留郡。武帝元狩元年置,不言'故屬梁國'者,史之闕也。濟川國除在武帝建元三年,其時當爲濟川郡,至元狩初移治陳留,乃改爲陳留郡耳。"此封泥之時間上限爲漢武帝元狩元年。

《地理志》陳留郡"外黃"縣下,班固自注:"都尉治。"可見陳留都尉駐地在外黃。

東漢陳留郡轄地縮小,寧陵、鄢縣劃歸梁國。

205. 弘農大守章(函谷關)

《地理志》"弘農郡",班固自注:"武帝元鼎四年置。"《補注》:"全祖望曰:'故屬京兆尹,武帝分置。'錢坫曰:'《武紀》元鼎"三年冬,徙函谷關於新安,以故關爲弘農縣",然則置郡亦當在三年,四字疑誤。'"《郡國志》亦有"弘農郡",但二者區劃不盡同,前者有上雒、商縣、丹水,後者上雒、商縣屬京兆尹,丹水屬南陽郡,又多出原屬京兆尹的華陰、湖縣。文雅堂藏函谷關所出封泥有"丹水長印""商丞之印""上雒長印",而無華陰、湖縣封泥,其時代應爲西漢[31]。

《地理志》弘農郡下"弘農"縣,班固自注:"故秦函谷關。"《補注》:"《一統志》:故城今靈寶縣南四十里……《一統志》：關在今靈寶縣西南里許。"此批弘農郡封泥傳出函谷關舊址，正是漢弘農郡治所在。

206. 弘農守丞（函谷關）

此爲弘農郡守丞印之封泥，説見前文。

207. 弘農都尉章（函谷關）

"都"字缺，"弘""章"二字殘。

此爲弘農郡都尉印之封泥，説見前文。

208. 弘農鐵長（函谷關）

209. 弘農鐵丞（函谷關）

《地理志》："弘農郡。"班固自注："有鐵官，在黽池。"《補注》："吳卓信曰：'《寰宇通志》："河南府鞏、宜陽、登封、新安、嵩五縣出鐵。"'"又"宜陽"縣下，班固自注："在黽池有鐵官也。"《補注》："齊召南曰：'在黽池有鐵官也'七字，乃郡户口下自注'有鐵官在黽池'，誤衍於此。宜陽與黽池各自爲縣，使宜陽有鐵官，安得在黽池邪？一文重見，《刊誤》不言，何也？'先謙曰：'在宜有之誤。《雒水注》：熊耳山際有池，池水東南流，水側有一池，世謂之黽池。此宜陽有黽池之證。'"今按漢黽池（今作澠池）縣東爲新安，東南爲宜陽，再南爲陸渾縣（今嵩縣），鞏縣在西漢河南郡，更在洛陽之東。此地產鐵，自古至今皆然[32]。所以我們不必糾纏西漢弘農鐵官究竟是設在澠池還是宜陽，祇要肯定該郡有鐵官即可。

210. 河東大守章（古城村）

《古封》542"河東大守章"。

《地理志》："河東郡。"班固自注："秦置。"《補注》："吳卓信曰：'《秦紀》：昭襄王二十一年置。'先謙曰：'高帝二年，虜魏豹，置郡，見《高紀》。'"秦封泥未見河東郡，殆以漢初置郡爲是。

211. 淮陽都水（古城村）

《地理志》："淮陽國。"班固自注："高帝十一年置。"《補注》："全祖望云：'故屬秦楚郡，楚漢之際屬楚國，六年置淮陽郡，十一年爲國。'先謙按：惠帝元年友徙趙國，爲郡。高后元年復爲國，立强及武。文帝誅武，復爲郡。五年徙子武淮陽，十年徙梁，復爲郡。景帝二年立子餘，二年徙魯，又爲郡。宣帝元康三年立子欽。"淮陽在西漢元康三年（前63）前時爲郡，時爲國，此封泥有可能是郡都水，也有可能是王國都水。

212. 豫州刺史（古城村）

《百官表》："監御史，秦官，掌監郡。漢省，丞相遣史分刺州，不常置。武帝元封五年初置部刺史，掌奉詔條察州，秩六百石，員十三人。成帝綏和元年更名牧，秩二千石。哀帝建平二年復爲刺史。元壽二年復爲牧。"《後漢書·百官志》："外十二州，每州刺史一人，秩六百石……建武十八年，復爲刺史，十二人各主一州，其一州屬司隸校尉。"《地理志》："漢興，因秦制度，崇恩德，行簡易，以撫海內。至武帝攘卻胡、越，開地斥境，南置交阯，北置朔方之州，兼徐、梁、幽、并夏、周之制，改雍曰凉，改梁曰益，凡十三郡〈部〉，置刺史。"《漢書·武帝紀》："（元封）五年……初置刺史部十三州。"師古曰："《漢書〈舊〉儀》云初分十三州，假刺史印綬，有常治所。"《補注》："齊召南曰：'按《晋志》冀、幽、并、兗、徐、青、揚、荆、豫、益、凉及朔方、交阯，所謂十三州也。至征和四年，又置司隸校尉，督察三輔、三河、弘農。'何焯曰：'是時刺史不常厥居，至東漢始有治所，顏注微誤。劉昭《續志》注謂"傳車周流，匪有定鎮"者得之。'全祖望曰：'沈約之説，與劉昭同。但刺史行部，必以秋分，則秋分以前，當居何所？豈群萃於京師乎？則顏説未可非也。西京初置刺史，官止六百石，故《志》略其治。'"漢武帝初置刺史，祇是監察官，僅六百石，官秩低於郡守。成帝綏和元年之後，秩二千石，但有無治所，諸説不一。東漢刺史有治所，但秩仍爲六百石。刺史真正有大權，居郡守之上，已是東漢晚期。《郡國志》豫州領有潁川、汝南、魯國、沛國、陳國、梁國六郡國。此封泥從文字風格看，接近於東漢，最早恐也祇能在兩漢之際。

五、縣道官封泥

213. 槐里丞印（焦家村）

"槐""里"二字殘，但"槐"字又見《泥彙》3402劉家寨所出"琅槐丞印"；"里"字可見左半。

《漢印》6·4"槐里丞印"。

《地理志》右扶風有"槐里"縣，班固自注："周曰犬丘，懿王都之。秦更爲廢丘。高祖三年更名。"《補注》："汪遠孫曰：'《史·高紀》二年，更名廢丘爲槐里。本書《高紀》同。三當爲二。'吳卓信曰：'……據《周勃、樊噲傳》，漢初有廢丘，又有槐里，或其後置縣，乃統謂之槐里耳。'……《一統志》：故城今興平縣東南十里。"秦有"瀘丘左尉"印（《徵存》36），又有"廢丘丞印"封泥（《職地》，第550頁），而不見"槐里"。

右扶風西漢治長安，東漢治槐里。此封泥從文字風格看，是西漢物。

214. 弘農獄丞（函谷關）

秦漢時郡有斷獄都尉。《通典》引《漢官舊儀》："漢承秦制，郡置太守治民，斷獄都尉治獄，都尉治盜賊、甲卒、兵馬。"㉝ 縣有獄，《史記·曹相國世家》："平陽侯曹參者，沛人也。秦時爲沛獄掾。"里耶秦簡 5-22："獄東曹書一封，丞印，詣無陽。"8-273＋8-520："獄東曹書一封，洞庭泰守府，廿八年二月甲午日入時，牢人怡以來。"㉞ 此封泥之"獄"不知屬郡還是屬縣，但以屬縣的可能性爲大。《漢印》10·7"長安獄丞"。里耶簡提到"獄東曹書"用丞印封緘，可見獄有丞。

215. 弘農令印（函谷關）

216. 弘農右尉（函谷關）

此爲弘農縣令、尉印封泥。

《百官表》："縣令、長，皆秦官，掌治其縣。萬户以上爲令，秩千石至六百石。減萬户爲長，秩五百至三百石。皆有丞、尉，秩四百石至二百石，是爲長吏。百石以下有斗食、佐史之秩。"弘農爲郡首縣，尉分左右。

217. 陝令之印（函谷關）

218. 陝丞之印（函谷關）

219. 陝右尉印（函谷關）

《地理志》弘農郡"陝"縣，即今三門峽市。

220. 丹水長印（函谷關）

221. 丹水丞印（函谷關）

222. 丹水尉印（函谷關）

《地理志》弘農郡"丹水"縣，《補注》："秦破楚師於丹、析，見《屈原傳》。王陵起兵丹水，以應高祖，見《高紀》《陵傳》。《續志》後漢改屬南陽。《一統志》：故城今淅川縣西。"此封泥出於函谷關，而丹水東漢已改屬南陽郡，故爲西漢物無疑。

223. 商丞之印（函谷關）

224. 商尉之印（函谷關）

225. 商右尉印（函谷關）

秦封泥有"商丞之印"（《職地》，第 583 頁）。

《地理志》弘農郡"商"縣，《補注》："春秋楚邑，以封子西爲公，見《左文傳》。戰國入秦。《續志》後漢改屬京兆……《一統志》：故城在今商州東八十五里。"即今丹鳳縣。

226. 上雒長印（函谷關）

227. 上雒丞印（函谷關）

228. 上雒右尉（函谷關）

秦封泥有"上雒丞印"（《職地》，第 583 頁）。

《地理志》弘農郡"上雒"縣，《補注》："春秋晉地，見《左哀傳》……戰國屬魏，與楚戰，以上雒許秦，見《國策》。漢元鼎四年置縣，見《寰宇記》。後漢改屬京兆……《一統志》：故城今商州治。"

229. 析長之印（函谷關）

230. 析丞之印（函谷關）

231. 析左尉印（函谷關）

232. 析右尉印（函谷關）

第三枚封泥"析"字殘，第四枚封泥"尉""印"二字殘，但其隸定應無問題。

秦封泥有"析丞之印"（《職地》，第600頁）。

《古封》968"析丞之印"。

《地理志》弘農郡"析"縣，《補注》："春秋之白羽，楚邑……襄王時秦取之，見《楚世家》。高祖攻降之，見《高紀》……《一統志》：故城今內鄉縣西北百二十里。"即今河南西峽縣。

233. 新安令印（函谷關）

234. 新安丞印（函谷關）

235. 新安左尉（函谷關）

236. 新安右尉（函谷關）

秦封泥有"新安丞印"（《職地》，第603頁）。

《地理志》弘農郡"新安"縣，《補注》："秦邑，項羽坑秦卒於城南，見《羽傳》。武帝徙函谷關於此，見《武紀》。《續志》後漢因……《一統志》：故城今黽池縣東，俗名之曰搭泥鎮。"在今澠池縣東，新安縣西。

237. 宜陽令印（函谷關）

238. 宜陽丞印（函谷關）

239. 宜陽左尉（函谷關）

240. 宜陽右尉（函谷關）

第三條兩枚封泥文字均殘，可以互補。

秦封泥有"宜陽""宜陽丞印""宜陽之丞"（《職地》，第608頁）。

《古封》965、966"宜陽丞印"，1654"宜陽之印"。《徵存》32"宜陽津印"。

《地理志》弘農郡"宜陽"縣，《補注》："戰國韓地。秦武王拔之，昭襄王會魏王於此，見《秦紀》。《洛水注》：'故韓地，後乃縣之。'先謙按：《甘茂傳》：'宜陽大縣也，名曰縣，其實郡也。'則爲縣不自秦始……《一統志》：故城今宜陽縣西五十里。"宜陽秦屬三川郡，漢屬弘農郡。

241. 陸渾長印（函谷關）

242. 陸渾丞印（函谷關）

243. 陸渾左尉（函谷關）

《徵存》347"陸渾左尉"，與以上三枚封泥文字風格相近。

《地理志》弘農郡"陸渾"縣，班固自注："春秋遷陸渾戎於此。有關。"《補注》："《續志》後漢因……《一統志》：陸渾關在今嵩縣北七十里。"

244. 富波丞印（古城村）

245. 富波尉印（古城村）

246. 富波右尉（古城村）

第二枚封泥"波"字缺，以意補。

《地理志》汝南郡"富波"縣，《補注》："後漢因，《續志》：'永元中復。'《淮水注》：'谷水上承富水，東南流爲谷水。東逕原鹿縣故城北，又逕富波縣故城北，俗謂之成闐亭，非也。《地理志》汝南郡有富陂縣，世祖封王霸爲富陂侯。《十三州志》：漢和帝永元九年，分汝陰置。多陂塘以溉稻，故曰富陂。谷水下入汝陰。'據此，後漢省併汝陰，後復置。引二《志》及《霸傳》皆作陂，波、陂通用。《一統志》：故城今阜陽縣南。"以上三枚封泥從文字風格看，皆西漢物。東漢有"富波侯相"封泥（《泥彙》5745—5784）。

247. 均陵長印（古城村）

248. 均陵丞印（古城村）

《史記·蘇秦列傳》蘇代云："秦欲攻魏重楚，則以南陽委於楚。曰：寡人固與韓且絕矣。殘均陵……"索隱："均陵在南陽，蓋今之均州。"正義："均州故城在隨州西南五十里，蓋均陵也。"《地理志》南陽郡"武當"縣，《補注》："《一統志》：故城今均州北，武當山在州南百里。"由這二枚封泥看，漢時有均陵縣。

249. 朗陵長印（古城村）

250. 朗陵丞印（古城村）

251. 朗陵尉印（古城村）

《地理志》汝南郡"朗陵"縣，《補注》："《一統志》：故城今確山縣西南三十五里。"

252. 南頓令印（古城村）

253. 南頓丞印（古城村）

254. 南頓之印（古城村）

255. 南頓左尉（古城村）

256. 南頓右尉（古城村）

《地理志》汝南郡"南頓"縣，班固自注："故頓子國，姬姓。"應劭曰："頓迫於陳，其後南徙，故號南頓，故城尚在。"《補注》："《續志》後漢因。《潁水注》：'谷水上承平鄉諸陂，東北逕南頓縣故城南，側城東注。《左傳》所謂"頓迫於陳而奔楚"，自頓徙南，故曰南頓也。今其城在頓南三十餘里。谷水下入項。'……《一統志》：故城今項城縣北五十里。"

257. 女賁令印（古城村）

258. 女賁長印（古城村）

259. 女賁丞印（古城村）

《地理志》《郡國志》無"女賁"縣，然此為漢縣無疑。女讀為汝，賁讀為墳，"女賁"典籍作"汝墳"。《詩·周南·汝墳》："遵彼汝墳，伐其條枚。"毛傳："汝，水名也。墳，大防也。"《詩序》："《汝墳》，道化行也。文王之化行乎汝墳之國，婦人能閔其君子，猶勉之以正也。"孔穎達疏："言'汝墳之國'，以汝墳之厓表國所在，猶江漢之域，非國名也。"可見汝墳周時是地域名。《地理志》"汝南郡"，班固自注："高帝置，莽曰汝汾。"《補注》："周壽昌曰：汾當為墳，汝南故為汝墳地，於汾無涉。觀下'女陰，莽曰汝墳'可證。《水經注》作'汝墳'。""女陰"縣條下，班固自注："莽曰汝墳。"《補注》："後漢因，《續志》作汝陰，劉注：'有陶丘鄉，《詩》所謂汝墳。'"封泥"汝墳"可能是汝陰縣陶丘鄉，一度作為縣名；也可能是汝陰縣在王莽時的名稱。

260. 女陽令印（古城村）

261. 女陽丞印（古城村）

《地理志》汝南郡"女陽"縣，《補注》："《續志》後漢因，女作汝。《潁水注》：'潁水自西華來，南過女陽縣北。縣故城南有汝水枝流，故縣得厥稱。'……《一統志》：故城今商水縣西北。"

262. 平輿令印（古城村）

263. 平輿丞印（古城村）

264. 平輿右尉（古城村）

265. 平輿獄丞（古城村）

《地理志》汝南郡治"平輿"，顏師古注引應劭曰："故沈子國，今沈亭是也。"在今平輿縣北。

266. 𤃣令之印（古城村）

267. 𤃣丞之印（古城村）

268. 寖左尉印（古城村）

寖即浸字，《地理志》作"寖"，《郡國志》作"寖"。顏師古注引應劭曰："孫叔敖子所邑之寖丘是也。世祖更名固始。"《補注》："劉奉世曰：'按後淮陽國已有固始，此寖疑自別地。'全祖望曰：'仲馮以淮陽國別有一固始縣，故疑此寖非孫叔敖所封，非也。汝南之寖實與淮陽之固始接，皆春秋時寖丘之地。世祖并淮陽之固始入於陽夏，而以汝南之寖爲固始。《志》不盡詳，故啟仲馮之疑。'先謙曰：'《續志》："固始，故寖也。光武中興更名。有寖丘。"《潁水注》："潁水別瀆自鮦陽來，東逕邸鄉城北，又逕固始縣故城北，縣，故寖也。寖丘在南，故藉丘名縣矣……"按孫叔敖事見《呂覽》及《滑稽傳》。'《一統志》：故城今沈丘縣東南三十里。"

269. 上蔡令印（古城村）

270. 上蔡丞印（古城村）

《地理志》汝南郡"上蔡"縣，班固自注："故蔡國，周武王弟叔度所封。度放，成王封其子胡，十八世徙新蔡。"《補注》："《一統志》：故城今上蔡縣西十里。"

271. 慎令之印（古城村）

272. 慎長之印（古城村）

273. 慎丞之印（古城村）

274. 慎左尉印（古城村）

275. 慎右尉印（古城村）

令、長皆縣之長官，漢制萬戶以上爲令，不滿萬戶爲長。封泥既有令，又有長，可能時代不同，置長時不滿萬戶，其後戶口增加，乃置令。

《地理志》汝南郡"慎"縣，《補注》："《功臣》安遠侯鄭吉《表》注'慎，蓋嘗析置安遠縣'。……《一統志》：故城今潁上縣西北四十里江口鎮。"

276. 項長之印（古城村）

277. 項丞之印（古城村）

278. 項左尉印（古城村）

279. 項右尉印（古城村）

《地理志》汝南郡"項"縣，班固自注："故國。"《補注》："項羽家世楚將，封項，見《羽傳》。《續志》後漢因……《一統志》：故城今項城縣東北。"

280. 新蔡之印（古城村）

281. 新蔡長印（古城村）

282. 新蔡丞印（古城村）

283. 新蔡左尉（古城村）

《地理志》汝南郡"新蔡"縣，班固自注："蔡平侯自蔡徙此，後二世徙下蔡。"《補注》："吳卓信曰：'《左昭十一年傳》：楚滅蔡，平王立，復封蔡。於是隱太子之子廬歸於蔡，是爲平侯。徙此當在其時，事不見經傳，惟見杜氏《釋例》。'"

284. 新郪令印（古城村）

285. 新郪丞印（古城村）

286. 新郪左尉（古城村）

287. 新郪右尉（古城村）

《地理志》汝南郡"新郪"縣，顏師古注："應劭曰：'秦伐魏，取郪丘。漢興爲新郪。章帝封殷後，更名宋。'臣瓚曰：'光武既封殷後於宋，又封新郪。'師古曰：'封於新郪，號爲宋國耳。瓚說非。'"《補注》："《魏策》蘇秦說魏，南有新郪，則非漢改是名也。一名郪丘，安釐王時爲秦所拔，見《魏世家》。後漢改宋，《續志》有繁陽亭。《潁水注》：'細水自新陽來，東南逕縣故城北。成帝詔封殷後於此，以存三統。平帝改曰宋公。章帝建初四年徙邑於此，故號新郪爲宋公國矣……'《一統志》：故城今太和縣北七十里。吳卓信曰：'俗訛宋王城。'"《郡國志》："宋公國，周名郪丘，漢改爲新郪，章帝建初四年徙宋公於此。有繁陽亭。"魏名郪丘，入秦後更名新郪，傳世有秦新郪虎符；《泥彙》980有西安北郊相家巷出土秦封泥"新郪丞印"，該封泥有田字格，字體細瘦、自然，爲秦物無疑[35]。又《泥彙》7181"新郪左尉"，時代《泥彙》定爲"兩漢（下）"，即東漢，但該枚封泥與以上四枚封泥字體無明顯差異。以上封泥時代下限爲東漢章帝建初四年（79）。

288. 新息之印（古城村）

289. 新息長印（古城村）

290. 新息丞印（古城村）

第二枚封泥"息"字殘。

《地理志》汝南郡"新息"縣，顏師古注引孟康曰："故息國，其後徙東，故加新云。"《補注》："《說文》息作鄎。《續志》後漢因……《一統志》：故城今息縣東。《舊志》云有新息里。又縣西南十五里有古息里，即息侯國。"《郡國志》汝南郡"新息國"。《後漢書·馬援傳》："（建武）十八年……封援爲新息侯，食邑三千户。"此三枚封泥殆西漢物。

291. 新陽長印（古城村）

《地理志》汝南郡"新陽"，《補注》："呂臣起此，見《陳涉傳》。高帝封呂青爲侯國，見《表》……《一統志》：故城今太和縣西北六十里。《舊志》：俗呼信陽城。"《史記·高祖功臣侯者年表》有"新陽侯"，其後有"胡侯靖""頃侯世""懷侯義""惠侯它""恭侯善""侯譚"。武帝元鼎五年（前112）"侯譚坐酎金，國除"。《郡國志》東漢有"新陽侯國"。此封泥時代在元鼎五年之後，東漢之前。

292. 宜禄長印（古城村）

《地理志》汝南郡"宜禄"縣，班固自注："莽曰賞都亭。"《補注》："錢坫曰：'莽以子臨爲賞都侯，當即其地。'先謙曰：'後漢因，《續志》：永元中復……《一統志》：故城今沈丘縣北。'"宜禄在新莽始建國元年（9）至永元十七年（105）名賞都，此封泥時代宜爲西漢。

293. 灊強長印（古城村）

294. 灊強丞印（古城村）

295. 灊強左尉（古城村）

《地理志》汝南郡"灊强"縣，《郡國志》汝南郡"灊强侯國"。以上三枚封泥時代爲西漢，其時灊强爲縣。

296. 終丞之印（古城村）

297. 終丞之印（古城村）

以上二枚封泥文字皆有殘缺，可以互補。

據此封泥看，"終"應爲縣名，然《地理志》《郡國志》失載。第166條"終弋國丞"之"終弋"亦汝南郡縣，而《地理志》失載。終弋與終有無關係，無法考證。

298. 池陽丞印（焦家村）

《地理志》左馮翊"池陽"縣，班固自注："惠帝四年置。"《補注》："《周緤傳》'賜食邑池陽'，是秦有地名，惠帝置縣耳……《一統志》：故城今涇陽縣西北二里。"《漢書·周緤傳》："周緤，沛人也。以舍人從高祖起沛。至霸上，西入蜀漢，還定三秦，常爲參乘，賜食邑池陽。"《補注》："緤食邑時，池陽尚未爲縣，縣乃惠帝置也。秦立蕩社縣，其地有池陽，蓋鄉聚之名，緤因食之。"今按王説是。高陵所出秦封泥有"池卿（鄉）""池陽北卿（鄉）""池陽鄉印"（《新出陶文封泥選編》518—520），足證秦時池陽爲鄉名，漢惠帝時始置縣。

299. 高陵之印（焦家村）

300. 高陵右尉（焦家村）

上封泥缺"高"字，"陵"字殘；下封泥缺"尉"字，"陵""右"二字殘，因焦家村所出同類封泥較多（參看《泥彙》2656—2677），故以意補。

《地理志》左馮翊"高陵"縣，《補注》："《秦策》：昭王封同母弟顯爲高陵君，所謂'高陵進退不請'也。是高陵地名，秦時已有。"《徵存》39有"高陵右尉"印，相家巷秦封泥有"高陵丞印"（《集證》，第307頁），皆有田字格，與此漢封泥不同。

301. 臨晉之印（焦家村）

《地理志》左馮翊"臨晉"縣，班固自注："故大荔，秦獲之，更名。有河水祠。芮鄉，故芮國。莽曰監晉。"秦封泥有"臨晉丞印"（《集證》，第223頁），與此封泥風格不同。

302. 臨邛令印（焦家村）

《地理志》蜀郡"臨邛"縣，《補注》："秦張儀所城，見《華陽國志》。"即今邛崍縣。

303. 嚴道長印（焦家村）

《古封》828—837"嚴道長印"，與此封泥風格相似。

《地理志》蜀郡"嚴道"，《補注》："秦滅楚，徙嚴王之族以實其地，見《華陽國志》。淮南王長遷此，見《文紀》。有銅山，見《佞幸傳》……《一統志》：故城今雅安縣西。"《郡國志》嚴道爲蜀郡屬國縣。《百官志》："（縣）有蠻夷曰道。"《補注》："俞樾曰：'漢道以轄蠻夷之地，《紀》《傳》中屢稱縣道，道卑於縣也。'"

304. 呂丞（土山）

《地理志》楚國"呂"縣，《補注》："春秋宋邑，見《左襄傳》。呂忿封呂成侯，蓋國此。《續志》後漢屬彭城國……《一統志》：故城今銅山縣北。"銅山即今徐州市。

305. 符離丞印（土山）

《地理志》沛郡"符離"縣，《補注》："楚之南寨，見《國策》。秦爲縣。縣人葛嬰、朱雞石，見《陳涉傳》；王孟，見《游俠傳》。武帝封路博德爲侯國，見《表》。《爾雅》：'莞，苻離也。'地多此草，故名，見《元和志》。先謙按：苻離之苻當從草，據莽改'符合'，取合符之義，似從竹已久矣。"今按西安中國書法藝術博物館藏秦封泥有"符離"，可見符離爲秦縣，符字秦時已從竹，不從草㊱。竹、艸（草）義近，作爲偏旁可以互換。《史記·建元以來侯者年表》"符離侯"，《漢書·景武昭宣元成功臣表》作"邲離侯"，邲、苻、符應音近字通。路博德封侯在元狩四年（前119），太初元年（前104）以罪失侯。除去封侯的15年，符離皆爲縣。今安徽宿州市北有符離集，即舊縣址。

306. 彭城之印（土山）

307. 彭城丞印（土山）

308. 彭城左尉（土山）

《古封》1469—1471"彭城丞印"。

《地理志》楚國治"彭城"縣，班固自注："古彭祖國，户四萬一百九十六，有鐵官。"《補注》："《世本》：堯封彭祖於彭城。彭祖即陸終氏第三子籛鏗，號爲大彭氏。彭城，春秋宋邑，見《左成傳》。戰國韓執宋君於此，見《韓世家》。秦縣，始皇過之，見《本紀》。項羽敗秦嘉於此，見《項羽傳》。羽爲西楚霸王，都此，見《高紀》。"又曰："後漢屬彭城國……《一統志》：故城今徐州府銅山縣治。"彭城即今徐州市，是江蘇、山東、安徽、河南四省交通樞紐，經濟、軍事重鎮。漢時已有户四萬餘，亦極少見。

309. 蕭丞之印（土山）

《地理志》沛郡"蕭"縣，《補注》："秦縣，見《元和志》。高帝與司馬卬戰蕭西，項羽從蕭晨擊漢軍，並見《高紀》。曹參定之，見《參傳》……《一統志》：故城今蕭縣西北。"《郡國志》沛國"蕭本國"，劉昭注："《北征記》：城周十四里，北臨汴水。""城周十四里"，可見不是小縣。

310. 薛丞之印（土山）

秦封泥有"薛丞之印"（《秦出土文獻編年訂補》[37]，第499頁，以下簡稱《編補》）。

《古封》788"薛令之印"。

《地理志》魯國"薛"縣，班固自注："夏車正奚仲所國，後遷於邳，湯相仲虺居之。"《補注》："《一統志》：故城今滕縣東南四十四里。"

311. 般陽丞印（劉家寨）

《古封》1118—1125"般陽丞印"。

《地理志》濟南郡"般陽"縣，《補注》："《續志》後漢改屬齊……《一統志》：故城今淄川縣治。"淄川即今淄博市。

312. 博昌丞印（劉家寨）

秦封泥有"博昌""博昌丞印"（《編補》，第400頁）。

《古封》866"博昌丞印"，有田字格，時代爲秦或漢初，與此枚封泥不同。

《地理志》千乘郡"博昌"縣，《補注》："後漢因，《續志》有薄姑城……《一統志》：故城今博興縣南二十里。"

313. 昌陽丞印（劉家寨）

秦封泥有"昌陽丞印"（《編補》，第401頁）。

《地理志》東萊郡"昌陽"縣，地在今山東威海市文登區以南。

314. 淳于丞印（劉家寨）

《古封》1218—1220"淳于丞印"。

《地理志》北海郡"淳于"縣，顏師古注："應劭曰：'《春秋》"州公如曹"，《左氏傳》曰"淳于公如曹"。'臣瓚曰：'州，國名也。淳于公國之所都。'"《補注》："宣帝時鳳凰集，見《紀》……《一統志》：故城今安丘縣東北三十里。"

315. 狄丞（劉家寨）

《古封》1079—1084"狄丞"。

《地理志》千乘郡"狄"縣，《補注》："孔子臨狄水而歌，見《琴操》。戰國齊地。秦爲縣……《一統志》：故城今高苑縣西北。"高苑縣今廢，應在今山東高青縣附近。

316. 東安平丞（劉家寨）

《地理志》甾川國"東安平"縣，《補注》："春秋鄟邑，見《左莊三年傳》注。戰國齊田常自安平以東至琅邪爲封邑，見《田齊世家》。田單封此，見《單傳》。後漢屬北海……《一統志》：故城今臨淄縣東十里。"

317. 東平安丞（劉家寨）

此封泥"平"字在右下角，"安"字在左上角，與上枚封泥不同。按漢封泥的一般讀序，此封泥應讀爲"東平安丞"而非"東安平丞"。

"東平安"縣《地理志》《郡國志》均不載。《地理志》千乘郡有"平安"侯國，不知"東平安"是否即"平安"。值得注意的是平安、安平古人常弄混，且前不加東字。《補注》："王舜封安平侯，《表》《傳》同，而《史記·將相表》有'平安侯王章'，爲右軍，章即舜之子，則舜封是'平安'，非'安平'。《許后傳》亦有'平安章侯竭'。"漢平安縣在今博興縣南。

漢印亦有第二字在左上角者，所以以上二枚封泥也可能均是"東安平丞"。

318. 東平陵丞（劉家寨）

《地理志》濟南郡"東平陵"縣，《補注》："春秋譚國，齊滅之，見《左傳》。據《說苑》'齊桓公之平陵'，是當時已有平陵之號矣。東平陵見《五行志》……《濟水注》：'……武原水出譚城南平澤中，北逕譚城東，俗謂之布城也。又北逕東平陵縣故城西，故陵城也，後乃加平。武原水下入歷城。'于欽《齊乘》扶風有平陵，故此加東。《一統志》：故城今歷城縣東章丘，亦東平陵地。"東平陵初爲陵城，後加平，再後加東，可見地名前的方位詞很多都是後加的，有的在流傳過程中也可能有省略。

319. 東武丞印（劉家寨）

"武"字已殘，但戈旁之橫畫尚清楚。

《地理志》琅邪郡"東武"縣，《補注》："高帝封郭蒙爲侯國，見《表》……《一統志》：故城今諸城縣治。"《高惠高后文功臣表》有"東武貞侯郭蒙"，傳至其子侯郭它，漢景帝六年（前151）"有罪棄市"，此後爲縣。

320. 長安丞印（劉家寨）

321. 長安丞印（焦家村）

下封泥"長""丞"二字已殘，但與上封泥比較，其隸定應無問題。

原西安文保所（今西安博物院）藏有秦封泥"長安丞印"（《編補》，第401頁）。《地理志》京兆尹"長安",班固自注:"高帝五年置。惠帝元年初城,六年成。户八萬八百,口二十四萬六千二百。王莽曰常安。"《補注》:"《始皇紀》始皇封弟成蟜爲長安君,是長安地名秦時已有……《一統志》:故城今長安縣(引者按即今西安老城)西北十三里。"長安爲西漢首都,也是縣。秦長安爲鄉名,漢高祖後期乃至惠帝時始爲縣。

322. 弟其丞印(劉家寨)

《漢印》9·7"弟其丞印"。

《古封》1277—1278"弟其丞印"。

《地理志》《郡國志》均無地名弟其,但《地理志》琅邪郡有"不其"縣,《郡國志》有"不其侯國","弟其"應即"不其"。弟从山,弗聲,弗與不通用。《易·乾·文言》:"先天而天弗違。"《論衡·初禀》引弗作不[38]。《説文》:"弟,山脅道也。"《楚辭·招隱士》:"塊兮軋山曲弟。"洪興祖補注:"弟,山曲也。"《玉篇·山部》:"弟,山貌。"不其也是山名。《地理志》"不其"縣,《補注》:"武帝幸此,見《紀》。如淳注:'不其,山名,因以爲縣。'……後漢改屬東萊,《續志》作不期,字誤……《一統志》:故城今即墨縣西南二十七里不其社。"

323. 姑幕丞印(劉家寨)

《古封》1286—1292"姑幕丞印"。

《地理志》琅邪郡"姑幕"都尉,班固自注:"或曰薄姑,莽曰季睦。"《補注》:"《一統志》:故城今諸城縣西南五十里。"

324. 邯鄲丞印(劉家寨)

"邯鄲"右旁已殘。

《古封》1363—1367"邯鄲丞印"。

《地理志》趙國"邯鄲"縣,《補注》:"邯鄲始見《左定傳》。戰國入趙……《一統志》:故城今邯鄲縣西南十里趙王城。"

325. 黃丞(劉家寨)

《古封》1261—1266"黃丞"。

《地理志》東萊郡"黃"縣,《補注》:"春秋萊國,見《左宣傳》杜注。秦縣,見《始皇紀》……《一統志》:故城今黃縣東南。"

326. 即墨丞印(劉家寨)

"即""丞"二字殘,以意補。

《古封》904—908"即墨丞印"。

《地理志》膠東國"即墨"縣,《補注》:"戰國齊地,見《田齊世家》……《一統志》:

故城今平度州東南,俗名康王城。"

327. 莒丞(劉家寨)

《古封》1447"莒丞",1444—1446"莒丞之印"。

筥即莒,竹、艸作爲偏旁,義近通用。《地理志》城陽國"莒"縣,班固自注:"故國,盈姓,三十世爲楚所滅。少昊後。"

328. 來無丞印(劉家寨)

329. 來無右尉(劉家寨)

下封泥"尉"字左旁殘,以意補。

《古封》1142—1151"來無丞印"。

"來無"文獻作"萊蕪"。《地理志》泰山郡"萊蕪"縣,《補注》:"《續志》後漢因。《一統志》:故城今淄川縣東南六十里。博山縣亦漢萊蕪地。"王氏所說"博山"乃清代縣,今山東淄博市博山鎮。

330. 琅槐丞印(劉家寨)

《古封》1685"琅槐"。

《地理志》千乘郡"琅槐"縣,《補注》:"《續志》後漢省。《一統志》:故城今樂安縣東北一百十里。"今山東博興縣東北。

331. 臨朐丞印(劉家寨)

《古封》1202—1212"臨朐丞印"。

《地理志》齊郡"臨朐"縣,《補注》:"武帝封菑川懿王子奴爲侯國,見《表》……《一統志》:故城今臨朐縣治。"又《地理志》東萊郡亦有"臨朐"縣,班固自注:"有海水祠,莽曰監朐。"顏師古注:"齊郡已有臨朐,而東萊又有此縣,蓋各以所近爲名也。斯類非一。"《補注》:"《續志》後漢省。《一統志》:故城今掖縣北。"1964年,山東龍口市(原黃縣)欒村出土一鼎,銘:"向監作寶彝。"筆者曾推測向、朐通用,即後來的東萊郡臨朐(龍口在掖縣北)[39]。封泥"臨朐"當指漢齊郡縣,亦即今臨朐縣。

332. 臨菑丞印(劉家寨)

333. 臨菑左尉(劉家寨)

334. 臨菑右尉(劉家寨)

335. 臨菑市丞(劉家寨)

《古封》1157—1179"臨菑丞印",1486"臨菑尉印",1487—1495"臨菑左尉",1496—1504"臨菑右尉",2061"臨菑市長",2062—2066"臨菑市丞"。

《地理志》齊郡"臨淄"縣。"淄"本作"菑",《周禮·夏官·職方氏》:"東北曰幽州……其浸菑時。"鄭玄注:"菑,出萊蕪。"《戰國策·齊策六》:"過菑水。"鮑彪注:"菑、淄同。"《水經注》:"淄水出泰山萊蕪縣原山……淄水又北逕其城東,城臨淄水,故曰臨淄。"《地理志》班固自注:"師尚父所封。如水西北至梁鄒入泲。有服官、鐵官。莽曰齊陵。"《補注》:"《一統志》:故城今臨淄縣北八里古城店,亦曰齊城。"市是商業管理機構,很多縣都有設立,如"安陽市""杜市""臨菑市"[40]都見於出土秦陶文。

336. 盧丞(劉家寨)

337. 盧丞之印(劉家寨)

《古封》1141"盧丞",1140"盧丞之印"。

《地理志》泰山郡"盧"縣,班固自注:"都尉治,濟北王都也。"《補注》:"春秋齊邑,見《左隱成襄傳》。秦縣,曹參攻之,見本傳。"又云:"淮南厲王子勃封濟北王,都此。傳云:'國除爲北安縣。'蓋後改名盧。後漢改屬濟北……《一統志》:故城今長清縣南二十五里。"秦封泥有"盧丞之印"(《編補》,第448頁),足證秦漢皆名盧,是否一度稱北安,史闕無考。

338. 盧奴丞印(劉家寨)

"盧""丞"二字殘。

《地理志》中山國"盧奴"縣,《補注》:"《續志》後漢因。《滱水注》:'……余按盧奴城内西北隅有水,淵而不流,南北百步,東西百餘步,水色正黑,俗名曰黑水池。或云水黑曰盧,不流曰奴,故此城藉水以取名矣。'……《一統志》:故城今定州治。"

339. 南宮丞印(劉家寨)

《地理志》信都國"南宮"縣,《補注》:"高后封張買爲侯國,見《表》……《一統志》:故城今南宮縣西北。"《高惠高后文功臣表》有"南宮侯張買",張買封後僅幾年即因吕氏事誅。文帝又封張敖子張偃爲侯,武帝初侯生有罪國除,爲縣。

340. 平壽丞印(劉家寨)

《古封》889—890"平壽丞印",有田字格,爲秦封泥。

《地理志》北海郡"平壽"縣,顔師古注引應劭曰:"古斟尋,禹後,今斟城是也。"《補注》:"《一統志》:故城今濰縣西南。"

341. 千乘丞印(劉家寨)

《古封》1057—1063"千乘丞印",又594"千乘太守章"。

《地理志》千乘郡"千乘"縣,《補注》:"秦縣,韓信破田吸於此,見《田儋傳》。縣人歐陽和伯,見《儒林傳》。《續志》後漢因。伏琛《齊記》:'千乘有南北二城,相去三十里。其一城縣治,一城太守治。'……城在齊城西北百五十里。《一統志》:故城今高苑縣北二十五里。"千乘既是郡名，又是縣名，封泥"丞"可能是縣丞，也可能是郡丞。

342. 耆丞之印（劉家寨）

343. 耆丞（劉家寨）

　　下封泥"耆"字殘，"丞"字缺，依上封泥意補。

　　秦漢無"耆"縣。《地理志》東郡有"黎"縣，疑即"耆"縣。古黎與耆通用。《尚書·西伯勘黎》，《尚書大傳》作"西伯戡耆"，《史記·周本紀》"黎"作"耆"[41]。《補注》："春秋衛邑，亦作犁。太叔疾置妻娣於此，見《左傳》……《一統志》：故城今鄆城西四十五里。"

344. 西安（劉家寨）

345. 西安丞印（劉家寨）

　　《古封》1180—1197"西安丞印"。

　　《地理志》齊郡"西安"縣，《補注》："成帝封東平思王孫漢為侯國，見《表》。《功臣》涉軹侯李朔《表》注'西安'，蓋曾析置涉軹縣。"《王子侯表》劉漢封西安侯僅八年。《景武昭宣元成功臣表》"軹侯李朔"之封在武帝元朔四年（前125），六年後以罪免。免侯後為縣。西安在臨淄西。

346. 西安陽丞（劉家寨）

　　《古封》1349"西安陽丞"。

　　《地理志》五原郡"西安陽"縣，《補注》："何焯曰：'汝南有安陽，故此加西，代郡加東也。'"故城應在今内蒙古烏拉特前旗東。

347. 下密丞印（劉家寨）

　　《古封》910"下密丞印"。

　　《地理志》膠東國"下密"縣，《補注》："《續志》後漢屬北海。《濰水注》：'濰水自北海密鄉來，東北逕下密縣故城西，城東有密阜。'按應劭云：'密者水名，是有下密之稱。'俗以之名阜，非也……《一統志》：故城今昌邑縣東。"

348. 新豐丞印（劉家寨）

　　《古封》928—931"新豐丞印"。

　　《地理志》京兆尹"新豐"縣，班固自注："驪山在南，故驪戎國。秦曰驪邑。高祖七年置。"顏師古注引應劭曰："太上皇思東歸，於是高祖改築城寺街里以象豐，徙豐民以實之，故號新豐。"《補注》曰："官本注'寺'作'市'。《後漢》因。《續志》東有鴻門亭……《一統志》：故城今臨潼縣東北。"今按新豐秦名麗邑，出土秦封泥有"麗邑丞印"（《編補》，第446—447頁）。今臨潼區新豐街道及附近劉寨村、南杜村出土陶文有"麗市""麗邑""麗亭""麗二升半，八厨"等（《編補》，第559—562頁）。

349. 營陵丞印（劉家寨）

《地理志》北海郡"營陵"縣，班固自注："或曰營丘。"《補注》："高帝封劉澤爲侯國，見《表》。"又曰："《志》於齊郡臨淄明云'師尚父所封'，又於此下云'或曰營丘'，廣異說也。'或曰'者，傳疑之詞。《淄水注》以此爲非，辨之最晰。《史記·齊世家》營丘、臨淄二文歧出，又云營丘邊萊，此異論所由起也。"今按《水經注·淄水》："《爾雅》曰：水出其前左爲營丘。武王以其地封太公望，賜之以四履，都營丘爲齊，或以爲都營陵。《史記》：周成王封師尚父於營丘，東就國，道宿行遲，萊侯與之争營丘，逆旅之人曰：吾聞時難得而易失，客寢安，殆非就封者也。太公聞之，夜衣而行，至營丘，陵亦丘也。獻公自營丘徙臨淄。余按營陵城南無水，惟城北有一水，世謂之白狼水，西出丹山，俗謂凡山也。東北流，由《爾雅》出前左之文，不得以爲營丘矣。營丘者，山名也，《詩》所謂子之營兮，遭我乎猇之間兮。作者多以丘陵號同，緣陵又去萊差近，咸言太公所封，考之《春秋經》書：諸侯城緣陵。《左傳》曰：遷杞也。《毛詩》鄭注並無營字，瓚以爲非近之。今臨淄城中有丘，在小城内，周迴三百步，高九丈，北降丈五，淄水出其前，故有營丘之名，與《爾雅》相符。城對天齊淵，故城有齊城之稱。是以《晏子》言：始爽鳩氏居之，逢伯陵居之，太公居之。又曰：先君太公，築營之丘……郭景純言，齊之營丘，淄水逕其南及東也。非營陵明矣。"[42] 本文第107條已指出營丘可省稱營，營丘與營陵非一地，封泥也是很好的證明。

350. 於陵丞印（劉家寨）

《古封》876—877"於陵丞印"，二者皆有界格，時代較早。秦封泥有"於陵丞印"（《編補》，第510頁），可見秦已有於陵縣。

《地理志》濟南郡有"於陵"都尉治，《補注》："顧炎武曰：'沛（濟）南郡太守治東平陵，而都尉治於陵者，以長白山也。《魏書·辛子馥傳》："長白山連接三齊、瑕丘數州之界，多有盜賊。"又隋大業九年，齊人孟讓、王薄等衆十餘萬據長白山，攻剽諸郡。觀此二事，知漢人立都尉治於陵之意。'"都尉是武官，故多設於治安不好的縣。故城應在今山東鄒平縣長山鎮。

351. 朱虚丞印（劉家寨）

"朱"字殘缺上部。《古封》1284"朱虚丞印"，與此封泥風格同。

《地理志》琅邪郡"朱虚"縣，《補注》："惠帝封齊悼惠王子章爲侯國，見《表》。《功臣》臧馬侯雕延年《表》注'朱虚'，蓋嘗析置臧馬縣……《一統志》：故城今臨朐縣東北廟山社，土人呼城頭。"《王子侯表》朱虚侯章以高后二年（前186）五月封，八年（前180）改封城陽王。《景武昭宣元成功臣表》臧馬康侯雕延年以匈奴王降，其封在武帝元狩六年

（前117），五年薨，無後侯除。除後爲縣。

352. 高密丞印（劉家寨）

"高""密"二字殘，"丞"字僅存右邊一點墨痕，但其隸定應無問題。

《地理志》高密國"高密"縣，《補注》："《續志》後漢屬北海。《濰水注》：濰水自琅邪平昌來，北過高密縣西。應劭云：'縣有密水，故有高密之名也。'然今世所謂百尺水者，蓋密水也……《一統志》：故城今高密縣西南。"

353. 高唐丞印（劉家寨）

"丞""印"二字缺，以意補。

《古封》1048—1049"高唐丞印"。

《地理志》平原郡"高唐"縣，《補注》："春秋齊邑，見《左襄傳》《孟子》《田齊世家》，戰國趙肅侯攻拔之，後入齊，惠文王取之，並見《趙世家》……《一統志》：故城今禹城縣西四十里。"

354. 勮丞（劉家寨）

"丞"字缺。

《漢印》13·16"勮丞"；《古封》1241—1245"勮丞"，1240"勮丞之印"。

《説文》："勮，務也。从力，豦聲。"段玉裁注："字訛从刀，作劇。"姚文田、嚴可均校議："《説文》無劇字，即勮。"王筠句讀："（勮，務也）《唐扶頌》：'察能治勮。'俗作劇。"

《地理志》北海郡有"劇"侯國，菑川國有"劇"縣，《補注》曰："菑川懿王子錯國，武帝封。《續志》後漢省。按西漢兩劇縣，一在菑川，一在北海。此在北海者，專爲侯國，故與菑川之劇雖壤地相接，而名稱不混。後漢併入北海，則菑川之劇轉爲北海之郡治。《續志》北海劇下自注與菑川國劇下應劭注同，合之。"又曰："此與北海之劇即一地，彼是侯國，此爲縣治。漢世縣與侯國分治，仍各自爲縣者，二劇二東安是也。其侯國在縣内，仍各自爲城治者，《淇水注》清河先逕脩縣故城，後逕脩國故城是也。"王先謙指出漢時同名的侯國和縣有時同時存在，是值得我們注意的。上文已列舉很多同名的侯國和縣，它們可能不同時，即國除後爲縣，或先爲縣，後爲侯國；也有可能同時存在。

355. 内黄丞印（劉家寨）

"内"字缺，"丞"字殘，以意補。

《地理志》魏郡"内黄"縣，《補注》："《一統志》：故城今内黄縣西北。"内黄，今河南省安陽市屬縣。

六、鄉里封泥

《百官表》："大率十里一亭，亭有長。十亭一鄉，鄉有三老，有秩、嗇夫、游徼。三老掌教化。嗇夫職聽訟，收賦稅。游徼徼循禁賊盗。縣大率方百里，其民稠則減，稀則曠，鄉、亭亦如之，皆秦制也。"鄉、亭、里是秦漢時縣以下的行政區劃。

"安國鄉印"亦見於秦封泥[43]，上文第 86 條已加討論。可能安國秦及秦漢之際爲鄉，後爲侯國，再後爲縣；也有可能是縣鄉同名[44]。

356. 勮里鄉印（劉家寨）

《漢印》13·16"勮里鄉印"。《古封》1844—1849"勮里鄉印"。"勮"既爲縣名，亦爲鄉里名，二者可能有先後關係，不是同一時期的封泥，但也不排除上文所說的後一種情況。

357. 狼虛鄉印（劉家寨）

"狼虛"作爲鄉名無考。不過筆者注意到《漢印》10·7"狼邪令印"，"狼"即"琅"；又《地理志》琅邪郡有"虛水"侯國，《王子侯表》"虛水康侯禹"，禹乃城陽頃王子，武帝時封，五鳳四年（前 54）侯敞嗣，後絕國。虛水今地無考，但《地理志》"琅邪"與"虛水"連文，估計二者應接壤，甚或"虛水"就是琅邪縣一個鄉名，簡稱"狼虛鄉"。這當然僅是猜想，姑存待考。

358. 都鄉（焦家村）

二字均殘，但其隸定應無問題。

秦封泥有"都鄉"（《編補》，第 414 頁）。《古封》1983—1987"都鄉"。《徵存》1031—1032"都鄉"，字畫較粗，爲東漢半通印。

封泥"都鄉"有兩種可能的解釋：一爲縣名。《地理志》常山郡有"都鄉"侯國，《補注》："趙頃王子景國，宣帝封。"《王子侯表》"都鄉孝侯景"，注"東海"，《補注》："都鄉，常山縣，非東海。"都鄉今地無考。二是鄉名，是縣治所在鄉名。里耶秦簡 8-6"都鄉"，校釋："都鄉，縣治所在的鄉的名稱。《奏讞書》案例十六記新郪縣令信之語云：'五月中天旱不雨，令民学，武主趣都中，信行離鄉。'都中當包括都鄉，與離鄉（都鄉以外諸鄉）相對。據里耶 16-5 號等簡所載，遷陵縣有都鄉、啓陵鄉、貳春鄉。"[45]又里耶簡 J1（16）9 反面："遷陵守丞敦狐告都鄉主……"（《編補》，第 581 頁）這種鄉名，衹是泛稱。

卷一　銘文考釋　99

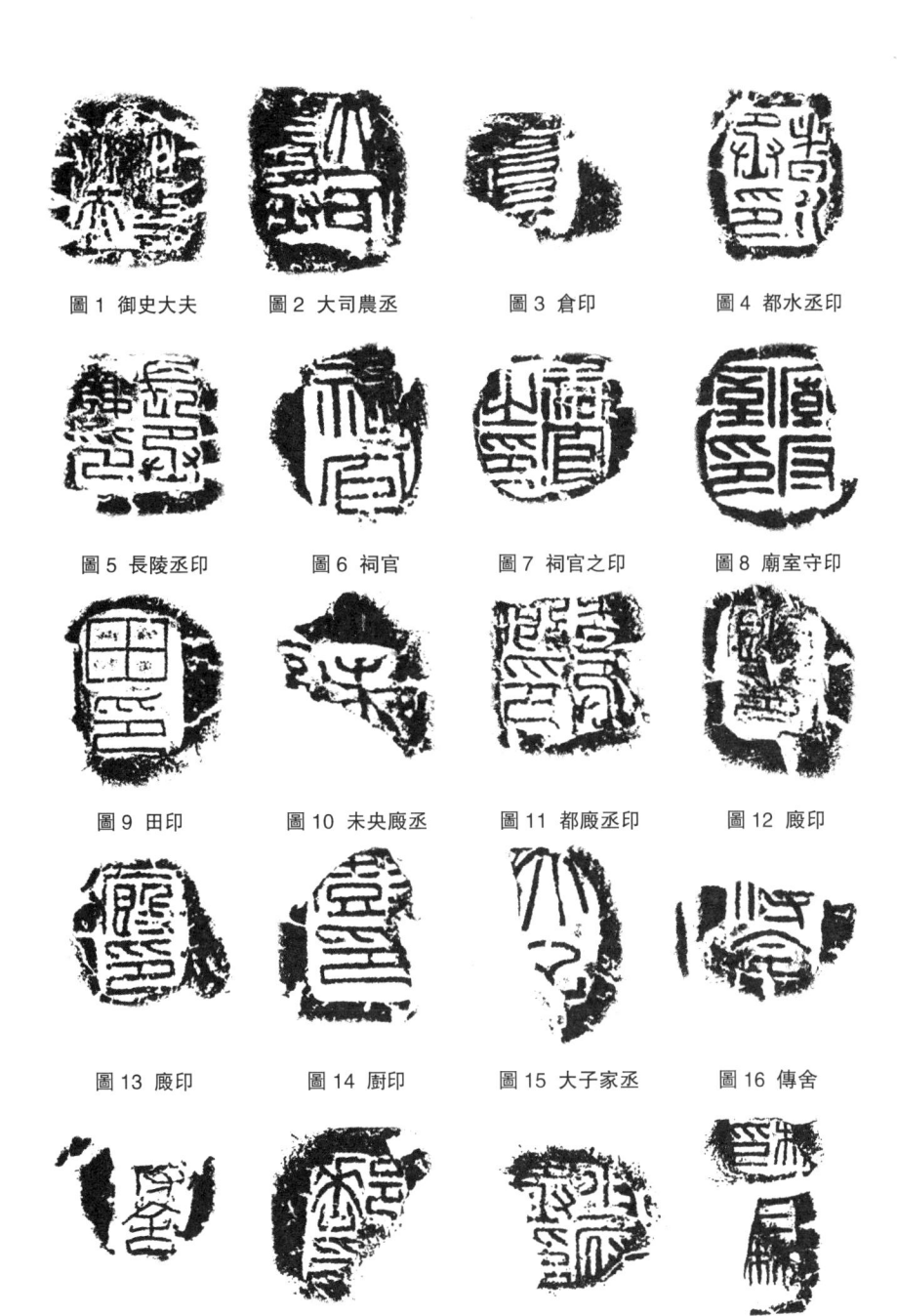

圖版

圖 1　御史大夫　　圖 2　大司農丞　　圖 3　倉印　　圖 4　都水丞印

圖 5　長陵丞印　　圖 6　祠官　　圖 7　祠官之印　　圖 8　廟室守印

圖 9　田印　　圖 10　未央廄丞　　圖 11　都廄丞印　　圖 12　廄印

圖 13　廄印　　圖 14　廚印　　圖 15　大子家丞　　圖 16　傳舍

圖 17　傳舍　　圖 18　郵印　　圖 19　少府丞印　　圖 20　上林丞印

圖 21 樂府丞印 　　圖 22 司空 　　圖 23 中司空丞 　　圖 24 金府

圖 25 庫印  　　圖 26 庫印 　　圖 27 居室丞印 　　圖 28 大匠丞印

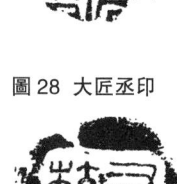

圖 28 大匠丞印 　　圖 29 東園主章 　　圖 30 東園章丞 　　圖 31 右校丞印

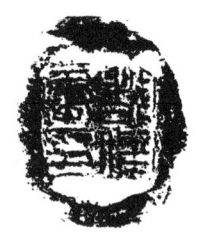

圖 32 都候丞印

圖 33 輕車之印 　　圖 34 楚宮司丞 　　圖 35 楚宦者丞 　　圖 36 楚內官丞

卷一　銘文考釋　101

圖 37　楚內史印 　　圖 38　楚飤官丞 　　圖 39　楚中廄印 　　圖 40　齊宮司空

圖 41　齊宮司長 　　圖 42　齊宮司丞 　　圖 43　齊悼惠園 　　圖 44　齊悼惠濟

圖 45　齊哀園印 　　圖 46　齊哀濟印 　　圖 47　齊文園長 　　圖 48　齊文濟長

圖 49　齊御史丞 　　圖 50　齊都水長 　　圖 51　齊都水丞 　　圖 52　齊都水印

圖 53　齊大倉印 　　圖 54　齊祠祀印 　　圖 55　齊祠祀長 　　圖 56　齊大祝印

圖 57 齊祝長印 　　圖 58 齊食官丞 　　圖 59 齊郎中丞 　　圖 60 齊中謁者

圖 61 齊內史丞 　　圖 62 齊衛士印 　　圖 63 齊大僕印 　　圖 64 齊家馬丞

圖 65 齊中廄丞 　　圖 66 齊廄丞印 　　圖 67 齊正之印 　　圖 68 齊家丞印

圖 69 齊內官丞 　　圖 70 齊居室丞 　　圖 71 齊鐵官長 　　圖 72 齊鐵官丞

圖 73 齊采鐵印 　　圖 74 齊樂府印 　　圖 75 齊樂府長 　　圖 76 齊宦者丞

卷一　銘文考釋　　103

圖 77　齊大官印 　　圖 78　齊御府印 　　圖 79　齊御府丞 　　圖 80　齊中尉丞

圖 81　齊武庫長 　　圖 82　齊武庫丞 　　圖 83　淮陽都水 　　圖 84　安成侯相

圖 85　安國侯相 　　圖 86　安國鄉印 　　圖 87　辟陽邑丞 　　圖 88　博陽邑丞

圖 89　博陽侯相 　　圖 90　昌侯邑丞 　　圖 91　阜陵邑印 　　圖 92　阜陵邑長

圖 93　廣侯邑丞 　　圖 94　建成侯相 　　圖 95　建成邑丞 　　圖 96　郊侯邑丞

圖 97 梁鄒邑丞 　　圖 98 梁鄒丞印 　　圖 99 平都侯相 　　圖 100 平都邑丞

圖 101 祁侯邑丞 　　圖 102 清侯邑丞 　　圖 103 請郭侯相 　　圖 104 請郭邑丞

圖 105 臺侯邑丞 　　圖 106 陽都邑丞 　　圖 107 營侯丞印 　　圖 108 益邑丞印

圖 109 都昌侯相 　　圖 110 都昌邑丞 　　圖 111 都昌丞印 　　圖 112 安陽國丞

圖 113 安陽國尉 　　圖 114 安成國丞 　　圖 115 安成侯相 　　圖 116 長平邑丞

圖 117 樊侯邑丞	圖 118 樊侯國丞	圖 119 歸德侯相	圖 120 臨汝國丞
圖 121 臨汝侯相	圖 122 南侯國丞	圖 123 南侯相印	圖 124 南利丞印
圖 125 女陰國丞	圖 126 女陰侯相	圖 127 女陰邑丞	圖 128 女陰令印
圖 129 女陰丞印	圖 130 女陰之印	圖 131 女陰左尉	圖 132 慎陽侯相
圖 133 慎陽國丞	圖 134 慎陽長印	圖 135 慎陽丞印	圖 136 慎陽尉印

圖 137 銅陽侯相 　　圖 138 銅陽邑令 　　圖 139 銅陽邑丞 　　圖 140 銅陽之印

圖 141 銅陽令印 　　圖 142 銅陽丞印 　　圖 143 銅陽右尉 　　圖 144 吳房侯相

圖 145 吳房邑丞 　　圖 146 吳房長印 　　圖 147 吳房丞印 　　圖 148 細陽侯相

圖 149 細陽令印 　　圖 150 細陽丞印 　　圖 151 細陽左尉 　　圖 152 陽安侯相

圖 153 陽安國丞 　　圖 154 陽安邑丞 　　圖 155 陽安長印 　　圖 156 陽安丞印

卷一 銘文考釋　　107

圖 157 陽安右尉 　　圖 158 西平邑丞 　　圖 159 西平丞印 　　圖 160 宜春侯相

圖 161 宜春國丞 　　圖 162 義陽侯相 　　圖 163 弋陽侯相 　　圖 164 弋陽國丞

圖 165 弋陽國尉 　　圖 166 終弋國丞 　　圖 167 期思侯相 　　圖 168 期思長印

圖 169 期思丞印 　　圖 170 期思尉印 　　圖 171 強侯相印 　　圖 172 強侯邑丞

圖 173 強侯國丞 　　圖 174 灈陽國尉 　　圖 175 灈陽長印 　　圖 176 灈陽丞印

圖 177 濯陽右尉 　　圖 178 召陵國丞 　　圖 179 召陵國尉 　　圖 180 召陵侯相

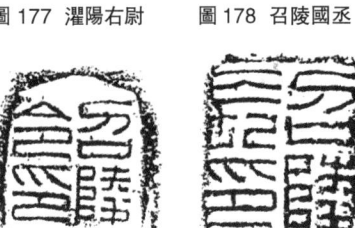

圖 181 召陵令印　　圖 182 召陵長印 　　圖 183 召陵丞印 　　圖 184 召陵之印

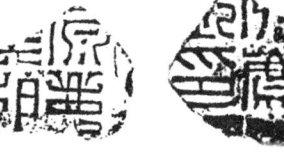

圖 185 征羌侯相 　　圖 186 原鹿侯相　　圖 187 原鹿長印 　　圖 188 褒信侯相

圖 189 絳陵邑丞 　　圖 190 定陵邑印 　　圖 191 委壤侯相 　　圖 192 西華邑丞

圖 193 西華右尉 　　圖 194 汝南大守 　　圖 195 汝南大守章 　　圖 196 汝南守丞

卷一　銘文考釋　109

圖 197　汝南尉印　　圖 198　汝南都尉　　圖 199　汝南水長　　圖 200　汝南鐵長

圖 201　汝南鐵丞　　圖 202　河內大守章　　圖 203　南陽大守章

圖 204　陳留都尉章　　圖 205　弘農大守章　　圖 206　弘農守丞　　圖 207　弘農都尉章

圖 208　弘農鐵長　　圖 209　弘農鐵丞　　圖 210　河東大守章　　圖 211　淮陽都水

圖 212　豫州刺史　　圖 213　槐里丞印　　圖 214　弘農獄丞　　圖 215　弘農令印

圖 216 弘農右尉 　　圖 217 陝令之印 　　圖 218 陝丞之印 　　圖 219 陝右尉印

圖 220 丹水長印 　　圖 221 丹水丞印 　　圖 222 丹水尉印 　　圖 223 商丞之印

圖 224 商尉之印 　　圖 225 商右尉印 　　圖 226 上雒長印 　　圖 227 上雒丞印

圖 228 上雒右尉 　　圖 229 析長之印 　　圖 230 析丞之印 　　圖 231 析左尉印

圖 232 析右尉印 　　圖 233 新安令印 　　圖 234 新安丞印 　　圖 235 新安左尉

卷一　銘文考釋　111

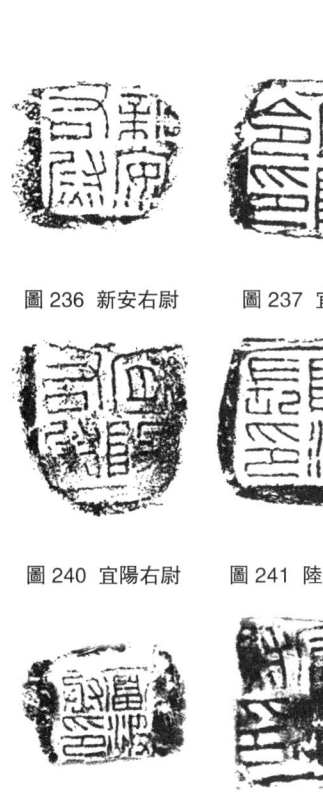

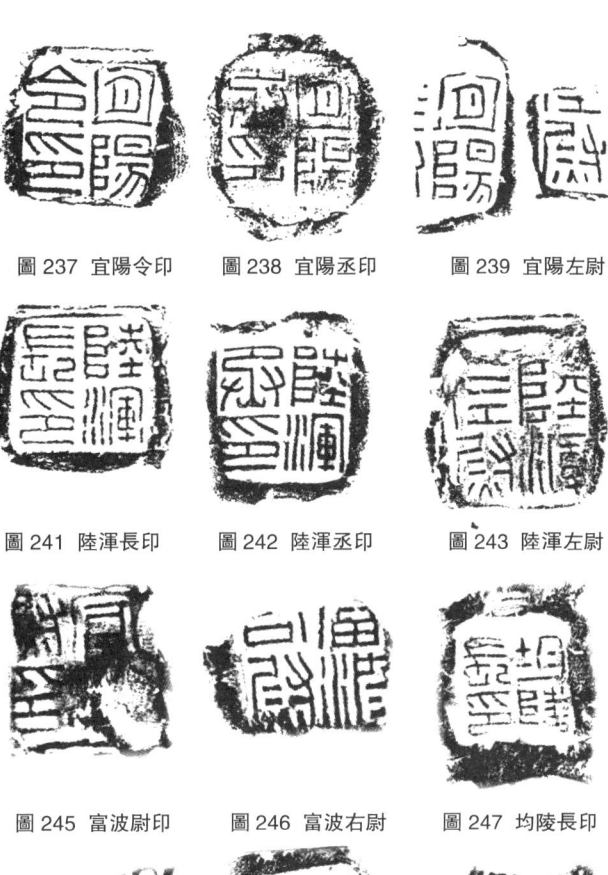

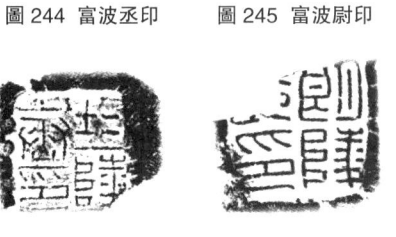

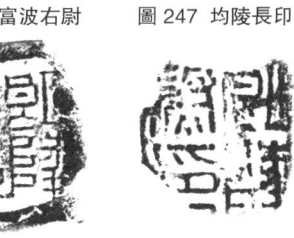

圖 236　新安右尉　　圖 237　宜陽令印　　圖 238　宜陽丞印　　圖 239　宜陽左尉

圖 240　宜陽右尉　　圖 241　陸渾長印　　圖 242　陸渾丞印　　圖 243　陸渾左尉

圖 244　富波丞印　　圖 245　富波尉印　　圖 246　富波右尉　　圖 247　均陵長印

圖 248　均陵丞印　　圖 249　朗陵長印　　圖 250　朗陵丞印　　圖 251　朗陵尉印

圖 252　南頓令印　　圖 253　南頓丞印　　圖 254　南頓之印　　圖 255　南頓左尉

圖 256 南頓右尉 　圖 257 女賁令印 　圖 258 女賁長印 　圖 259 女賁丞印

圖 260 女陽令印 　圖 261 女陽丞印 　圖 262 平輿令印 　圖 263 平輿丞印

圖 264 平輿右尉 　圖 265 平輿獄丞 　圖 266 鄗令之印 　圖 267 鄗丞之印

圖 268 鄗左尉印 　圖 269 上蔡令印 　圖 270 上蔡丞印 　圖 271 慎令之印

圖 272 慎長之印 　圖 273 慎丞之印 　圖 274 慎左尉印 　圖 275 慎右尉印

圖 276 項長之印 　　圖 277 項丞之印 　　圖 278 項左尉印 　　圖 279 項右尉印

圖 280 新蔡之印 　　圖 281 新蔡長印 　　圖 282 新蔡丞印 　　圖 283 新蔡左尉

圖 284 新鄭令印 　　圖 285 新鄭丞印 　　圖 286 新鄭左尉 　　圖 287 新鄭右尉

圖 288 新息之印 　　圖 289 新息長印 　　圖 290 新息丞印 　　圖 291 新陽長印

圖 292 宜祿長印 　　圖 293 灊強長印 　　圖 294 灊強丞印 　　圖 295 灊強左尉

圖 296 終丞之印 　　圖 297 終丞之印 　　圖 298 池陽丞印 　　圖 299 高陵之印

圖 300 高陵右尉 　　圖 301 臨晉之印 　　圖 302 臨邛令印 　　圖 303 嚴道長印

圖 304 呂丞 　　　　圖 305 符離丞印 　　圖 306 彭城之印 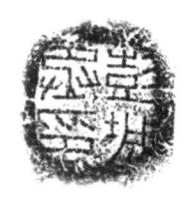　　圖 307 彭城丞印

圖 308 彭城左尉 　　圖 309 蕭丞之印 　　圖 310 薛丞之印 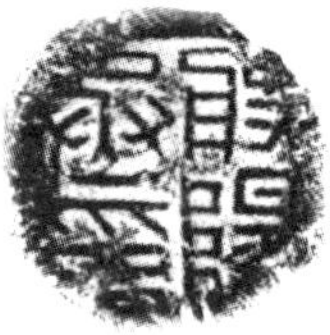　　圖 311 般陽丞印

圖 312 博昌丞印 　　圖 313 昌陽丞印 　　圖 314 淳于丞印 　　圖 315 狄丞

卷一　銘文考釋　115

圖 316　東安平丞　　圖 317　東平安丞　　圖 318　東平陵丞　　圖 319　東武丞印

圖 320　長安丞印　　圖 321　長安丞印　　圖 322　弟其丞印　　圖 323　姑幕丞印

圖 324　邯鄲丞印　　圖 325　黃丞　　圖 326　即墨丞印　　圖 327　筥丞

圖 328　來無丞印　　圖 329　來無右尉　　圖 330　琅槐丞印　　圖 331　臨朐丞印

圖 332　臨菑丞印　　圖 333　臨菑左尉　　圖 334　臨菑右尉　　圖 335　臨菑市丞

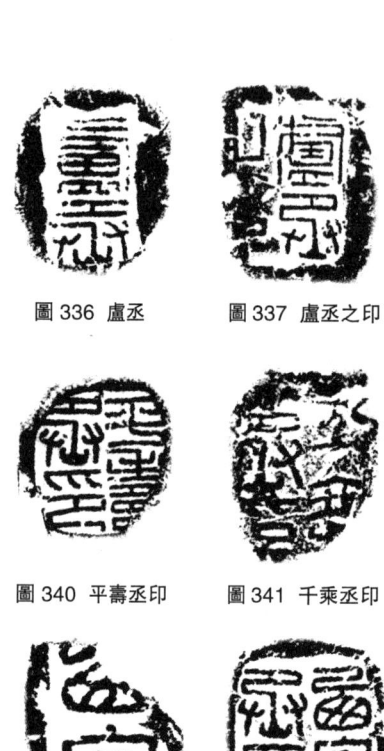

圖 336 盧丞　　圖 337 盧丞之印 　　圖 338 盧奴丞印 　　圖 339 南宮丞印

圖 340 平壽丞印 　　圖 341 千乘丞印 　　圖 342 耆丞之印 　　圖 343 耆丞

圖 344 西安　　圖 345 西安丞印 　　圖 346 西安陽丞 　　圖 347 下密丞印

圖 348 新豐丞印 　　圖 349 營陵丞相 　　圖 350 於陵丞印 　　圖 351 朱虛丞印

圖 352 高密丞印 　　圖 353 高唐丞印 　　圖 354 勵丞 　　圖 355 內黃丞印

圖 356　勵里鄉印　　圖 357　狼虛鄉印　　圖 358　都鄉

注釋：

① a. 葉其峰：《新莽官印鑒別例》，《文物》1984 年第 3 期；b. 王人聰：《新莽官印彙考》，王人聰、葉其峰：《秦漢魏晉南北朝官印研究》，香港中文大學文物館，1990 年，第 102—136 頁；c. 孫慰祖：《新出封泥所見王莽職官地名考述》，楊廣泰編：《新出陶文封泥選編》，文雅堂稿本，2016 年。

② 王偉：《秦璽印封泥職官地理研究》，中國社會科學出版社，2014 年，第 97—98 頁。

③ 孫慰祖主編：《古封泥集成》，上海書店出版社，1994 年。

④ 羅福頤主編：《秦漢南北朝官印徵存》，文物出版社，1987 年。

⑤ 楊廣泰編：《新出封泥彙編》，西泠印社出版社，2010 年。

⑥ 王先謙撰：《漢書補注》，中華書局 1983 年影印清光緒二十六年虛受堂本。

⑦ 同②，第 72 頁。

⑧ 阮元：《十三經注疏（附校勘記）》，中華書局 1979 年影印原世界書局本，第 2270 頁。

⑨ 酈道元著，陳橋驛校證：《水經注校證》，中華書局，2013 年，第 104 頁。

⑩ 王輝、程學華：《秦文字集證》，臺灣藝文印書館，2010 年。

⑪ 司馬遷撰，〔日〕瀧川資言考證，〔日〕水澤利忠校補：《史記會注考證附校補》，上海古籍出版社，1986 年。

⑫ 王人聰：《兩漢王國、侯國、郡縣官印彙考》，王人聰、葉其峰：《秦漢魏晉南北朝官印研究》，香港中文大學文物館，1990 年，第 31—32 頁。

⑬ 同⑩，第 161 頁。

⑭ 同②，第 143 頁。

⑮ 王輝：《秦封泥等出土文字所見内史及其屬官》，西泠印社、中國印學博物館編：《青泥遺珍——戰國秦漢封泥文字國際學術研討會論文集》，西泠印社出版社，2010 年。

⑯ 王輝編著：《古文字通假字典》，中華書局，2008 年，第 45 頁。

⑰ 羅福頤編：《漢印文字徵》，文物出版社，1978 年。

⑱a. 曹錦炎：《古璽通論》，上海書畫出版社，1995年，第184頁；b. 同⑩，第188頁。

⑲ 吳榮曾：《秦的官府手工業》，載中華書局編輯部編：《雲夢秦簡研究》，中華書局，1981年，第45頁。

⑳a. 安作璋、熊鐵基：《秦漢官制史稿》，齊魯書社，2007年，第197頁；b. 王輝：《釋文雅堂藏幾枚與府有關的秦封泥》，陝西歷史博物館館刊編輯部編：《陝西歷史博物館館刊》第21輯，三秦出版社，2014年，第16—22頁。

㉑ 據譚其驤：《中國歷史地圖集》（中國地圖出版社，1982年）第二冊圖51—52，東漢臨汝即今江西撫州市。

㉒ 同⑨，第495頁。

㉓ 同⑨，第701頁。

㉔ 臧勵和：《中國古今地名大辭典》，商務印書館，1931年，第1377頁。

㉕ 同⑤，第407頁。

㉖ 同⑨，第468、469頁。

㉗ 陳偉主編：《里耶秦簡牘校釋》（第一卷），武漢大學出版社，2012年。

㉘ 同②，第296—297頁。

㉙ 王人聰：《西漢郡國特設官署官印略考》，王人聰、葉其峰：《秦漢魏晋南北朝官印研究》，香港中文大學文物館，1990年，第26頁。

㉚ 同②，第266頁。

㉛ 同①c。

㉜《中華人民共和國地圖集》（地圖出版社，1984年），第23頁，其《中國礦產》澠池縣之東、滎陽縣之西標有產鐵符號。

㉝ 孫楷著，楊善群校補：《秦會要》，上海古籍出版社，2004年，第268頁。

㉞ 同㉗，第13、127頁。

㉟ 王輝：《"秦新郪虎符"析疑》，《古文字研究》第29輯，中華書局，2012年，第752—754頁。

㊱ 王輝：《西安中國書法藝術博物館藏秦封泥選釋》，《文物》2001年第12期。

㊲ 王輝、王偉編著：《秦出土文獻編年訂補》，三秦出版社，2014年。

㊳ 高亨纂著，董治安整理：《古字通假會典》，齊魯書社，1989年，第430—433頁。

㊴ 王輝：《周秦器銘考釋五篇》，《考古與文物》1991年第6期。

㊵a. 袁仲一、劉鈺編著：《秦陶文新編》，文物出版社，2009年；b. 王恩田：《陶文圖錄》，齊魯書社，2006年。

㊶ 同 ㊳，第 538 頁。

㊷ 同 ⑨，第 597 頁。

㊸ 許雄志編：《鑒印山房藏古封泥菁華》92，河南美術出版社，2011 年。

㊹ 凡國棟申述黎明釗、李成珪的説法，"與縣同名的鄉名極有可能是某縣居民在遷徙到新地後以原籍貫來命名其所居之鄉里而產生的"。參看凡國棟：《秦郡新探——以出土文獻爲主要切入點》，武漢大學博士學位論文，2010 年，第 102 頁。

㊺ 同 ㉗，第 29—30 頁。

（部分内容原載《秦始皇帝陵博物院》總第 5 輯，陝西師範大學出版總社，2015 年。

2016 年續有補充）

卷二 簡牘考釋

清華楚簡《保訓》"惟王五十年"解

2009年4月13日,《光明日報》第12版以"解讀清華簡"的專欄形式刊發了李學勤《周文王遺言》、趙平安《〈保訓〉的性質和結構》二文。4月20日,《光明日報》第12版又刊發了李均明《周文王遺囑之中道觀》、沈建華《〈保訓〉所見王亥史迹傳説》二文。6月11日,上海社會科學院辦的《社會科學報》第6版刊發了李學勤、劉國忠《清華簡:先秦歷史懸疑有待揭開》及黃懷信《"周文王遺言":〈保訓〉》二文。《文物》2009年第6期刊出清華大學出土文獻研究與保護中心《清華大學藏戰國竹簡〈保訓〉釋文》及李學勤《論清華簡〈保訓〉的幾個問題》。這些文章的發表,在學術界引起了熱烈的反響。筆者認真拜讀後,覺其言簡意賅、精闢獨到,深受啓發,但仍有一些疑問。現僅就《保訓》開頭"惟王五十年"一句該如何理解,談一點不成熟的意見,請清華諸先生指教。

《保訓》簡1:"隹(惟)王五十年,不瘳,王念日之多鬲(歷),恐述(墜)保訓。"以下叙述周文王對太子發即周武王的遺訓。關於"惟王五十年",李學勤先生引《尚書·無逸》"文王受命惟中身,厥享國五十年",説:"文獻中在位共五十年的,祇有周文王。"又説:"這裏又牽涉到文王是否稱王的問題。《周本紀》云:'西伯蓋即位五十年。……詩人道西伯,蓋受命之年稱王而斷虞、芮之訟,後十年而崩,謚爲文王。'歷代學者多從倫理觀念出發,認爲文王聖人,不應稱王,例如清崔述《豐鎬考信録》專有《文王未嘗稱王》之論。其實《詩·文王有聲》説'文王受命',何尊等金文也説文王受大命,文王晚年稱王恐怕確是事實(儘管《保訓》下文文王不這麽説)。"趙平安先生説:"若參照《伊訓》,《保訓》也可以叫做《文王之訓》。它極可能是《尚書》的佚篇。今天所能見到的《周書》,最早的莫過於周武王,這篇《文王之訓》,無疑應踞於《周書》首篇的地位。如此,寥若晨星的文王史料,將因此而獲得新的增長。"黃懷信先生認爲《保訓》經過後人的改寫、潤飾,其

"時代應是春秋早期或中期"，同時指出："《保訓》雖不是西周原作，但所記內容則未必不實。比如所云'惟王五十年，［王］不瘳'，即同《尚書·無逸》所記周公之說吻合。"三位先生都肯定文王受命稱王、在位五十年是信史，《保訓》的核心内容出於周初，後人祇是改寫潤飾。

文王是否稱王，是歷代學者聚訟不已的老大難問題，《保訓》"惟王五十年"的說法爲解決這一問題提供了新材料，但至少在目前，這一問題還遠不能完全解決。《保訓》的核心内容，如以"中"治國的理念，哲理意義上的"陰陽""名實"，雖不能説没有西周的影子，但更多地反映了春秋末乃至戰國時人們的思想意識。我懷疑，《保訓》應編寫於戰國時代。

文王受命稱王的材料，金文和傳世文獻多有，我們對此略加分析。

其見於金文者，如：

1. 天亡簋："天亡又（佑）王，衣祀于王不（丕）顯考文王，事喜（饎）上帝。文王監（？）才（在）上，不（丕）顯王乍（則）省，不（丕）繇（肆）王乍（則）賡（庚），不（丕）克乞（訖）衣（殷）王祀。"（《集成》4262①）

2. 何尊："昔才（在）爾考公氏，克遴（仇）玟王。繇（肆）玟王受兹［大令（命）］。隹（惟）珷王既克大邑商，則廷（筳）告于天。"（6014）

3. 大盂鼎："不（丕）顯玟王受天有大令（命）。在珷王嗣玟乍（作）邦，闢氒（厥）匿（慝）。"（2837）

4. 班簋："……毓（育）文王姒聖孫……文王孫亡（無）弗褱（懷）井（型）。"（4341）

5. 史牆盤："曰古文王，初敍（戾）穌于政，上帝降懿德大屏（屏），匍（撫）有上下，迨受萬邦。"（10175）

6. 逨盤："不（丕）顯朕皇高且（祖）單公，桓桓克明慎氒（厥）德，夾召（詔）文王、武王，撻殷，膺（膺）受天魯命，尃（撫）有四方，並宅氒（厥）堇（勤）彊（疆）土，用配上帝。"②

7. 師訇簋："不（丕）顯文、武，□（膺？）膺受天令（命）。"（4342）

8. 毛公鼎："不（丕）顯文武，皇天引猒（厭）氒（厥）德，配我有周，膺（膺）受大命，率褱（懷）不廷（庭）方，亡（無）不用閈于文、武耿光。"（2841）

9. 乖伯歸夆簋："朕不（丕）顯且（祖）玟、珷膺（膺）受大命。"（4331）

天亡簋爲周武王時器，"天亡"于省吾先生疑即姜太公望。銘稱文王爲"丕顯考"，提到"丕克訖殷王祀"，顯然已是滅殷之後。林澐、李曉東説天亡簋作於武王克商後返回途中在成周（洛陽）行"度邑"禮時③，近是。銘文没有提到文王受天命，但武王祭祀文王同時還"事饎（《説文》解爲'酒食'，即以酒食事神）上帝"，文王又"監在上"，應該已受天命。

此銘可以證明武王已稱文王爲王，但不能證明"文王"之"王"是其生前自稱而不是武王的追認。

何尊是成王時器，其時已爲文王、武王造了專用字"玟""珷"，可見其時文王稱王的説法已深入人心。銘稱"玟王受兹□□"，末二字不很清楚，學者多據上下文補爲"大令"。唐蘭先生説："'大令'兩字殘缺，大字略見頭，令字略見腳，以意補。"④大盂鼎爲康王時器，明確出現"玟王受天有大命"的句子。二銘皆言文王受天命，但何尊記武王滅商後，"筳告于天"，筳是折竹卜，《離騷》"索藑茅以筳篿兮"⑤，不排除是武王祭天，追記文王已受天命。"玟""珷"在二銘中同時出現，到穆王以後的班簋等又回歸通用字"文""武"，大概也不是没有原因的。可能武王滅商稱王，是當時的頭等大事，備受子孫尊崇，子孫於是爲其專造"珷"字，連及爲其父專造"玟"字。中期以後，歷經成、康、昭諸王，其影響遠遜開國之王，已無需爲各王諡號另造專字，"玟""珷"使用時間長了，也稍嫌不夠規範，因而棄之不用。史牆盤爲共王時器，開首"曰古文王"與《尚書·堯典》"曰若稽古帝堯"句式相似，都是據傳説講述古史，相當於"從前……"，更不能不加分析地信從。盤銘没有直接提到文王受天命，但説文王"撫有上下，迨受萬邦"，與《尚書·武成》説文王"誕膺天命，以撫方夏。大邦畏其力，小邦懷其德"意近。"上下"指宇内，即"方（蠻方）夏（華夏）"；"萬邦"即"大邦""小邦"合稱，盤銘言外之意是文王也曾"誕膺天命"。"膺受天命"又見宣王時器逨盤、師詢簋、毛公鼎及稍晚的乖伯歸夆簋。四器"文""武"並稱，不作仔細區分，大概其時吏民覺得已無必要分辨是文王始受命稱王，還是武王始受命稱王。至於乖伯歸夆簋稱"玟""珷"則出於一種復古心理。

其見於傳世文獻者，如：

1.《尚書·武成》："王若曰：'嗚呼！群后。惟先王建邦啓土，公劉克篤前烈，至于大王肇基王迹，王季其勤王家，我文考文王克成厥勳，誕膺天命，以撫方夏。大邦畏其力，小邦懷其德。惟九年，大統未集。予小子其承厥志，厎商之罪……惟有道曾孫周王發將有大正于商……'"

《武成》作於武王伐殷歸來祭告天地、先祖之時，前邊説："厥四月哉生明，王來自商，至于豐。乃偃武修文，歸馬于華山之陽，放牛于桃林之野，示天下弗服。丁未，祀于周廟，邦、甸、侯、衛駿奔走執豆籩。越三日庚戌，柴望，大告武成。"此時武王已稱王，連大王（古公亶父）、王季（季歷亦稱公季）都追尊爲王，則文王被追認的可能性難於排除。《武成》"誕膺天命"的語句，祇見於西周中期以後金文，則説明《保训》經過後人潤飾，絕非周初的原始文獻。

2.《尚書·大誥》："王若曰：'……天降威，用寧王遺我大寶龜，紹天明……民獻有十夫，予翼以于敉寧、武圖功……天休于寧王，興我小邦周。寧王惟卜用，克綏受兹命。'"

《大誥》舊傳爲周公所作。文中沒有提到文王，但幾處提到"寧王"。孔氏傳："（寧王）安天下之王，謂文王也。"當是。但以安解"寧"，引申指文王，仍覺迂曲。清末學者王懿榮、陳介祺、吳大澂、孫詒讓等早已論定，《大誥》的"寧"字是古文字"文"字（♀、♀、♀）之訛⑥。《大誥》"寧（文）、武"並列，"文"不作"玟"，則是西周較晚的習慣。

3.《尚書·康誥》："惟乃丕顯考文王克明德慎罰……用肇造我區夏，越我一二邦，以修我西土。惟時怙冒聞于上帝，帝休。天乃大命文王殪戎殷，誕受厥命，越厥邦厥民。"

4.《尚書·酒誥》："王若曰：'明大命于妹邦。乃穆考文王肇國在西土，厥誥毖庶邦庶士越少正、御事，朝夕曰："祀兹酒。"惟天降命，肇我民，惟元祀。'"

《康誥》《酒誥》都是周公以成王的名義訓告康叔的。王國維先生以爲《酒誥》的"元祀"就是文王受命稱王的元年，云："天之降命如何？'肇我民，惟元祀'是也。元祀者，受命稱王配天改元之謂。《洛誥》曰：'王肇稱殷禮，祀于新邑，咸秩無文。'又曰：'惇宗將禮，稱秩元祀，咸秩無文。'又曰：'記功，宗以功，作元祀。'是爲成王初平天下後之元祀。而《酒誥》之'肇我民，惟元祀'，是爲文王受命之元祀。《洪範》稱'惟十有三祀王訪于箕子'，'十有三祀'者，文王受命之十三祀，武王克殷後之二年也，《洛誥》曰'惟七年'，是歲爲文王受命之十八祀，武王克商後之七年，成王嗣位，於兹五歲，始祀於新邑，稱秩元祀。"⑦王先生的說法對"元祀"有諸多誤解，未得學界認可。《酒誥》的主題是周公訓誡貴族子弟不要酗酒，故"祀兹酒"，是文王說"祇有祭祀的時候才能喝酒"；"惟天降命，肇我民，惟元祀"，是文王說"因爲上天賜命，才教給人們釀酒的方法，它本來就是爲了大祭"⑧。"元祀"之"元"，本爲大義。《詩·小雅·六月》："元戎十乘，以先啓行。"毛傳："元，大也。"我們不否認，元有始義，"元祀"也可解作"始年"，但一篇誡禁酗酒的訓誥中突然插入文王紀年却不叙述該年之事，殊覺突兀。退一步說，即令如王先生說，此爲文王元年，也應如何尊末尾"隹（惟）王五祀"、大盂鼎末尾"隹（惟）王廿（二十）又三祀"之例，作"惟王元祀"，而不應省去"王"字。《保訓》"惟王五十年"，稱"年"不稱"祀"，非周初習慣。再說，文王即使稱王，也是在其臨終前幾年，根本不存在"惟王（稱王之後）五十年"的可能。

5.《尚書·無逸》："厥亦惟我周太王、王季，克自抑畏。文王卑服，即康功田功……文王受命惟中身，厥享國五十年。"

《無逸》舊傳亦周公作，但似乎不能排除有後代傳說羼入。對所謂"文王受命惟中身，厥享國五十年"一句，歷來頗多爭議。孔氏傳："文王九十七而終，中身即位，時年四十七。言'中身'，舉全數。"孔穎達疏："文王年九十七而終，《禮記·文王世子》文也。於九十七内减享國五十年,是未立之前有四十七……經言'受命'者,鄭玄云:'受殷王嗣位之命。'然殷之末世,政教已衰,諸侯嗣位,何必皆待王命,受先君之命亦可也。王肅云:'文王受命,嗣位爲君,不言受王命也。'"依鄭玄、孔穎達説,"文王受命"並非指受天命,這與何尊所説"文王受兹大命"恐怕不能劃等號。王肅排除了文王受(殷)王命的可能,未具體説受何命,有人可能理解爲受天命,果如此,則文王中年已受天命,這與"文王晚年稱王"受天命的説法又有矛盾。

《禮記·文王世子》:"文王有疾,武王不説(脱)冠帶而養,文王一飯亦一飯,文王再飯亦再飯。旬有二日乃間。文王謂武王曰:'女何夢矣?'武王對曰:'夢帝與我九齡。'文王曰:'女以爲何也?'武王曰:'西方有九國焉,君王其皆撫諸?'文王曰:'非也。古者謂年齡,齒亦齡也。我百,爾九十,吾與爾三焉。'文王九十七乃終,武王九十三而終。"

類似傳説亦見《吕氏春秋·制樂》:"周文王立國八年,歲六月,文王寢疾,五日而地動,東西南北,不出國郊。百吏皆請曰:'……請移之。'……文王曰:'昌也請改行重善以移之,其可以免乎?'於是謹其禮秩皮革,以交諸侯;飭其辭令、幣帛,以禮豪士;頒其爵列、等級、田疇,以賞群臣。無幾何,疾乃止。文王即位八年而地動,已動之後四十三年,凡文王立國五十一年而終。此文王之所以止殃翦妖也。"

以上二則傳説頗富傳奇色彩,但亦有種種不合理之處。孔穎達疏云:"年壽之數,賦命自然,不可延之寸陰,不可減之晷刻。文王九十七,武王九十三,天定之數。今文王云'吾與女三'者,示其傳基業於武王,欲使武王承其所傳之業。此乃教戒之義訓,非自然之理。"《制樂》提到的"爵列"乃戰國中期始有,文王時也尚未出現。丁山《文武周公疑年》[9]"疑文王寢疾而地動故事,殆亦演自印度之地動神話"。丁山並據《路史》引《竹書紀年》及《逸周書·度邑》,考定文王生年"似不得過六十五歲""武王年祇五十四"。陳夢家説:"《尚書大傳》謂文王受命七年而崩,《史記·周本紀》曰'蓋受命之年而斷虞、芮之訟,後七年而崩',實本《大傳》。然《大傳》以受命之'六年伐崇則稱王'(《文王世子》正義引《殷傳》),稱王一年而崩。凡此均與《書·無逸》'文王受命惟中身,厥享國五十'之戰國傳説不合。按《大傳》述文王受命後伐于、伐密、伐畎夷、伐耆、伐崇凡五伐,而《荀子·仲尼篇》曰'文王誅四',似《大傳》起於秦漢之際,稍晚於此則有《逸周書》文王受命九年而崩之説。"[10]陳夢家説《無逸》云云爲"戰國傳説",可謂一針見血,應該引起我們的重視。

6.《尚書·君奭》:"我道惟寧王德延,天不庸釋于文王受命……在昔上帝割申勸寧王之德,其集大命于厥躬。惟文王尚克修和我有夏……亦惟純佑秉德,迪知天威,乃惟時昭文王迪見冒,聞于上帝,惟時受有殷命哉!"

《君奭》爲周公告召公之辭,其説文王受天命,與上條同。

7.《尚書·顧命》:"昔君文王、武王宣重光,奠麗陳教,則肄肄不違,用克達殷集大命。"

《顧命》爲成王臨終告命康王及召公、畢公之辭。稱文王、武王爲"昔君",可見祇是申述舊説。"達(撻)殷"又見於逨盤,是西周晚期的習慣説法。

8.《尚書·康王之誥》:"皇天改大邦殷之命,惟周文、武誕受羑若,克恤西土。"

9.《尚書·畢命》:"惟文王、武王敷大德于天下,用克受殷命。"

以上兩條乃康王時文,於文、武受命僅敷衍舊説,了無新意。

10.《尚書·文侯之命》:"丕顯文、武克慎明德,昭升于上,敷聞在下。惟時上帝集厥命于文王。"

此篇乃周平王册命晉文侯之辭,平王引文、武修德之事以勉勵文侯。"克慎明德"即逨盤之"克明慎厥德"。此篇時代已至東西周之交,所説周開國前後事已非第一手資料。

11.《詩·大雅·文王》:"穆穆文王,於緝熙敬止。假哉天命,有商孫子。商之孫子,其麗不億。上帝既命,侯于周服。"

12.《詩·大雅·大明》:"有命自天,命此文王。于周于京,纘女維莘,長子維行,篤生武王。保右命爾,燮伐大商。"

《詩序》:"《文王》,文王受命作周也。""《大明》,文王有明德,故天復命武王也。"孔穎達疏:"(《文王》)五章以上皆是受命作周之事也。六章以下,爲因戒成王。""(《大明》)從六章上五句'長子維行'以上,説文王有德,能受天命,故云'有命自天,命此文王',是文王有明德,天命之事也。'篤生武王'以下,説武王有明德,復受天命之事也。"朱熹《詩集傳》:"東萊吕氏曰:'《吕氏春秋》引此詩(引者按指《文王》),以爲周公所作。'味其詞意,信非周公不能作也。"又云:"(《大明》)此亦周公戒成王之詩。"誠如朱子所言,則對考證文王是否受天命稱王這一問題,二詩價值當不會超過《尚書》中《大誥》《康誥》《酒誥》《無逸》諸篇。

13.《詩·大雅·文王有聲》:"文王受命,有此武功。既伐于崇,作邑于豐。"

此與上詩時代略同。

14.《尚書大傳》:"文王一年質虞、芮,二年伐邘,三年伐密須,四年伐畎夷,紂乃囚之。四友獻寶,乃得免於虎口,出而伐耆。"(《左傳·襄公三十一年》正義引)又云:"五年之初,得散宜生等獻寶而釋文王。文王出則克耆,六年伐崇,則稱王。"(《禮記·文王世子》正義引《殷傳》)

《尚書大傳》舊題漢伏勝傳,實爲伏勝弟子張生、歐陽生輯録其遺説而成,已佚。《四庫全書總目提要·經部·書類二》評論此書:"其文或説《尚書》,或不説《尚書》,大抵如《詩外傳》《春秋繁露》,與經義在離合之間。"[11]此書彙集戰國、秦及漢初傳説史料,可以參考而不可盡信。

15.《史記·周本紀》："公季卒，子昌立，是爲西伯，西伯曰文王……西伯陰行善，諸侯皆來決平。於是虞、芮之人，有獄不能決，乃如周。入界，耕者皆讓畔，民俗皆讓長。虞、芮之人未見西伯，皆慙，相謂曰：'吾所爭，周人所恥，何往爲，祇取辱耳！'遂還，俱讓而去。諸侯聞之，曰：'西伯蓋受命之君也！'明年，伐犬戎。明年，伐密須。明年，敗耆國。殷之祖伊聞之，懼以告帝紂。紂曰：'不有天命乎，是何能爲？'明年，伐邘。明年，伐崇侯虎，而作豐邑，自岐下而徙都豐。明年，西伯崩。太子發立，是爲武王。西伯蓋即位五十年，其囚羑里，蓋益《易》之八卦爲六十四卦。詩人道西伯，蓋受命之年稱王，而斷虞、芮之訟。後十年而崩，諡爲文王。改法度，制正朔矣。追尊古公爲太王，公季爲王季，蓋王瑞自太王興。"

司馬遷生於漢代，他"網羅天下放失舊聞""厥協六經異傳，整齊百家雜語"（《史記·太史公自序》）。因爲條件限制，《史記》採錄的有些材料可能是不準確的。如西伯伐"敗耆國"，《周本紀》置於文王時，此事又見於《殷本紀》，作"西伯伐飢國"，宋儒如吳才老等已指出爲武王時事。清華楚簡有《耆夜》篇，云："武王八年征伐邘（耆）。"⑫證明司馬遷對這一事件的時代判斷有誤。但司馬遷畢竟是一個偉大的歷史學家，他對有爭議的問題往往採取極爲審慎的態度，一方面列出自己的傾向性看法，同時列舉異說，以供後人進一步推敲。對文王受命稱王的問題，司馬遷連用四個"蓋"字，即是此意。張守節《史記正義》云："然自'西伯蓋即位五十年'以下至'太王興'，在西伯崩後重述其事，爲經傳不同，不可全棄，乃略而書之，引次其下，事必可疑，故數言'蓋'也。"孫慶偉也指出："'西伯蓋受命之君'，這些諸侯的話翻譯爲現代語言，大體就是'這西伯有受命之君的樣子'，那話外之意西伯當時並沒有受命稱王，由此可見司馬遷自己也並不持文王受命稱王的觀點。"又云："細讀《周本紀》，可以發現在叙述文王事迹時，司馬遷始終稱他爲'西伯'，而不是'文王'，即使寫到文王的去世，也書爲'西伯崩'，而不作'文王崩'。特別是《太史公自序》概括《周本紀》的要旨時，寫作'維棄作稷，德盛西伯；武王牧野，實撫天下'，既然將'西伯'和'武王'對舉，那麼司馬遷的意思是很清楚的，那就是文王生前並沒有稱王。"⑬孫慶偉的分析極爲深刻，但也不能不指出，司馬遷的有些話還是容易引起誤會而招致批評的。日本瀧川資言《史記會注考證》引梁蕭曰："……仲尼美文王之德曰：'三分天下有其二，以服事殷。'又曰：'內文明而外柔順，以蒙大難，文王以之。'未有南面稱王而謂之'服事'，易姓創制而謂之'柔順'。仲尼稱武王之烈曰：'湯、武革命。'又曰：'武王末受命。'未有父受之而子復'革命'，父爲天子，子云'末受'。當武王之會盟津也，告諸侯曰：'汝未知天命，未可以誓師也。'曰：'惟我文考大統未集，予小子其承厥志。'孰有王者出征而復俟'天命'，大統既改而復云'未集'？《禮‧大傳》稱'牧之野，既事而退，遂柴于上帝，追王太王、王季、文王，改正朔，殊徽號'。若虞、芮之歲稱王，則不應復'追王'；王制既行，則不得復云'改'物……"又引方苞曰："史公蓋據《大雅‧有聲》之詩'文王受命'而誤爲此説也。"梁、方之説是有道理的。梁氏引《禮記‧大傳》説文王爲牧野之戰後所追認，應是戰國至漢初一種有代表性的看法，我們絕不應忽視。

這一看法，也反映在先前發現的戰國楚簡中。上海博物館藏戰國楚竹書《容成氏》簡44—49："（紂）於是虐（乎）复（作）爲金桎三千。既爲金桎，或（又）爲酉（酒）池，詨（厚）樂於酉（酒），尃（溥）亦（夜）以爲㸐（淫），不聖（聽）示（其）邦之正（政）。於是虐（乎）九邦畔（叛）之：豐、鎬（鎬）、郍、邙、于（邘）、鹿、耆、宗（崇）、畬（密）須是（氏）。文王聞之，曰：'唯（雖）君亡（無）道，臣敢勿事虐（乎）？唯（雖）父亡（無）道，子敢勿事虐（乎）？箮（孰）天子而可反？'受（紂）聞之，乃出文王於羑（夏）臺（臺）之下而聞（問）焉……曰：'一人爲亡（無）道，百眚（姓）示（其）可（何）辠（罪）？'……昔者文王之差（佐）受（紂）也，女（如）是牿（狀）也。"簡文雖依照後世的習慣，稱西伯姬昌爲"文王"，但西伯恭守臣子之道，事奉佐助殷紂，灼然可見。

説文王未曾受天命稱王，在《保訓》本身似乎也有内證。簡10—11："今女（汝）祇備（服）毋解（懈），其有所逌（由）矣。不及爾身受大命，敬才（哉），勿淫。"及與既通用。《尚書‧咸有一德》："惟尹躬暨湯。"《禮記‧緇衣》引"暨"作"及"。既、及有終盡義。《廣雅‧釋詁一》："既，盡也。"《莊子‧應帝王》："吾與汝既其文，未既其實，而固得道與？"《大戴禮記‧本命》："是故汝及日乎閨門之内。"孔廣森補注："及日，終日也。""不及爾身"即不終汝身、不終汝一生。《公羊傳‧隱公八年》："何以不氏？疾始滅也，故終其身不氏。"《史記‧李將軍列傳》："終廣之身，爲二千石四十餘年。"文王對武王發説"不終汝一生就會受天命"，言外之意是説自己未受天命，希望寄託在兒子身上。可能文王也看清了當時的形勢，預言兒子會滅殷稱王，受天命。這個願望不幾年後終於實現。

有的學者會説：滅殷之前，周雖未得天下，但文王已被紂封爲周方伯、西伯，有没有可能在自己的地盤上説"受天命"呢？因爲春秋時代的諸侯國子孫，都説先祖"受天命"。晋公盞（盆）："我皇且（祖）唐公，□受大命。"[14]此爲晋定公午（前511年即位）作器，"唐公"爲其始祖唐叔虞。秦公及王姬鎛："我先且（祖）受天命商（賞）宅受（授）國。"秦公簋："不（丕）顯朕皇且（祖）受天命，鼏（宓）宅禹責（蹟）。"筆者曾指出："皇祖，指秦始封爲諸侯之君襄公。"[15]但這些都是諸侯子孫的説法，而不是始祖本人的告白。

周人甲骨文中多處提到册告周方伯之事，有時"王"與"周方伯"同時出現。

1977年周原鳳雛出土甲骨文H11‧84："貞：王其羍又（佑）大甲，㗪（册）周方白

（伯）……"李學勤、王宇信定此爲商人卜辭，云："此片王祭大甲，自應爲商王。王與周方伯同版……很顯然王與周方伯不是一個人。王和周方伯在卜辭中的地位也是大不相同的……與帝辛同時的周君是文王昌，他是商朝的西伯。本辭的周方伯應即文王。"⑯依其説，周方伯當時不自稱王。徐中舒師⑰、陳全方⑱、繆文遠⑲認爲此爲周人甲骨，"王"與"周方伯"爲一人，"卜辭記載之王當是西伯昌，應是周人自稱昌爲王"。現在學界多數人認爲周原甲骨爲周人之物，辭中的王或説是商王，是周人記述商王祭祀之事⑳；或説是周武王㉑。依後説，文王並未稱王。

2003年，北京大學考古文博學院師生在岐山縣周公廟遺址祝家巷村北發現兩版西周甲骨，C10④：2卜辭是："［五］月才䰞死霸壬午，衍祭囗繁，叓（使）缶者來，氒（厥）至，王由（使）克道于宵……"㉒有多位學者對該辭作過討論，多認爲是周人卜辭，"王"爲周王。李學勤説："王宇信把周原甲骨的'王'字分爲三型……更晚的卜辭的'王'字爲Ⅱ型2式和Ⅲ型，豎筆下端中空，這裏討論的'王'字類同於後者。考慮到學者大多認爲文王生前並未稱王，卜甲上的'王'應爲武王或者成王。"㉓孫慶偉㉔、董珊㉕也有類似看法。李零提出了三種可能，但懷疑"文王稱王還是出於武王追稱"㉖。祇有葛英會討論了鳳雛和周公廟兩批甲骨，認爲"姬昌於受命爲西伯之年稱王近於史實"㉗。但他並未提出積極的證據。

2008年，周公廟遺址ⅢA2區出土甲骨多片，卜辭有"王季""文王""王"等，完整資料據説即將公佈，現在還不能作仔細討論㉘。但既然已有"文王"，時代必在武王以後，更增加了"文王"出於追認的可能性。

通過以上分析，我初步認爲："惟王五十年"祇是戰國時人傳説的周文王紀年，文王生前並未受天命稱王。

如果對《保訓》内容作稍加認真的分析，就可以發現，它大多具有春秋乃至戰國的時代特徵。

1.《保訓》簡4："（舜）恐（恭）救（求）中，自詣（稽）氒（厥）志。"簡6："舜既得中，言不易實覍（變）名。"簡8："昔兇（微）叚（假）中于河………""中"即中道，是一種貫穿全篇的核心内容，一種治國理念。

商代甲骨文裏，中祇有中間義，與上下、左右相對而存在㉙。大約到了西周中期，"中"才作爲司法用語，由中間引申爲公平義。西周中期（約共王時）的牧簋銘："氒（厥）訊庶右峇，不井（刑）不中……雩乃訊庶右峇，母（毋）敢不明不中不井（刑）。"㉚眉縣楊家村出土周宣王四十三年逑鼎銘："雩乃專政事，毋敢不妻（規）不井（刑）；雩乃訊庶又峇，毋敢不中不井（刑）。"㉛直到春秋晚期的叔夷鐘，仍有"䚻（慎）中氒（厥）罰"㉜的話。《尚書·吕刑》："士制百姓于刑之中，以教祇德。"含意亦同。

作爲治國理念的中，出現較晚。《尚書·大禹謨》："期于予治，刑期于無刑，民協于中……人心惟危，道心惟微。惟精惟微，允執厥中。"此篇爲僞古文，成書時代應晚。《論語·雍也》："中庸之爲德也，其至矣乎！"《堯曰》："咨，爾舜！天之曆數在爾躬，允執其中。"《禮記·中庸》："舜好問而好察邇言，隱惡而揚善，執其兩端，用其中於民。"《論語》時代已至戰國初，崔東壁《洙泗考信録》以爲《堯曰》三章不可考。顧頡剛也説："《論語》末數篇本有問題，此所謂'天之曆數'頗有五德轉移的意味，'允執其中'亦是儒家中庸之義，疑出後儒羼入，非《論語》本有。推測原始，當在孟子。"（羅根澤編著《古史辨》四顧頡剛序）《中庸》舊説爲孔子孫子思所作，今人或以爲作於秦統一以後㉝。出土戰國文字多見"中""中正"。《古璽彙編》4531："中正。"郭店楚簡《性自命出》簡17—18："里（理）其青（情）而出内（入）之，狀（然）句（後）復以斈（教）。斈（教），所以生德於申（中）者也。"《荀子·性惡》："天下有中。"楊倞注："中，謂中道。"

"中"作爲政治術語，不但舜時不可能有，上甲微時代不可能有，周文王時代恐怕也不會有。

2.《保訓》簡5—6："䢼（厥）又攺（施）于上下遠埶（邇），迺易立（位）埶（設）詣（稽），測会（陰）昜（陽）之勿（物），咸川（順）不諆（擾）。"李學勤説："測度陰陽（意即正反）之事，這是'執其兩端，從而達到中正之道'。"極是。李學勤又引黄天樹的話："殷人已能定方位，辨陰陽，有了陰陽的觀念。"

黄天樹説見其論文《説甲骨文中的"陰"和"陽"》㉞。從該文所舉例證來看，商代所謂"陰"，指"水之南，山之北"；"陽"指"水之北，山之南"，祇是一種方位詞。沈建華於此也有討論㉟。甲骨文没有陰、陽連用之例。西周敔簋有"隂（陰）昜（陽）洛"，永盂有"淦（陰）昜（陽）洛"，指洛水南北。春秋金文敬事天王鐘有"江、漢之陰陽"，指長江、漢水之南北，"陰陽"仍是方位詞。

"陰陽"作爲哲學概念産生較晚。郭店楚簡《太一生水》簡1—5："水反楠（輔）大（太）一，是以成天。天反楠（輔）大（太）一，是以成壂（地）。天壂（地）[復相輔]也，是以成神明。神明復相楠（輔）也，是以成会（陰）昜（陽）。会（陰）昜（陽）復相楠（輔）也，是以成四時……会（陰）昜（陽）者，神明之所生也。"上海博物館藏戰國楚竹書《容成氏》簡29："咎（皋）䧟（陶）既已受命，乃攴（變）会（陰）昜（陽）之馫（氣），而聖（聽）其訟獄。"

辨識陰陽，順之而行，是儒家的思想觀念之一。《漢書·藝文志》："儒家者流，蓋出於司徒之官，助人君，順陰陽，明教化者也。"《漢書·藝文志》五行家有《泰一陰陽》《黄帝陰陽》《黄帝諸子論陰陽》《陰陽五行時令》，大概都是戰國秦漢時人託古之作。又陰陽家有

《鄒子》《鄒子陰陽》，乃戰國齊人鄒衍推求陰陽之作。《易·繫辭上》："陰陽不測之謂神。"孔穎達疏："天下萬物，皆由陰陽，或生或成，本其所由之理，不可測量之謂神也。"簡文"測陰陽之物"與此意近。

3.《保訓》簡6—7："舜既得中，言不易實覓（變）名，身茲備（服）隹（惟）允，翼翼不解（懈），用乍（作）三降之德。"

易本變易，引申有異義。《國語·晋語五》："若中不濟，而外彊之，其卒得復，中以外易也。"韋昭注："易，猶異也。"變从䜌聲，䜌與䦼聲字通。睡虎地秦簡《日書》甲《盜者》："酉，水（雉）也，盜者䦼而黃色。"影本"䦼"讀䜌，《說文》："朧也。"又《說文》"嫡"籀文作"變"㊱。變亦有亂義。《漢書·尹翁歸傳》："奴客持刀兵入市鬥變。"顏師古注："變，亂也。"《文選·阮瑀〈爲曹公作書與孫權〉》："用成大變。"李周翰注同。"言不易實覓（變）名"，是說名與實是一個事物的兩個方面，各是其概念，實是其所代表的具體事物。簡文是說要名實相符，不使名有所混淆，強調對"中"之概念要正確理解，不可歪曲。

名、實之辨，起自春秋末。《論語·子路》："子路曰：'衛君待子而爲政，子將奚先？'子曰：'必也正名乎！'……子曰：'名不正，則言不順；言不順，則事不成；事不成，則禮樂不興；禮樂不興，則刑罰不中；刑罰不中，則民無所錯手足。故君子名之必可言也，言之必可行也。君子於其言，無所苟而已矣。'"孔子說若自己治理衛國，第一件事就是"正名"，可見當時已有名實相亂的情況。孔子又談到正名與言、實的關係，與《保訓》簡相似。《孟子·告子下》："淳于髡曰：'先名實者，爲人也；後名實者，自爲也……'"朱熹集注："名，名譽也；實，事功也。言以名實爲先而爲之者，是有志於救民也。"戰國時有名家鄧析、尹文、公孫龍、成公、惠施之流，"苟鉤觚析亂"（《漢書·藝文志》語），提出"離堅白""合同異""白馬非馬"等怪論。戰國末，大儒荀子作《正名》，說當時"聖王没，名守慢，奇辭起，名實亂"。荀子提出自己正名的原則："同則同之，異則異之……知異實者之異名也……故使異實者莫不異名也，不可亂也。"簡文"不易（異）實變（亂）名"與荀子的話是一個意思。荀子又言："故王者之制名，名定而實辨，道行而志通，則慎率民而一焉。"荀子正名是爲了"行道"，《保訓》亦然，可見它反映的主要是戰國的思想。

綜上所述，可見《保訓》極可能祇是戰國儒者代擬的周文王遺言，"惟王五十年"也未必是周文王臨終時的真實紀年。

注釋：

① 中國社會科學院考古研究所編：《殷周金文集成》，中華書局，1984—1994年，簡稱《集成》。下引金文除特別標出者外，皆出此書，每條末括號中數字爲其序號。

② 2003年陝西眉縣楊家村青銅器窖藏出土。參看王輝：《逨盤銘文箋釋》，《考古與文物》2003年第3期。

③ 李曉東：《天亡簋與武王東土度邑》，《考古與文物》1987年第1期。

④⑤ 唐蘭：《西周青銅器銘文分代史徵》，中華書局，1986年，第76、74頁。

⑥ 裘錫圭：《談談清末學者利用金文校勘〈尚書〉的一個重要發現》，《古籍整理與研究》1988年第4期；後又收入氏著：《古代文史研究新探》，江蘇古籍出版社，1992年。

⑦ 王國維：《周開國年表》，《觀堂集林》別集卷一，《王國維遺書》本，上海古籍書店，1983年。

⑧ 參看黃懷信：《尚書注訓》，齊魯書社，2002年，第272頁。"肇我民"之"肇"黃先生訓教。

⑨ 丁山：《文武周公疑年》，《責善》半月刊二卷第1、2期合刊，1941年4月。

⑩ 陳夢家：《西周年代考》，《陳夢家著作集》本，中華書局，2006年，第38頁。

⑪ 永瑢等撰：《四庫全書總目》，中華書局，1965年，第105頁。

⑫ 沈建華：《清華楚簡"武王八年伐耆"芻議》，《考古與文物》2010年第2期。

⑬㉑㉔ 孫慶偉：《論周公廟和周原甲骨的年代與族屬》，北京大學中國考古學研究中心、北京大學震旦古代文明研究中心編：《古代文明》第5卷，文物出版社，2006年，第233頁。

⑭㉜ 郭沫若：《兩周金文辭大系考釋》，上海書店出版社，1999年，第231、202頁。

⑮ 王輝：《秦器銘文叢考·先祖受天命》，《文博》1988年第2期；後又收入氏著：《一粟集——王輝學術文存》，臺灣藝文印書館，2002年。

⑯ a. 李學勤、王宇信：《周原卜辭選釋》，《古文字研究》第4輯，中華書局，1980年；b. 王宇信：《西周甲骨探論》，中國社會科學出版社，1984年，第58頁。

⑰ 徐中舒師：《周原甲骨初論》，四川大學學報叢刊第10輯：《古文字研究論文集》，1982年。

⑱ 陳全方：《陝西岐山鳳雛村西周甲骨文概論》，四川大學學報叢刊第10輯：《古文字研究論文集》，1982年。

⑲ 繆文遠：《周原甲骨所見諸方國考略》，四川大學學報叢刊第10輯：《古文字研究論文集》，1982年。

⑳ 李零：《讀〈周原甲骨文〉》，北京大學中國考古學研究中心、北京大學震旦古代文明研究中心編：《古代文明》第3卷，文物出版社，2004年。

㉒ 周原考古隊：《2003年陝西岐山周公廟遺址調查報告》，北京大學中國考古學研究中心、北京大學震旦古代文明研究中心編：《古代文明》第5卷，文物出版社，2006年。

㉓ 李學勤：《周公廟遺址祝家巷卜甲試釋》，北京大學中國考古學研究中心、北京大學震旦古代文明研究中心編：《古代文明》第 5 卷，文物出版社，2006 年。

㉕ 董珊：《試論周公廟龜甲卜辭及其相關問題》，北京大學中國考古學研究中心、北京大學震旦古代文明研究中心編：《古代文明》第 5 卷，文物出版社，2006 年。

㉖ 李零：《讀周原新獲甲骨》，北京大學中國考古學研究中心、北京大學震旦古代文明研究中心編：《古代文明》第 5 卷，文物出版社，2006 年。

㉗ 葛英會：《讀岐山周公廟甲骨》，北京大學中國考古學研究中心、北京大學震旦古代文明研究中心編：《古代文明》第 5 卷，文物出版社，2006 年。

㉘ 據陝西省考古研究院內部資料《考古年報 2008》，筆者亦曾在周原考古隊看過有關卜辭。

㉙ 徐中舒師主編：《甲骨文字典》，四川辭書出版社，1988 年，第 40—41 頁。

㉚ 呂大臨：《考古圖》3·24，1092 年，中華書局，1985 年影印。

㉛ 陝西省考古研究院、寶雞市考古研究所、眉縣文化館：《吉金鑄華章——寶雞眉縣楊家村單氏青銅器窖藏》，文物出版社，2008 年，第 96 頁。

㉝ 任繼愈主編：《中國哲學史》第 2 冊，人民出版社，1979 年，第 22—23 頁。

㉞ 黃天樹：《說甲骨文的"陰"和"陽"》，《黃天樹古文字論集》，學苑出版社，2006 年，第 213—217 頁。

㉟ 沈建華：《釋卜辭中方位稱謂"陰"字》，《初學集——沈建華甲骨學論文選》，文物出版社，2008 年。

㊱ 參看王輝編著：《古文字通假字典》，中華書局，2008 年，第 736 頁。

（原載《考古與文物》2009 年第 6 期）

讀清華楚簡《保訓》劄記（四則）

　　清華大學藏戰國楚簡《保訓》釋文，已由清華大學出土文獻研究與保護中心在《文物》2009 年第 6 期刊佈，該刊同期還刊出了李學勤先生《論清華簡〈保訓〉的幾個問題》。稍早，《光明日報》在 4 月 13 日、20 日分別刊發了李學勤、趙平安、沈建華、李均明四位先生的文章；上海社科院辦的《社會科學報》在 6 月 11 日刊發了李學勤、劉國忠、黃懷信三位先生的文章。我讀了以上文章，深受啓迪，偶爾也有幾點粗淺的想法，已有小文《清華楚簡〈保訓〉"惟王五十年"解》（《考古與文物》2009 年第 6 期）、《也說清華楚簡〈保訓〉的"中"字》（《古文字研究》第 28 輯）。今再就字詞訓詁作此劄記，敬請批評。

　　一、簡 3—4："昔前□連（傳）保，必受之以詞。今朕〈朕〉疾允病，恐弗念冬（終），女（汝）以箸（書）受之。欽才（哉），勿淫！"

　　第三字不很清楚。整理者以爲："似'也'字，疑爲'弋'字誤寫，讀爲'代'。"趙平安先生隸作夗。趙先生說："'前夗'二字，是一個詞，從語音考慮，可以看作是軒轅的借音。軒从干聲，轅从袁聲，前系字和干系字，袁系字和夗系字都可以間接通用。把'前夗'解釋爲'軒轅'，音理上是有依據的。軒轅乃黃帝的名號。皇甫謐云：黃帝'居軒轅之丘，故因以爲名，又以爲號'。據《世本》《大戴禮記》和《史記·五帝本紀》，黃帝、顓頊、帝嚳、唐堯、帝舜爲五帝，黃帝爲五帝之首。作爲古代傳說中的第一個帝王，文王訓教以黃帝開篇，是非常適宜的。"[①] 我以爲從圖版看，趙先生將此字隸作夗，大概是對的。上古音前元部從紐，軒元部曉紐，夗元部影紐，轅元部喻紐，說"前系字和干系字，袁系字和夗系字都可以間接通用"，"音理上"也確實是"有依據的"。問題在於，前讀爲軒、夗讀爲轅，典籍中並無例證②。于省吾先生主張討論通假問題時要律例兼備，音理上有依據而典籍無例证，終覺讓人心裏不踏實。其次，文王遺訓的核心是以中治國，故舉舜和上甲微爲例，堯曾要舜治國"允執其中"（《論語·堯曰》），黄帝曾否以中治國，則不得而知。再説，下文説文王病重，"恐弗念終"，然後纔傳述遺訓，此前突然冒出一句，説黄帝如何如何，語氣上也頗覺不順。整理者讀"前囗"爲"前代"，作句子的時間狀語，是對的，祇是其對字的隸定有誤，説解稍覺牽强。其實，夗是可以讀爲代的。古夗與弋聲字通。《左傳·昭公二十二年》："以鼓子鳶鞮歸。"《國語·晋語九》"鳶鞮"作"苑支"③。鳶字《説文》未收，但已見於長沙子彈庫戰國楚帛書、上博楚竹書《競建内之》④。《説文》有鶯字，云："鶯鳥也，从鳥，屰聲。"《集韻·僊韻》："鳶，《説文》：'鶯鳥也。'或从弋。"依其説，鳶爲鶯字異體。《集韻》有"逆各""余專"二切，前者鐸部疑紐，後者元部喻紐，鐸元通轉⑤。鶯从鳥屰聲，鳶自然可以看作是从鳥，弋聲。在古文字中，鳶多讀爲弋。睡虎地秦簡《日書》甲《詰咎》："故丘鬼恒畏人，畏人所，爲芻矢以鳶之，則不畏人矣。"又"鬼恒襄（攘）人之畜，是暴鬼，以芻矢鳶之，則止矣"。鳶讀爲弋，射也⑥。弋可讀爲代，則無須舉例。

"詷"，整理者云："《顧命》'在後之侗'，'侗'馬本作'詷'，與'童'通，指幼稚童蒙。或説此處讀爲'誦'。"今按二説皆可通，但揆之上下文，以後説爲佳。前代君主傳授保訓給後代君主，後者或是小童，或是壯年，如《禮記·文王世子》説文王卒年 97 歲，武王此時也已 85 歲，即令如丁山所説，文王卒年 65 歲，武王即位約 50 餘歲⑦，也早已不是"童蒙"。同與甬聲字通。郭店楚簡《六德》簡 45—46："參（三）者詷，言行皆詷。參者不詷，非言行也。參者皆詷，肰（然）句（後）是也。""詷"影本讀同，裘錫圭先生按語疑讀爲通⑧。又上博楚竹簡《容成氏》簡 25—26："禹詷淮與忻（沂），東注（注）之海。"又馬王堆帛書《春秋事語》"魯桓公與文羌（姜）會齊侯於樂"章："文羌（姜）詷於齊侯。"《左傳·桓公十八年》："……齊侯通焉。"⑨下文文王教導武王："汝以箸受之。欽哉，勿淫！"箸讀爲書，指《保訓》簡。文王要太子發日夜恭敬地誦讀《保訓》簡，不要淫逸享受⑩。《尚書·顧命》："太史秉書，由賓階隮，御王册命，曰：'……命汝嗣訓，君臨周邦……用答揚文武之光訓。'"《保訓》也是文王口述，由史官記錄成册，簡稱"[王]若曰"，即史官轉述文王的話。《禮記·文王世子》："凡學世子及學士，必時……春誦夏弦，大師詔之……冬讀書，典書者詔之。禮在瞽宗，書在上庠。"所説爲世子誦讀書的情形。又《國語·楚語上》："自卿以下至於師長士，苟在朝者，無謂我老耄而舍我，必恭恪於朝，朝夕以交戒我；聞一二之言，必誦志而納之，以訓導我。在輿有旅賁之規，位寧有官師之典，倚几有誦訓之諫，居寢有褻御之箴，臨事有瞽史之導，宴居有師工之誦，史不失書，矇不失誦，以訓御之，於是乎作《懿》戒以自儆也。"亦可參看。

稱簡册爲書，此戰國時人習慣。信陽楚簡 3："……教箸晶（三）歲。""教箸"即"教書"。包山楚簡《集箸》即"集書"，是文書彙編[11]。郭店楚簡《性自命出》簡 24："萑（觀）者（諸）《時》《箸》……"《時》即《詩》，《箸》即《書》（《尚書》）。拙文《清華楚簡〈保訓〉"惟王五十年"解》曾指出《保訓》"極可能祇是戰國儒者代擬的周文王遺言"，"以書受之""必受之以誦"，應是春秋戰國時人的習慣。

黄人二先生同意趙説讀"前夗"爲"軒轅"，又讀"訶"爲統，解爲道統[12]，似乎求之過深，再説，典籍中也没有統與同聲字通用之例。

二、簡 4："昔舜舊（久）复（作）小人，親耕于鬲（歷）茅，恐救（求）中。自詣（稽）氒（厥）志。"

"茅"，整理者云："或以爲'苉'字之誤，字當即'笸'（引者按'笸'疑爲'苉'之筆誤），古音見母之部，在此讀爲溪母之部的'丘'。上海博物館簡《容成氏》：'昔舜耕於鬲丘。'"趙平安先生以茅之本義解之，云："'鬲'指'鬲山'，'茅'指'草茅'。郭店簡《窮達以時》：'舜耕於鬲山，陶拍於河浦，立而爲天子。'上博簡《子羔》：'堯之取舜也，從諸草茅之中，與之言禮。'可知鬲茅應指鬲山草茅。"黄人二先生則以爲"茅"是山或丘的誤摹。

從字形看，"茅"與苉、丘、山差距甚大，不大可能是其訛誤。苉讀爲丘，典籍及出土文字亦無其例。從圖版看，此字確是茅字，中山王圓壺"茅蒐畋獵"，"茅"字作"![茅]"，與此同。趙先生説"茅"爲草茅，固然文從字順，但古書、古文字説到舜耕於"鬲（歷）"者，多連言"丘""山"；而言堯取舜於"草茅"之中，祇是强調舜久居民間，"草茅"不與具體地名相連。《史記·五帝本紀》："舜耕歷山，漁雷澤，陶河濱……舜耕歷山，歷山之人皆讓畔……"《韓非子·難一》："歷山之農者侵畔，舜往耕焉，期年甽畝正。"《路史·後紀十一》引《琴操》："舜耕歷山，思慕父母。"郭店楚簡《唐虞之道》簡 16："舜佢（居）於艸（草）茅之中而不惪（憂），升爲天子而不喬（驕）。佢（居）草（艸）茅之中而不惪（憂），知命也。"我懷疑"茅"應讀爲垊，二字俱从矛得聲，上古音茅幽部明紐，垊宵部明紐，二字雙聲，宵幽旁轉，例得通用。《改併四聲篇海》土部引《玉篇》："垊，前高後下丘名。"垊、丘爲近義詞，"鬲垊"即"歷丘"。《文選·班固〈答賓戲〉》："欲從垊敦，再度高乎泰山。"李周翰注："垊敦，小丘也。"字又音近作旄。《詩·邶風·旄丘》："旄丘之葛兮……"陸德明釋文："前高後下曰旄丘。《字林》作垊，云：垊，丘也。"

整理者云："'恐救中'意應爲'恐而求中'。"殆以"恐"爲惶恐義。黄人二先生解爲"恐懼求中"，亦此意。但舜在受堯拔擢之後求中，何恐懼之有？疑"恐"應讀爲恭，乃恭敬以求中道。工與共聲字通。《尚書·甘誓》:"左不攻于左,右不攻于右。"《墨子·明鬼上》引"攻"作"共"。《説文》:"巩讀若洪。"共、恭通用,例甚多。長沙子彈庫戰國楚帛書甲篇:"恭民未知,朁(擬)以爲則毋童(動)。"李零説:"(其意爲)慮民不知天變,把已經不可靠的曆法當作定則,死死守住不敢加以改易變通。"[13] 讀"恭"爲恐。

三、簡5—6:"氒(厥)又攽(施)于上下遠埶,洒易立(位)埶詣(稽),測会(陰)鷵(陽)之勿(物),咸川(順)不諾。"

整理者讀"攽"爲施,解"埶"爲邇,甚是。李學勤先生引《中庸》"子曰:舜其大智也與!舜好問而好察邇言,隱惡而揚善,執其兩端,用其中於民,其斯以爲舜乎!"説"簡文講舜施政於上下遠邇,總要設身處地,就近考察,這是'察邇言';測度陰陽(意即正反)之事,這是'執其兩端',從而達到中正之道……"[14],極爲精闢。

"埶"簡文用同邇,但不是直接讀爲邇。上古音埶月部疑紐,邇支部日紐,聲韻皆有距離。我懷疑,"埶"應讀爲暬(褻),暬月部心紐,與埶疊韻。《説文》:"暬,日狎習相慢也。从日執聲。"段玉裁改爲執,並注:"各本篆作暬,執聲作執聲,《五經文字》亦誤,今正。"又云:"暬與褻音同義異。今則褻行而暬廢矣。"《説文》:"褻,私服。从衣,執聲。"段玉裁注:"私褻疊韻。《論語》曰'紅紫不以爲褻服'。引申爲凡昵狎之稱。"褻本居家所穿的貼身衣服,引申爲狎昵、親近。《論語·鄉黨》:"見冕者與瞽者,雖褻,必以貌。"《國語·楚語上》:"居寝有褻御之箴。"韋昭注:"褻,近也。"《尚書·盤庚》:"勿褻在王廷。"孫星衍《尚書今古文注疏》亦引韋注釋"褻"爲"近"。《説文》:"邇,近也。"褻、邇義近通用,非聲近通用。黃人二先生將下句斷作:"洒《易》立耳,稽測陰陽之物。"以"易"爲《周易》,"立"用本義,"耳"爲語氣詞。耳固與邇通用,但"埶"既不以音近讀"邇",則讀"耳"亦可商。

關於"陰陽",李學勤先生引黃天樹先生説:"殷人已能定方位,辨陰陽,有了陰陽的觀念。"[15]

黃先生説見其論文《説甲骨文中的"陰"和"陽"》[16]。從該文所舉的例證來看,商代所謂的"陰",指"水之南,山之北";"陽"指"水之北,山之南",祇是一種方位詞。沈建華先生對此也有討論[17]。甲骨文没有陰陽連用之例。西周敔簋有"隂(陰)易(陽)洛",永盂有"淦(陰)易(陽)洛",指洛水南北。春秋金文敬事天王鐘有"江、漢之陰陽",指長江、漢水之南北,"陰陽"仍是方位詞。

"陰陽"作爲哲學概念産生較晚。郭店楚簡《太一生水》簡1—5:"水反楠(輔)大

（太）一，是以成天。天反補（輔）大（太）一，是以成坙（地）。天坙（地）[復相輔]也，是以成神明。神明復相補（輔）也，是以成侌（陰）昜（陽），侌（陰）昜（陽）復相補（輔）也，是以成四時……侌（陰）昜（陽）者，神明之所生也。"上海博物館藏戰國楚竹書《容成氏》簡29："咎（皋）垍（陶）既已受命，乃攴（變）侌（陰）昜（陽）之鬻（氣），而聖（聽）其訟獄。"

　　辨識陰陽，順之而行，是儒家的思想觀念之一。《漢書·藝文志》："儒家者流，蓋出於司徒之官，助人君，順陰陽，明教化者也。"《漢書·藝文志》五行家有《泰一陰陽》《黃帝陰陽》《黃帝諸子論陰陽》《陰陽五行時令》，大概都是戰國秦漢時人託古之作。又陰陽家有《鄒子》《鄒子陰陽》，乃戰國齊人鄒衍推求陰陽之作。鄒衍"深觀陰陽消息，而作怪迂之變"（《史記·孟子荀卿列傳》），其學說大行於時。衍"適梁，惠王郊迎，執賓主之禮。適趙，平原君側行襒席。入燕，昭王擁篲先驅，請列弟子之座而受業，築碣石宮，身親往師之"。《易·繫辭上》："極數知來之謂占，通變之謂事，陰陽不測之謂神。"韓康伯注："物窮則變，變而通之，事之所由生也。神也者，變化之極妙萬物而為言，不可以形詰者也，故曰'陰陽不測'。"孔穎達疏："天下萬物。皆由陰陽，或生或成，本其所由之理，不可測量之謂神也。"簡文"測陰陽之物"，就是測量陰陽萬物，以求中道。這種思想，商周之際的周文王可能還沒有。

　　"誥"字不很清楚，整理者隸定如此。李零先生說："此字左旁是言，右旁非告，從照片仔細看，很像是'逆'字所從的屰，而不是告，疑讀'逆'，不讀'擾'（李守奎先生在會上指出）。""咸順不逆"，自然文從字順，但"屰"古文字作""""""⑱，"誩"古文字書亦未見，則此說仍難肯定。此字右旁仍以看作"告"為宜，祇是其下"口"旁筆劃略殘。上古音擾幽部日紐，誥覺部見紐，幽覺陰入對轉，但聲紐見日距離較遠，誥、擾古書未見通用例。疑"誥"應讀為攪，二字具覺部見紐，雙聲疊韻，古書亦多有通用例。《後漢書·馬融傳》："散毛族，梏羽群。"李賢注："案字書梏从手，即古文攪字，謂攪擾也。"《集韻·巧韻》："攪，《說文》'亂也。'或作捁。"《說文》："攪，亂也。"《說文》："擾，煩也。"引申有亂義。《玉篇》："擾，擾亂也。"《左傳·襄公四年》："德用不擾。"攪、擾義近，"咸順不擾""咸順不攪"皆文從字順，但按之讀音，以讀攪為佳。

　　四、簡6—7："舜既得中，言不易實兌（變）名，身茲備（服）隹（惟）允，翼翼不解（懈），甬（用）乍（作）三降之德。"

　　李學勤先生說"名實""有哲理意味，值得深究，也有關簡文的形成時代問題"，是很對的。

　　整理者讀"兇"爲變，亦是。但説"兹"通滋，意爲溢；又訓"備"爲慎，則可商。"兹"可讀作"此"。《尚書·立政》："以並受此丕丕基。"漢石經"此"作"兹"。李零先生説："戰國文字'備'多用爲'服'。"是。

　　黃人二先生以爲整理者斷句不對，他斷作："舜既得中，言不易，實兇（變）名身。"黃先生説"不易"即庸。引朱熹《四書章句集注》："不偏之謂中，不易之謂庸。中者，天下之正道，庸者，天下之定理。"庸本訓常。《爾雅·釋詁》："庸，常也。"《易·乾·文言》："庸行之謹，庸言之信。"孔穎達疏："庸，常也。從始至末常言之，信實常行之。""不易"，不變易，是中庸的特點之一，但不能翻過來説"不易"就等同於庸。黃先生又解"實兇"爲"於變"，説"於變名身"是"將名、身都管理得十分妥當""使名、身取得極大的和諧"，似乎更難於理解。

　　易本變易，引申有異義。《國語·晉語五》："若中不濟，而外彊之，其卒得復，中以外易也。"韋昭注："易，猶異也。"變从䜌聲，䜌與䦱聲字通。睡虎地秦簡《日書》甲《盜者》："酉，水（雉）也，盜者䦱而黃色。"影本"䦱"讀䜌，《説文》："朧也。"又《説文》"嫡"籀文作"變"[19]。變亦有亂義。《漢書·尹翁歸傳》："奴客持刀兵入市鬭變。"顏師古注："變，亂也。"《文選·阮瑀〈爲曹公作書與孫權〉》："用成大變。"李周翰注同。"言不易實兇（變）名"，是説名與實是一個事物的兩個方面，各是其概念，實是其所代表的具體事物。簡文是説要名實相符，不使名有所混淆，強調對"中"之概念要正確理解，不可歪曲。

　　名、實之辨，起自春秋末。《論語·子路》："子路曰：'衛君待子而爲政，子將奚先？'子曰：'必也正名乎！'……子曰：'名不正，則言不順；言不順，則事不成；事不成，則禮樂不興；禮樂不興，則刑法不中；刑法不中，則民無所錯手足。故君子名之必可言也，言之必可行也。君子於其言，無所苟而已矣。'"孔子説若自己治理衛國，第一件事就是"正名"，可見當時已有名實相亂的情況。孔子又談到正名與言、實的關係，與《保訓》簡相似。《孟子·告子下》："淳于髡曰：'先名實者，爲人也；後名實者，自爲也……'"朱熹集注："名，聲譽也；實，事功也。言以名實爲先而爲之者，是有志於救民也。"戰國時名家有鄧析、尹文、公孫龍、成公、惠施之流，"苟鉤鈲析亂"（《漢書·藝文志》語），提出"離堅白""合同異""白馬非馬"等怪論。戰國末，大儒荀子作《正名》，説當時"聖王没，名守慢，奇辭起，名實亂"。荀子提出自己正名的原則："同則同之，異則異之……知異實者之異名也……故使異實者莫不異名也，不可亂也。"簡文"不易（異）實變（亂）名"與荀子的話是一個意思。荀子又言："故王者之制名，名定而實辨，道行而志通，則慎率民而一焉。"荀子正名是爲了"行道"，《保訓》亦然，可見它反映的主要是戰國的思想。

"三降之德"的具體含義，誠如李學勤先生所說，難於確知。但我們知道，周人是重視德的，這在金文中多有反映。班簋："允才（哉）顯，隹（惟）敬德，亡逌（攸）違。"大盂鼎："今我隹（惟）即井（型）㐭（廩）于玟王正（政）德。"燹公盨："天命禹敷土……降民監德……我王乍（作）臣，氒（厥）貴唯德。民好明德，顧在天下，用氒（厥）昭好。益敬懿德，康亡不懋……無愧心好德。"史牆盤："曰古文王……上帝降懿德大甹（屏）。"師訇鼎："用乃孔德璱（遜）屯（純）……天子弗諲（忘）公上父䚄德……小子夙夕尃（溥）由先且（祖）剌（烈）德……孫子一册（湛）皇辟懿德……用氒（厥）剌（烈）且（祖）介德。"番生簋："不（丕）顯皇且（祖）考穆穆克誓（慎）氒（厥）德……番生不敢弗帥井（型）皇且（祖）考不不（丕丕）元德……虔夙夕尃（溥）求不（丕）肆德。"春秋金文亦如此。秦公及王姬鎛："……翼受明德。"王子午鼎："余不畏不差，惠于政德。"

　　典籍多次提到"三德"。《尚書·洪範》："三德：一曰正直，二曰剛克，三曰柔克。平康正直，彊弗友剛克，燮友柔克。沈潛剛克，高明柔克。"孔氏傳："平安之世用正直治之……強禦不順之世以剛能治之……和順之世以柔能治之。"所謂"正直"即中正平直，而這是"治世"即治國者的素質之一。可見"三德"與"中"這種治國觀念有關。

　　上博楚竹書有《三德》，對"三德"的理解又有不同："天共（供）時，地共（供）財，民共（供）力，朙（明）王無思，是胃（謂）參（三）德。"《大戴禮記·四代》："子曰：有天德，有地德，有人德，此謂三德。三德率行，乃有陰陽，陽曰德，陰曰刑。"李零先生曾指出，二篇"以三才之德配陰陽刑德"，爲"類似表達"[20]。《保訓》簡既"測陰陽之物"，又"作三降之德"，二者亦有密切聯繫。

　　漢人注經也多次提到"三德"。《禮記·樂記》："是故德成而上。"鄭玄注："德，三德也。"《少儀》："士依於德。"鄭玄注："德，三德也。一曰至德，二曰敏德，三曰孝德。"

　　戰國時又有所謂"六德"。郭店楚簡《六德》："可（何）胃（謂）六德？聖、智也，息（仁）、宜（義）也，忠、信也。"

　　"三德""六德"，戰國時人可能有不同理解，上文還提到其他種種德。其實，我們也不一定要追求"三德"的確解。古時三也可以是一個概數。《論語·先進》："南容三復白圭。"劉寶楠正義："古人言數之多，自三始。"《詩·小雅·采薇》："一月三捷。"馬瑞辰傳箋通釋："古者數之多每曰三與九，蓋九者數之究，三者數之成，不必數之果皆三九也。"所謂"三德"可能祇是幾種德。

　　"降德"之"降"，或讀爲"隆"，其實不必。降，下也。典籍屢見"降德"之文。僞古文《尚書·大禹謨》："皋陶邁種德，德乃降，黎民懷之。"孔氏傳："邁，行。種，布。降，下。"《尚書·君奭》："無能往來，茲迪彝教，文王蔑德降于國人。亦惟純佑秉德，迪知天威，乃惟時昭文王迪見冒，聞于上帝。惟時受有殷命哉！"孔氏傳："有五賢臣（引者按指虢叔、閎夭、散宜生、泰顛、南宮适五位大臣）猶曰其少，無所能往來，而五人以此道法，教文王以精微之德，下政令於國人。言雖聖人亦須良佐……文王亦秉德，蹈知天威。乃惟是五人明文王之德。言能明文王德，蹈行顯現，覆冒下民……"可見"降德"就是以美德下施教於民。《尚書·呂刑》："惟敬五刑，以成三德。一人有慶，兆民賴之，其寧惟永。"孔氏傳："先戒以勞謙之德，次教以惟敬五刑，所以成剛、柔、正直之三德也。天下有善，則兆民賴之，其乃安寧長久之道。"《呂刑》雖不言降德，但君主有三德，能使天下向善，億萬民衆仰賴之，國家長治久安，實亦降德教化之結果。

注釋：

① 趙平安：《〈保訓〉的性質和結構》，《光明日報》2009 年 4 月 13 日第 12 版。以下凡引其說均出自此文，不另注。

② 參看高亨纂著，董治安整理：《古字通假會典》，第 160—162 頁"夗字聲系"，第 167—170 頁"袁字聲系"，第 183—185 頁"干字聲系"，第 194—196 頁"前字聲系"，齊魯書社，1989 年。

③ 高亨纂著，董治安整理：《古字通假會典》，第 161 頁。

④ a. 參看湯餘惠主編：《戰國文字編》，福建人民出版社，2001 年，第 242 頁；b. 高明、涂白奎編著：《古文字類編》（增訂本），上海古籍出版社，2008 年，第 1399 頁。

⑤ 高亨先生則認爲："鳶从弋，乃象矢形。鳶从芇，乃从矢之訛。"見《古字通假會典》，第 413 頁。無論如何，鳶、鳶一字，是可以肯定的。

⑥ 王輝編著：《古文字通假字典》，中華書局，2008 年，第 240 頁。

⑦ 丁山：《文武周公疑年》，《責善》半月刊二卷 1、2 期合刊，1941 年 4 月。

⑧ 荆門市博物館：《郭店楚墓竹簡》，文物出版社，1998 年，第 190 頁。

⑨ 王輝編著：《古文字通假字典》，第 466 頁。

⑩ 李零解淫爲淫逸。參看李零：《讀清華簡〈保訓〉釋文》，《中國文物報》2009 年 8 月 21 日。以下凡引其說均出此文。

⑪ 陳偉：《包山楚簡初探》，武漢大學出版社，1996 年，第 59 頁。

⑫ 黃人二：《清華大學藏戰國竹簡〈保訓〉校讀》，《考古與文物》2009 年第 6 期。以下凡引其說皆出此文。

⑬ 李零：《長沙子彈庫戰國楚帛書研究》，中華書局，1985 年，第 60 頁。

⑭ 李學勤：《論清華簡〈保訓〉的幾個問題》，《文物》2009 年第 6 期。以下凡引李先生

説除特別注明者外，皆出此文，不另注。

⑮ 李學勤：《周文王遺言》，《光明日報》2009 年 4 月 13 日第 12 版。

⑯ 黄天樹：《説甲骨文中的"陰"和"陽"》，《黄天樹古文字論集》，學苑出版社，2006 年，第 213—217 頁。

⑰ 沈建華：《釋卜辭中方位稱謂"陰"字》，《初學集——沈建華甲骨學論文選》，文物出版社，2008 年。

⑱ 高明、涂白奎編著：《古文字類編》（增訂本），第 97 頁。

⑲ 王輝編著：《古文字通假字典》，第 736 頁。

⑳ 馬承源主編：《上海博物館藏戰國楚竹書（五）》，上海古籍出版社，2005 年，第 287 頁。

（原載《出土文獻》第 1 輯，中西書局，2010 年）

也説清華楚簡《保訓》的"中"字

《文物》2009年第6期刊發清華大學出土文獻研究與保護中心《清華大學藏戰國竹簡〈保訓〉釋文》，以及李學勤先生《論清華簡〈保訓〉的幾個問題》。引起了對這篇戰國文獻的熱烈討論。對簡文的"中"字，李零先生[①]、李均明先生[②]已有文考證。兹亦述一孔之見，希望能引起討論。

簡8—9："昔亗（微）叚（假）中于河，以復又（有）易，又（有）易怀（服）氒（厥）辠（罪）。亗（微）亡（無）𡧰（害），遒追（歸）中于河。亗（微）志弗忘，遱（傳）眙（貽）子孫，至于成康（唐，湯），祗備（服）不解（懈）。"

李均明先生説："（周文王）遺囑以兩位歷史人物的實踐爲例，闡述中道治國的經驗。"以上簡文是講商先公上甲微的。另一位歷史人物舜以中治國的實踐，見簡4—5："昔舜久作小人，親耕于鬲茅，恐（恭）求中，自稽厥志，不違于庶萬姓之多欲。"簡6—7："舜既得中，言不易實覍（變，亂）名，身兹備（服）隹（惟）允，翼翼不解（懈），用乍（作）三降之德。"

上甲微如何"假中于河"，學者理解極爲分歧，但似乎没有一種説法令人滿意。

李學勤先生説："上甲微怎樣'假中''歸中'於河，不大容易理解。看下文説'微志弗忘，傳貽子孫，至于成唐（湯）'，'中'仍是指思想觀念而言。"李先生的説法比較審慎，但已指出了問題的核心。

趙平安先生將"假"隸作"叴"，讀爲託，並説："上甲微在和有易開戰時，曾將'中'寄放在河伯那裏，待打敗有易氏，形勢緩和之後，又從河伯那裏將'中'索回，傳貽子孫至於成湯，'用受大命'。"[③]趙先生説"叴"作偏旁見於上博楚竹書《容成氏》，从石聲。查此見該篇簡39"德惠而不䙶"一句，"䙶"字意義不明，是从石聲還是从則聲也不知道，作爲例子缺乏説服力。從圖版看，此字隸作"叚"不誤。"叚"字戰國文字作"叚"（睡虎地秦簡《秦律雜抄》）、"叚"（上博楚竹書《周易》）④。"叚"字《説文》："借也。闕。"是據訛誤的篆文。何琳儀分析爲"从殳，石聲"是對的⑤。李先生謂"（中）是治國安邦平天下的道理，是中國文化的核心價值"，那麽，一種思想觀念的東西，又怎麽可以"寄存"在別人那裏而後來又"索回"呢？

李均明先生説："微借'中'於河伯（簡文簡稱'河'），以'覆有易'（《爾雅·釋詁》：'覆，審也。'），即藉以審查有易之罪，有易服其罪，微才將'中'歸還給河伯。但完全相同的描述未見於史籍。此'中'指與訴訟有關的文書，史籍所見通常是最終的判決書，由於它是經過反覆審議與衡量形成的，被認爲是公正的，所以稱作'中'。"李先生解"中"爲文書，也不是没有根據。《周禮·秋官·鄉士》："獄訟成，士師受中。"鄭玄注引鄭司農云："士師受中，若今二千石受其獄也。中者，刑罪之中也。"孔穎達疏："'士師受中'者，士師當受取士成定中平文書爲案。"但細察鄭司農、孔穎達説，其意仍解"中"爲中平、適中，在"中平文書"這個詞組中，"中平"祇是"文書"的定語，"中"不能與"文書"劃等號。商代甲骨文中，中祇有中間義，與上下、左右相對而存在⑥。大約到了西周中期，"中"才作爲司法用語，由中間引申爲公平義。西周中期（約共王時）的牧簋銘："辥（厥）訊庶右眚，不井（刑）不中……雩乃訊庶右眚，母〈毋〉敢不明不中不井（刑）。"⑦眉縣楊家村出土周宣王四十三年逨鼎銘："雩乃專政事，毋敢不叓（規）不井（刑）；雩乃訊庶右眚，毋敢不中不井（刑）。"⑧直到春秋晚期的叔夷鐘仍有"夋（慎）中辥（厥）罰"⑨的話。《尚書·吕刑》："士制百姓于刑之中，以教祇德。"含意亦同。"以覆有易"之"覆"可讀爲覆，但在簡中應爲敗亡、覆滅義而非審查義。中山王䜌大鼎："五年覆吳。"此敗亡吳國也。長沙子彈庫戰國楚帛書乙篇："山陵備崥，四海乃（？）作至於逄，天旁（方）逮（動），玖（扞），蔽之青木、赤木、黄木、白木、黑木之精（精）。"四神使天地翻覆，乃以五木爲柱，以承天覆。《國語·晋語》："欒書實覆宗。"韋昭注："覆，敗也。""覆吳""覆有易"，語例也完全相同。上甲微與有易有殺父之仇，僅靠"中"這種所謂的"判決書"就能使有易"服其罪"，似乎也太容易了點。再説，"中"既是"判決書"，又何必借自河伯，事後又還給他，此皆不合情理之處。

李零先生説："'中'字的古文字寫法正像旗表。"李先生語譯舜"求中"一節大意爲："從前，舜一直是小人，他在歷丘下的草莽中親自開荒種地。他放心不下的是，如何找到'中'（大地的中心），有標準可依，使自己的想法完全合乎黎民百姓的要求，用'中'來確定大地的高下遠近，所以變方設位，隨時觀測萬物的陰陽變化。"又説："我以'中'爲旗表，是一種推測。如此説不誤，則上甲微出師，也許打的就是河伯的旗號。旗，就是軍中的圭表。"李先生的推測有其道理。從字形看,"中"字（ 旗、旗 ）確如唐蘭先生《殷虛文字記》所說⑩,象旗幟之形。甲骨文多有"立中"之辭,當即立表以測風向⑪。問題是:"使自己的想法完全合乎黎民百姓的要求",其標準竟是"大地的中心",這是為什麼?又上甲微出師,為何不打自己的旗號,却要打河伯的旗號?我以為,從通篇看,"中"確應如李學勤先生等所說,是一種思想觀念,即中正、中道。

　　黃人二先生隸"叚"作"節",引屈原《離騷》"依前聖以節中兮……"云:"簡文謂'從前上甲微自思行事有節,合於中道,以此來請河伯裁制判決他和有易之間的是非,看誰是符合中道的'?"⑫恐為增字解經。再説,"叚"非"節"字,也是很明顯的。

　　上甲微伐滅有易的故事又見《山海經·大荒東經》:"有人曰王亥,兩手操鳥,方食其頭。王亥託于有易、河伯,僕牛。有易殺王亥,取僕牛。"郭璞注:"《竹書》曰'殷王子亥賓于有易而淫焉,有易之君縣臣殺而放之。是故殷主(袁珂按宋本作上,是也)甲微假師於河伯以伐有易,滅之,遂殺其君縣臣也。'"郭璞所引《竹書》為古本《竹書紀年》,已為王國維先生所肯定⑬。又見《楚辭·天問》:"該秉季德,厥父是臧,胡終弊於有扈,牧夫牛羊?……恒秉季德,焉得夫樸牛?何往營班禄,不但還來?昏微遵迹,有狄不寧。何繁鳥萃棘,負子肆情?"吳其昌、袁珂先生曾指出詩文義古奧,又有傳寫訛脱,"樸牛"即"僕牛","有扈""有狄"即"有易";"昏微"即上甲微,"昏微遵迹"以下四句,"寫上甲微興師伐有易,滅其國家,肆情於婦子,使國土成為一片荆棘"⑭。可見這一故事在戰國時廣泛流傳。值得注意的是,《紀年》和《天問》都説上甲微興師滅了有易,而不是用"中"來"審查""判決"有易。

　　我猜想,簡文"中"字(䖝)也可能是"帀(師)"字之訛誤。戰國楚文字"帀"字作" 帀 "(㝬忎鼎)、" 帀 "" 帀 "(《包山楚簡》)⑮;"中"作" 中 "(《包山楚簡》140反))、" 中 "(《湖南省博物館藏古璽印集》8)、" 中 "(郭店《老子》乙9)⑯,二字輪廓接近,極易相混。《紀年》《保訓》所據為同一個傳説,《紀年》"假師"原來可能作"叚帀",《保訓》作者(應該是戰國時的一位儒者)誤認"帀"為"中",借以宣揚他的中道觀念,其實是舉錯了例子。戰國秦漢時人轉引古書寫錯字,極為常見。以"王亥"為例,"亥"字甲骨文作"亥",古本《竹書紀年》《山海經》同,《楚辭·天問》作"該",又作"眩",《吕氏春秋·勿躬》作"冰",《史記·殷本紀》作"振",索隱引《世本》作"核",《漢書·古今人表》作"垓",一人之名已紛亂如此,則誤"帀"為"中",毫不足怪。《保訓》作者一字之錯,致使全文扞格難通。今人絞盡腦汁,也無法完全説明白。我們現在換一個角度去思考,也許有助於問題的解決。

　　學者多以為:作為治國理念的"中",起源很早。李學勤先生説:"現在看《保訓》篇文，似乎堯舜以來確有'中'的傳授。"⑰黄懷信先生説："(《保訓》)所記舜求中、得中之事，則可由《中庸》所引孔子……等説得到印證……所言上甲微'復有易'，更可爲《周易》《竹書紀年》《山海經》等文獻所印證……可見皆不虚謬。所以，《保訓》材料的真實性應予肯定。"⑱我則懷疑不會起源這麽早。堯、舜還是傳説時代，有無文字都是問題，怎麽可能有這麽先進的理論！上甲微所處的先商時代怕也如此。殷商甲骨文的"中"字，没有一例可以確解爲治國理念的。李均明先生引《易·益·六三》"有孚中行"、《泰·九二》"尚于中行"、《復·六四》"中行獨復"，説明"商周以來人們之尚'中'觀念……已滲入人們的日常生活中"。但或説"中行"即中道、道中，道指道路⑲；或説"中"指卦爻之中⑳，都是方位詞。上文提到，在西周金文中，"中"也衹是司法術語，不是治國理念。

作爲治國理念的"中"出現較晚。《尚書·大禹謨》："期于予治，刑期于無刑，民協于中……人心惟危，道心惟微。惟精惟微，允執厥中。"此篇爲僞古文，成書時代應晚。《論語·雍也》："中庸之爲德也，其至矣乎！"《堯曰》："咨，爾舜！天之曆數在爾躬，允執其中。"《禮記·中庸》："舜好問而好察邇言，隱惡而揚善，執其兩端，用其中於民。"《論語》時代已至戰國初，崔東壁《洙泗考信録》以爲《堯曰》三章不可考。顧頡剛先生也説："《論語》末數篇本有問題，此所謂'天之曆數'頗有五德轉移的意味，'允執其中'亦是儒家中庸之義，疑出後儒羼入，非《論語》本有。推測原始，當在孟子……"㉑《中庸》舊説爲孔子孫子思所作，今人或以爲作於秦統一後㉒。出土戰國文字多見"中""中正"。《古璽彙編》4531"中正"。郭店楚簡《性自命出》簡17—18："里(理)其青(情)而出内(入)之，狀(然)句(後)復以𢾃(教)。𢾃(教)，所以生德於[中]者也。"《荀子·性惡》："天下有中。"楊倞注："中謂中道。"

"中"作爲政治術語，不但舜時不可能有，上甲微時代不可能有，周文王時代恐怕也不會有。

注釋：

①a. 李零：《説清華楚簡〈保訓〉篇中的"中"字》，《中國文物報》2009年5月20日；b. 李零：《讀清華簡〈保訓〉釋文》，《中國文物報》2009年8月21日。以下凡引其説均出此二文，不另注。

② 李均明：《周文王遺囑之中道觀》，《光明日報》2009年4月20日第12版。以下凡引其説均出此文，不另注。

③ 趙平安：《〈保訓〉的性質和結構》，《光明日報》2009年4月13日第12版。

④ 高明、涂白奎編著：《古文字類編》(增訂本)，上海古籍出版社，2008年，第80頁。

⑤ 何琳儀:《戰國古文字典》,中華書局,1998 年,第 547 頁。

⑥ 徐中舒師主編:《甲骨文字典》,四川辭書出版社,1988 年,第 40—41 頁。

⑦ 吕大臨:《考古圖》3.24,1092 年,中華書局,1985 年。

⑧ 陝西省考古研究院、寶雞市考古研究所、眉縣文化館:《吉金鑄華章——寶雞眉縣楊家村單氏青銅器窖藏》,文物出版社,2008 年,第 96 頁。

⑨ 郭沫若:《兩周金文辭大系考釋》,上海書店出版社,1999 年,第 202 頁。

⑩ 轉引自于省吾主編:《甲骨文字詁林》,中華書局,1996 年,第 2935—2937 頁。

⑪ 黄德寬:《卜辭所見中字本義試説》,《文物研究》1988 年第 3 期。

⑫ 黄人二:《清華大學藏戰國竹簡〈寶訓〉校讀》,《考古與文物》2009 年第 6 期。

⑬ 王國維:《古史新證》,清華大學出版社,1994 年,第 12—13 頁。

⑭ 袁珂:《山海經校注》,上海古籍出版社,1980 年,第 352—353 頁。

⑮ 湯餘惠主編:《戰國文字編》,福建人民出版社,2001 年,第 387 頁。

⑯ 湯餘惠主編:《戰國文字編》,第 21 頁。

⑰ 李學勤:《周文王遺言》,《光明日報》2009 年 4 月 13 日第 12 版。

⑱ 黄懷信:《"周文王遺言":〈保訓〉》,《社會科學報》2009 年 6 月 11 日第 6 版。

⑲ 高亨:《周易古經今注》(重訂本),中華書局,1984 年,第 193 頁。

⑳ 張善文:《周易辭典》,上海古籍出版社,1992 年,第 139 頁。

㉑ 羅根澤編著:《古史辨四》顧頡剛序,上海古籍出版社,1982 年,第 9 頁。

㉒ 任繼愈主編:《中國哲學史》第 2 册,人民出版社,1979 年,第 22—23 頁。

(原載《古文字研究》第 28 輯,中華書局,2010 年)

《天水放馬灘秦簡》校讀記

　　1986年，甘肅省文物考古研究所在天水市東南的北道區黨川鄉放馬灘發掘戰國晚期秦漢墓葬14座，其中M1大型秦墓出土木板地圖4塊，實有地圖7幅，除一幅未繪成者外，完整的6幅上皆繪有山脈、水系、溝溪、關隘，且有文字注記。出土竹簡461支，內容爲甲、乙兩種《日書》，以及6支關於墓主事蹟，帶有志怪性質的故事，或稱《墓主記》。放馬灘木板地圖是已發現的我國乃至世界"最早的實用地圖"，爲研究我國先秦地圖學史提供了極其重要的資料。兩種內容的《日書》抄寫年代略早於湖北雲夢睡虎地秦墓1974年發現的兩種《日書》，是研究秦國思想、文化、民俗不可多得的材料。《墓主記》是我國最早的志怪故事，對研究中國文學史有重大意義。《文物》1989年第2期發表了甘肅省文物考古研究所、天水市北道區文化館簡報《甘肅天水放馬灘戰國秦漢墓群的發掘》，何雙全先生的論文《天水放馬灘秦墓出土地圖初探》《天水放馬灘秦簡綜述》，對木板地圖和《日書》《墓主記》有綜合介紹與最早的研究。1989年12月由甘肅人民出版社出版的《秦漢簡牘論文集》發表何雙全先生《天水放馬灘秦簡甲種〈日書〉考述》，首次完整公佈了甲種《日書》的完整釋文。此後，學術界對木板地圖、甲種《日書》《墓主記》有很多研究。但字數最多的乙種《日書》則始終未公佈完整的圖版、釋文，影響了對這批簡牘的深入研究。2009年8月，學術界企盼已久的《天水放馬灘秦簡》終於由中華書局出版了。該書收入了放馬灘秦簡的完整圖版、釋文，也吸收了一些先前的研究成果。書出之前，中華書局又約請相關專家對部分釋文會審，提出修改意見。總體上看，該書無論是釋文，還是篇題確定、內容分析，都比先前有了極大的改進。對此，研究秦文字、秦史、秦文化的學者，理應表示感謝。但是，這批竹簡曾長期浸泡在墓內積水中，質地鬆軟，纖維分裂，出土後又經清洗，因而文字除《日書》甲種外，多有模糊不清處；竹簡內容多無標題，現有標題是整理者擬加的；簡文抄寫者對內容多有刪減，文字或有訛誤。由於這些原因，該書在很多方面仍不無可議之處。筆者近兩月細讀此書一過，以下就發現的問題略陳管見，向作者和相關學者請教。

一、明顯錯誤

1. 圖版九原"乙四"簡應改爲"乙二"，提到"乙二""乙三"簡之前，原"乙二"應改爲"乙三"，原"乙三"應改爲"乙四"。

2. 一二五頁20條《六甲孤虛》説："六條，抄於二五至一二〇簡下欄。"前"二"應改"一一"。

3. 一二六頁35條《五音占》云："十條。抄於一九六至二〇五簡下欄。記述十二律相生律數。""下"應改"上"。

4. 一二二頁8行："如簡一四：'建日，良日殹……不可入黔首。'""簡一四"應改"簡一三"。

5. 一二四頁13條《衣良日》云："……記述穿衣良日。""穿"應改爲"製"。睡虎地秦墓竹簡（以下簡稱睡簡）《日書》甲有《衣》，云："裚衣，丁丑媚人……"《衣》爲《衣良日》之省，"裚"即"製衣"之製的專字。裁製衣裳有良日、忌日，"穿衣"是每天都要做的事，無所謂良日、忌日，人們總不能在一個月中某日或某幾日不穿衣服。但穿新衣則有良日，放馬灘簡（以下簡稱放簡）《日書》甲六九簡下欄："衣新衣良日：乙丑、丁卯……"（釋文誤"日"爲"曰"）。睡簡甲七〇簡下欄"利衣良日……"，"利衣"與"衣新衣"不同，前者爲"利於製衣"，後者爲"穿新衣"。

二、釋文

1. 《日書》甲二三簡釋文："……不得，女子也。"（原釋文無標點，標點爲筆者所加，下同）"也"從圖版看，明顯是"殹"字。也、殹皆句末助詞，用法相同。秦文字早期多用"殹"，晚期多用"也"。如石鼓文、秦始皇詔版用"殹"，睡簡用"殹"，亦用"也"，二世詔版用"也"。放簡抄寫時代早於睡簡，絶大多數用"殹"。

2. 《日書》甲二五簡釋文："丁亡盜女子殹，在東方，其行在正巳，索失不得。"《日書》乙五八簡釋文："丁亡盜女子殹，在東方，其疵在足巳，南矣，不得。"二者皆屬《盜者》章，内容應同，文字不應有這麽大的差異。細看圖版，甲二三"行"應隸作"疵"，"正"應隸作"足"，"索失"應隸作"南矣"，乙五八"巳"爲"已"之誤。睡簡《日書》乙《盜》：

"丁亡盜女子也,室在東方,疵在□……"□《睡虎地秦墓竹簡》精裝本①(以下簡稱《睡簡》精)隸作"尾",亦誤,此字已殘作"⺄",由放簡看,是"足(⻊)"而非"尾"。

3.《日書》甲三五簡釋文:"巳,雞殹。以亡,盜者中人殹,臧囷屋屈糞土中塞木下……"甲三九簡釋文:"酉,雞殹。盜從西方入,復從西方出。乑在囷屋屈水旁……"《日書》乙七一簡釋文:"巳,雞殹。以是亡,盜者中人殹,藏囷屋宸糞土中塞木下……"乙七五簡釋文:"酉,雞也,盜從西方入,復從西方出。乑在囷屋晨水旁……"這幾條都屬於《盜者》章,内容相同。兩相比對,知甲三五、三九的"屈"、乙七五的"晨"均宸字的誤隸,而乙七一的"宸"字隸定是對的。《說文》:"宸,伏皃。从尸,辰聲。一曰屋宇。"段玉裁注:"伏皃,未聞。與宀部宸音義同。尸象屋形。"又《說文》:"宸,屋宇也。"《玉篇》:"宸,賈逵曰:室之奧者。"宸爲深邃的房屋,與屋爲近義詞連用。屈見《篇海類編·身體類》,云:"屈,短尾鳥。古文屈字。"實即古文字屈字(图,楚屈叔沱戈)的誤隸。放簡"宸"與"屋"連用,隸作"屈"顯然講不通。甲三九、乙七五的"水"應改釋"糞"。糞字秦文字上從"⽶"(米),與水(⽔)易混。還應指出,甲三五、乙七五"巳,雞殹"的"雞"字爲"蟲"字之訛誤,睡簡《日書》甲《盜者》章作"蟲"。這雖然是原簡抄寫者的錯誤,似也應加尖括號加以說明。

4.《日書》甲七三簡下欄釋文:"凡可塞穴置(窒)鼠溉囷日,雖十二月子……"又《日書》乙六五簡上欄釋文:"凡可塞内置鼠墾囷日,雖十二月子……"二簡内容完全相同。兩相比較,知乙六五簡"内"乃"穴"之誤釋。乙六五之"墾"細察圖版,應隸作"㶕"。"㶕""溉"二字皆讀爲墍,塗抹屋頂。

《說文》:"墍,仰涂也。"段玉裁注:"以艸蓋屋曰茨,塗墍茨者,涂其茨之下也,故必仰涂。"《漢書·谷永傳》:"古者穀不登虧膳,災婁至損服,凶年不墍塗,明王之制也。"顏師古注:"墍,如今仰泥屋也。"囷是茅草蓋的圓形糧倉,爲防雨及鼠害,須用泥仰塗屋頂。睡簡《爲吏之道》:"囷屋牆垣……扇(漏)屋涂㶕……"影本注亦讀"㶕"爲墍。②

5.《日書》乙一七簡釋文:"出不可爲轉門、起門。"首字"出"字不清晰,但乙一八簡云"申不可爲西門、徼門。"乙二一簡云:"亥不可爲北門、刑門。"文例同,首字皆地支字,推測"出"殆卯或戌字。

6.《日書》乙二〇至二二簡中欄釋文:"食㱿(禍)門所利,數出㱿(禍)喪。居之凶,不吉。必瘴。"睡簡《日書》甲《直(置)室門》:"食過(禍)門,大凶。五歲弗更,其主瘻。"《說文》:"癈,罷病也。从疒,發聲。瘻,籀文癈省。"癈是廢疾病,足不能行。瘴則是瘻的俗字,見《正字通·疒部》。睡簡"瘻"字作"图",兩相比較,知放簡"瘴"字亦當改釋瘻。"所利"2字不清晰,可能是3字,文義也不連貫,最好缺釋。

7.《日書》乙二二簡下欄釋文："財門所利,雖利賈市。入財大吉,十二月更。"睡簡《日書》甲《直(置)室門》:"貨門",所利賈市,入貨吉,十一歲更。"財與貨義近,"財門"即"貨門",二簡内容亦同。放簡"十二月"應改釋"十一歲"。放簡乙二〇稱"十二歲不更,不耐乃刑",乙二四簡稱"……八歲而更",爲同文例。"更",改也,指改建門。門建好後過八或十餘年改建,有其必要;"十二月"即一年内就要改建,似太頻繁。

8.《日書》乙六六簡釋文:"子,鼠殹。以亡,盜者中人,取之,臧(藏)穴中糞土中,爲人鞍面小目……"《日書》甲三〇簡内容同。"鞍"作"鞁"。睡簡《日書》甲《盜者》:"盜者兌口,希(稀)鬚。"《盜者》即相盜法,是按照十二地支的動物屬相,推測盜賊的長相、性格。"鞁""兌"均應讀爲鋭,尖也。子日屬鼠,此日盜賊尖嘴、少鬚、小眼睛,與老鼠酷似。乙六六簡"鞍"應改隸作鞁。

9.《日書》乙六八簡釋文:"寅,虎殹……其爲人方面、黃領、悬目。"所謂"悬"字原作"![]",應隸作睘,讀爲圜。《廣雅·釋詁三》:"圜,圓也。"《周禮·考工記·輿人》:"圜者中規,方者中矩。"屬寅的盜者方面、黃領、圜目,與虎特徵相同。

10.《日書》乙一一六簡上欄釋文:"丁巳不可衣垣,必死不久。""衣"疑應改釋爲卒,終也。《詩·豳風·七月》:"無衣無褐,何以卒歲?"鄭玄箋:"卒,終也。"戰國文字衣、卒二字易混,郭店楚簡《窮達以時》"衣"字作"![]",《古陶文彙編》③3·501"王卒……""卒"字作"![]"④。黃文傑《秦至漢初簡帛文字研究》第五章有"'衣''卒'辨"一條,論此甚詳⑤。

11.《日書》乙一四四簡釋文:"毋毒之方:歓(飲)必審睢栢(杯)中,不見童子勿歓(飲),言酉(酒)甘味。稚子之惡主□杞毒殹。""毒"字作"![]",應釋毒。睡簡《秦律十八種·田律》:"春二月……毋□□□□□毒魚鱉……","毒"作"![]"。漢石門頌"虵(蛇)蛭毒蠻","毒"字作"![]"⑥。

馬王堆漢墓帛書《五十二病方》目録"毒[烏喙]","毒"字作"![]",上部始多加一横。"毋毒之方"爲去毒之方。《説文》:"毒,厚也。害人之艸,往往而生。从屮,从毒。"從古文字實際看,毒上並非从屮,下也非从毒。何琳儀《戰國古文字典》⑦以爲毒字"从毋从生,會意不明"。説字上部从生,是對的。毒字出土文字未見。《説文》:"毐,人無行也。从士,从毋。賈侍中説,秦始皇母與嫪毐淫,坐誅,故世罵淫曰嫪毐。讀若娭。"段玉裁注:"'毐,士之無行者'……各本作'人無行也',今依顔氏《五行志》注所引正。士之無行者,故其字从士、毋。"毐"讀若娭",上古音之部影紐,毒覺部定紐,故徐鍇《説文繫傳》説毒"从屮,毒聲",也是不對的。疑毒、毐本一字,所謂毒不過是秦人對"![]""![]"的誤隸。《説文》:"嫪,嫪也。"段玉裁注:"《聲類》云:'嫪嫪,戀惜也。'"作爲古姓氏,《元和姓纂》《姓解》《姓觿》都僅舉嫪毒一人⑧，則嫪毒之嫪是否姓氏仍有疑問。毒可爲古姓。《漢印文字徵》⑨一·八有"毒宣私印"。《氏族典》510："《統譜》：毒氏，見《纂要》。人姓。"而《古今姓氏書辨證·二沃》："唐宰相竇懷恩，與太平公主謀逆。既敗，投水死。追戮其尸，改姓毒氏。"巫聲惠《中華姓氏大典》以爲唐前"無此姓。而《統譜》以爲出《纂要》，殆杜撰"⑩。今由漢印看，巫説非是。

12.《日書》乙一四四至一五三簡下欄爲六十甲子表，而一五一簡下部殘斷，一五二簡上部殘斷。原釋文如下：

甲戌▪乙亥（一四四）

甲申、乙酉▪丙戌、丁亥（一四五）

甲午、乙未、丙申▪丁酉、戊戌、己亥（一四六）

甲辰、乙巳、丙午、丁未▪戊申、己酉、庚戌、辛亥（一四七）

甲子、乙丑、丙寅、丁卯、戊辰▪己巳、庚午、辛未、壬申、癸酉（一四八）

甲寅、乙卯、丙辰、丁巳、戊午▪己未、庚申、酉、壬戌、癸亥（一四九）

丙子、丁丑、戊寅、己卯▪庚辰、辛巳、壬午、癸未（一五〇）

（一五一）

☒庚子、辛丑▪壬寅、癸卯（一五二）

壬子▪癸丑（一五三）

依其規律，知一四九簡"酉"上當漏一"辛"字。一五一簡可補訂爲："戊子、乙丑、庚寅▪辛卯、壬辰、癸巳。"一五二簡"庚子"上邊的"☒"應與"庚"拉開距離，表示此簡上欄有殘，而"庚"緊連部分並無缺文。

13.《日書》乙一七九簡下欄釋文："黄鐘下生林鍾，黄鐘八十一課山。"一八〇簡釋文："林鐘生大簇，大吕七十六□山。"細察圖版，知一七九簡"鍾"字亦當釋"鐘"，與一八〇簡同。鍾、鐘本一字，後分化爲二字，鍾爲酒器、量器，鐘爲樂器，現在則皆簡化爲钟。古樂十二律之一名古多作"林鍾"。《禮記·月令》："（季夏之月）其音徵，律中林鍾。"《史記·律書》："林鍾者，言萬物就死，氣林林然。"簡文"鐘"讀爲鍾。一八〇簡"簇"圖版作"族"，可讀爲簇，但不能直接隸作"簇"。《禮記·月令》："（孟春之月）律中大簇。"二〇一簡"林鐘十一萬八千九十八上大族"，"鐘""族"不誤。

14.《日書》乙一五四簡釋文："正月甲乙雨，禾不享。""享"應改釋"孰"。睡簡《爲吏之道》"禄立（位）有續孰啟上"，"孰"作"孰"。孰讀爲熟。馬王堆帛書《十六經》："五穀溜孰。"漢白石神君碑："年穀歲熟。"

15.《日書》乙一六四簡釋文："五種忌：子麥，丑黍，寅稷，卯菽，辰□，巳□，未秋，玄稻不可種，種，獲及賞（嘗）。"細看圖版，"菽"本爲"叔"。《説文》："叔，拾也。"秦漢人多以叔爲菽。睡簡《倉律》："種：……黍、荅畝大半斗，叔畝半斗。"馬王堆漢墓帛書《明君》："卷（圈）馬食叔粟，戎馬食苦（枯）芊（稈）。"《莊子·列禦寇》："子見夫犧牛乎？衣以文繡，食以芻叔。"陸德明釋文："叔，大豆也。"菽爲後起字，秦漢文字未見。朱駿聲《説文通訓定聲》："尗，古謂之尗，漢謂之豆，今字作菽，菽者，衆豆之總名。""巳□"2字從圖版看，並不存在，應刪去。"辰□"之"□"不清楚，疑可補爲"麻"。睡簡《日書》甲《禾忌日》："禾忌日：稷龍寅，秫丑、稻亥，麥子，叔、荅卯，麻辰……"又睡簡《日書》乙《五穀龍日》："五穀龍日：子麥，丑黍，寅稷，辰麻，申戌叔，壬辰瓜，癸葵。"麻之忌日爲辰，二者相同。

16.《日書》乙一六七簡至一七一簡上欄釋文如下：

角十二，□□。□十五，二月。（一六七）

氐十七，九月。胃十四、十三，三月。（一六八）

心十、十二，十月。畢十五，四月。（一六九）

□□三十二，五月，東□□□。（一七〇）

虛十四，□□。□□□，六月□。（一七一）

《放秦簡》定此篇爲《星度》。

所缺之字均模糊不清。睡簡《日書》甲《玄戈》《星》，《日書》乙《正月》《官》《三月》《四月》《五月》《六月》《七月》《八月》《九月》《十月》《十二月》各月二十八宿宿名與放簡多相同，如《玄戈》"十月，心、危、營室大凶……"，《十月》"心，不可祠及行，凶"，《星度》"心十、十二，十月"。參照睡簡，放一六七簡"□□□"疑可補爲"八月"；放一七〇簡"東□□□"，"東"下一字疑可補爲"井"；放一七一簡"虛十四，□□"，"□□"疑可補爲"十一月"，"□□□，六月□"，首□疑可補爲"柳"。

17.《日書》乙一八七簡祇殘存中間一段，釋文："□莫（暮）中七羽金，□□□□□□。""□"表示上、下欄殘失而不可知數之文字。此簡上中欄《納音五行》及所附八風六律圖表，依其前後簡干支、五行排列規律，上"□"可補爲："辛七金。未八木。巳。丑。""辛七金"前簡爲"庚八金"，後簡爲"壬六水"，正好連讀；"未八木"前簡爲"午九火"，後簡爲"申七水"，正好連讀；"巳"後簡爲"辰"，前簡爲"午"，圖表爲順時針方向旋轉，正好連讀；"丑"前簡爲"子"，後簡爲"寅"，正好連讀。後"□"可補爲："夷則生夾鐘。"前簡"大呂生夷則"，後簡"夾鐘生毋射"，亦正好連讀。一九〇簡原釋文"夷則生夾鐘"5字應改釋爲"毋射生中（仲）呂"。如此，既文句連貫，也不與一八七簡重複。

18.《日書》乙一九六簡下欄釋文："四百六十四下□。"此簡屬《律書》，其前一九四簡下欄釋文"黄十七萬七千一百卅(四十)七上□"。一九五簡下欄釋文"大吕十六萬五千百八十八下□";其後一九七簡下欄釋文:"夾十四萬七千四百五十六下毋射。"此節所述爲律數,查《史記·律書》《漢書·律曆志》及其注,知一九六簡下欄可補爲:"大族(簇)十五萬七千四百六十四下南吕。"同時知一九四簡"黄"下當補"鐘"字,一九五簡"五千"與"百"之間當補"八"字,一九七簡"夾"下當補"鐘"字。

19.《日書》乙一九八簡釋文:"□金丙丁、午、戌、庚,客殹。時日中,色赤,主南方。所試者蛇殹。司火。"乙一九九簡釋文:"□□庚辛酉、丑、巳,主西方,時日入。主人,白色。所□者雞也。司□。"這兩條《放秦簡》以爲屬《五音占》章。考察其内容,各條五音所對應的干支、方位、色、五行與《吕氏春秋》春、夏、秋、冬十二《紀》多相同。如《吕氏春秋·孟春紀》:"孟春之月……其日甲、乙……其音角……天子居青陽左个,乘鸞輅,駕蒼龍,載青旂,衣青衣,服青玉……先立春三日,太史謁之天子曰:'某日立春,盛德在木。'天子乃齋。立春之日,天子親率三公、九卿、諸侯、大夫,以迎春於東郊。"而乙一九七簡云:"角立(位)甲、乙、卯、未、辰。主東方,時平旦,色青……司木。"又如《吕氏春秋·孟冬紀》:"孟冬之月……其日壬、癸……其音羽……天子居玄堂左个,乘玄輅,駕鐵驪,載玄旂,衣黑衣,服玄玉……先立冬三日,太史謁之天子曰:'某日立冬,盛德在水。'天子乃齋。立冬之日,天子親率三公、九卿、諸侯、大夫以迎冬於北郊。"而乙二〇〇簡則云:"羽立(位)壬癸子、甲、辰,主北方,時夜失(昳)。客殹。色黑……司水。"由此而論,乙一九八開頭"□"當補爲"徵",爲夏季之音;"金"應改釋"立",讀爲位,指徵與天干丙、丁對應;"丙午、戌、庚","庚"肯定是誤釋,應改釋"辰",指丙午、丙戌、丙辰。乙一九九簡開頭"□□"似可補爲"商立";末"□"可補爲"金"。

20.《日書》乙二一五簡釋文:"……圜面,陰捶,下吊目……"乙二二二簡釋文:"……兑喙,圜顔……"乙二三三簡釋文:"……小頭,圜目……"三例"圜"字皆作"圝",應隸作圜。《説文》:"圜,天體也。""圓,規也。""圞,圜全也。"段玉裁注:"依許,則言天當作圜,言平圓常作圓,言渾圓常作圞。"圜、圓、圞三字在後世字書中或通用,但又不完全是一個字。《廣雅·釋詁三》:"圓,圜也。"《字彙補》:"圞,《説文長箋》:與圓同。"但圜在"圓規"的意義上又讀爲旋(xuán),見《古文苑·蔡邕〈篆勢〉》章樵注。《廣雅·釋詁三》:"圜,圓也。"《周禮·考工記·羽人》:"圜者中規,方者中矩。"但圜又可讀 huán 音,義爲環繞。《商君書·算地》:"故天下一宅而圜身資,民資重於身而偏托勢於外。"在放簡中,"圜"固然可讀爲圓,或用同圓,但簡牘隸定如同古籍整理,最好還是保留本字。

21.《日書》乙二三四簡釋文:"日中至日入,投中南吕,雛殹。""雛"疑應釋"雞"。

22.《日書》乙二〇六簡釋文:"……投中黄鐘,馬殹。兑(鋭)顔,兑(鋭)頤,赤黑,負僂。善病心腸。"乙二三〇簡釋文："……負僂……"乙二三八簡釋文："……爲人負僂，復面……"三簡"負"字皆作"![]"，應改釋"免"。睡簡"官嗇夫免""縣令免"，"免"作"![]"；馬王堆帛書《老子》甲本"有罪以免輿（與）"、《戰國縱橫家書》"知（智）能免國，未能免身"，"免"作"![]""![]"⑪。簡文"免"讀爲俛。上古音免元部明紐，俛侯部幫紐，明幫旁紐，二字通用。《説文》有頫字，即後世俯字，其異體作俛。《説文》："頫，低頭也。从頁，逃省。太史卜書頫仰字如此。楊雄曰：'人面頫。'俛，頫或从人、免。"段玉裁注："《匡謬正俗》引張揖《古今字詁》云：'頫，今之俯、俛也。'蓋俛字本从免，俯則由音誤而製，用府爲聲，字之俗而謬者。"許慎、段玉裁皆以爲俛"从人、免"，其實俛可以看作从人，免聲。俛《廣韻》有"亡辨切"一音，段玉裁亦指出："《毛詩》'黽勉'，李善引皆作'僶俛'，俛與勉同音，故古假爲勉字。"在古文字中，俛又有異體作僃，而頫亦可讀爲俛即俯。銀雀山竹簡《尉繚子·一》："〇者不得迎（仰），迎（仰）者不得全僃。""僃""仰"相對即俯、仰相對。《周易·繫辭上》："俯以察於地理。"馬王堆帛書本《周易》"俯"作"頫"⑫。"俯僂"指低頭曲背。晋潘尼《贈陸機出爲吴王郎中》詩之四："俯僂從命，奚恤奚喜？"

23.《日書》乙二七八簡釋文："不見大喪，安所敗旁。"細察圖版，"旁"應改釋爲辱。"敗辱"指失敗與耻辱。韓愈《省試顔子不貳過論》："夫行發於身加於人，言發乎邇見乎遠，苟不慎也，敗辱隨之。""安所敗辱"即"何所敗辱""哪裏來的敗辱"。"敗旁"不詞。

24.《日書》乙二九三簡釋文："節（即）有壬（妊）者，而欲智（知）其男女，投日、辰、星而參（三）合之。音者，男殹。禺者，女殹。因而參（三）之，即以所中鐘數爲卜□。"此簡以鐘律數占卜生子男女。所謂"音"字作"![]"，應改釋奇。秦陶文"咸蒲里奇"，"奇"字作"![]"⑬，與此同。下文"禺"讀爲偶或耦。奇者單數，偶者雙數，引申之，奇爲陽，偶爲陰。《易·繫辭下》："陽卦奇，陰卦耦。"《禮記·郊特牲》："鼎俎奇而籩豆偶，陰陽之義也。"卜生子，得陽卦，爲男；得陰卦，爲女。《孔子家語·執轡》："子夏問於孔子曰：'商聞易之生人及萬物鳥獸昆蟲，各有奇耦，氣分不同。'"

25.《日書》乙二九六簡釋文："處臣妾作逋出，財租□舌者，□非爲頭＝其黑如□。皆相食斳，立死。其□之目，不乘得數。"此簡字多不清晰，推測其大意，殆是主人臣妾出逃，争奪財物，占卜其結果。循此思路，結合字形，試爲補、改幾個字。"作"字疑當改釋爲逃。逃字，阜陽漢墓出土簡本《蒼頡篇》"逋逃隱匿""逃"作"![]"⑭，放簡此字右旁殘文與阜簡同。作字睡簡作"![]""![]"⑮，與逃右旁形近易混。《説文》："逋，亡也。"即逃亡，逋、逃義近，常連用，上舉《蒼頡篇》即一例。又《左傳·僖公十五年》："六年其逋，逃歸其國，而棄其家。""頭"字下有重文號，一屬上句，一屬下句。"頭其黑如□"，"□"細看圖版，應是"烏"字。烏即烏鴉，頭黑，身體也基本上是黑色。漢王充《論衡·感虚》：

"（秦王）與之誓曰：'使日再中，天雨粟，令烏白頭，馬生角……乃得歸。'"日再中、天雨粟、烏白頭、馬生角都是不可能發生的事，可見烏頭黑是古人特別注意的。又此簡用韻，"頭""烏""斷（鬥）""數"皆魚、侯、屋部字，魚侯旁轉，侯屋陰陽對轉，音也接近。烏鴉是貪食之鳥，常爲食物爭鬥。《周禮·夏官·射鳥氏》："射鳥氏掌射鳥。祭祀，以弓矢毆烏鳶。凡賓客、會同、軍旅亦如之。"鄭玄注："烏鳶善鈔盜，便汙人。"《莊子·列禦寇》："莊子將死，弟子欲厚葬之……曰：'吾恐烏鳶之食夫子也。'"烏鴉喜叫，人多以爲其喜爭鬥，俗稱多話而令人厭者爲"烏鴉嘴"。《石點頭·唐玄宗恩賜縷衣緣》："誰知那人是個烏鴉嘴，耐不住口，隨地去報新聞，頃刻就嚷遍了滿營。"此雖後世故事，但由簡文看，戰國人已對烏鴉沒有好印象，故以之比喻貪財喜爭鬥的小人。

26.《日書》乙三〇三簡釋文："春三月東首。夏三之鳴檟角頭殿。獿銳珥齕角□□□冬而喜之。"中間部分字多不清楚。"檟"字左旁作"牜"，明顯是牛而非木，故字應改釋爲"犢"。"犢"在簡中疑可讀爲螻，上古音犢屋部定紐，螻侯部來紐，定來皆舌頭音，旁紐，屋侯陰入對轉，二字通用，在音理上應無問題。《禮記·月令》："孟夏之月，螻蟈鳴，蚯蚓出。"鄭玄注："螻蟈，蛙也。"一說"螻蟈"之"螻"爲螻蛄，"蟈"指蛙。《淮南子·時則訓》："孟夏之月……螻蟈鳴，邱蚓出。"高誘注："螻，螻蛄；蟈，蝦蟇也。四月陰氣始動於下，故鳴。"或以爲"螻蟈"指螻蛄。宋唐慎微《重修政和經史證類備用本草》[16]卷二十二蟲部下品引《本草衍義》曰："螻蛄，此蟲當立夏後至夜則鳴。《月令》謂之'螻蟈鳴'者是矣。其聲如蚯蚓。此乃是五技而無一長者。"螻蛄背部茶褐色，有尾、鬚，其頭上之鬚類似角，或即簡文所說的"角頭"。簡文"獿"如是蝦蟇，則由簡文看，《月令》之"螻蟈"或當如高誘注所說指螻蛄與蝦蟇二者，祇是簡文有殘缺，我們已無法深究了。

27.《日書》乙三三七簡釋文："凡占勝生，其令欲殹……""欲"應改釋敬。睡簡《爲吏之道》："龔（恭）敬。""敬"作"䜊"，與放簡同。睡簡《秦律雜抄》："虎欲犯。""欲"字作"欲"，與放簡不同。欲、敬二字右旁一從欠，一從攴（夂），從圖版看，放簡此字右旁明顯是攴。

28.《日書》乙三三八簡釋文："占疾，投其病日辰時，以其所中之辰聞（間）。中其後爲巳聞，中其前爲未聞，得其月之剮，恐死。""巳"應改釋"已"。巳、已本一字，戰國時字形仍同，作"ㄥ"，但後世已分化爲二字。整理出土文字，如遇"ㄥ"，或"ㄒ"，須根據上下文隸作巳或已。一般說，干支之"ㄥ"應隸作巳，表停止義或作時間副詞用，應隸作已。陳振裕、劉信芳《睡虎地秦簡文字編》[17]已分巳、已爲二字，將睡簡"署其ㄥ禀年月""其子ㄥ死"之"ㄥ"隸作"已"，甚是。已、間都有病愈的意義。《呂氏春秋·至忠》："王之疾，必可已也。"高誘注："已，愈也。"《方言》卷三："差、間，愈也。南楚病愈者謂之差，或謂之間。"郭璞注:"言有間隙。"《論語·子罕》:"病間。"何晏集解引孔安國曰:"病少差曰間也。"剽一音piáo,古樂鐘名。《爾雅·釋樂》:"大鐘謂之鏞,其中謂之剽。"一音biǎo,末稍。《集韻·小韻》:"剽,末也。""月之剽"即月末或月之鐘名,皆與音律占疾有關。

29.《日書》乙三四八簡釋文:"□曰尚久,多四五六日久。未替已時多七日。痛不已,多八九日死。"此條兩個"己"字皆作"㠯",不作"己",明顯是"已",不應釋"己"。替、已皆有止義。《爾雅·釋詁下》:"替,止也。"郭璞注:"替、廢,皆止住也。"《廣韻·止韻》:"已,止也。""久"疑讀爲灸。簡謂以針灸治病,病未止愈最多七日,痛不止,達八九日,很可能會死。

30.《志怪故事》一簡釋文:"八年八月己巳,邽丞赤敢謁御史:'大梁人王里樊野曰:丹葬爲十年,丹矢傷人垣雍里中……'""邽"字作"㕕",應改釋爲邸。此字之釋在學術界争論已久。李學勤先生《放馬灘簡中的志怪故事》[18]已改釋"邸",但何雙全先生、雍際春先生[19]等仍堅持釋"邽"。此字確定,關乎木板地圖(M1·7A、8A、11A)中一個關鍵地名字的釋讀,也關乎木板地圖所繪水系及地域分析,極爲重要。西安北郊相家巷村新出秦封泥有"郡左邸印""郡右邸印","邸"字作"㕕"[20],湖北荆門包山出土楚簡"邸陽君","邸"作"㕕"[21],"邸"皆與放簡此字字形同,故放簡此字應從李學勤先生釋"邸"。《漢書·地理志》隴西郡有"氐道",王先謙補注引錢坫曰:"故城今清水縣西南,縣在上邽之東南,下辨之東北。"曹婉如先生説:"氐道的位置當在今永寧河上游。從圖一[邸]的位置來看,約在今花廟河與高橋河會合的谷地。"[22]而放馬灘正在這一地域範圍内。"葬"字不清晰,就殘畫看,似與葬字作"㔂"[23]有較大距離,最好缺釋。"爲"字亦與同篇簡五"死人以白茅爲富"之"爲"字有較大差距。此字李學勤先生釋"今",何雙全先生釋"守",連同上字爲"邽守"。細察圖版,仍以李先生釋"今"爲近是。"十"字何先生原釋"七",他家多從之。秦文字"七""十"二字極易混淆,一般而言,橫長豎短爲七(㇀),橫短豎長爲十(㇀)。從圖版看,此字仍以釋七爲是。"今七年"即時王七年。

31.《志怪故事》六簡釋文:"丹曰者□殹。辰者,地殹。星者,游變殹。□者,□受武者,富得游變者,其爲事成,三游變會□。"《志怪故事》簡報、何雙全先生原定名《墓主記》,説有8枚簡,"内容爲一名爲丹的人因傷人而棄於市,後又死而復活,同時追述了丹過去的簡歷和不死的原因"。何先生最早公佈了前4枚簡的釋文。李學勤先生改稱"志怪故事",説:"寫有這則故事的,是放馬灘M1·14·墓一、二、三、四、五、七各簡。"認爲祇有6枚簡,簡六不包括在内。《放秦簡》將原《墓主記》簡八移出,改爲《日書》乙二七六簡。該簡原文"見兵寇。其祟原死者。卜見人,不吉□"確與志怪故事無關,是該移出的。六簡從内容上,也看不出與丹的故事有關聯,我傾向於該簡也應移入《日書》乙的《音律貞卜》一章。"丹"字不清晰，疑應釋爲凡。秦簡凡字作"凡"[24]，與丹作"冃"易混。"丹曰者"不詞，"曰"作"日"，應改釋日。"辰"指十二地支。《周禮·秋官·硩蔟氏》："硩蔟氏掌覆夭鳥之巢。以方書十日之號、十有二辰之號、十有二月之號、十有二歲之號、二十有八星號，縣（懸）其巢上，則去之。"鄭玄注："日謂從甲至癸，辰謂從子至亥……星謂從角至軫。"賈公彥疏："'日謂從甲至癸'者，據十干而言。'辰謂從子至亥'者，據十二支而説……'星謂從角至軫'，右旋數之。"辰指十二地支，故云："辰者，地殹。"《硩蔟氏》日、辰、星連言，這種現象也多見於放簡。如《日書》乙三二七簡："以命日爲牝牡之數，以日、辰。日、辰、星各有主數，而各三合……"又三二一簡："……參（三）合日、辰衆星，從期三而一。"既然《志怪故事》六簡首字不能肯定是"丹"，下文又多説日、辰、星之事，故不應放在此篇。"游"疑讀爲流。游、流通用。《史記·項羽本紀》："必居上游。"集解引文穎曰："游或作流。"馬王堆帛書《老子》乙本卷前古佚書《道原》："鳥得而飛，魚得而流，獸得而走。"[25] 流變，移動，變化，二十八宿在天上的位置，隨月變化，所謂"斗轉星移"，即是此意。

32.《志怪故事》七簡釋文："丹言：祠者必謹騷（掃）除，毋以淘海祠所。""淘"字各家皆缺釋，字也不是很清楚。字形明確的淘字秦漢出土文字尚未見[26]，無法比較。疑此字當釋注。睡簡《日書》"注白湯"，"注"字作"注"[27]；馬王堆漢墓帛書《戰國縱橫家書》"燕將不出屋注"，"注"作"注"[28]，皆與此字字形相近。《説文》："注，灌也。"引申爲傾瀉，如注射、大雨如注。"海"字秦漢文字作"海""海""海"等形[29]，右下毋字中橫伸出邊框，邊框多作斜筆，如菱形。放簡此字右下字邊框如正方形或矩形，恐非海字。再説："淘海"似也無法講。此字李學勤先生隸作"溢"，説："右下從西，疑仍讀爲洒，意爲洗滌。"其説殆是。《説文》："洒，滌也。从水，西聲。古文爲灑埽字。"《詩·唐風·山有樞》："子有廷内，弗灑弗埽。"灑掃是將水均勻散佈在地面上掃除。如傾瀉（注）大水，則會沖壞祠所，簡云"毋以"者，阻止之辭也。

33. 木板地圖注記文字中有一個地名標識字，多用在松、楊、楠等樹木名之後，字形作"利"（以下以~代替）。如木板地圖三之"楊谷~""多~木""大松~""松~"，木板地圖四之"大楠~""楠~"。此字何雙全先生最早釋"利"，李學勤先生、曹婉如先生釋"刊"，《放秦簡》則改釋"材"。三説都各有其道理，但字形都不盡相合。利字秦嶧山碑作"利"，馬王堆帛書《老子》甲本作"利"[30]，左爲禾，非"木"。刊字睡簡《日書》甲《詰咎》六六簡背："刊之以菹，則死矣。""刊"作"刊"，左爲"干"，亦與"木"不同。木板地圖"木"旁雖然也有摹作"木"或"干"者，但中豎出頭，與"干"仍有不同。曹婉如説刊有表識義，引《尚書·禹貢》"隨山刊木"，"刊"《史記·夏本紀》作"表"。但《史記索隱》云："'表木'謂刊木立爲表記。"依其説，刊本身仍是伐木義，而非表識義。《放秦簡》改隸左旁爲木，是對的，但右旁釋才，仍可推敲。才字戰國文字作"十""十""才"諸形[31]，與"夕"不同。睡簡《田律》"春二月，毋敢伐材木山林……"，"材"作"丗"[32]，可以參看。疑此字當釋爲休。休字殷墟甲骨文作"休"（《合集》3360）、"休"（英355）、"休"（花東53）[33]。西周金文作"休"（沈子它簋）、"休"（休盤）[34]。戰國文字作"休"（中山王譻鼎"天降休命於朕邦"）、"休"（鄭侯軍簋"休台馬醹"）、"休"（休涅盤"永用休涅"）[35]。其左木右人的休字與木板地圖字同。《説文》："休，息止也。从人依木。"休用作地名後綴，前多加木名。可能"松休"即該地多巨松，便於止息。"楊休""楠休"同意。山西有介休縣，傳晋國介子推休隱於介山，因名。

34. 木板地圖三注記釋文："最到口廿五里。"木板地圖四注記釋文："北谷口道最。"所謂"最"字作"冘"。秦文字最字習見。睡簡《廄苑律》："以四月、七月、十月、正月膚田牛。卒歲，以正月大課之，最，賜田嗇夫壺酉（酒）束脯。""最"作"冘"，與木板地圖字差距甚大，不知何故釋"最"？此字曹婉如先生釋宛。宛字睡簡《日書》乙《夢》"宛奇"作"冘"，包山楚簡作"冘"[36]，與木板地圖字似亦不同。疑此字當釋冘，冘睡簡《效律》"冘吏""冘"作"冘"，漢印"冘從僕射""冘"作"冘"，篆文作"冘"[37]，字形接近。

35. 木板地圖七文字注記釋文："大柴樅。""大柴相鋪谿。"從圖版及摹本看，"大柴"2字實是一個字，作"叅"。此字何雙全先生原釋"大祭"，《放秦簡》改"祭"爲"柴"。此字曹婉如先生已釋爲"泰"，是極好的意見。西安市臨潼區劉莊村出土磚文有"泰沈"，"泰"字作"叅"[38]；秦封泥泰字作"叅"，有"泰行""泰倉""泰"等[39]，可證曹説已是定論，不知何故《放秦簡》竟未採納；"鋪"字也是何先生原先的意見，曹先生釋"端"。從圖版看，此字左旁絕非金旁，字也肯定不是"鋪"字。睡簡《語書》"以矯端民心"，"端"作"端"；秦印"公端"，"端"作"端"[40]，與木板地圖字完全相同。

三、標題

這裏所説的"標題"，或稱"篇題"，或稱"章題"。

大約從戰國中期以來，簡牘帛書文字多有標題。其標題可分爲不同的層級，概括一篇內容者爲篇題（或稱大標題），概括一篇內各章節內容者爲章題（或稱小標題）。標題的定名原則有概括篇章大義、標舉主述事、摘錄內文首句、選取第一單元4類[41]。標題或書於簡背，或書於正文首或末行。睡簡篇題較少，章題甚多。放簡篇題、章題均甚少（不是沒有），何雙全先生《綜述》將放簡分作《日書》和《墓主記》（紀年文書）兩大類，《日書》甲分作《月建》等8章，《日書》乙分作《月建》《生子》《門忌》《牝牡月》等20餘章，章題多爲自擬。《放秦簡》將《日書》乙分作38章（不計《其他》），已有較大改進。

1.《日書》甲一至一二簡定名"《月建》表"，一三至二一簡定名"《建除》書"；《日書》乙一至一三簡上欄定名《月建》，一四至二四簡上欄定名《建除書》。

《日書》甲、乙這部分的内容基本相同，何先生原定名《月建》《建除》。《放秦簡》將前者改稱《月建表》（乙種未加"表"字），將後者改稱《建除書》（甲種"書"字在書名號外），標點又不統一，有失嚴謹。睡簡《日書》甲乙都有相似内容，其甲種標題有《除》，即《建除》之省文；又有《秦除》，即《秦之建除》之省。乙種標題有《除》，又有《秦》。放簡《日書》甲、乙《月建表》《建除書》内容與睡簡《日書》之《秦》基本相同，後者即包含這兩部分；與睡簡《日書》乙之《除》内容也接近，祇是建除日名目不盡相同。鄧文寬先生早已指出，放簡《月建》亦應稱《建除》[42]，不必再從《建除》中分出，他的意見似可採納。

2.《日書》甲四三至七二簡原定名《人月吉凶》，後有學者指出，所謂"人"字應改釋爲"入"，《放秦簡》認可了這一意見，改標題爲《吉凶》。又《日書》乙二五簡至五四簡相同内容，定名上欄爲《方位吉時》，下欄爲《地支時辰吉凶》《吏聽》。

這兩章既然内容完全相同，標題按說也應該相同，不知何故甲篇作一章看，一個標題，乙篇作三章看，三個標題？

前者標題《吉凶》，實際内容祇有"吉"、沒有"凶"，文題不符；再說《日書》大多言吉、凶，以《吉凶》爲題既空泛，也未概括其主旨。《方位吉時》去掉"凶"字，加上"方位"，仍不知此是何種行爲的"吉時"。李零曾指出，放簡《日書》甲的"入月吉凶"，"屬於出行的擇日，列有每月30日4個主要時辰（旦、日中、昏、中夜）所之方向的吉凶"[43]，可謂一語中的。值得注意的是，放簡《日書》甲四二簡上欄編繩下有界隔符號"■"，下有"禹須臾行日"5字。應該說這5字就是下文的標題，也證明李零說的正確，可惜《放秦簡》作者未曾留意到。放簡標題雖罕見，但不是絕對沒有，此殆其一。

甲篇四二簡至六五簡下欄文字《放秦簡》歸入《吉凶》，但四二簡下欄界隔號"■"下有"禹須臾所以見人日"8字，依上文所說，此8字即此章標題。《放秦簡》所定的《吏聽》，睡簡名《吏》，二者内容基本相同，如放簡《日書》乙三五簡："子，旦有言，喜，聽。安（晏），不聽。晝，得美言。夕，得美言。"放簡《日書》甲五四簡全同。睡簡《日書》甲一五七簡正："子，朝見，有告，聽。晏見，有告，不聽。晝見，有美言。日虒見，令復見之。夕見，有美言。"文字稍繁，點明子日吏早上去見上司，報告上司，上司聽從……放簡有節略，以致不明白何人告何人事。所謂《吏》，也祇是《吏見人》的省略。放簡抄寫時代早於睡簡，按說文字應前者繁，後者簡，今反是。推測睡簡、放簡《日書》都抄錄或摘錄自另一個更早的本子，放簡抄錄者態度遠不如睡簡抄錄者認真，或斷章取義，多省標題。《吏聽》之"聽"不是"吏"的行爲，而是其上司的行爲，二者不宜連用，與"吏"相連的行爲是"見人"。《禹須臾所以見人日》標明主旨爲"見人"，省略了主語"吏"，"禹須臾"祇是行爲方式，所以這個標題也不規範。

3.《日書》甲六六至六七簡下欄："禹須臾行，不得。擇日出邑門，禹步三，向北斗質，畫地，視之曰：'禹有直五横，今利行，行毋（無）咎，爲禹前除。'得。"《放秦簡》將此與四二簡下欄"禹須臾所以見人日"、七三簡上欄"目龍日秉不得"、下欄"凡可塞穴置（窒）鼠溉（墍）困日，雖十二月子，五月六月辛卯，皆可以爲鼠"同名爲《禹須臾》，不確。簡六六至六七下欄説的是，既擇行日之後的禹步之法，宜定名《禹步》。七三簡上欄"目龍（忌）日"可作標題，下欄宜定名《塞鼠穴》。簡四二下欄8字爲另一標題，詳見上節。

4.《日書》乙五六至六五簡中、下欄文字講一年中十二個月中各月畫、夜長短，如："正月日七夜九⋯⋯十二月日六夜十。"《放秦簡》定名爲《畫夜長短》。單就此十簡看，這樣定名，似乎是對的。但在睡簡《日書》甲中，相似内容却稱《歲》，云："刑夷、八月、獻馬，歲在東方，以北大羊（祥），東旦亡，南遇英（殃），西數反其鄉⋯⋯"歲即歲星（木星），它一年十二個月在天上不同方位，古人以之卜人事吉凶。古人分一畫夜爲16等分，亦與歲星運行有關。《論衡·説日》："儒者或曰：'日月有九道，故曰日行有近遠，畫夜有長短也。'夫復五月之時，畫十一分，夜五分；六月，畫十分，夜六分；從六月往至十一月，月減一分。此則日行月從一分道也。歲，日行十六道也，豈徒九道？"放簡此章實際上是摘録《歲》的部分内容，故仍應稱《歲》。

5.《日書》乙九五至一〇四簡上欄，定名《四廢日》，説："記述春夏秋冬四季中八個不吉利的日子及其禁忌。"按此章云："⋯⋯夏三月，啻（帝）爲室，利午，殺未，四廢壬癸⋯⋯凡四時啻（帝）爲室日殴，不可築大室内，大人死之⋯⋯築宫垣，孫子死。築外垣，牛馬及羊死之⋯⋯四廢日不可爲室屋内，爲困倉及蓋⋯⋯"睡簡《日書》甲《啻（帝）》有相似内容，如："夏三月，啻（帝）爲室寅，剽午，殺未，四廢壬癸⋯⋯凡爲室日，不可以築室。築大内，大人死⋯⋯築外垣，孫子死。築北垣，牛羊死⋯⋯四廢日，不可以爲室、覆屋。"所謂《帝》，也是標題的節略。此章内容記春、夏、秋、冬四季上帝築室、擊人、殺生及四廢日的禁忌。"四廢日"的選擇祇是此章的極小一部分内容，不宜徑作標題。依據主要内容，此章可定名《帝》或《帝爲室》。

6.《日書》乙一〇三至一一四簡下欄原定名《死忌》，以爲："記述一年諸月死者所忌。"按人之死亡，隨月隨日有之。死者無法擇日，故亦無所謂"忌"。簡文云："正月壬子死亡。二月丑喪⋯⋯十一月戊疾喪。十二月癸亥死亡。"祇説某月某日死喪，未説明因何致死。睡簡《日書》甲《行》云："凡且有大行、遠行若飲食、歌樂、聚畜生及夫妻同衣，毋以正月上旬午……凡是日赤帝（帝）恒以開臨下民而降其英（殃）……有爲而遇雨，命曰央（殃）蚤（早）至，不出三月，必有死亡之志至。"又《歸行》："凡春三月己丑不可柬……百中大凶，二百里外必死。"睡簡《日書》乙《行者》："遠行者毋以壬戌、癸亥到室。以出，凶。"兩相對照，知放簡此章所說爲遠行之忌日或凶日。一〇八簡"六月丁巳死亡"6字上有"·"號，再上有"遠"；一〇九簡"七月戊午死亡"6字上有"·"號，再上有"行凶"。我以爲"遠行凶"正是此章標題。

7.《日書》乙一四七至一五一簡爲雞、彘、羊的忌日與吉日，定名《畜忌》，如："雞忌：辛巳，庚辰未，卯、寅，戊戌，丁亥。吉日：乙巳，丙戌、辰，庚午，甲辰。""羊忌：壬辰、戌，丁酉，癸亥、未，乙巳，丙申。吉日：卯，庚寅、辰。"睡簡《日書》乙有相似内容，標題分別爲《馬日》《牛日》《羊日》《豬日》《犬日》《雞日》。放簡這幾章有畜之忌日，也有吉日，宜如睡簡之例，分稱《雞日》《彘日》《羊日》《口日》。最後一條内容是："□未，丙午，□□，甲午，乙卯，巳，丙戌，壬辰，癸卯，五寅。吉日：乙巳、未、亥，甲午，乙未、丑，丙辰，丁亥。"是《馬日》或《犬日》之一，疑不能定。

同樣的理由，《日書》乙一四五簡上欄"衣忌：丁酉……吉日：辛巳，……"亦宜改稱《衣日》；一四六簡上欄"井忌：己巳……吉日：乙丑……"宜改稱《井日》；一五三簡"卜忌：丁未……吉日：乙丑……"宜改稱《卜日》。

8.《志怪故事》何雙全先生原稱《墓主記》，説："内容爲一名爲丹的人因傷人而棄於市，後又死而復活，同時追述了丹過去的簡歷和不死的原因。"李學勤先生稱作"志怪故事"，認爲"所記故事頗與《搜神記》等書的一些内容相似"，"放馬灘簡中這則故事，情節不如《搜神記》的曲折，但仍可視同這類故事的濫觴"。《放秦簡》改標題爲《志怪故事》，説："全文以謁書形式陳述，似上呈文書，有紀年，有職官，有事由……視故事内涵情節，現定爲《志怪故事》，但它仍與一號墓主有内在聯繫，不能完全視爲與其毫無關係的傳説神話，因爲它的葬俗也比較特殊，必有緣故。"既接受了李先生的正確意見，而又有所保留。

李先生説："研究中國古典小説的著作，對六朝小説有志人、志怪之分。志人小説叙述著名人士的言行，志怪小説則彙集神異鬼怪的故事。志怪小説導源於早期神話傳説，而以晉代張華的《博物志》、干寶的《搜神記》等爲其代表，後來成爲中國小説的一種傳統。蒲松齡的《聊齋志異》是這種小説的集大成之作。"[44]李先生所説的"志怪小説"或"志怪故事"，祇是這類小説、故事的特點，是一個大的類別。至於志怪小説故事的每一則具體故事，仍可據事主或内容命名，如舊題陶潛《搜神後記》第一則"丁令威，本遼東人，學道於靈虚山……"，後人或標題《丁令威》；第五則"晉太元中，武陵人捕魚爲業。緣溪行，忘路之遠近，忽逢桃花林……"，後人或標題《桃源記》《桃花源記》。《聊齋志異》的每則故事也都各有其標題，如《促織》《席方平》《阿寶》之類。李先生稱放簡這則故事爲"志怪故事"，但並未加書名號。《放秦簡》給"志怪故事"加上書名號，看作標題，顯然不妥。若據事主命名，我以爲這則故事以《丹》或《丹記》作爲標題，纔比較確切。

丹的身份，學界有不同看法。多數學者認爲，丹即放馬灘一號墓的墓主，一位日者。《放秦簡》云："最大的一號墓（墓主）可能是士一級人物。"雍際春先生說："墓主是一位長於天文地理、律曆、卜筮和擇日建除，精通術數的日者或方士。墓中隨葬有兩部《日書》，且與毛筆等物置於棺內墓主的頭部右側，再結合棺槨之間放的算籌、木尺、木槌、木匕等物，當都是占筮卜卦有關的用具，這也說明墓主的身份是日者。"⑮祝中熹先生說："木板地圖置於頭箱中，應當是墓主生前繪製以備自用的。圖中許多河谷注明了里數，除大量標示地名外，還多處標有'松刊'等字，顯然是爲曾經其地而作的提示語。以占卜術和堪輿術謀生的術士們……需要周遊各地，深入民間，在聚居人口比較稀少而河流山林衆多的地域，使用地圖來輔助記憶，是十分必要的。"⑯

墓主日者丹自記其經歷，不用實錄，而故作神異離奇，不是沒有原因的。《史記·日者列傳》："世皆言曰：夫卜者多言誇嚴，以得人情。"日本瀧川資言考證："王念孫曰：嚴讀爲譀。《說文》：'譀，誕也。''誇，譀也。'《廣韻》引《東觀漢記》：'雖誇譀猶令人熱。'猶言誇誕。此謂卜者多言誇誕以惑人。"以誇誕的話迷惑人，這是秦漢時一般人對日者的觀感。編造荒誕身世，當是丹向世人自抬身價的手段。今日影視明星之自我炒作，恐應奉丹爲鼻祖。

將此則故事標題爲《墓主記》也不是不可以，但遵照志怪故事小說標題通例，以作《丹》或《丹記》較好。

附記：此文作於2010年年初，適逢秦始皇帝陵博物院徵文，即付與。一年多來，聽說拙文的某些意見也有網上論文提出，這是學術界的正常現象，所謂"不謀而合"而已。我自己不大上網，未能一一拜讀相關論文，但即使見解相同者，論述也未必完全一樣。拙文仍依舊貌刊出，特此說明。

注釋：

① 睡虎地秦墓竹簡整理小組編：《睡虎地秦墓竹簡》（八開精裝本），文物出版社，1990年。
② 同①，第170、171頁。
③ 高明編著：《古陶文彙編》，中華書局，1990年，第168頁。
④ 參看湯餘惠主編：《戰國文字編》，福建人民出版社，2001年，第575、580頁。
⑤ 黃文傑：《秦至漢初簡帛文字研究》，商務印書館，2008年，第123—126頁。

⑥ 參看漢語大字典字形組編：《秦漢魏晉篆隸字形表》，四川辭書出版社，1986 年，第 29 頁。

⑦ 何琳儀：《戰國古文字典》，中華書局，1998 年，第 216 頁。

⑧ 參看巫聲惠編著：《中華姓氏大典》，河北人民出版社，2000 年，第 202 頁。

⑨ 羅福頤編：《漢印文字徵》，文物出版社，1978 年。

⑩ 同⑧，第 428 頁。

⑪ 同⑥，第 577 頁。

⑫ 參看王輝編著：《古文字通假字典》，中華書局，2008 年，第 150—151 頁。

⑬ 參看袁仲一、劉鈺編著：《秦陶文新編》下編圖版 1693，文物出版社，2009 年。

⑭ 同⑥，第 115 頁。

⑮ 同⑥，第 560 頁。

⑯ 唐慎微：《重修政和經史證類備用本草》，人民衛生出版社，1993 年，第 453 頁。

⑰ 陳振裕、劉信芳編著：《睡虎地秦簡文字編》，湖北人民出版社，1993 年，第 54 頁。

⑱ 李學勤：《放馬灘簡中的志怪故事》，《文物》1990 年第 4 期。

⑲ 雍際春：《天水放馬灘木板地圖研究》，甘肅人民出版社，2002 年，第 28、29 頁。

⑳ 王輝、程學華：《秦文字集證》圖版 140·111—115，臺灣藝文印書館，1999 年。

㉑ 湖北省荊沙鐵路考古隊：《包山楚簡》圖版九四·162，文物出版社，1991 年。

㉒ 曹婉如：《有關天水放馬灘秦墓出土地圖的幾個問題》，《文物》1989 年第 12 期，第 82 頁。

㉓ 同⑰，第 153 頁引睡簡《日書》"葬狸（埋）"；又同篇簡二"葬之垣雍南門外"，"葬"字形同。

㉔ 同⑰，第 15 頁。

㉕ 同⑫，第 208 頁。

㉖《秦漢魏晉篆隸字形表》中無淘字。

㉗ 同⑰，第 101 頁。

㉘ 陳松長編著：《馬王堆簡帛文字編》，文物出版社，2001 年，第 439 頁。

㉙ 同⑥，第 787 頁。

㉚ 同⑥，第 278 頁。

㉛ 同④，第 384 頁。

㉜ 同㉛，第 364 頁。

㉝ 劉釗、洪颺、張新俊編纂：《新甲骨文編》，福建人民出版社，2009 年，第 351 頁。

㉞ 容庚編著，張振林、馬國權摹補：《金文編》，中華書局，1985年，第400—401頁。

㉟ 同⑦，第161頁。

㊱ 參看趙平安：《戰國文字中的"宛"及其相關問題研究》，《第四屆國際中國古文字學研討會論文集》，香港中文大學中國語言及文學系，2003年；後又收入氏著：《新出簡帛與古文字古文獻研究》，商務印書館，2009年，第143—154頁。

㊲ 同⑥，第504—505頁。

㊳ 王輝：《秦文字釋讀訂補（八篇）》，《考古與文物》1997年第5期。"泰"字原簡報釋"大水"，袁仲一《秦代陶文》搨片807、808同釋。袁先生新作《秦陶文新編》搨片3055—3059已改釋"泰"。

㊴ 周曉陸、路東之編：《秦封泥集》，三秦出版社，2000年，第112、126、1841頁。

㊵ 許雄志主編：《秦印文字彙編》，河南美術出版社，2001年，第207頁。

㊶ 林清源：《簡牘帛書標題格式研究》，臺灣藝文印書館，2004年，第53頁。

㊷ 鄧文寬：《天水放馬灘秦簡〈月建〉應名〈建除〉》，《文物》1990年第9期。

㊸ 李零：《中國方術正考》，中華書局，2006年，第157頁。

㊹ 同⑱。

㊺ 同⑲，第35頁。

㊻ 祝中熹：《甘肅通史·先秦卷》，甘肅人民出版社，2009年，第455頁。

（原載簡帛網2010年7月30日，http://www.bsm.org.cn/show-article.ph？id=1278；
又《秦始皇帝陵博物院》總第1輯，三秦出版社，2011年；
部分内容又載《簡帛》第6輯，上海古籍出版社，2011年；
《陝西歷史博物館館刊》第17輯，三秦出版社，2010年）

一粟居讀簡記（一）

一

甘肅天水放馬灘秦墓 M1 在 1986 年出土的木板地圖七繪有山脊、溝谿等，有地名文字注記 9 處。其中有"泰❍""泰❍端谿""中❍""小❍"4 個地名。因木板地圖發掘前長期浸泡在水中，出土後又經清洗，所以文字不是十分清晰。《文物》1989 年第 2 期甘肅省文物考古研究所等《甘肅天水放馬灘秦漢墓群的發掘》及何雙全先生《天水放馬灘秦墓出土地圖初探》已有地圖摹本及釋文。21 年後，《天水放馬灘秦簡》[①]一書又重發摹本，但摹本中有些字不是很準確。比如"泰❍""泰❍端谿"泰後的字顯然是一個字，但摹寫不同。何先生釋第 1 例爲"大柴樅"、第 2 例爲"大祭相鋪谿"、第 3 例爲"中柲"、第 4 例爲"小柲"，同一字有樅、相、柲 3 種釋讀，混亂之極。李學勤、曹婉如二位先生釋第 1 例爲"泰析"、第 2 例爲"泰析端谿"、第 3 例爲"中析"、第 4 例爲"小析"[②]，以 4 個地名後字爲一字，甚是。

樅字見《古璽彙編》2393"樅得"，字作"❍"，或隸作樅，與地圖字差距甚大。柲字從木，心聲。心字秦文字或作"❍"[③]，與地圖字右旁雖接近，但仍有不同，即心字中間一長筆較橫平，而地圖字則較豎直。戰國文字中前此未見柲字，柲作爲木名字最早見於《廣韻》，云："其心黃"，柲非常見樹木，似也不應在地圖中幾條溝谿皆用爲地名字。相字秦文字作"❍"[④]，更與地圖字全然不類。析字秦文字作"❍""❍"[⑤]，右旁亦與地圖字不同。《説文》："析，破木也。"引申爲劈、剖、分義，與泰（大）、中、小連在一起，也不好理解。

我以爲此字應釋桃。桃字秦篆作"❍"，見秦封泥"左礜桃枝"[⑥]，秦隸作"❍"，見睡虎地秦簡《日書》甲《詰咎》："人毋（無）故而鬼取爲膠（摎），是=（此是）哀鬼……以棘椎桃秉（柄）槖（敲）其心，則不來。"[⑦]同篇又有"桃丈（杖）"，桃字寫法同。桃樹常見，故地名有"泰（大）桃""中桃""小桃"，皆據山溝間桃林面積大小或桃樹大小言之。墓主丹是一位日者，桃枝、桃杖又爲驅鬼之物，是他所常用的，故對其生長溝谿特別標明。

二

湖北荊州市王家臺出土秦簡《政事之常》文字分4圈書寫[⑧]。中間部分書寫"員（圓）以生枋（方），正（政）事之常"，是點明主題之辭。其餘3圈分12部分書寫。第2圈内容與睡虎地簡《爲吏之道》中"處如資，言如盟……不時怒，民將姚（逃）去"一段相同，文字略有差異，排列順序不盡相同。第3圈文字是對第2圈文字的解釋與説明，皆位於第2圈文字的下方，與之互相對應。第4圈文字是進一步的闡釋，從正反兩面闡述第2圈文字的觀點。

《政事之常》BI組："處如梁，言如盟，出則敬，毋襹張，炤如有光。"《爲吏之道》作："處如資……毋施當，昭如有光。""資"字睡簡整理小組讀爲齋，云："齋，齋戒，《繹史・孔子類記四》引《莊子》：'居處若齋，飲食若祭。'"[⑨]《概述》則以爲應以"梁"爲是。按《説文》："齋，戒潔也。"《莊子・人間世》："則可以爲齋乎？"成玄英疏："齋，齊也，謂心迹俱不染塵境也。"齋者心無雜念，純潔如一，自能安靜，引申爲靜義。《文選・謝靈運〈齋中讀書〉》："齋中讀書。"張銑注："齋，靜室也。"梁，《説文》："水橋也。"《爾雅・釋宫》郭璞注："屋大梁也。""處如梁"，如橋梁、梁木之安靜。《政事之常》CI組云："處如梁，以告靜。"是其傳注。"處如資（齋）""處如梁"皆有安靜義，衹是取喻不同，説不上何者爲正，何者非正。

"施當"睡簡整理小組注："施，疑讀爲弛。當讀常。此句意爲不要廢弛應經常遵守的原則。"《概述》則説"襹張"應讀爲"弛張"，弛與張爲同義詞，應理解爲鬆懈。今按"施當""襹張"均應讀爲弛張，王明欽之説是。襹，《説文》："奪也。从衣，虒聲。讀若池。"弛、池諧聲偏旁同。當从尚得聲，尚與長聲字通用。《論語・公冶長》："申棖。"《史記・仲尼弟子列傳》作"申黨"[⑩]。陝西眉縣楊家村出土四十二年逨鼎："余肇建長父侯于楊。"拙文《四十二年逨鼎銘文箋釋》[⑪]說"長父"即周宣王子"尚父"，見《新唐書・宰相世系表》。

王明欽讀"襹張"爲"弛張"是對的，但說弛與張是同義詞則不對。弛、張均與弓有關，《説文》："弛，弓解也。"即放鬆弓弦。又云："張，施弓弦也。"即把弦绷在弓上。弛與張爲反義詞。《禮記・雜記下》："一張一弛，文武之道也。"鄭玄注："張弛以弓弩喻人也。弓弩久張之則絶其力，久弛之則失其體。""弛張"是事物的兩面，猶今言忽冷忽熱，左右摇擺，這是爲政者的大忌。《政事之常》CI組："毋襹（弛）張告民不貣殹。"是對"弛張"的傳注。貣讀爲忒，蔡侯申鐘："不愆（忒）不貣。"越王者旨於賜鐘："我以樂鼓之，夙夜不貨。"⑫忒,《說文》:"更也。"CⅠ組說:"(政策)不左右搖擺,就是告訴民衆不變更。"《爲吏之道》有一則成相辭說:"將發令,索其政(正),毋發可異史(使)煩請。令數囚(究)環(還),百姓榣(搖)貳乃難請。"意思是:"發佈命令,力求正確,不要讓前邊命令與後邊命令有衝突,讓下級反覆請問。命令多次追回,百姓就會心中疑惑,事情就不好辦了。"也是這個意思。

三

《爲吏之道》:"與民有期,安騶而步,毋使民懼。"
《政事之常》BⅢ組:"與民有期,安毆而步,毋事(使)民竱。"
CⅢ組:"與民有期告之不再矣,安毆而步登於山矣,毋事(使)民竱游於囗矣。"
DⅨ組:"與民無期則囗幾不正,安毆而步孰知吾請(情)。"

睡簡整理小組注:"安,讀爲按。騶,即騶騎,在車前導行的騎者。此句意爲叫開道的騶騎慢慢地走。"與王家臺簡比對,疑睡簡整理小組注不盡可信。毆應讀爲驅,《說文》:"馬馳也。"引申爲行。《儀禮·士昏禮》:"婦乘以几,姆加景,乃驅。"在傳世文獻中,毆未見讀爲騶之例,騶疑應讀爲趨,《說文》:"走也。"《廣雅·釋詁一》:"行也。"趨、驅、步義近。《古樂府·陌上桑》:"盈盈公府步,冉冉府中趨。"安有徐緩義,常與行連用。《詩·小雅·何人斯》:"爾之安行,亦不遑舍。"朱熹集傳:"安,徐。""安趨而步""安驅而步"皆謂徐緩而行,不必讀安爲按,解騶爲騶騎。登山須徐緩而行,方能登頂,若大步流星,頃刻乏困,反倒不能堅持,爲政者亦當如是。王安石《同學一首別子固》:"夫安驅徐行,輟中庸之庭而造於室,舍二賢人(引者按指子固、正之,亦即曾鞏、孫侔二位)者而誰哉?吾昔非敢自必其有至也,亦願從事於左右焉爾,輔而進之其可也。"王氏是北宋的大政治家,是深諳爲政之道的。

"竱"爲王明欽之隸定,《概述》未附圖版,無從校核,然按之上下文,疑其有誤。竱字疑爲溥字誤隸。馬王堆帛書《老子》乙本卷前古佚書《經法·亡論》"德溥(薄)而功厚者隳(墮)",又《合陰陽》"三曰溥(薄)而滑"溥作"𣶒"⑬。"溥"見《說文》新附,作"𣶒",《古陶文彙編》3.513"城陽里溥豆"溥作"𣶒",二字右旁幾乎相同。溥從水,專聲,專又從甫得聲。甫與父聲字通,疑溥應讀爲怖(布從父得聲)。《史記·司馬相如列傳》:"專結縷。"集解引徐廣曰:"專一作怖。"⑭《說文》:"怖,懼也。"懼、怖互訓,王家臺簡、睡虎地簡祇是用字不同。

四

王家臺簡393："五子旦閉夕啓，北得，東吉，南凶，西☐。"簡388："五丑旦啓夕閉，東北吉，南得，西毋行。"簡395："五亥旦莫（暮）不閉，北吉，東凶，☐歓（飲）飤（食）百具☐。"

以上幾條《概述》定名爲《啓閉》，以爲見於睡簡《日書》乙及《九店楚簡》（後者稱"朝啓夕閟"），講述子至亥十二日各方位的吉凶。今按相似內容見睡簡《日書》甲《盜者》，云："寅，虎也。盜者壯……臧（藏）於瓦器間，旦閉夕啓西方……卯，兔也。盜者大面……臧（藏）於草中，旦閉夕啓北方……午，鹿也。盜者長頸，小脬……臧（藏）於草木下，必依阪險，旦啓夕閉北方……酉，水也。盜者閹（矕）而黄色……臧（藏）於園中草下，旦啓夕閉，夙得莫（暮）不得。"由此而論，所謂"旦閉夕啓""旦啓夕閉"，祇是說的門窗，而其啓、閉似與防備盜賊行動有關。睡簡《日書》乙簡158—169以十二支爲序，占出入、盜、疾。如簡157："子以東吉，北得，西聞言兇（凶），朝啓夕閉，朝兆不得，晝夕得。以入，見疾。以有疾，㫃（辰）少瘳（瘳）……"《九店楚簡》[15]簡60—76內容基本相同，如簡62："［子，朝］，閟啓。凡五子，朝逃得，晝不得，夕不得。以内（入），見疾。以有疾☐。""朝閟夕啓"也屬於其中間的占盜部分，與睡簡《日書》乙同。李家浩先生指出："'逃'从'兆'得聲，故'逃''兆'二字可以通用。按本墓'逃'字有兩種用法……一種假借爲盜，如三〇號簡'利於寇逃'和三二號簡'必無遇寇逃'之'逃'……《淮南子·時則》'蚤（早）閉晏開，以索姦人，姦人已得，執之必固'（據劉文典《淮南鴻烈集解》引王念孫校改）。其文字與本組簡'朝閉夕啓''朝盜得'也有相似之處。"[16]據睡簡及九店簡，王家臺簡這一章似亦應定名爲《盜》。

五

王家臺簡290："☐而更，田邋（獵）得獲。乙倉門，是不五歲弗☐。"簡291："☐北鄉（嚮）。東門，是胃（謂）邦君之門。"還有一些內容相似的簡。《概述》定這類簡爲《置室》，說："以圖文並茂的形式表現，與睡虎地秦簡相同。但由於殘缺太多，無法復原。圖中見到的門有'倉門''南門''臂門''大伍門''飤☐門''北門'等，而其說明文字中則有'倉門''東門''顧門''大北門''北門''門''起門''雲門''南門''不周門'等，與睡虎地秦簡不盡相同。"今按睡簡《日書》甲114正壹"直（置）室"，簡115正壹"門"，3字連讀爲"置室門"，應即此章標題。所謂"置室門"，主要是置（設立）室時選擇門的方位，在標題中，"門"是選擇的對象，是中心詞，絕不應省略。睡簡《置室門》圖中有"囷""豕""羊""大厦（殿）"，祇相當一個富户之家，而其門竟有22個，可見這些門祇是供建室者參考的，並不是説一個室（莊園）就需要這麽多門。文字説明也僅列舉四個方位各個位置門的吉凶，南方多吉，北方多凶，與先民的風水觀念一致。放馬灘簡《日書》乙簡1—15下欄、簡16—24中下欄文字與睡簡《置室門》略同，但無圖，無標題，説明文字祇説門之吉凶，不提置室之事。湖北隨州市孔家坡漢墓出土竹簡《日書》也有以"門"爲占測對象的文字，整理者擬題《直（置）室門》[17]，也是對的。

六

湖南大學嶽麓書院藏秦簡中有155枚列有秦始皇三十四年（前213）及另外年份月朔日干支、大小，並有一些記事文字。如簡545："十一月丁卯大，正月丁卯小，三月丙寅小，五月乙丑小，七月甲子小，九月癸亥小。"在此年的曆日中，記有一個名"爽"的人的活動："辛亥，爽之舍。"後九月"戊戌，爽會逮江陵"。在另一年份（或説是秦始皇二十七年，前220）還記録了"騰"的情况："丙辰，騰之益陽□□……辛巳，騰會逮監府。辛丑，騰去監府視事。"對這一類簡，陳松長先生原定名《日志》[18]，後又改稱《質日》[19]。簡611背有"卅（三十）四年質日"5字，簡602背有"☐七年質日"等字，可見陳先生後説是對的。

類似内容還見於如下簡牘：

1. 荆州關沮秦簡1—64列有秦始皇三十四年月朔日干支，並記有"宿黄郵""去左曹，坐南膾""守丞登史竪除。到""史除，不坐椽（掾）曹從公"等文字，整理者定名《秦始皇三十四年曆譜》[20]。簡69—91列有兩年月朔日干支、大小，並在簡88"六月丁未小"下記一"澤"字，整理者定爲秦始皇三十六年、三十七年《曆譜》。又有一枚木牘，正面記某年各月朔日干支、大小，背面記"以十二月戊戌嘉平，月不盡四日。十二［月］己卯□到廷賦所，籍（藉）蓆（席）廿"等字，整理者定名爲《秦二世元年曆譜》。

2. 江蘇連雲港尹灣六號漢墓出土竹簡記有元延二年（前11）墓主人的活動，如："正月大。戊辰，宿家……二月小……丁未，旦發夕謁宿滎陽亭……三月大……丁卯，日中至府宿舍予房錢千……"原無標題，整理者定名《元延二年日記》，理由是同墓出土木牘所記隨葬器物清單上有"記一卷"3字，"記"即《日記》[21]。

趙平安先生據《元延二年日記》，以爲所謂"秦始皇三十四年曆譜"應改稱《秦始皇三十四年記》。[22]

陳松長先生開始時以爲"日記"比較口語化，因而將同類的嶽麓簡稱爲"日志"，後來發現了簡背的標題，纔改稱"質日"。

3. 荆州市荆州區（原江陵縣）張家山247號漢墓竹簡1—9列漢高祖五年（前202）至十二年各月朔日干支，簡2下記"☐新降爲漢"；簡10—16列惠帝元年（前194）至七年各月朔日干支，簡10下記"六月病免"4字；簡17—18列吕后元年（前187）至二年各月朔日干支，整理者皆定名爲《曆譜》㉓。

4. 湖北隨州市孔家坡漢墓出土竹簡亦有漢景帝後元二年（前142）的月朔日支、大小等，整理者定名《曆日》㉔。稱"曆日"，劉樂賢先生、鄧文寬先生此前已有此意見㉕。

5. 山東臨沂縣銀雀山漢墓出土竹簡《元光元年曆譜》有干支一覽表，簡1自署："七年視日"㉖，李零先生因稱同類簡爲《視日》㉗。

其他稱作《曆譜》的還有安徽阜陽雙古堆漢墓竹簡《天曆》《漢初朔閏表》、湖南張家界漢遺址竹簡《曆日表》、甘肅敦煌清水溝竹簡《地節元年曆譜》《地節三年曆譜》《本始四年曆譜》，以及羅振玉、王國維《流沙墜簡》著録的《元康元年曆譜》《神爵三年曆譜》《五鳳元年八月曆譜》《永光五年曆譜》《永元六年曆譜》《永興元年曆譜》等㉘。

同一内容，或稱《曆譜》，或稱《曆日》，或稱《日記》，或稱《日志》，或稱《質日》，或稱《視日》，哪種稱呼更好一些？

這類資料不應稱《曆譜》而應稱《曆日》的理由，劉樂賢、鄧文寬兩位先生已説得很清楚了。他們據《周禮·春官·馮相氏》"以會天位"鄭玄注、王充《論衡·是應》、楊泉《物理論》及敦煌石室發現的北魏太平真君十一年、十二年"曆日"，説明漢及魏晉南北朝時人均稱"曆日"，不稱"曆譜"，是可信的。這種名稱，後世相沿不改。《元曲選·關漢卿〈玉鏡臺〉一》："梅香，取曆日來，教學士選個好日子。"《醒世姻緣傳》第一回："討出一本曆日，揀了十一月十五日宜畋獵的日子。"所謂"曆日"，就是根據日月星辰的運行的曆法推定月之大小、朔日干支、節氣等的篇或書，可供人查看、擇日，後世的曆日書，還記各日宜忌等。

關沮秦簡69—79記有"十月丙辰大"至"辛巳，九月小"，簡80背有"卅六年日"5字，應即該篇標題。所謂"日"，應爲"曆日"或"日曆"之省。出土簡牘標題或簡省，或不標明，例甚多。如睡虎地簡《日書》甲《吏》篇記十二地支所配合的各個日子中，吏何時見長官最好，何時不吉利。放馬灘簡《日書》甲相同内容，簡42有篇題《禹須臾所以見人日》。睡簡《日書》乙相似内題，簡153自題《見人》。放簡《日書》乙及關沮簡《日書》相同内容，無標題。該篇全稱應是《吏見人日》，《吏》省了"見人日"，《見人》省了主語"吏"，"禹須臾"則是吏見人的方式，加不加均可。以此而論，關沮簡秦始皇三十四年、三十七年、二世元年同類内容無標題，亦是《曆日》。

銀雀山簡"七年視日"的"視"字本不清晰，即使如李零先生所說，確爲視字，也是修飾"日"的，"日"則爲"曆日"之省。視，看也。"視日"，看曆日，即占候時日，以卜吉凶。《史記·陳涉世家》："（周文）嘗爲項燕軍視日。"集解："如淳曰：'視日時吉凶舉動之占也。'"據羅福頤先生《臨沂漢簡概述》㉙和陳久金、陳美東二位先生說㉚，"七年視日"或"元光元年曆譜"祗有各月朔日干支及節氣，可見祗是供日者占卜、選擇吉凶的《曆日》。

李零先生說："'視'和'質'古音相近，可能是通假字。前者有察視之義，後者有比對之義，含義也比較接近。"㉛今按上古音視脂部禪紐，質質部端紐，脂質陰入對轉，端爲舌頭音，禪爲舌面音，端禪準旁紐。視、質有通假的可能，但可能性不等於必然性，傳世及出土文字皆無二字通假的例證。李零後說是對的，但似不全面。質有對質、驗證義。《莊子·徐無鬼》："吾無以爲質。"成玄英疏："質，對也。"也有質詢、就正義。《大戴禮記·文王官人》："質不斷，辭不至。"王聘珍解詁："質讀如'虞、芮質厥成'，謂人有所質正也。"劉向《九嘆·遠逝》："情慨慨而長懷兮，信上皇而質正。"所謂"質日"，就是可供查對、資詢的曆日。"質日"，關鍵詞仍是"日"，即"曆日"。

"曆日"可供查對，也可以在相關的日子下記事。記事可多可少，也可以沒有。有記事的"曆日"當然可以稱爲"日記"或"曆記"，也仍可以稱爲"曆日""日曆"或"曆"。宋吳曾《能改齋漫錄二·日曆之始》說唐永貞元年九月始令史官撰《日曆》，其法以事繫日，以日繫月，以時繫年。據《宋史·職官志》，宋時在修歷朝實錄之前，先修《日曆》，有日曆所，隸祕書省。古人亦稱日記本爲"曆"。蘇軾《東坡志林·修身曆》："子宜置一卷曆，晝日之所爲，莫夜必記之，但不記者，是不可言不可作也。"

記載年月日的曆本，後世或稱"年曆"，或稱"月曆"。《通典·職官八》："後漢太史令掌天時星曆，凡歲將終，奏新年曆。"《後漢書·禮儀志上》："禮威儀，每月朔旦，太史上其月曆，有司、侍郎、尚書見讀其令，奉行其政。"引申之，按年記事可稱"年記"，按月記事可稱"月記"，即"年曆記""月曆記"之省，但在古人有時不是分得很清。睡簡《編年記》年份之下，有的有記事，有的則沒有，可見是先列出一個年份表，然後隨時記事，有大事則記，無大事則不記。凡國之大事，多有年而無月，但有一條例外："五十六年，後九月，昭死。孝文王元年，立即死。"《史記·秦本紀》："五十六年秋，昭襄王卒，子孝文王立。""秋"即"後九月"。秦以十月爲歲首，"後九月"（閏月）是歲末，不到一月，孝文王"十月己亥即位"，已是第二年。不到一月之內，新老二王皆卒，而事在兩年之內，故有必要記明月份。值得注意的是，對墓主喜的出生、喜父（公）母（嫗）的去世、喜家庭成員（敢、速疑爲喜弟，獲疑爲喜子，穿耳疑爲喜女）的出生，以及喜的進用爲史（"揄史"）、除官（"□安陸□史""爲安陸令史""鄢令史""治獄鄢"）等，不但記明月份，有的還記有該日干支（"正月甲寅""四月癸丑"……）甚或時辰（"十二月甲午雞鳴時""八月己亥廷食時"），可見在某種程度上，此篇就是喜的家譜，其對秦大事祇是摘抄。此篇原定名《大事記》。後定名《編年紀》，可能都不十分確切。如果改稱《歷（甲骨文有歷字，金文毛公鼎有厤字，禹鼎有歷字，曆字出現較晚，《史記》《漢書》通用歷）記》，顯示其按年、月、日記秦之大事、喜之家事，可能更好些。

《史記》有《十二諸侯年表》《六國年表》，即以表的形式，按年記載春秋十二諸候、戰國七國大事，所謂"年表"，實即"年歷表"。《漢興以來諸侯王年表》《高祖功臣侯者年表》《惠景間侯者年表》《建元以來王子侯者年表》亦然。特定歷史階段，則按月記事，如《秦楚之際月表》，所謂"月表"即"月歷表"。《年表》《月表》省"歷"字，但其核心仍是"歷"。《六國年表》開首云："太史公讀《秦記》……"索隱："即秦國之《史記》也。故下云'秦燒《詩》《書》，諸侯《史記》尤甚，獨有《秦記》，又不載日月'是也。"所謂《秦記》，即《秦歷史記》，其核心仍是"歷""史"。司馬遷作《史記》，猶沿其例。

七

清華楚簡[32]《尹至》簡 2—3："隹（惟）哉（災）虐（虐）惪（德）瘧（暴）瞳，亡箕（典）。"影本注讀惪為極，引《呂氏春秋·適音》注："病也。"又讀瞳為瘇或腫。復旦大學出土文獻與古文字研究中心研究生讀書會（以下簡稱復旦讀書會）[33]斷句作："隹（惟）哉（災）：虐（虐）惪（德）、瘧（暴）瞳、亡箕（典）。"以為"虐德""暴瞳""亡典"是三個動賓結構的短語，"虐德"指"殘虐於德"，"亡典"指"散亡典常、典法"。又說："整理者讀'瞳'為'脛氣足腫'之'瘇'，可疑，尚待進一步研究。"讀書會的斷句是正確的，祇是"暴瞳"的意義仍未說清。

我懷疑瞳應讀為衆。上古音衆冬部照紐，腫東部照紐，二字雙聲，東、冬合韻在戰國以後多有。河南光山出土黃君孟器銘："黃君孟自乍（作）行器，子子孫孫永寶󰀁。""󰀁"讀音近融（冬喻），銘中讀為用（東喻）；《國語·晉語四》"祝融"，《路史·後紀四》注引《山海經》作"祝庸"[34]。童、重聲字與衆字通用，典籍亦有其例。《楚辭·九懷》："奮搖兮衆芳。"考異："衆一作種。"《廣韻·害韻》："暴，侵暴。"即欺凌、侵害。《國語·晉語八》："忠不可暴，信不可犯。""忠不可暴"之反面即"暴忠"。《史記·夏本紀》："夏桀不務德，而武傷百姓，百姓弗堪。""不務德"即"虐德"。衆，衆庶，與"百姓"意近，而傷害與暴（侵害）意近，故"暴衆"即"傷百姓"。《呂氏春秋·慎大》："（桀之諛臣）干辛任威，淩轢諸侯，以及兆民。"又云："桀迷惑於末嬉，好彼琬琰，不恤其衆，衆志不堪。""淩轢""暴（欺凌）""不恤"意近；"諸侯""兆民""衆"意近，故"暴衆"也就是"凌轢諸侯、兆民"，或"不恤其衆"。

八

清華楚簡《尹至》3—4："湯遧（往）延（征）弗䳢"。䳢影本隸作䳢，注："䳢即'鳥'字，從鳥聲，'鳥'即'鳧'字，可通並母職部之'服'……湯往征弗服，指《詩·長發》所云伐韋、顧、昆吾之事。"復旦讀書會認同其釋字，但以爲"讀此字爲'服'，於韻部稍隔，恐不可信"。讀書會改讀爲附，説："《孟子·滕文公下》引《書》曰：'有攸不惟臣，東征，綏厥士女，匪厥玄黃，紹我周王見休，惟臣附於大邑周。'先言'征'，後言'附'，與此'往征弗附'可類比。"黃人二、趙思木則指出："釋此字從'勹'，實與字形不甚相合，此字從'九'得聲，可讀爲'軌'，'軌'常訓'道''法'，賈誼《新書·道術》'緣法循理謂之軌'，尤其確證。簡文'征弗軌'正謂湯前往征討無道之有夏。"㉟黃、趙二氏指出䳢從九得聲是對的，但未指出其爲何字。今按隹、鳥義近偏旁可以互換，肯即肌，從九得聲，故䳢實即鳩字異構。鳩與軌通用，文獻亦有其例，《呂氏春秋·慎勢》："沙用鳩。"《史記·河渠書》集解引《尸子》云："以軌行沙。"問題在於："征弗軌"文獻乏例，總讓人感到不踏實。再説《尹至》下文説湯"自西恝（翦）西邑，夌（戡）兀（其）又（有）顗（夏）"，則所謂"征弗鳩"者顯然不是夏桀，而應如影本注所説是韋、顧、昆吾。《史記·殷本紀》云："當是時，夏桀爲虐政淫荒，而諸侯昆吾氏爲亂。湯乃興師，率諸侯，伊尹從湯。湯自把鉞，以伐昆吾，遂伐桀。"瀧川資言考證："《詩·商頌·長發》篇：'韋顧既伐，昆吾夏桀。'則是湯先伐韋國、顧國，次乃伐昆吾，最後乃伐夏也。"也説得很明白。

我以爲"鳩"應讀爲歸。九與鬼通。《禮記·明堂位》："脯鬼侯。""鬼侯"《史記·殷本紀》作"九侯"。鬼聲字與歸通。《戰國策·秦策二》："狀有歸色。"高誘注："歸當爲愧，音相近，故作歸耳。"《尚書·微子之命》："王命唐叔歸周公于東。"《史記·魯周公世家》歸作餽㊱。歸，歸依、歸附、歸順。小國依屬大國，賢人依屬聖君，曰歸，曰附，曰歸附。《史記·周本紀》："（古公）踰梁山，止於岐下。豳人舉國扶老攜幼，盡復歸古公於岐下。及他旁國，聞古公仁，亦多歸之……（文王）篤仁敬老慈少，禮下賢者，日中不暇食以待士，士以此多歸之。伯夷、叔齊在孤竹，聞西伯善養老，蓋往歸之。"《論衡·定賢》："以人衆所歸附，賓客雲合者爲賢乎？"歸、附義近。中山王䦉方壺："□愛深則㛸（賢）人簭（親），忟（作）斂中則庶民㠯（附）。"上博楚竹書《競建内之》簡3—4："不出三年，𨿗（狄）人之伓（附）者七百里。"復旦讀書會與我釋字不同，論證不同，但皆解爲征伐不歸附之韋、顧、昆吾，結論是接近的。

九

清華楚簡《程寤》簡2—3："敝（幣）告宗方（祊）夻（社）褀（稷），忈（祈）于六末山川，攻于商神，謼（望），承（烝），占于明堂。"影本注："六末，疑指天地四方。"未申述理由。程浩《清華簡〈程寤〉研讀札記》[37]引有的學者的説法，疑"六末"讀爲"六物"。而程先生則説末爲宋字之訛，讀爲宗，引《尚書·堯典》（引者按依古文爲《舜典》，今文合爲一篇）"禋于六宗，望于山川"。今按上句已有宗字，隔了6個字就寫了一個應讀爲宗的宋字，而又誤宋爲末，這樣解釋，似過於迂曲。

我以爲，説"六末"指天地四方，或讀爲"六物"，或解爲"六宗"，都不能算錯，祇是未把話説透。"天地四方"應指天地四方之神，"六物""六宗"均指六種神（具體所指容有小異）。以下試爲論説：

末應讀爲袜，亦即魅。《玉篇》："袜，即鬼魅也。"《山海經·海內北經》："袜其爲物，人身黑首從（縱）目。"郭璞注："袜，即魅也。"郝懿行義疏："魑魅漢碑作褵袜。"《説文》："鬽，老精物也。从鬼、彡。彡，鬼毛。魅，或从未聲。"《論衡·訂鬼》："一曰：鬼者，物也，與人無異……或謂之鬼，或謂之魅，或謂之魑，皆生存實有，非虛無象類之也。"末與未聲字通。《左傳·昭公六年》："虞之世數未也。"《史記·陳杞世家》未作末。古人常鬼神連用，其鬼、神界限不是很清楚。《周禮·春官·大祝》："掌六祈以同鬼神示，一曰類，二曰造，三曰禬，四曰禜，五曰攻，六曰説。"簡下文説"攻于商神"，上文"祈于六末"末即鬼袜，《大祝》攻爲祈之一種，用法與簡文同。《漢書·郊祀志》："秦并（併）天下，令祠官所奉天地、名山、大川鬼神，可得而序也。"鬼神並祀。睡虎地秦簡《法律答問》："可（何）謂'祠未闋〈闋〉'？置豆俎鬼前未徹乃爲'未闋〈闋〉'。"又云："'擅興奇祠，貲二甲。'可（何）如爲'奇'？王室所當祠固有矣，擅有鬼立（位）殹，爲'奇'，它不爲。"整理小組注："鬼，《禮記·表記》疏：'謂鬼神。'"是鬼神亦可單稱鬼。

末與物通用。《詩·小雅·節南山》："勿罔君子。"鄭玄箋："勿當作末。"物有鬼神義。《漢書·郊祀志》："有物曰蛇，白帝子。"顏師古注："物，謂鬼神也。"孫詒讓《札迻·風俗通義·怪神第九》："古書多謂鬼魅爲物。"《史記·武帝本紀》："能使物。"集解引如淳曰："物，鬼物也。"

《説文》："宗，尊祖廟也。从宀，从示。"段玉裁注："宗从宀从示，示謂神也，宀謂屋也。"李孝定説："示象神主，宀象宗廟，宗象藏主之地。"[38]引申之，宗指神鬼。《尚書·舜典》:"肆類于上帝,禋于六宗,望于山川,徧于群神。"孔氏傳:"宗,尊也,所尊祭者,其物有六,謂四時也,寒暑也,日也,月也,星也,水旱也。"孔穎達疏:"又禋祭於六宗等尊卑之神。"類、禋、望都是祭名。上帝、六宗、山川都是"群神",亦即各種鬼神。

一〇

清華楚簡《程寤》簡4:"朋楝(棘)戩杍₌松₌(梓松,梓松)柏副,械橐柞₌(柞,柞)霅₌(化爲)臐。"影本戩注讀爲戮,棄也;副訓析,讀爲覆。復旦讀書會橐讀爲包。宋華強《清華簡校讀散札》[39]訓副爲分娩生育;訓包爲胞,懷妊也;又讀戩爲儔,仇匹也;讀臐爲樗,即樗,惡木也。今按戩讀爲儔,臐讀爲樗,是有道理的。柞是一種灌木或小喬木,有刺,可變化爲一種樹木,而不大會變爲一種顏料或色彩(臐爲善丹,即赤石脂),"柞化爲樗",是對的。

但解樗爲惡木,解儔爲仇匹,似仍可討論。

《説文》:"儔,翳也。"段玉裁注:"翳者,華蓋也,引伸爲凡覆蔽之偁。按《玉篇》儔直流切,侣也;又大到切,翳,隱蔽也。《廣韻》尤韻,儔,侣也,直由切;號韻,儔,隱也,徒到切。是儔有隱蔽之訓,而其音與疇侣絕不同;與翿纛音同,由其義相近也,翳義廢而侣義獨行矣。然自唐以前,用儔侣皆作疇,絕無作儔者。蓋由古者一井爲疇,並畔爲疇。是以《釋詁》曰:'疇,誰也。'注《易》、注《國策》《漢書》者曰:'疇,類也。'注《國語》者曰:'疇,匹也。'下逮六朝辭賦皆不作儔。玄應之書曰:'王逸云:二人爲匹,四人爲疇。疇亦類也,今或作儔矣。'然則用儔者,起唐初,以至於今。"依段氏説,仇匹義唐以前用疇不用儔。在簡文中,戩讀儔,解爲覆蔽,也是可以的。梓爲良木,可作家具或樂器。《埤雅·釋木》:"梓,舊説椅即是梓,梓即是楸,蓋楸之疏理而白色者爲梓,梓實桐皮曰椅。其實兩木大類同而小別也。今呼牡丹謂之華王,梓爲木王,蓋木莫良於梓。""朋棘"群棘,群棘覆蔽梓樹,象徵姦佞得志,賢良被斥。

《説文》大徐本:"樗,木也。从木,虖聲。"又云:"櫡,木也,以其皮裹松脂。从木,零聲,讀若華。檴,或从蒦。"段玉裁將樗、櫡二字説解互换,云:"樗,樗木也。各本樗與櫡二篆互譌,今正,《毛詩音義》《爾雅音義》《五經文字》可證也。假令許書與今互異,則陸氏、張氏當辨明之,如穜、種之例矣。《豳風》《小雅》毛傳皆曰:'樗,惡木也。',惟其惡木,故豳人祇以爲薪,《小雅》以儷惡菜,今之臭椿樹是也。"又云:"檴,檴木也。《釋木》:'檴落。'郭云:'可以爲杯器素。'……檴、櫡古今字也。司馬《上林賦》字作華,師古曰:'華即今之樺,皮貼弓者。'《莊子》'華冠',亦謂樺皮爲冠也。樺者,俗字也。"依段氏説，櫽即樸，亦即樺。"柞化爲樺"，小灌木變爲大樹，爲"吉夢"之徵。

注釋：

① 甘肅省文物考古研究所編：《天水放馬灘秦簡》彩版三至七，圖二二至二八，中華書局，2010年。

② 曹婉如：《有關天水放馬灘秦墓出土地圖的幾個問題》，《文物》1989年第12期。

③ 湯餘惠主編：《戰國文字編》，福建人民出版社，2001年，第699頁。

④ 陳振裕、劉信芳編著：《睡虎地秦簡文字編》，湖北人民出版社，1993年，第88頁。

⑤ 同③，第374頁。

⑥ 王輝：《秦文字集證》圖版160·433，臺灣藝文印書館，1999年。

⑦ 同④，第90頁。

⑧ 王明欽：《王家臺秦墓竹簡概述》，艾蘭、邢文編：《新出簡帛研究》，文物出版社，2004年。以下凡引王家臺簡皆出此文，簡稱《概述》。

⑨ 睡虎地秦墓竹簡整理小組編：《睡虎地秦墓竹簡》平裝本，文物出版社，1978年，第289頁。

⑩ 高亨纂著，董治安整理：《古字通假會典》，齊魯書社，1989年，第300頁。

⑪ 張光裕主編：《第四屆國際中國古文字學研討會論文集》，香港中文大學，2003年。

⑫ 王輝編著：《古文字通假字典》，中華書局，2008年，第233頁。

⑬ 陳松長編著，鄭曙斌、喻燕姣協編：《馬王堆簡帛文字編》，文物出版社，2001年，第449頁。

⑭ 同⑩，第915頁。

⑮ 湖北省文物考古研究所、北京大學中文系編：《九店楚簡》，中華書局，2000年。

⑯ 同上，第120頁。

⑰ a. 湖北省文物考古研究所、隨州市考古隊編：《隨州孔家坡漢墓簡牘》，文物出版社，2006年，第92—94頁；b. 劉樂賢：《孔家坡漢簡〈日書〉"直室門"補釋》，《簡帛》第4輯，上海古籍出版社，2009年。

⑱ 陳松長：《嶽麓書院藏秦簡綜述》，《文物》2009年第3期。

⑲ 據蕭燦：《〈嶽麓書院藏秦簡〉（壹）出版》，簡帛網 http://www.bsm.org.cn/show-news.php？id=325（2011年1月7日）。

⑳ a. 彭錦華：《周家臺30號秦墓竹簡"秦皇三十四年曆譜"釋文與考釋》，《文物》1999年第6期；b. 湖北省荊州市周梁玉橋遺址博物館編：《關沮秦漢墓簡牘》，中華書局，2001

年，以下凡引關沮簡牘俱出此書。

㉑ 劉洪石：《遣冊初探》，連雲港市博物館、中國文物研究所編：《尹灣漢墓簡牘綜論》，科學出版社，1999年。

㉒ 趙平安：《周家臺30號秦墓竹簡"秦始皇三十四年曆譜"的定名及其性質——談秦漢時期的一種隨葬竹書"記"》，長沙市文物考古研究所編：《長沙三國吳簡暨百年來簡帛發現與研究國際學術研究討論會論文集》，中華書局，2005年；後又收入氏著：《新出簡帛與古文字古文獻研究》，商務印書館，2009年。

㉓ 張家山二四七號漢墓竹簡整理小組：《張家山漢墓竹簡〔二四七號墓〕》（精裝本），文物出版社，2001年。

㉔ a. 湖北省文物考古研究所、隨州市考古隊編：《隨州孔家坡漢墓簡牘》，文物出版社，2006年，第193、191頁；b. 武家璧：《隨州孔家坡漢簡〈曆日〉及其年代》，簡帛網http://www.bsm.org.cb/show-article.php? id=437（2006年10月10日），又載《江漢考古》2009年第1期。

㉕ a. 劉樂賢：《簡帛數術文獻探論》，湖北教育出版社，2003年，第24—26頁；b. 鄧文寬：《出土秦漢簡牘"曆日"正名》，《文物》2003年第4期。

㉖ 陳久金、陳美東：《臨沂出土漢初古曆初探》，《文物》1974年第3期。

㉗ 李零：《視日、日書和葉書》，《文物》2008年第12期。

㉘ 參看駢宇騫、段書安編著：《二十世紀出土簡帛綜述》，文物出版社，2006年，第244—253頁。

㉙ 羅福頤：《臨沂漢簡概述》，《文物》1974年第3期。

㉚ 同㉖。

㉛ 同㉗。

㉜ 清華大學出土文獻研究與保護中心編，李學勤主編：《清華大學藏戰國竹簡（壹）》，中西書局，2010年。以下凡引清華簡皆出此本，簡稱影本。

㉝ 復旦大學出土文獻與古文字研究中心研究生讀書會：《清華簡〈尹至〉〈尹誥〉研讀札記（附〈尹至〉〈尹誥〉〈程寤〉釋文）》，復旦大學出土文獻與古文字研究中心網站：http://www.guwenzi.com/SrcShow/asp? Src-ID=1352（2011年1月5日）。

㉞ 同⑫，第478頁。

㉟ 黃人二、趙思木：《讀〈清華大學藏戰國竹簡〉書後（一）》，簡帛網：http://www.bsm.org.cn/show-article.php? id=1368（2011年1月7日），後又收入氏著：《戰國楚簡研究》，上海古籍出版社，2012年。

㊱ 高亨纂著，董治安整理：《古字通假會典》，第 500 頁。

㊲ 程浩：《清華簡〈程寤〉研讀札記》，復旦大學出土文獻與古文字研究中心網站：http://www.gwz.fudan.edu,cn/SrcShow.asp？Src-ID=1364（2011 年 1 月 8 日）。

㊳ 李孝定：《甲骨文字集釋》，"中央研究院"歷史語言研究所專刊之五十，1970 年，第 2479 頁。

㊴ 宋華强：《清華簡校讀散札》，簡帛網：http://www.bsm.org.cn/show-arti-cle.php？id=1380（2011 年 1 月 10 日）。

（原載《陝西歷史博物館館刊》第 18 輯，三秦出版社，2011 年）

一粟居讀簡記（二）

一

清華大學藏戰國竹簡《耆夜》簡自名《䚂夜》，見於簡 14 背①。簡 3 云："王夜箆（爵）禺（酬）緙（畢）公，夋（作）訶（歌）一夂（終）曰《藥藥（樂樂）旨酉（酒）》：……"簡 4—5 云："王夜箆禺周公，夋（作）訶一夂曰《䠙〈輶〉堯（乘）》：……"簡 6 云："周公夜箆禺緙公……"簡 7—8 云："周公夜箆禺王……"②

簡文"夜"字，各家讀法不同：

李學勤先生讀爲"咤"，云："清華簡《䚂夜》，我以爲當讀爲《黎咤》，主要叙述戡黎還師'飲至'，即飲酒慶功的情景……飲酒間，武王、周公都先'夜'（咤，意爲奠爵）爵醻畢公……"③

稍後出版的《清華大學藏戰國竹簡（壹）》下册該篇注釋［九］則讀"夜"爲"舍"，云："夜，古音喻母鐸部，在此讀爲'舍爵'之舍，舍在書母魚部，可相通假。或説讀爲《説文》的'𠅃'字，音爲端母鐸部，該字今《書·顧命》作'咤'，訓爲'奠爵'，與'舍爵'同義。"④

裘錫圭先生則讀"夜"爲"舉"，云："我覺得讀'夜爵'或'咤爵'或'舍爵'，似乎不如讀爲'舉爵'妥當。戰國楚文字資料中屢見地名'平夜'，我在《談談隨縣曾侯乙墓的文字資料》一文中，因'夜'與'輿'上古音同屬餘母魚部（'夜'从'亦'聲，或歸入魚部入聲鐸部），讀'平夜'爲'平輿'。"⑤裘先生舉《禮記·檀弓下》《儀禮·鄉飲酒禮》《儀禮·聘禮》"舉爵"之例，以爲佐證。又引《禮記·檀弓下》："平公曰：'寡人亦有過焉，酌而飲寡人。'杜蕢洗而揚觶。公謂侍者曰：'如我死，則必無廢斯爵也。'至於今，既畢獻，斯揚觶，謂之'杜舉'。"説："《耆夜》篇是由於篇中有伐耆還師'飲至'，武王、周公'夜爵酬畢公'等内容而得名的。這跟'杜舉'由於杜蕢揚觶之事而得名有相類之處。所以把'耆夜'讀爲'耆舉',似乎也比讀爲'耆咤'或'耆舍'合理。"⑥

王寧先生另有見解,云:"《耆夜》之'夜',裘錫圭先生讀爲'舉',夜、舉可通假,應該没有問題,在文中也可通讀。不過,竊以爲如果從其篇名來看,讀爲'舉'似乎還有可商量的餘地。整理者讀爲'舍',殆即古之'告廟'時'舍爵策勳',《左傳·桓公二年》:'凡公行,告于宗廟,反行飲至,舍爵策勳焉,禮也。'戰還飲至,舍爵策勳,是一種固定的禮制。《耆夜》如果讀爲'耆舍',乃言戡耆戰還飲至,舍爵策勳之事,合乎通篇内容,也符合古代禮制。如果篇名讀爲'耆舉','舉'爲舉爵,總覺得無法涵蓋全篇内容,而且有不辭之嫌。"⑦

我以爲,在正文中,"夜"讀爲"舍"或"舉",似乎都文從字順。比較而言,"舉爵"的例子更多。就篇題而言,無論"耆舉"還是"耆舍"都有其道理,也能説通,但都要經過一番解説、論證,頗爲曲折。如果換個角度,我們不妨設想:正文和篇名雖然同用一個"夜"字,但其讀法即含義未必一定要完全相同,祇要符合上下文及通篇内容即可。在篇名中,"夜"讀爲"豫",可以涵蓋全篇内容,理解上也更簡捷、直接。

在古文字及典籍中,"舍"或"夜""輿"都可讀爲"豫"。

馬王堆帛書《老子》甲、乙本《道經》:"與呵亓(其)若冬涉水,猷呵亓若畏四哭(鄰)。"郭店楚簡《老子》甲本:"夜虖(乎)奴(若)冬涉川。""與""夜"王弼本《老子》作"豫"⑧。《左傳·莊公二十二年》:"聖人爲之,豈猶豫焉。""猶豫"或作"猶與",《禮記·曲禮》:"定猶與。"包山楚簡34:"邡塱之聞(關)戠(敔)公周童耳受期。"三年㝇余戈:"㝇余令韓譙。"何琳儀説:"㝇塱(舉)""㝇余"皆即"扶予"。《水經·溹水》注:"《山海經》曰:朝歌之山溹水出焉,東南流注於滎。經書扶予者,其山之異名乎?"扶予在今河南泌陽縣西北⑨。"舍"從"余"得聲,"豫"從"予"得聲。清華簡《繫年》:"王命莫敖陽爲率師侵晉,攘(?)宜陽,圍赤□……魏臾(魏文侯斯)、趙籴(趙獻侯浣)、韓啓章(韓武子啓章)率師救赤□,楚人豫圍而還,與晉師戰於長城。"李學勤先生讀"豫"爲"舍"⑩。

豫,安樂也。朱駿聲《説文通訓定聲》:"豫,假借爲忥,爲娱。《爾雅·釋詁》:'豫,樂也。'又'安也'。《易·豫》鄭玄注:'喜豫説(悦)樂之皃也。'"《鄀夜》即戡耆後周武王、周公、召公、畢公、辛公甲、作册逸等在文王太室行飲至禮,飲酒作歌,以爲娱樂。

説《鄀夜》爲"伐耆後行禮娱樂",周公所作歌《蟲(蟋)蜜(蟀)》可爲明證。詩云:"蟲蜜才(在)笞(席),戠(歲)喬員(云)蒼(莫)。今夫君子,不憙(喜)不藥(樂)。日月亓(其)穢(邁),從朝返(及)夕。母(毋)已大康,則夂(終)以叏(祚)。康藥(樂)而母(毋)忘(荒),是佳(惟)良士之思思(懼懼)……"此詩又見今本毛詩《唐風·蟋蟀》，云："蟋蟀在堂，歲聿其莫。今我不樂，日月其除。無已大康，職思其居。好樂無荒，良士瞿瞿。"簡文與毛詩可能版本不同，但其主要內容與主旨則無二致。《毛詩序》："刺晉僖公也，儉不中禮，故作是詩以閔之，欲其及時以禮自虞樂也。"孔穎達疏："作《蟋蟀》詩者，刺晉僖公也。由僖公太儉偪下，不中禮度，故作是《蟋蟀》詩以閔傷之，欲其及歲暮閒暇之時以禮自娛樂也。以其太儉，故欲其自樂；樂失於盈，又恐過禮，欲令節之以禮，故云'以禮自娛樂也'。"深刻地揭示了詩的主旨。陳致先生指出："在西周中期，伴隨着音樂的使用和祭祀禮辭的發展，中國的四言體詩才開始逐漸形成，并且格式化……（《耆夜》中）三首古佚詩都是整齊的四言詩，而用韻精整，這對我們判斷《蟋蟀》一詩的時代不無幫助，總的來說，它們不可能是西周晚期以前的作品。"⑪由此可見，《蟋蟀》一詩不是周公作品，《耆夜》祇是戰國中期以後人利用前人詩作撰寫西周故事。晉僖公（鼇侯）元年爲西周共和二年（前 840），其十四年（前 827），周宣王立。晉僖公在位時間已是西周晚期，故《毛詩序》說《蟋蟀》"刺晉僖公"，也不是没有可能。

二

清華簡《耆夜》簡 6—7："䙜䙜戎備（服），䵨（壯）武愗愗（赳赳）。"此爲周公酬畢公之詩。影本注："䙜，字从䙜聲，疑讀爲'央'或'英'。《詩·六月》：'織文鳥章，白旆央央。'《文選·夏侯常侍誄》：'英英夫子，灼灼其雋。'此處修飾戎服。"復旦讀書會以爲䙜在耕部，央在陽部，相通例子不多，恐未必可信，但未作進一步討論⑫。今按䙜字見《古璽彙編》3796"司馬䙜"，又包山楚簡 150 有"宋䙜"，皆爲人名，音不明。《廣韻》平秘切，《漢語大字典》注音 bì。何琳儀《戰國古文字典》云："䙜，从三貝，會意不明，貝亦聲……據《一切經音義》七：'䙜，古文䙜、奰、悲三形。'"⑬弗與非聲字通。《尚書·吕刑》："苗民弗用靈。"《禮記·緇衣》引"弗"作"匪"。疑"䙜"應讀爲"斐"。斐上古音微部滂紐，䙜上古音脂部滂紐，二字雙聲，脂微旁轉，音近可通。《說文》："斐，分別文也。从文，非聲。《易》曰：'君子豹變，其文斐也。'"斐斐指五色相錯，文彩鮮明。《韓詩外傳》卷五："如神龍變化，斐斐文章。""斐斐戎服"，色彩鮮艷的軍服。

三

清華簡《皇門》簡 1—2："朕寡（寡）邑少（小）邦，穮（蔑）又（有）耆荷虞事甹（屏）朕立（位），䊮（肆）朕沖（沖）人非敢不用明刑，隹（惟）莫覓余嘉䕺（德）之兑（說）。"

"處"字影本讀爲"慮",謀思也。但此字隸定及釋讀諸家分歧較大。此字亦見上博簡《用曰》"强君處政,揚名於外",何景成先生以爲"處"所從虎形爲虒之省,"樞"讀爲"施","處政"即"施政",何家興先生認爲《皇門》"處事"也應讀爲"施事";劉雲先生讀"處"爲"據",定也;孫飛燕女士讀爲"御",説簡文與《尚書·文侯之命》"即我御事,罔或耆壽俊在厥服"文意近似;施謝捷先生則説:"從虎從木的字其實應該是'虞'字的異構,字形演變可參看'樂'字字形的相關變化。《説文》:'樂,五聲八音總名。象鼓鞞。木,虡也。'……《逸周書》本作'據',説明當時還是認得此字的。"[14] "處"從木,虎聲,"虎"是否"虒"之省,没有旁證。讀"處"爲"御",音理上問題不大(二字皆魚部),但典籍没有例子。讀"據"訓"定",可以講通,但典籍也没有"據事""據政"的例子。

我懷疑"處"應讀爲"處"。"處""處"皆從"虎"得聲,例得通用。《楚辭·大招》:"魂乎歸徠,恣志慮只。"洪興祖考異:"慮一作處。"《左傳·昭公二十年》:"梁丘據。"《禮記·投壺》釋文:"據又作處。"[15] 處有決斷、辦理義。《左傳·文公十八年》:"先君周公制周禮,曰:'則以觀德,德以處事。'"杜預注:"處,猶制也。"孔穎達疏:"既有善德,乃能制斷事宜。"《國語·魯語下》:"朝夕處事,猶恐忘先人之業。"韓愈《興元少尹房君墓誌》:"(房武)歷十二官,處事無纖毫過差。""耆耇處事,屏朕位",年高德劭者決斷國家事務,屏藩保護君位。"處政",辦理政務,亦通。

關於"明刑",影本注説:"明刑,指顯明的刑罰,即所謂祥刑。《詩·抑》:'罔敷求先王,克共明刑。'《書·吕刑》:'故乃明于刑之中',又'監于此祥刑'。此句今本作'建沈人,非不用明刑'。"今按今本《逸周書·皇門》"建"乃簡文"鬟(肆)"之訛誤,"肆"後佚一"朕"字,"沈人"即"沇人"之訛,董珊先生讀爲"沖人"[16],"非"後佚一"敢"字。"明刑"之"刑"西周、春秋金文作"井"。牧簋:"女(汝)母(毋)敢□□(弗帥?)先王乍(作)明井。"毛公鼎:"女(汝)母(毋)弗帥用先王乍(作)明井,俗(欲)女(汝)弗以乃辟圅(陷)于囏(艱)。"傳世秦公鎛鐘:"余雖小子,穆穆帥秉明德,叡專(敷)明井。"帥,遵循。《左傳·莊公二十三年》:"帥長幼之序。""井"讀爲"型",榜樣、法式、楷模。《説文》:"型,鑄器之法也。"段玉裁注:"引申之爲典型。"王文耀先生説:"井實型之初文,爲製大磚坯子模具的象形。填土入井之中心方格,用刀括除多餘泥土,故産生從刀從土的'型'。井被借用爲水井之井,久而失去本義。"[17] 又解釋"明型(井)"説:"光明正大的表率、楷模。"[18] "帥先王作明型"即"傚法先王作楷模"。"叡"今多作"睿",通達、明智。敷,傳佈,"睿敷明型",明智地傳佈(樹立)楷模。戰國文字作"刑"或"型"。中山王䱷大鼎:"天其有型,于(粵)羿(在)辱(厥)邦。氏(是)以寡人匽(委)賃(任)之邦而去之遊,亡(無)瘛(遽)惕(惕)之忌(慮)。"型,榜樣、典範,鼎銘"型"指中山國老臣相邦賙，他是上天安排的國之棟樑，時王傚法的榜樣。鼎銘又云："含（今）舍（余）方壯，智（知）天若否，俞（論）其愚（德），眚（省）其行，亡（無）不㥛（順）道，考宅（度）隹（惟）型。"末4字是說，考校、衡量以典範、榜樣（朏）爲標準。《尚書·洛誥》："考朕昭子刑，乃單文祖德。"黃懷信先生注訓："參考我明示給大王的榜樣，就能光大大王文德祖父的美德。"⑲ 訓"刑"爲"榜樣"。

清華簡《皇門》簡4"是人斯勛（助）王共（恭）明祀，尃（敷）明刑"，簡7"至於氒（厥）後嗣立王，廼弗肯用先王之明刑"，"刑"亦應讀爲"型"。

關於覓，影本注說："覓與開皆從开，傳本作'開'。開，訓通。《逸周書·程典》'慎德德開'，孔晁注：'開，通。言德合也。'陳逢衡《逸周書補注》：'德開者，大啓之義。'此句今本作'維其開告於予嘉德之說'，陳逢衡注：'開告，啓迪也……'"

開字甲骨文、金文未見。戰國齊璽有"開方之鉨"，"開"字作"㘎"。《說文》古文作"㘎"，秦嶧山碑作"㘎"，《說文》篆文承之。楊樹達先生曰："《說文》十二篇上門部云：'開，張也。从門，从开。'按古文从一从収。一者，象門關之形……从収者，以兩手取去門關，故爲開也。小篆變古文之形，許君遂誤以爲从开爾。"⑳ 季旭昇先生也說："秦文字一形與'廾'旁結合訛爲'开'。"㉑ 由此而論，開字古文字並不從开，傳本"開告"可能祇是覓字誤分爲二字，覓也並沒有"開通""啓迪"之義。袁瑩懷疑覓與包山楚簡120"㝵"可能是一個字㉒，是有道理的；但其以爲在《皇門》中應讀爲開，則可商。《說文》："眲，蔽人視也。从目，开聲，讀若攜手。一曰直視也。䀹，眲目或在下。"《廣韻》户圭切，音xié（古音支匣切），與"開"音kāi（古音微溪切）也不接近。簡文當爲"直視"義，但本句是使動句，"惟莫覓余嘉德之說"，即"無以使我直視（直接看到）美善之德的言說"。傳本"其"爲"莫"之誤，但語義相反。其、莫古文字字形差距較大，隸、楷書則接近；傳本"予"即簡本"余"，但予用爲第一人稱代詞，時代很晚，由此可見傳本《逸周書》的最後寫定，大概已到秦以後了。

四

湖北江陵岳山墓地M36秦墓出土木牘兩枚，編號爲M36:43、M36:44，上有文字四百餘，皆爲《日書》。

M36:43背："五服忌：甲申冠，丙申开，戊申帶，庚申裳，壬申屨（履）。""冠"字簡報㉓ 隸作"㝵"，楊芬《岳山秦牘〈日書〉考釋八則》㉔ 引陳偉先生說，以爲應釋"冠"。今按原字似是"寇"字，爲"冠"之誤字，此類現象秦簡多有。睡虎地秦簡《日書》甲《星》：

"［柳］，百事吉。取（娶）妻，吉。以生子，肥。可以寇，可請謁，可田邋（獵）。"同樣內容見睡簡《日書》乙《六月》，亦作"可始寇"。二例"寇"皆爲"冠"之誤字。

關於"开"字，楊芬説："此條不見於其他《日書》記載。开，字形無圖版對照，我們懷疑是'开'的誤釋或誤書，當讀爲'笄'。這裏的'五服'，可能是指五種服飾，即'岕、笄、帶、裳、屨'。'笄'即戴冠穿髮髻用的笄。"按"五服"在簡文中指五種"服飾"，笄又稱簪，其用途是别住挽起的頭髮，固定弁、冕，它是與冠、弁配合使用的用具，因而似乎不能與"冠、帶、裳、屨"並列而稱爲"服"。我懷疑"开"可能是"弁"的誤隸。"弁"字侯馬盟書作"㝸"（"弁改"讀爲"變改"）、包山楚簡作"㝸"（159簡"夏洛弁"），秦印作"开"（《十鐘山房印舉》3.27"弁平"）、"开"（《十鐘山房印舉》3·27"弁勝"）[25]，簡文所謂"开"，即"开"之誤隸。弁爲冠之一種。《周禮·春官·序官》："弁師。"鄭玄注："弁者，古冠之大稱。"孫詒讓正義："析言之，古首服有冕、弁、冠，三者制别；通言之，則冕、弁皆爲冠，冕、冠亦得言弁，故此官兼掌冕、弁而特以弁爲名也。"簡文"冠""弁"並列，是"析言之"。弁既爲"首服"，故得稱"服"。《儀禮·士喪禮》："以爵弁服簪裳于衣左。"鄭玄注："禮以冠名服。"《初學記》卷二十六《弁第二》："《三禮圖》曰：'爵弁，士助君祭之服。'"

注釋：

① 清華大學出土文獻研究與保護中心編，李學勤主編：《清華大學藏戰國竹簡（壹）》，中西書局，2010年，下册第151頁。

② 同①，第150頁。

③ 李學勤：《從清華簡談到周代黎國》，清華大學出土文獻研究與保護中心編，李學勤主編：《出土文獻》第1輯，中西書局，2010年，第2頁。

④ 同①，第152頁。

⑤ 裘錫圭：《説"夜爵"》，清華大學出土文獻研究與保護中心編：《〈清華大學藏戰國竹簡（壹）〉國際學術研討會論文集》，2011年，第73頁（按該論文集後由中西書局於2013年出版）。後又收入氏著：《裘錫圭學術文集·簡牘帛書卷》，復旦大學出版社，2012年，第535—539頁。

⑥ 同⑤，第75頁。

⑦ 任攀、程少軒整理《網摘·〈清華一〉專輯》伍《耆夜》簡3引王寧説，復旦大學出土文獻與古文字研究中心網站，2011年2月2日。

⑧ 王輝編著：《古文字通假字典》，中華書局，2008年，第106—107頁。

⑨ 何琳儀：《戰國古文字典》，中華書局，1998年，第391頁。

⑩ 李學勤：《清華簡〈繫年〉及有關古史問題》，《文物》2011 年第 3 期，第 70—74 頁。

⑪ 陳致：《清華簡所見古飲至禮及〈耆夜〉中古佚詩試解》，出處同③，第 29—30 頁。

⑫ 復旦大學出土文獻與古文字研究中心研究生讀書會：《清華簡〈耆夜〉研讀札記》，復旦大學出土文獻與古文字研究中心網站，2011 年 1 月 5 日。

⑬ 同⑨，第 1302 頁。

⑭ 同⑦。

⑮ 參看高亨纂著，董治安整理：《古字通假會典》，齊魯書社，1989 年，第 875、877 頁。

⑯ 董珊：《釋西周金文的"沈子"和〈逸周書·皇門〉的"沈人"》，2003 年舊稿，清華大學出土文獻研究與保護中心編：《〈清華大學藏戰國竹簡（壹）〉國際研討會論文集》，中西書局，2013 年。

⑰ 王文耀：《簡明金文詞典》，上海辭書出版社，1998 年，第 40 頁。

⑱ 同⑰，第 195 頁。

⑲ 黃懷信：《尚書注訓》，齊魯書社，2002 年，第 298—299 頁。

⑳ 楊樹達：《積微居小學述林·釋開闢閉》，中華書局，1982 年，第 83 頁。

㉑ 季旭昇：《說文新證》，臺灣藝文印書館，2004 年，下冊第 175 頁。

㉒ 同⑦。

㉓ 湖北省江陵縣文物局、荊州地區博物館：《江陵岳山秦漢墓》，《考古學報》2000 年第 4 期。

㉔ 楊芬：《岳山秦牘〈日書〉考釋八則》，《簡帛》第 5 輯，上海古籍出版社，2010 年，第 53 頁。

㉕ 參看何琳儀：《戰國古文字典》，第 1064—1065 頁。

（原載《楚簡楚文化與先秦歷史文化國際學術研討會論文集》，
湖北教育出版社，2013 年）

一粟居讀簡記（三）

一

　　清華簡《繫年》簡 13："周武王既克殷，乃設三監于殷。武王陟，商邑興反，殺三監而立彔子耿。"①李學勤先生説："傳世文獻中，'三監'或説是管叔、蔡叔、霍叔，如鄭玄《詩譜》；或説是紂子武庚即王子禄父、管叔、蔡叔，如《漢書·地理志》。看《繫年》，似當以前説爲是。至於商邑叛亂'殺三監'，當然不是殺了三叔，所指大約是參與監管的官吏軍士。""簡文記'立彔子耿'，極爲重要，與著名青銅器大保簋（《殷周金文集成》4140）可相印證……銘文裏的'大保'就是召公奭，但'彔子𠂤'是誰，學者意見不一，最流行的看法，是與西周中期彔伯𣪘簋的彔聯繫起來。不過後者銘文明云彔伯𣪘家族世代服事周朝，説其先人曾經叛周實無根據。""在大保簋考釋上別闢蹊徑的，是日本白川静先生。他雖仍認爲'彔子𠂤'是彔伯𣪘的先人，但指出'彔子𠂤'其實便是紂子禄父……禄父爲紂子，《逸周書·作雒》稱'王子禄父'，《克殷》稱'王子武庚'，《史記·殷本紀》等稱'紂子武庚禄父'。'禄父'是他的名，'武庚'爲他的廟號，'彔（禄）子𠂤'可能是名、字聯稱。"

　　李先生據簡文及《詩譜》説"三監"是管、蔡、霍三叔，説"彔子耿"即大保簋銘中的"彔子𠂤"無疑都是對的。但"彔子𠂤"是否一定是商紂太子"武庚禄父"，"彔伯𣪘"是否與"彔子𠂤"沒有關係，似乎仍值得進一步討論。

　　簡文比較簡略，就已公佈的簡文看，似乎是説，武王伐滅商紂後祇在殷地設立了管、蔡、霍三監，以監視殷遺民，並未封武庚禄父以承殷祀；到了武王死後，商邑起來謀反，殺了監管的官吏軍士，才封立了"彔子耿"亦即武庚禄父。但這樣理解，則"商邑興反"的事主或統帥是誰？"殺三監"是"商邑"人，還是周成王、周公？這些問題都不清楚。

傳世文獻無論對"三監"的理解有何不同，但有一點是共同的，即都認爲滅商後武王當時就封了武庚。如：

《逸周書·克殷解》："武王乃手太白以麾諸侯……立王子武庚，命管叔相……乃命宗祀崇賓，饗禱之于軍，乃班。"

《作雒解》："武王克殷，乃立王子祿父，俾守商祀。建管叔于東，建蔡叔、霍叔于殷，俾監商臣。武王既歸，成歲十二月崩鎬，肆予〈于〉岐周。"

《史記·殷本紀》："周武王遂斬紂頭……封紂子武庚祿父，以續殷祀。令修盤庚之政，殷民大説……武王崩，武庚與管叔、蔡叔作亂，成王命周公誅之。"

《周本紀》："封商紂子祿父殷之餘民。武王爲殷初定未集，乃使其弟管叔鮮、蔡叔度相祿父治殷……武王有瘳，後而崩。太子誦代立，是爲成王。成王少，周初定天下，周公恐諸侯畔周，周公乃攝行政當國。管叔、蔡叔群弟疑周公，與武庚作亂畔周。周公奉成王命，伐誅武庚、管叔，放蔡叔。以微子開代殷後，國於宋。頗收殷餘民，以封武王少弟封爲衛康叔。"

《漢書·地理志》："河内，本殷之舊都。周既滅殷，分其畿内爲三國，《詩·風》邶、鄘、衛國是也。邶，以封紂子武庚；鄘，管叔尹之；衛，蔡叔尹之，以監殷民，謂之三監。"

鄭玄《詩譜·邶鄘衛譜》："邶、鄘、衛者，殷紂畿内方千里之地，其封域在《禹貢》冀州太行之東，北踰衡漳，東及兗州桑土之野。周武王伐紂，以其京師封紂子武庚，爲殷後。庶殷頑民，被紂化日久，未可以建諸侯。乃三分其地，置三監，使管叔、蔡叔、霍叔尹而教之。自紂城而北謂之邶，南謂之鄘，東謂之衛。"

由以上引文看，武王伐紂後已封紂子武庚，武王死後，武庚與管、蔡二叔（或説還有霍叔）叛周，周公奉成王命"伐誅"（簡文"殺"與之意近。《史記·衛康叔世家》則説"周公旦以成王命興師伐殷，殺武庚祿父、管叔……"）武庚、管叔，流放蔡叔。"商邑興反"的主角，應是武庚，"殺三監"者應是周公。

"耶"所作銅器還有以下幾件：

1.《殷周金文集成》7296 王子耶觚："王（或釋天）子耶乍（作）父丁彝。"

2. 佳士得拍賣行 1987 年拍賣的王子耶鼎："王子耶。"[②] 此鼎圖像、銘文先前未見著錄。

3.《殷周金文集成》397 著錄，北京故宫博物院藏畢簋（一稱遹簋）："辛巳王酓（飲）多亞，耶享京遹，易（賜）貝二朋，用乍（作）大子丁。耶須（族徽）。"

以上三器時代皆爲商周之際，由其銘文可知：

1. "耶"的身份是"王子"。

2. "耶"的父親的身份是"大（太）子"，廟號是"丁"。

若依白川靜説，"录子"是"武庚祿父"，其身份是王子，與第 1 條相合。其父廟號是

"丁",而商紂廟號是"辛",與第 2 條不合。商紂的身份是王,不排除未即位前是太子,但作器時祭祀對象是亡父,已有廟號,則作器時稱之爲"太子"也不合適。由此而論,説"录子耴"即"武庚禄父",理由似不充分。

唐蘭先生曾對大保簋的"录子耴"加以討論,説:"录與鹿古字常通用,录子之國當在今河北省平鄉縣一帶,漢代爲鉅鹿縣。《續漢書·郡國志》説:'故大鹿。'《水經·濁漳水》注:'衡漳故瀆東北逕南曲〔周〕縣故城西,又逕曲周縣故城東,衡漳又北逕巨橋邸(引者按明朱謀瑋本"邸"作"祇",明鈔本、永樂大典本作"祇",王國維《水經注校》改作"祇")閣西,衡水又北逕鉅鹿縣故城東。'注引應劭曰:'鹿者林之大者也。《尚書》曰:堯將禪舜,納大鹿(引者按朱本作"麓")之野,烈風雷雨不迷。'《堯典》:'納于大麓。'王肅注:'麓,録也。'《説文》麓从林鹿聲,古文作𣚊,从林彔聲。銅器𣚊伯簋即作𣚊。今平鄉在殷墟之北約一百餘公里,王子禄父北奔,當即至此。录子耴(引者按即耴)應是商王宗族。銅器有天子耴瓠,天子即大子(太子),在商王族中地位極高。此時禄父當已死,祭以庚日,所以稱爲武庚,成王伐耴,當是鞏固其北疆。"③

唐先生説"录子耴"是"商王宗族",是完全對的,至於"录子耴"與武庚的關係,則未加推測,比較謹慎。就目前資料,我們祇能肯定"录子耴"是"商王宗族",而無法肯定他與武庚必是一人。

還有一點值得注意,"伐录子耴"的是大保召公,而"伐誅"武庚的是周公。有可能成王命周公伐誅武庚後不久,又命召公伐录子耴,二者不是同一事件。清華簡乃戰國中期人追記七百年前的歷史事件,誤以爲在伐滅三監後才封立了"录(彔)子耴(耿)"。其實"录"作爲商的采邑或封國,可能早就存在了。

"录子"之"录",郭沫若説即《春秋·文公六年》"楚人滅六"之"六",今安徽六安市④,今人已很少相信,但他以爲"录子"是录伯威簋"威"的先人,却不能説没有道理。周初曾將許多商貴族後裔遷徙到周原,录伯威殆其一。录伯威簋銘:"王若曰:'录白(伯)威,繇!自乃且(祖)考又(有)爵(勞)于周邦,右(佑)闢四方……'录白(伯)威……用乍(作)朕皇考釐王寶毁。"稱其亡父爲"釐王",足見爲周之異姓王。商甲骨文有地名录,見於《甲骨文合集》137 正:"癸丑卜,争貞:旬亡(無)囚?三日乙卯……有娎(艱)。單丁人豐尿于录……""尿"或説有"侵易"義⑤,或釋爲"㐸",或以爲當存疑⑥,但用爲動詞是肯定的,"录"則爲其行爲所及之地。又《合集》29412:"翌日戊王其田㭉录?""㭉""录"俱爲商王田獵之地,當不會遠在安徽。周公誅伐武庚禄父、召公征伐录子耴後,極可能遷其族於今周原地區,很多西周時期的录族銅器在此地出土,就是明證。2006 年 10 月,陝西扶風縣上宋鄉紅衛村一商周之際墓出土一件聯珠紋提梁卣,蓋、底同銘"乍(作)大子丁障彝"6 字,拙文《"作大子丁障彝"卣跋》⑦推斷此爲周初录族氏祭祀其先祖太子丁所作器，其時录族已遷至扶風。1975年3月，扶風縣莊白村出土有或簋、或鼎、伯或壺等青銅器18件⑧，"伯或"即"录伯或"。或簋銘："……用乍（作）文母日庚寶障彝。"亡母用日名"庚"，是殷商人的習慣。美國普林斯頓大學美術博物館及臺灣"中央博物院"各藏一件录或卣（《金文合集》5419、5420），銘："……用乍（作）文考乙公寶障彝。"亡父亦用日名"乙"。前卣爲端方陶齋舊藏，出土地不明，但端方曾任陝西按察使、護理陝西巡撫，卣可能爲其在陝時所得。傳世伯或簋據陳介祺說"是器蘇兆年索百五十金，未收之，不知何往，今則求之不得矣"。張政烺先生說："蘇兆年是19世紀中期西安的古董商人，則此器蓋陝西出土。"⑨《通志·氏族略》："《風俗通》：紂子武庚字禄父，其後以字爲氏。涇陽有此禄氏，亦出扶風。"證明西周以後，录族繼續在扶風及其附近縣繁衍。

录族先祖雖然曾經叛周，但西周以後的录族已是周的臣民，在周任官，爲周征討南方叛國也是應該的。或簋謂"遂（率）有嗣（司）、師氏奔追鄐（襲）戎于臧（棫）林，博（搏）戎軼"，這已是穆王時的事了⑩。录伯或簋蓋銘王讚揚录伯或祖考"又（有）爵（勞）于周邦"，似也合乎情理。

二

清華簡《金滕》簡8："周公石東三年，袺（禍）人乃斯旻（得）。"影本注："周公石東三年，今本作'居東三年'。石，禪母鐸部，讀爲定母鐸部之'宅'，《爾雅·釋言》：'居也。'《魯世家》、孔傳、王肅皆解居東爲東征。《尚書大傳》：'一年救亂，二年克殷，三年踐奄。'《詩·東山》：'于今三年。'"劉雲讀石爲"宕伐"之"宕"，征伐也⑪。按"宕伐"一詞見不其簋"女（汝）以我車宕伐厥（玁）姞（狁）于高陶"，"宕"是修飾"伐"的，本身並無征伐之義。宅本訓住宅，引申有居住義。其實，石可讀爲居。居从古得聲，石與古聲字通。《楚辭·九章》："重任石之何益。"洪興祖考異："石一作袥。"補注："袥當作袥，音石。""石"讀爲"居"，與今本《尚書·金滕》合，不必讀"宅"而轉訓居也。《史記·魯周公世家》："周公乃奉成王命，興師東伐，作《大誥》。"《詩·東山》序："《東山》，周公東征也。"或稱"居東"，或稱"東征"，或稱"東伐"，說的都是一回事，祇是站的角度不同。馬融、鄭玄以爲"居東"是周公避居東都洛陽，是不對的。但居的本義是居住、在，則無疑義。

三

天水放馬灘秦簡《日書》乙簡 8 貳—簡 13 貳:"屈門,其主必昌富,婦人必宜疾。是=(此是)鬼束之門。三歲更。"⑫此條又見睡虎地秦簡《日書》甲《置室門》,内容不盡相同:"屈門,其主昌富,女子爲巫。四歲更。"⑬隨州孔家坡漢墓竹簡《日書·直(置)室門》則云:"屈門,必昌以富,婦女媢疾人婦女,是胃(謂)鬼責門。三歲弗更必爲巫。"⑭三者比對,有助於對簡文的理解。《孔家坡》注:"媢,嫉妒。《廣韻·遇韻》:'媢,媢妬也。女子妬男子。'"據此,放馬灘簡"疾"字應讀爲"嫉"。《説文》:"倷,妎也。从人,疾聲。一曰毒也。嫉,倷或从女。"段玉裁注:"妎者,妬也。《離騷》注:'害賢曰嫉,害色曰妒。'……古亦假疾。""束"《放秦簡》隸作"夾",張顯成、晏昌貴從之⑮。古文字束、夾易混。秦簡"夾"字作"夾"(睡虎地秦簡《日書》甲《人字》"夾頸者貴"),"束"作"束"〔睡簡《封診式·厲(癘)》"刺其鼻"束旁〕。從文義看,放簡此字應隸作"束"。孔家坡簡此字作"責",責字《説文》作"責",从貝,束聲,故放簡"束"字應讀爲"責",訓求,索取。"鬼責門",鬼至門索取。

注釋:

① 李學勤:《清華簡〈繫年〉及有關古史問題》,《文物》2011 年第 3 期。以下凡引李先生説俱出此文,不另注。

② 劉雨、汪濤:《流散歐美殷周有銘青銅器集録》,上海辭書出版社,2007 年,第 54 頁。

③ 唐蘭:《西周青銅器銘文分代史徵·余簋》,中華書局,1986 年,第 81 頁。

④ 郭沫若:《兩周金文辭大系考釋·彔伯威簋》,上海書店出版社,1999 年影印本,第 63 頁。

⑤ 徐中舒師主編:《甲骨文字典》,四川辭書出版社,1988 年,第 945 頁。

⑥ 參看于省吾主編:《甲骨文字詁林》第 20—21 頁引楊樹達説及姚孝遂按語,中華書局,1996 年。

⑦ 王輝:《"作大子丁隝彝"卣跋》,《收藏》2007 年第 2 期。

⑧ 扶風縣文化館羅西章,陝西省文管會吳鎮烽、雒忠如:《陝西扶風出土的西周伯威諸器》,《文物》1976 年第 6 期。

⑨ 張政烺:《矢王簋蓋跋》,《古文字研究》第 13 輯,中華書局,1986 年;後又收入氏著:《張政烺文史論集》,中華書局,2004 年,第 711 頁。

⑩ 王輝:《商周金文》,文物出版社,2006 年,第 109—113 頁。

⑪ 任攀、程少軒整理：《網摘·〈清華一〉專輯》，復旦大學出土文獻與古文字研究中心網站論文，2011 年 2 月 2 日。

⑫ 甘肅省文物考古研究所編：《天水放馬灘秦簡》，中華書局，2009 年，第 87 頁。

⑬ 睡虎地秦墓竹簡整理小組編：《睡虎地秦墓竹簡》（八開精裝本），文物出版社，1990 年，第 199 頁。

⑭ 湖北省文物考古研究所、隨州市考古隊編：《隨州孔家坡漢墓簡牘》，文物出版社，2006 年，第 165 頁。

⑮ a. 張顯成主編：《秦簡逐字索引》，四川大學出版社，2010 年，第 256 頁；b. 晏昌貴：《天水放馬灘秦簡〈日書〉分篇釋文（稿）》，《簡帛》第 5 輯，上海古籍出版社，2010 年，第 18 頁。

（原載《陝西歷史博物館館刊》第 19 輯，三秦出版社，2012 年）

一粟居讀簡記（四）

近讀《嶽麓書院藏秦簡（壹）》①及一些學者的相關論文，偶有不同意見，寫出來與同道切磋。

一

嶽麓秦簡是嶽麓書院從香港市場購藏的，其出土地點不明。簡是否出自墓葬？簡的主人是誰？簡主與簡文內容有無關係？似乎也難於釐清。

通讀了《質日》《爲吏治官及黔首》《占夢書》，以及陳松長先生《嶽麓書院所藏秦簡綜述》②等，我以爲以上問題還是可以索解的。

我們先來看三種《質日》中涉及到的幾個人物。

《二十七年質日》（斜綫前的數字爲該篇的簡序號，後爲揭取過程中的原始編號）：

06/0564 簡："己未歸休。"

09/0716—13/0594 簡："（四月）癸未野之醜夫所，甲申視事，乙酉夕行，丙戌宿沮陽，丁亥到介。"

29/0721—30/0632 簡："癸卯起江陵，甲辰宿陰娶（？）。"

31/0627—32/0593 簡："（五月）宿户竈，丙午宿[廬]谿。"

33/0308—34/0740 簡："己酉宿下雋，庚戌到州陵。"

37/0688—44/0738 簡："癸丑起歸，甲寅宿武强，乙卯宿□亭，丁巳宿縣內，戊午波留，己未宿□□，庚申宿楊□。"

26/0747 簡：“（六月）己亥睊嫗死。”

49/0626—50/0597 簡：“（九月）癸亥之鄢具事，甲子之起室。”

此年的主要人物是野，"視事""之""宿""到"某地、"具事"都是他的作爲。醜夫祗是野所"之"之"所"的主人，是一個無關緊要的人。"起江陵""之起室""起歸"的"起"可能是一個動詞，爲出發、動身義。段玉裁《說文解字注》："起，本發步之偁。"《墨子·公輸》："公輸盤爲楚造雲梯之械，成，將以攻宋。子墨子聞之，起於齊，行十日十夜而至於郢。""起"不大可能是一個人名。"睊嫗"是人名，但祗出現一次。《說文》："嫗，母也。"也指婦人，《史記·高祖本紀》："有一老嫗夜哭。"但在一篇曆日記事中專門記到一婦人之死，此婦必定與簡主有極密切的關係，最有可能是其母。睡虎地秦簡《編年紀》記秦王政"廿年，嫗終"[③]。"嫗"即睡虎地十一號秦墓墓主喜的母親。"睊嫗死""嫗終"記載相似，且都祗出現一次，絕不是沒有原因的。

簡文未說野的職務，但他行到的地名除不明者外，大都在秦南郡的範圍內，如沮陽即今湖北保康，下雋即今通城，州陵即今洪湖，野在此"視事"，即處理政務，應爲南郡吏員。

《三十四年質日》主要記載了騰與爽的活動，而以騰的活動爲主。

10/0657 簡："（十月）戊申騰居右史。"

19/0636 簡："丁巳騰之安陸。"

42/0501 簡："（十一月）己卯騰道安陸來。"

02/0595 簡："（十二月）戊戌騰歸休。"

04/0504 簡："庚子騰視事。"

44/0720 簡："（正月）辛巳騰會逮監府。"

05/0619 簡："（二月）辛丑騰去監府視事。"

08/J18 簡："甲辰失以縱不直論令到。"

20/0596 簡："丙辰騰之益陽具事。"

22/0596 簡："戊午騰不行視事。"

29/0621 簡："乙丑失縱不直論令到。"

33/0633 簡："治傳舍。"

05/0619 簡："（四月）庚子謁。"

07/0542 簡："壬寅公子死。"

12/0622 簡："丁未贏。"

16/0678 簡："辛亥爽之舍。"

17/0723 簡："壬子病。"

25/J31 簡："庚申江陵公歸。"

31/0701 簡："（五月）丙寅視事。"

33/0633—34/0702 簡："戊辰騰與廷史，己巳召從亡尸。"

46/0704—47/0534 簡："辛巳監公亡，壬午監公亡尸之津。"

58/0506 簡："癸巳廷史行＝（行，行）南。"

08/J18 簡："（六月）壬寅廷史行北。"

53/0659 簡："（九月）丙戌老亡尸行＝（行，行）當百（陌）。"

60/0600 簡："（後九月）戊戌爽會逮江陵。"

65/0727 簡："癸卯事已。"

63/0733 簡："丁未獲行與痎偕。"

　　34 簡"從"字嶽麓秦簡釋走，可商。該字字形作"🀄"，與睡虎地秦簡《日書》甲130"從"字作"🀄"④、三晉器上官豆"從鐵"之"從"字作"🀄"⑤接近，同篇8/J18簡："甲辰失以縱不直論令到"，"縱"作"🀄"，右旁從字形也幾乎全同；而與走字作"🀄"（西安北郊出土秦封泥"走士丞印"⑥）、"🀄"（曾侯乙戈，《殷周金文集成》11171）、"🀄"（中山王䚂鼎，《集成》2840）⑦大不相同。《説文》："從，隨行也。"

　　53 簡"老"字影本亦釋走。該字字形作"🀄"，與睡虎地秦簡《法律雜抄》32"🀄"⑧、包山楚簡237"楚先老僮"之"老"字作"🀄"⑨接近，應釋老而不應釋走。

　　以上二字的改釋對簡文的通讀至爲重要（詳下）。

　　簡文三次出現"亡尸"。影本注："亡尸：含義不明，疑與祭祀活動有關。尸：古代祭祀時代替死者受祭的人，《公羊傳・宣公八年》'祭之明日也'，漢何休注：'祭必有尸者，節神也。禮，天子以卿爲尸，諸侯以大夫爲尸，卿大夫以下以孫爲尸。'也指神主牌，以木爲之，漢桓寬《鹽鐵論・復古》：'蓋文王受命伐崇，作邑於豐，武王繼之，載尸以行，破商擒紂，遂成王業。'或認爲'亡尸'是人名。"提出三種可能，没有給出明確結論。不過在簡文中，以上三種説法都難以講通。《説文》："亡，逃也。"死亦稱亡。《公羊傳・桓公十五年》："曷爲未言爾，祭仲亡矣。"何休注："亡，死亡矣。"《説文》："尸，陳也。"尸又爲受祭者；又爲尸體，後作屍，《左傳・隱公元年》："贈死不及尸。"杜預注："尸，未葬之通稱。"《禮記・曲禮下》："在床曰尸，在棺曰柩。""亡尸"不能解爲逃亡的祭祀、死的祭祀、逃亡的受祭者、死去的受祭者、逃亡的神主、死亡的神主，也從未見以"亡尸"爲名者。其實，"亡尸"可能就是死尸，指死而未葬者。12簡"丁未羸"，是說騰四月丁未已顯現體質極爲瘦弱，《說文》："羸，瘦也。"《國語·魯語上》："民羸幾卒。"韋昭注："羸，病也。"17簡"壬子病"，是說五天之後病情加重，《說文》："病，疾加也。"以至到了五月"辛巳監公（即騰，詳下）亡"（46/0704簡）。緊接著一簡說"壬午亡尸之津"，此"亡尸"即已死亡的監公。監公死在江陵（25/J31簡），次日移尸（柩）津（江陵縣南地），是合乎情理的。25/J31簡："（四月）庚申江陵公歸。"大概可以有兩種理解：一是說江陵公（江陵縣令的尊稱）回來了，但簡文前後都未提到江陵公，突兀地冒出這一句，不好理解；二是"江陵公歸"爲"公歸江陵"之倒裝，"公"仍爲"監公"之省，猶07/0542簡"公子死"的"公"爲"監公"之省一樣。比較而言，第二種可能性大一點。即使按第一種理解，江陵公也衹出現一次，是一個極其次要的人物。

關於騰的活動情況，《綜述》原置於《二十七年質日》（陳先生稱《日志》）中，影本置於《三十四年質日》中，是對的。

關於"騰"的身份，陳先生曾做過一些分析：

> 在二十七年的日志中，主要記錄了"騰"的情況，"騰"這個名字共出現八次……我們曾在湖北睡虎地秦簡《語書》中看到過"南郡守騰"。《語書》的時代很明確，是秦始皇二十年所發佈的，而這裏所記載的日志是二十七年的，不知是否爲同一個人？有學者（引者按指吳福助先生）認爲南郡守騰與史書上所記載的"內史騰"是同一個人。這裏所記是"騰居右史"，"右史"騰是否就是史書上所說的"內史騰"還有待考證。此外，我們在湘西里耶秦簡中還看到過"司空騰"……里耶秦簡"司空騰"是陽陵縣的一位司空，睡虎地秦簡《司空律》中有"邦司空""縣司空"等，"司空"是負責徭役派遣、工程製作等方面的基層官吏。因此，里耶秦簡中的"司空騰"與這批秦簡中"居右史"的"騰"顯然不是同一個人。

嶽麓簡"騰"與里耶簡"司空騰"非一人，陳說是。"內史騰"與"騰居右史"的"騰"是否一人？我以爲答案也是否定的。

首先，從簡文看，騰主要在南郡及其附近縣活動。三十四年十月丁巳"騰之安陸"，十一月己卯"騰道安陸來"，在安陸一地停留20日；二月丙辰"騰之益陽具事"，又在兩個月之後。內史是內史地區（首都咸陽及今關中地區）的行政長官，不可能長時間住在別郡（除非內史領兵作戰，但三十四年已是統一之後八年，不可能有這種情況）。

其次，"右史"也不大可能是"內史"或"右內史"的省稱。《漢書·地理志》"京兆尹"

條下班固自注:"故秦内史,高帝元年屬塞國,二年更爲渭南郡,九年罷,復爲内史。武帝建元六年分爲右内史,太初元年更爲京兆尹。"《百官公卿表》:"内史,周官,秦因之,掌治京師。景帝二年分置左内史(引者按王念孫云'左'後脱一右字)。右内史武帝太初元年更名京兆尹。"顏師古注:"《地理志》云武帝建元六年置左右内史,而此表云景帝二年分置,《表》《志》不同。又據《史記》知《志》誤矣。"王先謙補注:"錢大昭曰:案《公卿表》,景帝元年中大夫朝錯爲左内史,二年左内史朝錯爲御史大夫,則分置左右,又在景帝之前。《地理志》以爲武帝建元六年分置者固非,而此《表》以爲景帝二年分置者,亦未的也。"依錢大昭説,内史分置左右,可上推到景帝之前,但不管怎麽説,不會上推到漢初,更不會上推到秦。内史掌治京師,起於戰國晚期秦國。廣州南越王墓博物館藏王四年相邦張義(儀)戈有"内史□"[⑩],澳門蕭春源先生珍秦齋藏王八年内史操戈有"内史操"[⑪],二器時代屬惠文王改元之後。但直到秦末,祇見"内史",不見左、右内史。西安北郊出土秦封泥有"内史之印",其時代爲秦代。張家山漢簡《二年律令·秩律》:"御史大夫、廷尉、内史……郡守……秩各二千石。"時代下限爲吕后二年(前186)。

46/0704 簡提到"監公",嶽麓秦簡注:"監公:《史記·曹相國世家》:'攻秦監公軍。'《集解》漢書音義曰:'監,御使監郡者;公,名。秦一郡置守、尉、監三人。'《索隱》按注,公者,監之名;然本紀泗川監名平,則平是名,公爲相尊之稱也。監公,當爲對監郡御史的尊稱。"説"監公"之"公"是尊稱。非監者之名,甚是。但説"監公"是監郡御史,仍可討論。從《漢書·百官公卿表》看,秦漢職官稱監者有多種。郎中令屬官有羽林左右監,太僕屬官有龍馬、閑駒、橐泉、駒騊、承華五監長丞,廷尉有左右監,治粟内史屬官有郡國諸倉農監,少府屬官有上林十池監,又有監御史,掌監郡。

44/0720 簡:"辛巳騰會逮監府。"
33/0633 簡:"戊辰騰與廷史。"

我懷疑"監公"與"騰"應爲一人,其身份極可能爲廷尉右監史。《漢書·百官公卿表》:"廷尉,秦官,掌刑辟,有正、左右監,秩皆千石。"顏師古注:"應劭曰:'聽訟必質諸朝廷,與衆共之,兵獄同制,故稱廷尉。'師古曰:'廷,平也。治獄貴平,故以爲號。'"王先謙補注:"《續志》掌平獄奏當所應,凡郡國讞疑罪,皆處當以報。"又曰:"廷尉監見《宣紀》《淮南王安》《息夫躬》《丙吉傳》;又並見《食貨志》《朱博傳》。《續志》後漢正、左監各一人,省右。"可知廷尉有正,有左監,有右監,其主要職責是治獄,處理郡國的奏讞疑罪即疑難案件。廷尉監分左右,可見事務繁多。廷尉有史,簡稱廷史,見於8/J18簡:"壬寅廷史行北。"嶽麓秦簡注釋:"《漢書·刑法志》:'今遣廷史與郡鞫獄,任輕禄薄,其爲置廷平。'顔師古注引如淳曰:'廷史,廷尉史也。'"

廷尉及其監、史職在典獄,級別雖不是很高(正、監秩千石),但責任重大,所以任其職者多有名人。如秦王政十四年,"韓王納地效璽,請爲藩臣"(《史記·秦始皇本紀》),李斯在亡韓之事上有功,"斯由此得意,官至廷尉"(《史記·李斯列傳》);統一之後,秦王請議帝號,"丞相綰、御史大夫劫、廷尉斯等曰……"廷尉與丞相、御史大夫(掌副丞相)並列,足見其位尊權重;當年王綰等請始皇封立諸子,"群臣皆以爲便",獨"廷尉李斯議曰:'……置諸侯不便……天下初定,又復立國,是樹兵也,而求其寧息,豈不難哉!'"始皇以爲"廷尉議是",秦始皇倚重李斯,後遂以爲丞相。漢宣帝本爲武帝曾孫、戾太子孫,戾太子因巫蠱事遇害,時宣帝尚在襁褓,"收繫郡邸獄","邴吉爲廷尉監,治巫蠱於郡邸,憐曾孫之亡辜,使女徒復作淮陽趙徵卿、渭城胡組更乳養,私給衣食,視遇甚有恩"(《漢書·宣帝紀》);"丙吉治律令,爲魯獄史,稍遷至廷尉右監……後吉爲車騎將軍軍事令,遷大將軍長史,霍光甚重之……"吉後來做到御史大夫、封博陽侯(《漢書·丙吉傳》)。《漢書·刑法志》:"宣帝自在閭閻而知其若此(引者按指武帝時執法過度)。及即尊位,廷史路溫舒上疏言秦有十失,其一尚存,治獄之吏是也……上深愍焉,乃下詔曰:'間者吏用法巧文寖深,是朕之不德也。夫決獄不當,使有罪興邪不辜蒙戮,父子悲恨,朕甚傷之。今遣廷史與郡鞫獄,任輕禄薄,其爲置廷平,秩六百石,員四人。其務平之,以稱朕意。'"《漢書·路溫舒傳》:"(父)使溫舒牧羊,溫舒取澤中蒲,截以爲牒,編用寫書。稍習,善,求爲獄小吏,因學律令,轉爲獄史,縣中疑事皆問焉……元鳳中,廷尉光(引者按指李光)以治詔獄,請溫舒署奏曹掾,守廷尉史。會昭帝崩,昌邑王賀廢,宣帝初即位,溫舒上書言宜尚德緩刑。其辭曰:'……獄吏專爲深刻,殘賊而亡極,偷爲一切,不顧國患。……'上善其言,遷廣陽私府長。内史舉溫舒文學高第,遷右扶風丞……久之,遷臨淮太守。"路溫舒以廷尉史的身份上書漢宣帝,建議"省法制,寬刑罰,以廢治獄",宣帝從其言,路溫舒也得以重用。

將騰的身份定爲廷尉右監史,《三十四年質日》中的幾條簡文可以得到合理的解釋。

10/0567 簡:"(十月)騰居右史。"

嶽麓秦簡注:"右史:官名。傳統文獻中左史、右史多指史官,《禮記·玉藻》:'動則左史書之,言則右史書之。'簡文中的右史,似指郡或縣的屬吏,而非史官。""右史"可能爲"廷尉右監史"之省稱,猶如《路溫舒傳》稱路溫舒爲"廷尉史",《刑法志》則稱之爲"廷史"。雖然這是一個省得比較厲害的例子,但《質日》祇記了少數幾個人的事,在特定的條件下，用簡稱是不會發生誤會的。"右史"不是史官，郡縣之史亦未見分左、右之例，所以"右史"爲"廷尉右監史"之省不失爲一種合理的推測。居，守持，擔任。《左傳·昭公十三年》："獲神一也；有民二也；令德三也；寵貴四也；居常五也。有五利以去五難，誰能害之？""居右史"，任廷尉右監史。

19/0606 簡："（十月）騰之安陸。"
20/0596 簡："（二月）丙辰，騰之益陽具事。"

廷尉"掌刑辟"，涉及郡之讞疑罪，其監史有時需要去郡縣辦案，如《漢書·宣帝紀》所說："遣廷史與郡鞠獄。"鞠通作鞫，審問也。騰爲廷尉右監史，亦即廷史，去南郡屬縣安陸，是份内之事。益陽《漢書·地理志》屬長沙郡，秦時也可能屬洞庭郡。廷史是中央機關吏員，其工作範圍不限一郡。

05/0619 簡："（二月）騰去監府視事。"

去，離開；騰離開監府處理政務，可見他平時是在監府辦公的。監府，廷尉監史之辦公地。秦時既有各種名目的監，就有各種監府，所以簡文"監府"不必一定是監郡御史之府。《漢書·百官公卿表》："監御史，秦官，掌監郡。"王先謙補注："王鳴盛曰：'《魏志·夏侯玄傳》玄議時事云：秦世不師聖道，私以御職，姦以待下，懼宰官之不修，立監牧以董之，畏督監之容曲，設司察以糾之；宰牧相累，監察相司，人懷異心，上下殊務。漢承其緒，莫能匡改。案，宰官即縣令，監牧即郡守，司察即監郡御史也。監在守上，似漢之部刺史，但每郡皆有，又非部刺史比。蓋秦變封建爲郡縣，恐其權重，故每郡但置一監一守一尉，此上別無統治之者。'先謙曰：'《紀》有秦泗水監平，《曹參傳》攻秦監公軍，《嚴助傳》秦擊越，使監禄鑿渠通道，皆監御史也。《南粵傳》有桂林監居翁，亦郡監，沿秦制爲之。'"秦郡監"每郡皆有"，"每郡但置一監一守一尉"，所以郡監祇監一郡，不可能像簡文所說，監察安陸、益陽二郡事務。又郡監"監"前多冠以郡名，也與簡文不同。

公爲尊稱，可以加在很多官名前，如楚人稱縣令爲公，秦泗水郡監稱監公。秦漢人亦稱父曰公，《吕氏春秋·異用》："子之公不有恙乎？"畢沅新校正："孫云：《御覽》七百十公作父。"趙翼《陔餘叢考》卷三十六："有子稱父亦曰公者。《列子·黄帝》：家公執席。《戰國策》：陳軫將赴魏王之召，其子陳應止其公之行曰：魏欲絶楚、齊，必重迎公。郢中不善公者，欲公之去也，必勸王多公之車。此子稱父爲公也。"簡文"監公"指廷尉監，甚至可能是爽稱騰爲公（詳下），不能因其與《曹參傳》之"監公"同，就肯定其必爲郡監。

44/0720 簡："（正月）辛巳騰會逮監府。"

會逮是廷尉監的職事。《漢書·淮南王安傳》記劉安謀反事敗露後，"上遣廷尉監與淮南中尉逮捕（淮南）太子……（太子）迺謂王曰：'群臣可用者皆前繫，今無足與舉事者，王以非時發，恐無功，臣願會逮。'王亦愈欲休，即許太子。太子即自刑不殊。"又《漢書·息夫躬傳》："上遣侍御史、廷尉監逮躬。"騰因何事會逮，簡文省略，不很明白。

08/J18 簡："（二月）甲辰失以縱不直論令到。"
29/0621 簡："乙丑失縱不直論令到。"

"失縱不直"應讀作"失、縱、不直"，是吏員執法中的三種罪名。嶽麓秦簡注引張家山漢簡《二年律令·具律》："劾人不審，爲失；其罪輕也而故以重罪劾之，爲不直。"又引睡虎地秦簡《法律答問》："論獄[何謂]'不直'？可（何）謂'縱囚'？罪當重而端輕之，當輕而端重之，是謂'不直'。當論而端弗論，及傷其獄，端令不致，論出之，是謂'縱囚'。"《具律》又云："告，告之不審，鞫之不直，故縱弗刑，若論而失之，及守將奴婢而亡之，篡遂縱之……皆如耐罪然。其縱之而令亡城旦春、鬼薪白粲也，縱者黥爲城旦春。"可見犯了這三種罪是要受"耐罪"或"黥爲城旦春"的。漢宣帝時名臣張敞，使其下屬賊捕掾絮舜辦案，絮舜拖延時日，敞將之處死，舜有輕罪而敞"端重之"，敞竟因此丟官。敞上書宣帝曰："臣竊以舜無狀枉法以誅之，臣敞賊殺無辜，鞫獄故不直，雖伏明法，死無所恨。""失、以縱、不直論令到"，應理解爲下達了處罰失、不直、縱三種罪過的文件，而這種文件祇能由主管刑罰的廷尉下達。《史記·秦始皇本紀》："三十四年，適（謫）治獄吏不直者築長城及南越地。"正義："謂戍五嶺，是南方越也。"可見當年曾將大批"治獄吏不直者"（可能還有失、縱者）罰築長城、戍五嶺。這件事記入了《本紀》，可見是當年的大事。下達"失、縱、不直論令"與罰獄吏不直者築長城、戍五嶺發生在同一年，二者必有關聯。"失、縱、不直論令"的審查、處罰對象是騰這樣的廷尉監史等鞫獄者，也包括郡縣的獄吏等人員，故爲帶有私家記事譜性質的《質日》所特別記載。

爽的事蹟還見於《三十五年私質日》。

09/2034 簡："（十二月）辛未爽行廷史。"

另外,《三十五年私質日》還記載了一位未指明名字的人治事及往返咸陽的過程。

02/0052—16/0070 簡:"(四月)己未宿當陽,庚申宿銷,辛酉宿箬(鄀)鄉,壬戌、癸亥、甲子宿鄧,乙丑、丙寅宿臨沃郵,丁卯宿杏鄉,戊辰宿麗,己巳宿囗郵,庚午宿關,辛未、壬申、宿博望鄉,癸酉宿康囗郵,甲戌宿高平鄉,乙亥宿戲,丙子宿咸陽,丁丑、戊寅,己卯治。"

22/1952—35/0110 簡:"(四月)乙酉歸宿麗邑,丙戌宿戲,丁亥留,戊子宿鄭。(五月)己丑、庚寅、辛卯宿商街郵,壬辰、癸巳宿囗囗郵,甲午宿囗鄉,乙未宿日土郵,丙申宿析,丁酉宿析治,戊戌宿析治,己亥、庚子、辛丑、壬寅宿環壆。"

又,

41/1949—46/0063 簡:"(三月)癸丑治銷,甲寅治銷,乙卯治銷,丙辰治銷,丁巳去南歸,戊午宿囗囗留。"

之所以未記名,最大的可能性是,此人是簡主,他記自己的事,在沒有其他人事蹟的情況下,不必每次都提到自己的名字。此篇在十二月提到"爽",其後各月未提到,推測此未稱名的人即是爽。

值得注意的是,《三十五年私質日》篇名加一"私"字,這應該是有深意的。私與公相對而言。《論語·鄉黨》:"私覿。"皇侃疏:"私,非公也。"《公羊傳·莊公二十七年》:"通乎季子之私行也。"何休注:"不以公事行曰私行。"《禮記·曲禮下》:"大夫私行。"鄭玄注:"私行,謂以已事也。"嶽麓秦簡《為吏治官及黔首》8/1521 簡:"行者質(滯)留。"《私質日》就是爽帶有私人性質的行程曆日記事。據說,在"嶽麓書院藏秦簡(第一卷)國際研討會"上,蘇俊林認為從出土、形制、內容三個方面來看,《質日》是具有私人性質的文書[14]。不是官方文書。他的說法是有道理的,至少《三十五年私質日》是這樣。

三篇《質日》的三個人物是什麼關係?野與騰、爽的關係不明,騰與爽則可能是父子關係。《三十四年質日》記四月"丁未贏",四天之後,"辛亥爽之舍",當是爽到騰的住處探視病情,並在第二天(壬子)記錄其病情加重。到了五月"戊辰騰與廷史",與為予授義。《論語·憲問》:"孔子與之坐而問焉。"劉寶楠正義:"與,猶授也。"《爾雅·釋詁下》:"台、朕、賚、畀、卜、陽,予也。"郭璞注:"賚、卜、畀,皆賜與也。與猶予也,因通其名耳。"《大戴禮記·文王官人》:"順與之弗為喜。""騰與廷史",即騰把廷史的職位(在上級任命後）授予爽。到了三十四年後九月，"戊戌爽會逮江陵"，接收了會逮這一廷尉監的職事。到了三十五年十二月，"辛未爽行廷史"。行者，奉行也，爲也。《逸周書·武順》："伯不勤無以行令。"朱右曾集訓校釋："行，奉行也。"《吕氏春秋·愛類》："無不行也。"高誘注："行，爲也。""行廷史"，爲廷史。三十四年五月己巳，在騰將廷史之事務交付給爽之後，"召從亡尸"，此句意本不明，推測可能是騰召呼子爽來隨行亡尸，因他在十七天前（從四月壬子到五月己巳）已病情危殆，自料時日無多。召其子來處理後事。又過了十三天（從己巳到辛巳），騰（監公）終於"亡"故。第二天（壬午）"亡尸之津"，殆騰之遺體運往津地。過了約四個月，到了九月丙戌，"老亡尸行＝（行，行）當百（陌）"，"老"讀爲考，考，亡父也，亡父遺體又復運行，行當阡陌。"老"前無限制詞，不知何人亡父，但從通篇來看，此"老（考）"殆即簡主爽之亡父，簡主自記家事，語句無需主、謂、賓、定、狀、補語法完整，二千年後，今人看不明白，但在當時，簡主是明白的。再説，《質日》既是私家記事，是簡主個人的行事記録，本不是供外人看的，外人明不明白本不是簡主要關心的。到了三十五年十二月，"亡尸復行漁"，"行漁"意義不明，推測可能漁讀爲禦。古魚與禦聲字皆魚部疑紐，可通假。《説文》："筲，或作𦉢。"上博楚竹書《緇衣》簡4："斁（謹）惡以虞民淫。"今本《禮記·緇衣》作"慎惡以禦民之淫。"春秋以後第一人稱代詞西土秦用吾，東土三晋、齊、楚作虞。毛公鼎（《集成2841》）："以乃族干吾王身。""干吾"即捍禦[15]。《説文》："禦，祀也。""亡尸復行禦"，即再次祭祀亡尸。

簡文提到"公""監公"，前面説過，公可指父親；其死後稱"老（考）"。説騰爲爽之父，則爽往返咸陽，並滯留多日，主要是爲了處理家事，故稱"私質日"。當然，三十五年，爽的身份已是廷史，在處理家事之暇順便去本部門（廷尉）彙報工作，也是應該的，17/0655簡"己卯治"，治即治事，處理公務，但這已是在"丙子宿咸陽"兩天之後，且衹此一句，可見不是主要任務。

睡虎地秦簡《編年記》（這是整理者的命名，非原名）除記秦昭王元年至秦始皇三十年的國家大事外，還記了墓主（簡主）喜父（公）、母（嫗）死亡（終）、自己出生（産）、傅籍（傅）、"揄史"（進用爲吏）、"爲安陸令史"（縣令屬吏）、"治獄鄢"（審理案件）的事情，甚或記録了"敢"的出生（産）、"遫（速）"的出生（産）、"恢"的出生（産）、"穿耳"的出生（産），從年代推算，敢、速應爲喜弟（敢比喜小2歲，速比喜小11歲），恢應爲喜子（比喜小24歲），穿耳應爲喜女（比喜小33歲）。獄麓簡簡主爽也是這樣，簡文記録其父（公）、母（嫗）的職業、死亡，以及他處理公務、家事的情況。野與爽的關係不明，但他既然見於爽的私人記事，且事蹟較多，依《編年記》之例，他也可能是爽的親屬。

據《綜述》説，爽的事蹟還見於其他簡：

0552 簡："爽初書年十三，盡廿（二十）六年年廿（二十）三歲。"

0418 簡："卅（三十）年十一月爽盈五歲。"

0687 簡："廿（二十）四年十二月丁丑初爲司空史。"

0625 簡："廿（二十）五年五月壬子徙爲令史。"

據以上簡推算，爽出生於秦王政四年。十六年他"初書年"（登記年齡）13歲，《史記·秦始皇本紀》："十六年，初令男子書年。"這在該年是一件大事。二十四年，他21歲，"初爲司空史"。二十五年，他22歲，"徙爲令史"。二十六年，他滿23歲。三十年十一月，他又增加了5歲，滿28歲。值得注意的是《三十四年質日》64/078 簡記："●卅（三十）年正月甲申射。"此簡其他各欄都記的是三十四年後九月的干支，突然冒出來一句三十年正月的事，《質日》簡記該年各月干支，僅在朔日干支前加一矩形黑色標識（▬），此條卻加圓形黑色標識"●"，令人頗感不解。嶽麓秦簡注懷疑"卅"後抄漏了一個"四"字，僅是一種推測，無法肯定。其實，此條前加"●"，僅表示這是特別插入的，屬於追記，祇是利用該簡的空間而已，與其他內容無關。射的本義是射箭，引申之，鄉飲酒禮中有鄉射之禮，諸侯大祭禮中有大射之禮，《儀禮》有《鄉射》《大射》兩篇。射是一種古禮，能參加射禮，表示爽在刑法之外，還有禮儀的修養。《周禮·地官·大司徒》："以鄉三物教萬民……三曰六藝：禮、樂、射、御、書、數。"射是當時吏人應掌握的，《爲吏治官及黔首》提到吏人管理的事務即有"[士]吏捕盜"（9/1563 簡），所以爽在他28歲特別強調自己增加了5歲，參加過射禮。三十四年，爽已31歲，繼承父職，任職廷史，是合適的。

已經公佈的嶽麓秦簡的內容，多與爽曾擔任的職務有關。爽初任司空史，是縣級司空的吏員。司空即司工，主要職責是工程管理。我們在秦始皇陵出土陶文中看到很多"左司""右司"，"司"即司空之省。工程多用刑徒，所以後來司空又多管理刑徒。爽後來徙任令史，是縣令長的書佐，職務範圍更加擴大。工程涉及各種計算，刑徒管理涉及徭役、工作量考核、口糧分配等，需要各種數學知識。嶽麓簡有《數》220 餘枚[16]，是爽生平因工作需要而抄錄的。

刑徒管理及縣級事務涉及各種法律條文，故嶽麓簡有《律令雜抄》1200 餘枚，包括《關市律》《內史雜律》《奔敬（警）律》《田律》《行書律》《戍律》；還有各種奏令，如《尉郡卒令》《廷卒令》《挾書令》等。相關資料有待刊佈（2016 年校記：陳松長先生主編的《嶽麓书院藏秦簡（肆）》2015 年 12 月已由上海辭書出版社出版，收錄法律條文簡 391 枚）。

廷尉監、廷史主管治獄，縣令史也會涉及到讞報奏讞，嶽麓秦簡有《奏讞書》150 餘枚，其中有木簡 30 餘枚，"在比較完整的木簡上有一件由胡陽丞於廿二年八月癸卯朔辛亥上報的讞書，內容是一位叫'癸'和叫'學'的人冒充'馮將軍毋擇子'的名義偽造文書詐騙的案件"。據陳松長先生説,木簡、竹簡、長短、編繩、文字風格都不相同,"是由不同的抄手抄寫的"。這些雖不是爽抄寫的,可能"是由不同地方(江陵、州陵、胡陽等)的守丞對有關刑事案例奏讞、審議和裁決的記録",但爲爽所收存、彙集,則是肯定的。

《爲吏治官及黔首》的性質與睡虎地秦簡《爲吏之道》相近,已有學者對二者作對比研究[17],分析了二者的同異,認爲二者均涉及爲吏的基本原則、官吏的治官章程,但從叙述模式來説,《爲吏之道》的有些内容在《爲吏治官及黔首》中找不到;《爲吏治官及黔首》語言更通俗,内容也更豐富。于洪濤先生指出《爲吏治官及黔首》《爲吏之道》的内容來源於同一類母本,但官吏會根據自己的業務需要有所選擇。他舉例説,《爲吏治官及黔首》63/1534 簡"當監者"、64/1496 簡"勿獨出"、65/1584 簡"監視毋輸"與《三十四年質日》"監公亡"有關,而爲《爲吏之道》所無[18]。他的例子對人很有啓發性。我認爲爽和其父騰既然身份都是廷尉監史,監察是其主要業務,所以他特别强調作監者"毋獨出",因爲獨出不安全,無人照料。又强調"監視毋輸"。"輸"應讀爲媮或偷,苟且。監視者應對工作特别認真,不可絲毫苟且、馬虎。在這方面,騰是充分做到了的,他在三十四年四月已"羸""病",五月初二(丙申)仍"視事"(31/0701 簡),直到半月後身"亡"。《漢書·路温舒傳》指斥當時獄吏酷刑逼供、草菅人命,説:"是以獄吏專爲深刻,殘賊而亡極,媮爲一切,不顧國患,此世之大賊也。"顔師古注引如淳曰:"媮,苟且。一切,權時也。""媮爲一切"者爲"大賊",則"毋媮"之監者自然是好的獄吏官,亦即好的廷尉監。

《占夢書》屬數術,反映了當時的民俗,也是爲吏者需要瞭解的。

睡虎地秦簡簡主,亦即 11 號墓墓主喜曾爲"安陸令史""鄢令史",也曾"治獄鄢";嶽麓秦簡簡主爽曾爲"司空史","徙爲令史",後"行廷史",職在治獄,二人的經歷相似。睡虎地秦簡有《編年記》,嶽麓秦簡有《質日》,除公、私有别(《編年記》是今人命名,其實公私事皆記)外,性質相同。睡虎地秦簡《爲吏之道》與嶽麓秦簡《爲吏治官及黔首》屬同類;《占夢書》與睡虎地秦簡《日書》同類;睡虎地秦簡、嶽麓秦簡同有律令、奏讞書,所以從大的類别上看,二者相同。曹旅寧先生曾"推測(嶽麓秦簡出土墓葬)墓主人當爲曾在南郡守府服務的小吏",其墓葬"超過睡虎地 11 號秦墓的可能性不大"[19]。我則以爲,墓主爽後期職務(廷史)高於睡虎地 11 號墓主喜,其墓葬大小極可能超過後者。

二

嶽麓秦簡《爲吏治官及黔首》51/1568 簡第二欄:"廉而毋帒。"嶽麓秦簡"帒"字後括一問號,殆拿捏不準。嶽麓秦簡注:"廉而毋帒:《爲吏之道》作'廉而毋刖',廉本義爲棱角，‘刖’本義爲隔斷。廉而毋刖，行事正直而不傷人，與《老子》等古書常見的‘廉而不劌’同義。”陳偉先生《嶽麓秦簡〈爲吏治官及黔首〉識小》[20]則説：“最後一字上部所从似是‘伐’，其中‘戈’的下面一筆寫的有些移位。這個从伐从巾的字大概仍應讀爲‘伐’或者从伐取義，有斬殺之意，與‘刖’相通。”何有祖先生説法略同：“字疑當从巾，伐聲，讀作伐。《説文》：‘伐，敗也。’‘伐’有傷害之義。《詩·小雅·賓之初筵》：‘是爲伐德’，朱熹集傳：‘伐，害也。’故而‘廉而毋伐’與‘廉而不刖’‘廉而不劌’意義相同。”[21]

今按此字右上不是很清楚，但即使如陳先生所説應隸作“戈”，此字仍是“帒”字而不是“㠶”字。在戰國文字中，弋字横下常加一飾筆，易與戈字相混。如長沙子彈庫戰國楚帛書乙44“四神相弋”，末字即弋字，讀爲代[22]。《古璽彙編》0002“郕易君璽”，又趙國方足布面文有“郕”字，李家浩先生《戰國邙布考》説“郕”即“邙”字，“邙易”即“弋易”，在今河南潢川縣西；三足布“郕”即趙國代郡[23]。

帒字見徐鉉《説文新附》：“帒，囊也。从巾，代聲。或从衣。”《玉篇》：“袋，亦作帒。”衣、巾皆服飾，帒、袋衹是形旁義近通用。帒从巾，代聲，代又从人弋聲。古弋聲字與乂聲字通用。《爾雅·釋天》：“太歲……在壬曰玄黓。”“玄黓”《史記·曆書》作“横艾”。簡文“帒”可讀爲乂（刈）或艾。《説文》：“乂，芟草也。从丿从乀相交。刈，乂或从刀。”段玉裁注：“芟艸穫穀總謂之乂。”乂本割草，引申爲割、斷、翦、斬、殺義。《爾雅·釋詁一》：“刈，斷也。”《大戴禮記·用兵》：“以刈百姓，危國家也。”盧辯注：“刈，翦。”《廣雅·釋詁一》又云：“刈，殺也。”《詩·周南·葛覃》：“是刈是濩。”朱熹集傳：“刈，斬。”

式字从工，弋聲，弋可讀爲式。史牆盤：“剌（烈）且（祖）文考弋[illegible]。”（《集成》10175）裘錫圭先生説“弋”讀爲式，引丁聲樹先生説：“式者勸令之詞。”[24]郭店楚簡《緇衣》簡13引《詩》曰：“成王之孚，下土之弋。”“弋”毛詩《大雅·下武》作“式”。簡文“帒”也可讀爲弑。《説文》：“弑，臣殺君也。”引申之泛指殺害。《禮記·明堂位》：“君臣未嘗相弑也。”

《説文》：“刖，絶也。”刖爲斷足，與殺義近。《左傳·莊公十六年》：“殺公子閼，刖强鉏。”《説文》：“劌，利傷也。”亦傷害義。刖、劌、刈、弑義近，故在“廉而不劌”這一成語中可以互换，但以作劌爲常見（還見於《荀子·不苟》《韓非子·解老》《禮記·聘義》《孔子家語·問玉》）。

兩種讀法，我更傾向“帒”讀爲刈。

注釋：

① 朱漢民、陳松長主編：《嶽麓書院藏秦簡（壹）》，上海辭書出版社，2010年。

② 陳松長：《嶽麓書院藏秦簡綜述》，《文物》2009年第3期，第75—88頁。以下簡稱

《綜述》，下文引此文陳松長先生説，不另注。

③ 睡虎地秦墓竹簡整理小組編：《睡虎地秦墓竹簡》（簡裝本），文物出版社，1978年，第7頁。

④ 湯餘惠主編：《戰國文字編》，福建人民出版社，2001年，第570頁。

⑤ 何琳儀：《戰國古文字典》，中華書局，1998年，第429頁。

⑥ 王輝、程學華：《秦文字集證》，臺灣藝文印書館，1999年，圖版160、439。

⑦ 同④，第79頁。

⑧ 同④，第583頁。

⑨ 同⑤，第222頁。

⑩ 廣州市文物管理委員會、中國社會科學院考古研究所、廣東省博物館：《西漢南越王墓》，文物出版社，1991年，圖版二二．一。

⑪ 王輝、蕭春源：《珍秦齋藏八年内史操戈考》，《故宮博物院院刊》2005年第3期，第49—55頁；後又收入《高山鼓乘集——王輝學術文存二》，中華書局，2008年，第85—90頁。

⑫ 王輝：《秦封泥等出土文字所見内史及其屬官》，西泠印社、中國印學博物館編：《青泥遺珍——戰國秦漢封泥文字國際學術研討會論文集》，西泠印社出版社，2010年，第48頁。

⑬ 張家山二四七號墓竹簡整理小組：《張家山漢墓竹簡（二四七號墓）》，文物出版社，2005年，第69頁。

⑭ 于洪濤：《近兩年嶽麓書院藏秦簡研究綜述》，武漢大學簡帛研究中心簡帛網：http://www.bsm.org.cn/show_article.php?id=1428，2011年4月1日。

⑮ 王輝編著：《古文字通假字典》，中華書局，2008年，第79頁。

⑯ a. 蕭燦、朱漢民：《嶽麓書院藏秦簡〈數〉的主要内容及歷史價值》，《中國史研究》2009年第3期，第39—50頁；b. 朱漢民、蕭燦：《從嶽麓書院藏秦簡〈數〉看周秦之際的幾何學成就》，《中國史研究》2009年第3期，第51—58頁。此後又有數文對《數》的内容加以補充。

⑰ a. 廖繼紅：《〈爲吏治官及黔首〉與〈爲吏之道〉比較》，武漢大學簡帛研究中心網站：http://www.bsm.org.cn/show_article.php?id=1408，2011年2月26日；b. 于洪濤：《秦簡〈爲吏治官及黔首〉與〈爲吏之道〉對讀（一）》，武漢大學簡帛研究中心網站：http://www.bsm.org.cn/show_article.php?id=1517，2011年7月20日。

⑱ 于洪濤：《嶽麓簡〈爲吏治官及黔首〉剳記二則》，武漢大學簡帛研究中心網站：http://www.bsm.org.cn/show_article.php?id=1539，2011年5月24日。

⑲ 曹旅寧：《嶽麓書院藏秦簡叢考》，《華東師範大學學報》（哲社版）2009年第6期，

第 98 頁。

⑳ 陳偉:《嶽麓秦簡〈爲吏治官及黔首〉識小》,武漢大學簡帛研究中心網站:http://www.bsm.org.cn/show_article.php?id=1434,2011 年 4 月 8 日。

㉑ 何有祖:《嶽麓秦簡〈爲吏治官及黔首〉補釋二則》,武漢大學簡帛研究中心網站:http://www.bsm.org.cn/show_article.php?id=1438,2011 年 4 月 9 日。

㉒ 同 ⑤,第 69 頁。

㉓ 李家浩:《戰國𨛗布考》,《古文字研究》第 3 輯,中華書局,1980 年,第 160—165 頁。

㉔ 裘錫圭:《牆盤銘文考釋》,《文物》1978 年第 3 期,第 30 頁。

(原載臺灣"中央研究院"第四屆國際漢學會議論文集《出土材料與新視野》,2013 年;又載《陝西歷史博物館館刊》第 20 輯,三秦出版社,2013 年)

一粟居讀簡記（五）

一

清華楚簡《說命上》簡2："敚（說）方筑（築）城，媵墜重力。"影本注："媵，《詩·魯頌·閟宫》：'繩也。'《廣雅·釋器》：'索也。'墜，即'降'字，讀爲同屬見母冬部的'躬'，《說文》：'身也。'《墨子·尚賢下》：傅說庸築，'衣褐帶索'。"① 此説有其道理，然"媵降"解爲"索躬（身）"，與"衣褐帶索"似不盡同。又簡文《説命中》簡4："隹（惟）乃复（腹），非乃身。"簡7："隹（惟）戈（干）戈生（眚）氒（厥）身。"稱"身"不稱"躬"。疑媵應讀爲升，"升降"謂上升下降。《禮記·曲禮上》："居喪之禮……升降不由阼階。"媵从灷，朕聲，與乘、升通用。《史記·宋微子世家》："宋伐魯，戰於乘丘。"集解引徐廣曰："乘一作媵。"《列子·黄帝》："遂與商丘開俱乘高臺。"釋文"俱乘"作"俱升"。"築城，升降用力"，似乎也文從字順。

二

清華楚簡《説命中》簡4："若藥，女（如）不瞁（瞑）眴（眩），邲（越）疾弗瘳。"影本注："越，句首助詞，見《書·盤庚》《高宗肜日》《微子》《大誥》《召誥》等。《楚語上》作'若藥不瞑眩，厥疾不瘳'。"② 按越在簡文中應是指示代詞，即《楚語上》之"厥"，其也。越與厥通用。朱駿聲《説文通訓定聲·泰部》："越，假借爲隊。《書·盤庚》'顛越不恭'，傳：'墜也'；《禮·緇衣》'毋越厥命，以自覆也'，注：'越之言隊也'；《左成二傳》'越于車下'，注：'墜也'；《齊語》'恐隕越於下'，注：'失也'。"③

"藥不瞑眩，厥疾不瘳"，是古成語，見於多種古書。《尚書·說命上》："若藥弗瞑眩，厥疾弗瘳。"孔氏傳："如服藥必瞑眩極，其病乃除。欲其出切言以自警。"孔穎達疏："若服藥不使人瞑眩憒亂，則其疾不得瘳愈。言藥毒乃得除病，言切乃得去惑也。"又云："瞑眩者，令人憒悶之意也。《方言》云：'凡飲藥而毒，東齊海岱間或謂之瞑，或謂之眩。'郭璞云：'瞑眩亦通語也。'然則藥之攻病，先使人瞑眩憒亂，病乃得瘳。傳言'瞑眩極'者，言悶極藥乃行也。"在政治上，就是比喻以逆耳的語言規勸人過，使聽者反應強烈，纔有功效。《孟子·滕文公上》："《書》曰：'若藥不瞑眩，厥疾不瘳。'"《國語·楚語上》："武丁於是作《書》曰：'以余正四方，余恐德之不類，茲故不言。如是而又使以象夢，旁求四方之賢，得傅說以來，升以爲公而使朝夕規諫。'曰：'……若藥不瞑眩，厥疾不瘳。'""瞑眩"又見《方言·十》，作"眠眩"；《方言·七》作"眳眩"；《文選·揚雄〈劇秦美新〉》作"顛眴"；《說文》宀下作"䁯眩"；《漢書·揚雄傳》作"冥眴"④，簡本作"䁯坉"，與《方言》《揚雄傳》用字諧聲偏旁同。

"瞑眩"一語不見於殷周甲骨、金文。殷商甲骨記兆璺術語有"不⿱⿳𠃌丨⿳𠃌丨丨"，楊向奎釋"不玄冥"⑤，于省吾釋"不悟冥"⑥，然該辭諸說紛紜，迄無定論⑦，與"瞑眩"應無絲毫關係。就目前的資料看，這一詞語產生的時間不會早過春秋初。簡本《說命上》的《說明》指出，今本《說命》不在漢初伏生所傳今文《尚書》之內，也不見於孔壁古文《尚書》，祇見於東晉梅賾所獻孔傳本《尚書》，是僞書。簡本《說命》是先秦古籍，與梅氏僞古文（除引用先秦語句外）全然不同，但簡本同今文《尚書》中的《商書》一樣，也絕不會是商人作品，而祇能是東周人作品。陳夢家先生指出："此篇（引者按指《盤庚》）與《湯誓》皆有'天命'之語，商人稱'帝命'，無作天命者，天命乃周人之說法……今文《盤庚》三篇共1283字，較之《周書》中之命書更長。晚殷金文，長者不過數十字，如何在盤庚之時有如此巨作？此篇與上述《甘誓》《湯誓》皆較《周書》易讀，兩《誓》爲戰國時擬作，此亦戰國宋人之擬作，猶《商頌》矣。"⑧簡本《說命》的時代大概也是這樣。

三

清華楚簡《說命下》簡8："昔在大戊，克瀓（慎）五祀，天章之甬（用）九悥（德），弗易百青（姓）。"瀓，影本隸作潻，以爲即漸字，義爲進。黃傑《讀清華簡（叄）〈說命〉筆記》⑨隸作瀓，讀爲慎，極是，今再作補證。古參聲字與真聲字通用。《詩·鄘風·君子偕老》："鬒髮如雲。"《說文》："㐱，稠髮也。从彡，人聲。《詩》曰：'㐱髮如雲。'鬒，㐱或从髟，真聲。"《詩·大雅·雲漢》："胡寧瘨我以旱。"釋文："瘨《韓詩》作疹。"⑩郭店楚簡

《老子》丙本簡 12："訢冬（終）女（如）忖（始），此亡敗事矣。"訢馬王堆帛書本《老子》甲、乙及《老子》王弼本皆作慎。郭店楚簡《老子》甲本："和其光，迵（同）其訢。"訢王弼本及帛書乙本作塵，帛書甲本作𡏼⑪。

關於"五祀"，影本注云："《國語·魯語上》：'凡禘、郊、祖、宗、報，此五者，國之典祀也。'《周禮·大宗伯》也有'五祀'，諸家解釋彼此不同。"按《魯語上》的話是魯僖公（前 659—前 627）時魯大夫展禽說的，但他並未提出"五祀"之名。殷墟甲骨文祀爲祭義，《乙》6881："辛巳卜，宜貞：祀岳㱿來歲受年。"祭祀先公先王一周爲一年，故以祀紀年，《粹》896："隹（惟）王八祀。"西周金文同。天亡簋："王祀于天室。"大盂鼎："有獎（柴）蒸（烝）祀，無敢酘（擾）……隹（惟）王廿（二十）又三祀。"鼎銘柴、烝、祀三種祭名並列。"五祀"之名出現很晚。《周禮·春官·大宗伯》："以血祭祭社稷、五祀、五嶽。""五祀"是"祭"祀的對象，是名詞。鄭衆以五祀爲王者於宮中祀五色之帝，鄭玄以五祀爲五官之神，即句芒、蓐收、祝融、后土、玄冥。《禮記·祭法》："諸侯爲國立五祀，曰司命，曰中霤，曰國門，曰國行，曰公厲。"《禮記·月令》："春……其祀户，祭先脾。夏……其祀竈，祭先肺……中央……其祀中霤，祭先心。秋……其祀門，祭先肝。冬……其祀行，祭先腎。"秦駰玉版："周世既没，典法鮮亡。惴惴小子，欲事天地、四亟（極）、三光、山川、神示（祇）、五祀、先祖、而不得氒（厥）方。"⑫"五祀"與"天地""四極""三光""山川""神祇""先祖"並列，肯定是五種神。"駰"，學者多以爲即秦惠文王，時代已至戰國中期⑬。又睡虎地秦簡《日書》乙有"祀室中日""祀户日""祠門日""祀行日""祀囗日"（囗當爲竈）⑭；又云："祀五祀日，丙丁竈，戊己內中土，［甲］乙户，壬癸行，庚辛囗（門?）。""內中土"即中霤⑮。"克慎五祀"，慎爲"慎祀"之省，"慎五祀"即"祀五祀"。

"天章之甬（用）九德，弗易百青（姓）。"章，明也，顯也。《楚辭·大招》："德澤章只。"王逸注："章，明也。"《漢書·武帝紀》："何行而可以章先帝之洪德休德。"顏師古注："章，明也。"亦作彰，《孟子·告子下》："以彰有德。"簡謂上天以九德使大戊顯明。《史記·殷本紀》："帝大戊立，伊陟爲相。亳有祥，桑穀共生於朝，一暮大拱。帝大戊懼，問伊陟。伊陟曰：'臣聞妖不勝德，帝之政其有闕與？帝其修德。'大戊從之，而祥桑枯死而去。"上天以妖祥警誡大戊，使其修德，與簡文意近。

"九德"又見《尚書·皋陶謨》："……亦行有九德……曰寬而栗，柔而立，愿而恭，亂而敬，擾而毅，直而温，簡而廉，剛而塞，強而義。"又《逸周書·寶典》："九德：一孝。子畏哉，乃不亂謀。二悌。悌乃知序，序乃倫。倫不騰上，上乃不崩。三慈惠。兹（慈）知長幼。知長幼，樂養老。四忠恕。是謂四儀。風言大極，意定不移。五中正。是謂權斷，補損知選。六恭遜。是謂容德。以法從權，安上無慝。七寬弘。是謂寬宇。準德以義，樂獲純叚。八温直。是謂明德。喜怒不郏，主人乃服。九兼（廉）武。是謂明刑。惠而能忍，尊天大經。"又《常訓》："九德：忠、信、敬、剛、柔、和、固、貞、順。"《皋陶謨》的時代，學人説法不一，或説作於春秋時，或説作於戰國初年，或説作於秦漢之際。郭沫若説《皋陶謨》的"九德"含有折衷主義的倫理。蔣善國説："《皋陶謨》所説的九德，除在文法和意義方面受《論語》和《中庸》影響外，並淵源於《洪範》三德。"[16]《寶典》《常訓》諸篇的時代，大約也在戰國中期之後。"九德"中的柔、中、寬、廉、剛、温、慈、忠、信等品德不見於西周金文，却屢見於春秋、戰國出土文獻資料。澳門蕭春源珍秦齋藏秦子簋蓋銘文："（秦子）又（有）夒（柔）孔嘉，保其宫外。昷（温）龏（恭）□秉□（德）。"器之時代爲春秋早期[17]。王孫遺者鐘："余昷龏（恭）敊（舒）屖（遲）。"[18]此爲春秋晚期器。中山王𠨞方壺："慈孝袞（寬）惠……余智（知）其忠誋（信）施（也）而譐（屬）賃（任）之邦……賏渴（竭）志盡忠。"中山王𠨞大鼎："又（有）氒（厥）忠臣賏，克忞（順）克卑……非𢘓（信）與忠，其隹（誰）能之。"壺、鼎爲戰國早期器。睡虎地秦簡《爲吏之道》："凡爲吏之道，必精（清）絜（潔）正直……嚴剛毋暴，廉而毋刖……寬俗（容）忠信……兹（慈）下勿陵，敬上勿犯。""吏有五善：一曰中（忠）信敬上，二曰精（清）廉毋謗。"嶽麓書院藏秦簡《爲吏治官及黔首》："精（清）絜（潔）正直……厰（嚴）剛毋暴，廉而毋帒（刓）。"簡的時代爲戰國晚期至秦代。清華楚簡《保訓》："昔舜舊（久）复（作）小人，親耕於鬲（歷）茅，恐救（求）中，自詣（稽）氒（厥）志……舜既得中，言不易實兌（變）名，身兹備（服）隹（惟）允，翼翼不解（懈），用乍（作）三降之德。"簡文"中"即"中正"，是戰國時人纔有的治國理念[19]。《保訓》提到"三降之德"，而簡本《説命下》下文説："余罔絑（墜）天休，弋（式）隹（惟）參（三）德賜我，虘（吾）乃尃（敷）之於百青（姓）。"[20]"三德"乃天所賜，即"三降之德"。《尚書·洪範》："三德：一曰正直，二曰剛克，三曰柔克。"也是戰國人的道德理念。

由以上論述，皆可證明簡本《説命》爲春秋以後作品。

四

清華楚簡《周公之琴舞》簡3："弼（彌）寺（持）亓（其）又（有）肩，貼告舍（余）㬎（顯）悳（德）之行。"影本注："貼，即'視'字，讀爲'示'，教導。《禮記·檀弓下》：'國奢則示之以儉……'"蘇建洲《初讀清華三〈周公之琴舞〉〈良臣〉劄記》[21]却説："説'貼即視字'則無據。我們看《琴舞》的用語比較古樸，大多可在西周金文、《尚書》中找到相同或相似的例子，但是讀爲'示告'則年代較晚。筆者以爲'貼'從'旨'聲，最直接應該讀爲'指',《尚書》正好有'指告'的説法,《書·微子》'今爾無指告余',屈萬里先生説:'指,指點也。'"蘇説未見其是。

首先,説"貾即視字",並非"無據"。《廣雅·釋詁一》:"覟,視也。"王念孫疏證:"《集韻》《類篇》,覟又音時。"覟又作睗,《集韻·脂韻》:"覟,《博雅》:'視也。'或從目。"貾從見,旨聲,覟從見,耆聲,耆从旨得聲,故貾爲視字異構,可以無疑。徐在國説:"視、耆古音同屬脂部,睗從目耆聲,蓋視字或體。"[22]

上古音視脂部禪紐,旨脂部照紐,示脂部神紐,三字疊韻,照神禪皆舌面音,旁紐,故視、貾讀爲示,例甚多。睡虎地秦簡《語書》:"争書,因噁(佯)嗔目扼揢(腕)以視力,吁訽疾言以視治,誙訊醜言麃㕁以視險(檢),坑閬强骯(伉)以視强……"4例視字皆讀爲示,顯示也。郭店楚簡《緇衣》:"旨我周行。"上海博物館藏戰國楚竹書《紂衣》:"覟我周行。"所引爲《詩·小雅·鹿鳴》,旨、覟《毛詩》作示[23]。

《周公之琴舞》所謂"埅(成)王复(作)敬(儆)怶(毖)"的一組九篇詩,其第一篇即《詩·周頌·敬之》,其與簡文相同的一句作:"佛時仔肩,示我顯德行。"可見貾仍以讀示爲近是。示本有告知義。《楚辭·九章·懷沙》:"懷瑾握瑜兮,窮不知所示。"王逸注:"示,語也。""示告"是示、告兩個近義詞組成的新詞。

五

清華楚簡《周公之琴舞》簡13:"舍(余)不得彔思念,畏天之載(災)。"影本注説彔字見甲骨文,疑讀爲逯,《廣韻》:"謹也。"按《説文》:"逯,行謹逯逯也。"本指行步謹慎。後世引申指一般謹慎,清吳恒煒《知新報緣起》:"守者逯焉、閔焉……"但例子太晚。疑彔當讀爲屢。睩與鹿通,《説文》:"睩讀若鹿。"鹿與鏤通,《荀子·成相》:"到而獨鹿棄之江。"楊倞注:"獨鹿與屬鏤同,本亦或作屢鏤。"屢,數也,每也。《詩·小雅·正月》"屢顧爾僕,不輸爾載。"《論語·先進》:"回也其庶乎,屢空。""余屢思念",我常思念。

六

清華楚簡《周公之琴舞》簡13—14:"差(佐)寺(事)王忘(恩,讀爲聰)明,亓(其)又(有)心不易,畏(威)義(儀)諡諡,大亓(其)有慕(謨)……"影本注:"威儀諡諡,秦公鐘(《集成》二六二):'䜴䜴允義,翼受明德。'"[24]指出諡、䜴同義,但未深入分析。按所謂"秦公鐘"通常稱"秦公及王姬編鐘、鎛鐘",以與宋人著録的"秦公鎛鐘

（盠和鐘）"相區別。後者云："咸畜百辟胤士，藹藹文武，鋊（鎮）静不廷，虦（柔）燮百邦，于秦執事。"又秦公簋云："咸畜胤士，藹藹文武，鋊（鎮）静不廷，虔敬朕祀。"藹字用法亦同。

《玉篇》："謚，静也。"《廣韻》謚"胡臘切"，盍部匣紐，但無法證明後世謚字與先秦謚字是一字。先秦謚字或是謁字異文。古盍與曷聲字通用。《文選・班孟堅〈西都賦〉》："軼埃壒之混濁，鮮顥氣之清英。"李善注："許慎《淮南子注》曰：'壒，埃也。'壒與壎同。"郭店楚簡《緇衣》簡40："句（苟）又（有）車，必見其敪（轍）。"裘錫圭按語疑敪應讀爲蓋。又《窮達以時》簡3："卲（皋）繇（陶）衣胎（枲）蓋。"蓋讀爲褐。由此而言，謚、謁先秦殆是一字。

關於藹字，前人考釋已多。孫詒讓《古籀拾遺・盠和鐘》云："竊疑此字當从蓋省聲，即《説文》趨字之異文，蓋聲與曷聲古音同。"郭沫若《兩周金文辭大系考釋・秦公簋》云："此藹字當从皿，赳聲……藹藹者當假爲袪袪。《魯頌・駉》'以車袪袪'，毛傳云'强健也'。"于省吾《雙劍誃古文雜釋・釋藹》云："按孫謂藹即《説文》趨字之異文，是也，郭説殊誤。趨字作藹者，亦猶智君子鑑鑑之作鑑。古文偏旁之部位，惟施所宜，非如今隸之固定不移。藹从盍聲，與趨从曷聲一也。《爾雅・釋言》：'曷，盍也。'惟《説文》'趨，赳趨也'，又'赳趨，怒走也'，於此義亦不適，趨趨應讀爲藹藹。《説文》：'藹，臣盡力之美。从言，葛聲。《詩》曰：藹藹王多吉士。'……《詩・卷阿》：'藹藹王多吉士。'傳：'藹藹猶濟濟也。'《爾雅・釋訓》：'藹藹萋萋，臣盡力也。'又：'藹藹濟濟，止也。'注：'皆賢士盛多之容止。'孫炎注：'濟濟，多士之容止也。'按《詩・文王》'濟濟多士'，傳：'濟濟，多威儀也。'是藹藹與濟濟義相若。《説文》以藹藹爲'臣盡力之美'，美字系就威儀之盛言之。上云'咸畜百辟胤士'，此云'藹藹文武'，'文武'指百辟胤士之文士、武士言之，是藹藹形容文武多士容止之盛。"[25] 吴鎮烽同意郭説，云："赳則从走去聲，去聲與定聲同在魚部。以聲類求之，藹藹當讀爲肅肅。"[26] 林劍鳴亦同意郭説，云："此三説中當以郭説爲近是。考秦人歷史，其一貫尚武。王左右之人不僅要'允義'（即信義），且要健强。秦人一向以健强勇武爲榮，觀《石鼓文》中'田車孔安，鋚勒駻駻，四介既簡，左驂翻翻，右驂騝騝'等語，即可知此説不誤。"[27] 拙著《秦銅器銘文編年集釋》則以爲："（吴、林）解釋多着眼於'武勇'一面，似不全面……藹藹可形容文士，也可形容武士，于説較爲可取。"[28] 簡文使于説成爲定論，極有價值。簡上文云"秋（咨）爾多子，笁（篤）亓（其）絸（諫）卲（劭）"，"多子"即《文王》之"多士"，秦公及王姬鐘、秦公鐘、秦公簋之"百辟胤士""文武"，指秦之衆多賢士，他們"大其有謨（謀略）"，顯然包括文、武之士，甚至更主要是指文士。清華楚簡《良臣》簡3—4周文王、武王的"良臣"有閎夭、泰顛、散宜生、南宫适、南宫夭、芮伯、伯适、師尚父、虢叔、君奭、君陳、君牙、周公旦、召公，文武皆有，他們（主要是武王良臣）"述（遂）差（佐）成王"。《琴舞》後八篇名義上是成王所作，成王説這些有藹藹威儀之賢士"佐事王聰明"，與《良臣》所説同。

"趎趎"讀爲"藹藹"，出土文獻最早的例子已到春秋早期。傳世文獻最早的例子爲《詩·大雅》之《文王》《卷阿》。《文王》時代，《詩序》云："《文王》，文王受命作周也。"然詩云："文王在上，於昭于天。周雖舊邦，其命維新……文王陟降，在帝左右。"又云："陳錫哉周，侯文王孫子。文王孫子，本支百世。"述及文王身後子孫，其成詩當甚晚。《卷阿》時代，《詩序》云："召康公戒成王也。"王先謙云："《汲冢紀年》：'成王三十三年，遊于卷阿，召康公從。'僞書不足信。黄山云：'《毛序》於《公劉》《泂酌》皆增"戒成王"之説，此篇亦然，三家固無此言也。夫采詩列於《大雅》，自足垂鑒後王，不必其詩皆爲戒王而作。此詩據《易林》齊説，爲召公避暑曲阿，鳳皇來集，因而作詩。蓋當時奉命巡方，偶然游息，推原瑞應之至，歸美於王能用賢，故其詩得列於《大雅》耳。周公垂戒毋佚，成王必不般游。毛説殆近於誣矣。'"㉙黄山駁斥《毛詩序》，甚有理致，然其謂《卷阿》爲召公游息之作，亦僅推測耳，未有確鑿依據。"藹藹""濟濟"在西周金文中未出現過，就目前資料判斷，《文王》《卷阿》《琴舞》極可能是西周晚期乃至春秋時作品，是後人追述往事。簡文説"周公叟（作）多士敬（儆）伿（毖），窯（琴）鏏（舞）九絉（卒）"，實際上祇是後人以成王、周公的名義作詩，其真正作者並非成王、周公。

注釋：

① 清華大學出土文獻研究與保護中心編，李學勤主編：《清華大學藏戰國竹簡（叁）》（以下簡稱影本），中西書局，2012年，第123頁。

② 同①，第126頁。

③ 朱駿聲：《説文通訓定聲》，武漢市古籍書店影印臨嘯閣本，1982年，第686頁。

④ 參看朱起鳳：《辭通》，上海古籍出版社，1982年，第2018頁。

⑤ 楊向奎：《釋不玄冥》，《歷史研究》1955年第1期。

⑥ 于省吾：《雙劍誃殷契駢枝》第51頁《釋不午黽》，轉引自于省吾主編：《甲骨文詁林》，中華書局，1996年，第1809頁。

⑦ 參看徐中舒師主編：《甲骨文字典》，四川辭書出版社，1988年，第1442—1443頁。

⑧ 陳夢家：《尚書通論》，《陳夢家著作集》本，中華書局，2005年，第207頁。

⑨ 黄傑：《讀清華簡（叁）〈説命〉筆記》，武漢大學簡帛網2013年1月9日。

⑩ 高亨纂著，董治安整理：《古字通假會典》，齊魯書社，1989年，第90—91頁。

⑪a. 王輝編著:《古文字通假字典》,中華書局,2008年,第688、694頁;b. 白於藍編著:《戰國秦漢簡帛古書通假字彙纂》,福建人民出版社,2012年,第926、928頁。

⑫ 王輝:《秦曾孫䮾告華大山明神文考釋》,《考古學報》2001年第2期。

⑬ 《史記·秦本紀》惠文王名䮾,乃䮾之訛。

⑭ 吳小強:《秦簡日書集釋》,嶽麓書社,2000年,第199頁。

⑮ 同⑭。

⑯ 蔣善國:《尚書綜述》,上海古籍出版社,1988年,第169—171頁。

⑰ 王輝:《秦子簋蓋補釋》,《華學》第9、10輯,上海古籍出版社,2008年;後又收入氏著:《高山鼓乘集——王輝學術文存二》,中華書局,2008年。

⑱ 中國社會科學院考古研究所編:《殷周金文集成釋文》261,香港中文大學中國文化研究所,2001年。"㬎"字原釋"函"。

⑲a. 王輝:《也說清華楚簡〈保訓〉的"中"字》,《古文字研究》第28輯,中華書局,2010年;b. 王輝:《讀清華楚簡〈保訓〉劄記(四則)》,《出土文獻》第1輯,中西書局,2010年。

⑳ 同①,第128頁。

㉑ 蘇建洲:《初讀清華三〈周公之琴舞〉〈良臣〉劄記》,簡帛論壇2013年1月15日。

㉒ 徐在國:《隸定古文疏證》,安徽大學出版社,2002年,第185頁。

㉓ 程燕:《詩經異文輯考》,安徽大學出版社,2010年,第216頁。

㉔ 同①,第141頁。

㉕ 以上孫、郭、于說皆轉引自周法高主編:《金文詁林》,香港中文大學,1975年,第3250—3253頁。

㉖ 吳鎮烽:《新出秦公鐘銘考釋與有關問題》,《考古與文物》創刊號,1980年。

㉗ 林劍鳴:《秦公鐘、鎛銘文釋讀中的一個問題》,《考古與文物》1980年第2期。

㉘ 王輝編著:《秦銅器銘文編年集釋》,三秦出版社,1990年,第16頁。

㉙ 王先謙:《詩三家義集疏》,《十三經清人注疏》本,中華書局,1987年,第905頁。

(原載《清華簡研究》第2輯,中西書局,2015年)

一粟居讀簡記（六）

一

上博楚竹書《顏淵問於孔子》簡12A：「[先]又（有）司，老=（老老）而慈（慈）學（幼），豫絞而收貧，录（禄）不足則青（請）；又（有）餘則龠（辭）。」又簡11+12B+5：「老=（老老）而慈（慈）學（幼），所以凥（處）仁也；豫絞而收貧，所以取新（親）也；录（禄）不足則青（請），又（有）餘則龠（辭），所以囗（取？）怠（信）也。」①以上釋文、編聯、斷句悉依復旦、吉大古文字專業研究生聯合讀書會《〈上博八‧顏淵問於孔子〉校讀》②。影本則異是，釋「老」爲「薦」，「慈」爲「戀」，「豫」原形隸定作「敔」，讀作「攸」，「怠」爲「悗」，皆扞格難通。

對「豫絞」這一詞語，影本讀爲「攸交」，連下「收貧」解爲「奪上收下」，「貪吞國資，搜刮民脂」③，很是勉強。聯合讀書會對字的隸定是對的，但對其意義則取審慎的態度，云：「（絞）原整理者讀爲'交'（155頁）。今按：疑非。一説'豫絞'可讀爲'舍繳'，意爲免除賦税。」又説：「簡文老老、慈幼、豫絞、收貧都是惠政。'豫絞'與'收貧'相對。」「絞」讀爲「交」，影本未説理由，其説固然值得懷疑；讀書會「豫」讀爲「舍」，「絞」讀爲「繳」，音理上無問題。但「舍繳」似不能與「收貧」相對，「貧」指貧困之人，與「老」指老者、「幼」指年幼者同，「舍繳」之「繳」指賦税，是物而非人。依例，「豫絞」可能指被「豫」的某種人。《論語‧子路》：「仲弓爲季氏宰，問政。子曰：'先有司，赦小過，舉賢才。'」《上博三‧仲弓》：「老老慈幼，先有司，舉賢才，宥過赦罪。」與《顏淵問於孔子》語例相近，疑「豫絞」與「舉賢才」意近，是「君子」的「内事」，亦即施政的要務。

循此思路，我懷疑「豫絞」可讀爲「譽髦」，謂選舉俊傑之士，亦即「舉賢人」。「豫」

與"譽"通用。《詩·小雅·蓼蕭》:"是以有譽處兮。"朱熹集傳引蘇氏曰:"譽豫通,凡《詩》之譽,皆言樂也。"馬王堆漢墓帛書《老子》甲、乙本:"與呵其若冬涉水。"王弼本"與"作"豫"。"交"與"毛"皆古宵部字,應可通用。《詩·大雅·思齊》:"古之人無斁,譽髦斯士。"毛傳:"古之人無厭於有名譽之俊士。"鄭玄箋:"古之人謂聖王名君也,口無擇言,身無擇行,以身化其臣下,故令此士皆有名譽於天下,成其俊乂之美也。"陸德明釋文:"髦,俊也。"傳、箋皆解"譽髦"爲名詞性詞組。其實,"譽"本爲動詞。《說文》:"譽,譌也。"段玉裁注:"偁,舉也。舉,偁美也。"徐鍇繫傳:"稱也。""稱"有舉薦義。《左傳·襄公三年》:"祁奚請老,晉侯問嗣焉,稱解狐。"孔穎達疏:"其人實善,故舉薦之。"《漢書·匡張孔馬傳》:"而列士不譽。"王念孫《漢書雜志》:"譽,當爲舉。""譽髦"可爲動賓詞組,謂舉薦才俊之士。《後漢書·邊讓傳》:"拔髦秀於蓬萊。"拔,選拔,"拔髦"與"譽(舉)髦"義近。

二

清華楚簡《繫年》簡13—16:"周武王既克磬(殷),乃執(設)三監于殷。武王陟,商邑興反,殺三監而立彔(录)子耿……飛曆(廉)東逃于商盍(蓋)氏,成王伐商盍,殺飛曆,西遷商盍之民于邾虘,以御奴虘之戎,是秦先=(先人),殜(世)乍(作)周屄(扞?)。周室即(既)宰(卑),坪(平)王東遷,止于成周,秦中(仲)焉東居周地,以戩(守)周之垚(墳)蟊(墓)。"④

這段話關乎早期周秦歷史,特別是秦人族源,對周秦史研究極具價值,因而引起了熱烈的討論。李學勤先生《清華簡〈繫年〉及有關古史問題》⑤《清華簡關於秦人族源的重要發現》⑥《清華簡〈繫年〉"奴虘之戎"考》⑦指出"飛曆"即"飛廉","商盍"即"商蓋、商奄","邾虘"即"朱圉、朱圄",在今甘肅甘谷縣西南,都是很對的。李先生曰:

> 飛廉參預三監之亂,失敗後東逃到奄,奄也即是《秦本紀》講的運奄氏,屬於嬴姓,飛廉向那裏投靠,正是由於同一族姓……奄是東方大國,是商王朝非常重要的組成部分……由《繫年》簡文知道,商朝覆滅之後,飛廉由商都向東,逃奔商奄。奄國等嬴姓東方國族的反周,飛廉肯定起了促動的作用。亂事失敗以後,周朝將周公長子伯禽封到原來奄國的地方,建立魯國,統治"商奄之民"。同時據《尚書序》講,把奄君遷往蒲姑,估計是看管起來。但在《繫年》發現以前,沒有人曉得,還有"商奄之民"被周人強迫西遷,而這些"商奄之民"正是秦的先人。

馬王堆漢墓帛書《戰國縱橫家書》的"蘇秦謂燕王章"云："自復而足，楚將不出沮漳，秦將不出商闊（奄），齊不出呂隧，燕將不出屋注（引者按此句下還有'晉將不逾太行'一句）。"所説是指各國的始出居地。秦出自商奄，正與《繫年》所記吻合。這幾句話後世的人們不懂，所以傳世本《戰國策》把"商奄"等都錯誤地改掉了。

秦之族源，舊有東來、西來二説。西來説認爲秦人出自西方，是西戎族的一部分，以王國維、蒙文通、俞偉超、劉慶柱等爲代表；東來説主張秦人出自今山東地區的東夷集團，與殷人、東夷人有共同的鳥圖騰崇拜，共同的先祖顓頊、少昊，殷亡之後，秦人西遷至今甘肅天水地區（西陲），以傅斯年、顧頡剛、林劍鳴、鄒衡等爲代表。二説爭論七十餘年，迄無定論。清華簡爲東來説提供了重要的論據。目前，東來説是學術界壓倒性的主流意見，西來説一時幾乎息聲。

對上引《繫年》那段話，也有個別學者指出了其與傳世文獻不合乃至明顯錯謬之處。拙文《一粟居讀簡記（三）》指出[⑧]，《逸周書·克殷解、作雒解》《史記·殷本紀、周本紀》與《漢書·地理志》都説周武王伐紂後已封紂子武庚，"清華簡乃戰國中期人追記七百年前的歷史事件，誤以爲在伐滅三監後才封立了'寰（录）子耴（耿）'"，"'商邑興反'的主角應是武庚，'殺三監'者應是周公"。

朱鳳瀚《清華簡〈繫年〉所記西周史事考》説[⑨]：

簡文所記"三監"爲"商邑興反"所殺，亦即爲商邑中殷遺民所殺，與多種先秦史書所記"三監"爲周公東征所剿滅之説不同，其可信程度自然要打折扣，恐仍以多數文獻所記爲是。

《秦本紀》不言蜚廉在奄被殺，僅言惡來死於武王伐紂，則簡文言飛廉在奄被誅於成王東征時，也可能是惡來被殺之同一事件記載的不同版本。此周初戰亂之事，西周王朝史官記述傳於世間，後被輾轉傳抄，遂產生出不同的説法是有可能的。

張天恩《清華簡〈繫年（三）〉與秦初史事略析》[⑩]在肯定《繫年》一段話重大價值的同時，也指出："《繫年（三）》却記載武王去世後商人反叛，殺了三監並立禄父，不僅與《史記》諸紀、列傳不同，亦與其他先秦文獻所記大異……《繫年（三）》之謂，若非出自其他傳聞瑣記，必爲編撰者對史料的自行剪裁，未窮事實，以致意旨含混，恐難以完全徵信……'秦仲爲東居周地'其中的人物顯然有誤……當平王東遷時的秦先人肯定是秦襄公、文公。秦仲是襄公的祖父，早在周宣王早期就已戰死在伐戎的疆場，可以説是壯烈殉國了，如何能東居周地……另外，'以守周之墳墓'句，也從不見其他文獻。故此語是淵源有自還是記錄者的度情推論，實不能底定。"張先生指出《繫年》百餘字記載中幾處明顯的錯誤，是極有道理的。

張先生又説：

　　《繫年（三）》其實還有一處較大的漏洞，如沒有交代飛廉與商奄的具體關係，祇講了其逃到商奄，是屬於本家，還是他國呢？如果飛廉出自商奄，那西遷的商奄之民爲秦先人即無誤。但若非其家族，飛廉僅是逃到他人的國族，商奄遷民爲秦之先就存在問題了。《史記·秦本紀》是司馬遷主要依據《秦記》撰寫而成，説飛廉是秦之先祖，那麽商奄之民就非其源。如果真是出自後者，飛廉及其父中潏以上，就是秦人冒認的祖先了。

李學勤先生已指出，商奄就是《史記·秦本紀》末尾"太史公曰"提到的"運奄氏"，與飛廉同屬嬴姓，是本家，這可以解釋張先生的疑問。不過，飛廉以上，還有大業、大費（益）、大廉、費昌、孟戲、中衍、中潏，中潏已"在西戎，保西垂"（《史記·秦本紀》），則在飛廉之先，秦人已居於西陲，並非飛廉時才遷到朱圉山（朱圉山在甘谷、禮縣界上，西即禮縣，所以西與朱圉山屬於一個大的地域範圍）。

史黨社《近20年秦人來源研究的新進展述評》説⑪：

　　（清華）簡文有幾點與傳統説法不同。文中記載飛廉死於東方，與《孟子·滕文公下》記載飛廉死於海隅相似，而與《秦本紀》記載的飛廉在山西爲商服務，死後也葬在了山西霍山不一……楚人編的史書中出現秦人來源的記載，由此可證，這個説法大概是戰國時代流行的……清華簡這樣的記載，怎麽説也是戰國時代的，其所遵從的，還是戰國以來的歷史傳統。自西周以來，三代以及不同族群歷史得到了不斷的整合和重構……有實力的大國的祖源歷史，經常是被當時的史家談論、誇耀、重新解釋的對象，因此，我們現在解析時應特別注意……在肯定清華簡相關記載價值的同時，我們也須保持幾分懷疑和警惕。

他的説法也值得我們深思。

帛書《戰國縱橫家書·蘇秦見燕王章》一段話亦見《戰國策·燕策一·人有惡蘇秦於燕王者》，云："君以自覆爲可乎？則齊不益於營丘，足下不踰楚境，不窺於邊城之外。"又《蘇代謂燕昭王》："以自憂爲足，則秦不出殽塞，齊不出營丘，楚不出疏章。"帛書地名"商闇、雎章、吕隧"《戰國策》作"殽塞、疏章、營丘"。其中"雎（沮）章（漳）""疏章（漳）"當然是一地，有學者把沮漳看作楚始出之地。新蔡葛陵楚簡甲三·11+24："昔我先祖出自㽞追宅此湘（沮）章（漳）。"董珊《新蔡楚簡所見"顓頊"和"湘章"》[12] 讀"㽞追"爲"顓頊"，說顓頊爲楚先祖，沮漳爲楚始出地。不過也有學者不贊同董說。何琳儀《楚都丹陽地望新證》[13] 讀"㽞"爲"均"，解爲地名。拙文《古文字中所見的早期秦楚》[14] 斷句作"昔我先祖出自㽞（均），追（歸）宅此湘（沮）章（漳）"，解爲：楚人出自㽞，往居沮章。而清華楚簡《楚居》述楚先世歷史，則曰："季連初降于騩山，氐（抵）于穴窮。前出于喬山，宅處爰波。逆上㳡水，見盤庚之子，處于方山。"[15] "㳡水"即新蔡簡之"㽞"。影本注、晏昌貴《清華簡〈楚居〉所見季連徙居地及相關問題》、李玉潔《〈楚居〉記載的季連至鬻熊遷徙與活動地域考述》[16] 皆以爲"騩山"即"大騩山"，在河南密縣、新鄭一帶，可見楚始居地並非一定是"沮章（漳）"。

帛書"燕將不出屋注"，"屋注"影本注以爲"似指夏屋山與句注山……地在今山西省朔縣、代縣一帶"，也與燕召公之始封地"北燕"（古薊縣，亦即克罍、克盉、董鼎出土地之北京房山縣琉璃河董家林古城[17]）無關。

帛書"晋將不逾太行"。《史記·晋世家》："於是（成王）遂封叔虞於唐，唐在河汾之東，方百里，故曰唐叔虞。"日瀧川資言考證："今山西平陽府翼城縣有唐城。""太行"是晋初封時的邊地，而非始封地。帛書注說："戰國時所說晋國，大都指魏國。"《史記·魏世家》："魏之先，畢公高之後也。畢公高與周同姓。武王之伐紂，而高封於畢……其苗裔曰畢萬，事晋獻公。獻公之十六年，趙夙爲御，畢萬爲右，以伐霍、耿、魏，滅之。以耿封趙夙，以魏封畢萬。"集解："杜預曰：'畢在長安縣西北。'"正義："魏在陝州芮城縣。"魏之始封地亦非太行。

由以上幾例看，帛書提到的地名，未必都是楚、燕、晋的始出居地，有些（如"屋注"）則可能如《戰國策》文所說，是其"邊城"；地名帛書、《戰國策》文的不同，恐怕也不全是"後世的人們，不懂帛書，而錯誤地改掉了"。二者的不同，不排除所據傳說或版本的不同。

"商闇"讀爲"商奄"，音理上沒有任何問題。但從以上論述看，"商闇"恐也不能絶對肯定是秦始居地而非邊城。如是邊城，則帛書原注"商闇，當即商於，在今陝西商縣東"仍是可取的說法。商於在秦楚界上。《史記·楚世家》張儀謂楚懷王曰："王爲儀閉關而絶齊，今使使者從儀西取故秦所分楚商於之地方六百里，如是則齊弱矣。"日瀧川資言考證："商、於二邑名。商今陝西商州故商城是，於今河南内鄉縣故於城是。""商州"今陝西商洛地區，古商縣即今丹鳳縣，秦之南關武關在其南不遠。内鄉在豫西南，距武關約二百里。"商於"是一個地域，範圍大致在秦惠文王時的秦楚界上。詛楚文："（楚懷王）述（遂）取梧（吾）

邊城新隍及邡、長、敦（莘），晤不敢曰可。""邡"即"商於"之"於"，是秦"邊城"。詛楚文作於惠文王後元十三年（前312），與蘇秦時代相合（蘇秦與張儀爲同時人），故帛書蘇秦所說的"商閻"極可能指"商於"。蘇氏的本意是說，秦、楚、燕、齊、晉如滿足於現狀（自覆），將不會越其邊界而攻擊他國，但事實上各國並不滿足現狀，這符合戰國中晚期的情勢，與諸國族源無關。今本《戰國策》改"商於"作"崤塞"，賈誼《過秦論》"秦孝公據崤函之固"，崤，崤山；函，函谷關，戰國中期秦之東界，可能《戰國策》的整理者（或不同版本的作者）與帛書原作者都把幾個地名理解爲"邊城"，而非其始居地。

"商閻"之"閻"可能是於字之誤（如上文所說簡文多有錯誤），也不排除是音近通用。"閻"古音談部影紐，"於"魚部影紐，二字雙聲，魚談通轉。趙兵器有"守相杢（土）波"劍，"杢波"即名將廉頗，"土"魚部透紐，"廉"談部來紐，透來旁紐，魚談通轉[18]。又銀雀山簡《孫臏兵法·威王問》："患兵者地也，困適（敵）者險也。故曰：三里灒洳將患軍⋯⋯"影本注說"灒洳"即"沮洳"，沼澤地帶；張震澤《孫臏兵法校理》說"灒洳"即《六韜·犬韜·戰騎》之"漸洳"。灒，鐸部從紐；沮，魚部從紐；漸，談部從紐，三字雙聲，魚鐸陰入對轉，魚談通轉[19]。"於、閻"通用，古書無直接例證，但也無法絕對排除其輾轉通用的可能。"於"與"瑿"通，《爾雅·釋地》："有瑿無閭之珣玕琪焉。"《楚辭·遠遊》"瑿無閭"作"於微閭"。"瑿"與"意"通，《莊子·駢拇》："意仁義其非人情乎？"釋文："意亦作瑿。""意"與"喑"通，《史記·淮陰侯列傳》："項王喑噁叱咤。"《漢書·韓信傳》"喑噁"作"意烏"。"音"與"奄"聲字通，《荀子·不苟》："是姦人將以盜名於晻世者也。"楊倞注："晻與暗同。"《史記·司馬相如列傳》："闇乎反鄉。"《文選·司馬相如〈上林賦〉》"闇"作"晻"[20]。

三

清華楚簡《繫年》簡 105："秦異公命子甫（蒲）、子虎衒（率）自（師）救（救）楚，與楚自（師）會伐陽（唐），閃（縣）之。""異"疑讀爲翼，《逸周書·謚法解》："剛克爲伐曰翼，思慮深遠曰翼。"翼有輔佐、小心翼翼、恭敬等義。《逸周書·酆保解》："翼知屬道。"朱右曾集訓校釋："翼，輔也。"《詩·大雅·卷阿》："有馮有翼。"朱熹集傳："翼，謂可爲輔者。"《左傳·昭公九年》："翼戴天子。"杜預注："翼，佐也。"《爾雅·釋詁》："翼，敬也。"邢昺疏："翼者，小心之敬也。"謚爲翼者，必思慮深遠，能剛烈致勝。秦異公即秦哀公，《史記·秦本紀》："景公立四十年卒，子哀公立。"《秦始皇本紀》附《秦記》："景公⋯⋯生畢公。畢公享國三十六年，葬車里北。"索隱："徐廣曰（畢公）《春秋》作哀公。"

曰瀧川資言考證："梁玉繩曰：謚法無畢字，當依《春秋傳》作哀公，《秦記》不誤。此與《十二諸侯表》稱襄公，《吳越春秋·闔閭內傳》作桓公同誤。"今按異字《繫年》作"異"，畢字睡虎地簡作"畢"，字形相近，《秦記》"畢公"之"畢"當是異之訛誤。《秦本紀》索隱云"（哀公）《始皇本紀》作㻒公"，㻒又爲畢之同音字或誤字。"哀"與"異"字形不接近。上古音"異"職部喻紐，"哀"微部影紐，聲韻亦有距離。但古音微部與之部（職爲之部入聲）字可通轉。馬王堆帛書《戰國縱橫家書·秦客卿造謂穰侯章》："因天下之力，伐同仇之齊，報惠王之魄，成昭襄王之功。""魄"《戰國策·秦策三》作"恥"。古音"魄"微部見紐，"恥"之部透紐。又銀雀山簡《孫臏兵法·官一》："僞遺小亡，所以魄敵也。""魄"影本讀爲之部日紐之"餌"[21]。"異、哀"雖可通用，但當以"翼"爲正字。《謚法解》："蚤孤短折曰哀，恭仁短折曰哀。""蚤孤"謂早年喪父，"恭仁"謂恭敬愛人，二者皆短折，即短命夭折，方可謂哀。秦哀公父親景公在位40年，哀公是其中年還是晚年得子不知，故哀公是否"蚤孤"不知。但哀公在位36年（一說37年），《秦本紀》《秦記》又未明確說他幼年即位（如秦有兩"出子"，前"出子"生五歲立，六年後被殺；後"出子"生二歲立，一年後被殺），則其卒時最少也當有40多歲，絕不可謂"短折"（古人壽短，四十多歲已是中年晚段，接近老年），故"秦哀公"應改稱"秦翼公"。秦翼公的主要事功乃命秦子蒲、子虎率兵救楚，擊敗吳師，使楚昭王復入郢，這繼承了秦自桓公以來的聯楚抗晉方針（時吳、晉爲盟國），極大地提升了秦的國力和外交影響，可稱"思慮深遠""剛克"；翼公同情楚使申包胥之七日不食，日夜哭泣，爲之賦《無衣》，出兵救楚，可謂"恭仁"。在整個春秋戰國時代，謚"翼"者絕少，而謚"哀"者則不鮮見，秦"哀公"改稱"翼公"，對謚法研究也有重要意義。

注釋：

① 馬承源主編：《上海博物館藏戰國楚竹書（八）》（以下簡稱"影本"），上海古籍出版社，2011年，第145—155頁。

② 復旦、吉大古文字專業研究生聯合讀書會：《〈上博八·顏淵問於孔子〉校讀》，復旦大學出土文獻與古文字研究中心網站2011年7月17日，執筆張傳官、陳志向。

③ 同①，第155頁。

④ 清華大學出土文獻研究與保護中心編，李學勤主編：《清華大學藏戰國竹簡（貳）》，中西書局，2011年，下冊第141頁。

⑤ 李學勤：《清華簡〈繫年〉及有關古史問題》，《文物》2011年第11期。

⑥ 李學勤：《清華簡關於秦人族源的重要發現》，《光明日報》2011年9月18日。

⑦ 李學勤：《清華簡〈繫年〉"奴虘之戎"考》，《社會科學戰綫》2011 年第 1 期。

⑧ 王輝：《一粟居讀簡記（三）》，《簡帛·古典·古史》，上海古籍出版社，2013 年。

⑨ 朱鳳瀚：《清華簡〈繫年〉所記西周史事考》，《第四屆國際漢學會議論文集·出土材料與新視野》，臺灣"中央研究院"，2013 年。

⑩ 張天恩：《清華簡〈繫年（三）〉與秦初史事略析》，《考古與文物》2014 年第 2 期。

⑪ 史黨社：《近 20 年秦人來源研究的新進展述評》，《秦陵秦俑研究動態》2013 年第 2 期。

⑫ 董珊：《新蔡楚簡所見"顓頊"和"沱章"》，簡帛研究網 2003 年 12 月 7 日。

⑬ 何琳儀：《楚都丹陽地望新證》，黃德寬、何琳儀、徐在國：《新出楚簡文字考》，安徽大學出版社，2007 年。

⑭ 王輝：《古文字中所見的早期秦楚》，《古文字與古代史》第 2 輯，2009 年。

⑮ 清華大學出土文獻研究與保護中心編，李學勤主編：《清華大學藏戰國竹簡（壹）》，中西書局，2010 年，下冊第 181 頁。

⑯ 楚簡楚文化與先秦歷史文化學術研討會論文，武漢大學 2011 年 10 月；李文又見《楚簡楚文化與先秦歷史文化國際學術研討會論文集》，湖北教育出版社，2013 年。

⑰ 陳平：《燕史紀事編年會按》，北京大學出版社，1995 年，第 105—106 頁。

⑱ 王輝編著：《古文字通假字典》，中華書局，2008 年，第 800 頁。

⑲ 同上，第 804 頁。

⑳ 以上諸例參看高亨纂著，董治安整理：《古字通假會典》，齊魯書社，1989 年，第 229、374、487 頁。

㉑ 同⑱，第 17、26 頁。

（原載《古文字研究》第 30 輯，中華書局，2014 年）

一粟居讀簡記（七）

一

清華楚簡《繫年》"馘"字出現6次，如下①：

1. 簡33—35："秦穆公乃内（入）惠公于晉，惠公賂秦公曰：'我句（後）果内（入），囟（使）君涉河，至于梁城。'惠公既内（入），乃倍（背）秦公弗念（予）。立六年，秦公衒（率）自（師）与（與）惠公戰（戰）于韔（韓），馘（止）惠公以歸。"

2. 簡39—40："（秦、晉）二邦伐鄀，遲（徙）之审（中）城，回（圍）商礐（密），馘（止）繡（申）公子義（儀）以歸。"

3. 簡76—77："王内（入）陳，殺徵余（舒），取亓（其）室以忿（予）繡（申）公，連尹襄老與之爭，敓之少孟。連尹馘（止）於河灘，亓（其）子墨（黑）要也或（又）室少孟。"

4. 簡85—86："晉競（景）公會者（諸）侯以救（救）鄭=（鄭，鄭）人馘芸（鄖）公義（儀），獻者（諸）競=公=（景公，景公）以歸（歸）。"

5. 簡128："競（景）之賈與譜（舒）子共馘（止）而死。"

6. 簡133："王命坪（平）亦（夜）悼武君衒（率）自（師）馘（侵）晉，逾鄴，馘（止）鄶公涉潤以歸。"

影本注説："'馘'字，從百，從戈，之聲，讀爲'止'，義同'獲'。"② 又説："馘，上博簡《鬼神之明》作'眚'，從止聲，讀爲'止'，《左傳》僖公十五年注：'獲也。'"③ 所引

《鬼神之明》簡 2："此以桀折於鬲山，而受（紂）甾於只（岐）祄（社），爲天下笑。"④"甾"原整理者隸作"菑"，清華楚簡整理者改隸作"甾"，是完全對的。

按止固可引申有執、獲義，但多委婉、含蓄。《左傳·僖公十七年》："師滅項。淮之會，公有諸侯之事，未歸而取項，齊人以爲討而止公。"杜預注："内諱執，皆言止。"《傳》下文又云："秋，聲姜以公故，會齊侯于卞。九月，公至。書曰：至自會。猶有諸侯之事焉，且諱之也。"杜預注："耻見執，故托會以告廟。"《左傳·隱公十一年》："（魯隱）公之爲公子也，與鄭人戰于狐壤，止焉。"杜預注："内諱獲，故言止。"

簡文"戠"在古文獻中大多作"獲"，或作"囚""繫"。

例1見《春秋·僖公十五年》："十有一月壬戌，晋侯及秦伯戰于韓，獲晋侯。"同年《左傳》則曰："……故秦伯伐晋，卜徒父筮之：吉。涉河，侯車敗。詰之。對曰：'乃大吉也。三敗，必獲晋君。'其卦遇蠱䷑，曰：千乘三去，三去之餘，獲其雄狐。夫狐蠱，必其君也……韓簡退曰：'吾幸而得囚。'壬戌，戰于韓原。晋戎馬還，濘而止。公號慶鄭。慶鄭曰：'愎諫違卜，固敗是求，又何逃焉。'遂去之。梁由靡御韓簡，虢射爲右，輅秦伯，將止之。鄭以救公誤之，遂失秦伯。秦獲晋侯以歸。"杜預注："輅，迎也。止，獲也。"於秦伯言"止"，於晋侯言"獲"，於韓簡言"囚"，三者的感情色彩是不一樣的。例2見《左傳·僖公二十五年》："秋，秦、晋伐鄀。楚鬭克、屈禦寇以申、息之師戍商密。秦人過析，隈入而係輿人，以圍商密，昏而傅焉……商密人懼曰：'秦取析矣，戍人反矣。'乃降秦師。囚申公子儀、息公子邊以歸。"例3見《左傳·宣公十二年》："（晋知季）射連尹襄老，獲之，遂載其尸。射公子穀臣，囚之，以二者還。"《國語·晋語七》："鄢之役，吕錡佐智莊子於上軍，獲楚公子穀臣與連尹襄老，以免子羽。"例4見《左傳·成公七年》："秋，楚子重伐鄭，師于氾。諸侯救鄭，鄭共仲、侯羽軍楚師，囚鄖公鍾儀，獻諸晋……晋人以鍾儀歸，囚諸軍府。"又《左傳·成公九年》："晋侯觀于軍府，見鍾儀。問之曰：'南冠而縶者，誰也？'有司對曰：'鄭人所獻楚囚也。'"例5、6之事《左傳》未載。

上博楚簡《鬼神之明》"甾"字古文獻作"繫"。《墨子·明鬼下》："武王遂奔入宫，萬年梓株，折紂而繫之赤環，載之白旗。"繫本指系結，引申指拘繫。《急就篇》卷四："盗賊繫囚榜笞臀。"顔師古注："繫囚，拘繫之也。"《史記·孝文本紀》："齊太倉令淳于公有罪當刑，詔獄逮徙繫長安。"嶽麓秦簡《得之强與棄妻奸案》簡187—188："覆之：得之去敍（繫）亡，已論敍（繫）十二歲，而來气（乞）鞫，气（乞）鞫不如辭，以敍（繫）子縣。其敍（繫）得之城旦六歲，備前十二歲敍（繫）日。"⑤繫、囚義同。《説文》："囚，繫也。"《爾雅·釋言》："囚，拘也。"

戠从戠，音止。甾音止，百則爲戠之省。戠應即《説文》戛字。《説文》："戛，戟也。从戈从百。讀若棘。"段玉裁注:"《廣雅》曰:'戛,戟也。'本此……百者,頭也。謂戟之頭略同戈頭也。會意……按棘在一部,相去甚遠。疑本作'讀若子'而誤。"今按段氏説戛爲會意字甚是,但説百爲戟頭則非。林義光《文源》:"从戈从首者,所以撠人首。"⑥依林説,戛實際上就是撠字本字。撠,擊刺。《史記·孫子吳起列傳》:"夫解雜亂紛糾者不控捲,救鬭者不搏撠,批亢擣虛,形格勢禁,則自爲解耳。"司馬貞索隱:"謂救鬭者當善撟解之,無以手助相搏撠,則其怒益熾矣。按撠謂以手撠刺人也。"戬、戛乃以戈擊刺人首,會意。撠有抓拘、拘持義。《玉篇》:"撠,謂拘持之也。"《前漢紀·高后紀》:"高后夢見物如蒼狗,撠后腋。"抓拘、拘持之義引申,當與拘執、囚繫義近。

上博楚簡《鬼神之明》之"菑",劉信芳疑讀爲執,云:"从菑之楷讀爲'置'[引者按'菑'即'菑'字,隸定不同。'楷'或隸定作'楮'。郭店楚簡《尊德義》簡28'悳(德)之流,速虖(乎)楷蚤(郵)而連(傳)命',裘錫圭先生按語'楷'讀置,例見《孟子·公孫丑上》],上古音在職部章紐,'執'在緝部章紐,劉向《九歎·離世》'執組者不能制兮',注:'執組,猶織組也。'是'執'與職部字相通之證……《吕氏春秋·慎行》'使執連尹',注:'囚也。'菑、囚意近異文。"⑦白於藍以爲"似當讀爲'弒'"⑧。二説皆未肯定。白説在《鬼神之明》的句例中似亦可通,但用來釋讀《繫年》6例,則不合適。比較而言,劉説於義爲長。

上古音止之部照紐,棘職部見紐,之職陰入對轉,所以"戬"爲戛亦即撠之注音形聲字。上古音執緝部照紐,與止雙聲,之緝通轉,故"戬"讀爲執是有可能的,不過古文獻中並無執與止聲字相通用之例,又楚簡"執"字《繫年》簡70作"敎"。

"戬""菑"也可能讀爲繫。上古音戛質部見紐,繫錫部見紐,二字雙聲。錫爲支部入聲,質爲脂部入聲,止爲之部字。戰國中晚期,特別是秦漢之際,之、脂、支部字混用之例甚多。中山王譻大鼎:"有厥(厥)忠臣賙,克忞(順)克卑。"《詩·大雅·皇矣》:"王此大邦,克順克比。"包山楚簡21:"鄴陽莫囂(敖)。""鄴陽"即《漢書·地理志》南郡縣"比陽"。卑,支部幫紐;比,脂部幫紐。戰國文字"罷"或讀爲能,郭店楚簡《成之聞之》簡18:"貴而罷讓。"或讀爲一,郭店楚簡《太一生水》簡7:"罷块(缺)罷涅(盈),以忌(紀)爲墥(萬)物經。"能,之部泥紐;一,質部影紐⑨。

止、繫通用,古文獻中無直接例證,但有間接例證。之,甲骨文作"🌱",从止从一,止亦聲。志,从心,之聲。志與事通用,《易·蠱》上九"不事王侯,高尚其事",《孟子外書·文説》引下"事"字作"志"。事與繫通用。《禮記·樂記》"事乎山川鬼神",《後漢書·禮儀志》劉淵林注引"事"作"繫"⑩。

二

清華楚簡《繫年》簡 66—73："（晉景）公命郤之克先聘（聘）于齊……齊頃（頃）公囚（使）亓（其）女子自房审（中）觀郤之克，郤之克牆（將）受齊侯肖（幣），女子芙（笑）于房审（中），郤之克墜（降）堂而折（誓）曰……既會者（諸）侯，郤之克乃敖（執）南亭（郭）子、鄭（蔡）子、安（晏）子以歸（歸）……郤之克衍（率）自（師）救（救）魯……明（明）骰（歲），齊頃（頃）公朝于晉竟（景）公，郤之克走敖（援）齊侯之緯（帶）。"⑪ 影本注："郤之克即郤克、郤獻子，《左傳》宣公十二年或稱'駒伯'，其子郤錡，成公十七年傳也稱'駒伯'。郤，即'駒'，當爲其封邑。聘齊事見《左傳》宣公十七年：'十七年春，晉侯使郤克徵會于齊。'"⑫ 所說甚是。

今按上古音郤侯部見紐，駒同音，二字又皆以句爲聲，自可通用，但作爲地名，自當以郤爲本字，駒爲借字。《說文》："郤，地名。"未說其具體所在。又《說文》："郤，晉大夫叔虎邑也。"段玉裁注："叔虎之子曰郤芮，以邑爲氏。"郤芮之子郤缺。郤缺之子郤克，《左傳》又稱"郤子""郤伯""郤獻子""駒伯"⑬，即簡文之"郤之克"。由簡文看，郤、郤應爲一地。郤從邑、谷聲。谷聲之欲字與容、頌字通。《禮記·樂記》："感于物而動，性之欲也。"《史記·樂書》"欲"作"頌"；《淮南子·原道》《文子·道原》"欲"作"容"（今本《淮南子》"容"誤作"害"）。容與句通用。《史記·建元已來王子侯者年表》："句陵。"集解引徐廣曰："一作容陵。"郤字古音鐸部溪紐，與郤見、溪旁紐，侯鐸旁對轉。郤、郤雖可通用，但郤字出現較晚，作爲地名，恐仍以"郤"爲正字。

三

清華楚簡《繫年》簡 99—100："晉臧（莊）坪（平）公即殜（世），卲（昭）公、同（頃）公虐（皆）纍（早）殜（世），柬公即立（位）。"又簡 109—110："晉柬（簡）公立五年，與吳王盍（闔）庐（廬）伐楚。盍（闔）庐（廬）即殜（世），夫秦（差）王即立（位）。晉柬（簡）公會者（諸）侯，以與夫秦（差）王相見于黃池。"⑭ 影本"柬"讀簡，並指出晉簡公即在晉昭公、頃公之後即位的晉定公。

晉定公名午，即位於周敬王九年，魯昭公三十一年（前 511），卒於周元王元年，魯哀公二十年（前 475），在位 37 年。晉午之諡號，《左傳·哀公十三年》《史記·晉世家》《史記·十二諸侯年表》皆作"定"，唯簡文作"柬（簡）"。上古音柬、簡元部見紐，定耕部定紐，二字聲、韻皆有距離，未見通用之例。《逸周書·諡法解》："壹德不解（懈）曰簡，平易不疵曰簡。"又《資治通鑑·漢紀四十三》"封濟南簡王錯子顯爲濟南王"，胡三省注引《臣謚》："恭敬行善曰簡。"可見謚簡者皆能專一道德而不鬆懈、平易而不詆毀人，又能恭敬行善。《謚法解》又云："大慮靜民曰定，安民大慮曰定，安民法古曰定，純行不傷曰定。"⑮可見謚定者皆能深思遠慮，倣法古人，安定百姓，又能行爲純正不二。春秋戰國時，或用復謚，如《左傳》"晉平公"，《繫年》稱"晉莊平公"；《左傳》"楚平王"，《繫年》稱"楚景平王"；《繫年》"楚聲桓王"，《史記》稱"楚聲王"。"壹德不解（懈）""純行不傷（爽）"在某種意義上含意也接近，可見"晉簡定公"的謚號是有可能的，但是目前還無法證實。

　　也有可能"晉柬（簡）公"之"簡"是"定"字之誤。晉定公在位期間的大事有兩件，其一是定公十五年（前497）荀櫟、韓不信、魏侈"移兵伐范、中行"，以解救被後者圍困的趙鞅，"范、中行反，晉君擊之"，結果是："敗范、中行。范、中行走朝歌保之。韓、魏爲趙鞅謝，晉君乃赦趙鞅，復位。"⑯其二是定公三十年，"定公與吳王夫差會黃池，爭長"。二事《史記》記述簡略，《左傳》《國語》記載較詳。《左傳·定公十三年》："十一月，荀櫟、韓不信、魏曼多奉公以伐范氏、中行氏，弗克。二子（引者按指范氏、中行氏）將伐公。齊高彊曰：'三折肱知爲良醫。唯伐君爲不可，民弗與也。我以伐君在此矣，三家未睦，可盡克也，克之，君將誰與？若先伐君，是使睦也。'弗聽，遂伐公。國人助公，二子敗，從而伐之。"范氏、中行氏伐公，"民弗與""國人助公"，可見定公能"安民"，深得民心。趙鞅在晉國執政二十餘年，晉國勢雖漸弱，仍能保持大體穩定。黃池之會上，"吳、晉爭先"。其結果，《左傳·哀公十三年》說"乃先晉人"，《史記·吳太伯世家》也說："七月辛丑，吳王與晉定公爭長。吳王曰：'於周室我爲長。'晉定公曰：'於姬姓我爲伯。'趙鞅怒，將伐吳，乃長晉定公。"而《國語·吳語》《晉世家》《趙世家》則云"長吳"。以當時情勢（越入吳，獲吳太子等）言，殆以"長晉"爲是。在黃池之會上，趙鞅是立了大功的。定公能重用趙鞅，可見他處事是能"大慮"的。

　　以上兩種可能性，我更傾向於後者。

　　"定公"誤作"簡公"，可能也是有原因的。幾乎與晉定公同時，有燕簡公（晉定公八年即位，二十年卒）、齊簡公（晉定公二十八年即位，三年後被田常殺死），晉臣趙鞅即趙簡子、韓不信即韓簡子。四人皆謚"簡"，事蹟見於《左傳》，而不見於《繫年》。晉定公誤作"簡公"，是否是受四位謚"簡"者的影響？《繫年》記事錯誤甚多，此隔不遠即有一例。簡106—107："（楚）卲（昭）王即殜（世），獻惠王立十又一年，鄀（蔡）卲（昭）侯繡懼，自歸（歸）於吳，吳緢（洩）用（庸）以自（師）逆鄀（蔡）卲（昭）侯，居于州峚（來），是下鄀（蔡）。"影本注已指出："蔡昭侯死於楚昭王二十五年（見《左傳》哀公四年），楚惠王十一年時，蔡國國君爲昭侯之子蔡成侯。此處簡文可能係將陳、蔡之事混淆而致誤。"⑰
《左傳·哀公元年》："春，楚子圍蔡，報柏舉也。"《春秋·哀公二年》："十有一月，蔡遷于州來。"《左傳·哀公十七年（楚惠王十一年）》："七月己卯，楚公孫朝帥師滅陳。"二事相距 16 年，《繫年》誤爲一年之事。

四

清華楚簡《繫年》簡 112—113："晋幽公立四年，灼（趙）狗衕（率）自（師）與戉（越）公株（朱）句伐齊，晋自（師）閈長城句俞之門。"影本注："長城，齊長城。句俞之門，疑讀爲'句瀆之門'。俞，喻母侯部；瀆，定母屋部；喻四歸定，侯屋對轉。《左傳》桓公十二年有'句瀆之丘'，杜注：'句瀆之丘即穀丘也。或以爲宋地，或以爲曹地。''句俞之門'可能與'句瀆之丘'相關。"⑱

今按說"俞"與"瀆"通，應是。《左傳·襄公十年》："篳門閨竇之人。"《說文》引"竇"作"窬"⑲。不過，影本注說"句瀆之丘"爲宋地穀丘，則非是。春秋齊地亦有"句瀆之丘"。《左傳·襄公十九年》："夏五月壬辰，晦，齊靈公卒，莊公即位。執公子牙於句瀆之丘。"二十一年："齊侯使慶佐爲大夫，復討公子牙之黨，執公子買於句瀆之丘。"二十八年："崔氏之亂，喪群公子，故鉏在魯，叔孫還在燕，賈在句瀆之丘。"又哀公六年："（鮑點）殺王甲、囚王豹於句瀆之丘。"楊伯峻、徐提云："句瀆之丘，齊地，或云在臨淄城内。"簡文"長城"爲齊長城，"句俞之門"爲齊長城上之一門。

五

清華楚簡《繫年》簡 116："王命莫囂（敖）昜爲衕（率）自（師）戜（侵）晋，墢宜昜（陽）。"影本注："墢，從攴，坨聲，讀爲'奪'，侵奪，強取。"⑳

今按坨字《說文》未收，《集韻》"余支切"，《正字通》"坨，俗陀字"，例太晚。"坨"實即地字，《繫年》簡 16："秦中（仲）焉（焉）東居周地。""地"字與"墢"字左旁同。楚文字"地"字作"坨"或"墬"㉑。上古音地歌部定紐，奪月部定紐，二字雙聲，歌月陰入對轉，其通讀音理上應無問題，但古文獻中未見它（也）聲字與奪通用之例㉒。疑"墢"即扡字，可讀爲拸。古它（也）聲字與虒聲字通用。《說文》："拸，讀若池。"《韓非子·十過》："晋平公觴之於施夷之臺。"《太平御覽》卷五七九引"施夷"作"虒祁"。《說文》："拸，奪衣也。"段玉裁注："奪當作敓。許訓奪爲遺失，訓敓爲彊取也。此等恐非許原文，後人以今字改古字耳。《周易·訟》上九：'或錫之鞶帶，終朝三褫之。'侯果曰：'褫，解也。'鄭玄、荀爽、翟元皆作'三拕之'。荀、翟訓拕爲奪。《淮南書》曰：'秦牛缺遇盜，拕其衣。'高注：'拕，奪也。'拕者，褫之假借字……引申爲凡敓之偁。"而惠棟《周易述》則云："拕，俗作褫。"㉓拕，从手，它聲；敓，从攵，坨聲。攵（攴）與手作爲意旁在古文字中常可換用，坨、它音近，故"敓"應爲拕字異體。拕與褫義同，二者孰爲本字，學人說法不一，從簡文看，拕字出現較早，也許其本義即敓（奪）。《說文》："拕，曳也。"《文選·曹植〈七啓〉》："曳文狐，掩狡兔。"張銑注："曳、掩皆取也。"可見拕有敓（奪）取義。

六

清華楚簡《繫年》簡133—138："王命坪（平）亦（夜）悼武君銜（率）自（師）帗（侵）晉，逾郳，戩郳公涉瀾以歸（歸），以返（復）長陵之自（師）。昬（荐）年，䩅（韓）緅（取）、嵒（魏）繻（擊）銜（率）自（師）回（圍）武崵（陽），以返（復）郳之自（師）。遜（魯）易（陽）公銜（率）自（師）救（救）武易（陽），與晉自（師）戩（戰）於武易（陽）之城下，楚自（師）大敗……楚自（師）牀（將）救（救）武易（陽），王命坪（平）亦（夜）悼武君李（使）人於齊陳渼求自（師）。陳疾目銜（率）車千䡄（乘），以從楚自（師）於武易（陽）。甲戌，晉、楚以戩（戰）。㫘（丙）子，齊自（師）至喦，述（遂）還。"簡文所述歷史事件《左傳》《國語》失載，幾個地名所在也不大清楚，影本注有一些推測，有其道理，但似乎仍有待討論。

關於"郳"地，影本注："逾郳，'郳'讀爲'郚'。春秋時郚地不一，此疑即今山東成武以東之郚。山西浮山西面之郚位置太北，楚侵襲至此的可能性很小。包山一六四號簡有'郳邑'，也應不是一地。"㉔今按楚伐晉，所逾（踰）之地應在楚、晉之間，"郚"在山東，則似乎位置太東。包山簡、清華簡皆楚出土文獻，說二者"郳"非一地，理由不明。何琳儀讀包山簡之"郳"爲摯，在今河南汝南㉕。摯爲古國名，《詩·大雅·大明》："摯仲氏任，自彼殷商，來嫁于周。"但摯作爲地名不見於《左傳》。疑"郳"應讀爲郟。古夆與甲聲字通用。中山王䰜方壺："身蒙夆冑。"包山楚簡81："兵虜執事人。"上博楚竹書《容成氏》："武王於是虖（乎）复（作）爲革車千䡄（乘），綎（帶）虜壜（萬）人。"郭店楚簡《窮達以時》："关（管）寺（夷）虍（吾）䝿（拘）繇（囚）束縛，叏（釋）杙（桎）椑（梏）而爲者（諸）侯相，堣（遇）齊起（桓）也。""夆""虜""䝿"讀爲甲，"椑"讀爲柙㉖。甲與夾聲字通用。《周禮·夏官·射鳥氏》："則以并夾取之。"鄭玄注："夾讀爲甲。"《老子》第七十二章："無狎其所居。""狎"馬王堆帛書甲本作"閘"，乙本作"伸"，北大漢簡本作"柙"，河上公本作"狹",嚴遵本作"挾"㉗。郟原爲鄭邑,後歸楚。《國語·鄭語》:"唯謝、郟之間,其冢君侈驕。"韋昭注:"郟,後屬鄭,鄭衰,楚取之。"《左傳·昭公元年》:"楚公子圍使公子黑肱、伯州犁城犨、櫟、郟……殺大宰伯州犁于郟。葬王于郟,謂之郟敖。"今河南許昌地區有郟縣。

"武陽"亦見簡126:"王衒(率)宋公以城贖(榆)聞(關),是(寘)武鴋。"影本注:"贖聞,榆關。贖,定母屋部;榆,喻母侯部,古音很近。地在今河南中牟南。《史記·楚世家》'(悼王)十一年,三晉伐楚,敗我大梁、榆關',索隱:'此榆關當在大梁之西也。'一說地在今河南汝州東南……武鴋,《水經注》中武陽同名異地多處,簡文武陽尚難確指,從所述戰爭形勢看,地在今山東陽穀西的可能性較大。《水經·河水注》之武陽:'河水又東逕武陽縣東、范縣西而東北流也。又東北過東阿縣北。'第二種可能是《水經注》中提到的'武陽關',在今河南舞陽西,參看《中國歷史地圖集》三五至三六。諸祖耿《戰國策集注匯考》卷二十二云:舞陽'史作武陽,以音近通用也'。然此時的主要戰場在宋、衛等國境,舞陽關緊鄰方城,此時應尚屬相對安全的後方,楚人在出擊遠方前,卻在後方預先防禦,亦有可疑。"㉘我則以爲,"榆關""武陽"方位都以後一種可能性爲大。

《水經注·河水》:"有河牧城,又東北入東武陽縣,東入河。又有漯水出焉,戴延之謂之武水也。河水又東逕武陽縣東、范縣西而東北流也。"王先謙合校:"趙釋曰:一清案《困學紀聞》曰:太史公、班孟堅謂禹灑二渠,以引其河,一貝邱,一漯川。李垂《導河書》曰:東爲漯川者,乃今泉源赤河;北出貝邱者,乃今王莽故瀆。而漢塞宣房所行二渠,蓋獨漯川,其一則漢決之,起觀城,入蒲臺,所謂武河也。武河以漢武帝導河北流而得其名。"㉙山東武陽之得名,當與武水有關,而武水、武河、漯川、漯水、漢武帝之間的關係,又膠葛不清,故其出現的時代,實不明確。

戰國兵器有"武陽戈",乃燕兵器。《古璽彙編》3445"武陽兵器",何琳儀云:"'武陽',地名。亦作'舞陽'。《戰國策·魏策三》'然而秦之葉陽、昆陽與舞陽、高陵鄰'。黃丕烈曰'《史記》(魏世家)舞作武'。"㉚武與舞通用。《周禮·地官·鄉大夫》:"五曰興舞。"《論語·八佾》集解馬引"舞"作"武"。舞陽處潕水之陽。《水經注·潕水》:"潕水又東北歷舞陽縣故城南,漢高祖六年,封樊噲爲侯國也。又東過西平縣北。"後魏曾在今西平縣西置"武陽"縣,隋改曰吳房,西平與舞陽相鄰,所謂"西平縣西",正是舞陽地。舞陽與郟皆《漢書·地理志》潁川郡縣,相距不遠。

關於"嚚",影本注:"包山楚簡有'嚚氏',一六六號、一八五號有'嚚甬'。'嚚'應當是楚邑。《説文》:'嚚,多言也。从品相連。《春秋傳》曰:"次于嚚北",讀與"聶"同。'《春秋·僖公元年》:'齊師、宋師、曹師次于聶北,救邢。'朱駿聲《説文通訓定聲》以爲

'嵒'即《左傳》昭公二十年'聊、攝以東'之'攝',在今山東聊城聶城。"[31]

《左傳·僖公元年》"聶北",楊伯峻、徐提曰:"齊地。今山東茌平縣博平鎮。"[32]《左傳·昭公二十年》:"聊攝以東,姑尤以西。"杜預注:"聊攝,齊西界也。平原聊城縣東北有攝城。姑尤,齊東界也。"聶、攝爲齊地,與包山簡"嵒"爲"楚邑",是不同的。

《說文》另有"嵒"字,云:"山巖也。从山、品聲,讀若吟。"

"品"字見於殷墟甲骨文,作"㗊"或"㗊",又有"㗊"字,爲前者的異體。"品"作爲地名或國族名,《甲骨文字典》"疑與聶北之地有關"[33]。連劭名説:"㗊與㗊都是人名,依字形分析,此字可釋爲嚴。"[34]裘錫圭先生説:"'嚴'是疑母談部字,'从品相連'的'㗊'是娘母葉部字。以聲言,同爲鼻音。以韻言,有陽入對轉的密切關係。可見這兩個字不但意義相似,字音也相當接近。'嚴'很可能是由'㗊'孳乳的一個詞。""'嚴'跟'从品相連'的'㗊'音義皆近,前者很可能是後者的孳乳字。"[35]

从山的"嵒"與"㗊"的關係比較複雜。裘錫圭先生説:"'巖'从'嚴'聲,這兩個字古代也可以通用……'嚴'跟'从品相連'的'㗊',本來大概也可以通用。頗疑古代本無从'山'的'嵒'字,但是有時假借'从品相連'的'㗊'字爲'巖'。'巖'字从山,'㗊'字下部恰與山相似。因此,有人就誤以爲用如'巖'字的'㗊'是从'山'的,把它跟一般的'㗊'字分了開來。見於《説文》的篆文'嵒',大概是在這種誤會產生之後追造出來的。不過,也有可能从山的'嵒'是由甲骨文中'㗊'字作'㗊'的一體訛變而成的。如果確是這樣,這個字就應該出現得比較早了。"

包山簡 166、185 的"㗊""㗊"明顯从山,《楚文字編》[36]《戰國文字編》[37]《古文字類編》[38]都置於山部。《繫年》"㗊"字與包山簡"㗊"字看不出明顯差別,以看作一字較爲合理。這說明"嵒""應該出現得比較早",而《説文》篆文"嵒",則不大可能是"追造出來的"。

商代的"㗊"的地望,裘先生以爲即山東之攝,在"聊城、博平之間"。但又指出:"古代宋、鄭之間也有名嵒之地。《春秋·哀公十三年》:'春,鄭罕達帥師取宋師于嵒。'《左傳·哀公十二年》:'宋、鄭之間有隙地焉,曰:彌作、頃丘、玉暢、嵒、戈、錫。'釋文:'嵒,五咸反。'蓋以爲是从'山'之'嵒'。前面已經説過,古代文字裏起初大概祇有一個'从品相連'的'㗊'字,从'山'之'嵒'是後起的。所以,商代的嵒也有可能就是宋鄭之間的嵒。"

《繫年》"㗊"與包山簡"㗊"難於區別,則該字隸作"嵒",地望在"鄭宋之間",可能性還是很大的。

七

清華楚簡《繫年》簡 85："楚龍（共）王立七年，命（令）尹子襡（重）伐奠（鄭），爲沃之自（師）。"影本注："楚共王七年爲魯成公七年。《春秋·成公七年》：'秋，楚公子嬰齊帥師伐鄭。'同年《左傳》：'秋，楚子重伐鄭，師于氾。'……《左傳》作'氾'，杜預注：'鄭地，在襄城縣南。'楊伯峻《春秋左傳注》：'氾有二，僖二十四年傳與此傳之氾是南氾，在河南襄城縣。僖三十年傳之氾是東氾，在河南中牟縣。南氾離楚較近。'"[39] 又簡 129—131："昷（明）戠（歲），郎臧（莊）坪（平）君衒（率）自（師）戠（侵）奠（鄭），奠（鄭）皇子、子馬、子池、子坒（封）子衒（率）自（師）以迓（交）楚人，楚人涉沃，牁（將）與之戠（戰），奠（鄭）自（師）逃内（入）於蔑。"影本注："沃，見本篇第十六章第八十五號簡，此'沃'可能就是新鄭東北的氾水。"[40] 襄城在新鄭西南約二百里，楚簡同一地名，二處解説不同，似可進一步討論。

春秋時氾有數地。"東氾"見《左傳·僖公三十年》："九月甲午，晉侯、秦伯圍鄭，以其無禮於晉，且貳於楚也。晉軍函陵，秦軍氾南。"杜預注："此東氾也，在滎陽中牟縣南。"《左傳·襄公九年》："冬十月，諸侯伐鄭……甲戌，師于氾。"杜預注："氾，鄭地東氾。""東氾"當與氾水有關。《漢書·高帝紀上》："（漢王）四年十月……大司馬咎怒，渡兵氾水。"顏師古注："如淳曰：氾音祀……臣瓚曰：高祖攻曹咎於成皋，咎渡氾水而戰。今成皋城東氾水是也。師古曰：瓚説得之……釋者又云在襄城，則非此也。此水舊讀音凡，今彼鄉人呼之音祀。""氾"《水經注》作"汜"，云："河水又東合汜水，水南出浮戲山，世謂之曰方山也……汜水又北逕虎牢城東，漢破司馬欣、曹咎於是水之上。汜水又北流注於河。《征艱賦》所謂步汜口之芳草，弔周襄之鄙館者也。余按昔儒之論，周襄所居在潁川襄城縣，是乃城名，非爲水目，原夫致謬之由，俱以汜鄭爲名故也。"[41] 酈道元分别"南汜（氾）"與"東汜（氾）"是很對的，但説"南汜（氾）"之"汜（氾）""乃城名，非水名"則不盡是。

襄城本名氾，南臨汝水，汝水在氾城的一段亦稱"氾水"。《左傳·襄公二十六年》："涉于氾而歸。"杜預注："於氾城下涉汝水南歸。"又《僖公二十四年》："冬，王使來告難曰：'不穀不德，鄙在鄭地氾，敢告叔父。'臧文仲對曰：'天子蒙塵于外，敢不奔問官守。'"《水經注·汝水》："汝水又東南逕襄城縣故城南，王隱《晉書地道記》曰：楚靈王築。劉向《説苑》曰：襄城君始封之日，服翠衣，帶玉珮，徙倚于流水之上。即是水也……其城南對氾城，周襄王出鄭居氾，即是此城也。《春秋·襄公二十六年》楚伐鄭，涉氾而歸。杜預曰：涉汝水于氾城下也。晉襄城郡治。京相璠曰：周襄王居之，故曰襄城也。今置關于其下。"[42] 簡 130"楚人涉沃"與《左傳》"（楚）涉于氾而歸"句例相似，"沃（氾）"自當以"南氾

（襄城）"爲是。

襄城在郟與舞（武）陽之間。

注釋：

① 清華大學出土文獻研究與保護中心編，李學勤主編：《清華大學藏戰國竹簡（貳）》（以下簡稱"影本"），中西書局，2011 年，下册第 150、170、174、196 頁。

② 同上書，下册第 152 頁。

③ 同上書，下册第 172 頁。

④ 馬承源主編：《上海博物館藏戰國楚竹書（五）》，上海古籍出版社，2005 年，第 312—315 頁。

⑤ 朱漢民、陳松長主編：《嶽麓書院藏秦簡（叁）》，上海辭書出版社，2013 年，第 201 頁。

⑥ 漢語大字典編輯委員會：《漢語大字典》（縮印本），四川辭書出版社、湖北辭書出版社，1993 年，第 591 頁引。

⑦ 劉信芳：《楚簡帛通假彙釋》，高等教育出版社，2011 年，第 60—61 頁。

⑧ 白於藍：《戰國秦漢簡帛古書通假字彙纂》，福建人民出版社，2012 年，第 49 頁。

⑨ 王輝：《古文字通假字典·自序》，中華書局，2008 年，第 5 頁。

⑩ 高亨纂著，董治安整理：《古字通假會典》，齊魯書社，1989 年，第 404、405 頁。

⑪ 同①，下册第 167 頁。

⑫ 同①，下册第 168 頁。

⑬ 參看楊伯峻、徐提編：《春秋左傳詞典》，中華書局，1985 年，第 579 頁。

⑭ 同①，下册第 180、186 頁。

⑮ 黃懷信：《逸周書校補注譯》，三秦出版社，2006 年，第 268 頁，"傷"字有本子作"爽"。

⑯ 《史記·晋世家》。

⑰ 同①，下册第 185 頁。

⑱ 同①，下册第 188 頁。

⑲ 同⑩，第 331 頁。

⑳ 同①，下册第 190 頁。

㉑ 李守奎：《楚文字編》，華東師範大學出版社，2003 年，第 763—764 頁。

㉒ 同⑩，第 676—681 頁。

㉓ 轉引自宗福邦等：《故訓匯纂》，商務印書館，2004年，第876頁。

㉔ 同①，下册第199頁。

㉕ 何琳儀：《戰國古文字典》，中華書局，1998年，第1380頁。

㉖ a. 王輝編著：《古文字通假字典》，第770頁；b. 同⑧，第602頁。

㉗ 北京大學出土文獻研究所：《北京大學藏西漢竹書（貳）》，上海古籍出版社，2012年，第139頁。

㉘ 同①，下册第197頁。

㉙ 王先謙校：《水經注》，巴蜀書社，1985年，第133頁。

㉚ 同㉕，第611頁。

㉛ 同①，下册第200頁。

㉜ 同⑬，第970頁。

㉝ 徐中舒師主編：《甲骨文字典》，四川辭書出版社，1988年，第197—198頁。

㉞ 連劭名：《甲骨文字考釋》，《考古與文物》1988年第4期，第41頁。

㉟ 裘錫圭：《説"嵒""嚴"》，原載《中華文史論叢》增刊《語言文字研究專輯（下）》，上海古籍出版社，1986年；又收入《裘錫圭學術文集·甲骨文卷》，復旦大學出版社，2012年，第155—159頁。

㊱ 同㉑，第550頁。

㊲ 湯餘惠主編：《戰國文字編》，福建人民出版社，2001年，第625頁，旁注"岩"（即"巖"）字。

㊳ 高明、涂白奎編著：《古文字類編》（增訂本），上海古籍出版社，2008年，第378頁。

㊴ 同①，下册第175頁。

㊵ 同①，下册第199頁。

㊶ 陳橋驛：《水經注校證》，中華書局，2013年，第124頁。

㊷ 同㊶，第480頁。

（原載《出土文獻與古文字研究》第6輯，
上海古籍出版社，2015年；又載《陝西歷史博物館館刊》第19輯，
三秦出版社，2015年）

一粟居讀簡記（八）

一

清華楚簡《良臣》簡2："康（唐）又（有）伊肙（尹），又（有）伊陟，又（有）臣扈（扈）。武丁又（有）敓（傅）鵑（說），又（有）保𠂤（衡）。"①

《史記·殷本紀》："伊尹名阿衡。阿衡欲奸湯而無由，乃爲有莘氏媵臣，負鼎俎，以滋味説湯，致于王道。或曰：伊尹處士，湯使人聘迎之，五反然後肯往從湯，言素王及九主之事。湯舉，任以國政。"司馬貞索隱："《孫子兵書》：'伊尹名摰。'孔安國亦曰'伊摰'。然解者以阿衡爲官名。按阿，倚也；衡，平也，言依倚而取平。《書》曰'惟嗣王弗惠于阿衡'，亦曰保衡，皆伊尹之官號，非名也。皇甫謐云：'伊尹，力牧之後，生於空桑。'又《呂氏春秋》云：'有侁氏女採桑，得嬰兒于空桑，母居伊水，命曰伊尹。'尹，正也，謂湯使之正天下。"依其說，則伊尹與保衡是一人，簡文說保衡是武丁臣，武丁距湯有二十代，二說顯然是矛盾的。

"伊尹"之名屢見於殷墟甲骨文：

弜萃于伊尹，亡雨。（《合集》②32797）
辛巳貞㞢伊示。（《合集》32848）

《甲骨文字典》云："伊尹，殷早期舊臣，或稱伊、伊示。"③

殷墟甲骨文又有"黃尹"：

己未卜，爭貞：黃尹弗㞢王？（《合集》302）

　　　　貞，业（侑）于黃尹三牛。(《佚》④159)

《甲骨文字典》云："黃尹、黃奭，殷舊臣名，或謂即《詩》《書》之阿衡、保衡（陳夢家說）。"⑤

　　黃與衡通用⑥，所以"黃尹"即"阿衡""保衡"恐無問題。至於"伊尹""黃尹"是否一人，則衆說不一。郭沫若、饒宗頤、張政烺、裘錫圭以爲是一人，如裘先生說："賓組的黃尹相當於歷組的伊尹。"⑦賓組卜辭的時代屬於武丁，歷組卜辭的時代舊說屬武乙、文丁，近年多數學者認爲亦應屬武丁及祖庚、祖甲。"黃尹"如是"保衡"，則他在武丁時已受三牛之侑祭，是不大說得通的，所以《良臣》說"保衡"爲武丁之臣可能是不對的。陳夢家認爲"伊尹"與"保衡"是兩個人。陳先生云："《殷本紀》說'伊尹名阿衡'，《商頌·長發》毛傳云'阿衡，伊尹也'，混伊尹與阿衡、保衡爲一人，是不對的。我們從前曾舉三事以證其誤：(1)《君奭》曰'成湯既受命，時則有若伊尹……在太甲時則有若保衡'，是不但伊尹、保衡是兩個人，而且一立於湯時，一立於太甲時；(2)《長發》曰'昔在中葉……實維阿衡'，叙事於湯之後，是所謂中葉當指湯受命以後的商代中葉……。"（《燕報》19：110，注11）⑧《君奭》是周書，是周人據傳聞以述商事。《長發》是商頌，是殷商人後裔宋人的作品，其事亦得自先代傳聞。《長發》未提到"伊尹"，祇提到"阿衡"，故其"中葉"是否如陳先生所說指"湯受命以後的商代中葉"，而不指湯時，實不易論定。但至今爲止，明確證明"伊尹"與"保衡"爲一人的證據一件也沒有。如商人後裔所作叔夷鏄銘："□□成湯，有嚴在帝所，溥受天命，翦伐夏司（后），敗厥靈師。伊小臣惟輔，咸有九州，處禹之堵。"⑨"伊小臣"即"伊尹"，是湯臣。郭店楚簡《緇衣》："隹（惟）尹（伊）允及湯，咸有一德。"⑩清華楚簡《尹至》："隹（惟）尹自夏蔓（徂）白（亳），㝅（逯）至才（在）湯。"⑪又清華楚簡《尹誥》："隹（惟）尹既返（及）湯咸又（有）一德……執（摯）告湯曰……執（摯）曰……"⑫都祇同時提到"伊尹"及"湯"，伊尹名摯。司馬遷的說法可能承自他對《長發》的理解及毛傳，有其淵源，但是否合於實際則難說。《良臣》說"伊尹"與"保衡"爲二人，可能也是戰國時的異說，但"保衡"即使與"伊尹"非一人，其時代也不當晚至武丁時。

　　《說文》："衡，牛觸，橫大木其角。从角，从大，行聲。《詩》曰：'設其楅衡。'奐，古文衡如此。"《汗簡》"衡"古文作"𢍰"，簡文"衡"作"奐"，與《汗簡》略同。黃錫全《汗簡注釋》引其師于省吾先生說，謂字"象人項角而行"，又謂："《說文》古文奐當是誤角爲西，應從此正作𢍰。"⑬何琳儀則說："衡，金文作𢍰（毛公鼎）。从奐，行聲。奐，疑衡之初文。从大，从角，會人戴獸角爲山林之官之意。與虞同義且連文。《周禮·天官·大宰》

'虞衡作山澤之材'，注：'虞衡，掌山澤之官，主山澤之民者。'"[14] 何說是，"保衡"最初可能是林衡之官。

二

《良臣》簡9—10："子產之帀（師），王子白（伯）愿（願）、肥中（仲）、土（杜）䓿、駰斤。"影本注説："王子伯願等人文獻均未見。"[15]
《左傳·襄公三十一年》："然明謂子產曰：'毀鄉校何如？'子產曰：'何爲？夫人朝夕退而遊焉，以議執政之善否。其所善者，吾則行之；其所惡者，吾則改之。是吾師也，若之何毀之？我聞忠善以損怨，不聞作威以防怨。豈不遽止？然猶防川，大決所犯，傷人必多，吾不克救也。不如小決使道，不如吾聞而藥之也。'"由這一段話可知子產之所謂"師"，並不一定是嚴格意義上的師傅，祇要在某一方面或某一件事上能爲其執政提供意見或借鑒，即是其師，也不一定要是鄭國人。由這一段話還可以知道，子產是一個明白人，對反對意見能加以引導，聽取其合理部分，而不是强力壓制。

疑"肥仲"即苗賁皇。苗賁皇本楚人，後爲晉臣，苗爲其封地，賁其姓，皇其名，仲殆排行。肥與賁聲字通用。《説文》："蓜或作䵅。"蓜本是麻子，字或从艸，或从麻，肥、賁皆聲旁。

《通志·二九·平聲》："賁音肥。嬴姓。《風俗通》云：'秦非子之後。'"《古今姓氏書辨證·二十三魂》："賁音奔。《元和姓纂》曰：'魯縣賁父之後。晉有賁浦。漢有郎中賁光，又有汝南賁嵩……'謹按，《後漢》董憲將賁休，注：'《前書》有賁赫，音肥；今有此姓，賁音奔，是隋唐以來音變而有此氏。'"賁古音肥，古無輕唇音，肥、奔音同。

苗賁皇事見《左傳》之宣十七年、成十六年、襄二十六年、昭五年。昭五年："韓起之下，趙成、中行吴……羊舌肸之下，祁午……苗賁皇，皆諸侯之選也。"杜預注："言非凡人。"説明苗賁皇是有能力的將佐之才。襄二十六年："若敖之亂，伯賁之子賁皇奔晉，晉人與之苗，以爲謀主。鄢陵之役，楚晨壓晉軍而陳，晉將遁矣，苗賁皇曰：'楚師之良，在其中軍王族而已。若塞井夷竈，成陳以當之，欒、范易行以誘之，中行、二郤，必克二穆。吾乃四萃於其王族，必大敗之。'晉人從之，楚師大敗，王夷師熸，子反死之。鄭叛吴興，楚失諸侯，則苗賁皇之爲也。"類似的話亦見於成公十六年及《國語·楚語》，説明苗賁皇長於謀略。

宣十七年："十七年春，晉侯使郤克徵會于齊，齊頃公帷婦人使觀之。郤子登，婦人笑於房。獻子怒，出而誓曰：'所不此報，無能涉河。'……齊侯使高固、晏弱、蔡朝、南郭偃會。及斂盂，高固逃歸。夏，會于斷道，討貳也，盟于卷楚。辭齊人。晉人執晏弱于野王，執蔡朝于原，執南郭偃于温。苗賁皇使，見晏桓子。歸言於晉侯曰：'夫晏子何罪？昔者諸侯事吾先君，皆如不逮。舉言群臣不信，諸侯皆有貳志。齊君恐不得禮，故不出，而使四子來。左右或沮之，曰："君不出，必執吾使。"故高子及斂盂而逃。夫三子者曰："若絶君好，寧歸死焉。"是爲犯難而來。吾若善逆彼，以懷來者。吾又執之，以信齊沮，吾不既過矣乎？過而不改，而又久之，以成其悔，何利之有焉？使反者得辭，而害來者，以懼諸侯，將焉用之？'晉人緩之，逸。"齊、晉、魯、衛、曹、邾斷道會前，齊、晉已因事生隙。齊頃公恐會上受到不禮，故不與會，祇派高固、晏弱等四人往。齊群臣知此是一艱難使命，有人企圖阻止，高固也在斂盂逃回。晏弱等三人顧全大局，冒着危險而來，却遭到晉人執拘（類似記載亦見清華簡《繫年》簡68—70）。苗賁皇勸説晉侯，這樣做，祇會失掉人心，讓諸侯遠離晉國，有百害而無一利。結果晉人緩不執拘，使三人逃去。由這件事可知苗賁皇眼光遠大，是一明白人，知禮知法。《漢書·古今人表》將苗賁皇列在中上，是恰當的。

魯宣公十七年爲前592年。《左傳》記子產事，最早爲襄公八年，即前565年，其時子產還是"童子"，可見他從政晚於苗賁皇很多年。《左傳·襄公八年》："庚寅，鄭子國、子耳侵蔡，獲蔡司馬公子燮，鄭人皆喜。唯子產不順，曰：'小國無文德而有武功，禍莫大焉。楚人來討，能勿從乎？從之，晉師必至。晉楚伐鄭，自今鄭國，不四五年，弗得寧矣。'子國怒之，曰：'爾何知！國有大命，而有正卿。童子言焉，將爲戮矣。'"一個小孩子，對國事的認知遠較鄭國正卿明白，而又敢於直言，在這一點上，子產與苗賁皇是相同的，子產也可能因此而師法於苗賁皇。

三

"杜簹"之"簹"字書未見，字從曰，音聲，疑即噬字異構。"杜簹"疑爲杜洩。《古今姓氏書辨證》："杜伯爲周宣王大夫，無罪被殺失國，子孫居杜城者爲杜氏……在秦者曰回。在魯者曰橋、曰洩。回以力聞。洩事叔孫氏，奔楚，生大夫綽。綽生段。段生赫，爲秦大將軍，食采南陽衍邑，世稱杜衍。"筮與逝通用。馬王堆帛書《老子》甲、乙本："大曰筮，筮曰遠。"筮通行本作逝[16]。逝從辵，折聲。折與制聲字通用。《尚書·吕刑》："制以刑。"《墨子·尚同中》引制作折[17]。制與世聲字通用。《周易·睽卦》六三："見輿曳，其牛掣。"掣馬王堆帛書本作觢[18]。世與曳聲字通用，例甚多。《左傳·哀公二年》："洩庸。"《文選·王褒〈四子講德論〉》作"泄庸"。《楚辭·離騷》："登閬風而緤馬。"洪興祖考異："緤一作絏。"馬王堆帛書《六十四卦·既濟》初六〈九〉："抴其綸（輪），濡其尾，无咎。"又帛書《六十四卦·未濟》九二："抴其綸，貞。"二例抴字通行本《易》皆作曳[19]。

杜洩事見《左傳》昭四年、五年。杜洩爲魯叔孫穆子（豹）之家臣（宰），忠於其君，知禮。

魯襄公卒時，季孫氏欲立襄公妾齊歸之子裯（即後來的昭公），遭到叔孫穆子的反對，由是叔孫氏與昭公結怨。魯昭公四年（前538），穆子田獵有疾將卒，其私生子豎牛欲有其室，殺其嫡子孟丙，逐其嫡子仲壬，不予穆子食，穆子遂死。《左傳·昭公四年、五年》："公（昭公）使杜洩葬叔孫。豎牛賂叔仲昭子與南遺，使惡杜洩於季孫而去之。杜洩將以路葬，且盡卿禮。南遺謂季孫曰：'叔孫未乘路，葬焉用之？且冢卿無路，介卿以葬，不亦左乎？'季孫曰：'然。'使杜洩舍路。不可，曰：'夫子受命於朝，而聘于王。王思舊勳而賜之路。復命而致之君，君不敢逆王命而復賜之，使三官書之。吾子爲司徒，實書名。夫子爲司馬，與工正書服。孟孫爲司空，以書勳。今死而弗以，是棄君命也。書在公府而弗以，是廢三官也。若命服，生弗敢服，死又不以，將焉用之？'乃使以葬。季孫謀去中軍。豎牛曰：'夫子固欲去之。'五年春，王正月，舍中軍，卑公室也。毀中軍于施氏，成諸臧氏。初作中軍，三分公室而各有其一。季氏盡征之，叔孫氏臣其子弟，孟氏取其半焉。及其舍之也，四分公室，季氏擇二，二子各一。皆盡征之，而貢于公。以書使杜洩告於殯，曰：'子固欲毀中軍，既毀之矣，敢告。'杜洩曰：'夫子唯不欲毀也，故盟諸僖閎，詛諸五父之衢。'受其書而投之，帥士而哭之。叔仲子謂季孫曰：'帶受命於子叔孫曰："葬鮮者自西門。"'季孫命杜洩，杜洩曰：'卿喪自朝，魯禮也。吾子爲國政，未改禮而又遷之，群臣懼死，不敢自也。'既葬而行。"杜洩作爲家臣，地位很低，但他敢於頂撞執政者季孫氏。叔孫之喪，他不執行季孫氏之命，堅持以天子所賜之路車隨葬。季孫氏謀去中軍，使三桓四分公室，自己得利（擇二），而又不想落下壞名聲，於是以其意見作成文書，說這是叔孫生前的願望，讓杜洩告於殯（叔孫靈柩）。杜洩嚴正駁斥季孫，說舍中軍不是叔孫豹的主意，當初作三軍時叔孫恐日後季孫變易，已在僖閎和五父之衢盟過誓，當面把文書扔了。在叔孫靈柩出行路綫上，杜洩堅持應出自朝，不出自西門。他責備季孫爲國政而不遵從魯禮，大義凜然。杜洩因此深深地得罪了季孫氏，已無法在魯國待下去（遂行）。他離開魯國後據說去了楚國，其間是否道經鄭國史無明文，但他堅持依禮行事，不畏強權的精神肯定在當時廣爲流傳，成爲子產師法的對象。

據史書記載，子產深明禮義。《左傳·襄公二十六年》："鄭伯賞入陳之功。三月甲寅朔，享子展，賜之先路三命之服，先八邑。賜子產次路再命之服，先六邑。子產辭邑曰：'自上以下，隆殺以兩，禮也。臣之位在四。且子展之功也，臣不敢及賞禮。'公固予之，乃受三邑。公孫揮曰：'子產其將知政矣，讓不失禮。'"襄二十九年："（吳公子季札）聘于鄭，見子產，如舊相識。與之縞帶，子產獻紵衣焉。謂子產曰：'鄭之執政侈，難將至矣。子爲政，慎之以禮。不然，鄭國將敗。'"魯襄公三十年（前543），鄭公子子皙、子駟及伯有內鬥，子產不參與。事後，子產依禮爲伯有等辦理喪事。《左傳》云："辛丑，子產斂伯有氏之死者而殯之，不及謀而遂行，印段從之，子皮止之。衆曰：'人不我順，何止焉？'子皮曰：'夫子禮於死者，況生者乎？'遂自止之。壬寅，子產入。癸卯，子石入。皆受盟于子晳氏。乙巳，鄭伯及其大夫盟于大宮。盟國人于師之梁之外。伯有聞鄭人之盟己也，怒。聞子皮之甲不與攻己也，喜。曰：'子皮與我矣。'癸丑，晨，自墓門之瀆入，因馬師頡介于襄庫，以伐舊北門。駟帶率國人以伐之。皆召子產。子產曰：'兄弟而及此，吾從天所與。'伯有死於羊肆，子產襚之，枕之股而哭之，斂而殯諸。伯有之臣在市側者，既而葬諸斗城。子駟氏欲攻子產。子皮怒之，曰：'禮，國之幹也。殺有禮，禍莫大焉。'乃止。"

杜洩、子產都能在內部紛爭中保持清醒，又都能依禮處理失勢者的喪事。子產從杜洩行事受到啓發，以其言行爲師，是可能的。

四

清華楚簡《良臣》簡10："子產之輔：子羽、子剌、蔑明、卑登、𪧩〈富〉之厓、王子全（伯）。"[20]

影本注已指出，"子羽"就是《漢書·古今人表》所見的"行人子羽"；"蔑明"即《人表》所見之"饜蔑"，又稱"饜明""然明"；"卑登"《左傳》作"裨諶"，《人表》作"卑湛"；"富之厓"即《左傳·昭公十六年》諫子產的"富子"，這些都是很對的。但對"子剌"則說"文獻未見"。

我懷疑"子剌"之"剌"應讀爲礪，其人即見於《左傳》襄公二十七年、二十九年、三十一年，以及昭公元年、三十年的鄭臣印段，字子石。《說文》："段，椎物也。从殳，耑省聲。"段玉裁注："《考工記》：'段氏爲鎛器。'……鎛欲其段之堅，故官曰段氏。《函人》職曰：'凡甲鍛不摯則不堅。'鍛亦當作段。金部曰：'鍛，小冶也。'小冶，小鑄之窑也。後人以鍛爲段字，以段爲分段字。分段字自應作斷，蓋古今字之不同如此。《大雅》'取厲取碫'，毛曰：'碫，段石也。'鄭曰：'段石所以爲段質也。'古本當如是。石部：'碫，段石也。从石、段。《春秋傳》鄭公孫段字子石。'古本當如是。"依段氏說，段、鍛、碫爲古今字。碫與礪爲近義詞。《說文》大徐本："碫〈碫〉，厲石也。"碫即鍛打用的石砧。《說文新附》："礪，礲（磨）也。从石，厲聲。經典通用厲。"《廣雅·釋器》："碫，礪也。"王念孫疏證："礪，《大雅·公劉篇》作厲。"剌與厲通用。逨盤："亯辟剌王。""剌王"即周厲王。克鐘："王才（在）周康剌宮。""剌宮"，厲王之廟。盠方尊："剌朕身。"剌讀爲自勵之勵。馬王堆帛書《老子》甲本《德經》："逢俚螝（虺）地弗螫。"乙本作："蜂癘蟲蛇弗赫。"[21]

鄭大夫與子產同時者有公孫段，又有印段，字皆爲子石，簡文"子刺"極可能指印段。印段是鄭穆公子子印之孫。《古今姓氏書辨證》："印，姬姓。鄭穆公生倫，字子印。倫生黑肱，字子張。黑肱生印段，字子石，以王父字爲氏。"

印段年輕時便有才識，後來成爲子產事業上的幫手。《左傳·襄公二十七年》："鄭伯享趙孟于垂隴，子展、伯有、子西、子產、子大叔、二子石（印段、公孫段）從。趙孟曰：'七子從君，以寵武也。請皆賦，以卒君貺，武亦以觀七子之志。'子展賦《草蟲》……伯有賦《鶉之賁賁》……子西賦《黍苗》之四章……子產賦《隰桑》……子大叔賦《野有蔓草》……印段賦《蟋蟀》，趙孟曰：'善哉，保家之主也！吾有望矣。'公孫段賦《桑扈》……卒享，文子（趙孟）告叔向曰：'伯有將爲戮矣。詩以言志，志誣其上，而公怨之，以爲賓榮，其能久乎？幸而後亡。'叔向曰：'然，已侈。所謂不及五稔者，夫子之謂矣。'文子曰：'其餘皆數世之主也。子展其後亡者也，在上不忘降。印氏其次也，樂以安民，不淫以使之，後亡，不亦可乎？'"七人賦詩，趙孟從中看出各人的志向及各族今後的命運。伯有、子展、子西、子產是卿，子大叔、印段、公孫段是大夫，但趙孟特別欣賞印段，以爲印氏家族的命運最好。

《左傳·襄公二十九年》："葬（周）靈王。鄭上卿有事，子展使印段往。伯有曰：'弱，不可。'子展曰：'與其莫往，弱不猶愈乎？《詩》云："王事靡盬，不遑啓處。"東西南北，誰敢寧處？堅事晉楚，以蕃王室也。王事無曠，何常之有？'遂使印段如周。"杜預注："印段年少官卑。"子展力薦年輕的印段代表鄭國參加周靈王的喪禮，可見印段是能辦事的。

上文提到，魯襄公三十年，"子產斂伯有氏之死者而殯之，不及謀而遂行，印段從之"，可見印段與子產的處事理念相同，是子產的助手（輔）。

《左傳·襄公三十一年》："十二月，北宮文子相衛襄公以如楚，宋之盟故也。過鄭，印段迋勞于棐林，如聘禮而以勞辭。文子入聘，子羽爲行人，馮簡子與子大叔逆客。事畢而出，言於衛侯曰：'鄭有禮，其數世之福也，其無大國之討乎！……'子產之從政也，擇能而使之。馮簡子能斷大事；子大叔美秀而文；公孫揮能知四國之爲，而辨於其大夫之族姓、班位貴賤能否，而又善爲辭令；裨諶能謀，謀於野則獲，謀於邑則否。鄭國將有諸侯之事，子產乃問四國之事於子羽，且使多爲辭令；與裨諶乘以適野，使謀可否；而告馮簡子使斷之；事成，乃授子大叔使行之，以應對賓客，是以鮮有敗事。北宮文子所謂'有禮'也。"子羽即公孫揮，裨諶即"卑登"，簡文稱他們是"子產之輔"，《傳》文稱他們爲子產"擇能而使"之人。馮簡子、子大叔（游吉）不見於簡文，印段（子刺）、蔑明、富之厖不見於《傳》，但他們都是子產從政之輔，則是肯定的。

五

簡文"王子全"之"全"原作"仝",影本隸作"百",注說:"王子百也應是王子氏,未見於傳世文獻。"按湯餘惠《關於仝字的再探討》[22]說"仝"爲白字之訛,可讀爲百。白也可讀爲伯,"王子伯"也有可能是"王子伯某"之省。

鄭有大夫王子伯廖、王子伯駢,俱見《左傳》。王子伯廖見《左傳·宣公六年》,魯宣公六年爲前603年,距子產立爲卿的魯襄公十九年(前554)已遠,不大可能輔佐子產。

王子伯駢事首見《左傳》襄公八年(前565),較爲接近。上文已提到,此年鄭伐楚之屬國蔡,衆人皆喜,祇有子產看出這是招禍之道。果不其然,這年"冬,楚子囊伐鄭,討其侵蔡也"。在強敵面前,鄭公卿大夫分成兩派,或欲從楚,或欲待晉之救援。爭論結果,從楚派占了上風,"乃及楚平"。但鄭也不想得罪晉國,於是派王子伯駢去告知晉國,希望得到晉的理解。《傳》云:"乃及楚平。使王子伯駢告于晉。曰:'君命敝邑:修而車賦,儆而師徒,以討亂略。蔡人不從,敝邑之人,不敢寧處,悉索敝賦,以討于蔡,獲司馬燮,獻于邢丘。今楚來討,曰:"女何故稱兵于蔡,焚我郊保,馮陵我城郭?"敝邑之衆,夫婦男女,不遑啓處,以相救也。翦焉傾覆,無所控告。民死亡者,非其父兄,即其子弟。夫人愁痛,不知所庇。民知窮困,而受盟于楚。孤也與其二三臣不能禁止,不敢不告。'"王子伯駢當時是鄭大夫,能出使晉國,年齡可能比子產大。他把鄭之侵蔡說成是遵從晉之意願(以討亂略,獻于邢丘),而其與楚平是鄭在困境下的被逼無奈,委曲求全。王子伯駢與子羽一樣長於外交辭令,在子產執政後成爲其輔,是完全可能的。

王子伯願與王子伯駢有沒有可能是一人?

上古音願元部疑紐。駢則衆說不一,《廣韻》駢音部田切,《漢語大字典》定爲真部[23];段玉裁《說文解字注》列在其《六書音韻表》之第十一部,亦即耕部[24];唐作藩列在元部並紐[25]。依唐說,駢、願疊韻。依段說,耕、元有一定距離。但上古音耕、元二部字有通用之例。段《表》第十一部"古合韻"列《詩·唐風·杕杜》嬛(元部)與菁(耕部)、姓(耕部)合韻。又古字營與還、環通用,嬛與嬽通[26]。而耕與真部字亦有通用例,如營與旬通[27]。由以上所說,則願與駢有通用的可能。果如此,則王子伯願就是王子伯駢,他年長於子產,自然可爲其師;但子產爲卿後他仍祇是大夫,地位較低,作爲其輔也是合理的。因上文已稱其全名,下文用省稱似也說得過去。

注釋:

① 清華大學出土文獻研究與保護中心編,李學勤主編:《清華大學藏戰國竹簡(叁)》,中西書局,2012年,下册第157頁。

② 郭沫若主編:《甲骨文合集》(簡稱《合集》),中華書局,1978—1982年。

③ 徐中舒師主編:《甲骨文字典》,四川辭書出版社,1988年,第881頁。

④ 商承祚:《殷契佚存》,金陵大學中國文化研究所影印本,1933年。

⑤ 同③,第1476頁。

⑥ 高亨纂著,董治安整理:《古字通假會典》,齊魯書社,1989年,第278頁。

⑦ 裘錫圭:《論歷組卜辭的時代》,《裘錫圭學術文集·甲骨文卷》,復旦大學出版社,2012年,第116頁。

⑧ 陳夢家:《殷虛卜辭綜述》,中華書局,1988年,第363—364頁。

⑨ 中國社會科學院考古研究所:《殷周金文集成》(簡稱《集成》)272—285號,中華書局,1984—1994年。

⑩ 荊門市博物館:《郭店楚墓竹簡》,文物出版社,1998年,第129頁。

⑪ 清華大學出土文獻研究與保護中心編,李學勤主編:《清華大學藏戰國竹簡(壹)》,中西書局,2010年,下册第128頁。

⑫ 同⑪,第133頁。

⑬ 黃錫全:《汗簡注釋》,武漢大學出版社,1990年,第371頁。

⑭ 何琳儀:《戰國古文字典》,中華書局,1998年,第626頁。

⑮ 同①,第158、162頁。

⑯ 王輝編著:《古文字通假字典》,中華書局,2008年,第640頁。

⑰a. 同⑥,第644頁;b. 同⑯,第634—635頁。

⑱ 同⑯,第635頁。

⑲a. 同⑯,第636—637頁;b. 同⑥,第636頁。

⑳ 同①,第158頁。

㉑ 以上諸例參看⑯,第631頁。

㉒《古文字研究》第17輯,中華書局,1989年。

㉓ 漢語大字典編委會:《漢語大字典》(縮印本),四川辭書出版社、湖北辭書出版社,1993年,第1893頁。

㉔ 段玉裁:《説文解字注》,上海古籍出版社1981年影印經韻樓本,第465頁。

㉕ 唐作藩:《上古音手册》(增訂本),中華書局,2013年,第116頁。

㉖㉗ 同⑥,第47—48頁。

(原載《古文字研究》第31輯,中華書局,2016年)

一粟居讀簡記（九）

一

清華楚簡《封許之命》簡2："則隹（惟）女（汝）呂丁，肁（肇）□玫（文王），訟光氒（厥）剌（烈）……"□字原作"▆"，影本隸作橐，云："'橐'字疑從又聲，讀爲'右'，《左傳》襄公十八年杜注：'助也。'"①按橐字書未見，字中間所從疑爲"古"即缶字，而非又字。橐字西周金文作"▆"（散氏盤）、"▆"（毛公鼎），戰國楚簡作"▆"（信陽楚簡2·3）、"▆"（上博楚簡《容成氏》），秦文字作"▆"（《石鼓文·汧殹》），馬王堆帛書《五十二病方》作"▆"（"黑實橐"）。橐字上部"▆"戰國文字或作"▆"，或作"▆"，或作"▆"（睡虎地秦簡《日書》甲簡159"腹爲百草囊"囊字作"▆"）②，"▆"與"▆"形近，故"▆"以隸作橐爲近是。

缶及从缶得聲之字可讀爲保。殷墟甲骨文《鐵》191.4："帝弗缶于王。"陳夢家先生説："缶即保，《韓非子·難勢篇》'而勢位足以缶賢者也'，《多士》'惟時上帝不保，降若兹大喪'。"③《甲骨文字詁林》收入陳説，姚孝遂先生按語云《鐵》191.4爲殘辭，補足應爲"王敦缶于……帝弗受（授）右（祐）"，缶爲地名。張亞初《殷墟都城與山西方國考略》云："甲骨文中的國族之缶，文獻上稱爲保。《左傳》成公十三年，晉侯使吕相絶秦云：'伐我保城，殄滅我費滑。'此保城殆即甲骨文中的缶地。"④《莊子·齊物論》："此之謂葆光。"《淮南子·本經》葆作瑶。高亨按："瑶當作珤，珤古寶字。"⑤

保，安也。《尚書·召誥》："保受王威命明德。"《顧命下》："保乂王家。"《孟子·滕文公上》："古之人若保赤子。"《尚書·周官》："立太師、太傅、太保。"孔氏傳："保，保安天子於德義者。"春秋楚器中子化盤："中子化用保楚王。"（《殷周金文集成》10137）

關於吕丁，影本注云："吕丁，吕氏，名丁，據簡文爲許國始封之君。許慎《說文·叙》：'吕叔作藩，俾侯于許。'同書'酄（許）'字下云：'炎帝太嶽之胤，甫侯所封，在潁川。'甫即吕國。《左傳》隱公十一年《正義》引杜預云：'許，姜姓，與齊同祖，堯四嶽伯夷之後也。周武王封其苗裔文叔于許。'文叔，《漢書·地理志》潁川郡許縣下本注作'大叔'，簡文'吕丁'當即其人，但據簡文其受封實晚於武王時。"⑥

按吕爲封國，丁爲其日名。許非姬周族，故在周代初期仍依殷商人習慣用日名，猶伯憲盉（《集成》9430）召公家族稱"召公父辛"。大與文字形近易譌，"大叔""文叔"必有一譌。春秋人稱大叔者習見，如鄭莊公弟"大叔段"，段爲其名，大叔則其排行；又如鄭臣游吉稱"子大叔"，周王子帶稱"大叔帶"⑦。又《集成》11786—11788"邵大叔之貣車之斧""邵大叔以新金爲貣車之斧"。而稱"文叔"者幾無一例。由此而論，"文叔"殆爲"大叔"之誤。

許之初封，杜預、《元和姓纂》《通志》《古今姓氏書辨證》皆云在周武王之時⑧。影本注謂"其（大叔）受封實晚於武王時"，可商。簡3—5云："亦隹（惟）女（汝）吕丁，捪（扞）楠（輔）珷（武王），攼（干）敦殷受，咸成商邑……命女（汝）侯于酄（許）。"簡文出現了"武王"，周初已有諡法，可見是武王以後的事；又簡4缺失，或述及後王之事，影本注大概據此判斷吕丁受封晚於武王時。不過，這兩條理由是可以討論的。簡文的時代是戰國，是後人追述前人之事，所謂"封許之命"乃後人代擬或改寫之辭，非當時實録，故出現"武王"是不奇怪的。簡4缺失，不知其具體內容，無從推論其會述及後王之事。簡文說吕丁"肇□文王"，不管□字是解爲右還是保，其曾輔佐、保安文王是無疑的；吕丁又"司明刑"，則其年齡到武王時已不會太小。到武王時，吕丁曾扞輔武王，從之攻伐商紂，平定商邑，是立有大功的，則其受封在武王時，無法否定。

《封許之命》記封吕丁時的賜物極多，其中有玉器蒼珪、蔥衡、玉琮〈罭（環）？〉；有薦彝，如龍鬻、簠、鐏（鑵）、鉦（鎣？）、勺、盤、鑑、鍪、匜、鼎、簋、觥；有車馬器，如敉（路）車、鸞鈴素旂、朱笀軝、攸勒、脅、毚氍、羅纓、鉤膺、梐、馬等，這在金文和典籍中都是極爲罕見的，祇有西周晚期的毛公鼎銘文中宣王賞賜給重臣父厝的器物差可比肩。《左傳·定公四年》子魚述周初封賜諸侯物品，說："昔武王克商，成王定之，選建明德，以藩屏國。故周公相王室以尹天下，於周爲睦。分魯公以大路大旂，夏后氏之璜，封父之繁弱，殷民六族……備物典策、官司彝器……分康叔以大路、少帛、綪茷、旃旌、大吕、殷民七族……分唐叔以大路、密須之鼓、闕鞏、姑洗、懷姓九宗……三者皆叔也，而有令德，故昭以之分物。不然，文武成康之伯猶多，而不獲是分也。"《尚書·旅獒》太保曰："明王慎德，四夷咸賓。無有遠邇，畢獻方物，惟服食器用。王乃昭德之致于異姓之邦，無替厥服；分寶玉于伯叔之國，時庸展親。"《國語·魯語下》仲尼論楛矢，云："古者，分同姓以珍玉，展親也；分異姓以遠方之職貢，使無忘服也。"可見周初封賜諸侯，稀世珍寶祇給予宗室子弟，異姓諸侯即使功勳卓著如燕召公、齊太公也無法得到。景紅艷說："周王朝是一個以血緣紐帶爲基礎，以同姓諸侯爲主要屏藩建立起來的宗法制國家……因此，政治生活中十分重視和關懷同姓貴族的利益，所謂'周之宗盟，異姓爲後'（《左傳·隱公十一年》）。周初的分封賞賜是一次巨大的利益分配，'異姓爲後'的思想勢必首先在分封賞賜中貫徹執行。"⑨許祇是周初的一個異姓小諸侯國，其地位遠不能與齊、燕等相比，其賞賜物之多不合通例。這祇能說明簡文是後人所擬，是以後例前，所以很多器物非周初所能有。

二

《封許之命》簡5—6："易（賜）女（汝）……毯毯。"影本注："二字從毛，當係毛織品名。"未做進一步討論。

毯、毯二字字書未見，疑毯可讀爲氍，毯可讀爲毹。"氍毹"是一種毛麻混織的毛布、地氈類物。

丵與巨聲字通用。《詩·大雅·靈臺》："虡業維樅。"《說文》業下引作"巨業維樅"；《史記·司馬相如列傳》："立萬石之鉅。"《漢書·司馬相如傳》引鉅作虡⑩。巨與瞿聲字通用。《莊子·達生》："工倕旋而蓋規矩。"釋文："司馬本矩作瞿。"古毛織氈物有名氍毹者，《說文新附》："氍，氍毹、毾㲪，皆氍毯之屬，蓋方言也。"《三輔黃圖·未央宮》："溫室殿，武帝建，冬處之溫暖也。《西京雜記》曰：'溫室以椒塗壁，被之文繡，香桂爲柱，設火齊屏風，鴻羽帳，規地以罽賓氍毹。'"何清谷注："罽賓：古西域國名，罽音計，漢時在今喀布爾河下游及克什米爾一帶。所產毛織的地毯，最爲西漢宮庭所喜用。氍毹，音渠書，毛織的地毯。言規劃室内地面鋪上罽賓產的地毯。"⑫又《三國志·魏書·烏丸鮮卑東夷傳》裴松之注引《魏略·西戎傳》："（大秦國）其俗人長大平正，似中國人而胡服，自云本中國一別也，常欲通使於中國……有織成細布，言用水羊毳，名曰海西布。此國六畜皆出水，或云非獨用羊毛也，亦用木皮或野繭絲作，織成氍毹、毾㲪、罽帳之屬皆好，其色又鮮於海東諸國所作也。又常利得中國絲，解以爲胡綾，故數與安息諸國交市於海中。"

以上二條引文皆說氍毹產自西域，但具體國名則不同。罽賓在今中亞南部、古印度北部；大秦即今意大利，屬南歐，但皆在古絲綢之路上，與中國早有密切來往。

氍這一名稱出現時代會否早到戰國，是饒有趣味的問題。

《三輔黃圖》説未央宫温室殿"武帝建",何清谷注:"温室殿:長樂宫、未央宫皆有。未央宫温室殿有優良的取暖設施,是冬天皇帝與大臣議事的殿堂。《漢書》卷七十五《翼奉傳》:翼奉説文帝時未央宫已有温室殿,與本文'武帝建'不一致。"這説明温室殿之始建起碼可到漢初文帝時。又《漢書·高帝紀》:"賈人毋得衣錦綉綺縠絺紵罽。"顏師古注:"罽,織毛若今毾㲪及氍毹之類也。"《龍龕手鑒·网部》:"罽,氈類,毛爲之。"《正字通·网部》:"𦉘,同罽。"𦉘的異體罽作爲人名已見於出土秦文字,秦有私璽"賈罽""田罽"[13]。可見秦漢之際已有罽。

罽賓得名應與罽有關,而罽本指氈毯類毛織物。《説文》:"罽,魚網也。"朱駿聲通訓定聲:"罽,叚借爲緆。"《廣雅·釋器》:"毼,罽也。"王念孫疏證:"緆與罽通。"《説文》:"緆,西戎毼布也。"段玉裁注:"亦叚罽爲之。"《逸周書·王會》末附《商書·伊尹朝獻》:"正西崑侖、狗國、鬼親、枳巳、闒耳、貫胸、雕題、離丘、漆齒,請令以丹青、白旄、紕罽、江歷、龍角、神龜爲獻。"朱右曾集訓校釋引顏師古云:"罽,氍毹之屬。"[14]《王會》的時代,黄懷信云:"《王會解》前人或謂'怪誕',正説明其時代較早。唯有末段所記國名或較晚見,論者以之作爲此篇晚出的依據,實不知該段乃校書者所附益,因爲其文明曰該段'不[在]《周書》,録中以事類來附'。"[15] 將其時代定在"本出西周而經春秋加工改寫者"[16]。《伊尹朝獻》的時代較晚,但最晚也當在戰國或秦代。

《周禮·天官·掌皮》:"共其毳毛爲氈,以待邦事。"又《掌次》:"王大旅上帝,則張氈案。"鄭玄注:"張氈案,以氈爲牀於幄中。"賈公彥疏:"'王大旅上帝'者,謂冬至祭天於圓丘。'則張氈案'者,案謂牀也,牀上著氈,即謂之氈案。"《周禮》之時代,約在戰國,其時已有氈。此氈是中國自産還是來自西域,無法詳究。我們所知道的,是秦代甚或戰國晚期已有氈。睡虎地秦簡《秦律十八種·司空》:"城旦舂衣赤衣,冒〈帽〉赤氈。"[17]末字原圖版不是很清楚,從新圖版看確應是氈字[18],讀爲氈。毯从毛,爰聲,古音元部匣紐;氈古音元部照紐。二字疊韻,毯是氈字異體或讀爲氈,不無可能。

《漢書·東方朔傳》:"木土衣綺綉,狗馬被繢罽。"顏師古注:"繢,五綵也。罽,織毛也,即氍毹之屬。"罽或氍毹乃狗馬所被(披)。簡文"毯毯"也應是駕車之馬冬季所服之毛織物。

三

《封許之命》簡5—6:"易(賜)女(汝)……□紼。"□字影本隸作纂,讀爲纂,云:"纂,《説文》:'似組而赤。'弁,《文選·張衡〈西京賦〉》薛注:'馬冠也。'"[19] 依其説,"纂綪"即有赤色纓組的馬冠。

□字原作"[字]"，下從木，上部與楚文字算字，如望山算字作"[字]"[20]、新蔡簡算字作"[字]"[21]絕不類，而與簟字作"[字]"（毛公鼎）相近。疑□應隸定爲簟，即樟字之省，或簟字之繁化。《說文》："簟，竹席也。"《詩·小雅·采芑》："路車有奭，簟茀魚服，鉤膺鞗革。"鄭玄箋："茀之言蔽也，車之蔽飾象席文也。"又《詩·齊風·載驅》："載驅薄薄，簟茀朱鞹。"毛傳："簟，方文席也。車之蔽曰茀。"茀字，古文字多作弼。毛公鼎："易（賜）女（汝）……金簟弼。"曾侯乙墓竹簡 1："右敝（令）建所乘大旆（旆）：朕輪、弼、鞏（靳）……"[22]裘錫圭、李家浩《曾侯乙墓竹簡釋文與考釋》注 11 云："弼，原文从丙从弜，'丙'即'簟'的初文。王國維以'弼'爲'茀'的本字（《觀堂集林·釋弼》）。"蕭聖中說："簡文叙述的'弼'的文字一般緊接於叙述'輪'的文字之後，而在記録'靳'的文字之前。《爾雅·釋器》：'輿革，前謂之靳，後謂之第；竹，前謂之禦，後謂之蔽。'一般的車都是單用一'弼'字，即以韋革爲車蔽，衹有簡 117 所記一乘路車用'白金之弼'，顯然是十分豪華的。在西周金文材料中，册命賜物甚多，但衹有少數重要的册命纔賜以'弼'，如毛公鼎、番生簋所記册命有'金簟弼'之賜。"[23]丙爲簟之初文，則从丙之弼與簟關係密切，二者義近。曾侯乙簡省稱"弼"，《封許之命》簡省稱"簟"，應該都指車蔽。

簡文"簟"與"綪"是並列關係，而非前者修飾後者。

四

《封許之命》簡 5—7："易（賜）女（汝）……釴（觥）、鎝、忿（格）。"影本在鎝字後括一卣字，注謂："'鎝'字從舀聲，與'卣'同屬喻母幽部。"[24]今按此說似不可從。簡上文"易（賜）女（汝）倉（蒼）珪、巨（秬）鬯一卣。"卣字作"[字]"，與卣甲骨文作"[字]"（《甲骨文合集》19496）、"[字]"（《戰後京津所藏甲骨集》4234），金文作"[字]"（大盂鼎）、"[字]"（毛公鼎）、"[字]"（虢叔鐘），春秋秦石鼓文作"[字]"（作原鼓"君子卣（攸）樂"）形近。且同篇之中，一用本字，一用假借字，似無必要。

鎝疑可讀爲鎬。滔與夲通用。《說文》："夲，進趣也……讀若滔。"夲聲字與高聲字通用。《爾雅·釋天》："五月爲皋。"釋文："皋本或作高。"《禮記·明堂位》："天子皋門。"鄭玄注："皋之言高也。"夲上古音宵部透紐，鎬宵部匣紐，二字疊韻。《說文》："鎬，溫器也。"實際上是溫食器。20 世紀 30 年代，安徽壽縣朱家集李三孤堆楚王墓出土二器，深腹，折腹，上腹壁豎直，斜折之下腹略圓曲内收成小平底，上腹有四小耳啣環，近似於鑒[25]。二器一銘："秦客王子齊之歲，大廚（府）爲王飤（食）晉鎬。"另一件銘："鑄客爲王后六室爲之。"器之時代，朱鳳瀚先生定爲楚國戰國青銅器第五期；劉彬徽先生定爲楚青銅器東周第七期[26]，具體時間爲楚幽王熊悍（前237—前228）時，已是戰國末。

如果以上所說不誤，則可以說明《封許之命》的最後寫定，已到戰國末年。

五

清華楚簡《湯處於湯丘》簡1—2："湯凥（處）於湯（唐）丘（丘），取妻於又＝辛＝（有莘。有莘）媵（滕）以少＝臣＝（小臣，小臣）善爲飤（食），亯（烹）之和。又（有）辛（莘）之女飤（食）之，鑾（絕）飭（芳）旨以飽（粹）。"影本注："《史記·殷本紀》：'伊尹名阿衡。阿衡欲奸湯而無由，乃爲有莘氏媵臣，負鼎俎，以滋味說湯，致于王道。'正義引《括地志》：'古莘國在汴州陳留縣東五里，故莘城是也。'在今山東曹縣北。有莘氏或作有侁氏，《吕氏春秋·本味》：'湯聞伊尹，使人請之有侁氏，有侁氏不可。伊尹亦欲歸湯，湯於是請取婦爲婚，有侁氏喜，以伊尹爲媵送女。'亦爲同類傳說。"[27]

今按：說莘國在曹縣北，似不確。曹縣與陳留之莘國漢時中間隔有外黃、成安、黃國、甾縣，當非一國。唐在今山西翼城西，當即曲沃天馬曲村遺址，與曹縣之莘相距八九百里，而與今陝西郃陽之莘相距約二百里，故簡文莘極可能是郃陽之莘。陳槃先生《春秋大事表列國爵姓及存滅表譔異》[28]列莘地可考者凡八（陝西郃陽縣，河南陝縣、汝南縣、杞縣東六十里、陳留縣、嵩縣，山東莘縣、曹縣），然後加以歸納，云："以上所述莘地，屬陝西者一，河南者五，山東者二。古代不可能有如許多莘國，當由莘國不恆厥居故也。《史記·六國表叙》'禹興於西羌'；皇甫謐引《孟子》'禹生石紐，西夷人也'（同上表集解引）。又所謂夏者，其區域'包括今山西省南半，即汾水流域；西有陝西一部分，即渭水下流'（《夷夏東西説二·夏跡》）。然則禹母有莘氏女，殆亦西土人也。若太姒母家莘國之在陝西郃陽，又學者所習知也。以是言之，則莘之初始，蓋西方之國，厥後河南陝以至伊水、鄭、汝南、杞、山東莘、曹諸縣並有莘地者，其東向遷徙之遺跡也。"陳先生未做肯定，但他傾向於莘國初始在郃陽，曹縣等地是其後遷徙，是有道理的。其後的遷徙時間無法確知，但夏末商初，唐丘在今"山西翼城西"；莘國之太姒爲周文王妻，文王被紂囚於羑里時，"閎夭之徒患之，乃求有莘氏美女……因紂嬖臣費仲而獻之紂"。《史記·周本紀》正義引《括地志》云："古䰗國城，在同州河西縣南二十里。《世本》云：'莘國姒姓，夏禹之後。'即散宜生求有莘美女獻紂者。"莘商末尚在郃陽，則商初肯定不在山東曹縣。

注釋：

① 清華大學出土文獻研究與保護中心編，李學勤主編：《清華大學藏戰國竹簡（伍）》，中西書局，2015年，下册第119頁。

② 王輝主編：《秦文字編》，中華書局，2015年，第973頁。

③ 陳夢家：《殷虚卜辭綜述》，中華書局，1988年，第569頁。

④ 參看王輝編著：《古文字通假字典》，中華書局，2008年，第219頁。

⑤ 高亨纂著，董治安整理：《古字通假會典》，齊魯書社，1989年，第784頁。

⑥ 同①，第119頁。

⑦ 楊伯峻、徐提編：《春秋左傳詞典》，中華書局，1985年，第39頁。

⑧ 巫惠聲：《中華姓氏大典》，河北人民出版社，2000年，第705頁。

⑨ 景紅艷：《以出土文獻爲據再論召公不是文王之子——兼與張懋鎔商榷青銅器上的"日名"與"族徽"問題》，《考古與文物》2015年第6期。

⑩ 同⑤，第871—872頁。

⑪ 同上，第172頁。

⑫ 何清谷：《三輔黄圖校注》，三秦出版社，2006年，第184頁。

⑬ 同②，第1250頁

⑭ 宗福邦等主編：《故訓匯纂》，商務印書館，2003年，第1800頁。

⑮ 黄懷信：《逸周書校補注譯》，三秦出版社，2006年，第61頁。

⑯ 同上，第63頁。

⑰ 睡虎地秦墓竹簡整理小組：《睡虎地秦墓竹簡》（精裝本）秦律十八種圖版簡147，文物出版社，1990年。

⑱ 陳偉主編：《秦簡牘合集（壹下）》秦律十八種圖版簡147，武漢大學出版社，2014年。

⑲ 同①，下册第121頁。

⑳ 何琳儀：《戰國古文字典》，中華書局，1998年，第1050頁。

㉑ 高明、涂白奎編著：《古文字類編》（增訂本），上海古籍出版社，2008年，第1061頁。

㉒ 湖北省博物館：《曾侯乙墓》，文物出版社，1989年。

㉓ 蕭聖中：《曾侯乙墓竹簡釋文補正暨車馬制度研究》，科學出版社，2011年，第197頁。

㉔ 同①，下册第122頁。

㉕ 朱鳳瀚：《古代中國青銅器》，南開大學出版社，1995年，第1013頁，又第1067頁圖一三·五三：5。

㉖ 劉彬徽：《楚系青銅器研究》，湖北教育出版社，1995年，第358頁。

㉗ 同①，下冊第 136 頁。

㉘ 陳槃：《春秋大事表列國爵姓及存滅表譔異》，臺灣"中央研究院"歷史語言研究所，1959 年，第 1209—1215 頁。

（原載《陝西歷史博物館館刊》第 23 輯，三秦出版社，2016 年；又載《華學》第 12 輯（饒宗頤教授百歲華誕慶賀專號），中山大學出版社，2017 年）

一粟居讀簡記（十）

一

清華楚簡《越公其事》簡 10："天不肕賜於雩（越）邦之利。"影本注："肕，仍，重複，再一次。《説文》：'仍，因也。从人，乃聲。'疑小篆'人'旁爲'乃'旁之訛變。"①又簡 73："殹民生不仍，王亓（其）母（毋）死。"影本注："民生不仍，猶人生不再，意爲人祇有一次生命。《國語·吴語》作'民生不長'。"②

按《説文》："乃，曳，詞之難也……𠄎，籀文乃。"依《説文》"肕"當是乃之籀文。簡文"乃"讀爲仍。睡虎地秦簡《爲吏之道》所附《魏户律》："故某慮（閭）贅壻某叟之乃孫。""乃孫"即仍孫。《爾雅·釋親》："晜（昆）孫之子爲仍孫。"③

乃或作𠄎，或作肕，並不奇怪。本篇同字異形或用不同的字表達同一個詞，其例甚多。如使或作"史"，簡 1："乃史夫=（大夫）住（種）行成於吴帀（師）。"或作"使"，簡 9："吴王䎵（聞）雩（越）徒（使）之柔以㢴（剛）也。"或作"事"，簡 15："吴王乃出，親見事者曰……"或作"兹"，簡 28："兹（使）民叚（暇）自相，蓐（農）工（功）旻（得）寺（時）。"又如越或作"雩"（通篇）；或作"䢼"，簡 71—72："今天以䢼（越）邦賜吴。"又如襲或作"闈"，簡 26："吴人既闈雩（越）邦。"或作"袞"，簡 27："乃因司袞尚（常）。"

二

《越公其事》簡 3："虘（吾）君天王，以身被甲冑（冑），敦（敦）力鋑（殳）鎗（槍），疌（挾）㧈秉臬（枹），㲽（震）鳴□□□［鍾鼓以］親辱於寡（寡）人之䣄=（敝邑）。"影本注："'弳'，見於馬王堆漢墓遣册，當是弓箭類兵器。'弳'字亦見於齊國陶文，與字書中弧度義之'弳'不是一字。"又引俞樾曰："世無臨陣而讀兵書者，'經'當讀爲'莖'，謂劍莖也。《考工記·桃氏》曰：'以其臘廣爲之莖圍。'注曰：'鄭司農云："莖謂劍夾，人所握鐔以上也。"玄謂：莖，在夾中者。莖長五寸。'此云挾莖，正謂此矣。作'經'者，假字耳。"④ 與簡文相似的話見《國語·吳語》："十行一嬖大夫，建旌提鼓，挾經秉枹。十旌一將軍，載常建鼓，挾經秉枹。"韋昭注："經，兵書也。"俞氏的説法是對韋注的批評。

我以爲以上兩種説法皆有道理，但以俞説爲優。

古時武將多有隨身挾弓之習慣。《越絕書·吳內傳》："伍子胥父誅於楚，子胥挾弓，身干闔廬。"⑤《公羊傳·定公四年》："伍子胥父誅乎楚，挾弓而去楚，以干闔廬。"《穀梁傳·定公四年》："子胥父誅於楚也，挾弓持矢而干闔廬。"又《越絕書·德序外傳記》："子胥賜劍將自殺，歎曰：'……吾挾弓矢以逸鄭楚之間……'""子胥挾弓去楚，唯夫子獨知其道。"⑥ 又《越絕書·荆平王內傳》："子胥介胄轂弓，出見使者。"⑦ 大意亦同。又《吳越春秋·王僚使公子光傳》："楚得子尚，復遣追捕子胥。胥乃貫弓執矢去楚。楚追之，見其妻，曰：'胥亡矣，去三百里。'使者追及無人之野，胥乃張弓布矢，欲害使者，使者俯伏而走。"⑧ 又《吳越春秋·夫差內傳》："子胥歸，謂被離曰：'吾貫弓接矢於鄭楚之界，越渡江淮，自致於斯。'"⑨ 張覺曰："徐天祐曰：'烏還切。'覺按：貫（wān）：通'彎'。貫弓，彎弓，張滿弓。此文《太平御覽》卷三百九十三引作：'子胥以夜半時臥覺，忽而仰天悲歎，言曰："父兄俱死，誰當歸乎？"泣下交流，恐爲楚所得，乃貫弓執矢，步出東郭。'本文已被刪節。"⑩ 貫，彎。貫弓，彎弓，張弓，與"挾弓"意微別。但這祇是不同文本、不同語境下的細微差別，沒有本質不同。

與"挾弓"相連的還有"持矢""執矢""布矢""接（疑爲持或挾之誤）矢"。矢有別名"赤莖"，祇是時代較晚。《太公六韜》："陷堅陣，敗強敵，大黄參連弩，飛鳧電景自副。"注云："飛鳧，矢名，赤莖白羽。"⑪

劍分爲身、莖、格（鐔）三部分，莖即劍柄⑫。人手握劍時握莖，即鄭司農所説"人所握鐔以上也"。莖引申又指劍。桂馥《札樸》卷四："（劍）通謂之身，亦謂之莖。"⑬

古書多有君王持劍之例。《國語·吳語》："吾先君闔廬不貰不忍，被甲帶劍，挺鈹搢鐸，以與楚昭王毒逐於中原柏舉……夫差不貰不忍，被甲帶劍，挺鈹搢鐸，遵汶伐博，簦笠相望於艾陵。"

《説文》："夾，持也。"《説文》："挾，俾持也。"《慧琳音義》卷八引《字書》："帶，繫也。"⑭《文選·班固〈西都賦〉》："挾灃灞。"李周瀚注："挾，帶也。"挾、帶互訓，簡文"挾莖"或即《吳語》"帶劍"。

鈹爲短劍。《説文》："挺，拔也。""挺鈹""帶劍"義近。

上文《吳語》韋昭注："撎，振也。"鐸，軍樂器。枹，鼓槌。"撎鐸"與"振鳴鐘鼓""秉枹"意義相近。簡文"身被甲胄……挾弳秉枹，振鳴鐘鼓"與《吳語》"被甲帶劍，挺鈹撎鐸"語例相似，故簡文"弳"以讀爲莖，解爲劍之別名爲佳。

古書帶弓者多爲武將，帶劍者多爲君王。簡文"天王"指吳王夫差，故簡文"弳"解爲劍也較合適。

因莖有解爲弓類器及劍兩種可能，所以古人理解上也常有混淆。《越絕書·外傳記吳王占夢》："越王撫步光之劍，杖屈盧之矛。"李步嘉校："錢培名曰'"杖屈盧之矛"，"矛"原誤"弓"。"弓"不可"杖"。《吳越春秋》作"矛"，《記越地傳篇》亦云"杖物盧之矛"。今改。'步嘉謹按：樂祖謀校本作'杖屈盧之弓'，按錢説是，今依錢校改。"⑮

三

《越公其事》簡30—33："五政之初，王好蓐（農）工（功）。王親自𦔻（耕），又（有）厶（私）畘（畦）。王親涉洵（溝）淳濄（泑）塗，日靚（靖）蓐（農）事以勸怨（勉）蓐（農）夫。……王龢（聞）之，乃以箮（熟）飤（食）脂鹽（醯）肴（脯）肓多從。元（其）見蓐（農）夫老弱堇壓者，王必舍（飲）飤（食）之……戥（舉）雩（越）庶民，乃夫婦皆耕（耕），至（至于）鄴（邊）䣙（縣）尖（小大）遠迡（邇），亦夫婦皆……雩（越）邦乃大多飤（食）。"影本注："肓即'肓'，陽部字，疑讀爲羹……脯羹，《禮記·内則》：'脯羹兔醢。'"⑯今按亡聲字未見讀如羹者，而讀無則習見。疑"肓"讀爲膴，甚或就是膴的異構字。《説文》："脯，乾肉也。"又云："膴，無骨腊也。從肉，無聲。楊雄説鳥腊也。《周禮》有膴判。讀若謨。"膴爲無骨腊肉，與脯義近。《廣雅·釋器》："膴，脯也。"膴、脯常連用。《周禮·天官·腊人》："共豆脯薦脯膴胖凡腊物。"鄭玄注引鄭司農云："膴，膺（胸）肉。"

關於"堇壓"，影本注："'堇'，疑讀爲'勤'。'壓'疑讀爲'厤'，《説文》：'治也。'"⑰其説不能説没有道理，但仍可推敲。《説文》："厤，治也。從厂，秝聲。"段玉裁注："甘部厤下云：'從甘，厤。厤，調也。'按：調和即治之義也。"王筠句讀："此治玉、治金之治，謂磨厲之也。"簡文無調治、治玉、治金之義，且古書似亦無"勤厤"一詞。

我懷疑"堇"可讀爲謹，慎也。"壓"可讀爲厤或曆。《玉篇》："曆，古本作厤。"《易·革》象曰："澤中有火，革，君子以治曆明時。"王弼注："曆數時會，存乎變也。"孔穎達疏："'君子以治曆明時'者，天時變改，故須曆數，所以君子觀兹《革》象，修治曆數，以明天時也。""謹曆"即謹慎地推算曆數，或謹慎地遵從曆數，不違農時。宋王珪《内中侍御以下賀皇帝冬節詞》："伏以漢臺謹曆，測星候以觀祥，巘籥均時，聽容鳴而升煦。"《吳越春秋·勾踐陰謀外傳》計硯曰："夫興師舉兵，必且內蓄五穀，實其金銀，滿其府庫，勵其兵甲。凡此四者，必察天地之氣，原於陰陽，明於孤虛，審於存亡，乃可量數。"又曰："春種八穀，夏長而養，秋成而聚，冬畜而藏。夫天時有生，而不敷種，是一死也……夫天時有生，勸者老，作者少，反氣應數，不失厥理，一生也。留意省察，謹除苗穢，穢除苗盛，二生也。前時設備，物至則收，國無逋稅，民無失德，三生也。倉已封塗，除陳入新，君樂臣歡，男女及信，四生也。"《吳越春秋》又云："越王曰：'善哉，子之道也！'乃仰觀天文，集察緯宿，曆象四時。以下者上，虛設八倉，從陰收著，望陽出糶，筴其極計。三年五倍，越國熾富。"[18] 簡文"老弱謹曆"即《吳越春秋》之"天時有生，勸者老，作者少，反氣應數"，是說百姓老少皆順應、謹守時令，勤奮耕作，纔能有好收成。簡文說越王"勸勉農夫"，《吳越春秋》說"勸者老"；簡文之"王""農夫""庶民""夫婦"即《吳越》之"民""君""臣""男女"；簡文說"越邦乃大多食"，《吳越春秋》說"倉已封塗，除陳入新""虛設八倉，從陰收著，望陽出糶，筴其極計，三年五倍，越國熾富"，二者語境亦相似。

類似的話還見於《越絕書·吳內傳》："天道盈而不溢，盛而不驕者，言天生萬物，以養天下。螻飛蠕動，各得其性。春生夏長，秋收冬藏，不失其常……人道不逆四時者，言王者以下，至於庶人，皆當和陰陽四時之變，順之者有福，逆之者有殃。"[19] "不逆四時"即"謹曆"；"順之者有福，逆之者有殃"，一順一逆，福禍隨之。又《越絕書·外傳枕中》："故天下之君，發號施令，必審於四時。四時不正，則陰陽不調，寒暑失常。如此，則歲惡，五穀不登。聖主施令，必審於四時，此至禁也。"[20] 大意亦同。

四

簡本《越公其事》記述吳滅越後越向吳求和，採取措施使越積聚力量，逐漸強大，終於滅吳。其重點不在敘事，而在記述越公重農、好信、徵人、好兵、飭民等治國措施。這些措施在《國語·吳語》《越語》，以及《越絕書》《吳越春秋》等書中亦有記述，祇是諸書的重點是敘事而已。

《越絕書·計倪內經》云："興師者必先蓄積食、錢、布、帛，不先蓄積，士卒數饑……（王）必先省賦斂，重農桑。"《外傳記地傳》："后稷產稼，制器械，人事備矣。疇糞桑麻，播種五穀，必以手足。"此重農也。

《越絕書·請糴內傳》："種觀夫吳甚富而財有餘，其刑繁法逆，民習於戰守，莫不知也。其大臣好相傷，莫能信也……君王卑身重禮，以素忠爲信，以請糴於吳。天若棄之，吳必許諸……胥，先王之老臣，不忠不信，則不得爲先王之老臣。"又《外傳計倪》："故賢君用臣，略責於絶……內告以匿，以知其信。"同樣的話又見於《吳越春秋‧勾踐陰謀外傳》。又《勾踐入臣外傳》："大夫皓進曰：'一心齊志，上與等之；下不違令，動從君命，守信溫故。'"《勾踐伐吳外傳》："大夫曳庸曰：'審賞則可戰也。審其賞，明其信，無功不及。'……勾踐恐民不信，使以征不義聞於周室，令諸侯不怨於外……各守其職，以盡其信。"此好信也。

《越絕書‧計倪內經》："守法度，任賢使能，償其成事，傳其驗而已。如此，則邦富兵強而不衰矣……今夫萬民有明父母，亦如邦有明主。父母利源流，明其法術，以其賢子，微成其事而已，則家富而不衰矣。"《記范伯》："子貢曰：'薦一言，得及身，任一賢，得顯名。'"《內傳陳成恒》："子貢曰：'臣聞之，明主任人不失其能，直士舉賢不容於世。故臨財分利則使仁，涉危拒難則使勇，用衆治民則使賢，正天下、定諸侯則使聖人。'"《外傳計倪》："計倪對曰：'夫仁義者，治之門，士民者，君之根本也。……願君王公選於衆，精煉左右，非君子至誠之士，無與居家。使邪僻之氣無漸以生，仁義之行有階，人知其能，官知其治。爵賞刑罰，一由君出，則臣下不敢毀譽以言，無功者不敢干治。故明主用人，不由所從，不問其先，說取一焉……越王大媿，乃壞池填塹，開倉穀，貸貧乏，乃使群臣身問疾病，躬視死喪，不厄窮僻，尊有德，與民同苦樂，激河泉井，示不獨食。行之六年，士民一心，不謀同辭，不呼自來，皆欲伐吳。'"《吳越春秋‧越王勾踐伐吳外傳》："（越王）因約其父母昆弟而誓之曰：'寡人聞古之賢君，四方之民歸之若水。寡人不能爲政，將率二三子夫婦以蕃。'令壯者無娶老妻，老者無娶壯婦。女子十七未嫁，其父母有罪；丈夫二十未娶，其父母有罪。將免者以告於孤，令醫守之。生男二，貺之以壺酒、一犬；生女二，賜以壺酒、一豚。生子三人，孤以乳母；生子二人，孤與一養。長子死，三年釋吾政；季子死，三月釋吾政。必哭泣葬埋之，如吾子也。令孤子、寡婦、疾疹、貧病者，納官其子。欲仕，量其居，好其衣，飽其食，而簡銳之義。四方之士來者，必朝而禮之，載飯與羹以游國中，國中僮子遊而遇孤，孤餔而啜之，施以愛，問其名。"此寬泛意義之徵人也。

《越絕書‧內經九術》："八曰邦家富而備器；九曰堅厲甲兵，以承其弊。"《記軍氣》："夫聖人行兵，上與天合德，下與地合明，中與人合心。"《吳越春秋‧闔閭內傳》："孫子者，名武，吳人也，僻隱深居，世人莫知其能。胥乃明知鑑辨，知孫子可以折衝銷敵，乃一旦與吳王論兵，七薦孫子……子胥諫曰：'臣聞：兵者，凶事，不可空試。故爲兵者，誅伐不行，兵道不明。今大王虔心思士，欲興兵戈以誅暴楚，以霸天下而威諸侯，非孫武之將，而誰能涉淮、踰泗、越千里而戰者乎？'"《勾踐歸國外傳》："越王乃緩刑薄罰，省其賦斂。於是人民殷富，皆有帶甲之勇……今吳乘諸侯之威，以號令於天下，不知德薄而恩淺、道狹而怨廣、權懸而智衰、力竭而威折、兵挫而軍退、士散而衆解。臣請按師整兵，待其壞敗。隨而襲之。兵不血刃，士不旋踵，吳之君臣爲虜矣。"《勾踐陰謀外傳》："夫九術者……八曰君王國富而備利器；九曰利甲兵以承其弊……越王又問相國范蠡曰：'孤有報復之謀，水戰則乘舟，陸行則乘輿。輿舟之利，頓於兵弩。今子爲寡人謀事，莫不謬者乎？'范蠡對曰：'臣聞古之聖君莫不習戰用兵，然行陣、隊伍、軍鼓之事，吉凶決在其工。今聞越之南有處女出於南林，國人稱善，願王見之。'……於是范蠡復進善射者陳音……於是乃使陳音教士習射於北郊之外。三月，軍士皆能用弓弩之巧。"此寬泛意義之好兵也。

至於越公派使臣行成於吳，很多段落語句都同於《國語·吳語》《越語》。

由以上引述材料來看，在戰國時期，關於越王勾踐復國的事蹟曾在社會上廣泛流傳，有種種不同的版本。後世著述摘抄或整理這些事蹟，依據其主題，各取所需，或嚴謹，或粗疏，其價值或珍貴，或較低。

我以爲，《越公其事》整理越王勾踐事蹟，態度有欠嚴謹，抄錄多有錯誤，是一種較差的版本，故從整體上看，該篇價值不高。以下試舉二例。

《越公其事》簡9："吳王聞（聞）雩（越）徒（使）之柔以叿（剛）也，思道逄（路）之欲（修）隓（險），乃思（懼），告繡（申）胥曰：……繡（申）胥乃思（懼），許諾。"《國語·吳語》則曰："吳、晉爭霸未成，邊遽乃至，以越亂告。吳王懼，乃合大夫而謀曰：'越爲不道，背其齊盟，今吾道路修遠，無會而歸，與會而先晉，孰利？'"《吳語》說的是吳王北伐齊後，參加黃池之會時，與晉爭長，未有結果。越國趁吳國內部空虛，大舉襲吳，"入其郛，焚其姑蘇"。吳王聽聞此事，顧忌"道路修遠"，乃"懼"，與諸大夫謀議該如何應對。《越公其事》說吳王聽了越使者求成的話，"思道路之修險，乃懼"，顯然不通。吳、越相距甚近，如《越絕書·請糴內傳》申胥所說是"接地鄰境，道徑通達，三江環之，其民無所移"；又如《吳越春秋·勾踐入臣外傳》吳王說是"同土連城"，何談"道路修險"？此時吳滅越，越人卑辭求成，吳王何懼之有？對越之求成，吳王許其成，伍子胥一直是反對的，犯顏強諫吳王不要接受，這在各書記載都是一致的。簡文說聽了吳王的幾句話，子胥就"懼，允諾"，這完全不符合事實，是張冠李戴。《吳越春秋·夫差內傳》："十二年，夫差復北伐齊。越王聞之，率眾以朝於吳，而以重寶厚獻太宰嚭。嚭喜受越之賂，愛信越殊甚，日夜爲言於吳王。王信用嚭之計，伍胥大懼，曰：'是棄吳也。'"子胥所懼者，乃吳王聽信太宰嚭之言伐齊，是毀掉吳國，與簡文所說也完全不搭界。

又《越公其事》簡3"挾弳秉枹，振鳴鐘鼓……"一段話是越王說的吳伐越的軍陣氣勢，《國語·吳語》中類似的話卻說的是吳軍偷襲晉軍營寨之事。簡文是張他人威風，《吳語》是揚自己的氣勢。兩相比較，當以《吳語》較爲合理。

注釋：

① 清華大學出土文獻研究與保護中心編，李學勤主編：《清華大學藏戰國竹簡（柒）》，中西書局，2017 年，第 120 頁。

② 同①，第 151 頁。

③ 王輝編著：《古文字通假字典》，中華書局，2008 年，第 349 頁。

④ 同①，第 116 頁。

⑤ 李步嘉：《越絶書校釋》，中華書局，2013 年，第 81 頁。

⑥ 同⑤，第 368—369 頁。

⑦ 同⑤，第 17 頁。

⑧ 張覺：《吳越春秋校證注疏》，知識產權出版社，2014 年，第 43 頁。

⑨ 同⑧，第 151 頁。

⑩ 同⑧，第 44 頁。

⑪ 徐堅：《初學記》，中華書局，1962 年，第 534 頁。

⑫ 朱鳳瀚：《古代中國青銅器》，南開大學出版社，1995 年，第 271 頁。

⑬ 宗福邦等主編：《故訓匯纂》，商務印書館，2003 年，第 1934 頁引。

⑭ 同⑬，第 672 頁引。

⑮ 同⑤，第 298 頁。

⑯ 同①，第 131 頁。

⑰ 同①，第 131 頁。

⑱ 同⑧，第 264—265 頁。

⑲ 同⑤，第 82 頁。

⑳ 同⑤，第 338 頁。

卷三 古史、古文化研究

古文字所見的早期楚

楚是先秦時期影響極大的諸侯國。楚之先鬻熊子事周文王，周成王封鬻熊之孫熊繹於楚蠻之地，僻處荆山丹陽。西周晚期至春秋，楚滅漢、淮間諸小國，疆域廣大，楚莊王亦爲五霸之一。楚先祖可以追溯到古帝顓頊。屈原《離騷》："帝高陽之苗裔兮，朕皇考曰伯庸。"《史記·楚世家》："楚之先祖，出自帝顓頊高陽。"這究竟是歷史的真實，還是後人的演繹？前人對此已有很多討論，出土古文字提供了大量翔實的資料，有助於這一問題的解決。

一

關於楚之先祖，楚文字材料甚多。
《包山楚簡》[①]：

> 舉禱楚先老僮、祝融、毓（鬻）會（熊）各一牂，由（使）攻解於不辜（辜）。（簡217）

又：

> 舉禱楚先老僮、祝融、毓（鬻）會（熊）各兩牂，饋祭。（簡237）

"毓"《包山二號墓竹簡概述》隸作"媸"[②]，説讀爲昆，"昆會"即"衆熊"。李學勤先生《論包山楚簡中一楚先祖名》説"媸"應讀爲鬻[③]。"毓"爲黄德寬先生《新蔡葛陵楚簡所見

"穴熊"及相關問題》一文所隸定,仍讀爲鬻④。

又《新蔡葛陵楚簡》⑤:

　　□〔老〕童、祝融、穴熊芳屯□（甲三·35）
　　□〔祝〕融、穴〔熊〕、卲（昭）王……（甲三·83）
　　舉禱楚先老童、祝融、穴酓（熊）各兩牂（牲）。（甲三·188、197）
　　又（有）敓見於司命、老僮、祝融、空（穴）酓（熊）。（乙一·22）
　　〔祝〕融、空（穴）酓（熊）各一牂（牲）……（乙一·24）
　　□〔祝〕融、穴酓（熊）……（零·254、162）
　　□〔祝〕融、空（穴）酓（熊），各□（零·288）
　　□〔祝〕融、穴熊、卲（昭）王……（零·560、522、544）

"空"爲穴之異構。

傳世文獻的記載同出土文字大體相合。《史記·楚世家》:"楚之先祖,出自帝顓頊高陽。高陽者,黃帝之孫昌意之子也。高陽生稱,稱生卷章,卷章生重黎。重黎爲帝嚳高辛氏火正,甚有功,能光融天下,帝嚳命曰祝融。共工氏作亂,帝嚳使重黎誅之而不盡,帝乃以庚寅日誅重黎,而以其弟吴回爲重黎後,復居火正爲祝融。吴回生陸終。陸終生子六人,坼剖而產焉。其長一曰昆吾……六曰季連,芈姓,楚其後也……季連生附沮,附沮生穴熊。其後中微,或在中國,或在蠻夷,弗能紀其世。周文王之時,季連之苗裔曰鬻熊。鬻熊子事文王,蚤卒。"集解:"徐廣曰:《世本》云老童生重黎及吴回。譙周曰:老童即卷章。"

《楚世家》的說法應來自《大戴禮記·帝繫》,云:"黃帝產昌意,昌意產高陽,是爲帝顓頊……顓頊娶于滕氏,滕氏奔之子,謂之女禄氏,產老童。老童娶于竭水氏,竭水氏之子,謂之高緺氏,產重黎及吴回。吴回氏產陸終。陸終氏娶于鬼方氏,鬼方氏之妹,謂之女隤氏,產六子,孕而不粥,三年,啓其左脅,六人出焉。其一曰樊,是爲昆吾……其六曰季連,是爲芈姓。季連產什祖氏,什祖氏產内熊。""什祖"應即"附沮"。"什"爲付之訛,付、附通用。"沮""祖"通用。"内熊"應即"穴熊"。《郭店楚簡·語叢一》簡23:"或生於内,或生於外。""内"字作"囟"。《睡虎地秦墓竹簡·法律答問》簡152:"倉鼠穴幾可（何）而當論及貲？廷行事鼠穴三以上貲一盾,二以下貲。鼲穴三當一鼠穴。""穴"字作"内"。内、穴字形甚接近。

葛陵楚簡"穴熊""空酓"同見,應是同一人的不同寫法。包山楚簡"毓酓"即鬻熊,學者間幾乎沒有爭議。"鬻熊"與"穴熊"是兩人還是一人,學者間意見不一,黃德寬先生疑爲一人，我以爲黄説是有道理的。宍典籍常訛作内，内聲字與粥聲字通。《史記·田敬仲完世家》："有寵姬曰芮子。"集解："徐廣曰：芮子一作粥子。"

關於祝融，《長沙子彈庫戰國楚帛書·乙篇》云："炎帝乃命祝融，以四神降。"李零説："帛書提到炎帝、祝融，這很值得注意。《左傳·昭公十七年》郯子説五紀之帝，以炎帝爲火師，昭公二十九年蔡墨説五工正，《禮記·月令》和《吕氏春秋》更以炎帝爲代表南方和夏季的帝，以祝融爲代表南方和夏季的神，將兩者相配。《山海經·海内經》以祝融爲炎帝之後，並稱祝融生共工，而芈姓的楚人據《國語·鄭語》記史伯之言是所謂'祝融八姓'之一。這都説明帛書所記炎帝、祝融以及下文的共工等人也是反映楚人的傳説系統。"⑥

説楚先世出自帝顓頊，這是否屬於史實？饒宗頤先生説："秦、楚俱以顓頊高陽爲共祖，事非虛妄。"⑦不過，這種説法，仍值得推敲，不能遽做定論。

第一，這些傳説産生的時代較晚。長沙子彈庫楚帛書、幾種楚簡的時代多在戰國中期以後。保利博物館藏燹公盨銘"天令（命）禹専（敷）土，陸（隨）山濬川"⑧，與《尚書·禹貢》"禹敷土，隨山刊木"語例相近。這篇銘文説禹遵循四德（監德、明德、懿德、好德），是王者行爲的典範，但未提到老童、祝融。由此可見，直至西周，甚至春秋早、中期，楚的先祖傳説並未完全形成。

第二，黄帝傳説形成的時代更晚。戰國中期齊器陳侯因齊敦（《集成》04649，因齊即齊威王，前356—前320）銘："其唯（惟）因齊（齊）揚皇考，叀（紹）練（申）高且（祖）黄啻（帝）。"這已是戰國中期，黄帝又被説成田齊先祖。"黄帝"之"黄"指黄土，與五行觀念有關。《淮南子·天文》："東方木也，其帝太皞，其佐句芒，執規而治春……南方火也，其帝炎帝，其佐朱明（高誘注：舊説云祝融），執衡而治夏……中央土也，其帝黄帝，其佐后土，執繩而制四方……西方金也，其帝少昊，其佐蓐收，執矩而治秋……北方水也，其帝顓頊，其佐玄冥，執權而治冬。"此將黄帝與炎帝、顓頊並列，更可見傳説之分歧。袁珂先生以爲："黄帝……他是稍後於炎帝出現的一個大神，古書上也寫作'皇帝'，它的意思實在就是'皇天上帝'。"⑨袁先生舉例説，《吕氏春秋·貴公》："醜不若黄帝。"畢沅校注云："黄帝，劉本（引者按指明劉如龍本）作'皇帝'。皇、黄古通用。"⑩按皇、黄固多通用例⑪，但從古書及古文字的實例看，"皇帝""黄帝"還是截然有别，袁先生以偏概全，不足取。

《王家臺秦簡·歸藏》簡182、189："同人曰：昔者黄啻（帝）與炎啻（帝）戰囗〔涿鹿之野，而枚占〕巫咸，〔巫〕咸占之曰：果哉而有吝囗。"⑫此條亦見於《太平御覽》卷七九引《歸藏》佚文："昔黄帝與炎帝爭鬥涿鹿之野，將占，筮於巫咸。曰：果哉而有咎。"《史記·五帝本紀》："軒轅之時，神農氏世衰。諸侯相侵伐，暴虐百姓，而神農氏弗能征。於是軒轅乃習用干戈，以征不享，諸侯咸來賓從。而蚩尤最爲暴，莫能伐。炎帝欲侵陵諸侯，諸侯咸歸軒轅。軒轅乃修德振兵，治五氣，蓺五種，撫萬民，度四方，教熊羆貔貅貙虎，以與炎帝戰於阪泉之野。三戰，然後得其志。蚩尤作亂，不用帝命。於是黃帝乃徵師諸侯，與蚩尤戰於涿鹿之野，遂禽殺蚩尤。"又說黃帝與蚩尤戰於涿鹿，不知炎帝與蚩尤是兩人還是一人。

二

楚早期活動地區的考古發掘及其出土器物，無法證實楚古文字關於其早期傳說的真實性。

楚的淵源撲朔迷離。俞偉超先生曾長期探索這一問題，說："楚文化應是長江流域新石器時代文化中的某一支所發展起來的。"[13] 又說："楚人與三苗的先祖是同源的……把楚人的族源上推到所謂顓頊高陽，未免是過於遙遠。其實，在《左傳》《國語》等早期史籍中，衹是把顓頊的子孫重黎，推爲楚人所出之源……黎和三苗的先世既匯合於黎氏，當說明祖源相同……先楚與三苗的族源與活動區域既近，自然可能屬同一種新石器時代文化系統。"[14]

《新蔡葛陵楚簡》簡甲三·11、24："昔我先出自𨟻，追宅兹汜（沮）、章（漳），台（以）選䙴（遷）尸（處）。"[15] 對這條簡文的解釋，學者間意見至爲分歧。但它關乎楚之族源及先世，又極爲重要。

董珊先生將𨟻、追二字連讀，說"𨟻追"即"顓頊"[16]；何琳儀先生讀𨟻爲均[17]；黃盛璋先生讀"𨟻追"爲"秭歸"[18]。三說當以何說爲可信。川聲字與勻聲字通，《管子·立政》："以時鈞脩焉。"《荀子·王制》鈞作順。勻聲字又與專通。《史記·屈原賈生列傳》："大專槃物兮。"集解："《漢書》專字作鈞。"索隱："此專讀曰鈞。"專與顓通，例甚多[19]。殷墟甲骨文《粹編》1267："癸未卜，王弗疒歔？"劉桓《殷契新釋》說歔爲疾病名，从欠，叀（專）聲，爲喘之本字[20]。秭，上古音脂部精紐，川上古音文部穿紐，二字聲韻懸隔，古書及出土文字未見通用例。追、歸俱从𠂤得聲，可通用。追上古音微部端紐，頊上古音屋部曉紐，二字聲韻亦有距離，古文獻及出土文字亦未見通用例。由以上分析，可見董、黃二說不可信，楚出土文字並未提到顓頊與秭歸。

《史記·楚世家》："熊繹當周成王之時，舉文、武勤勞之後嗣，而封熊繹於楚蠻，封以子男之田，姓羋氏，居丹陽。"丹陽或說在古均州。《史記·韓世家》："（韓宣惠王）二十一年（前305；楊寬先生注說此'二十一年'當是'十四年'誤，前312），與秦共攻楚，敗楚將屈丐，斬首八萬於丹陽。"索隱："（丹陽）故楚都，在今均州。"正義："《左傳例》云：'楚居丹陽，今枝江縣故城是也。'"日本瀧川資言考證："陳仁錫曰：'古本丐作匄。丹陽，河南南陽府內鄉縣。'"何琳儀用索隱說，復引《水經·均水注》："均水南逕順陽縣西……縣在順水之陽。"《史記·蘇秦列傳》附蘇代傳："殘均陵，塞鄳阨，苟利於楚，寡人如自有之。"索隱:"均陵在南陽,蓋今之均州。"正義:"均州故城在隨州西南五十里,蓋均陵也。"何氏以爲:"楚簡'巾(均)'與《史記》'均陵',乃至後代的'順陽''均州''均縣',皆一脈相承,遠有所本。"說甚是。不過對這一句話也不能過於執着地理解,簡文所說巾(均)祇是一個地域範圍,並非確指一個定點,内鄉縣也可以包括在内。

簡文追讀爲歸。《廣雅·釋詁一》:"歸,往也。"《穀梁傳·莊公二年》:"王者,民之所歸往也。"簡文追述楚先世事,"出自巾",往居沮、漳,不斷地選擇遷居之地,可見早期楚人處在一個不斷遷徙的過程中。我推想,在楚人遷徙過程中,丹陽之位置也是不斷變化的,猶如郢可指江陵紀南城,也可指後期楚都壽春。

最早的丹陽在何處,古今有多種說法,主要有:

1. 秭歸說。最早見於《山海經·海内南經》郭璞注:"丹陽,巴屬也。今建平郡丹陽城秭歸縣東七里……"今人信從此說者爲黄盛璋及劉彬徽兩位先生。但如上文所說,楚簡並無秭歸。再說,此說提出較晚,秭歸無丹水(丹陽最早應在丹水之陽),其地春秋時尚是夔國地盤,楚人不可能都此[21]。

2. 枝江說。此說已見上文引《史記·韓世家》正義。又《楚世家》:"(熊繹)居丹陽。"正義:"潁容云:'《傳例》云楚居丹陽,今枝江縣故城是也。'"潁氏爲東漢人。亦見於《左傳·桓公二年》"始懼楚也"條孔穎達疏引東漢三國時人宋衷(字仲子)注《世本·居篇》:"丹陽在南郡枝江縣。"此"枝江"即今湖北當陽縣。但此說明顯"與春秋早期楚國拓疆的歷史狀況不相符合",也不可信[22]。

3. 沮漳說。《左傳·昭公十二年》記楚右尹子革對楚靈王曰:"昔我先王熊繹,辟在荆山。篳路藍縷,以處草莽。"南漳縣有荆山,因而很多學者認爲丹陽在沮、漳之間。其代表人物有俞偉超[23]、王光鎬[24]、張正明[25]、楊權喜[26]。俞先生指出沮、漳河合流處東岸的當陽磨盤山遺址所採陶片時代爲西周到春秋,"它的主要活動時期,很像是和楚人建都於丹陽時期(至少是其後一段時期)大體相當"[27]。楊先生也說:"'沮漳'的當陽、江陵一帶的東周城址和東周墓葬已出土了大量的遺迹、遺物,内容廣泛而豐富,特點鮮明而別具風格,文物精美而技術高超,系列清楚而一脈相承,一般都認爲當陽、江陵一帶的東周文化就屬典型的楚文化。"[28]但石泉、劉士莪兩先生已指出,古有北條荆山,在今陕西富平,而南條荆山在南漳、保康間,荆山一名有一個逐漸南移的過程,不能簡單地僅據荆山推定西周時期楚丹陽故都的地望[29]。再說,這一地區也未出土西周中期以前的楚人遺物,可見早期丹陽不在沮、漳間。新蔡楚簡說楚先祖"歸宅沮、漳",顯然也不是最先居於此處。

4. 丹淅說。此說最早提出者爲唐人司馬貞,已見上引《史記·韓世家》索隱,司馬氏說丹陽即均州,已爲新蔡楚簡所證實。鞠輝先生說:"丹淅之會地屬唐初均州,此'故楚都'

是就丹陽而言，因此以上司馬貞之文即以丹淅之會爲楚丹陽故址的今存最早記錄。"[30] 此説在考古上得到很多支持。淅川縣的下王崗遺址新石器時代文化爲仰韶文化，其後被屈家嶺文化所取代，再後，中原的龍山文化因素又增多。其周文化層出土陶器、春秋中晚期銅器多與西安張家坡出土西周器相似[31]。1978 年，淅川下寺春秋中晚期墓葬出土王子午鼎（《集成》02811）等重要器物數千件。王子午爲楚莊王子令尹子庚，卒於前 552 年（康王八年）。王子午鼎是用來祭祀先祖文王的，或認爲楚早期宗廟在淅川[32]。1990 年，淅川和尚嶺、徐家嶺春秋中晚期墓地出土克黃升鼎等器物數千件，克黃爲楚令尹子文之孫，楚莊王時的箴尹，身份甚高[33]。另外，在淅川丹水東岸有一座古城遺址——龍城，其時代"可能起自西周，東周沿用，漢代廢，與熊繹始封年代大體同時，惜龍城被丹江水庫淹没，現還無法取得科學的發掘材料來證實"[34]。

5. 先商縣後丹淅説。此説最早提出者爲石泉先生[35]，其後劉士莪[36]、周光林[37] 等先生復加論證。其主要理由是：據《史記·楚世家》鬻熊"子事文王"，爲"文王之師"，又《魯周公世家》："成王用事，人或譖周公，周公奔楚"，足見楚都丹陽距宗周鎬京不遠，以在商縣爲宜；《水經注》説商縣有"楚山""楚水"，荆、楚古同用，楚山即荆山，今商縣境内尚有"紫荆""大荆"等地名，古商縣即今丹鳳縣，在丹水之陽；楚人氏熊，熊爲山名，熊耳山"西起陝西商洛，東達河南宜陽"[38]，是楚早期境内名山。以上三條多是據傳世文獻所作的推測，但在某種程度上也得到了考古資料的佐證。1996 年，陝西省考古研究所、商洛市博物館對丹鳳縣城西北古城村的 72 座古墓作了發掘。這批墓葬的時代爲春秋中期至戰國中期，其文化特徵與鄖縣、淅川、襄樊、江陵楚墓多相同：墓葬形制與墓向基本相同；葬具的使用情况及其結構大體一致；葬式同爲仰身直肢；以鬲、盂、罐和鼎、敦、壺爲主的陶器組合形式完全相同；絶大多數同類器物的形制完全相同或者相似；普遍隨葬青銅兵器與鹿角的葬俗亦基本相同[39]。另外，據古城村考古發掘的主持人楊亞長先生説，在商州區（原商縣）陳塬遺址發現有西周晚期器物，商南縣過風樓遺址發現有西周早、中期器物[40]。這些都説明，早期丹陽在商洛地區，可能性極大。劉士莪先生説："楚都丹陽，最初應在商丹盆地的丹水之陽，後來遷到了丹淅之會。荆山之名，也從商縣搬到了内鄉、鄧縣一帶。"較近事實。

考古資料、出土文字無法證明楚與東夷有關，則顓頊爲楚始祖的説法便難以讓人信從。

三

楚在商周之際，與周即有密切關係。

《周原甲骨文》H11：4："其微、楚，囗伓（厥）寮。師氏受寮。"H11：14："楚白（伯）

乞（迄）今秋來即于王，其則……"H11：83："曰：今秋楚子來告父後□。"對此，學者已有很多研究。繆文遠說："周、楚之間在早周時期存在密切的關係。《史記·楚世家》載：'周文王之時，季連之苗裔曰鬻熊，鬻熊子事文王，蚤卒。'又楚武王熊通說：'吾先鬻熊，文王之師也，蚤終。'賈誼《新書·修政》有'周文王問於鬻子'之語。《漢書·藝文志》道家有《鬻子》二十二篇。原注：'名熊，爲周師，自文王以下問焉，周封爲楚祖。'周文王時與楚國關係親密，驗之載籍，班班可考，周甲的記事可作有力的佐證。"㊶又云："《史記·魯世家》及《蒙恬傳》載周成王時，管、蔡流言，周公有奔楚之事。徐中舒師謂：'其後武庚及三監叛，周公奔楚者，或即挾南方諸侯之力以爲征服東方之準備。'周人早期沿漢水流域以經營南國，與楚爲親善的鄰邦，周甲'楚子來告'之文可以爲證。其後周公奔楚，當非貿然前往。周公來到漢水中游衝要之區觀察形勢，積蓄力量，作好平叛準備，這是符合當日情事的。"㊷顧鐵符說："鬻熊在周文王的時候，是到過岐陽的。""鬻熊的投奔西周，一方面是見到帝乙、帝辛對羋姓的威脅，同時亦看透了商王朝越來越不得人心。而鬻熊自己有棄暗投明的意願，才走到岐陽來的。"㊸唐嘉弘說："'楚子'是以個人和部族的名義作了周王的養子……'楚子'當爲周人的養子部落的首領或酋豪。"㊹說法不盡相同，但楚周關係密切，則是公認的事實。

西周早中期之交以後，楚人勢力逐漸強大，在丹江下游、漢水上中游站穩了腳跟，不斷侵伐周圍小國，威脅到周南土的安寧。《史記·楚世家》："當周夷王之時，王室微，諸侯或不朝相伐。熊渠甚得江、漢間民和，乃興兵伐庸、楊粵，至于鄂。熊渠曰：'我蠻夷也，不與中國之號謚。'乃立其長子康爲句亶王，中子紅爲鄂王，少子執疵爲越章王。"在這種情況下，周曾多次伐楚。馭簋（《集成》03976）："馭從王南征楚刑（荆）。"鴻叔簋（《集成》03950—03951）："隹（鴻）叔從王員征楚荊（荆）。"過伯簋（《集成》03907）："過伯從王伐反荆。"𩷏簋（《集成》03732）："𩷏從王伐刑（荆）。"史牆盤（《集成》10175）："宏（弘）魯卲（昭）王，廣敝楚刑（荆），唯㝩（奂）南行。"逨盤："雩朕皇高且（祖）惠仲盠父盭（戾）龢（和）于政，又（有）成于猷，用會卲（昭）王、穆王、盩（劉）政（征）四方，厰（踐）伐楚刑（荆）。"此外，中甗（《集成》00949）等宋代出土"安州六器"記"王命中先省南國貫行"，日本出光美術館藏静方鼎記王命師中及静"省南國"，啓卣（《集成》05410）說"王出狩南山"，啓尊（《集成》05983）說"啓從王南征"，大概也同昭王南征有關。《史記·周本紀》："昭王之時，王道微缺，昭王南巡狩不返，卒於江上。"《初學記》卷七引《紀年》曰："周昭王十六年伐楚荆，涉漢，遇大兕。"又曰："周昭王十九年，天大曀，雉兔皆震，喪六師於漢。"

楚人強大後雖與周關係不好，但楚在政治上仍尊周，以得到周王室的認可爲光榮，在思想文化上也向周靠攏，力圖使楚成爲華夏的一部分。《史記·楚世家》："（楚武王）三十五年，楚伐隨。隨曰：'我無罪。'楚曰：'我蠻夷也，今諸侯皆爲叛，相侵，或相殺。我有敝甲，欲以觀中國之政，請王室尊吾號。'隨人爲之周，請尊楚。""成王惲元年，初即位，布德施惠，結舊好於諸侯。使人獻天子，天子賜胙曰：'鎮爾南方夷越之亂，無侵中國。'於是楚地千里。""（莊王）八年，伐陸渾戎，遂至洛，觀兵於周郊。周定王使王孫滿勞楚王，楚王問鼎小大輕重。"《國語·楚語上》："（共）王卒，子囊議諡。大夫曰：'王有命矣。'子囊曰：'不可。夫事君者，先其善不從其過。赫赫楚國，而君臨之，撫征南海，訓及諸夏，其寵大矣……'"楚雖自稱蠻夷，但不甘久居於此，"欲以觀中國之政"，"訓及諸夏"，其野心昭然若揭。在文化上，"楚文化與中原文化有着血脈相通的關聯，被學者稱爲華夏文化的南支"[45]。楚人的喪葬制度，包括對墓地的選擇及墓壙的佈局，墓葬的頭嚮及封土、墓坑的形制和棺槨制度、葬式和隨葬品、車馬坑的配置，與中原諸國無大差異。"中原諸國繼承、發展了商代的葬制，建立了一套完整的喪葬禮制，楚顯然承周制而來，但又有所僭越，這是在特定的歷史條件下，隨着時代的發展而不斷變化的，最終借用了周禮那部分適合自己的典章制度，融合形成爲有自身傳統習俗的一套禮制。"[46]楚人祭祀的神祇如太一見於《老子》；后土見《周禮·春官·大宗伯》；司命、中霤、門、行、厲、户、竈等所謂"五祀"或"七祀"見《儀禮·既夕禮》《禮記·祭法》。楚人的享祭制度，如祭品用玉，見於《詛楚文》；犧見《尚書·微子》；牷（戠牛）見《周禮·春官·小胥》，與周人幾乎没有差别[47]。《國語·楚語下》觀射父答楚昭王問，述及楚祭祀職官、用品、神名，"其表述之精詳諳熟，如數家珍"[48]。楚人爵稱，如王、君、公、侯、子、大夫、士，亦與周制同[49]。由以上諸例看，楚在春秋戰國時不斷華夏化，是極爲明顯的。

楚人尊崇鯀、禹。《長沙子彈庫楚帛書·乙篇》："曰故（古）□（黄？）熊（熊）雷（伏）虘（戲）……爲禹爲卨（契），以司堵（土）襄（壤）。"[50]湯餘惠注："禹、卨，均爲帝顓頊之後，楚人之先祖。"《包山楚簡》簡198："思（使）攻解於人禺"，荊沙鐵路考古隊注："禺，讀作禹。據《説文》，禹爲虫，人禹可能爲大禹。楚人自以爲老僮之後，當來自華夏，與禹有共同的先祖，故得祭祀大禹。"[51]《郭店楚簡·緇衣》簡12："子曰：'叴（禹）立三年，百眚（姓）以息（仁）道。'"《成之聞之》簡33："叴（禹）曰'余才（在）宅天心'害（曷）？言余之此而宅於天心也。"《尊德義》簡5—7："禺（禹）以人道詞（治）其民，桀以人道亂其民……叴（禹）之行水，水之道也。"《上海博物館藏戰國楚竹書（五）·君子爲禮》簡13："叴（禹）紂（治）天下之川（順）……"《鬼神之明》簡1："昔者堯、夋（舜）、叴（禹）、湯，息（仁）義聖智，天下瀺（法）之。"《上海博物館藏戰國楚竹書（二）·容成氏》更以極大篇幅叙述禹治水及劃分九州事蹟，與《尚書·禹貢》九州應屬於一個系統。屈原

《離騷》:"鯀婞直以亡身兮,終然殀乎羽之野。"《天問》:"禹之力獻功,降省下土四方……"

楚既尊崇夏、周,向華夏文化靠攏,則其自附於華夏的先世傳説系統,是很自然的。《國語·楚語下》:"昭王問於觀射父曰:'《周書》所謂重、黎寔使天地不通者,何也?'對曰:'及少皥之衰也,九黎亂德,民神雜糅,不可方物……顓頊受之,乃命南正重司天以屬神,命火正黎司地以屬民,使復舊常,無相侵瀆,是謂絶地天通。'"説重和黎是顓頊之臣,一管天界,一管地上。而《大戴禮記·帝繫》則稱:"顓頊娶于滕氏,滕氏奔之子,謂之女禄氏,産老童。老童娶于竭水氏,竭水氏之子,謂之高緺氏,産重黎及吳回。"把重黎看作一人,成了顓頊之孫。《山海經·大荒西經》:"西北海之外,有櫳山,其上有人,號曰太子長琴。顓頊生老童,老童生祝融,祝融生太子長琴,是處櫳山,始作樂風。"又説老童孫長琴居西北海外的櫳山。凡此,可見直到戰國,顓頊與楚先祖的關係,還未完全定型。

本文的結論是:

1. 顓頊並不是楚的先祖。

2. 楚最先極可能是戎狄或蠻夷,西周及春秋時,楚不斷去戎狄化,向周文化即華夏文化靠攏,出於政治需要,杜撰或接受了周人的先世傳説。

3. 司馬遷接受春秋戰國時楚人關於顓頊爲其先祖的説法,淵源有自,並非嚮壁虛造,但這不能證明其爲信史。

4. 對出土文字中的上古史傳説,要加以分析,不能一概認定。過分疑古不對,一味信古也不可取。

注釋:

① 湖北省荆沙鐵路考古隊:《包山楚簡》,文物出版社,1991年,第36頁。

② 包山墓地竹簡整理小组:《包山二號墓地竹簡概述》,《文物》1988年第5期,第25—29頁。

③ 李學勤:《論包山楚簡中一楚先祖名》,《文物》1988年第8期,第87—88頁。

④ 黄德寬:《新蔡葛陵楚簡所見"穴熊"及相關問題》,原載《古籍研究》,安徽大學出版社,2005年,卷下,第1—6頁;後收入黄德寬、何琳儀、徐在國:《新出楚簡文字考》,安徽大學出版社,2007年,第262—272頁。

⑤ 河南省文物考古研究所編著:《新蔡葛陵楚墓》,大象出版社,2003年,第190、191、194、202、216、217、225頁。

⑥ 李零:《長沙子彈庫戰國楚帛書研究》,中華書局,1985年,第71頁。

⑦ 王輝:《秦出土文獻編年》,臺灣新文豐出版公司,2000年,第3頁。

⑧ 裘錫圭:《燹公盨銘文考釋》,《中國歷史文物》2002 年第 6 期, 第 13—15 頁。

⑨ 袁珂:《中國古代神話》, 中華書局, 1960 年, 第 98 頁。

⑩ 同上, 第 104 頁, 注①。

⑪ 參看高亨纂著, 董治安整理:《古字通假會典》, 齊魯書社, 1989 年, 第 276 頁。

⑫ a. 王明欽:《王家臺秦墓竹簡概述》, 北京大學主辦, 新出簡帛國際學術研究會論文, 北京, 2000 年 8 月 19—22 日; b. 王輝:《王家臺秦簡〈歸藏〉校釋(28 則)》,《江漢考古》2003 年第 1 期, 第 77 頁。

⑬ 俞偉超:《關於楚文化發展的新探索》,《先秦兩漢考古學論集》, 文物出版社, 1985 年, 第 213 頁。

⑭ 俞偉超:《楚文化的淵源與三苗文化的考古學推測——爲中國考古學會第二次年會而作》,《先秦兩漢考古學論集》, 第 229—230 頁。

⑮ 同⑤, 第 189 頁。

⑯ 董珊:《新蔡楚簡所見的"顓頊"和"雎漳"》, 簡帛研究網 http://www.bamboosilk.org/admin3/htm/dongshan01.htm, 2003 年 12 月 7 日。轉引自黃德寬:《新蔡葛陵楚簡所見"穴熊"及相關問題》, 載黃德寬、何琳儀、徐在國:《新出楚簡文字考》, 第 262 頁注④。

⑰ 何琳儀:《楚都丹陽地望新證》, 載黃德寬、何琳儀、徐在國:《新出楚簡文字考》, 第 234 頁。

⑱ 劉彬徽:《葛陵楚墓的年代及相關問題的討論》一文轉引黃盛璋先生與他電話交談的意見,《楚文化研究論集(7)》, 嶽麓書社, 2007 年, 第 377—381 頁。

⑲ 同⑪, 第 199—200 頁。

⑳ 參看王輝編著:《古文字通假字典》, 中華書局, 2008 年, 第 738 頁。

㉑ 劉士莪、黃尚明:《荊山與丹陽》,《楚文化研究論集(4)》, 河南人民出版社, 1997 年, 第 33 頁。

㉒ 同上, 第 33 頁。

㉓ 俞偉超:《關於當前楚文化的考古學研究問題》,《先秦兩漢考古學論集》, 第 248—249 頁。

㉔ 王光鎬:《楚文化源流新證》, 武漢大學出版社, 1998 年, 第 340—376 頁。

㉕ 張正明:《熊繹所居丹陽考》,《楚學論叢》, 江漢論壇編輯部, 1990 年。

㉖ 楊權喜:《襄陽楚墓與楚都丹陽》,《楚文化研究論集(4)》, 第 89—97 頁。

㉗ 俞偉超:《關於當前楚文化的考古學研究問題》,《先秦兩漢考古學論集》, 第 250 頁。

㉘ 同㉖, 第 91 頁。

㉙ 石泉：《再論早期楚都丹陽地望——與"南漳說"商榷》，《楚文化研究論集（4）》，第10—21頁。

㉚ 鞠輝：《淺析楚始都丹陽地望》，《楚文化研究論集（4）》，第59頁。

㉛ 河南省文物研究所、長江流域規劃辦公室考古隊河南分隊：《淅川下王崗》，文物出版社，1989年，第1頁。

㉜ 同㉚，第62頁。

㉝ 河南省文物考古研究所、南陽市文物考古研究所、淅川縣博物館編著：《淅川和尚嶺與徐家嶺楚墓》，大象出版社，2004年，第358頁。

㉞ 李玉山：《楚都丹陽管見》，《楚文化研究論集（4）》，第85頁。

㉟ a. 石泉、徐德寬：《楚都丹陽地望新探》，《江漢論壇》1983年第3期，第67—76頁；b. 石泉：《楚都丹陽及古荊山在淅川附近補證》，《江漢論壇》1985年第12期，第73—78頁。後均收入氏著：《古代荊楚地理新探》，武漢大學出版社，1988年，第174—210頁。

㊱ 同㉛，第29、33頁。

㊲ 周光林、郭雲進：《楚丹陽地望新探》，《楚文化研究論集（4）》，第64—66頁。

㊳ 鄭傑祥：《夏史初探》，中州古籍出版社，1988年，第66頁。

㊴ 陝西省考古研究所、商洛市博物館編著：《丹鳳古城楚墓》，三秦出版社，2006年，第162頁。

㊵ 楊亞長先生一次與筆者交談時告知。在2007年河南平頂山召開的楚文化研究會年會上亦有學者對此作過簡介。

㊶ 繆文遠：《周原甲骨所見諸方國考略》，《古文字研究論文集》，四川人民出版社，1982年，第71頁。

㊷ 同上，第72頁。

㊸ 顧鐵符：《周原甲骨文"楚子來告"引證》，《考古與文物》1981年第1期，第73頁。

㊹ 唐嘉弘：《也談周王與楚君的關係——讀周原甲骨"楚子來告"札記》，《文物》1985年第7期，第8—12頁。

㊺ 李宏：《從漢淮間出土楚系玉器看南北文化的交匯》，《楚文化研究論集（7）》，第521—535頁。

㊻ 龍京沙：《從葬制看楚文化與中原文化的關係》，《楚文化研究論集（4）》，第419—429頁。

㊼ 陳偉：《包山楚簡初探》，武漢大學出版社，1996年，第159—180頁。

㊽ 萬全文：《春秋時期楚鼎研究》，《楚文化研究論集（4）》，第487頁。

㊾ 胡雅麗：《包山楚簡所見“爵稱”考》，《楚文研究論集（4）》，第511—518頁。

㊿a. 湯餘惠：《戰國銘文選》，吉林大學出版社，1993年，第65頁；b. 李零：《長沙子彈庫戰國楚帛書研究》，第64—65頁，以“爲禹爲契以司堵”連讀，將“襄”字斷在下句。

(51) 湖北省荆沙鐵路考古隊：《包山楚簡》，第32、53頁。陳偉先生讀悉爲害，見陳偉：《包山楚簡初探》，武漢大學出版社，1996年，第231頁。

（原載《古文字與古代史》第2輯，2009年。原名《古文字所見的早期秦、楚》，今删去有關秦的部分，以免與下文重複）

秦族源、秦文化與秦文字的時空界限

一

關於秦之先祖，秦、楚文字多有提及。

陝西鳳翔秦公一號大墓出土殘磬銘文 85 鳳南 M1：300 與 1982 年出土另一殘磬銘文可以綴合，共 37 字。末尾云："天子匽喜，龏（共）䞓（桓）是嗣。高陽有靈，四方以鼏（宓）平。"[①] 殘磬作於秦景公四年（前 573）。景公親致祭祀，説其繼承秦共公、桓公君位，得到周天子的認可。我們曾指出高陽即顓頊，"在器物銘文中提到一位遠古傳説中的偉人，一般説就是器主以之爲先祖或始生帝並乞求其神靈保佑的"[②]。

磬銘的説法同《史記·秦本紀》的記載是一致的。《秦本紀》："秦之先，帝顓頊之苗裔。"張守節正義："黃帝之孫，號高陽氏。"《秦本紀》又云："孫曰女脩。女脩織，玄鳥隕卵，女脩吞之，生子大業。大業取少典之子曰女華，女華生大費。"司馬貞索隱："女脩，顓頊之裔女，吞䴏子而生大業，其父不著……此則秦、趙之祖，嬴姓之先，一名伯翳，《尚書》謂之伯益。"正義："《列女傳》云：'陶子生五歲而佐禹。'曹大家注云：'陶子者，皋陶之子伯益也。'"

伯益亦見出土楚文字。

九店楚簡[③]《日書》簡 38—39：

    凡五卯不可以作大事，帝以命堃（益）淒塙（禹）之火。

郭店楚簡[④]《唐虞之道》簡 10：

壆（禹）幻（治）水，脂（益）幻（治）火，后稷幻（治）土，足民羑（養）。

上海博物館藏戰國楚竹書⑤《容成氏》簡33—34：

壆（禹）又（有）子五人，不以其子爲逡（後），見咎（皋）夲（陶）之臤（賢）也，而欲以爲逡。咎（皋）秀（陶）乃五壤（讓）以天下之臤（賢）者，述（遂）爯（稱）疾不出而死；壆（禹）於是唐（乎）壤（讓）益，啓於是唐（乎）攻益自取。

益之事見《尚書·舜典》："帝曰：'疇若予上下草木鳥獸？'僉曰：'益哉！'帝曰：'俞！咨益。汝作朕虞。'"又《孟子·滕文公上》："舜使益掌火，益烈山澤而焚之，禽獸逃匿。"饒宗頤先生說："益被認爲'虞人'一官肇始之人物，合於楚簡、《尚書》所記，絕非嚮壁之談。"⑥

禹傳位給益的記載也見於《史記·夏本紀》："禹乃遂與益、后稷奉帝命，命諸侯、百姓興人徒以傅土，行山表木，定高山大川……而后舉益，任之政十年。帝禹東巡狩，至于會稽而崩，以天下授益。三年之喪畢，益讓帝禹之子啓，而辟居箕山之陽。禹子啓賢，天下屬意焉。及禹崩，雖授益，益之佐禹日淺，天下未洽。故諸侯皆去益而朝啓，曰：'吾君帝禹之子也。'於是啓遂即天子之位，是爲夏后帝啓。"馮時先生說："禪讓制作爲部落聯盟的一種古老的君位繼承制度在燹公盨銘文中已有所反映。因此至少在西周中期人們似乎並不懷疑禹禪位給益的事實是確實存在的。至於禹以上的歷史，目前還缺乏有價值的早期史料的印證。"⑦益即大費。《史記·秦本紀》："（大費）與禹平水土。已成，帝錫玄圭，禹受曰：'非予能成，亦大費爲輔。'帝舜曰：'咨爾費，贊禹功！其賜爾皁游。爾後嗣將大出。乃妻之姚姓之玉女。'大費拜受，佐舜調訓鳥獸，鳥獸多馴服，是爲柏翳，舜賜姓嬴氏。"

說秦先世出自帝顓頊，這是否屬於史實？饒宗頤先生說："所可知者，益決非神話人物。秦、楚俱以顓頊高陽爲共祖，事非虛妄，諸子若墨子、孟子以及《世本》之言伯益，均有根據。"⑧不過，這種說法，仍值得推敲，不能遽作定論。

第一，這些傳說產生的時代較晚。秦景公大墓石磬的時代爲春秋中晚期之際，幾種楚簡的時代多在戰國中期以後。保利博物館藏燹公盨⑨銘"天令（命）禹專（敷）土，陸（隨）山濬川"，與《尚書·禹貢》"禹敷土，隨山刊木"語例相近。這篇銘文說禹遵循四德（監德、明德、懿德、好德），是王者行爲的典範，但未提到益及禪讓之事。由此可見，直至西周，甚至春秋早、中期，秦的先祖傳說並未完全形成。

第二，黃帝傳說形成的時代更晚。戰國中期齊器陳侯因齊（即齊威王，前356—前320）

敦銘：“其雖（惟）因資（齊）揚皇考，聖（紹）練（申）高且（祖）黃啻（帝）。”這已是戰國中期，黃帝又被說成田齊先祖。"黃帝"之"黃"指黃土，與五行觀念有關。《淮南子·天文》：“東方木也，其帝太皞，其佐句芒，執規而治春……南方火也，其帝炎帝，其佐朱明（高誘注：舊說云祝融），執衡而治夏……中央土也，其帝黃帝，其佐后土，執繩而制四方……西方金也，其帝少昊，其佐蓐收，執矩而治秋……北方水也，其帝顓頊，其佐玄冥，執權而治冬。”此將黃帝與炎帝、顓頊並列，更可見傳說之分歧。袁珂先生以爲：“黃帝……他是稍後於炎帝出現的一個大神，古書上也寫作'皇帝'，它的意思實在就是'皇天上帝'。”[⑩] 袁先生舉例說，《呂氏春秋·貴公》：“醜不若黃帝。”畢沅校注云：“黃帝劉本（引者按指明劉如龍本）作'皇帝'。皇、黃古通用。”[⑪] 按皇、黃固多通用例[⑫]，但從古書及古文字的實例看，"皇帝""黃帝"還是截然有別，袁先生以偏概全，不足取。

王家臺秦簡《歸藏》簡182、189：“同人曰：昔者黃啻（帝）與炎啻（帝）戰囗〔涿鹿之野，而枚占〕巫咸，〔巫〕咸占之曰：果哉而有吝囗。”[⑬] 此條亦見於《太平御覽》卷七九引《歸藏》佚文：“昔者黃帝與炎帝爭鬥涿鹿之野，將占，筮於巫咸。曰：果哉而有咎。”《史記·五帝本紀》：“軒轅之時，神農氏世衰。諸侯相侵伐，暴虐百姓，而神農氏弗能征。於是軒轅乃習用干戈，以征不享，諸侯咸來賓從。而蚩尤最爲暴，莫能伐。炎帝欲侵陵諸侯，諸侯咸歸軒轅。軒轅乃修德振兵，治五氣，藝五種，撫萬民，度四方，教熊羆貔貅貙虎，以與炎帝戰於阪泉之野。三戰，然後得其志。蚩尤作亂，不用帝命。於是黃帝乃徵師諸侯，與蚩尤戰於涿鹿之野，遂禽殺蚩尤。”又說黃帝與蚩尤戰於涿鹿，不知炎帝與蚩尤是兩人還是一人，亦可見黃帝事蹟戰國時仍未定型。

秦早期活動地區的考古發掘及其出土器物，無法證實秦文字關於其早期傳說的真實性。

關於秦的族源，古史學家、古文字學家多年來聚訟不已，沒有定論。概括起來，主要有"東來說"與"西來說"兩種說法。

"東來說"代表人物有傅斯年[⑭]、衛聚賢[⑮]、徐旭生[⑯]、顧頡剛[⑰]、林劍鳴[⑱]、鄒衡[⑲]等。筆者原來也是相信"東來說"的[⑳]。其主要理由是：

1. 秦人始祖"玄鳥降生"的傳說與殷人、東夷如出一轍，反映他們有共同的鳥圖騰崇拜。

2. 秦爲嬴姓，而嬴姓族多居於東方，如西周至春秋時的徐、郯、江、黃、奄等國。

3. 《史記》稱秦是"帝顓頊之苗裔"，秦襄公又自以爲主少昊之神。顓頊、少昊爲傳說中東夷部落首領。顓頊墟在今河南濮陽，少昊墟在今山東曲阜，均在東方。

4. 秦人祖先和殷關係密切，如費昌、孟戲、中衍、蜚廉、惡來都曾爲殷臣[㉑]。

這幾條理由，看似極有道理，其實不大經得起推敲。史黨社先生說："'秦人'自認爲嬴姓正宗，表明的其實是一種自我認爲東方族群的意識，隱喻了與其所處的西方戎狄的不同和差異。秦人卑賤的時候，是不可能有姓的。秦爲嬴姓，很可能是西周中期以來至於春秋時代'秦人'上層的主觀造作，目的是向東方靠攏，以與西方戎狄有別。"[22]

費昌、孟戲、中衍、蜚廉不見於殷墟甲骨文，中衍且"鳥身人言"，更像神話人物，其真實性頗可疑。

鄒衡先生曾指出傳世商代折肩銅罐上有"亞隼"銘文者10件，這是以捕鳥爲職的氏族族徽，"很可能就是秦的先祖費、蜚、非了"[23]。張天恩先生也説："卜辭中有'𢀛''𢀛'字，𢀛的聲符'匕'與費、蜚、非可以通假……故卜辭之𢀛氏族和金文之隼氏族，很可能就是秦的祖先費、蜚、非之類了。"[24] 這一説法，有不少學者信從。其理由主要是讀音，但隼、𢀛是否讀音近費、蜚，學術界並無定論。𢀛字《甲骨文字典》釋芈，即畢字初文[25]；又釋隼爲離[26]。張亞初先生釋隼爲離[27]。饒宗頤、姚孝遂先生釋𢀛、隼爲禽[28]。可見鄒説的立論基礎並不牢靠。

"西來説"的代表人物有王國維[29]、蒙文通[30]、俞偉超[31]、劉慶柱[32]、趙化成[33]。其主要理由是：

1. 秦之先祖世系較連貫，可信度較大是自中潏之後，已"在西戎，保西垂"。

2. 秦爲西戎族，其遠祖戎胥軒稱戎，並與申戎通婚。

3. 秦墓葬多洞室墓，葬式多爲屈肢，葬品多鏟形袋足鬲，這些特徵多見於甘、青地區羌戎文化，而不見於中原文化。

當代主張秦先祖"西來"的學者，多爲考古學家，其例證大多數是經得起考驗的。

約公元前1400—前700年，在黄河上游洮水、大夏河流域、湟水流域、渭水流域，以及長江上游西漢水流域存在辛店文化與寺窪文化兩種考古學文化。據考古學家謝端琚説，寺窪文化是氐羌文化，其文化特點爲：陶器以鞍口雙耳罐爲代表，流行長方形豎形土坑墓，葬式有仰身直肢葬、二次擾亂葬和火葬等；辛店文化的特徵是：陶器主要以彩陶罐、袋足鬲、腹耳壺、單耳杯爲代表，墓葬有豎穴土坑墓、豎穴偏洞室墓，葬式流行仰身直肢葬和二次葬，少數爲屈肢葬等[34]。

俞偉超先生曾指出："秦國的文化，最遲從西周晚期以後，也許就從西周中期穆王時的'造父'開始，就受到了周文化的强烈影響；但秦人在很長的時間内仍保留了她自身的文化特徵。這種特徵，據現有資料，至少知道有三點是很突出的：第一點是盛行蜷屈特甚的屈肢葬，蜷屈程度就跟甘肅永靖的辛店墓一樣……秦人和永靖的辛店墓都流行極爲相似的屈肢葬，正表明了族源上的密切關係，即都是戎人的一支。第二點是秦人在其根據地，即汧、渭之間的寶雞和甘肅東部一帶，直到戰國時代還使用一種雙耳高領袋足鬲，其特徵是足端扁平，過去蘇秉琦先生叫做'鏟形袋足鬲'。這種'鏟形袋足'也是甘肅辛店文化陶鬲中所特有的，而周文化本身的陶鬲，足端則是尖的，二者即使其他外形相似，足尖的形態却明顯的不同……這種遺存同卡約、寺窪、安國式、唐汪式、辛店這個系統的文化，存在着親密的血緣關係……秦人不斷使用具有'戎式鬲'作風的陶鬲，至少暗示了秦人和戎人的長期密切關係，而這是有歷史上的親緣關係爲基礎的。第三點是洞室墓。在黃河中、下游，無論是仰韶、龍山、二里頭、二里崗以及殷墟、周原等地的商周文化，都没有洞室墓的傳統，而是一種豎穴土坑墓。但洞室墓在甘青地區起源很早。它初見於馬廠，最遲到卡約時期就很流行。在陝西地區，東周的秦墓也流行洞室墓。那些秦墓，除了豎穴墓以外，横穴和豎穴的洞室墓都很多，這顯然同羌戎系統的文化有聯繫，説明了秦人的文化傳統，同羌人是有特殊關係的。"㉟

俞先生的文章寫於20世紀70年代末至80年代初㊱，此後的考古發現或對其説有所補充、訂正，但其説的主要觀點是經得起歷史考驗的。

1982年至1983年，甘肅省文物考古工作隊與北京大學考古系聯合發掘了甘谷縣毛家坪周、秦文化遺存。該遺址墓葬一、二期的年代可能早到西周，其最大收穫是首次在隴山以西地區發現了商末周初的秦早期文化。"毛家坪三期的Ⅳ式鬲、Ⅲ式和Ⅴ式大喇叭口罐與八旗屯、寶雞西高泉春秋早期鬲、大喇叭口罐相似……毛家坪墓葬三至五期的年代約當春秋早期至戰國早期。那麽，毛家坪墓葬一、二期的年代則可能早至西周。"㊲"考古發現和文獻記載都表明，秦人至遲在商代末年已經活動於甘肅東部。"㊳

考古材料有利於秦人"西來説"，這在一定程度上否定了秦先祖爲顓頊的説法。

秦興起於甘隴戎狄間，與周有密切的關係，秦的族源傳説，應溯源於周。從西周末至春秋，很多戎、狄、蠻、夷民族或國家都有强烈的脱離戎、狄、蠻、夷，靠攏華夏意識，杜撰、宣揚其有華夏色彩的先世故事，也是政治與外交的需要。

秦在商周之際，已與周人發生了密切關係。《史記·秦本紀》："其玄孫曰中潏，在西戎，保西垂（陲）。"學者大多以爲"西垂"指今甘肅天水地區，是周的西部邊疆㊴。毛家坪遺址周秦文化遺址發掘後，發掘者之一的趙化成先生也説："西周時期秦人的基本生活用品即陶器已經周式化了。"㊵

周原甲骨文H11：132："王酓（飲）秦。"傳寶雞戴家灣出土盠方鼎銘："隹（惟）周公于征伐東尸（夷）、豐白（伯）、尃（薄）古（姑）咸戈，公歸禦于周廟。戊辰，酓（飲）秦酓（飲）。"李學勤、王宇信二位先生曾將二辭加以比較，説："'酓秦酓'也許是飲至一類慶祝凱旋的禮儀，此禮不見於殷墟卜辭，H11本辭中的王很可能是周王，不是商王。"㊶辛怡華曾推測："秦飲當是秦地的清酒"㊷，可能也有某種道理。

詢簋："今余令（命）女（汝）啻官嗣（司）邑人，先虎臣後庸：西門尸（夷）、秦尸（夷）、京尸（夷）、㝬尸（夷）……成周走亞、戍秦人、降人、服尸（夷）。"又師酉簋："嗣（司）乃祖啻官邑人、虎臣：西門尸（夷）、㝬尸（夷）、秦尸（夷）、京尸（夷）……"二簋皆西周中期器[43]。周王命詢、師西管理的虎臣（王之侍衛）、庸（僕役）中有秦夷、秦人，秦人地位不高，但其忠心事周，灼然可見。師西簋秦字作籵，與上海博物館藏秦公鼎秦字同。但師西簋秦字中間所从的臼字上下開口，不成全形。我曾指出："西周中期，秦先祖'造父爲穆王御'，爲王室所知，其後非子爲周孝王養馬，孝王封土爲附庸，邑之秦。但其時秦勢力弱小，周大臣皆以'秦夷'目之，不加重視。"[44] 庸、附庸，意義應該有某種關聯。

西周末，秦人與周的關係更加密切。不其簋蓋："白（伯）氏曰：'不其，駿方嚴允（獫狁）廣伐西俞，王命我羞追于西，余來歸獻禽（擒）。余命女（汝）御追于䍙，女（汝）以我車宕伐嚴允于高陶……'""不其"即秦莊公其。《史記·秦本紀》："秦仲立三年，周厲王無道，諸侯或叛之。西戎反王室，滅犬丘大駱之族。周宣王即位，乃以秦仲爲大夫，誅西戎。西戎殺秦仲。秦仲立二十三年，死於戎。有子五人，其長者曰莊公。周宣王乃召莊公昆弟五人，與兵七千人，使伐西戎，破之。於是復予秦仲後及其先大駱地犬丘並有之，爲西垂大夫。"李學勤先生説："不其簋所記是周宣王時秦莊公破西戎的戰役。""不其和他所稱的伯氏（長兄）就是《本紀》的莊公昆弟，不其的'皇祖公伯'就是《本紀》所載莊公昆弟的祖父公伯。"[45] 我曾對李說稍加修正，以爲不其簋作於秦仲後期，即周宣王六年（前822）之前數年[46]内（2016年校記：也有學者説不其簋不是秦器，但理由似欠充足，有待進一步討論）。簋銘提到的"西"，原爲西戎所居，即今甘肅禮縣。"䍙"陳漢平讀爲略，晉泰始中置略陽郡，轄今甘肅靜寧、莊浪、張家川、清水及天水、秦安、通渭部分地區[47]；張修桂則説即《漢書·地理志》天水郡的"略陽道"[48]。簋銘提到公伯夫人"孟姬"乃周王之女，秦、周通婚，此爲首見。

澳門蕭春源先生藏秦子簋蓋銘末尾："秦子姬用享。""秦子姬"董珊説即出子之母魯姬子[49]，李學勤先生讀爲"秦子、姬"，説爲文公太子靜公及其姬姓妻[50]。我則懷疑是憲公及其姬姓妻[51]。不管怎麽説，秦、周此時聯姻，關係肯定很好。寶雞太公廟出土秦公及王姬鎛鐘銘："我先祖受天命商（賞）宅受（授）或（國）……公及王姬曰……"公爲秦武公，王姬爲其母（或妻），此亦秦周聯姻。"先祖"指秦始封爲諸侯之君襄公，他"被授以國""被賞以宅"，賞、授之主體爲周。《史記·秦本紀》："西戎、犬戎與申侯伐周，殺幽王酈山下。而秦襄公將兵救周，戰甚力有功。周避犬戎難，東徙雒邑，襄公以兵送周平王，平王封襄公爲諸侯，賜之以岐西之地。曰：'戎無道，侵奪我岐、豐之地。秦能攻逐戎，即有其地。'與誓，封爵之。襄公於是始國，與諸侯通使聘享之禮。"與鎛鐘銘文相合。

秦景公大墓殘磬銘文："天子匽（宴）喜，龏（共）趄（桓）是嗣。"秦景公繼承祖父共公、父親桓公君位，他宴樂周天子，得其認可，可見其繼位是合法的。《石鼓文·而師》："天子□來，嗣王始□。"《吾水》："天子永寧，日隹（惟）丙申。""天子""王"均指周王，

"嗣王"指初即位之王。石鼓文據我與徐寶貴先生的考證，亦作於秦景公時[52]。景公時所作田獵詩幾處提到周天子，可見周王曾到秦地，其關係密切自不待言。

周人尊崇夏禹，保利博物館藏西周中期銅器燹公盨銘文記禹治水之事功、德政："天命禹敷土，隨山濬川……"此與《尚書·禹貢》文例接近。劉雨先生曾推測燹公即周孝王稱王前的稱呼，他說應以大禹配享於天，告誡時王要重民敬德，號召一切貴族要遵崇四德等。銘文的口氣，既教訓一般貴族，也教訓在位的時王（我王），完全是一個自命不凡的第三者的樣子[53]。可見在西周中期以前，禹的事蹟早已廣泛流傳。西周中期以後，大禹治水、禪讓的故事添枝加葉，更加豐富，也更富有傳奇色彩。上博楚竹書《容成氏》簡17—27：禹乃五壤（讓）以天下之賢者，不得已，然句（後）敢受之。禹聖（聽）正（政）三年，不折（製）革，不釦（刃）金，不銘（銎）矢，田無剗（踐），宅不工（空），閩（關）市無賦。禹乃因山陵坪（平）儥（隰）之可坿（封）邑者而緐（繁）實之……四海之内咸（及）四海之外皆青（請）訌（貢）……禹親執枌〈枊（耒）〉𠮷（耜），以波（陂）明者（都）之澤，決九河之朿（阻），於是乎夾（兗）州、湶（徐）州始可尻（居）……"說禹"田無踐，宅不空，關市無賦"，顯然是以戰國之"今"以例禹時之"古"，出於後人"累加"[54]。但即使此時，禹仍然是半人半神的人物，不能完全落實。上博楚竹書《子羔》簡9—11："其莫（暮）身（娠）而劃於伓（背）而生，生而能言，是禹也。"《香港中文大學文物館藏簡牘》簡3："三息（娠）而畫於雁（膺），生而虍（呼）曰……"禹之事蹟見於多種古籍，如《尚書》《山海經》《楚辭》《詩經》《吕氏春秋》，但不見於殷墟甲骨文，所以極可能出於周人杜撰。

周人宣揚大禹治水，分别九州，是華夏國土的奠基者。周人因之也尊夏，自稱"有夏"。《尚書·康誥》："用肇造我區夏，越我一二邦，以修我西土。"《君奭》："惟文王尚克修和我有夏。"皆周人自稱"有夏"，與"我有周"是同義語[55]。

周人與夏有共同的祖先崇拜。《國語·魯語》："夏后氏禘黄帝而祖顓頊，郊鯀而宗禹……周人禘嚳而郊稷，祖文王而宗武王。"《周語上》："昔我先后稷，以服事虞夏。"周人每稱周之國土為"禹蹟"。《詩·大雅·韓奕》："奕奕梁山，維禹甸之。"叔尸（夷）鎛鐘："咸有九州，處禹之堵。"此點為秦人所繼承。秦公簋："不（丕）顯朕皇祖受天命，鼏（宓）宅禹賁（蹟）。"

《史記·夏本紀》："禹之父曰鯀，鯀之父曰帝顓頊，顓頊之父曰昌意，昌意之父曰黄帝。禹者，黄帝之玄孫，而帝顓頊之孫也。"夏代有無文字沒有定論，與夏代時代相當的二里頭文化後期僅發現個别近於刻劃符號的字，所以即令夏代有文字，也不會有其世系的記載。殷墟甲骨文沒有黄帝、顓頊、禹的記載。《夏本紀》關於夏之先世的記載，顯然是周人（包括春秋戰國時人）的構擬。

春秋秦人以顓頊爲始祖，當是接受周人構擬的上古夏、周先世系統，是秦人向華夏系統靠攏。

秦早先是不是戎狄，學術界沒有定論。從考古資料看，秦商、周居於甘隴戎狄間，與其無別。從西周人及春秋戰國時姬周人（三晉、齊、魯人）的角度看，秦也是戎狄。詢簋、師酉簋稱秦人爲"秦夷"。《史記·商君列傳》："商君曰：始秦戎狄之教，父子無別，同室而居。"《史記·秦本紀》："（申侯曰）昔我先酈山之女，爲戎胥軒妻，生中潏，以親故歸周，保西垂。"王國維曰："秦之祖先，起於戎狄。當殷之末有中潏者，已居西垂。大駱、非子以後，始有世系可紀，事蹟亦較有據。"⑤⑥說大駱、非子以後，事蹟有據，則此前多可疑，其說甚是。

春秋秦人有強烈的脱離戎狄、靠攏華夏（周）意識。秦公及王姬鎛鐘："剌剌（烈烈）卲（昭）文公、静公、憲公不豕（墜）于上，卲（昭）合（答）皇天，以虩事䜌（蠻）方。"説秦武公時秦人小心謹慎對待"蠻方"（西戎）。秦公簋："十又（有）二公，才（在）帝之坏，嚴龏（恭）寅天命，保䇳（乂）氒（厥）秦，虩事䜌（蠻）夏。"簋爲秦景公器，時代已至春秋中晚期之交。"隨着秦勢力逐步向東發展，才與華夏諸國接觸日多……'蠻方'與'蠻夏'一字之差，反映了秦外交政策的重大轉變。"⑤⑦《秦本紀》記載，秦襄公二年，"戎圍犬丘世父，世父擊之，爲戎人所虜"；十二年"伐戎而至岐，卒"；文公十六年，"以兵伐戎，戎敗走"，與戎的矛盾日益尖鋭，更加快了秦向周及華夏文化靠攏的速度。《史記·秦本紀》記秦穆公與由余的一段對話，頗能説明這一問題：

> 戎王使由余於秦。由余，其先晋人也，亡入戎，能晋言。聞繆公賢，故使由余觀秦。秦繆公示以宫室積聚。由余曰："使鬼爲之，則勞神矣；使人爲之，亦苦民矣。"繆公怪之，問曰："中國以《詩》、《書》、禮、樂、法度爲政，然尚時亂，今戎夷無此，何以爲治，不亦難乎？"由余笑曰："此乃中國所以亂也！夫自上聖黄帝，作爲禮、樂、法度，身以先之，僅以小治。及其後世，日以驕淫。阻法度之威，以責督於下。下罷極，則以仁義怨望於上，上下交争怨，而相篡弑，至於滅宗，皆以此類也。夫戎夷不然，上含淳德以遇其下，下懷忠信以事其上，一國之政，猶一身之治。不知所以治，此真聖人之治也。"

這段話可能經過後人修改，但大體能反映春秋秦統治者的想法。穆公把秦放在"中國"，亦即華夏的範圍内，以求自别於"戎夷"。説"黄帝"乃"中國"的"上聖"，也接近於把他看作先祖。延續這一思維模式，約60年後，秦景公磬銘稱"高陽有靈，四方以鼐（宓）

平"，也就是很自然的事。對此我曾指出："秦人之所以宣稱自己是帝顓頊高陽氏之後，主要是想證明秦是華夏族，而非戎狄，戎狄是當時的劣等民族，自爲秦人所不齒……傳説夏與秦均顓頊之後，可見秦景公也自詡是華夏族。春秋中、晚期幾代秦君宣揚此事，除了歷史真實性之外，不排除秦人自我攀附的成份，恐怕也是外交的需要。"⑱

綜上所述，可知秦人始祖並非顓頊，對出土文字中的古史傳説，要加以分析，不能一概認定。過分疑古不對，一味信古也不可取。司馬遷接受春秋戰國秦人關於顓頊爲其先祖的傳説，淵源有自，並非嚮壁虚造，但也不能證明其爲信史。

去戎狄化，融入華夏，在西周、春秋間，是一股歷史潮流，楚和很多小國都有這一傾向⑲，而尤以秦國表現最爲突出。

二

隨着疆域的不斷擴大，秦的經濟也在快速發展。

秦人較早使用鐵器。1978 年甘肅靈臺縣景家莊一號墓出土一把春秋前期的銅柄鐵劍⑳，李學勤先生曾指出："類似的青銅短劍在西安等地也有出土，劍的國別無疑屬於秦國。"㉑此外，陝西隴縣邊家莊春秋早期墓出土一件銅柄鐵劍㉒，寶鷄市益門二號春秋墓出土二件金柄鐵劍㉓，長武縣春秋早期墓出土鐵匕首一件㉔，鳳翔縣秦景公大墓出土鐵鏟、鐵舌等，均係鑄件㉕。張天恩先生曾指出："以春秋時期的發展而言，秦國的鐵器從早期到晚期，都明顯超過了東方國家。"㉖戰國時期鐵製農具在鳳翔、臨潼、藍田、大荔及西安市郊多有出土㉗。

秦有發達的冶鐵業。睡虎地秦簡《秦律雜抄》："……右采鐵、左采鐵課殿，貲嗇夫一盾。"《史記·太史公自序》："（司馬）靳孫昌，昌爲秦主鐵官，當始皇之時。"《貨殖列傳》："蜀卓氏之先，趙人也，用鐵冶富。秦破趙，遷卓氏。""秦冶鐵手工業的興起，鐵農具在生產領域中的廣泛出現，有力地促進了社會經濟的發展，給農業生產提供了精耕細作的方便。"㉘春秋，特別是戰國時期秦國農業的發展，完全稱得上突飛猛進。《左傳·僖公十三年》："冬，晉薦饑，使乞糴于秦……秦於是乎輸粟于晉，自雍及絳相繼，命之曰汎舟之役。"秦救晉災，送糧車隊從秦都到晉都絡繹不絶，可見秦儲糧甚足。秦在春秋初實行爰田制，土地國有。秦簡公七年（前 408），"初租禾"（《史記·六國年表》），承認土地私有。秦孝公用商鞅，力行變法，獎勵耕戰。"大小僇力，本業耕織。致粟帛多者，復其身；事末利及怠而貧者，舉以爲收孥……爲田開阡陌封疆"（《史記·商君列傳》）。何謂"爲田開阡陌封疆"？日人瀧川資言説："開阡陌，許民墾田也。井田之制，至此全壞。"㉙林劍鳴説："（這是）把標誌着土地國有的阡陌封疆去掉，徹底廢除奴隸社會的土地國有。"㉚張金光説："商鞅田制改革……打開采邑主和貴族們所獨占有的封疆，奪取他們對土地的壟斷權，把土地所有權高度集中於國家手中，重新按照新的'家次''名'占田宅……改變村社土地所有制……由國家疆理土田，統籌'制土分民'，'任地待民'，以確立官社經濟體制。"㉗不管怎麽說，耕者得到自己的耕地，必然極大地解放了生産力。《戰國策·趙策一》趙豹對趙王說："秦以牛田，水通糧，其死士，皆列之於上地，令嚴政行，不可與戰。"秦昭王時，蜀守李冰父子修建了大型水利工程都江堰，使成都平原"水旱從人，不知饑饉，時無荒年，謂之天府"（《華陽國志·蜀志》）。戰國末，秦築鄭國渠，"渠就，用注填閼之水，溉澤鹵之地四萬餘頃，收皆畝一鐘（鍾）。於是關中爲沃野，無凶年。秦以富彊，卒并（併）諸侯"（《史記·河渠書》）。

農業的發展在秦文字中有充分的反映。四川青川縣出土秦更修爲田律木牘："二年十一月己酉朔朔日，王命丞相戊（茂）、内史匽氏□更修爲田律：田廣一步，袤八則爲畛……以秋八月脩（修）封埒（埒），正彊（疆）畔……"這是秦武王二年（前309）頒佈的田畎規劃制度。睡虎地秦簡㉘《田律》："百姓居舍者毋敢酤酒，田嗇夫、部佐謹禁御之，有不從令者有罪。"可見對酤酒而不努力耕田者加以處罰。《廏苑律》："以四月、七月、十月臚田牛，卒歲，以正月大課之……殿者誶田嗇夫。"一年四次評比田牛，養牛差者，亦受處罰。睡虎地秦簡有《倉律》多條。傳世秦印有"銍將粟印"，是銍地管理米粟之官印，又有"蜀邸倉印"，是蜀郡邸（京城辦事處）倉廩之官印，新出土秦封泥有"泰（太）倉"，是京師之倉㉙，足見儲糧之多。傳世秦印有"官田臣印""公主田印""泰上寢（秦始皇追尊其父莊襄王爲太上皇）左（佐）田"，傳世秦封泥有"趙郡左（佐）田"，新出土封泥有"郎中左（佐）田"㉚，足見秦中央、地方、陵寢均有主田之官。湖北雲夢縣龍崗出土統一前後秦簡簡198："黔首皆從千（阡）佰（陌）彊（疆）畔之其田。"㉛與青川更修爲田律"互爲發明，相得益彰"㉜，又有"盜田""匿田""行田"等條文，皆與田制、田租等相關。

春秋戰國時期，秦的製造業有飛速的發展。周平王東遷，"留給秦國相當的青銅製造手工業生産技術和勞動力"㉝。在此基礎上，秦春秋早期青銅器製造業極爲興盛。甘肅禮縣大堡子山秦公陵園1993—2006年盜掘及考古清理出土大批極其精美的青銅器，有鼎、簋、壺、盤、鐘、鎛、盂、甗、盉、劍、車馬器等㉞。其中的鎛有鏤空龍紋扉棱，器形與1977年寶雞太公廟出土秦武公鎛相近；壺耳飾有龍形角的獸首，腹面飾大蟠龍紋，與西周晚期重器頌壺、山西北趙村出土晉侯斷壺相近，體現了高超的鑄造技術。1998—2000年距大堡子山不遠的圓頂山也出土銅禮器多件，有鼎、簋、壺、盉、匜、盤、方盒、甗、劍、車形器等㉟。98LDM1、98LDM2所出兩件圓盉長方形圈頂式高蓋正中飾卧鳥，旁有四隻小鳥，蓋沿四角各飾一隻上行小鳥，近鋬一側飾一前體附蓋的大虎，虎尾與鋬上的熊前肢相連，流與口之間飾顧首行虎，足爲頭頂行虎的4隻坐熊，其精美在春秋銅器中極爲罕見。98LDM1所出車形器亦復如此。

當然，在春秋中期直至戰國晚期，秦國較少出土大型青銅禮器。對此，《秦物質文化史》曾有中肯的分析：「首先是由於秦國的地轄範圍僅限於關中地區，使銅的來源受到了限制；其次是秦國連綿不斷的戰爭，迫使它衹能小規模地生産青銅器來應付少量的需要。」[80] 戰國秦青銅兵器出土甚多，即爲明證，秦統一後，兵器需要量大减，「收天下兵，聚之咸陽，銷以爲鍾鐻、金人十二，重各千石」(《史記・秦始皇本紀》)。秦金人雖已不存，但 1999 年秦始皇陵園出土 K990T.G$_2$ 大銅鼎重 212 公斤，通高 61 厘米，口徑 71 厘米，精美厚重，爲此前秦器所未見[81]。至於秦始皇陵西側車馬坑出土兩乘銅車馬，更是裝飾華麗、結構複雜，體現了中國青銅製造工藝的最高水平。

　　秦的黄金製造業在列國間極爲突出。大堡子山秦公陵園出土而流散到海外的鷙鳥形金飾片有 4 對 8 片，又小型金飾件 34 片[82]。此外，甘肅省博物館徵集金飾件 20 片、甘肅省文物考古研究所藏金飾件 7 片、禮縣博物館徵集小型金飾件 7 片[83]。鷙鳥形金片鉤喙、環目、突胸、屈爪，高 52 厘米；小飾件有口唇紋羽形、雲紋圭形、獸面紋盾形、目雲紋竊曲形等，皆極精美。巴黎和日本 MIHO 博物館還展出過禮縣所出金虎各一對，通長 41 厘米，殊屬罕見[84]。春秋中、晚期之交的秦景公墓出土有金虎、金戴勝等[85]，精美絶倫。秦陵一號銅車馬、二號銅車馬構件有金銀繮、金銀勒、金節約、金當盧等[86]，這些構件皆重實用而輕紋飾，則反映了其時秦人的審美觀。

　　秦人在陶器、玉器、皮革、漆木器製造上也有非凡的成就。

　　秦有很多工官璽印、封泥與製造業有關，兵器、竹簡也有這方面的内容。《漢書・百官公卿表》少府屬官有「考工室」令丞，「主作器械」(顔師古注引臣瓚曰)。出土秦封泥有「咸陽工室」「櫟陽右工室」，寶雞出土二十六年戈有「西工室」，可見秦中央及地方均有工室。傳世秦印有「工師之印」，工師見《吕氏春秋・季春紀》：「是月也，命工師，命百工，審五庫之量，金鐵、皮革筋、角齒、羽箭幹、脂膠丹漆，無或不良。百工咸理，監工日號，無悖於時。」《禮記・月令》有同樣的話，鄭玄注：「於百工皆理治其事之時，工師則監之，日號令之。」工師爲工匠之長，中央及地方均有，或省稱工。秦兵器銘文有「邦工師」「咸陽工師田」「雍工師葉」「漆垣工師乘」等[87]。澳門蕭春源珍秦齋藏印「革工」，爲治皮革之工官。戰國晚期秦還有工官「寺工」「詔事」。董珊將秦工官劃分爲公、私兩大系統。據袁仲一先生統計，出土秦陶文達 4000 餘件，有中央官府製陶作坊陶文、官營徭役性製陶作坊陶文、市亭製陶作坊陶文、民營製陶作坊陶文、秦始皇陵兵馬俑出土的陶俑陶馬上的文字、其他類陶文共 6 類[88]，可見秦製陶業之發達。

　　秦在西周、春秋時，雖然有强烈的去戎狄化、融入華夏傾向，其在文化上也極力向周文化靠攏，但整個春秋戰國時的秦文化，却並不等同於周文化。隨着秦國自身不斷發展、壯大，秦文化也在不斷充實、完善。

我們知道，所謂"秦人"，是一個動態的概念，其内涵、外延都不是固定不變的。秦在立國之前，居甘肅東部，其時勢力弱小，其成份基本是嬴姓部族，較爲單一。周平王東遷，秦襄公率兵護送，平王封襄公爲諸侯，"賜之岐以西之地"。襄公十二年（前766），"伐戎而至岐"。秦文公三年（前763），"以兵七百人東獵。四年，至汧渭之會"；十六年"文公以兵伐戎，戎敗走。於是文公遂收周餘民有之"。這時的"秦人"，便包括了原居於關中西部的一部分周人。其後，秦國土不斷向東延伸。秦憲公二年（前714），"遣兵伐蕩社"。秦武公元年（前697），"伐彭戲氏，至於華山下"；"十一年，初縣杜、鄭"。秦穆公十五年（前645），晋君夷吾"獻其河西地……是時秦地東至河"；二十年，"秦滅梁、芮"。這時，秦人勢力更達關中東部。對西邊、北邊的戎狄，秦人也不斷攻伐。穆公三十七年，"秦用由余謀伐戎王，益國十二，開地千里，遂霸西戎"。這樣，"秦人"中又加入了大量戎人。戰國中期，特別是商鞅變法以後，秦在國力上遠遠超過了東方六國。秦惠文王七年（前331），"公子印與魏戰，虜其將龍賈，斬首八萬"；十年，"魏納上郡十五縣"；十一年，"縣義渠"；惠文王後元八年，"司馬錯伐蜀，滅之"；後元十三年，"庶長章擊楚於丹陽，虜其將屈匄，斬首八萬。又攻楚漢中，取地六百里，置漢中郡"。至此，"秦人"又逐漸融入了一些原屬三晋人及蜀人、楚人。這些陸續加入秦版圖的非秦族人，與原先的秦族人經過較長時間互相融合，逐漸成爲一個整體。

秦惠文王之後，終秦武王、昭襄王二世約60年間，秦與東方六國進行了長期的拉鋸戰。在屢次戰爭中，雙方互有勝負，總的看，秦占有上風。但在這些戰爭中，秦的主要目的是消滅對方的有生力量，而不僅僅在於一城一地的得失。如秦昭王四十七年（前260），秦大勝趙軍於長平，白起坑趙卒四十萬；昭王四十八年、四十九年，秦復攻趙邯鄲，魏信陵君竊符救趙，魏、楚夾擊，秦軍統帥鄭安平降，結果秦甚至還失掉了原先攻占的河東、太原二郡。在這段時間内，"秦人"的範圍基本上沒有擴大。

秦大規模的統一戰争主要在秦莊襄王和秦王嬴政二十六年以前的30年間，特別是在秦王政親政以後的十餘年間。秦王政十七年（前230），秦滅韓；十九年，秦滅趙；二十二年，秦滅魏；二十四年，秦滅楚；二十五年，秦滅燕；二十六年，秦滅齊。秦人統一天下以後，全國實行統一的政治、經濟、文化制度，"一法度量衡石丈尺，車同軌，書同文字"，這在中國歷史上是破天荒的第一次，對後世的影響極爲巨大。秦始皇以取天下之道治天下，嚴刑峻法，剛愎自用，濫用民力，修馳道，築長城，建離宫別館、驪山陵寝，百姓苦不堪言；用李斯策，焚書坑儒，箝制言論。凡此，都激化了社會矛盾。秦二世胡亥以陰謀繼位，誅殺始皇諸子、大臣，縱情狗馬、禽獸之樂，横徵暴斂，終於激起民變。陳勝、吴廣揭竿而起，項羽、劉邦繼以滅秦，一座大廈，轟然坍塌。從六國相繼歸秦，到秦王朝滅亡，前後不過三十年。在此期間，關東六國雖歸於秦，其遺民名義上也算"秦人"，但一則六國皆立國數百年，其思想、文化、風俗影響深遠；二則戰爭停歇的時間極短（大約祇有十二三年），所以原六國遺民遠未與秦本土人融爲一體，他們自己多不自認爲是"秦人"，西漢人也不把他們看作"秦人"。《史記·秦始皇本紀》九年提到"齊人茅焦"，三十一年提到"燕人盧生"。《陳涉世家》："陳勝……已爲王，王陳。其故人嘗與傭耕者聞之，之陳……入宮見殿屋帷帳。客曰：'夥頤，涉之爲王沉沉者！'楚人謂多爲夥。"陳勝"故人"當是秦民，而司馬遷目爲"楚人"。《項羽本紀》："故楚南公曰：'楚雖三戶，亡秦必楚。'"文中所說的"楚"，也是秦人治下的楚國故地。秦統一前及稍後，發兵攻占原先的百越地區。《秦始皇本紀》："二十五年，王翦遂定荆江南地，降越君，置會稽郡……三十三年，發諸嘗逋亡人、贅壻、賈人，略取陸梁地，爲桂林、象郡、南海，以適遣戍。"《南越列傳》："秦時已并（併）天下，略定揚越，置桂林、南海、象郡，以謫徙民，與越雜處十三歲。"百越文化與中原文化差異較大，其民入秦後雖與秦人"雜處"，但也不可能與秦人完全融合。

所謂"秦文化"，顧名思義就是秦國及秦王朝的文化。因爲秦王朝祇有短短的 15 年，其文化與戰國晚期秦國文化沒有質的差別，所以秦國文化、秦王朝文化應是一個統一的整體。同時，如同"秦人"的概念一樣，"秦文化"也是一個不斷發展、完善的文化，其在春秋至戰國中期、戰國晚期至秦王朝兩段既有聯繫，又各有特點。

對秦文化，學術界多年來已有很深入的研究。總的看，秦文化有如下特點。

1. 大量吸收周文化

秦早期居周之西陲，後入關中周人王畿之地，秦人又有強烈的華夏化傾向，故早期秦文化大量吸收周文化，是很自然的事。袁仲一先生《從考古資料看秦文化的發展和主要成就》[89]指出："秦人西周時期的居址出土的陶器，與周文化同類器物的器型相似。"在春秋及戰國初期，"在宮殿、宗廟建制方面，秦人承襲了周人的一套禮儀制度。如鳳翔秦都雍城發現的一號宗廟及三號宮殿建築群遺址的建築佈局，具體地說明了這個問題"。"在喪葬制度方面，秦人除保存原有的一些葬俗外，亦大量吸收了殷周的葬儀制度。"黃留珠先生《秦文化概說》[90]謂："（秦人）建國後，在農業、青銅器製造、文字以及禮儀制度等方面，更是全面的'拿來'周文化。"黃氏《秦禮制文化述論》[91]更說："秦人吸收高水平的周文化，是理所當然的。這當中，自然包括吸收周的禮制文化……秦禮制文化的淵源，周禮應是最主要的方面。"戰國中期以後，秦的國勢已遠遠超過了周，但它吸收周文化的進程仍在繼續。黃氏以《秦會要》禮部 5 卷內容與《周禮·大宗伯》相比較，指出"商鞅變法後的秦禮制文化，基本上仍不離周禮的窠臼"[92]。這在出土文字中亦有反映。《史記·十二諸侯年表》："秦襄公七年，始列爲諸侯。八年，初立西畤，祠白帝。"珍秦齋藏秦子簋蓋銘："畤。又（有）柔孔嘉……"[93]"畤"前當有文字，器、蓋銘文連讀。《秦本紀》："襄公於是始國，與諸侯通使聘享之禮。"聘禮見於商鞅方升："十八年，齊遣卿大夫衆來聘。"方升作於秦孝公十八年（前344），其時商鞅新法已推行12年，秦國勢日强，此時齊卿大夫來聘，證明秦內政安定，外交勝利，是統一度量衡的大好時機[94]。

《周禮·大宗伯》："大宗伯之職，掌建邦之天神、人鬼、地示之禮，以佐王建保邦國。以吉禮事邦國之鬼神示，以禋祀祀昊天上帝，以實柴祀日月星辰，以槱燎祀司中、司命、飌師、雨師，以血祭祭社稷、五祀、五嶽，以貍沈祭山林川澤，以疈辜祭四方百物，以肆獻祼享先王……"周人尊崇祭祀上帝。瘋鐘："上帝降懿德大甹（屏）。"猷鐘："佳（唯）皇上帝百神，保余小子。"秦人亦祭上帝。《史記·封禪書》："或曰雍州積高，神明之隩，故立畤，郊上帝。"詛楚文："求蔑廢皇天上帝及大沈厥湫之卹祠、圭玉、犧牲。""敢用吉玉、宣（瑄）璧，使其宗祝邵鼜，布憋（憗）告於丕顯大沈厥湫……"（《秋淵》）秦景公大墓出土殘磬銘86鳳南M1：884："上帝是瞵，佐以靈神。"秦景公大墓出土一件漆筒，爲笙、竽類樂器之殘，上書"柴之寺（持）簧"4字。我曾指出，這是柴祭天神所持用的笙或竽，"春秋晚期，（秦人常將賵賻）器物之名直接寫在器物之上"[95]。又秦曾孫駰告華大山明神文："欲事天地、四極、三光、山川、神示、五祀、先祖，而不得厥方……"[96]《史記·秦始皇本紀》："三十七年十月癸丑，始皇出游……行至雲夢，望祀虞舜於九疑山……上會稽，祭大禹，望于南海而立石。"

周禮有冠禮。《儀禮》有《士冠禮》，鄭玄注："童子任職，居士位，年二十而冠。"《禮記·冠義》："冠者，禮之始也，是故古者聖王重冠。"《周禮·大宗伯》："以昏冠之禮親成男女。"《大戴禮記》有《公冠》篇。《史記·秦本紀》記惠文君"三年，王冠"。《秦始皇本紀》記秦王政九年，"四月，上宿雍，己酉，王冠，帶劍"。秦景公大墓殘磬銘85鳳南M1：300："天子匽喜，龏（共）趠（桓）是嗣……"85鳳南M1：547+578+514："鬴（申）用無疆，乍（作）虗配天……"86鳳南M1：884："……宜政，不廷鋠（鎮）□（靜）。"[97]我曾指出："磬銘主要談的是秦新君行冠禮親政祭祖之事，目的在於說明其繼承君位、治理臣民曾得到周天子的認可，是合法的。""'宜政'即'宜於主持、過問國家大事'，也就是'宜於親政'。""'鬴'讀爲申，'鬴用無疆'與《詩·商頌·烈祖》之'申錫無疆'、《漢書·韋玄成傳》之'陳錫亡疆'意近，是秦景公祈求上天以無境界之國祚重賜於秦，而同類嘏辭亦多見於《儀禮·士冠禮》祝詞。"[98]

周禮賓客助主人送葬有賵賻禮。《儀禮·既夕禮》："公賵玄纁束、馬兩……知死者賵，知生者賻。書賵於方，若九，若七，若五。書遣於策。"鳳翔高莊秦墓M47出土陶缶多件，一刻"北園呂氏缶",一刻"北園王氏缶";西安潘家莊秦墓 M 19 出土缶一刻"易,九斗三升",一刻"南陽趙氏,十斗"。袁仲一先生指出:"同一墓中出現不同物主的器物,是助喪的賵賻禮俗的反映。"⑨⑨

"儒家思想産生在魯國,魯爲周公之後,其文化多保留周文化的精髓。""孔子憲章文武,對周文化禮樂極爲向往。""儒家文化植根於周文化,秦人又繼承了周文化,故秦國必然存在儒家思想傳播的氣候與土壤。"拙文《儒與秦文化》⑩指出:"秦在春秋戰國時期,乃至秦代,一貫提倡德治,重視忠信、敬事等道德教育。"舉秦公及王姬鎛鐘"翼受明德"、秦公簋"穆穆帥秉明德"、琅邪臺刻石"皇帝之德,存定四極"、會稽刻石"德惠脩長"、睡虎地秦簡《爲吏之道》"以此爲人君則鬼(懷),爲人臣則忠,爲人父則慈,爲人子則孝"、秦有成語印"交仁必可""忠仁思士""棲仁"等爲例,證明"春秋晚期至戰國,儒家思想已深入秦人生活的各個方面"。

秦的詩歌、音樂,深受周文化的影響。《詩·秦風》十首、石鼓文十篇,與周、齊、鄭、衛、三晋詩風格完全相同。秦樂端直、嚴正、敬和、厚重,與周樂同。秦公及王姬鎛鐘:"需(靈)音鍴鍴雍雍。"85 鳳南 M1:55 磬銘:"厥音鍴鍴瑲瑲。"鍴讀爲端,與肅義近。或釋鍴爲銖,讀爲肅。《詩·召南·何彼襛矣》:"曷不肅雍,王姬之車。"

職官制度屬於上層建築,是政治、文化之直接體現。秦官制對周官制多有繼承。拙文《周秦職官異同論》曾指出,周實行世卿制,秦人承之。秦公及王姬鎛:"鼇𫘫胤士,咸畜左右。"⑩陳直先生説"胤士"爲"父子承襲之世官"。周初承商人之制,設立三監,秦"郡置守、尉、監……始皇長子扶蘇監蒙恬軍於上郡"。西周中期,出現"公族"一職,秦子戈、矛銘:"秦子乍(作)造公族元用……"公族權力甚大。《周禮·春官·宗伯》有"大祝","掌六祝之辭,以事鬼神示,祈福祥,求永貞"。石鼓文《吳人》有"大祝",秦封泥有"祝印",詛楚文有"宗祝"。《周禮·夏官·大司馬》:"虞人萊所田之野爲表……"賈公彦疏:"虞人者,若田在澤,澤虞;若田在山,山虞。"《禮記·月令》:"樹木方盛,乃命虞人,入山行木,毋有斬伐。"虞人是掌山澤之官。石鼓文有《吳人》篇,"吳人"即虞人⑩。此官漢初仍有,張家山漢簡遣册 16:"吳人男女七人。"整理小組注:"虞人,《孟子·滕文公下》注:'守苑囿之吏也。'此處指俑。"⑩

2.極力吸收六國文化

春秋戰國,特別是戰國時期,隨着國土、勢力逐步向東擴展,秦與關東六國也發生了極爲密切的關係,除戰爭外,秦或派宗室子弟作質子於他國,或秦人在他國做官。秦景公同母弟后子鍼奔晋;昭襄王曾爲質於燕,歸時已 19 歲;昭襄王太子曾質於魏;莊襄王異人曾爲質於趙，娶趙豪家女，生秦始皇；昭襄王同母弟涇陽君曾爲質於齊。秦與諸侯國互通婚姻。秦憲公有妻魯姬子，爲魯女；穆公娶晉太子申生姊穆姬；晉太子圉爲質於秦，秦妻以宗女懷嬴；哀公時，楚使費無忌來爲楚太子建迎取秦女，後楚平王自取，生楚昭王；惠文王時，"齊來迎婦"；惠文王娶楚女羋八子，即後來的宣太后，生昭襄王；武王娶魏女。秦人重用六國客卿，亦派公卿兼他國官職。秦穆公重用虞人百里奚；孝公用衛庶孽公子公孫鞅爲相；惠文王重用魏氏餘子張儀爲相，儀又曾相魏；武王用楚人甘茂、屈蓋爲相；昭襄王重用母舅楚人魏冉、向壽、魏人范雎、燕人蔡澤、齊君宗族孟嘗君田文、趙人樓緩等爲相；莊襄王、始皇用趙人呂不韋、楚人李斯、昌平君爲相。宗室子弟爲質，長期受六國文化薰陶，必對六國文化的優點有所吸收。入秦爲相或居要職者爲實現政治抱負，必以其所學六國文化的先進成分改造秦文化。所以，秦對六國文化的吸收是很自然的事。

秦對六國官制多有學習與借鑒。拙文《周秦職官異同論》曾指出，秦相邦最早出現於惠文王時（相邦樛斿），而齊在齊景公（前547—前490）時已有相，趙簡子時，解狐推薦其仇爲相，韓在韓康子時已用段規爲相，"秦相邦之設在三晉之後，其承襲之迹是明顯的"。"早期的郡縣制行於三晉邊地。如魏有上郡十五縣，是爲了對付秦的……商鞅變法，'并諸小鄉聚，集爲大縣，縣一令'，纔是真正郡縣制的縣……秦郡縣制之完善及其職官之設置，也受到三晉的影響。"趙、燕及兩周兵器銘文屢見工官機構"得工"。《殷周金文集成》11329著錄王何立事鈹："王何立（蒞）事得工=口………""王何"即趙惠文王（前298—前266）。《集成》02482四年昌國鼎："四年昌國君師=（工師）……""昌國君"原爲燕將樂毅封號，後爲其子樂閒襲封，此器或說爲燕器，但採用的是趙國的制度。樂閒與燕惠王、趙惠文王同時。秦工官機構有"寺工"，最早見於秦莊襄王二年（前248）的寺工師初壺："二年寺工師初……"[04]董珊先生說："秦、趙之間的這種高層次人質交往，對於兩國工官制度的交流也應該會有影響，最可能的情況是秦國學習自趙。寺工（見於《漢書·百官公卿表》中尉屬官訛寫爲'寺互'，此據黃盛璋先生說）可能是承襲趙國的得工而來（'寺'跟'得'聲音相近，可以通假）從年代上看也應該如此。"[05]董說甚是。珍秦齋藏三十二年相邦冉戈内正面銘："三十二年相邦冉造……"此戈作於秦昭襄王三十二年（前275），戈内上套一錯銀銅鳥柲冒，銘："二十三年旦（得工）冶□……"西安市文物考古研究所亦藏一件同形鳥柲冒，除編號不同外，年、工官全同。柲冒"二十三年"爲趙惠文王二十三年（前276），早於戈作一年[06]。這件鳥柲冒可能是秦的戰利品，也可能來自其他途徑。但有趣的是，秦戈用趙柲冒作附件，可見秦人早就知道趙有工官機構"得工"，這對探討秦工官機構"寺工"的設立時間不無啓發。

戰國秦漢，方術盛行，如占卜、擇日、煉丹、導引、行氣、房中術、醫學，等等。《漢書·地理志》屬數術、方技，在這方面，秦人向六國多有學習。

抗日戰爭期間長沙子彈庫出土戰國楚帛書，其外層繪有 12 個神像，爲一至十二月之神，神旁各附有文字，"講帛書十二神所主的各月宜忌"[107]。李零先生以爲楚帛書是"現已發現年代最早的日者之書"[108]。湖北江陵九店楚墓出土《日書》簡有"建除""叢"等内容，其時代爲戰國中期晚段，"是目前發現的最早選擇時日吉凶的數術著作"[109]。秦《日書》簡主要有兩種，一爲甘肅天水放馬灘所出，一爲湖北雲夢睡虎地所出，二者有很多内容與楚《日書》相同。睡虎地秦簡《日書》甲、乙本有《除》《秦除》兩篇，前者即楚之建除，二者内容略有出入。兩種秦《日書》簡抄寫年代晚於楚《日書》簡，可見秦在這方面對楚有所借鑒。

《三代吉金文存》20·49·1 著録有行氣玉銘："行氣，吞則畜，蓄則神（伸）……巡（順）則生，逆則死。"此銘"字體方正規整，與韓國銅器屬羌鐘銘文風格十分接近，當出晚周三晉人之手"[110]。戰國時，行氣、導引風行於關東。《莊子·刻意》："吹呴呼吸，吐故納新，熊經鳥申，爲壽而已矣。此道引之士養形之人，彭祖壽考者之所好也。"莊子，宋國人。馬王堆帛書有《導引圖》，帛書中的醫書時代有學者以爲是秦。張家山二四七號墓漢簡有《引書》，該墓主人去世在西漢吕后二年（前 186），上距秦亡僅 20 年，很多簡文極可能抄寫於秦代流行書籍。張良是戰國韓人，漢初封侯，"願棄人間事，欲從赤松子游耳。乃學辟穀道引輕身"（《史記·留侯世家》）。可見導引亦在秦地流行。

道家學説創立於楚人老子。老子"修道而善養壽"（《史記·老子韓非列傳》）。後繼者莊子，"與梁惠王、齊宣王同時"。道家清静自正，推崇"真人"，秦始皇晚年，對此篤信不疑。《史記·秦始皇本紀》："盧生説始皇曰：'臣等求芝奇藥仙者，常弗遇，類物有害之者。方中人主時爲微行，以辟惡鬼，惡鬼辟真人至，人主所居而人臣知之，則害於神。真人者，入水不濡，入火不爇，陵雲氣，與天地久長。今上治天下，未能恬倓。願上所居宫，毋令人知。然後不死之藥始可得也。'於是始皇曰：'吾慕真人。'"日人瀧川資言考證曰："《莊子·大宗師》云：'古之真人，登高不慄，入水不濡，入火不熱，是其知之能登假於道也若此'……盧生神仙之説，蓋自道家一變。"始皇晚年，"悉召文學方術之士甚衆，欲以興太平，方士欲練以求奇藥……"臨終雖悔悟，但爲時已晚。由此可見道家對秦影響之深。

墨子是宋人，後長期住在魯國。墨子主張非攻、天志、明鬼、尚同、兼愛。墨學曾在秦國流傳。《吕氏春秋·去私》説秦惠文王時，墨家鉅子腹䵍居秦，其子殺人，惠王弗誅，腹䵍"行墨子之法，不許惠王而遂殺之"。馬非百先生《秦集史·人物傳十五》按語云："居秦之墨，雖不免有排斥秦以外諸墨之事實，而其所具有宗教精神，與秦之立法精神，根本上不唯不相衝突，而且適足以相反相成。秦人之所以保持其一貫的勇武輕死之風尚，數世有勝者，此種宗教精神之傳佈於關中，未始非其一極重要之原因也……墨學在秦，直至吕不韋當政時期，猶未稍衰矣。"是極深刻的見解。

陰陽五行思想的鼻祖爲齊人騶衍，衍"深觀陰陽消息，而作怪迂之變……其語閎大不經……稱引天地剖判以來，五德轉移，治各有宜，而符應若兹"（《史記·孟子荀卿列傳》）。騶衍生前，其學説已大行於魏、趙、燕。他"適梁，惠王郊迎，執賓主之禮。適趙，平原君側行襒席。如燕，昭王擁彗先驅，請列弟子之座而受業，築碣石宫，身親往師之"，頗類今日之明星。秦始皇崇信騶説，是其鐵杆信徒。《史記·秦始皇本紀》："始皇推終始五德之傳，以爲周得火德，秦代周，德從所不勝。方今水德之始，改年始朝賀，皆自十月朔，衣服旄旌節旗皆上黑。數以六爲紀，符法冠皆六寸，而輿六尺，六尺爲步，乘六馬。更名河曰德水，以爲水德之始。剛毅戾深，事皆决於法，刻削毋仁恩和義，然後合五德之數。"張强先生説："五德終始學説成爲秦統一中國後的官方學術，是中國思想文化史上的一件大事。"⑪秦丞相吕不韋也是陰陽思想的崇信者。陳奇猷先生校釋《吕氏春秋》，深感"吕不韋之指導思想爲陰陽家，其書之重點亦是陰陽家説"⑫。陰陽五行思想在秦出土文字中亦多有反映。睡虎地秦簡《日書·除》提到選擇"陽日""外陰日""外陽日"之事，《稷辰》也記選擇"正陽""危陽""陽日"之事。出土秦封泥有"弄陽御印""弄陰御印"⑬，周曉陸以爲"蓋指爲皇帝御弄陰陽者"⑭，拙文《秦印考釋三則》⑮也以爲其職責是"致力推求陰陽"，大概相當於《後漢書·張衡傳》的"研核陰陽"，或唐代職官"陰陽侍詔"（2016年校記：也有學者以爲應讀"陽御弄印""陰御弄印"，陰、陽是分别字，猶左、右。尚待研究）。

法家思想戰國晚期在秦文化中居於統治地位。照通行的説法，法家學説源於三晉。《漢書·藝文志》法家著作首列"《李子》三十二篇"，顔師古注："名悝，相魏文侯，富國彊兵。"王先謙補注："《晉書·刑法志》律文起自李悝，悝撰次諸國法，著《法經》。以爲王者之政，莫急於盗賊，故其律始於盗賊……商君受之以相秦。今按李悝爲律家之祖，三十二篇則其自著書。"又，與李悝同事魏文侯的吴起，後來到了楚國，曾爲楚悼王"明法審令"（《史記·孫子吴起列傳》）。商鞅衛人，曾事魏相公叔痤，後入秦助孝公變法，其學承自李悝，但大有發展。張金光先生説秦律"自成體系，不是移自《法經》"，是對的，但説"李悝著《法經》六篇之説是《晉書·刑法志》作者僞造的"⑯，則未免偏頗。

3. 保持特色，勇於開拓，創建全新型文化

全面考察秦文化，我們可以發現，秦人無論對周文化還是對六國文化，都不是簡單照搬，而是對之融合、整合，並根據秦國的實際加以發展，創造出富有秦國特色的，與時俱進的全新型文化。

趙世超先生曾指出："秦人在接受華夏文化時，並没有簡單地生吞活剥，更没有將自己的傳統棄若敝屣。洞室墓、屈肢葬和袋足鬲等三大文化現象，不僅繼續保持，甚至還影響到

了華夏族，而强悍的民風和豐富的養馬經驗更在戰爭形勢下進一步得到發揚。"[117]

周人祭祀上帝，秦人承之，創立時。襄公作西時，《史記·秦本紀》說"祠上帝"。其後文公作鄜時，《史記·封禪書》說"祭白帝"；宣公作密時，"祭青帝"；靈公作吳陽上時，"祭黃帝"，作下時，"祭炎帝"；獻公作畦時，"祀白帝"。日人瀧川資言云："五行五帝之說，始盛於戰國，春秋之前，未之有也。秦之西時、鄜時、密時，亦止爲壇祭神，猶中土諸侯祭社稷耳。其曰'祠上帝''祠白帝''黃帝'者，蓋後來附會之說，何必問其異同。"此說不無道理，但秦時之多，爲六國少見。德公"以犠三百牢祠鄜時"（《史記·秦本紀》），連後世史家也難於理解[118]。泰山封禪，《史記·封禪書》據《管子·封禪篇》列舉古帝無懷氏至周成王十二家，皆後世附會，不足信。首次舉行封禪大典的秦始皇，其事備記於《史記·秦始皇本紀》及《封禪書》。興師動衆，"立石刻頌秦德"。封禪要達到的目的，其實是要證實秦得天下是合於天命的，是一種政治宣傳。

秦對周的官制有改造，有發展，在此基礎上建立自己的完整體系。西周的官制系統是公（周、召二公）之下爲大史寮（大卜、大祝、大史）、卿事寮（三事大夫：司土、司工、司馬）兩大系統。秦在戰國時期有三公（丞相、太尉、御史大夫）之名，而無其實，其實行的基本上是丞相之下的九卿制度[119]。比如祝卜類官西周祇有大祝、祝、司卜，秦祝卜於九卿屬奉常，屬官有大祝（石鼓文）、泰宰、大史、泰卜、泰醫、樂府、左樂、雍祠（以上均見秦封泥）等。宫廷宿衛官西周僅守宫一職，秦則有衛尉、衛士、宫均人、南宫郎、郎中令五職。工官西周僅有司工，秦從中央到地方則有諸多工官，僅璽印、封泥所見即有工師、寺工、詔事、水、工室、大匠、左右司空、寺水、宫水、都船等。内史一職西周金文多見，爲史官，職責是協助王册命賞賜官吏。秦内史在春秋時期也是史官，戰國晚期則成爲"掌治京師"（《漢書·百官公卿表》）的地方行政長官，又有治粟内史，掌穀貨，權力也極大。

秦二十等爵：一公士、二上造、三簪裊、四不更、五大夫、六官大夫、七公大夫、八公乘、九五大夫、十左庶長、十一右庶長、十二左更、十三中更、十四右更、十五少上造、十六大上造、十七駟車庶長、十八大庶長、十九關内侯、二十徹侯。馬非百先生説："爵名，其來源亦不一。有採自東方各國者，如五大夫，初爲官名。入戰國後，始確成爵制。趙、魏及楚皆有之（《戰國策·趙策》及《楚策》）。關内侯亦見於齊（《吕氏春秋》齊景公時有關内侯）、魏（《吕氏春秋·貴信篇》及《戰國策·魏策》）。徹侯即通侯，亦即列侯。通侯見於楚（《戰國策·楚策》）。列侯見於趙（《戰國策·趙策》張孟談對趙襄子語）等是。"[120]商鞅變法，"有軍功者，各以率受上爵；爲私鬥者，各以輕重被刑"（《史記·商君列傳》）。商鞅取六國及秦官名、爵名，創立爵位，獎勵軍功，對秦統一六國發揮了巨大的作用。但商鞅時，秦爵僅有其九，至昭襄王時，始具備二十之名[121]，可見有一個發展完善的過程。

法家學説雖源自三晉，但眞正理論化、系統化，成爲治國綱領並付諸實踐的，祇有秦國。

商鞅在魏國揣摩法家學説，且已嶄露頭角。魏相公叔痤知其賢，臨終薦於魏惠王，但不被信用。鞅入秦之後，"説孝公變法修刑，内務耕稼，外勸戰死之賞罰"（《史記·秦本紀》），"公與語，不自知膝之前於席也，語數日不厭"，可謂一拍即合。"秦孝公對當時關東諸國流行的各派政治思想進行了一定程度的瞭解與探討，對秦國的政治現狀及政治思想所需補充的新因素有比較客觀的認識……可以説，秦孝公的政治思想核心即法家思想"[122]。

韓非"喜刑名法術之學"，是法家思想的集大成者。韓非"數以書諫韓王，韓王不能用"（《史記·老子韓非列傳》）；而秦王政讀韓非書，説"寡人得見此人，與之游，死不恨矣"，急發兵攻韓，可見心之相通。

商鞅之法令見於《史記·商君列傳》《商君書》。睡虎地秦簡律名有田律、廐苑律、倉律、金布律、關市、工律、徭律、置吏律、軍爵律、傳食律、除吏律、游士律、中勞率、除弟子律、捕盜律、戍律、屯表律等20餘種，"它大體上是商鞅以後經過歷代秦國君主的發展、補充和逐步積累而成"[123]。《法律答問》對盜、盜徙封、擅殺子、人奴妾笞子、臣强與主姦、亡久（記）書等種種法律條文、術語加以解釋。又有《封診式》，列舉種種案例，以供官吏學習。睡虎地秦簡抄於秦始皇三十年之前，此後一直施行，並爲漢律所借鑒。張家山二四七號漢墓出土竹簡《二年律令》很多律名甚至内容與睡虎地秦簡相同或相近[124]。

林劍鳴先生曾指出秦文化"唯大，尚多""重功利，輕倫理"，又説："秦文化是一種積極的、向上的、外傾開放型文化系統。"[125]是對秦文化特點的高度概括。

三

文字是記録語言的符號，而語言是人類互相交際的工具。秦文字是秦族、秦國、秦王朝政治、經濟、軍事、文化的載體，是秦人成長、壯大的記録，秦的族源、文化特徵必然在秦文字中有所體現。

秦人在商代及西周早中期曾否使用文字，資料不足，無法確知。周原甲骨H11：132、西周初期銅器盠方鼎、西周中期銅器詢簋、師酉簋提到了"秦"，可見其時秦、周關係密切，推測其時秦人即使使用文字，也應是周文字。

西周宣王時銅器不其簋叙述獫狁入侵，王命不其"羞追于西"，結果不其"多禽（擒），折首執訊"，王賞賜不其"臣五家、田十田"。陳夢家先生《殷虛卜辭綜述》最早指出："西周金文不其毁爲秦人之器。"[126]稍後其《西周銅器斷代·宣王銅器》[127]復從三個方面詳加論述。李學勤先生更進一步指出，"不其"即秦莊公"其"，"不"字用爲無義詞頭。不其簋器形、紋飾皆與周銅器同，文字風格也極近於周厲王時銅器多友鼎、訇攸比鼎，以及宣王時銅器兮甲盤、吳虎鼎、毛公鼎。不其簋可以看作最早的一件秦青銅器，其文字可以看作迄今所知最早的秦人文字，也可以看作西周銅器、西周文字（2017年校記：不其簋是否秦器，近年學界有爭論，目前尚難定論）。由此可知，秦早期文字與周文字無别，秦文字脱胎於周文字。秦文字的上限，爲西周末或春秋初，不能絶對判定。

甘肅禮縣大堡子山秦公墓出土秦子鐘銘："秦子乍（作）寶龢鐘，以其三鎛……"[128]同出而流散於美國、日本、中國香港等處的鼎、簋、壺、鐘、盉等有銘文"秦公乍（作）寶用鼎""秦公乍（作）鑄用鼎""秦公乍（作）鑄用殷""秦公乍（作）鑄障壺""秦公乍（作）寶龢鐘……""秦子乍（作）鑄用盉"[129]。澳門蕭春源先生藏戈銘："秦子乍（作）造左辟元用……"簋銘："……秦子之光，邵（照）于夏四方……"[130]一般也認爲應出土於大堡子山。大堡子山秦公墓主人學界看法不一，有襄公、文公、憲公、出子、文公太子静公等，要皆春秋早期。這些秦早期文字風格與周末銅器虢季子白盤、虢季子殷鼎、宗婦簋等文字如出一轍。寶雞太公廟出土秦公及王姬鎛鐘，學術界多以爲是秦武公（前697—前678）器[131]，銘文字體已形成典型的秦文字風格，但仍與虢季子白盤、大堡子山秦公秦子器文字風格一脈相承。

迄今爲止，時代明確的春秋中期秦有銘文器物幾乎没有出土過。宋代陝西華陰縣出一鼎，《歷代鐘鼎彝器款識》稱"穆公鼎"，理由是"鼎得於華陰，乃秦故地也"。此鼎後人又稱"成鼎"，實際上應名"禹鼎"，器主爲周厲王時貴族禹，"穆公"爲其"皇祖"；再説，秦穆公時，華陰也不屬秦。這一階段，秦宣公、成公、穆公皆德公子，宣公、成公在位時間短，少作爲。穆公在位39年，國勢强盛，東攻晋，西伐戎，是春秋時期最有作爲的秦君。穆公時傳世文獻有《尚書·秦誓》《詩·秦風·黄鳥》，而出土文字迄未一見，殊不可解。或許古器物出土有其偶然性，穆公墓未發掘，其時高等級貴族墓也少有發掘；或許穆公較爲重視民的作用[132]，不奢侈，不作歌功頌德之文。《秦誓》用意僅是"作此誓，令後世以記余過"（《史記·秦本紀》），《黄鳥》也僅是其死後時人對殉葬的批評，可見他還是較開明的。穆公以後，其子康公在位12年，批評他的人更多，《秦風》中的《晨風》《權輿》，據《詩序》説，都是"刺康公""忘穆公之業，始棄其賢臣"的。如此，則歌功頌德之銘更不大容易出現了（2019年7月校記：2014年甘肅甘谷縣出土子車戈，"子車"是穆公大臣，《詩·秦風·黄鳥》有"子車奄息"，"子車仲行"，"子車鍼虎"，所謂殉葬穆公之"三良"。又珍秦齋藏秦伯喪戈之伯喪或説即穆公大臣公孫支［子桑］。但總體上看，穆公器還是太少）。

春秋中晚期之交秦文字主要有秦景公大墓殘磬銘文。殘磬年代（前573）上距秦武公鎛時代已晚百餘年，文字風格漸趨方整、規範。如"疆"字武公鎛作"疆"，磬文作"疆"；"静"

字鑄作"㝬",磬作"㪵"。但總體風格二者一致。如"商"字鐘、磬均作"㮂",《說文》"商"字籀文爲其省文。磬銘"灡(湯)""霝(靈)""㯥(秦)"字皆較繁複,應爲籀文。此外還有籀文"殸(磬)""黽(竈字下部)"等。"甲"字作"㔾",也接近於西周末的兮甲盤。"秦景公繼承了自秦穆公以來,特別是秦共公、桓公所執行的方針路綫,對内重用世族賢能,鞏固中央政權;對外尊重周王室,加强與楚的軍事聯盟,對蠻戎及較遠的華夏諸國採取變和安撫政策,以集中力量對付主要敵國晋。秦景公在位期間,秦的國力逐漸强盛起來,在軍事活動中屢屢取勝。秦景公是一個有作爲的君主,他的歷史功績是應當予以適當肯定的。"[133]

宋人著録的遬磬(懷后磬)"竈"字寫法與秦景公磬銘接近,李學勤先生以爲二者"年代相距不是很遠","器主乃是春秋時期一代秦公的夫人",懷后"指懷念賜器主以福的周王后"[134],這也反映了周秦關係的密切。

宋人著録的盄和鐘、民國初年天水發現的秦公簋,二器銘文諸多相同,其爲同一位秦公所作,可以無疑。這位秦公是誰,有德公、成公、穆公、桓公、景公、哀公諸説,而以景公説最爲可信[135]。鐘、簋銘文提到"不(丕)顯朕皇且(祖)受天命,竈(肇)又(有)下或(國),十又(有)二公,不㱃(墜)在上","皇祖"指始稱公的襄公,"十二公"包括文、静、憲、出、武、德、宣、成、穆、康、共、桓,作器者爲景公。鐘、簋銘同磬銘句例有相同或相似者,如簋、鐘有"鉠(鎮)静不廷",磬有"囗廷鉠静";鐘、磬俱有"䠶䠶雍雍孔煌";簋有"龏(宓)宅禹蹟",磬有"四方以龏(宓)平"。鐘、簋、磬文字亦如出一人手筆。

石鼓文的年代自唐至今,没有定論。近年,研究秦文字的學者多以爲石鼓爲春秋晚期秦物[136]。我主張其年代爲秦景公時[137],此説得到徐寶貴先生的支持[138]。盄和鐘、秦公簋、景公磬、石鼓文文字風格、結構多相同,拙文曾列表對此加以比較,徐先生更是作了全面、仔細的考察,更令人信服。香港書畫家易越石先生以爲石鼓文作於秦哀公時。易先生説《吴人》詩的"吴人"指春秋吴國人或吴國軍隊,前506年,伍子胥率吴軍攻楚,入郢都,楚昭王派申包胥向秦哀公求救,哀公命子虎、子蒲率兵救援,秦楚聯軍獲勝,秦人作詩以記其事,南京書法家徐暢先生對此説加以引申[139]。無論是景公説,還是哀公説,目前都還不是定論,但石鼓爲春秋晚期物,似乎可以肯定。

戰國早期至中期前段,秦出土文字資料極少。鳳翔縣八旗屯墓M9出土一柄劍,劍身近莖端脊兩側各有錯金銘文5字:"吉爲乍(作)元用。"(《文物資料叢刊》第3輯,圖版13.5)該劍與山西渾源縣李峪村出土"吉日壬午,乍(作)爲元用……"劍形制相同,文例相似。李峪劍郭沫若考爲戰國早期趙物(《兩周金文辭大系考釋·吉日劍》)。這段時間(前475—前346)近130年,祇有一件有銘器物,大概也同其時秦國勢較弱有關。

從戰國中期晚段的秦孝公時起直至秦王朝滅亡的140年間,秦出土文字數量呈現井噴現

象,幾乎是此前470餘年(前822—前346)出土文字的數十乃至上百倍[44]。其特點是:

1. 有銘器物種類大爲增加,除金文、石刻外,又有符節、陶文、簡牘、璽印、封泥、錢幣、帛書、漆器文字等。

2. 出土文字地域大爲擴展,北至内蒙古敖漢旗(鐵權),西至甘肅天水(放馬灘秦簡、木板地圖),東至遼寧寬甸(元年丞相斯戈),南至廣州(廣州秦漢造船遺址出土漆柲殘片文字)。除秦都雍、咸陽及秦始皇陵外,湖北雲夢(睡虎地簡、龍崗簡)、荆州(關沮簡)、湖南龍山(里耶簡)、長沙(帛書《五十二病方》等)、山西、河南、四川、河北、山東、江蘇都有大量秦文字資料出土。

3. 銘文内容多注重實用。銅器中銘功烈、昭明德的禮器文字大爲減少,"物勒工名,以考其誠"的短銘成爲主流。石刻文字除詛楚文詛咒楚懷王、秦曾孫駰告華大山明神文因病祭禱外,泰山、嶧山、琅邪臺、之罘、碣石、會稽諸刻石文字是歌功頌德文的進一步發展,但其内容多雷同。簡牘文字多法律文書、日書、曆日、公文、吏員譜、物資登記轉運、里程書、病方等,内容切近民生。陶文、璽印、封泥多職官名、地名,是研究其時官制、地理的重要資料。

4. 文字風格繼續向規整、匀稱的方向發展,筆畫追求粗細均匀,圓潤婉轉。詛楚文之工整已近乎板滯。嶧山、泰山諸刻石爲統一後官方文字的代表,習稱小篆(近人或稱秦篆)。小篆是戰國中期以來秦文字發展的結果,在嶧山等刻石之先,已有很多陶文、璽印、封泥同於小篆。

5. 文字書寫者除李斯、趙高等少數高官外,兵器、簡牘、陶文大多是刀筆小吏如程邈等,甚至是普通工匠。這些人並非知識分子,因而書寫草率、苟簡、錯訛,不一而足。但正因爲如此,反而催生了小篆之外的另一種字體——隸書。在睡虎地秦簡中,圓轉筆道多已分解或改變成平直、方折的筆畫,與後期的隸書幾乎無别。爲了便利,隸書對偏旁字形每每有所改變,與單體字字形不同,如"水"單體作"※",偏旁作"≡"。

與六國文字比較,戰國秦文字有很多優點:

1. 對周文字繼承多,變化小,因而穩定性强。

2. 地域特色少,通行地域更廣闊。

3. 異體字少,可減輕學習負擔。

4. 裝飾性筆畫少,簡潔明快、樸實無華,便於應用與學習。

5. 不過分簡化,避免歧義。

6. 不過分繁化,避免疊牀架屋。

7. 與時俱進,隸書産生[84]。

可以説,在秦統一之前,秦文字已逐漸取代六國文字,成爲通行文字。統一之後,"車同軌,書同文",秦始皇用秦文字統一六國文字,是順理成章、水到渠成之事。

應該看到，因爲秦王朝時間短，因爲六國文字在各自地域内仍有一定影響，因而"書同文字"不可能完全徹底。陳昭容博士論文《秦系文字研究·秦"書同文字"初探》曾列舉戰國中山國文字有 7 個、楚帛書有 5 個、鄂君啓節有 2 個與秦文字異形者留存至秦代與漢初文字中[42]。李學勤先生在討論馬王堆帛書時也説："秦代寫本《篆書陰陽五行》，文字含有大量楚國古文的成分。例如卷中'稱'字的寫法，就和楚國'郢稱'金幣（舊稱郢爰）的'稱'完全相同。'劍'字作'會'，也是古文的寫法……這位抄寫者顯然是還未能熟練掌握秦朝法定統一字體的人。"[43]又説："可能寫於秦始皇二十五六年的帛書《式法》（舊題《篆書陰陽五行》），保存了大量楚國古文的寫法，又兼有篆、隸的筆意，大約是一位生長於楚，不大嫻熟秦文的人的手蹟。"[44]但個别反證，影響甚微，總的來説，"書同文字"是成功的。

漢承秦制，漢初完全繼承秦文字。因爲這個原因，有些出土或傳世秦漢之際文字便難於判定究竟屬秦還是屬漢。如部分傳世璽印，無法僅據文字風格斷代。張家山漢簡與睡虎地秦簡文字風格完全相同，有些律令的標題、内容也一樣。如張家山漢簡《二年律令》中"田廣一步，袤二百四十步……"一條，與青川秦更修爲田律木牘内容極爲接近。後者祇是因爲有"王命丞相戊（茂）、内史匽氏……"，纔得以判定爲秦武王時物，張家山漢簡也祇是因爲同墓出土有漢高祖五年至吕后二年曆日，簡文中又有優待吕宣王的規定，纔得以判定屬漢。從這個角度説，秦文字的下限便難於確定。在難於確定（如璽印、封泥"皇帝信璽""清河大守""交仁必可"……）的情況下，寬泛一點説，可以稱這類文字爲"秦文字"；籠統一點，也可以稱之爲"秦漢之際文字"。

狹義的秦文字下限到秦王朝滅亡（前 206），而廣義的秦文字下限則包括秦漢之際文字。

注釋：

①②⑳㊿㊼ 王輝、焦南峰、馬振智：《秦公大墓石磬殘銘考釋》，《"中央研究院"歷史語言研究所集刊》第 67 本第 2 分，1996 年。

③ 湖北省文物考古研究所、北京大學中文系編：《九店楚簡》，中華書局，2000 年。

④ 荆門市博物館：《郭店楚墓竹簡》，文物出版社，1998 年。

⑤ 馬承源主編：《上海博物館藏戰國楚竹書（二）》，上海古籍出版社，2002 年。

⑥⑧ 饒宗頤：《秦出土文獻編年序》，《選堂序跋集》，中華書局，2006 年，第 257 頁；又見拙著：《秦出土文獻編年·饒序》，臺灣新文豐出版公司，2000 年。

⑦ 馮時：《"文邑"考》，《考古學報》2008 年第 3 期。

⑨ 裘錫圭：《夌公盨銘文考釋》，《中國歷史文物》2002 年第 6 期。

⑩ 袁珂：《中國古代神話》，中華書局，1960 年，第 98 頁。

⑪ 同上，第 104 頁注 ①。

⑫ 參看高亨纂著，董治安整理：《古字通假會典》，齊魯書社，1989 年，第 276 頁。

⑬a. 王明欽：《王家臺秦墓竹簡概述》，2000 年新出簡帛國際學術研討會論文；b. 王輝：《王家臺秦簡〈歸藏〉校釋（二十八則）》，《江漢考古》2003 年第 1 期。

⑭ 傅斯年：《夷夏東西說》，《中央研究院歷史語言研究所集刊》外編第一種《慶祝蔡元培先生六十五歲論文集》，1933 年。

⑮ 衛聚賢：《中國民族的來源》，《古史研究》第 3 輯，商務印書館，1934 年。

⑯ 徐旭生：《中國古史的傳說時代》（增訂本），文物出版社，1985 年。

⑰ 顧頡剛：《鳥夷族的圖騰崇拜及其氏族集團的興亡——周公東征史事考證四之七》，《史前研究》，三秦出版社，2000 年。

⑱ 林劍鳴：《秦史稿》，上海人民出版社，1981 年。

⑲㉓ 鄒衡：《論先周文化》，《夏商周考古學論文集》，文物出版社，1980 年。

㉑ 王學理、梁雲：《秦文化》，文物出版社，2001 年，第 123—124 頁。

㉒ 史黨社：《秦關北望——秦與"戎狄"文化的關係研究》，復旦大學博士學位論文，2008 年，第 39 頁。

㉔a. 張天恩：《關中西部商文化的族屬問題》，《考古與文物》2002 年增刊《先秦考古》，第 209 頁；b. 張天恩：《關中西部商文化的族屬討論》，《周秦文化研究論集》，科學出版社，2008 年，第 107 頁。

㉕ 徐中舒師主編：《甲骨文字典》，四川辭書出版社，1988 年，第 437—438 頁。

㉖ 同上，第 395—396 頁。

㉗ 張亞初編著：《殷周金文集成引得》，中華書局，2001 年，第 1096 頁。

㉘ 于省吾主編：《甲骨文字詁林》，中華書局，1996 年，第 2822—2829 頁。

㉙㊶ 王國維：《觀堂集林·秦都邑考》，中華書局，1959 年。

㉚a. 蒙文通：《秦為戎族考》，《禹貢》六卷七期，1936 年；b. 蒙文通：《秦之社會》，《史學月刊》一卷一期，1940 年；c. 蒙文通：《周秦少數民族研究》，龍門聯合書局，1958 年。

㉛ 俞偉超：《古代"西戎"和"羌""胡"考古學文化歸屬問題的探討》《關於"卡約文化"和"唐汪文化"的新認識》，《先秦兩漢考古學論集》，文物出版社，1985 年。

㉜ 劉慶柱：《試論秦之淵源》，《先秦史論文集》（人文雜誌叢刊），1982 年。

㉝㊳㊵a. 趙化成：《尋找秦文化淵源的新綫索》，《文博》1987 年第 1 期；b. 趙化成：《甘肅東部秦和羌戎文化的考古學探索》，《考古類型學的理論與實踐》，文物出版社，1987 年。

㉞ 謝端琚：《甘青地區史前考古》，文物出版社，2002 年。

㉟ 同㉛，第187—188頁。

㊱ 同上。據文末注，該文爲1979年9月19日在青海省考古學會所講，1983年又加修改。

㊲ 甘肅省文物工作隊、北京大學考古學系：《甘肅甘谷毛家坪遺址的發掘報告》，《考古學報》1987年第3期。

㊴ 衛聚賢主張《秦本紀》所説“西垂”在山西，是商人的西疆，林劍鳴也説“中潏不可能越過周而守商之西垂”。不過，既然秦人並非“東來”，則其本在隴西一帶。又商代晚期，商人勢力已達今關中西部，在今甘肅東部還存在商的方國密須，則早期秦人曾爲商守“西垂”，也是能説通的。

㊶ 李學勤、王宇信：《周原卜辭選釋》，《古文字研究》第4輯，中華書局，1980年。

㊷ 辛怡華：《早期嬴秦與姬周的關係》，《秦俑秦文化研究——秦俑學第五届學術討論會論文集》，陝西人民出版社，2000年。

㊸ 詢簋，唐蘭先生《西周青銅器銘文分代史徵》定爲共王時器，郭沫若《兩周金文辭大系考釋》定爲宣王時器，殆以唐説爲近是。

㊹ 王輝、程學華：《秦文字集證》，臺灣藝文印書館，1999年，第7頁。

㊺ 李學勤：《秦國文物的新認識》，《文物》1980年第9期。

㊻ 王輝編著：《秦銅器銘文編年集釋》，三秦出版社，1990年，第6頁。

㊼ 陳漢平：《金文編訂補》，中國社會科學出版社，1993年，第561頁。

㊽ 張修桂：《當前考古所見最早的地圖——天水〈放馬灘地圖〉》，《歷史地理》第10輯。轉引自徐日輝：《秦早期發展史》，中國科學文化出版社，2003年，第119頁。

㊾(93) 董珊：《秦子姬簋蓋初探》，《故宫博物院院刊》2005年第6期。

㊿ 李學勤：《論秦子簋蓋及其意義》，《故宫博物院院刊》2005年第6期。

(51)(93) 王輝：《秦子簋蓋補釋》，《華學》第9、10輯，上海古籍出版社，2008年；後又收入氏著：《高山鼓乘集——王輝學術文存二》，在“追記”中，我曾引梁雲説，以爲“依其説，‘秦子’仍有可能是出子”。

(52)(137)(138) a. 王輝：《由“天子”“嗣王”“公”三種稱謂説到石鼓文的時代》，《中國文字》新19期，臺灣藝文印書館，1995年；b. 徐寶貴：《石鼓文年代考辨》，《國學研究》第4卷，北京大學出版社，1997年；c. 徐寶貴：《石鼓文整理研究》，中華書局，2008年，第623—626頁。不過，徐氏從裘錫圭先生説以爲石鼓詩作於秦襄公時，而刻寫則在秦景公時。

(53) 劉雨：《豳公考》，《第四届國際中国古文字學研討會論文集》，香港中文大學，2003年；後又收入氏著：《金文論集》，紫禁城出版社，2008年，第333頁。

(54) 王輝：《讀上博楚竹書〈容成氏〉札記（十則）》，《古文字研究》第24輯，中華書局，2004年；後又收入氏著：《高山鼓乘集——王輝學術文存二》，中華書局，2008年。

㉟ 詹子慶：《周人自稱"有夏"原因探析》，《周秦社會與文化——紀念中國先秦史學會成立二十週年學術研討會論文集》，陝西師範大學出版社，2003年。

㊼ 王輝編著：《秦銅器銘文編年集釋》，第15頁。

㊾ 參看 a. 王明珂：《論攀附：近代炎黃子孫國族建構的古代基礎》，《"中央研究院"歷史語言究所集刊》第73本第3冊，2002年；b. 王輝：《古文字所見的早期秦楚》；c. 陳昭容：《從青銅器銘文看兩周夷狄華夏的融合》，以上二文皆爲"第二屆古文字與古代史國際學術研討會"論文，2008年12月在臺北宣讀，後刊於《古文字與古代史》第2輯，臺灣"中央研究院"歷史語言研究所會議論文集之九，2009年。

㉠ 劉得槙、朱建唐：《甘肅靈臺縣景家莊春秋墓》，《考古》1981年第5期。

㉡ 李學勤：《東周與秦代文明》，文物出版社，1984年。

㉢㊻ 張天恩：《秦器三論》，《文物》1993年第10期；後又收入氏著：《周秦文化研究論集》。

㉣ 同上，圖一，3、5。

㉤㊾ 袁仲一：《從考古資料看秦文化的發展和主要成就》，《文博》1990年第5期；又收入《秦文化論叢》第1輯，西北大學出版社，1993年；又《中華秦文化辭典·序一》，西北大學出版社，2000年。

㉥ 韓偉等：《秦都雍城考古發掘研究綜述》，《考古與文物》1988年第5、6期合刊。

㉧ 雷從雲：《戰國鐵農具的發現及其意義》，《考古》1980年第3期。

㉨ 王學理等：《秦物質文化史》，三秦出版社，1994年，第38頁。

㉩〔日〕瀧川資言、水澤利忠：《史記會注考證附校補》，上海古籍出版社，1986年，第1355頁。

㉪ 林劍鳴：《秦國發展史》，陝西人民出版社，1981年，第86頁。

㉫ 張金光：《秦制研究》，上海古籍出版社，2004年，第89頁。

㉬ 睡虎地秦墓竹簡整理小組：《睡虎地秦墓竹簡》（綫裝本），文物出版社，1977年；又同書平裝本1978年由文物出版社出版。

㉭ 王輝、程學華：《秦文字集證》，第173—174頁。

㉮ 同上，第208—212頁。

㉯ a. 劉信芳、梁柱編著：《雲夢龍崗秦簡》，科學出版社，1997年；b. 中國文物研究所、湖北省文物考古研究所編：《龍崗秦簡》，中華書局，2001年。

㉰ 同㉫，第42頁。

⑦⑧⓼⓪ 同 ⓺⑧，第 29 頁。

⑦⑧a. 李朝遠：《上海博物館新獲秦公器研究》，《上海博物館集刊》1996 年第 7 期；b. 李學勤、艾蘭：《最新出現的秦公壺》，《中國文物報》1994 年 10 月 30 日；c. 戴春陽：《禮縣大堡子山秦公墓地及有關問題》，《文物》2000 年第 5 期；d. 禮縣博物館、禮縣秦西垂文化研究會：《秦西垂陵區》，文物出版社，2004 年；e. 早期秦文化聯合考古隊：《2006 年甘肅禮縣大堡子山祭祀遺迹發掘簡報》，《文物》2008 年第 11 期；f. 早期秦文化聯合考古隊：《2006 年甘肅禮縣大堡子山東周墓葬發掘簡報》，《文物》2008 年第 11 期。

⑦⑨ 甘肅省文物考古研究所、禮縣博物館：《禮縣圓頂山春秋秦墓》，《文物》2002 年第 2 期。

⑧① 陝西省考古研究所、秦始皇兵馬俑博物館：《秦始皇陵園考古報告（1999）》，科學出版社，2000 年，第 171 頁。該鼎國別不無爭論，但多數學者視爲秦器。

⑧② 韓偉：《論甘肅禮縣出土的秦金箔飾件》，《文物》1995 年第 6 期。

⑧③ 同 ⑦⑧d，第 12 頁。

⑧④ 同上，圖版一至一一。

⑧⑤ 同 ⓺⑧，第 39 頁。

⑧⑥ 秦始皇兵馬俑博物館、陝西省考古研究所：《秦始皇陵銅車馬發掘報告》彩版一一、二六；圖版三九、四〇、八六至八九，文物出版社，1998 年。

⑧⑦ 參看 a. 董珊：《戰國題銘與工官制度》，北京大學博士學位論文，2002 年，第 205—245 頁；b. 王偉：《秦璽印封泥職官地理研究》，中國社會科學出版社，2014 年，第 229—244 頁。

⑧⑧a. 袁仲一：《秦代陶文》，三秦出版社，1987 年，第 28—29 頁；b. 袁仲一：《秦陶文新編》，文物出版社，2009 年，上編第 223 頁。

⑨⓪ 黃留珠：《秦文化概説》，《秦文化論叢》第 1 輯，西北大學出版社，1993 年。

⑨①⑨② 黃留珠：《秦禮制文化述論》，《秦俑秦文化研究》，陝西人民出版社，2000 年，第 45—58 頁。

⑨④ 王輝：《秦出土文獻編年》，第 54 頁。

⑨⑤a. 王輝：《秦文字釋讀訂補（八篇）》，《考古與文物》1997 年第 5 期；b. 王輝：《從考古與古文字的角度看〈儀禮〉的成書年代》，《傳統文化與現代化》1999 年第 1 期。

⑨⑥a. 李零：《秦駰禱病玉版研究》，《國學研究》1999 年第 6 卷；b. 王輝：《秦曾孫駰告華大山明神文考釋》，《考古學報》2001 年第 2 期。

⑨⑧ 王輝：《靁字補釋兼論春秋公冠禮》，《第二屆國際中國古文字學研討會論文集》，香港中文大學，1993 年。

⑩⓪王輝：《儒與秦文化》，《秦文化論叢》第 3 輯，西北大學出版社，1993 年。

⑩①王輝：《周秦職官異同論》，《秦俑秦文化研究》，陝西人民出版社，2000 年。

⑩②王輝：《〈石鼓文・吳人〉集釋——兼再論石鼓文的時代》，《中國文字》新 29 期，臺灣藝文印書館，2003 年。

⑩③張家山二四七號漢墓竹簡整理小組：《張家山漢墓竹簡（二四七號墓）》，文物出版社，2006 年，第 190 頁。

⑩④王輝編著：《秦銅器銘文編年集釋》，第 74—75 頁。

⑩⑤同 ⑧⑦a，第 71 頁。

⑩⑥王輝、蕭春源：《珍秦齋藏秦銅器銘文選釋（八篇）》，《故宮博物院院刊》2006 年第 2 期；後又收入氏著：《高山鼓乘集——王輝學術文存二》。

⑩⑦李零：《中國方術正考》，第 154 頁。

⑩⑧同上，第 142 頁。

⑩⑨湖北省文物考古研究所、北京大學中文系編：《九店楚簡・出版說明》，中華書局，2000 年。

⑪⓪湯餘惠：《戰國銘文選》，吉林大學出版社，1993 年，第 194 頁。

⑪①張強：《秦漢神學政治與陰陽五行的文化意義》，《秦文化論叢》第 9 輯，西北大學出版社，2002 年。

⑪②陳奇猷：《呂氏春秋校釋》，《補論》，學林出版社，1984 年，第 1890 頁。

⑪③ a. 周曉陸、路東之、龐睿：《秦代封泥的重大發現——夢齋藏秦封泥的初步研究》，《考古與文物》1997 年第 1 期，第 46 頁圖 76；b. 周曉陸、路東之、龐睿：《西安出土秦封泥補讀》，《考古與文物》1998 年第 2 期，第 51 頁圖 28、29。

⑪④同上注後文，第 55 頁。

⑪⑤王輝：《秦印考釋三則》，《中國古璽印學國際研討會論文集》，香港中文大學出版社，2000 年。

⑪⑥張金光：《重估秦文化的歷史地位》，《周秦漢唐文化研究》第 3 輯，三秦出版社，2004 年；又見氏著：《秦制研究・自序》，上海古籍出版社，2004 年。

⑪⑦趙世超：《秦國用人的得失和秦文化》，《文史知識》1992 年第 10 期；後又收入氏著：《瓦缶集》，人民出版社，2003 年。

⑪⑧同樣記載又見《史記・封禪書》，唐司馬貞索隱疑"百"當爲"白"，恐僅是一種推測。

⑪⑨王偉：《秦璽印封泥職官地理研究》，第 112 頁。

⑫⓪馬非百：《秦集史・封爵表》，中華書局，1982 年，第 876 頁。

⑫①同⑪⑥，第 745—746 頁。

㉒徐衛民、賀潤坤：《秦政治思想述略》，陝西人民出版社，1995年，第30頁。

㉓高敏：《睡虎地秦簡初探》，臺灣萬卷樓圖書有限公司，2000年，第30頁。

㉔參看⑩。

㉕a. 林劍鳴：《從秦人價值觀看秦文化的特點》，《歷史研究》1987年第3期；b. 林劍鳴：《幾回魂夢與君同》，《中華秦文化辭典・序二》，西北大學出版社，2000年。

㉖陳夢家：《殷虛卜辭綜述》，科學出版社，1956年，第283頁。

㉗陳夢家：《西周銅器斷代》（上冊），《陳夢家著作集》本，中華書局，2004年，第318頁。

㉘同⑱f。

㉙a. 李朝遠：《上海博物館新獲秦公器研究》，《上海博物館集刊》1996年第7期；b. 李學勤、艾蘭：《最新出現的秦公壺》，《中國文物報》1994年10月30日；c. 首陽齋、上海博物館、香港中文大學文物館：《胡盈瑩、范季融藏中國古代青銅器》，上海古籍出版社，2008年；d. 祝中熹、李永平：《遙望星宿——甘肅文化考古叢書・青銅器》，敦煌文藝出版社，2004年；e. 張光裕：《新見〈秦子戈〉二器跋》，屈萬里先生百歲誕辰學術研討會論文，2006年。

㉚a. 王輝、蕭春源：《新見銅器銘文考跋二則》，《考古與文物》2003年第2期；b. 李學勤：《論秦子簋蓋及其意義》，《故宮博物院院刊》2005年第6期；c. 王輝：《秦子簋蓋補釋》。

㉛a. 王輝編著：《秦銅器銘文編年集釋》，第13—18頁；b. 王輝：《秦出土文獻編年》，第31—33頁。

㉜林劍鳴：《秦國發展史》，陝西人民出版社，1981年，第39—40頁。

㉝王輝：《論秦景公》，《史學月刊》1989年第3期。

㉞李學勤：《秦懷后磬研究》，《文物》2001年第1期。

㉟a. 郭沫若：《兩周金文辭大系考釋・秦公簋》，上海書店出版社，1999年；b. 楊樹達：《積微居金文説・秦公簋再跋》，科學出版社，1959年，第44頁；c. 王輝：《秦器銘文叢考》，《文博》1988年第2期；d. 陳昭容：《秦公簋的時代問題：兼論石鼓文的相對年代》，《"中央研究院"歷史語言研究所集刊》第64本第4分，1993年。

㊱徐寶貴：《石鼓文整理研究・石鼓文的年代》，中華書局，2008年，第606—704頁。

㊴a. 易越石：《石鼓文通考》，上海人民出版社，2009年；b. 徐暢：《石鼓文年代新考》，《考古與文物》2003年第4期。

㊵這祇是粗略的估計。拙文《〈秦出土文獻編年〉續補（四）》已彙集秦出土文字資料至3493條，其中秦孝公十六年（前346）之前的祇有50餘條。這還未包括未公佈的里耶秦簡（三萬餘枚，據説有字者有一万七千餘枚）和嶽麓書院所藏秦簡（據《文物》2009年第3

期陳松長《嶽麓書院所藏秦簡綜述》説有 2098 枚）。如加上這兩批簡，後期文字數量肯定超過前期百倍以上。

⑭¹王輝:《秦文字在漢字發展史中的相對位置》,《高山鼓乘集——王輝學術文存二》,第 200—203 頁。

⑭²陳昭容:《秦系文字研究》,"中央研究院"歷史語言研究所專刊之一〇三,2003 年,第 95—100 頁。

⑭³李學勤:《新出簡帛與楚文化》,湖北社會科學院歷史研究所編:《楚文化新探》,湖北人民出版社,1981 年,第 36—37 頁。

⑭⁴李學勤:《〈馬王堆簡帛文字編〉序》,載陳松長:《馬王堆簡帛文字編》,文物出版社,2001 年。

（原載《秦俑博物館開館三十週年國際學術研討會暨秦俑學第七屆年會論文集》,三秦出版社,2010 年）

秦文字研究的回顧與展望

秦文字研究已經走過了兩千年的道路。近當代，特別是改革開放以來，在這一研究領域已取得了輝煌成績，也仍有弱點及不足，有待繼續深入發展。本人曾長期致力於此，願談一點粗淺的體會與看法。

一、1949 年以前的研究簡況

1.《史記·秦始皇本紀》已著録秦始皇泰山、琅邪、之罘、東觀、碣石、會稽六種刻石及秦二世詔書。嶧山刻石《秦本紀》未著録，然唐封演《封氏聞見記》記其爲"李斯小篆"，並説其時已有摹刻本。杜甫《李潮八分小篆歌》："嶧山之碑野火焚，棗木傳刻肥失真。"《漢書·藝文志》六藝略春秋類下著録"《奏事》二十篇"，顏師古注："秦時大臣奏事及刻石名山文也。"則顏氏以爲《奏事》中有秦刻石的內容。

2. 許慎《説文》篆文、籀文大多來源於秦文字。如"史"字三晉璽印作"䖒"（《古璽彙編》1725）、郭店楚簡《老子》甲作"䖒"（《楚文字編》，第 5 頁），青川秦牘作"䖒"、泰山刻石宋搨本作"䖒"，與《説文》小篆作"䖒"同。又如"商"字三晉璽印作"䖒"（《璽彙》1484）、曾侯乙鐘作"䖒"，秦封泥"商丞之印"作"䖒"，與《説文》小篆作"䖒"同，而春秋秦公鎛、秦公一號大墓編磬"商"字作"䖒"，與《説文》籀文"䖒"近。這説明許慎已對秦篆做過一番整理與研究。

3. 顏之推《顏氏家訓》記隋開皇三年長安發現兩詔銅權，顏氏指出據詔文可知《史記》有的本子秦丞相"隗林"乃"隗狀"之訛。

4. 石鼓文一般認爲唐初發現於天興縣，轟動朝野。韋應物、杜甫、韓愈大加讚詠，虞世南、褚遂良、歐陽詢、李嗣真、張懷瓘、竇蒙喜其書法。唐人對石鼓文有初步瞭解，大多斷其時代爲周宣王。

5. 宋人金石著錄書如呂大臨《考古圖》、薛尚功《歷代鐘鼎彝器款識法帖》已著錄石鼓文、秦公鐘（盄和鐘）、平陽斤權、遣磬，及宋嘉祐、治平、大觀年間出土的三種詛楚文。蘇軾、歐陽脩、趙明誠等都曾加以研究。詛楚文時代有秦惠文王及昭王二說。盄和鐘楊南仲、歐陽脩、趙明誠以爲乃秦景公時物。鄭樵等已認定石鼓文爲秦物。

6. 元、明兩代對石鼓文研究較多，但成績平平。楊慎等對石鼓文的缺字補多不可靠。

7. 清人研究秦文字的成績遠超前代。清金石著錄書如吳大澂《恒軒所見所藏吉金錄》、劉心源《奇觚室吉金文述》、端方《陶齋吉金錄》等著錄邵宮盃，以及諸多兵器、度量衡器。有關石鼓文文字、音訓、章句、考釋的成果極爲豐碩，如朱彝尊《石鼓考》、震鈞《石鼓文集注》等。對詛楚文的真偽清人有爭論，多數學者認爲不偽。

8. 民國時期，秦文字研究逐漸從一般的金石文字研究中分離出來。1914 年，羅振玉《秦金石刻辭》爲其開端。1931 年，容庚《秦金文錄》專錄秦代金文，材料豐富。民國初年，甘肅天水地區出土秦公簋，王國維爲之跋，此後郭沫若《兩周金文辭大系圖錄考釋》等也有考釋。王氏後又作《秦都邑考》《秦郡考》，皆爲名文。王氏提出戰國時秦用籀文六國用古文說，影響巨大，雖不盡全面，但大體如是。民國時石鼓文研究名家輩出，羅振玉、王國維、馬衡、郭沫若、唐蘭、張政烺、羅君惕、馬叙倫各有宏論。馬衡《石鼓爲秦刻石考》論定石鼓爲秦物。郭沫若考定詛楚文爲惠文王後元十三年物。1922 年，華學涑所著《秦書集存》是最早的秦文字編。

二、1949 年以後的重要發現及研究

1949 年以後至今的 66 年間，秦出土文字資料的數量，特別是戰國至秦代的秦文字資料數量，是此前兩千年的數十倍乃至上百倍，除金文、石刻外，又有符節、陶文、璽印、封泥、簡牘、錢幣、漆木器文字等，其中多有重大發現；而其研究成果也遠超前人。以下摘要列舉其成果及不足。

（一）金文

1. 傳世器不其簋蓋及山東滕縣出土不其簋器、蓋銘文，前人多以爲時代爲周，陳夢家首指爲秦器，李學勤說"不其"即秦莊公其，我和陳平都同意李說並加補充。也有學者（如梁雲）說非秦器，但不能肯定"不其"究竟何指。

2. 秦公簋、盉和鐘銘"先祖""十又二公"討論甚多，或說"先祖"指襄公，"十又二公"應從文公數起，作器者是景公，但遠非定論。

3. 寶雞太公廟秦公鎛、編鐘一般認爲是秦武公器，"王姬"或說是武公妻，或說是其母，未有定論。

4. 1993年以後甘肅禮縣大堡子山出土鼎、簋、壺、鐘數十件，流散至倫敦、巴黎、紐約、日本、中國香港、中國臺灣，少數在甘肅省博物館、上海博物館，曾引起轟動，討論文章很多。大堡子山秦墓地後經發掘。但"㝬公""㒸公"究竟何指，說法不一，祇能肯定是春秋初年。

5. 傳世有秦子戈、矛。"秦子"是誰？1986年陳平文認爲是文公太子靜公，拙文則認爲前出子可能性大。後大堡子山出土秦子鐘、澳門蕭春源藏秦子簋蓋，"秦子"再次引發熱議，有二十餘文。多數認爲是靜公，我個人的看法也有改變。近時仍有討論，或認爲是宣公，爭論遠未結束。

6. 度量衡器、詔版斷句、釋讀討論較多。

7. 兵器出土極多，不乏重要者：

（1）兵器所見監製丞相或相邦有：樛斿、張儀、奐、殳（金投）、觸（壽燭）、魏冉、樗里疾、呂不韋、啓（昌平君）、顛（昌文君）、李斯、隗狀。商鞅兵器有6件，稱"大良造庶長"，相當相邦。

（2）封君或卿大夫造兵器有：高陵君弩機、疑穰侯魏冉的王二十三年家丞禺戈，珍秦齋藏秦政（正）白（伯）喪戈或說是立前出子的大庶長弗忌，或說是穆公大臣公孫支（子桑），仍可討論。

（3）中央機構寺工、少府、屬邦、詔事監造兵器甚多。

（4）郡守監造兵器以上郡守造爲多，已見上郡守有：樗里疾、匽氏、間、向壽、司馬錯、白起、李冰、慶、暨（王錡）、定、壘（䵳）。其他郡如内史、漢中、北地、上黨、河東、蜀、邯鄲、南陽、琅邪、九原，有的僅有製造地或置用縣名，無守名。

8. 虎符：

（1）杜虎符真僞原有爭論，今已肯定此爲惠文君稱王前物。

（2）陽陵虎符作臥虎形。

（3）新郪虎符或說是漢器，我曾舉三點理由證其爲秦物無疑。

9. 車馬器如大后車軎、秦陵銅車馬部件文字對研究車之構造、馬具、車馬繫架方式皆有幫助。

（二）璽印封泥

秦璽印封泥研究，早先成績較小。很長時間沒能從"周秦印（封泥）""秦漢印（封泥）"中分離出來，20世紀80年代末到90年代初，王人聰、孫慰祖和我都做過一些工作，但成績也很有限。1995年以來，西安北郊相家巷等地陸續發現秦封泥，是20世紀末的重大考古發現之一，足可與秦兵馬俑及睡虎地秦簡的發現相媲美，一時形成研究熱潮。李學勤、孫慰祖、施謝捷、周曉陸、傅嘉儀、劉慶柱、劉瑞、史黨社和我都曾致力於此，目前已有論文、專著、博士論文200餘篇（部），涉及職官、地理、書法、封泥形制、斷代諸方面。據王偉《秦璽印封泥職官地理研究》統計，秦封泥截至2013年已發現1159種，6727枚。

秦封泥曾經中國社會科學院漢長安城考古隊及原西安市文管會（現西安市文物保護考古研究院）發掘，弄清了地層關係。但後者資料至今未刊佈，殊為遺憾。

目前仍有多枚封泥的含義難於確知，如"容趨丞印""行平官印"。隨着秦封泥熱，市場上也有少量偽品出現。

秦私印、成語印研究也有進展。

（三）陶文

秦陶文多出土於秦都城如雍城、櫟陽、咸陽遺址及秦陵園如始皇陵、秦東陵，以及阿房宮遺址，關中多地秦墓，關中以外地區僅有零星發現。因此，秦陶文的研究以陝西學者為主，最早有系統的研究者為陳直（《關中秦漢陶錄》及其《補編》），最有成就者為袁仲一（《秦代陶文》《秦陶文新編》）。1949年以後的秦陶文多為考古發掘所得，因而時代明確。《秦陶文新編》實收陶文3258條（截至2005年），多有漏收。王恩田《陶文圖錄》對秦陶文有所補充，陝西近年出版的幾種考古報告如《西安北郊秦墓》《西安尤家莊秦墓》也刊佈了約200條秦陶文。

秦陶文有戳印，有刻劃。前者多為陰文，為陽文秦印所戳印，如陽文秦印有"東市""聲市"，同類陶文有"麗市""雲市""櫟市""杜市"等。秦陶文與璽印、封泥多有相同者，如"大匠""都船""都水""麗山飤官"等。秦陶文研究對研究秦官制及製陶手工業作坊的發展狀況有重大價值。

户縣（今鄠邑區）出土秦封宗邑瓦書、秦陵趙背户村出土修陵工人墓誌瓦文學者討論較多，但至今仍有個別字未能準確瞭解其意義，如"一里廿輯"之"輯"。

秦陶文中春秋時代仍有刻劃符號而非文字。

（四）石刻

1. 鳳翔南指揮村秦公一號大墓出土殘磬銘文 26 條。拙文《秦公大墓石磬殘銘考釋》據"天子匽喜，龏（共）趄（桓）是嗣""佳（惟）四年八月初吉甲申"定此爲秦景公四年（前 573）物。此已爲學者所公認。西北大學王建新説應爲哀公物，但並未舉出幾條理由。我説："你先把文章寫出來，我們再討論。"但六七年過去了，王文至今未見到。磬銘"高陽有靈，四方以鼏平"，高陽指古帝顓頊，《史記·秦本紀》"秦之先，帝顓頊之苗裔"，與磬銘合。拙文則認爲這種傳説是秦人的自我攀附，是秦人向華夏靠攏的反映，並非信史。過分疑古不對，一味相信傳説史料也不足取。

2. 宋人著録遣磬我曾疑其爲僞，常任俠、李純一以爲是西周後期至春秋時物。李學勤稱"懷后磬"，以爲"可能出自秦公夫人墓内""器主乃春秋時期一代秦公的夫人"。銘爲宋人摹本，有些文句仍待討論，如"囗之配，厥益曰鄴"。

3. 傳陜西出土秦駰禱病玉版爲秦惠文王駰（《史記》訛作駟）因病祭禱華山所作，其所反映的祭神儀節與詛楚文有若干相似之處。玉版作圭形，與詛楚文作璋形［由"著（書）者（諸）石章（璋）"推測］相近。學者對玉版文字多有討論，不過仍有一些字詞、語句，如"東方有士姓爲刑灖氏其名曰陘"的意義有待討論。

4. 中國大陸及香港、臺灣地區仍有多人研究石鼓文，徐寶貴《石鼓文整理研究》涉獵廣，論述深，"是迄今爲止關於石鼓文的最全面最深入的一部著作"（裘錫圭序語）。也有一些非學術的著作。

石鼓文的時代久爭不決，但分歧逐步縮小。現在絶大多數學者認爲石鼓文時代爲春秋晚期，不過仍有學者堅持戰國惠文王説，甚或周宣王説。拙文《由"天子""嗣王""公"三種稱謂説到石鼓文的時代》及其《補記》《〈石鼓文·吴人〉集釋——兼再論石鼓文的時代》主張石鼓作於秦景公五年後，主要理由是文字風格、内容、稱謂、語彙特點。徐寶貴意見大體相同，徐文對文字特點的分析更加深入。

5. 詛楚文真僞續有争論，陳煒湛力證其僞，趙平安、陳昭容以爲不僞，陳煒湛之説不可信。姜亮夫、孫作雲、陳世輝、陳偉續有研究。"十八世"或説起自秦穆公，至惠文王止，共十八代。

6. 林劍鳴、康寶文、吴福助、臧知非及日人鶴間和幸對秦刻石内容、結構、宣揚的思想文化續有討論。

（五）漆木器

1. 秦公一號大墓出土一件小漆筒，墨書"敊（紫）之寺（持）簧"4 字，指明此器是紫祭天時所持用的笙或竽類，大概同於後世的遣册。方建軍則説簧是吹奏樂器。

2. 湖北雲夢睡虎地、關沮及四川青川出土漆器上多有針刻或烙印文字，如"成亭""咸亭""士五（伍）軍""大女子口""小男子""上造口""包（麭）"之類，學者討論極多。某亭、某市標明産地，説明該批産品經過市場檢驗，已經徵税，可以出售；"小女子""小男子"殆漆工子女，是學徒。麭爲製作漆器工藝。

3. 2010年西安市公安局繳獲漆豆一件，殘漆豆座三件，銘："八年相邦薛君造，雍工師效，工大人申。""八年丞相殳造……""大官。"拙文考定"薛君"是孟嘗君，"殳"爲見於《史記·秦本紀》之"金受"（受爲殳之訛）、《戰國策·東周策》之"金投"。器主當是秦昭襄王。漆豆雖小，但對秦考古及歷史研究皆有重大意義。

4. 抗戰期間長沙出土漆盒（或稱卮）銘"廿九年大后詹事丞向……""大后"商承祚隸作"六月"，誤。"詹事"爲黄盛璋、李學勤所定，詹事"掌皇后、太子家"。器主爲秦宣太后。1999年湖南常德出土"十九年大后詹事"漆盒，文例相似，殆同批工匠所製。

（六）簡牘

秦出土簡牘數量大，内容廣，其重要性僅次於楚簡牘。

1. 睡虎地秦簡有《編年記》，類似《秦記》。亦爲墓主喜之私家記事譜。《語書》乃法律教育文告。法律文書既有法律條文，也有法律解釋、案例彙編，證明秦已有完整的法律體系。李學勤、于豪亮、劉海年、高恒、高敏、林劍鳴、栗勁、馬先醒、堀毅多有研究，已有專書數部。但仍有些問題没有定論，如"隸臣妾"是否奴隸。近時有學者對秦律分類加以彙輯、解釋。《日書》有甲、乙二種，饒宗頤、曾憲通、劉樂賢、王子今、吳小强、工藤元男等有專書，其他論文甚多，但分節、解釋分歧仍多。《爲吏之道》是官吏學習教材，有濃厚的儒家色彩，有儒法道融合傾向，個别詞語的解釋仍有争論。睡虎地4號秦墓出土兩件木牘家書，接近口語，對研究語言學史極爲重要。

2. 放馬灘秦簡牘出土於1986年，2009年始完整發表，因其圖版不清，故釋文錯誤較多。近時《秦簡牘合集》放馬灘簡分册出版，情況始有改觀。

木板地圖6塊，繪有山、水系、溝豁、地名，是中國最早的古地圖，何雙全、李學勤、張修桂、曹婉如、徐日輝、藤田勝久多有討論，雍際春有專書。文字釋讀多有争論。如第一塊A面之"邦丘"，邦或釋封；第四塊B面"泰桃""中桃""小桃"，桃或釋析，或釋相。地名"略"或説即不其簋之"䂊"，亦即後世之略陽川。"郍"或説指今東柯河。多數地名不能確指。地圖如何拼接，涉及地域範圍是渭水流域還是嘉陵江上游，則至今未有共識。

M1出土一則有志怪色彩的記事，或名《墓主記》，或名《丹》，或名《邸丞赤謁御史書》。時代或説是秦王政八年；或説是昭襄王三十八年；或説是惠文王後元八年；或説此篇是趙物，邸、北地皆趙地名，時代爲趙惠文王八年，有待討論。

《日書》甲、乙兩種，乙篇内容較多。何雙全、吴小强、劉樂賢、晏昌貴及多篇網上論文討論熱烈，包括分章、綴連、考釋，可討論的問題仍多。

3. 龍崗簡有劉信芳等《雲夢龍崗秦簡》、胡平生等《龍崗秦簡》兩種版本，後者對釋文有訂正，標題、墓主、時代亦有新見。

前者將龍簡分作五類，後者以爲祇有"禁苑"一類，其説近是，但亦有誤説。如説簡116"吏行田贏"之"行田"爲行獵，楊振紅則説是授田。胡平生讀"奭"爲"孀"，甚是。但仍有很多説法值得進一步討論，如説簡35"風荼"即封菟，是虎的别名，又説可能讀犎㹀，是一種野牛，皆可疑。

木牘1枚，或稱"冥判"，或稱"案例"，或稱"告地策"，劉國勝認爲類似今日之案件判決書，殆是。"辟死"劉氏以爲是墓主名。

龍崗簡牘的時代上限可到秦統一前，下限至二世二年。胡平生説也可到漢高祖三年，理由不很充足。

4. 青川牘2枚，是秦武王二年王命丞相甘茂、内史匽氏更修爲田律的記載，于豪亮、李昭和、李學勤、林劍鳴、徐中舒、張金光、楊寬、黄盛璋、胡平生等討論甚多，但其田畝制度、"畛"的含義、阡陌在田畝的哪一端等問題至今未有定論。

5. 岳山牘2枚，屬《日書》，是水、土、木、火、金（錢）、人、牛、馬、羊、犬、豕、雞的良日、忌日，與睡虎地《日書》簡、放馬灘《日書》簡相關條目有同有異。此牘文字較少，討論者亦少，楊芬和我有文討論個别字詞。

6. 關沮簡有秦始皇三十四年、三十六年、三十七年三種曆譜，列各月的大小、朔日干支，有的干支下記當日或當月所發生之事。曆譜有學者認爲應稱"曆日"。所記朔日干支或有誤（與張培瑜《中國先秦史曆表·秦漢初朔閏表》比對），其與漢初所傳顓頊曆的關係也值得討論。

二世元年木牘正月稱"端月"，值得注意。《日書》有"二十八宿占""求斗術""五時段""戎磨（曆）日"及綫圖4種。其中"戎磨日"分一月三十日爲五單元，每單元6天又分"大徹""小徹""窮"三類，以之推求吉凶。

簡347—353爲祭禱先農術，記祀先農時間、物品、祝詞、過程等。"先農"是后稷還是炎帝，衆説不一。

7. 嶽麓書院藏秦簡1300餘枚，現祇公佈了一部分。

《二十七年質日》《三十四年質日》《三十五年私質日》整理者説"即執日，主要内容爲政事記録"，實際上仍是曆日，記事祇是附帶性質。"私質日"具有私人記事性質。所記主要是"騰"與"爽""野"的事蹟，三人的關係不明，我曾推測"騰"爲"爽"之父，"爽"爲這批簡的主人，亦即墓主，也有很多不同意見。

《爲吏治官及黔首》或稱《官箴》，與睡簡《爲吏之道》同類，而語句有同有異。于洪濤、廖繼紅、陳偉、張新俊、方勇、湯志彪、凡國棟、劉雲、朱紅林等討論極多，仍有一些詞語未得確詁。

《占夢書》後稱《夢書》，是對所夢的占語式的解讀及理論闡述。陳劍、高一致、凡國棟、袁瑩等有討論，但有的詞語，如"燔絡"何意，仍無定論。

《數》與張家山漢簡《算數書》略同，有可能是《九章算術》的前身。蕭燦、朱漢民分其内容爲九類，許道勝、李薇等有討論。

《奏讞書》是江陵、州陵、胡陽等地守丞對有關刑事奏讞、審議和裁決的記録。嶽麓簡還有很多律令，祇公佈了部分條文。

陳松長、王偉等對嶽麓簡所見秦郡名有討論。

8. 王家臺簡 1993 年出土，至今未公佈圖版，僅王明欽《王家臺秦墓竹簡概述》有介紹。

《歸藏》簡《概述》公佈有 53 條釋文。王明欽、連劭名、王寧、邢文、柯鶴立、王葆玹和我都有文討論。《歸藏》體例已格式化，簡本"卜""貞卜"傳世本皆作"筮"，可能反映了先秦卜筮不分的現象。《歸藏》與《周易》的關係不明，王明欽説《周易》繼承《歸藏》，也有學者持反對意見。《歸藏》的時代或説是殷商，證據不足；或説是孔子時；我則以爲不成書於一時，亦不成於一人之手，簡本約成書於戰國中晚期之際，而傳本更在其後。

《政事之常》先畫圖表，後書文字。圖表中間書"員（圓）以生枋（方），正（政）事之常"，點明主題。第 2 圈文字略同睡簡《爲吏之道》中部分内容，第 3 圈文字是對第 2 圈文字的解釋與説明，第 4 圈文字是進一步的闡釋。學者對個別詞語及其思想觀念有所討論。

《日書》及法律條文僅有少數條文公佈，討論較少。

9. 里耶秦簡牘出土於 2002 年，據説有文字者約 17000 枚，除簡報、《選釋》之外，《里耶秦簡（壹）》及《里耶秦簡牘校釋（第一卷）》公佈了共 2629 枚簡牘釋文。

里耶簡牘的主要内容爲遷陵縣政府檔案，涉及人口、土地、賦税、吏員、刑徒登記、文書構成及傳遞、追討貨債、書同文字、倉儲管理、郵驛及津渡管理、兵器調配、民事糾紛等。抄寫時間約在統一前不久至秦末。李學勤、彭浩、王焕林、張春龍、龍京沙、陳偉、陳松長、于振波、晏昌貴、鍾煒、邢義田、藤田勝久、曹旅寧等研究較多，目前仍方興未艾。

笥牌文字 5 條，記有年月、經辦官員、物品、移送地點等，如 8：774："卅四年四月盡九月倉曹當計禾稼出入券。已計及縣相付受（授）廷第甲。"

封泥匣文字 200 餘枚，記始發及發往地點、物品名、數量，由此知秦有封泥匣。

邢義田等討論秦簡牘的文書構成、筆蹟、存放形式。文書有年、月、朔、干支，撰者職官、名，文書經手者署名後加一"手"字。上行文書稱"敢言之"，平行文書用"敢告"，下行或退還文書用"卻之"。

陽陵司空騰追繳貰債文書多枚，涉及債權方、債務方、券書，何雙全、宋豔萍、馬怡等有討論。"陽陵"何指，未能定論。

簡 16：5 爲"傳送委輸"簡，涉及兵器傳輸、徵用隸臣妾、城旦舂、居貲贖貨等，黃展岳有討論。

卜憲群等討論了秦鄉里吏員的設置和行政功能。

里耶秦簡涉及很多郡、縣、鄉名，有的引起爭議。"洞庭郡""蒼梧郡"文獻失載，陳偉、趙炳清、周振鶴等討論熱烈，然二郡始置時間、範圍及與長沙、黔中郡的關係至今未能釐清。

里耶古城壕出戶籍簡多枚，記戶主及其妻妾、兄弟、子女等，張榮強、劉欣寧、王子今、黎石生等有所討論。"南陽"或說爲遷陵鄉名。

祠先農簡 22 枚，記祠先農的物品、祭祀後的分胙等，與關沮簡不盡同。宋超、田旭東等有所討論。"先農"是誰，仍未有定論。

里耶 8：461 木方（原編 455 號）張春龍、龍京沙、胡平生、游逸飛、陳侃理、郭永秉、田煒等有文討論。游文將其内容分爲 11 組，陳文說木方内容與"書同文字"，即秦統一後的文字字形和用字習慣相關，有所突破。個別詞語，如"曰胙曰荆"，"胙"究竟應該讀吳還是讀楚，還可以討論。

（七）貨幣

秦惠文王"初行錢"，即方孔圓錢秦半兩，此前通行圓孔圓錢，即一兩錢和半睘錢。此外，還通行布和黃金。有的封君如呂不韋、長安君、涇陽君曾鑄文信錢、長安錢、兩甾錢。

秦半兩錢研究者較多，既有學者，亦有古錢收藏者。黃錫全、吳良寶、朱活、王泰初、何清谷、蔡萬進、吳鎮烽各有專文，王雪農、劉建民《半兩錢研究與發現》一書是集大成之作。今人已能從鑄口茬、重量、文字特點等區分戰國秦半兩和秦統一後半兩。

（八）字體、構形、隸變

1. 字體。秦文字上承西周文字，籀文、篆文去殷周文字較六國文字爲近。秦文字較保守，異於六國文字的求變求新。從春秋初到戰國末，秦文字不斷規整化與簡化。如"中"字石鼓文作"■",封泥作"■","秦"字秦公鼎作"■",秦駰玉版作"■","四"字秦公簋作"■",睡虎地簡作"■"。秦文字也有繁化,如"有"字秦公鎛"克明有心"作"■",而"匍有四方"作"■"。繁化多關乎意義分化,且數量較少。對秦文字的特點及其演變,陳昭容《秦文字發展序列——從漢字發展歷史看秦文字的傳承與演變》、王輝《秦文字在漢字發展史中的相對位置》曾加分析。

對秦始皇的"書同文字",討論文章極多,"文化大革命"中一度熱得離譜,改革開放後始歸學術層面。北文《秦始皇"書同文字"的歷史作用》、陳昭容《秦系文字研究》、趙平安《論秦國歷史上的三次"書同文"》分析深入。是用小篆還是隸書統一,是正字形還是正用字,是字體統一還是命令的格式、內容統一,久爭不決,但"書同文字"是"罷除東土區域性文字不與秦文合者",已爲多數人所公認,里耶木方內容也證明了這一點。

討論秦文字構形的有徐筱婷《秦系文字構形研究》、郝茂《秦簡文字系統之研究》,何家興也有相關文章。

有多位學者據秦文字俗體探討隸書的起源。裘錫圭《從馬王堆一號漢墓"遣册"談古隸的一些問題》、趙平安《隸變研究》、陳昭容《隸書起源問題重探》見解深刻。多數學者認爲:就隸書風格而言,戰國東西土文字都有相同的經歷;就隸書的結構而言,基本上是在秦文字俗體的基礎上發展起來的。秦隸發生的時間,或以爲可推至戰國晚期早段的秦駰玉版、青川木牘,甚或中期;也有的人以爲僅可推至戰國晚期。

楊宗兵曾分析過秦文字的草書及草化。

三、今後的展望

(一)資料的整理與刊佈

秦文字的資料整理,原先有的拖得時間很長。放馬灘簡20多年後始完整發表,王家臺簡至今未完整發表,西安文管會發掘出土秦封泥至今未刊佈(2018年校記:近日有關單位已開始整理)。近幾年的嶽麓簡、里耶簡則刊佈較快。現在有了新的儀器,有國家重大項目的支持,有年輕的學術力量,希望能加快已有資料的刊佈,或對已整理刊佈的資料重新整理。武漢大學簡帛研究中心與幾個博物館合編《秦簡牘合集》已開了一個很好的頭,其他如金文、陶文、璽印、封泥可做的工作還很多,希望能得到支持。

(二)工具書的編纂

一般的戰國文字工具書如何琳儀《戰國古文字典》、湯餘惠《戰國文字編》限於體例,收秦文字較少。袁仲一《秦文字類編》收字較多，有辭例，但用摹本，不盡準確，辭例較少，且出版時間已過近30年，無法反映秦文字的最新面貌。劉信芳《睡虎地秦簡文字編》、張守中《睡虎地秦簡文字編》、張世超等《秦簡文字編》、方勇《秦簡牘文字編》、許雄志《秦印文字彙編》各有成就，但祇收簡牘或璽印封泥或簡牘中的一部分，難於反映秦文字的全貌。2015年，由我主編的《秦文字編》出版，該書收字3269個，遠多於以上各書，各字形後均有辭例，有些詞語有簡要注釋或新注另加按語，實際上有文字編、字典兩種功能。該書成稿於2006年，對此後的新說有所吸收，但遠遠不夠。注釋或用原整理者的舊說，不盡準確，已有文討論。本人希望能再做《續編》，反映最近幾年的材料和研究進展，也更正原書的一些錯誤。做文字編是一件吃力不討好的事，但本人多年沉浸於此，還是希望能把此事做下去。

索引、引得一類的書祇看到張顯成主編《秦簡逐字索引》一種，該書祇收睡虎地、放馬灘、關沮、龍崗四種，希望能繼續做下去。又楊廣泰《新出封泥彙編》附錄該編封泥所見職官、郡縣鄉名音序索引，但其封泥含秦漢兩代，不盡爲秦。

（三）綜合研究有待深入

1. 金、石、印、陶、簡應做綜合研究。現在秦文字資料已多，金、石、印、陶、簡既相對獨立，又密切相關，研究者可以有着重點，但必須對各類材料有通盤瞭解，這樣纔能左右逢源。

青川木牘："王命丞相戊（茂）、内史匽□□更修爲田律。""匽"後一字或釋民，或釋取，或釋身，黃文傑釋氏，黃說是。珍秦齋藏十四年□平匽氏戟銘："十四年□平匽氏造戟。"無錫博物館與飛諾藝術品工作室藏兩件十四年上郡守匽氏戈，皆有"匽氏"，證明釋氏是。

"内史"見睡虎地簡、里耶簡、金文、封泥，綜合判斷，可知其爲郡一級行政機構。

新鄭虎符或說是漢物，因據《漢書·地理志》汝南郡下應劭注"秦伐魏取鄭丘，漢興爲新鄭"，新鄭應是漢置縣。但楊廣泰藏封泥"新鄭丞印"，既有秦印，又有漢印，二者出於二地，風格截然不同，可見"新鄭"未必漢置。

2. 與其他系文字研究應結合。戰國文字分爲五系（或說六系），秦系與其他系有顯著差異，但無可否認它們皆來源自商周文字，沒有本質不同，故研究秦文字一定要參考其他文字的研究成果。

珍秦齋藏二十三年相邦冉戈内上套一鳥秘冒，西安市文研所亦藏一鳥秘冒，二冒皆三晉物，銘有"旱（得工）"，黃盛璋、董珊和我都主張"得工"與秦"寺工"有淵源。

江西遂川出土二十二年臨汾守戈，銘有"臨汾守瞫"，臨汾是河東郡縣，而河東郡治安邑。"臨汾守"是什麼意思，不太明白。"臨汾"是郡名？"臨汾守"是縣之守令？趙器有十五年守相杜波劍，里耶簡多見某守（如遷陵守），三者有無關係，值得深思。

秦哀公又稱畢公，清華楚簡《繫年》稱"秦異公"，"畢"與"異"應爲一字之訛。

秦公大墓磬銘"高陽有靈"，高陽即顓頊。顓頊傳説葬於濮陽，清華楚簡《繫年》："飛廉東逃于商蓋氏。成王伐商蓋，殺飛廉，西遷商蓋之民于邾虐（圄），以御奴虘之戎，是秦先人。"亦説秦人東來。此是秦人攀附，是楚人一家之言，還是歷史真實？有待論證。

3. 古文字學、考古學、歷史學及其他學科結合。出土文字與考古、歷史有密切關係，自不待言。秦封泥初發現時出土地點不明，是秦是漢亦有争論，後中國社會科學院考古研究所漢城隊作了發掘，纔弄清了地層，確定是秦。出土地相家巷村或説即秦甘泉宫亦即南宫。

傳世"皇帝信璽"封泥時代或説是漢或説是秦，定爲漢物的理由之一是秦無封泥匣，而該封泥用了封泥匣。里耶出土多枚秦封泥匣，證明這條理由不成立。

八年相邦薛君、丞相殳漆豆爲公安部門繳獲物，由其文字内容可知出土於秦東陵，對判定東陵各墓主人有重大意義。薛君、金投的認定，也廓清了一些歷史迷霧。

法律文書、數術、曆日、日書、病方、占夢書、歸藏簡、木版地圖也要求有法律學家、數學家、天文學家、醫學家、哲學或思想學家、歷史地理學家、民俗學家、音樂學家參與，研究纔能更加深入。

4. 語言學的研究有待加强。長期以來，秦文字研究的重點是文字考釋與秦史、秦文化的研究，語言學方面的研究相對薄弱。崔南圭《睡虎地秦簡語法研究》、馮春田《秦墓竹簡選擇問句分析》、石峰《秦簡中的係詞"是"》、朱湘蓉《〈睡虎地秦墓竹簡〉通假辨析九則》《秦簡語言性質初探》（其博士論文也對睡簡單詞、複詞、音韻、語法有分析），雖已取得一些成績，但從總體上看，仍顯得分散、零星，不成系統，有待加强。

5. 書法藝術的研究有待加强。古今雖有不少學者探討石鼓文、詛楚文，乃至簡牘、璽印、封泥的書法藝術，但多玄虚、抽象，不得要領。這一方面的研究仍待加强。

（四）希望能有一個秦文字研究中心

現在有各種各樣的研究中心。爲了進一步推動秦文字研究工作，希望能有一個秦文字研究中心。陜西爲秦文字資料出土最多的地方，研究秦文字，是陜西人義不容辭的義務，如果陜西能有一個秦文字研究中心，是再好不過的事情。但我也知道，這祇是一個奢望，幾乎不可能實現。一個真正的中心，要有資料，有設備，有團隊，有資金，有領導的支持，絶非一介書生所能辦到。三十多年來，我研究秦文字，出過幾本書，但純屬個人行爲，没有一個社科基金項目，也不是單位項目，沒有助手，沒有資金，僅憑個人精神支撐，有些事便無法做好。希望其他省能有這樣一個中心。

　　附記：本文涉及資料較多，故不一一加注。拙著《秦文字通論》2016年元月已由中華書局出版，於此多有引申，請予批評。

（原載《秦始皇帝陵博物院》總第6輯，陝西師範大學出版總社，2016年；
又載《戰國文字研究的回顧與展望》，中西書局，2017年）

聘禮的起源及其演變

聘禮爲先秦古禮的賓禮之一。《儀禮》有《聘禮》一篇，鄭玄《目録》云："大問曰聘。諸侯相於久無事，使卿相問之禮。小聘使大夫。《周禮》曰：'凡諸侯之邦交，歲相問，殷相聘也，世相朝也。'於五禮屬賓禮。"孔穎達疏："云'久無事'者，案下《記》云'久無事則聘焉'，注云'事謂盟會之屬'，若有事事上相見，故鄭據'久無事'而言。云'小聘使大夫'者，下經云'小聘曰問，其禮如爲介、三介'是也。'《周禮》曰'者，《大行人》文，鄭彼注：'小聘曰問。殷，中也。久無事又於殷朝者，及而相聘也。父死子立曰世。凡君即位，大國朝焉，小國聘焉，此皆所以習禮考義，正刑一德，以尊天子也。必擇有道之國而就修之。'然歲相問，殷相聘，《聘義》所云'比年小聘，三年大聘'是也。"據鄭注、孔疏可知，朝、會、盟、聘、問之禮，同屬一個大類，都是王、諸侯國之間結好關係之禮，聘禮祇是長時間没有盟會，纔派出使者，帶着禮物相互訪問，以結友好。

經典中提到聘禮的，除《聘禮》外，主要還有《周禮·秋官·大行人》《小行人》《司儀》《禮記·聘義》以及《左傳》《國語》等。

《儀禮·聘禮》[①]的主要内容包括：

1. 選擇出聘使者、介；使者出發前準備禮品和其他所需物資；告於禰廟；受君辭令。

2. 出使路途及到達主國的禮儀：過境他國借道；入主國境前演習禮儀；入關、入境後三次清點禮品；主國郊勞使者，致館；設饗（便宴）招待。

3. 正式舉行聘禮：使者聘主君、夫人；主君酬使者，贈束帛；賓（使者）、介私覿，賓慰卿大夫；主君使人致饔餼於賓；介問卿大夫；夫人贈賓禮品；大夫贈賓禮品；君舉行食禮和兩次饗禮招待賓；主君使卿大夫還賓圭璋，賓又贈主君束帛、玉璧、四張虎皮。

4. 使者回國的禮儀：主君就館拜見賓；賓行前致謝主君之招待；主國贈送禮品，郊舍；

使者歸來報告出使情況，君慰勞使者；使者祭門神，告禰。

5. 記出聘遭遇己君、聘君及使者喪的禮儀，小聘的禮儀。

6.《記》文：雜列有事在聘問之後向主君呈遞書信；朝聘所用圭繅的形制；聘禮的言辭應謙遜和悅，達意已足；賓館安排，管人的職責；賓客與訝請者之禮儀；行聘所用圭、璋、璧、琮；賓、介行聘禮時的儀容。

《聘禮》所記聘禮儀節，主要反映春秋及戰國初期諸侯國的實際，並雜有若干理想化、整齊化的成份[②]，與殷周甲骨文、金文、春秋戰國金文、簡牘，以及《左傳》《國語》《史記》等記述的聘禮有合有不合，後者則更多地反映了聘禮的產生及其演變的情形。

夏代有無聘禮，文獻不足徵，無法討論。

商代地域遼闊，方國林立。商王與方國之間既有征伐，也有密切的往來。商王對臣服的方國，常會派使者前往慰問，此應即聘禮的萌芽。

商甲骨文無聘字，雖有一個"甹"字（甹《京津》2652），但辭已殘泐，含意不明[③]。甲骨文另有"甘"（《粹》1190）、"甘"（《甲》3690），李雪山先生認爲應隸定作甹，是聘字的省寫，意義爲聘問[④]。李氏所舉文例有："乙丑王卜，貞……告侯田冊叙方、羌方、羞方、總方，余其從侯田甘捍四封方。"（《合集》36528 反）"……多侯田甘捍人方□……率……"（《上海博物館藏骨》）"……余一人以多田甘征……"（《合集》36181）辭例太少。"甘捍""甘征"二詞後字爲動詞，前字是否動詞不明，征、捍與聘連用後世又無其例，故李說難以信從。甲骨文還有一個"⿱䒑玉"字，郭沫若初釋爲寇，後釋爲聘，說："我以前釋爲寇，那是不正確的。按照字的構成，應該是从䒑从玉由（由，缶也，盛玉之器），兵（古兵字）聲，說爲聘字，較爲合理。"[⑤] 郭說之不可信，李雪山已指出[⑥]。

甲骨文雖無聘字，但有史字，其中很多應讀爲使，指王或貴族派往方國的使者。如：

　　……卜，亘貞……東史來。（《合集》5635）

　　貞，我西史亡囚。（《合集》5636）

　　貞，在北史有隻（獲）羌。（《合集》914）

　　毃貞，婦好史人于眉。（《合集》6568）

　　……史人于甫。（《合集》7337）

　　庚寅卜，古貞，王史人于陝，若。王占曰：吉。貞勿史人于陝，不若。（《合集》376 正）

　　貞，史人于望。（《合集》5535）

　　貞，史人往于唐。（《合集》5544）

貞，史人于皋。(《合集》5534)

　　貞，史人于沚。(《合集》6357)

陳夢家、沈之瑜對相關卜辭加以討論，認爲東、西、北、南四史是殷王朝派往四方的使者⑦。作爲職官名的使其情況相當複雜，其職能有代王視察，參與册命儀式，還有參與戰争的，出使者僅其使命之一。上述卜辭中的眉、爯、唐、望[乘]、皋、沚都是方國名，商王派使者去這些方國，可見其關係密切。派使者加强友好關係，這正是聘禮的初衷。《聘禮》："君與卿圖事，遂命使者。"鄭玄注："既謀其人，因命之也。聘使卿。"《禮記·中庸》："朝聘以時。"朱熹章句："聘，謂諸侯使大夫來獻。"《曲禮下》："使者自稱曰某。"鄭玄注："使謂使人於諸侯也。"

　　西周時聘禮仍稱使。2009年山西翼城縣大河口M1017槨室出土尚盂銘文：

　　　　佳（惟）三月，王史（使）白（伯）考蔑尚曆，歸柔芬（鬱）旁（芳）皀、臧（漿）。尚拜稽首。既稽首，延賓，羸（贊），賓用虎皮再（稱）毁（饋），用章（璋）奉。翼日，命賓曰："拜稽首天子蔑，其亡曆，敢敏。"用章（璋）。遣賓，羸（贊），用魚皮兩側毁（饋），用章（璋）先馬。邍（原）毁（饋），用玉。賓出，以朋（俎）或（又）延，白（伯）或（又）邍（原）毁（饋），用玉先車。賓出，白（伯）遣賓于薼（郊），或（又）舍賓馬……

李學勤先生説："這篇銘文記述的是周王派遣使臣聘問霸伯尚、嘉獎尚的功績、舉行典禮的過程，應當屬於當時的聘禮，但由於時期的差異，所行之禮和《儀禮·聘禮》等所反映東周狀況的傳世文獻有所不同。同時還要考慮，霸伯一族如墓地發掘者所説，很可能'是被中原商周文化同化的狄人人群'，其禮制也會同中原傳統多少存在差别。"⑧李先生指出此銘所述爲聘禮，又指出東、西周中原與夷狄聘禮的差異，是很對的。此銘是金文中叙述聘禮儀節最詳細的一篇。

　　内容相近的還有大河口出土的霸伯簋："佳（惟）十又一月，井（邢）叔來麥，迺蔑霸白（伯）曆，史（使）伐。用𦖞（幬）二百、丹二量、虎皮……"霸簋："内（芮）公舍霸馬兩、玉、金，用鑄毁。"⑨連劭名先生《西周青銅器銘文叢論》第六節"金文中的'使'"列舉西周王、王后、王室大臣、諸侯之間聘問、賜物的銅器銘文⑩，如守簋："佳（惟）五月既死霸辛未，王史（使）小臣守史（使）于夷。賓馬兩、金十鈞。"滿簋："佳（惟）六月既生霸辛巳，王命滿眔叔肆父歸吴姬饗器。師黄賓滿章（璋）一、馬兩，吴姬賓束帛。"

簋："……王姜史（使）菽史（使）于大保，賞菽鬱鬯、白金、芻牛。"宅簋："隹（惟）五月壬辰，同公在豐，令宅使白（伯）懋父。白（伯）易（賜）小臣宅畫毌戈九、揚金車、馬兩。"遇甗："隹（惟）六月既死霸丙寅，師雍父戍在古師，遇從。師雍父肩史（使）遇史（使）于䣙侯。侯蔑禹曆，易（賜）遇金。"仲幾父簋："仲幾父史幾事（使）于者（諸）侯者（諸）監。用氒（厥）賓乍（作）日寶毁。"

與《聘禮》比對，金文所見聘禮有同有異。相同者有：

1. 往聘稱使，使者到主國後稱賓。

2.《聘禮》中的很多儀節金文聘禮已經出現。如《聘禮》記正式聘禮開始之前，"厥明，訝賓于館"，主君派訝（又作迓，迎接，周代負責迎接賓客者稱掌訝，《聘禮》中的訝為下大夫）到賓館去迎接使者，引導其進入主君所在的宗廟。到達時，"公皮弁，迎賓于大門內"。爲迎接使者（賓），主國還專門指派了上擯、承擯、紹擯。《說文》："儐，導也。从人，賓聲。擯，儐或从手。"尚盂："（尚）既稽首，延賓，嚣（贊）。"延即引進、接待。《爾雅·釋詁下》："延，進也。"《呂氏春秋·重言》："乃令賓者延之而上。"高誘注："延，引。"嚣，李學勤先生說即小盂鼎之贊，引導也[11]。

正式行聘禮時，賓（使者）要向主君獻上禮品，禮品為君圭、馬，夫人璋、琮，以及束帛、虎豹之皮。《聘禮》云："賈人東面坐，啓櫝，取圭，垂繅，不起而授上介。上介不襲，執圭屈繅授賓。賓襲執圭……公側襲，受玉于中堂與東楹之間……賓裼，奉束帛加璧享。擯者入告，出許。庭實，皮則攝之，毛在內，內攝之，入設也。賓入門左，揖讓如初，升致命，張皮。公再拜受幣，士受皮者自後右客……聘于夫人用璋，享用琮，如初禮。"尚盂稱"賓（即伯考）用虎皮再（稱）毁（饋），用璋奉"，獻物有璋無圭，有虎皮。《聘禮》"奉束帛加璧享"，尚盂"用璋奉"，語例也相似。璋與皮相配，李學勤先生指出與《周禮·小行人》"圭以馬，璋以皮"合。皮是虎豹之皮，《聘禮》"皮則攝之"鄭玄注："皮，虎豹之皮。攝之者，右手並執前足，左手並執後足……言則者，或以馬也。"祇是在尚盂銘中，璋、皮是獻給霸伯尚的；在《聘禮》中是獻給夫人的，稍有差別。霸簋沒有提到聘問或出使，但芮公"舍（施予）馬、玉、金"給霸，必定是派使者送來，而非芮公親致，故應看作聘禮物品。霸伯簋邢國送虎皮等物，也是同樣情況。早期的邢在今河南溫縣，芮在今陝西韓城，距山西翼城都不是很遠，二國來聘，亦如王使伯考來聘，足以說明霸與華夏國家關係密切。

在聘禮中使者之所以獻玉給主君、夫人，不是沒有原因的。拙文《殷墟玉璋朱書文字蠡測》《殷墟玉璋朱書戉字解》以為圭、璋原為兵器戈之象形，有卻邪求吉功能，故用於祭祀、軍事、外交場合，是一種禮器[12]。《周禮·春官·典瑞》："公執桓圭，侯執信圭，伯執躬圭，繅皆三采三就；子執穀璧，男執蒲璧，繅皆二采再就，以朝覲宗遇會同于王。諸侯相見亦如之。琮圭璋璧琮，繅皆二采一就，以覜聘……穀圭以和難，以聘女。琬圭以治德，以結好。"《禮記·聘義》："以圭璋聘，重禮也。已聘而還圭璋，此輕財重禮之義也。"

《左傳·文公十二年》："秦伯使西乞術來聘，且言將伐晉。襄仲辭玉，曰：'君不忘先君之好，照臨魯國，鎮撫其社稷，重之以大器，寡君敢辭玉。'對曰：'不腆敝器，不足辭也。'主人三辭。賓客〈答〉曰：'寡君願徼福于周公、魯公以事君，不腆先君之敝器，使下臣致諸執事，以爲瑞節。要結好命，所以藉寡君之命，結二國之好，是以敢致之。'襄仲曰：'不有君子，其能國乎？國無陋矣。'厚賄之。"杜預注："大器，圭璋也。不欲與秦爲好，故辭玉。"秦穆公派西乞術聘問魯國，且告知將伐晉國。當時魯與晉爲與國，秦與楚爲與國。魯卿襄仲不願與秦結好以破壞魯晉盟好，故三次婉辭西乞術獻玉（《聘禮》也有"擯者入告，出辭玉"，但衹是推讓，並非真辭）。西乞術說玉爲瑞節，可以徼福於魯先祖周公、魯公，以結二國之好。言外之意，魯如不接受玉，即不願與秦友好，這又是魯國不敢公開表示的態度。聽了西乞術的話，襄仲稱他爲"君子"，說由此證明秦國"無陋"，即深明禮義。襄仲無法拒絕，最終還是接受了西乞術的獻玉，並回贈了厚禮。西乞術通過獻玉，取得了外交上的勝利。

使者行聘禮時，會轉達己君向主國君的表示友好和慰問之辭，《聘禮》稱"致命"；主國君也會問候使者之君，感謝其派使來聘。《聘禮》："公（主國君）出送賓，及大門內，公問君（使者之君）。賓對，公再拜……公館賓。賓辟，上介聽命。聘享，夫人之聘享，問大夫，送賓，公皆再拜。"尚孟"王史（使）白（伯）考蔑尚曆"，有勉勵、問候之意。伯考行聘禮之後，霸伯尚"命賓曰：'拜稽首天子蔑，其亡曆，敢敏'"。即請伯考代爲感謝王之勉勵，說自己並無功勳，但會自勉。

正式行聘禮之後，便是遣賓，主君及其卿、大夫等各有饋贈於使者及其隨從。《聘禮》云："（賓）遂行，舍于郊。公使卿贈如覿幣……使下大夫贈上介亦如之。使士贈衆介，如其覿幣。"覿是以禮相見。幣，《說文》："帛也。"段玉裁注："帛者，繒也。"徐灝箋："幣，本繒帛之名，因車馬玉帛同爲聘享之禮，故渾言之皆稱幣。"所謂"贈如覿幣"，即所贈之物如同賓等覿見時所進獻的物品一樣，講究禮尚往來。在尚孟銘文中，霸伯尚致送使者伯考的禮物，第一次稱"遣賓"，物品有"魚皮二（一對）側（專贈）、璋、馬"；第二次稱"原毀（饋）"，李學勤先生說原爲再義，再次饋贈之物爲玉；第三次"賓出，以俎延"，即再接回來，設宴招待，"原饋，用玉先車"，再贈以車和玉；"賓出，伯遣賓于郊，又舍賓馬"，賓已離開霸國，到了郊外，再次贈馬，實際上有四次贈物，極其隆重。霸是一個名不見經傳的夷狄小國，致送周王使者物品如此豐厚，一方面可見西周中期（尚孟時代爲西周中期早段）聘禮已較商代及周初有很大發展；另一方面也說明此時夷狄多尊崇周王室，向華夏文化靠攏。

守簋"小臣守使于夷","賓馬兩,金十鈞",賓讀爲償,回報,贈送。夷贈小臣兩匹馬,銅三百斤,也是重贈。滿簋"師黄(吳姬之夫)賓滿章(璋)一、馬兩",稍少一點。

不同者有:

1.《聘禮》所述爲諸侯國之間之聘問儀節,金文所見之西周派出聘問者則有周王(尚盂、守簋、滿簋)、王后(菽簋)、諸侯(霸簋"邢叔"、霸伯簋"芮公";生簋"能伯令生使于楚","能伯"爲諸侯)、王室大臣(宅簋之"同公"、仲幾父簋之"仲幾父")。

2.《聘禮》中的很多儀節,如選擇使者、使者行前準備禮品、告於禰廟、過境他國借道、入主國前演習禮儀、入境後清點核查禮品、主國致館設饗、主君酬使者、賓介私覿、主君使人致饔餼、介問卿大夫、君行食禮招待賓、賓行前謝主國之招待、使者歸國後報告出使情況及己君對他們的慰勞、使者祭門神、告禰等,皆不見於西周金文及《尚書·周書》。之所以不見,可能有兩方面的原因,一是這些儀節當時尚未產生或雖已產生但尚未形成定制。比如使者過境他國借道,西周時周王是天下共主,所謂"溥天之下,莫非王土"(《詩·小雅·北山》),王使過境,無需向臣下(諸侯也是周臣)借道;諸侯國力量較弱,獨立性不強,相互通過對方國境,似也無借道的必要。又如西周時出聘使者隨行人數較少,不一定要給他們安上上介、次介、末介的名目,祇稱"從"即可。其時使者聘問的主要是對方主人(國君、大臣),無必要見其下屬(夫人、大夫);使者的任務是聘問,屬於公務,沒必要再以私人身份會見(私覿)誰。因爲使者隊伍規模較小,主君致館、行食禮時也應簡單一些,不必如《聘禮》致饔餼有飪(牲殺後又煮熟)一牢(牛、羊、豕皆有稱牢),腥(殺牲)二牢,餼(活牲)二牢;飪鼎九;腥鼎二七,堂上八豆,二簋繼之,六鉶繼之,兩簠繼之,八壺;餼二牢設於門西。米百筥,筥半斛。門外米三十車,禾三十車……二是金文述及聘禮,多站在出使者的角度,強調的是自己受到的贈物,對其他事多略而不談。

3.金文行聘致送禮物有些爲《聘禮》所不見。如尚盂伯考饋贈給尚的禮物有香草鬱金以及以之釀成的酒、酢漿酒。主君賞賜給使者的禮物有些也爲《聘禮》所不見。如菽簋大保賞菽鬱鬯、白金、努牛,宅簋伯懋父賜小臣宅畫貫戈九等。這些物品雖不見於後世聘禮,但多見於金文其他場合的賞賜。如作册令方彝:"明公易(賜)亢師鬯、金、小牛。"彔伯威簋蓋:"余易(賜)女(汝)秬鬯卣、金車……"逆鐘:"今余易(賜)女(汝)盾五錫、戈肜畢(緌)。"不其簋蓋:"易(賜)女(汝)弓一、矢束、臣五家、田十田,用永乃事。"這說明當時聘禮贈物同一般贈物並無大的差別,尚未程式化。

西周金文有"𠂤"(番生簋)、"𠂤"(毛公鼎)字,辭例爲"𠂤王立(位)""𠂤朕立(位)"。𠂤、𠂤皆讀爲屏。《左傳·哀公十六年》:"閔天不弔,不憖遺一老,俾屏予一人以在位。"而𠂤應即聘使字之本字,前人如吳大澂、劉心源、孫詒讓對此多有説。孫詒讓云:

"'唺'，此諝字之古文也。《說文》彳部偫从諝聲而言部無諝字，蓋脱誤也。諝从言此从口者，小篆从言之字古文多从口。"⑬ 其說甚是，但金文中唺無用爲聘使字的實例。

唺用爲聘使字的實例出現在戰國文字中。清華楚簡《楚居》簡1—2："（季連）逆上泪水，見盤庚之子，凥（處）于方山，女曰比（妣）隹，秉兹衒（率）相，睪睪四方。季繗（連）睧（聞）其又（有）唺，從，及之盤（泮），爰生緹白（伯）、遠中（仲）。"⑭ 季連是楚人先祖，盤庚是商王，簡文說季連在洍（均）水流域居住時，碰到了商王盤庚的女兒隹，隹有慈愛之德（秉慈），品德温順（率相），更兼貌美，秀麗甲於四方（影本注說睪讀爲麗，睪讀爲秀），季連聽說她正待聘問，跟從追到水涯（泮），終於成親，生下二子緹伯和遠仲。影本解唺爲聘女，即《說文》的娉字。《說文》："娉，問也。"《說文》："聘，訪也。"亦訓問。《詩·小雅·采薇》："靡使歸聘。"毛傳："聘，問也。"在訪、問的意義上，聘、娉通用，最先可能都作唺，後來才有所分化。聘字最早見於秦器商鞅方升（齊遣卿大夫棠來聘），時代已至戰國中期，娉字除《說文》外，較早見於漢樊敏碑，時代更晚。段玉裁注《說文》娉字云："凡娉女及聘問之禮，古皆用此字。娉者，專詞也；聘者，汎詞也。"也有學者說，《楚居》之唺不當理解爲媒聘，而應理解爲聘問，"在季連的時代，女性可以擔任外交使節，從事後世被男性壟斷的政治活動"⑮。二說不同，恐當以前說爲近是，但娉女、聘問關係密切，則是肯定的。

清華楚簡《繫年》簡58—59："（楚）穆王即殜（世），臧（莊）王即立（位），史（使）孫（申）白（伯）亡（無）悂（畏）唺于齊，叚（假）迲（路）於宋，宋人是古（故）殺孫（申）白（伯）亡（無）悂（畏），貽（奪）亓（其）玉帛。"⑯ 此條"唺"肯定是聘問。事又見《左傳·宣公十四年》："楚子使申舟聘于齊，曰：'無假道于宋。'亦使公子馮聘于晉，不假道于鄭。申舟以孟諸之役惡宋，曰：'鄭昭宋聾，晉使不害，我則必死。'王曰：'殺女（汝），我伐之。'見犀（申舟子）而行。及宋，宋人止之。華元曰：'過我而不假道，鄙我也。鄙我，亡也；殺其使者，必伐我，伐我，亦亡也。亡一也。'乃殺之。"申伯無畏即申舟。據簡文，楚莊王派申伯無畏聘於齊，曾向宋國借路，據《傳》文，申舟未向宋借道，揆諸事理，恐以未借道爲是。無論如何，可見春秋時過境他國，依常規是要借道的。楚莊王派使者出使齊、晉，過境宋、鄭，皆不假道，而這又是莊王有意安排的，用意是鄙視對方，借以顯示其霸主地位。

相反，周王使者過境諸侯國，春秋時卻需借道，有時還受到鄙視，連一般諸侯國使者的待遇都不如。《國語·周語中》："（周）定王使單襄公聘於宋。遂假道於陳以聘於楚。"韋昭注："假道，自宋適楚，經陳也。是時天子微弱，故以諸侯相聘之禮假道也。"單襄公入陳之後，"火朝覿矣，道茀不可行，候不在疆，司空不視塗……膳宰不致餼，司里不授館，國無寄寓,縣無施舍,民將築臺於夏氏。及陳,陳靈公與孔寧、儀行父南冠以如夏氏,留賓不見。"已至夏正十月,火星早上顯現,道路爲荒草阻塞,迎候者不在國境,主管道路的司空不在路上,膳夫不爲賓客送上食物,里長不爲準備館舍……到了陳都,陳靈公及其二卿孔寧、儀行父戴着南冠到大夫夏徵舒家去與夏姬淫亂,把賓客(單襄公)晾在一邊不見。單襄公返回之後,告訴定王,陳將要滅亡,因爲該國不遵從周禮,云:"周之《秩官》有之曰:'敵國賓至,關尹以告,行理以節逆之,候人爲導,卿出郊勞,門尹除門,宗祝執祀,司里授館,司徒具徒,司空視塗,司寇詰姦,虞人入材,甸人積薪,火師監燎,水師監濯,膳宰致饔,廩人獻餼,司馬陳芻,工人展車,百官以物至,賓入如歸。是故小大莫不懷愛。其貴國之賓至,則以班加一等,益虔。至於王吏,則皆官正蒞事,上卿監之。若王巡守,則君親監之。'今雖朝(單襄公名)也不才,有分族於周,承王命以爲過賓於陳,而司事莫至,是蔑先王之官也。"韋昭注引《聘禮》曰:"及境,謁關人,關人問從者幾人。""賓至於近郊,使卿朝服,用束帛勞之。""卿致館。"由此可見春秋時各國通行的聘禮,已與《聘禮》所見者幾無差別。也有一些儀節,如門尹除門、宗祝執祀、司寇詰奸、火師監燎、水師監濯、工人展車等,爲今本《聘禮》所未見,亦可見後者是根據春秋戰國間諸侯國聘禮實際並加以系統化、整齊化的結果。

春秋時諸侯國之間聘禮頻繁,除增進彼此友好關係外,大多還有其他外交使命。清華楚簡《繫年》簡66—67:"晉競(景)公立八年,陞(隨)會衛(率)自(師)會者(諸)侯于鹽(斷)道,公命郤(駒)之克先聘于齊,旻(且)卲(召)高之固曰:'今菁(春)亓(其)會者(諸)侯,子亓(其)與臨之。'"[17]事見《左傳·宣公十七年》:"十七年春,晉侯使郤克徵會于齊。"稱"徵會"而不稱"聘",杜預注:"徵,召也,欲爲斷道會。"其時晉欲爲斷道會盟,晉景公乃派郤克(即駒之克)聘問齊國,其主要任務是督促齊參與會盟。當時齊與楚爲盟國,晉與魯、衛爲盟國,晉、齊爭爲盟主。齊不大願意參與以晉爲主之盟會,但又不能公開拒絕與會。晉則要借機會給齊一個下馬威,逼其俯從。於是此次郤克聘使時,"齊叵(頃)公囟(使)亓(其)女子自房审(中)觀郤之克,郤之克臧(將)受齊侯尚(幣),女子芺(笑)于房审(中)"(《繫年》簡67—68)。因爲郤克跛,故齊女子笑之;《公羊傳》則說齊讓"跛者迓跛者",明顯是藐視晉使。結果引起了一場外交糾紛。其後齊人侵魯,魯求救於晉,晉、齊戰於鞌,是春秋時有名的戰役,結果齊師敗績,國力大損。

《聘禮》曰:"若有言,則以束帛,如享禮。"鄭玄注:"有言,有所告請,若有所問也。《記》曰:'有故,則束帛加書以將命。'《春秋》'臧孫辰告糴于齊''公子遂如楚乞師''晉侯使韓穿來言汶陽之田'皆是也。無庭實也。"《聘禮》經、注說行聘禮在一般的問候之外,還有其他外交事務,可以把己君的書信放在束帛上進呈給主君。鄭玄所舉的例子見《春秋》

及《左傳》莊公二十八年、僖公二十六年、成公八年。這些例子都是有特殊事務，有的事（告糴、乞師）還甚緊急，因而不能依照常禮，"無庭實（行禮之物品）"。不過"無庭實"也不是絕對的。《春秋·莊公二十八年》："大無麥禾，臧孫辰告糴于齊。"《左傳》："冬，饑，臧孫辰告糴于齊，禮也。"《公羊傳》："臧孫辰告糴于齊。告糴者何？請糴也。何以不稱使？以爲臧孫辰之私行也。曷爲以臧孫辰之私行？君子之爲國也，必有三年之委。一年不熟，告糴，譏也。"《穀梁傳》曰："臧孫辰告糴于齊。國無三年之畜，曰國非其國也。一年不升，告糴諸侯。告，請也，糴，糴也，不正，故舉臧孫辰以爲私行也。國無九年之畜曰不足，無六年之畜曰急，無三年之畜曰國非其國也。諸侯無粟，諸侯相歸粟，正也。臧孫辰告糴于齊，告，然後予之，言内之無外交也。古者稅什一，豐年補敗，不外求而上下皆足也，雖累凶年，民弗病也。一年不艾，而百姓饑，君子非之，不言如，爲内諱也。"臧孫辰如齊告糴，本來是出使，依《左傳》說，是合乎禮儀的。《公羊》《穀梁》二傳則說魯國平時無積蓄，國非其國（不像個正常國家）；諸侯國缺糧，其他國家會主動送來救濟，現在魯國要求告於齊，然後對方纔給予，是國無外交，因而需要"内諱"，說成是臧孫辰的私人行爲，其實這祇是《公》《穀》的解讀。此事亦見於《國語·魯語上》，云："魯饑，臧文仲（即臧孫辰）言於莊公曰：'夫爲四鄰之援，結諸侯之信，重之以婚姻，申之以盟誓，固國之艱急是爲。鑄名器，藏寶財，固民之殄病是待。今國病矣，君盍以名器請糴於齊！'"公曰：'誰使？'對曰：'國有饑饉，卿出告糴，古之制也。辰也備卿，辰請如齊。'公使往⋯⋯文仲以鬯圭與玉磬如齊告糴⋯⋯齊人歸其玉而予之糴。"明確說臧孫辰是奉魯莊公之命使齊的，去時帶有"名器"，即"鬯圭與玉磬"，結果齊被臧孫辰的外交辭令所感動，"歸其玉而予之糴"。

《左傳·哀公七年》："邾茅夷鴻以束韋、束帛自請救於吳。"該年魯滅邾，"處其宮室，衆師畫掠。邾衆保于繹。師宵掠，以邾子益來，獻于亳社"。邾大夫茅夷鴻自備禮品（束韋、束帛）請救於吳。因邾子益已被俘，茅夷鴻無君命出使乞師，是一種個人行爲。這不同於一般意義上的因事聘問，可看作其變異，但仍然備有薄禮。

因爲聘禮是諸侯邦交之大事，不存在於非諸侯之間，所以有王或其他諸侯國之使來聘，是被聘國身份及國力強盛的象徵，極爲被聘國所重視，春秋戰國更是如此。《春秋》經、傳對每次來聘、往聘幾乎都有記載，出土文字中也每每以重要的聘問作爲有些國家該年的大事，以之紀年。

秦人在春秋之前居西陲。周孝王封非子爲附庸，邑之秦，號曰秦嬴。秦仲被周宣王封爲大夫，其子秦莊公被封爲西垂大夫（稱公出於追認），因其不是諸侯，故不能參與華夏諸國間的禮儀活動。至秦襄公時，"西戎犬戎與申侯伐周，殺幽王酈山下。而秦襄公將兵救周，戰甚力有功。周避犬戎難，東徙雒邑，襄公以兵送周平王。平王封襄公爲諸侯，賜之岐以西之地，曰：'戎無道，侵奪我岐豐之地。秦能攻逐戎，即有其地。'與誓，封爵之。襄公於是始國，與諸侯通使聘享之禮。乃用駵駒、黃牛、羝羊各三，祠上帝西畤。"[18] 襄公被周平王封爲諸侯，與東方諸侯通使，行聘享之禮，更在都城西（今甘肅禮縣）建西畤，以祭上帝。

陝西寶雞縣太公廟村出土的秦公及王姬鎛鐘、編鐘銘文："我先且（祖）受天命商（賞）宅受或（國），剌剌（烈烈）卲（紹）文公、静公、憲公不冡（墜）于上，卲（昭）合（答）皇天，以虩事蠻（蠻）方。"[19] 此爲秦武公器。虩本義爲"恐懼"，引申指小心謹慎。秦在立國初小心謹慎地處理與西戎（蠻方）的關係，既有攻逐，也有拉攏，其中包含相互之間的通使聘問。秦穆公三十四年，"戎王使由余於秦"，戎王派由余來秦聘問，附帶任務是"觀秦"，即瞭解秦之情況。穆公認爲由余賢，是"聖人"，於是與内史廖謀，派其"以女樂二八遺戎王"。這既是對戎王的回聘，也是一個離間計。結果，"戎王受而樂之"，而由余得以爲秦所用。

秦在春秋中期以後，勢力逐步向東發展，與華夏諸國接觸日多，外交政策亦發生重大變化。宋人著錄的秦公鐘（盉和鐘）銘文："十又（有）二公……虩事蠻（蠻）夏。"同樣的話也見於民國初年甘肅天水出土的秦公簋[20]。二器時代約爲秦景公時。秦穆公的兒子康公時，秦曾派人到魯國追贈魯僖公衣被，僖公喪禮已過纔追贈，目的祇在拉近彼此關係。《春秋·文公九年》："秦人來歸僖公成風之襚。"杜預注："衣服曰襚。秦辟陋，故不稱使，不稱夫人，從來者辭。"孔穎達疏："……秦處西戎，其國辟陋，故不稱君使，猶楚在莊世稱'荆人來聘'也。"可見這實際上是一次聘使活動。《左傳》云："秦人來歸僖公成風之襚，禮也。"杜預注："秦慕諸夏，欲通敬於魯，因有翟泉之盟，故追贈僖公，並及成風。本非魯方嶽同盟，無相赴弔之制，故不譏其緩，而以接好爲禮。"可見這是秦人主動討好魯的。

至戰國中期，秦雖已雄踞關隴，仍被關東六國所輕視。"秦僻在雍州，不與中國之會盟，夷翟遇之。"後秦孝公重用商鞅，厲行變法，國勢日强。"七年，與魏王會杜平"，"十九年，天子致伯。二十年，諸侯畢賀。秦使公子少官率師，會諸侯逢澤，朝天子"[21]。上海博物館藏商鞅方升銘文："十八年，齊遣卿大夫衆來聘，冬十二月乙酉，大良造鞅爰積十六尊（寸）五分尊（寸）壹爲升。"[22] 在一件統一度量衡的銘文中提到齊國來聘，絶不是没有原因的。此次來聘不見於文獻記載，但其真實性是不容置疑的。秦孝公時的外交政策，乃與趙、齊結盟，共同對魏。《戰國策·齊策五》："魏鞅之始與秦王計也，謀約不下席，言於樽俎之間，謀成於堂上，而魏將以禽於齊也。""魏將"指龐涓，可見即使齊、魏馬陵之戰，也與商鞅有關。方升銘文開頭一句話，意在説明此次統一度量衡是在國家强盛、内政安定、外交勝利的背景下進行的，亦如秦始皇二十六年統一度量衡詔書言"皇帝盡并（併）兼天下諸侯，黔首大安"。由此可知遠國來聘是受到秦人高度重視的。

楚人興起於荆蠻之地，久"欲以觀中國之政"。楚武王三十五年，請"隨人爲之周"，請周王"尊楚",結果"王室不聽",武王乃自立爲王。楚成王"初即位,布德施惠,結舊好於諸侯,使人獻天子"。

楚出土文字多有以他國來聘作爲大事紀年者。長沙出土楚銅量銘文:"□客臧嘉問王于葴(郊)郢之歲,享月己酉之日……鑄廿金䏍(筲)……"[23]此亦量器銘文首句記他國來聘者,用意與商鞅方升同。首字諸家釋讀不一,李零先生隸作䜌,說即燕國[24],殆是。燕國使者來楚聘問王,此楚國該年之大事。

安徽博物館藏大府鎬銘文:"秦客王子齊之歲,大府爲王晋鎬。"[25]"秦客"或說即爲質於秦國的楚太子[26],或說爲秦使者[27],殆以後說爲是。李家浩先生認爲"王子齊"之後省略了"聘楚"二字[28],鄔芙都先生也說:"楚一號墓'齊客張果問王於葴郢之歲',江陵天星觀一號墓'秦客公孫鞅問王於葴郢之歲''齊客䡅䡅問王於葴郢之歲',包山二號墓'齊客陳豫賀王之歲''宋客盛公䜌聘於楚之歲''東周之客許緄歸胙於葴郢之歲',等等,文字體例、格式與此同,'客'均爲他國使者義,秦客也應與此同。"[29]他舉了一些楚簡的例子,考查簡文如包山楚簡,同樣的話如"東周之客許緄……"在多條簡文中都出現過,可見以來聘紀年,在楚已形成慣例。

客爲諸侯國出使他國的使臣。段玉裁《說文解字注》客字條云:"客,《周禮·大行人》'大賓''大客'別其辭。諸侯謂之大賓,其孤卿謂之大客。《司儀》曰:諸公諸侯諸伯諸子諸男相爲賓,諸公之臣、侯伯子男之臣相爲客是也。統言則不別耳。"《周禮·秋官·大行人》:"大行人掌大賓之禮及大客之儀,以親諸侯……時聘以結諸侯之好,殷覜以除邦國之慝,間問以諭諸侯之志……"鄭玄注:"大賓,要服以內諸侯。大客,謂其孤卿。"《秋官·小行人》:"小行人掌邦國賓客之禮籍,以待四方之使者……凡四方之使者,大客則擯,小客則受其幣而聽其辭。"孔穎達疏:"大客爲要服以內諸侯之使臣也,小客謂蕃國諸侯之使臣也。"銅量、銅鎬銘文,望山、天星觀、包山簡文僅稱"客",不言大小。不過"東周之客"是周天子使臣,戰國時期周天子地位雖已衰微,但名義上仍是諸侯共主;齊、秦、燕是與楚相頡頏的大國;宋雖小國,但也不是楚的蕃屬,故諸客皆爲大客。諸國使者來,或稱"聘",或稱"問",《聘禮》記云"小聘曰問",實則二者區別不大。

吳亦在荊蠻之地,其先祖太伯爲周太王子,讓位於其弟季歷,"犇荊蠻,文身斷髮",久不與中原各國相往來。至吳王餘祭時,始命其弟季札聘問。《史記·吳太伯世家》:"四年,吳使季札聘於魯,請觀周樂。"裴駰集解:"在《春秋》魯襄公二十九年。"日人瀧川資言考證引竹添光鴻曰:"自盟宋後,中夏諸侯盡朝於楚。吳楚方雠,故歷聘上國,以聯遠交,且以觀諸侯之向背也。《聘禮》記:'歸大禮之日,既受饗饌,請觀。'鄭注云:'聘於是國,欲見其宗廟之好,百官之富。'然則古禮於所聘之國本有請觀之事。"[30]餘祭派季札出使的目的是要聯絡吳與華夏諸國（魯、齊、鄭、衛、晉）的感情，離間各國與楚的關係。但季札作爲春秋晚期的智者卻更欣賞華夏禮樂文化，他在魯觀周樂，對《周南》《召南》、諸《風》《雅》《頌》作了深刻獨到的評論，是中國文學批評史上的名篇。其後到齊、鄭、衛、晉，季札也對各國時政多所評論，切中肯綮，令各國政要折服。季札出聘，遠不是一般意義上的贈送禮物，以結友好。

《國語·魯語下》："叔孫穆子聘於晉，晉悼公饗之，樂及《鹿鳴》之三，而後拜樂。晉侯使行人問焉，曰：'子以君命鎮撫敝邑，不腆先君之禮，以辱從者，不腆之樂以節。吾子舍其大而加禮於其細，敢問何禮也？'對曰：'寡君使豹來繼先君之好，君以諸侯之故，貺使臣以大禮。夫先樂金奏《肆夏》《樊》《遏》《渠》，天子所以饗元侯也；夫歌《文王》《大明》《緜》，則兩君相見之樂也。皆昭令德以合好也，皆非使臣之所敢聞也。臣以爲肆業及之，故不敢拜。今伶簫詠歌及《鹿鳴》之三，君之所以貺使臣，臣敢不拜貺。夫《鹿鳴》，君之所以嘉先君之好也，敢不拜嘉。《四牡》，君之所以章使臣之勤也，敢不拜章。《皇皇者華》，君教使臣曰"每懷靡及"，諏、謀、度、詢，必咨於周。敢不拜教。臣聞之曰："懷和爲每懷，咨才爲諏，咨事爲謀，咨義爲度，咨親爲詢，忠信爲周。"君貺使臣以大禮，重之以六德，敢不重拜。'"[31]

聘禮受饗餼、宴饗中或宴饗後奏樂，《聘禮》經文沒有提到。記文也祇是説"受饗餼"之後，使者"請觀"，觀的內容是什麼，未具體説。季札"請觀周樂"，應他的請求魯樂工演奏《詩》的《風》《雅》《頌》。叔孫豹聘於晉，晉悼公在宴席上令樂工演奏《樊》《遏》《渠》（今已亡佚），以及《文王》《大明》《緜》，豹"不拜"，而且發了一通議論，説自己"不敢拜"，意即對使臣演奏以上篇章不合適。祇有在演奏《鹿鳴》三章時豹纔重拜。可能聘禮致饗餼、宴饗奏不奏樂，以及奏什麼樂，都是根據不同的情況決定的，沒有成爲通例，所以《聘禮》經文不載。由此我們也應該想到，《聘禮》主要叙述通例，而這通例是由許多具體的聘禮儀節歸納出來的，而又加以系統化。至於春秋戰國間的每一次具體聘問，實際上不可能完全依照《聘禮》的定式，而是根據當時情況有所取舍。

聘禮産生於商代，西周春秋間發展、完善，春秋戰國之際基本形成定制。戰國中晚期，聘禮極受各諸侯國重視。秦統一天下之後，實行郡縣制，諸侯不存，聘禮也漸趨消亡。

注釋：

① 以下引《聘禮》及其內容的歸納，參看 a. 漢鄭玄注，唐賈公彥疏，王輝整理：《儀禮注疏》，《十三經注疏》本，上海古籍出版社，2008 年；b. 楊天宇：《儀禮譯注》，上海古籍出版社，1994 年。

② 參看 a. 沈文倬：《略論禮典的實行和〈儀禮〉書本的撰作》，《文史》第 15、16 輯，中華書局，1982 年；b. 陳公柔：《〈士喪禮〉〈既夕禮〉中所記載的喪葬制度》，《考古學報》1956 年第 4 期；c. 王輝：《從考古與古文字的角度看〈儀禮〉的成書年代》，《傳統文化與現代化》1999 年第 1 期。

③ 參看于省吾主編：《甲骨文字詁林》，中華書局，1996 年，第 1042 頁姚孝遂按語。

④ 李雪山：《商代分封制度研究》，中國社會科學出版社，2004 年，第 275—276 頁。

⑤ 郭沫若：《十批判書》，人民出版社，1954 年，第 9 頁。

⑥ 李雪山：《商代分封制度研究》，第 276—277 頁。

⑦ a. 陳夢家：《殷虛卜辭綜述》，中華書局，1988 年，第 519—520 頁；b. 沈之瑜：《試論卜辭中的使者》，《中原文物》1990 年第 3 期。

⑧ 李學勤：《翼城大河口尚盂銘文試釋》，《文物》2011 年第 9 期。

⑨《2010 年山西重要考古發現》，《中國文物報》2011 年 1 月 7 日第 6、7 版。

⑩ 連劭名：《西周青銅器銘文叢論》，《陝西歷史博物館館刊》第 18 輯，三秦出版社，2011 年。

⑪ 參看李學勤：《青銅器與古代史》，臺灣聯經出版事業股份有限公司，2005 年，第 239 頁。

⑫ a. 王輝：《殷墟玉璋朱書文字蠡測》，《文博》1996 年第 5 期；b. 王輝：《殷墟玉璋朱書戎字解》，載吉林大學古文字研究室編：《于省吾教授誕辰一百週年紀念文集》，吉林大學出版社，1996 年。

⑬ 孫詒讓：《古籀拾遺》，下冊第 27 頁，轉引自周法高主編：《金文詁林》第 5 卷，香港中文大學出版社，1975 年，第 246 頁。

⑭ 清華大學出土文獻研究與保護中心編，李學勤主編：《清華大學藏戰國竹簡（壹）》，中西書局，2010 年，下冊第 181 頁。

⑮ 劉雲說，見任攀、任少軒整理：《網摘·清華一專輯》"玖《楚居》"簡 1—簡 2 第 7 則，復旦大學出土文獻與古文字研究中心網站，2011 年 2 月 1 日。

⑯ 清華大學出土文獻研究與保護中心編，李學勤主編：《清華大學藏戰國竹簡（貳）》，中西書局，2011 年，下冊第 160 頁。

⑰ 同上，下冊第 167 頁。

⑱《史記·秦本紀》，《史記會注考證附校補》本，上海古籍出版社，1986 年，第 122 頁。

⑲ 王輝編著：《秦銅器銘文編年集釋》，三秦出版社，1990 年，第 13 頁。

⑳ 同上，第 19、28 頁。

㉑《史記·秦本紀》,《史記會注考證附校補》本,第 132 頁。

㉒ 同 ⑲,第 34 頁。

㉓ 周世榮:《楚邦客銅量銘文試釋》,《江漢考古》1987 年第 2 期。

㉔ 李零:《楚燕客銅量銘文補正》,《江漢考古》1988 年第 4 期。

㉕ 殷滌非:《關於壽縣楚器》,《考古通訊》1955 年第 2 期。

㉖ a. 陳秉新:《壽縣楚器銘文考釋拾零》,《楚文化研究論集》第 1 集,荆楚書社,1987 年; b. 殷滌非:《壽縣楚器中的"大府鎬"》,《文物》1980 年第 8 期。

㉗ a. 李零:《論東周時期楚國的典型銅器群》,《古文字研究》第 19 輯,中華書局,1992 年; b. 劉彬徽:《楚系青銅器研究》,湖北教育出版社,1995 年,第 361—362 頁; c. 湯餘惠:《戰國銘文選》,吉林大學出版社,1993 年,第 20—21 頁。

㉘ 李家浩:《楚大府鎬銘文新釋》,《語言學論叢》第 24 輯,商務印書館,1999 年。

㉙ 鄒芙都:《楚系銘文綜合研究》,巴蜀書社,2007 年,第 208 頁。

㉚《史記·吳太伯世家》,《史記會注考證附校補》本,第 845 頁。

㉛ 上海師範大學古籍整理組:《國語》(校點本),上海古籍出版社,1982 年,第 185—186 頁。

(原載《秦始皇帝陵博物院》總第 2 輯,三秦出版社,2012 年;又載《禮樂中國——首屆禮學國際學術研討會論文集》,上海書店出版社,2012 年)

秦西漢懷德縣小考

　　西安中國書法藝術博物館藏秦封泥有"壞德丞印"1枚（圖一），見傅嘉儀《秦封泥彙考》1279號①，此枚封泥缺"丞印"2字。又《考古與文物》1997年第1期第48頁圖129著錄"壞德丞印"一枚（圖二，北京古陶文明博物館藏），筆劃不太清楚；周曉陸《酒餘亭陶泥合刊》②著錄一枚殘字封泥（圖三），隸作"懷德丞印"。《彙考》第191頁又著錄漢印"壞德丞印"一枚（圖四）。"壞德"又見廿一年相邦冉戈③，廿一年或說是卅一年。

　　《漢書·地理志》左馮翊有"襃德"縣，顏師古注："襃亦懷字。"

　　襃、壞皆應讀爲懷。毛公鼎："率襃不廷方。"襃、懷，安撫也。馬王堆帛書《老子》甲、乙本《德經》："是以聖人被褐而襃玉。""襃"王弼本作"懷"。上博楚竹書《緇衣》簡21："子曰：厶（私）惠不襃惠（德）。"馬王堆帛書《六十四卦·旅》六二："旅既（即）次，壞其茨（資），得童剝（僕）。"通行本《易》"壞"作"懷"④。

　　"懷德"，感念恩德，或懷有德行。《尚書·洛誥》："王伻殷乃承叙，萬年其永觀朕子懷德。"《史記·劉敬叔孫通列傳》："及周之盛時，天下和洽，四夷鄉風歸化，慕義懷德。"《詩·大雅·板》："懷德維寧，宗子維城。"高亨注："懷德，有德。"懷德縣有荊山，傳說禹

圖1 　　　圖2 　　　圖3 　　　圖4

鑄鼎於荆山下，其人有德，後人懷念其德，縣之得名，殆與此有關。

秦漢懷德縣的具體位置，有兩種説法：一説在今大荔縣（秦臨晋縣）與華陰縣（秦寧秦縣）之間的洛水、渭水交匯處。今人譚其驤先生主編《中國歷史地圖集》秦、西漢部分圖5-6、15-16即如此標注⑤。馬非百《秦集史·郡縣志上》⑥亦主此説。一説在今富平縣西南。

《漢書·地理志》"褱德"下班固自注："《禹貢》北條荆山在南，下有彊梁原。"王先謙補注："段玉裁曰：'此釋"導汧及岐，至於荆山"之荆山也。此曰"北條荆山"，南郡曰"南條荆山"，則知三條之説自古而然。'錢坫曰：'《禹貢》道九山，汧、壺口、砥柱、太行、西傾、熊耳、嶓冢、内方、岐也。馬融以汧爲北條，西傾爲中條，嶓冢爲南條。鄭康成分四列，汧爲陰列，西傾次陰列，嶓冢爲陽列，岐山次陽列。彊梁原當作荆渠原，在今富平縣北二十里，荆山在富平西南三十里。'徐松曰：'胡渭云《寰宇記》引《水經注》云：洛水東南歷彊梁原，俗謂之朝阪。今富平無洛水，朝邑有洛水，歷彊梁原入渭，原在荆山下，一證也。《同州志》云："華原在朝邑縣西，繞北而東，以絶於河，古河壖也，一名朝阪，亦謂之華原山。"蓋華原即朝阪，朝阪即彊梁原。荆山之麓，直抵河壖。禹治水從此渡河，故《禹貢》曰"至于荆山，逾于河"。若富平則東距河二百餘里，與經意不合，二證也。朝邑實西漢之褱德，荆山當在其境。唐人所以致誤者，蓋由先儒謂漆沮即洛水，而澤泉經富平褱德城北，東南絶沮注濁水得漆沮之名，遂以此爲《漢志》東南入渭之洛，並荆山亦移之富平耳。松案：褱德所在，當以胡説朝邑西南者爲正。閻氏若璩親至朝邑縣，治在彊梁原上，爲荆山北麓。然則謂朝邑無荆山者誤矣。'吴卓信曰：'今富平亦有褱德城。《寰宇記》謂後漢及三國時因漢舊名，於此立縣，今有廢城存，是也。與西漢舊縣無涉，謬矣。而《隋志》誤載荆山於富平縣，李吉甫、宋敏求因之，後人遂沿其謬。'"又曰："《續志》後漢省。'雲陽'下劉注：'有荆山。'《帝王世紀》云：'禹鑄鼎荆山。'在馮翊褱德之南，今其下荆渠也，據此縣併入雲陽。《一統志》：故城今富平縣西南十里。"

贊成富平説的有《後漢書·郡國志》左馮翊雲陽下南朝梁劉昭注、《隋書·地理志》、唐李吉甫《元和郡縣圖志》、北宋宋敏求《長安志》，而主張最力的是清人錢坫《新斠注地理志》。主張朝邑説的有北魏酈道元《水經注》之"渭水""沮水"、清胡渭《禹貢錐指》、清徐松《漢書地理志集釋》、清吴卓信《漢書地理志補注》。

我以爲要弄清楚秦西漢懷德縣的地望，關鍵是要弄清荆山的位置。

《説文》："荆，楚木也。从艸，刑聲。"王筠句讀："荆，楚。謂荆一名楚也。木也。以字从艸，故云木，蓋此物不大，故从艸，好叢生，故楚从木。"荆本是一種叢生灌木，西周金文中初文作 ，象以刀割取荆條，西周中期金文鴻叔簋："隹（鴻）弔（叔）從王員征楚 。"後加聲符井，作 或 ， 、 是 之省變。金文史牆盤："宏魯昭王，廣鞭楚 。"過伯簋：

"過伯從王伐反荊。"士山盤："出邎都、荊方。"師虎簋："嫡官嗣左右戲、繁、荊。"五祀衛鼎邦君厲監付裘衛田者有"荊（荆）人敢"。隸作荊，里耶秦簡J1（8）134："以求故荊積瓦。"⑦

荊山最初在什麼地方，這是一個很有趣味的問題。我推測，荊山原來可能在周原一帶，指汧陽、鳳翔、岐山北邊的山系。五祀衛鼎提到"荊人敢"，荊爲地名，肯定在周原。周原有地名楚，《説文》："楚，叢木，一名荊也。从林，疋聲。"楚亦荊。周原甲骨文H11.83："今秋楚子來告父後哉。"楚爲本國事遠涉千里來告周，不合情理。此楚必在周畿内，而不在江漢一帶。又周原甲骨文H11.4："其微、楚□屰（厥）燎。"微在今岐山、眉縣一帶，微、楚連言，必相距不遠。《史記·楚世家》："周文王之時，季連之苗裔曰鬻熊子事文王，蚤卒。"《史記》之《魯世家》："及成王用事，人或譖周公。周公奔楚。"拙文《西周畿内地名小記》⑧説："此楚也是畿内之楚，而非江漢之楚。此時熊繹已遷至江漢，畿内楚地直屬王室。周公之奔楚，乃回故地隱居，示無野心。此時賊臣正陷害他，説他'欲爲亂久矣，上若不備，必有大事'。他若奔江漢之楚，不是會令人覺得他要依賴荊楚，以圖不軌嗎？這豈不是予賊臣以口實嗎？作爲大政治家的周公，絶不會出此下策。"

五祀衛鼎和史牆盤的荊都从刃或刀，井聲。推測或可省作井，最初與井地有關。西周金文地名有井，與奠（鄭）地相連，免卣："惟六月初吉，王在奠。丁亥，王各大室，井叔右免。"奠地唐蘭以爲在扶風、寶雞一帶⑨。盧連成以爲在今鳳翔縣，即秦德公所居之大鄭宫⑩。關於井地，徐中舒師説："畿内井邑舊不詳所在。散氏盤記載散之田界云：'奔道以西至于鴞、莫、眉（引者按此字今多釋作履）、井邑田，自棍木道左至于井邑'，則井必與散接壤。"⑪拙文《西周畿内地名小記》説："這爲我們尋找井的位置指出了一條道路。散盤記載矢方交割土地給散方，矢既在汧水以東的鳳翔一帶，而奠、井亦必相距不遠。"

井、荊、荊既在汧水以東鳳翔、岐山北部，則最初的荊山也可能指今關中盆地北緣之山西部。此山沿鳳翔、岐山、扶風東北行經乾縣、淳化、富平、蒲城、澄城，直達黄河岸邊的韓城，後代其分段地名或稱岍山、岐山、梁山、北仲山、嵯峨山、文王山、武王山、頻山、廟山、堯山、黄龍山等。比之渭河以南的秦嶺山系，此山系山勢較緩，不似渭河以南秦嶺山脈之陡峭險峻。

隨着荊楚人的東移、南移，荊楚地名也不斷東移南移。《尚書·禹貢》："（雍州）漆沮既從，灃水攸同。荊、岐既旅……"孔氏傳："此荊在岐東，非荊州之荊。"又云："導岍及岐，至于荊山。"陸德明釋文："岍音牽，字又作汧，山名，一名吴岳。"荊山與岍山、岐山相連，在岐東，肯定是指關中北部山系。秦西漢懷德富平説北距此山系不遠。朝邑西北距富平二百餘里，北距關中北部山系亦百餘里，其地平坦，説有荊山當屬訛傳。渭河南之秦嶺北麓又絶無荆山之名，故朝邑說理由不充分。《禹貢》"這部書是戰國之世走向全面統一前夕的總結性的地理記載。把當時七國所達到疆域算作天下，而根據自然地理來劃分其區域成九州，並定出各州的物產作貢物，又根據土地肥瘠來定各州田賦等次。這是對當時地理作一理想式的規劃"⑫。《禹貢》反映的是戰國末的情形，秦西漢初距之不遠，其所說荆山位置應是可信的。到了東漢，懷德縣已不存。《後漢書·郡國志》左馮翊下無懷德縣而有雲陽縣，該條下劉昭注："有荆山，《帝王世紀》曰：'禹鑄鼎於荆山，在馮翊懷德之南，今其下荆渠也。'"可見懷德縣併入雲陽縣。雲陽《地理志》作雲陵，清《一統志》說"故城在今淳化縣北二十里"。淳化縣與富平祇隔三原縣北部一角，靠近關中北部山系，距朝邑二百餘里，亦可見後說之不可信。《太平寰宇記》說此地名東漢三國時還有，是有道理的。

《禹貢》說"（雍州）漆沮既從，灃水攸同"，然後說"荆岐既旅"，則沮水亦與秦西漢懷德位置有關。《詩·大雅·綿》："民之初生，自土沮漆。"毛傳："沮水，漆水也。"《史記·周本紀》："（古公亶父）乃與私屬，遂去豳，度漆沮、踰梁山，止於岐下。"集解引徐廣曰："水在杜陽。"此漆沮在今邠縣、岐山一帶。後來漆沮水之名東移。《水經·沮水》："沮水出北地直路縣，東過馮翊祋祤縣北，東入於洛。"酈道元注："《地理志》曰：沮出直路縣（引者按在今陝西富縣西）西，東入洛。今水自直路縣東南，逕譙石山東南流，歷檀台川，俗謂之檀台水。屈而夾山西流，又西南逕宜君川，世又謂之宜君水。又得黃嶔水口，水西北出雲陽縣石門山黃嶔谷，東南流注宜君水。又東南流逕祋祤縣（引者按即今銅川市耀州區）故城西……又西南流逕祋祤縣東，西南流逕其城南原下，而西南注宜君水。宜君水又南出土門山西，又謂之沮水。又東南歷土門南原下，東逕懷德城南，城在北原上。又東逕漢太上皇陵北，陵在南原上，沮水東注鄭渠……沮循鄭渠，東逕當道城南，城在頻陽縣故城南。頻陽宮也，秦厲公置。城北有頻山，山有漢武帝殿，以石架之。縣在山南，故曰頻陽也。應劭曰：縣在頻水之陽。今縣之左右，無水以應之，所可當者，惟鄭渠與沮水。……其水又東北流，注於洛水也。"⑬臧勵龢等編《中國古今地名大辭典》云："沮河，即宜君水，出陝西耀縣北境，東南流合漆水爲石州河。"⑭所謂"石州河"今名石川河，自今富平縣西，東南流經富平城南，再東南流注入渭河（古代曾注入洛河）。值得注意的是沮水（石川河）先流經懷德城南，后流經漢太上皇陵北。"漢太上皇陵，高帝葬太上皇於櫟陽北原，因置萬年縣於櫟陽大城內。"⑮櫟陽在今西安市臨潼區與閻良區界上，在富平縣城東南。要說秦西漢懷德縣城在朝邑，無論如何也是說不過去的。《大辭典》又云："漆水源出陝西同官縣（引者按即今銅川市）東北大神山，西南流至耀縣。沮水一名宜君水，出縣北分水嶺，東南流來會，是爲石州河。又東南流經富平、臨潼，折西南會清谷水注於渭。按漆沮舊與洛水合流入渭，故亦謂之洛水。孔傳於'導渭'下云：'漆沮二水名，亦曰洛水。'自鄭渠湮廢，二水隔絕，漆沮遂無洛河之名矣。"⑯是很有道理的。

因漆沮經鄭渠（荊渠）匯入洛水，漆沮一名洛水，故後人皆以今之西洛水下流當之。《水經注·渭水》："渭水之陽即懷德縣界也。城在渭水之北，沙苑之南，即懷德縣故城也。世謂之高陽城，非矣。《地理志》曰'《禹貢》北條荊山在南，山下有荊渠'。即夏后鑄九鼎處也。"這同上引《沮水注》的説法自相矛盾，是酈氏把漆沮之別名洛水（漆沮爲洛水支流）混同於洛水之幹流洛水，把高陽城誤爲秦西漢懷德城。

至於黃帝鑄鼎於荊山下，則是另一個傳説故事，見於《史記·封禪書》。其地或説在今河南靈寶縣之閿鄉（秦西漢湖縣），或説在今陝西西安藍田縣焦岱鎮，該地出有"鼎湖延壽"漢瓦當，新見秦封泥亦有"鼎湖苑丞"。黃帝鑄鼎本屬傳説，後人附會其事，遂有二地，已難深究。

西周中期至春秋中期，楚人逐漸南遷，一度"居丹陽"。丹陽在丹水之陽，今陝西丹鳳縣（古商縣），秦西漢上雒縣（今商縣）皆其屬地。於是這一地區就有了"楚山""楚水"的地名。楚即是荊。《水經注·丹水》："《竹書紀年》：晉烈公三年，楚人伐我南鄙，至於上洛。楚水注之，水源出上洛縣西南楚山。昔四皓隱於楚山，即此山也。"⑰

此後楚人又南遷，於是荊山、沮水之名又移到了今湖北南漳、保康間。《尚書·禹貢》："荊及衡陽惟荊州。"孔氏傳："北據荊山，南及衡山之陽。"《禹貢》又云："荊河惟豫州。"孔氏傳："西南至荊山，北距河水。"《漢書·地理志》南郡"臨沮"縣下班固自注："《禹貢》南條荊山在東北，漳水所出，東至江陵入陽水。"王先謙補注曰："《禹貢山水澤地篇》：荊山在臨沮縣東北，與《志》合……段玉裁謂陽水即沮水。"《左傳·哀公六年》："江、漢、雎（沮）、漳，楚之望也。"

注釋：

① 傅嘉儀：《秦封泥彙考》，上海書店出版社，2007年，第191頁。
② 周曉陸：《酒餘亭陶泥合刊》，日本藝文書院，2012年，第32頁。
③ 王輝編著：《秦銅器銘文編年集釋》圖四十七.1、2，三秦出版社，1990年。
④ 王輝編著：《古文字通假字典》，中華書局，2008年，第505頁。
⑤ 譚其驤主編：《中國歷史地圖集》，中國地圖出版社，1982年。
⑥ 馬非百：《秦集史》，中華書局，1982年，第572頁。
⑦ 王輝主編：《秦文字編》，中華書局，2015年，第112頁。
⑧ 王輝：《西周畿內地名小記》，《考古與文物》1985年第3期。
⑨ 唐蘭：《用銅器銘文來研究西周史》，《文物》1976年第6期。

⑩ 盧連成：《周都棫鄭考》，《考古與文物叢刊》第二號《古文字論集》，1983 年。

⑪ 徐中舒：《禹鼎的年代及其相關問題》，《考古學報》1959 年第 3 期。

⑫ 陳高華、陳智超等：《中國古代史史料學》，中華書局，2016 年，第 45 頁。

⑬ 陳橋驛：《水經注校證》，中華書局，2013 年，第 389—390 頁。

⑭ 臧勵龢等編：《中國古今地名大辭典》，商務印書館，1931 年版，1982 年重印，第 511 頁。

⑮ 何清谷：《三輔黄圖校注》，三秦出版社，2006 年，第 424 頁。

⑯ 同 ⑭，第 1100 頁。

⑰ 同 ⑬，第 466 頁。

（原載《考古與文物》2020 年第 2 期）

卷四 序、跋、書評、雜文

高山仰止　景行行止
——寫在張政烺先生誕辰一百週年之際

　　張政烺先生是我素所敬仰的前輩學者。1978—1980年我在四川大學歷史系讀碩士期間，已讀過張先生的部分論文，如《"平陵墮導立事歲"陶考證》《"㚔"字説》《〈説文〉燕召公〈史篇〉名醜解》《秦漢刑徒的考古資料》《甲骨文"肖"與"肖田"》《卜辭"裒田"及其相關諸問題》《釋甲骨文"俄""隸""蘊"三字》《滿城漢墓出土的錯金銀鳥蟲書銅壺》《利簋釋文》《中山王𧊒壺及鼎銘考釋》《釋"它示"——論卜辭中没有蠶神》《周厲王胡簋釋文》《試釋周初青銅器銘文中的易卦》等，極爲欽佩其學識淹博、視野開闊、鑿破混沌、獨闢蹊徑，以爲在當代學者中，是極爲罕見的。

　　比如楚器邵王之諻鼎、簋銘文有"諻"字，近人或釋爲兄，扞格難通。張先生《邵王之諻鼎及殷銘考證》據《方言》六"南楚瀑洭之間母謂之媓"、《廣雅·釋親》"媓，母也"，説鼎、簋乃楚昭王爲其母伯嬴所作器，已爲定論。但文章並未到此爲止，復廣徵文獻有關伯嬴記載，力闢《公羊傳》《春秋繁露》《越絶書》《吴越春秋》所謂吴師入郢後吴王闔閭或伍子胥"妻昭王母"之謬説，而據《左傳》《淮南子》《列女傳》，謂伯嬴能保全其貞節，令人耳目一新。

　　殷墟甲骨文及殷周金文有"㚔"字，凡數百見，學者隸定、考釋至爲紛歧。羅振玉釋赫，葉玉森、唐蘭釋夾，郭沫若釋母，于省吾釋爽，梁東漢釋無，字形皆不盡合。張先生説"㚔"从大从眲，"象一人挾二物於腋下"。"至其所挾之物，形體甚多"，"蓋取二物相儷爲偶，故不拘泥於形體也"。辭例多作"祖某㚔妣某"，介於二者之間；又有"伊㚔""黄㚔"。張先生説"㚔"當讀爲仇，解爲匹、妃匹。"伊㚔"指"伊尹"，"黄㚔"指"黄尹"，殷王室重臣，"蓋謂國之重臣與王爲匹稱也"。其說一出，他說多息聲。

張先生一生的作品數量並不算很多，但多擲地有聲，影響深遠。他的很多學術見解，看似一時靈感，實際上是多年深思熟慮的結晶。1978 年末，中國古文字研究會成立大會在長春召開，會上徐錫臺先生介紹了周原出土甲骨刻辭，其中有一種所謂"奇字"，請張先生解釋。張先生第二天發表《古代筮法與周文王演周易》的短論，說"奇字"即數字卦，解決了一個數千年來不得其解（此前也有人提到過，但僅隻言片語）的難題，博得一片掌聲。這個看法，絕非偶然想到。我們知道，此前幾年，張先生一直參與整理馬王堆帛書《周易》，一直思考與筮法有關的問題，並對漢、唐、宋人的象數之學有深入研究，所以纔能在徐錫臺先生發言之後即時提出見解。張先生稍後發表的《試釋周初青銅器銘文中的易卦》《帛書〈六十四卦〉跋》，則是對此問題的系統闡發。這些文章厚積薄發，肯定將在學術史上留下深刻的個人印記。

在學術上，張先生又是一位執着的探索者，對已有的學術觀點，包括他自己的個別觀點，也不斷會有所完善與修正。如"尹㚔""黃㚔"之"㚔"，張先生早年讀爲"仇"，後來又讀爲"舅"。1978 年張先生作《釋"它示"——論卜辭中沒有蠱神》，說："古代傳說，湯取有莘氏之女，伊尹是跟着陪嫁來的奴隸……伊尹可能是有莘氏之子弟。商和有莘氏當時還處於母系制度的末期，從有莘氏這方面講，伊尹本有繼位的資格，他放棄自己的繼承權，和商併爲一國，但舅權的尊嚴還在，故廢立太子易如反掌，而天下也不以爲僭。自周以來，父系制度加強……纔把伊尹極力貶低，說成是有莘氏的奴隸。"

我常對學生說，一篇文章的好壞，主要是看是否有真知灼見。有真知灼見者，即使偶有小錯誤，仍是好文章；有些文章，東抄西拼，沒有個人見解，就算沒有錯誤，也不是好文章。比如張先生《卯其卣的真偽問題》說故宮博物院收藏的二祀卯其卣、四祀卯其卣是偽器，理由之一是"卯其"不是人名，"卯"是爵稱或尊稱，"其"是副詞。1991 年，陝西岐山縣樊村出土一畢，銘有"亞卯其"，證明"卯其"是人名，張先生早先的說法是不準確的。但張先生 1945 年認爲二器偽作，此後與張效彬爭辯，與郭沫若、徐森玉、李濟、高去尋、英國人葉慈、日本人池田末利、松丸道雄討論，42 年後，到了 1987 年，始作文刊於《出土文獻研究》第 3 輯，40 餘年間堅持一個學術觀點，苦苦求索，其精神不能不令人肅然起敬。

張先生是一位傳統學者，對師長，謙恭有禮，對晚輩，和藹可親。對此，我有深刻的印象。1980 年深秋，中國古文字研究會在成都召開，徐中舒師是召集人。會後，徐師留下了張先生、胡厚宣、李學勤、徐永年四位先生，主持我們的碩士論文答辯。徐師 1926 年從清華研究院畢業，1929 年初到中央研究院歷史語言研究所，1931 年後在北大歷史系兼課，胡厚宣先生聽過徐師的課，1934 年分到史語所，與徐師有師生之誼。張先生 1936 年從北大歷史系畢業，即到史語所，當年 11 月底受所長傅斯年先生指派，作爲徐師的助手同往上海，點收劉體智先生善齋出售給史語所的百餘件商周青銅器。張先生與徐師是同事，但從年齡、資歷上說，又是晚輩。因爲這些原因，在徐師進教室時，胡、張二位先生都恭恪侍立，齊聲問："先生好！"徐師坐定，他們纔落座。答辯結束後，我陪張先生去遊武侯祠、人民公園。走得累了，坐在石階上休息，我請教張先生今後我們應重點讀什麼書，張先生答："小學基礎書要細讀。我年輕時讀《廣雅》，正文幾乎可以背下來。"我深受啓迪。1988 年，林小安兄帶我去張先生家。一方面是看望先生，另一方面也請先生對拙稿《秦銅器銘文編年集釋》給予批評。張先生談了對幾件上郡戈的看法，說"鬼薪""城旦""隸臣"都是刑徒；又說把秦銅器銘文彙集起來，加以考釋，是有意義的工作。末了，先生還爲我題寫了書名，使我深受感動。

張先生離開我們已經幾年了，但他的音容笑貌，仍不時縈現在我的腦海。高山仰止，景行行止。先生的學問道德，我們這一輩人恐怕是很難企及了，但先生樹立的楷模，則是我們終生應該學習的。

（原載《秦始皇帝陵博物院》總第 3 輯，三秦出版社，2013 年。原文中有一段與《視月筆記・矮子齋》重複，今删去，可參看該條）

《沙苑子文史論集》序

張維慎先生將其著《沙苑子文史論集》打印稿送我審讀，並請作序。我與維慎在學術上的主攻方向不盡相同（我側重於古代文字及先秦歷史文化，維慎則側重於歷史地理及漢唐歷史文化），未敢遽應。維慎説："我們交往較多，您對我的學術文章還是很瞭解的，必能給予恰當的評議。"信任與友情難却，於是寫下了自己認真拜讀後的一些想法。

《論集》共分五輯，包括歷史地理、古代禮俗、簡牘典籍、文物鑒賞、古代史研究，涉及面寬泛。

歷史地理是維慎的專攻，此輯收文10篇，既有新穎獨到的見解，又能將研究課題與歷史地貌變遷、環境保護結合起來，爲當代社會發展服務。

扶桑國最早見於《梁書·東夷列傳》，其位置中外學者久争未决。《"扶桑國在美洲"再考》列舉我國學者朱謙之、吕思勉、鄧拓、文公達，外國學者克拉普洛特、希勒格、德·歧尼、金勒、弗雷爾等的五種説法，詳加辨析。"結合古今文獻、考古資料以及人類學、民俗學、航海學、建築學、語言學等方面的知識，通過對《梁書》所載扶桑國的地理方位、動植物、礦産、婚喪之俗、服飾易色、國王和貴族的稱呼"等多角度、全方位的考察，申論吕思勉先生之説，力主扶桑國在美洲，是由受殷文化漸染的中國貉族人建立的，是由梁沙門慧深最早發現的。此文是該課題研究上的最新成果，卓然成一家言，在學術界產生了較大影響，被《新華文摘》加以摘引，良有以也。

《新石器時代河姆渡人與半坡人居址選擇比較研究》列舉大量考古資料，指出河姆渡人和半坡人居於近地表水源的地方，便於人畜飲水、發展原始農業、漁獵及交通往來，補充、論證其師史念海先生的一個重要學術觀點："當時（新石器時代）人們所選擇的居住地址就已顯示出他們對於地理環境的適應和善於利用的情況。"作者對所有例證都有深入細緻的分析，而不是簡單羅列。如作者指出，河姆渡人與半坡人都生活在全新世中期的一段時間，當時出現過全世界性的氣候回暖現象，但各地回暖的程度不同。河姆渡人生活在長江下游的平原或低級階梯，温潤多雨，發展了以稻爲主的水田農業；而半坡人生活在黄土高原的中級階梯，屬半乾旱氣候，因而發展了以粟爲主的半旱作農業，甚有理致。

《隋唐墓誌所反映的統萬城、朔方城、夏州城——兼論統萬城周圍土地的沙漠化》一文。依據康蘭英先生《榆林碑石》中涉及統萬城、朔方城、夏州城的47方碑文資料，説三者實爲一地之異名。"統萬"見《晉書·赫連勃勃載記》，元保洛墓誌則稱"突萬"，"統""突"皆胡語音譯；"朔方城"爲"朔方郡城"之省；"夏州城"爲唐代夏州治所（或稱州理，唐人避高宗李治諱，改治爲理）。統萬城的沙化最晚不遲於晉末北魏初，但其時尚有水利設施黑渠，周圍尚有農業，五胡十六國時期，統萬城及其附近的土壤應以沙質土爲主，而唐時夏州城周圍土地沙漠化的記載不絶於文獻，沙漠化的主因是人類不合理的開發。由此作者建言："當今，要控制和治理統萬城周圍土地的沙漠化，祇有大力植樹種草，加大林牧業的比重，把農林牧的結構調整好。"這是值得當政者重視的。

中國是禮儀之邦，儒家學説、禮俗在人們日常生活中占據着重要地位。維慎長期致力於禮俗研究，《論集》中有6篇文章討論禮俗，意義重大。

《"面縛"考辨》原名《面縛——中國古代投降儀式解讀》，刊於《中州學刊》2004年第2期，收入《論集》時又有增補。2005年，維慎申報研究館員時，此文曾送我審閲。當時我認爲"熔歷史文獻、考古資料、禮俗於一爐，對面縛的含義、使用場合作出了令人信服的解釋……此文論點鮮明、論據充足，小題目而能做出好文章，值得稱讚"。其他幾篇亦如此。

《試論唐代女子拜禮的拜儀及其適用場合》《兩件唐代跪拜俑拜儀考》仔細分析陝西歷史博物館藏兩件唐代女跪拜俑、山西省博物館藏跪拜男吏俑、山西長治市出土跪拜俑、河北獻縣出土唐跪拜俑的異同，指出："女子行拜禮，從跪到不跪，是有一個變化過程的，在此變化中，坐具變化起着重要作用。"作者贊同朱熹《朱子語類·禮》、趙翼《陔餘叢考·婦人拜》的説法，認爲唐代女跪拜俑所行者爲原始肅拜，"是古人席地而坐時所行肅拜禮在唐代的反映。祇不過這種肅拜禮在唐代並不是常見的，它祇適用於'婦初見舅姑''宫人於君后'等少數特殊場合，而在大多數場合則是應用如趙翼所説的'稍作鞠躬虚坐之狀'的肅拜禮"。作者引王建《宫詞》、杜甫《新婚别》、白行簡《李娃傳》、《舊唐書·禮儀志》、張説《虬髯客傳》、文瑩《玉壺清話》、脱脱《宋史》等，引證豐富，視野開闊，結論可信。

《論集》中有幾篇考釋碑文、墓誌的文章，頗見功力。《唐〈于知微妻盧氏墓誌〉考釋》據《北史·于栗䃺傳》《隋書·于義傳》、新舊《唐書·于休烈、于益傳》及《金石萃編》收録的《于志寧碑》《于知微碑》《于大猷碑》《于栗䃺碑》《于黙成碑》，考證于知微的仕宦生涯，誌主盧舍衛的先世、郡望、婚姻、子女，爲"金石補史"增添了新的例證。唐碑喜用典，作者多考其出處，使文義豁然貫通。誌文："余大父太師燕定公，道高稷离，績茂蕭曹。"考釋謂"大父"指于知微祖父于志寧，志寧唐初爲太子少師、太師，封燕國公，卒謚定；"稷"爲周始祖后稷，"离"爲商始祖契，"蕭曹"爲漢初丞相蕭何、曹參。説于志寧道德高於稷、契，功勞大過蕭何、曹參，雖不無誇大，但大體近是。這樣分析，加深了我們對誌文的理解。

唐《萬年宫碑》載於清王昶《金石萃編》，碑陰列有"見從文武三品以上""自書官名"，是考證唐代職官、封爵、地理的第一手資料。《唐〈萬年宫碑〉碑陰三品以上從官題名考》據新舊《唐書》《全唐文補編》《資治通鑑》《册府元龜》的大量資料，比勘碑文，抉其幽微，正其訛舛，是"史學二重證"的發揚光大。碑陰有"左領軍將軍臣□仁□"，後三字學者或疑爲"薛仁貵"。維慎考辨説：薛仁貴於永徽五年確實到過萬年宫，並救過高宗的命，但"□仁□"首字經辨認是"金"字，則衹可能是唐時新羅國遣唐質子"金仁問"；抑或是皆曾作過"左領軍將軍"的"劉仁軌、劉仁願"。維慎引拜根興先生説，定爲"金仁問"，因爲金氏"二十餘歲即官三品'左領軍衛將軍'"。多年懸案，遂得定讞。

研究中國古代史的幾篇，或分析漢代社會生活中的笞罰，或論述金世宗對官吏貪臟枉法的預防、懲罰，或評議秦末名士范增勸項梁立楚後之功，或探索茶的養生功能、白居易晚年嗜茶之表現，多有感而發，爲現實政治提供借鑒。《略論金世宗對於官吏貪臟枉法的預防、懲罰》末尾説："金世宗對於官吏貪臟枉法的預防與懲罰對於當今我國政府的反腐倡廉，無疑具有借鑒意義……封建皇帝金世宗尚能執法必嚴，'大義滅親''全心全意爲人民服務'的中國共産黨人豈能落於其後乎！"如果有紀檢人事部門負責人讀此文，不知作何感想？

總體上看，《論集》涉及面廣、論述深入、邏輯性強，且不乏真知灼見，是近年文史研究苑囿中的一枝新葩。

當然，如果一定要吹毛求疵的話，《論集》個別地方似還可以稍加改進。比如扶桑國所在，維慎下大力氣作了討論，有自己明確的看法，但這畢竟是世界性難題、學術公案，要使之成爲定論或爲多數人所認可，還應再多舉些例證。《論〈淮南子〉的用人思想》引《淮南子》"用衆人之力，則無不勝也""衆智之所爲，無不成也"，説："《淮南子》的這一思想，藴含着樸素的'人民創造歷史'的唯物史觀。"所謂"人民創造歷史"，是現當代的馬列、毛澤東理論，安到劉安頭上，似乎抬高了古人。其實，劉安所謂"衆人"未必能與"人民"劃等號；再説，歷史是否全是"人民"創造的，本身也仍不是不可討論。有些碑石典故没有指明出處，固屬審慎，但有的還是可以指明的。《于知微妻盧氏墓誌》云："昔太師翼周，盛德光乎四履；尚書佐漢，隆恩洽於九江。"《論集》説："'太師''尚書'其名均待考。"我則懷疑"太師"是姜尚，"尚書"是盧植。《元和姓纂》："盧，姜姓，齊太公之後。"《史記·齊太公世家》："於是周西伯獵，果遇太公於渭之陽……載與俱歸，立爲師……武王已平商而王天下，封師尚父於齊營丘……齊桓公率諸侯伐蔡，蔡潰，遂伐楚。楚成王興師問曰：'何故涉吾地？'管仲對曰：'昔召康公命我先君太公曰：五侯九伯，若實征之，以夾輔周室。賜我先君履，東至海，西至河，南至穆陵，北至無棣。楚貢包茅不入，王祭不具，是以來責。昭王南征而不復，是以來問。'"誌文"太師"即《世家》之"師"；誌文"翼周"即《世家》之"夾輔周室"；誌文"四履"即《世家》管仲所說齊太公"履"之四"至"，亦即周之宇内。管仲的話亦見於《左傳》。盧植是東漢末名臣，他是大儒馬融的高足，曾剿滅黄巾軍張角部，並阻董卓廢獻帝之謀。《後漢書·盧植傳》："熹平四年，九江蠻反四府，選植才兼文武，拜九江太守，蠻寇賓服……會南夷反叛，以植嘗在九江有恩信，拜爲盧江太守……歲餘，復徵拜議郎，與諫議大夫馬日磾、議郎蔡邕、楊彪、韓說等並在東觀，校中書五經紀傳、補《續漢紀》。帝以非急務，轉爲郎中，遷尚書。"植曾官"尚書""在九江有恩信"，此即誌文所說"尚書佐漢，隆恩洽於九江"。姜太公是盧氏始祖，盧植是盧氏列祖中聲名煊赫者，故墓誌首先提及。

《沙苑子文史論集》之名，也引起了我的注意。維慎1964年生於陝西大荔縣馮村一耕讀傳家的大户人家。祖父民國時曾在廣西任縣長，父親和兩位伯父長期任教或從事藝術工作。在這樣的家庭環境下，維慎自小受到良好的傳統文化熏陶。及長，維慎就讀於陝西師大歷史系、寧夏大學歷史系，1999年至2002年，師從著名歷史地理學家史念海先生攻讀博士，打下了堅實的學術功底。1989年維慎碩士畢業後一直在陝西省博物館、陝西歷史博物館（後者是從前者分出來的）的保管、資料、科研等部門從事科研和《陝西歷史博物館館刊》的編輯工作。20世紀90年代初，師弟李西興作館刊副主編，常約我寫稿，其時維慎任編輯，我們便認識了，印象中他是一個十分勤奮，却又不愛張揚的年輕人。後來，西興去了新西蘭，館刊副主編又换了張銘洽先生，維慎則始終做編輯，直至陞任副主編兼資料室主任。因他是副主編，每年都會向我約稿，也時不時會送他的文章給我讀，或在寫某些文章前同我說起他的想法，於是我們便熟了，知道他對學術研究的執着、較真，也知道他不慕名利，與世無爭，却早已在學界嶄露頭角，是陝歷博的業務骨幹了。"沙苑"是一個地名，指人荔縣洛河與渭河交匯處的三角地帶，是原朝邑縣（20世紀50年代修三門峽水電站，朝邑撤縣，併入大荔）的一部分。該地多薄沙，是以棗樹、沙槐、沙棘爲主的防沙林帶。"沙苑子"是維慎的筆名或號，我猜想寓意一是作者原籍朝邑，是"沙苑之子"，二是要像沙槐、沙棘那樣有頑强的生命力。

維慎正當中年，願他努力奮進，有更多好作品問世。

（原載《秦始皇帝陵博物院》總第3輯，三秦出版社，2013年。
張維慎《沙苑子文史論集》2014年由文物出版社出版）

《新出陶文封泥選編》序

　　陶文與封泥是古文字，特別是戰國文字的兩項重要内容，二者關係密切，其著録與研究歷史亦悠久。

　　陶文、封泥以山東、陜西出土爲大宗。清代同治年間，陳介祺輯成《簠齋藏陶》，吴大澂加以考釋，有開創之功。此後劉鶚《鐵雲藏陶》、孫潯及孫鼎《季木藏陶》、王獻唐《鄒滕古陶文字》、陳直《關中秦漢陶録》、袁仲一《秦代陶文》《秦陶文新編》、高明《古陶文彙編》、王恩田《陶文圖録》，著録更爲豐富。而顧廷龍《古陶文舂録》、金祥恒《匋文編》、唐蘭《陳常匋釜考》、張政烺《"平陵墜守立事歲"陶考證》、周寶宏《古陶文形體研究》，以及袁仲一、李零、裘錫圭、鄭超等，皆對陶文的釋讀、時代、分域及其反映的歷史、文化有深入的研究。

　　《鐵雲藏陶》中有《鐵雲藏封泥》一卷，是早期的封泥著録。吴式芬及陳介祺《封泥考略》、羅振玉《齊魯封泥集存》、周明泰《續封泥考略》《再續封泥考略》、王獻唐《臨淄封泥文字》，資料更加豐富。1994年，孫慰祖著《古封泥集成》，是1993年以前著録封泥的總彙。

　　秦封泥在20世紀90年代以前少有著録。《封泥考略》僅懷疑"参（三）川尉印""趙郡左田""田儋""屯留"等爲秦物。1990年，拙文《秦印探述》指出"皇帝信璽""信宫車府""北宫宦者""軍假司馬"爲秦封泥。孫慰祖《集成》指出"蕢陽官印""安臺左壓"爲秦封泥。僅此而已。

　　1995年以來，西安北郊陸續有古封泥流向市場，北京路東之古陶文明博物館收藏一批，請李學勤先生等鑒定，確認爲秦封泥。1996年，路氏與周曉陸先生欲著文介紹這批封泥，我當時在《考古與文物》編輯部工作，極力慫恿此文首先在該刊發表。1997年第1期的《考古與文物》與《西北大學學報》（哲社版）首先公佈了這批資料，並由周、路二氏作了初步分析，在海内外引起轟動。路氏資料後結集爲《秦封泥集》。幾乎同時，亡友傅嘉儀先生亦收藏 600 餘枚秦封泥，品相較好。傅氏封泥後結集爲《秦封泥彙考》，並曾請我考釋。稍後，原西安市文物管理委員會（今西安市文物保護考古研究所）、中國社會科學院考古研究所漢長安城考古工作隊各自對相家巷村秦封泥遺址進行了考古發掘，獲得了一大批秦封泥，並弄清了其地層關係。遺憾的是，西安市文管會的資料至今未發表。秦封泥的發現是 20 世紀最重大的考古發現之一，其對秦歷史文化尤其是職官、地理研究極具價值，因而在一段時間内成爲研究熱點。李學勤、孫慰祖、周偉洲、周曉陸、施謝捷、張懋鎔、傅嘉儀、史黨社、劉瑞、劉慶柱、李毓芳、陳曉捷皆著文探討，蔚爲大觀。1999 年，拙著《秦文字集證》在臺灣印行，其第四章《秦印通論》涉及秦封泥 300 餘種。至今，大陸及港臺地區以秦封泥研究爲題的碩士、博士論文已有數篇。

值得注意的是，在衆多的陶文、璽印封泥收藏者中，有一些是當時的書畫名家。黃賓虹先生有《賓虹草堂集古璽印》《陶璽文字合證》，沙孟海先生有《談秦印》《印學史》，皆其代表。傅嘉儀先生也是一位書法家。

北京文雅堂楊廣泰先生是一位著名書畫鑒藏家。二十年來，他花費巨大精力與財力，購藏了一大批古陶文、封泥，包括：河南新蔡古呂鎮所出戰國封泥；西安相家巷、六村堡、高陵及河南平輿古城村所出秦封泥；西安焦家村、盧家口、江蘇徐州土山、山東臨淄劉家寨、河南靈寶函谷關、平輿古城村所出兩漢、新莽封泥；河北易縣燕下都所出燕陶文；山東臨淄所出齊陶文等，總數已逾萬枚。2010 年，楊先生將其所得編爲《新出封泥彙編》，收各類封泥 7800 餘枚，近 1600 種，由西泠印社出版社印行。該書編排科學，釋文準確，裝幀典雅，印刷精良，書後並附全編封泥與其他封泥編校讀表、所見職官表、所見郡國縣鄉名表等，爲封泥鑒賞提供了珍貴的資料，爲封泥研究做出了巨大貢獻，受到海内外同行的一致好評。秦傳世器有新郪虎符，原藏東京某氏，後歸巴黎陳氏，羅振玉《增訂歷代符牌圖錄》收入，王國維、郭沫若、唐蘭等先生著文，斷爲秦併天下前物。近年有朋友對此提出質疑，認爲據《漢書·地理志》汝南郡下應劭注"秦伐魏取郪丘，漢興爲新郪"，新郪應爲漢所置縣，新郪虎符是漢淮南王劉安謀反時鑄造的，因要與朝廷唱反調，故銘文内容、文字風格皆仿秦文字。但《新出封泥彙編》0980 有相家巷出土"新郪丞印"封泥，證明秦已有新郪縣。拙文《"秦新郪虎符"析疑》據此重新考定新郪虎符乃秦物，非漢物。拙文寫作時，曾向楊先生求取照片，是很感激的。

上書出版後，楊先生續得陶文、封泥 2400 餘枚，近日擇其要者，輯爲《新出陶文封泥選編》，即將印行。我粗讀書稿一過，以爲此書有以下兩個特色：

一、資料豐富、品相好

　　此書選收封泥800餘枚、陶文400餘枚，時代從戰國至東漢，地域涵蓋河南、山東、陝西、河北，內容包括官制、地理、私名。其地域之廣、品種之多、內容之豐富，比之《封泥考略》《齊魯封泥集存》《季木藏陶》皆有過之。近年也有一些書畫家印行了個人藏璽印、封泥書，但多數品種少，不成系統，與此書無法相比。

　　此書所收陶文、封泥，如臨淄齊陶文、靈寶西漢封泥、西安盧家口新莽封泥多完整。《漢書·地理志》："弘農郡。"班固自注："武帝元鼎四年置。有鐵官，在黽池。"王先謙補注："全祖望曰：'故屬京兆尹，武帝分置。'錢坫曰：'《武紀》元鼎三年冬，徙函谷關於新安，以故關爲弘農縣。然則置郡亦當在三年，四字疑誤。'"西漢弘農郡屬縣有弘農、盧氏、宜陽、黽池、丹水、新安、析、商、上雒、陝、陸渾。靈寶所出西漢封泥有"弘農大守章""弘農守丞""弘農都尉章""弘農鐵長""弘農鐵丞""關都尉印章""弘農水長""弘農獄丞"，可能都是弘農郡職官印。又有"弘農令印""盧氏丞印""陸渾長印""陸渾丞印""陸渾左尉""黽池丞印""黽池右尉""黽池廄丞""陝令之印""商丞之印""上雒右尉""析丞之印""新安令印""宜陽令印""宜陽左尉"，皆弘農各縣職官印。弘農郡封泥集中出土於靈寶，不是沒有原因的，靈寶即《地理志》之"弘農"縣，班固自注："故秦函谷關。"王先謙補注："《荀子》所謂'秦有松柏之塞'也。《一統志》：關在今靈寶縣西南里許。"

　　有些封泥雖有殘缺，賴同一品種有完整者，其文字亦可確定。如"咸陽丞印"，共96枚，其中完整者20餘枚。又如"弘農都尉章"5枚，一枚完整，4枚殘，但殘損部位不一，可互相補足。

二、精品多，對研究歷史文化有重大價值

　　古呂鎮所出戰國封泥有"筤"，字上竹旁作"竹"，有楚文字特色。筤見包山楚簡237："言（享）祭筤之高丘、下丘各一全豢。"劉信芳先生說："筤讀爲竹，地名。"（《楚簡帛通假釋例》，高等教育出版社，2011年，第128頁）今按《漢書·地理志》沛郡下有"竹"縣，班固自注："莽曰篤亭。"王先謙補注："秦竹邑，曹參所定，見《參傳》。《續志》後漢因，加邑……《一統志》：故城今宿縣北。"筤可讀爲篤，郭店楚簡《老子》甲本簡24："獸（守）中，筤也。"筤字王弼本作篤（拙著《古文字通假字典》，中華書局，2008年，第330頁），王莽改爲"篤邑"，其來有自。

　　秦封泥有"邦尉之璽"多枚。羅振玉《陸庵集古錄》收有"邦尉之印"，羅福頤曾摹取

其文收入《漢印文字徵》中。沙孟海《印學史》說據羅福頤回憶，此印有田字格，沙先生據此定該印爲秦印。《史記·白起列傳》云昭王時白起遷爲國尉，《秦始皇本紀》記始皇十年以尉繚爲國尉。"邦尉之璽"稱璽不稱印，時代應比"邦尉之印"早，殆秦統一前物。

秦封泥有"孱陵丞印"，首字稍殘，但上部"尸"尚有殘畫。孱陵，《漢書·地理志》屬武陵郡（秦時應屬洞庭郡），王先謙補注云："高帝五年置，見《名勝志》。"湖南龍山里耶秦簡 8-467 有"孱陵"（陳偉主編：《里耶秦簡牘校釋》[第一卷]，武漢大學出版社，2012 年，第 161 頁）。封泥、簡證明孱陵爲秦縣，非漢始置。孱陵又見張家山漢簡《二年律令·秩律》，應是漢初沿用。

秦封泥有"北卿""南卿""邟卿""新昌卿印"，四例卿字是否應讀爲鄉，也是饒有趣味的問題。楊寬《古史新探》云："'鄉'和'饗'原本是一字……整個字像兩人相嚮對坐，共食一簋的情形，其本義應爲鄉人共食。""鄉邑的稱'鄉'……實是取義於共食。""是用來指那些共同飲食的氏族聚落的。""在金文中'鄉'和'卿'的寫法無區別，本是一字。""'卿'原是共同飲食的氏族聚落中'鄉老'的稱謂，因代表一鄉而得名。進入階級社會後，'卿'便成'鄉'的長官的名稱。"卿、鄉本一字，這是古文字學家的共識。戰國時期，二字逐漸分化，但仍有同用之例。商鞅方升："齊遣卿大夫衆來聘。"秦封宗邑瓦書："周天子使卿大夫來致文武之酢（胙）。"睡虎地秦簡《日書》乙《生》："凡生子北首西鄉（嚮），必爲上卿。"諸例卿皆爲卿大夫，特別是末例，卿、鄉分用顯然。睡虎地秦簡《語書》："民各有鄉俗……私好鄉俗之心不變……"鄉爲鄉邑。中山王譽方壺："以卿上帝。"圓壺："卿祀先王。"卿即饗。上博楚竹書《緇衣》簡 12："毋以辟（嬖）女□大夫向士。""向士"今本《禮記·緇衣》作"卿士"，隨縣簡 1·033 作"卿事（士）"。向與鄉通用，《詩·豳風·七月》"塞向墐户"，《儀禮·士虞禮》賈公彦疏引向作鄉。以上諸例卿、鄉同用。值得注意的是秦封泥既有"北卿"，又有"北鄉"；既有"南卿"，又有"南鄉"；高陵出秦封泥有"新昌卿印""邟卿"，而焦家村出漢封泥有"新昌鄉印""邟鄉"。由此而論，以上諸例卿字仍可能用爲鄉，是鄉邑封泥。

高陵所出秦封泥有"池卿""池陽北卿""池陽鄉印"，卿、鄉亦當同用。

秦封泥有"鄂丞之印"，又有"鄂卿（鄉）"多枚。《説文》："鄂，右扶風鄠盩厔鄉。"段玉裁注："鉉本如此，謂右扶風之鄠縣、盩厔縣皆有鄂鄉也……前《志》曰'右扶風盩厔'。按：在今陝西西安府盩厔縣。"王筠句讀："小徐衍'鄠鄉'二字，大徐刪之未盡爾。《玉篇》無鄠字。顔注《急就篇》曰：'鄂，京兆盩厔鄉名也。'亦無鄠字。"據此，鄂爲盩厔（今作周至）鄉名。漢有盩厔縣，見於《漢書·地理志》右扶風郡。《漢印文字徵》10·13 有"盩厔右尉"。秦以前是否有盩厔之名不知道。《石鼓文·作原》有"□□盩道"句，羅君惕先生説：" 䳡道謂山曲之道也。"(《秦刻十碣考釋》，商務印書館，1983年，第205頁）也未必與盩厔有關。"郝丞之印"之郝似爲縣名。《漢書·百官公卿表》："縣令、長皆秦官……皆有丞、尉……十亭一鄉，鄉有三老，有秩、嗇夫、游徼。"縣纔有"丞"，鄉則無。從里耶秦簡看，鄉之職官有"守"（8-651"啓陵鄉守根"；8-746"枳鄉守"）、嗇夫（8-770"鄉嗇夫"）、佐（8-809"都鄉佐襄"），未見有丞。由此而論，秦時郝爲縣名，至漢改爲盩厔。郝既爲秦縣名，亦爲鄉名，此例多有，如咸陽爲秦都，又有"咸陽右鄉"封泥；高陵爲秦縣，又有"高陵鄉"封泥。到了漢代盩厔爲縣，郝則爲其一鄉。《急就篇》："郝利親。"顏師古注："郝，京兆盩厔鄉名也，因地以命氏焉。"澳門蕭春源先生珍秦齋藏一枚箴言印，一面刻"郝氏"，其他幾面錯銀書"忩""罙（深）冥""欲""毋思"，馬國權、董珊、游國慶諸先生皆有考釋。"郝"，游先生隸作"郝"，説可讀爲奕。今"郝丞之印"，"郝"亦作"郝"，可見游氏之誤。"郝氏"也有可能爲秦郝縣大族。

新莽封泥有"操虜男印章"，《漢印文字徵》12·7有"操武男印章"，《秦漢南北朝官印徵存》572有"殄虜男家丞"，性質相近。男是五等爵（公、侯、伯、子、男）的最後一級。《漢書·王莽傳》："（居攝）二年……九月，東郡太守翟義……立嚴鄉侯劉信爲天子……（莽）遣王邑、孫建等八人擊義……槐里男子趙明、霍鴻等起兵以和翟義……十二月，王邑等破翟義於圉……三年……於是（莽）封（爵）高者爲侯、伯，次爲子、男，當賜爵關内侯者，更名曰附城，凡數百人。擊西海者以羌爲號，槐里以武爲號，翟義以虜爲號。"操，執，"操虜"即執虜，爲擊翟義者所封爵號名。盧家口封泥又有"□□里附城"，即漢之關内侯。

新莽封泥有"丹陽毋冤連率""桓寧大尹章""平河大尹章""豐穰尹印章""禾成見平卒正""桓成南育卒正"，皆郡太守印封泥。《漢書·王莽傳》："（始建國）元年……改郡太守曰大尹，都尉曰太尉，縣令長曰宰。""（天鳳元年）莽以《周官》《王制》之文，置卒正、連率、大尹，職如太守。"《禮記·王制》："千里之外設方伯，五國以爲屬，屬有長；十國以爲連，連有帥（率）；三十國以爲卒，卒有正。"這些官名亦見新莽簡，《居延新簡》EPT52·490："行延亭連率事偏將軍。"《敦煌漢簡》1893："入西蒲書二封，其一封文德大尹章。"（饒宗頤、李均明：《新莽簡輯證》，臺灣新文豐出版公司，1995年，第133—134頁）

新莽封泥有"安新徒丞印""新明徒丞印""西成馬丞印""錫縣馬丞印"，皆縣丞尉之印。王獻唐《五燈精舍印話》云："漢制縣令、長以下，皆有丞、尉之設。丞司文書主民事，尉司卒役主盜賊，又有司空主官獄。莽蓋以此三吏，就其原有職掌，改易名稱，非新設之丞也。徒丞爲漢制縣丞，《周官》司徒本主民事，縣丞亦然，故以徒丞名之。馬丞爲漢制縣尉，司馬掌武備，與尉職相合，因以馬丞名之。空丞爲漢制司空，工、空一事，周之司空，猶云司工，掌水土之事，漢制縣、道工役，類以獄中罪人爲之，故由獄吏典司而名曰司空，與

《周官》司空職掌略同，因以空丞名之。"

陶文"匋攻"即陶工，工作攻，"攴"下加飾筆，有燕文字特色。

"墧闆臯里曰湻（潮）"爲齊印記陶文，又見《季木藏陶》38·5，後者摹本"里"下漏摹"曰"字。"墧闆"即"高閭"，齊都臨淄城門名。馬王堆帛書《戰國縱橫家書·蘇秦謂齊王章》："臣以車五百乘入齊，曼逆於高閭，身御臣以入。"

齊陶文有"公豆""公釜（釜）""公區"等，亦見《季木》。《左傳·昭公三年》："齊舊四量：豆、區、釜、鍾。四升爲豆，各自其四，以登於釜，釜十則鍾。陳氏三量，皆登一焉，鍾乃大矣。以家量貸，而以公量收之。""公量"，姜齊公家量制，小於田（陳）齊"家量"。《古陶文彙編》3·724"王豆"，湯餘惠《戰國銘文選》説爲田氏代齊後齊王之豆。

齊陶文有"夻蒦圜陶者乙"等，"夻"字又見齊刀幣面文，前人多釋去，今人多釋大，由陶文看，釋大爲是。"蒦圜"即"漷陽"，臨淄西南邑名。《孟子·公孫丑下》："孟子去齊，宿於晝……三宿而後出晝。"《水經注·淄水》："又有漷水注之，水出時水東，去臨淄城十八里，所謂漷中也，俗以漷水爲宿留水。孟子去齊，三宿而後出漷，故世以此而變水名也。"

蒦陽是齊陶主産地，有南里、中里、大里。此書收南里陶文甚多，如"蒦圜南里人蟊""蒦圜陶里人皆""蒦圜陶里人絆"等。"絆"字又見詛楚文："昔我先君穆公及楚成王是（寔）繆（戮）力同心，兩邦若一，絆以婚姻……"絆从糸，丰聲，即縫字初文，合也。

以上袛是略舉數例，即此已可見此書之價值。

期望楊先生的陶文、封泥收藏續有所得，也期望楊先生續有新作問世。

（原載《秦始皇帝陵博物院》總第3輯，三秦出版社，2013年。
楊廣泰《新出陶文封泥選編》2015年文雅堂稿本）

《耕播集》序

劉占成先生原在陝西省考古研究所工作，是我多年的老同事。後來他雖然調往秦始皇帝陵博物院，我們仍時有往還。近日，劉先生將其多年論作編爲《耕播集》，要我説幾句話，深感榮幸。

1974年3月，秦始皇帝陵兵馬俑被發現，石破天驚。此後近四十年間，隨着秦俑坑及秦始皇帝陵陪葬墓、坑、地面建築基址的發掘、勘探，加上對相關課題的深入研究，一個新的學科——秦俑學已經形成，並成爲當代顯學之一，也從而促使秦文化研究形成熱潮。在這一熱潮中涌現出了一批有影響的學者：袁仲一、林劍鳴、王學理、張仲立、段清波……，劉先生也是其中的佼佼者。

劉先生1977年畢業於西北大學歷史系考古專業，三十多年來，他一直參加或主持兵馬俑的發掘工作，爲此傾注了全部的心血，奉獻了壯麗的青春，也對秦俑學涉及的方方面面作了長期的思索。可以説，《耕播集》即是這一思索的結晶。

文集的主要部分爲"秦始皇帝陵研究""秦兵馬俑研究""古代兵器研究"，涉及面廣，論述深入，勝義紛呈，予人啓迪。

"秦始皇帝陵研究"部分收文17篇，分析秦始皇帝陵的佈局、形制、營建、墓嚮、棺槨葬具、封土，以及秦陵銅車馬的發掘、保護、修復，秦陵六號坑、西側建築的性質，並進而討論秦代建築文化。

《秦始皇帝與秦始皇陵佈局》對秦陵的重大考古發現進行了綜述，闡述了劉先生的主要學術觀點。在某種程度上，此篇可以看作全書的一個提綱。

《始皇帝陵形制與地宫結構分析》力闢始皇墓是"竪穴土壙墓"的舊説，依據多年來的鑽探結果和"863"計劃"秦始皇陵物探與遥感技術"高科技成果，推測始皇陵爲"中字形横穴墓",地宫結構爲"過洞分層式",見解新穎獨到。

《秦始皇帝陵墓嚮問題研究》《秦始皇帝陵墓嚮問題再討論》兩篇,仔細剖析"坐西嚮東"説、"坐南嚮北"説兩種觀點,指出應根據墓道長短判斷墓嚮,秦陵無南北墓道,西墓道也無法肯定。作者判斷秦陵"是一座坐西朝東的'中字形'大墓;墓嚮祇能是東嚮"。通過劉先生的論證,這一長期爭論的問題,已接近解決。

《秦始皇棺椁葬具考》引雲南祥雲大波那戰國早期木椁銅棺墓、廣西西林銅棺墓例,以及秦陵出土的銅車馬的事實,推測秦始皇葬具可能是彩繪銅棺。《史記·秦始皇本紀》:"始皇初即位,穿治驪山……穿三泉,下銅而致椁。"有學者説"下銅而致椁"類似於"雍城陵區一號大墓的椁木多將木節處挖空,然後澆入一種以錫爲主要成分的合金,這樣做的目的可能是爲了防止木節處過早腐朽",並進而認爲:"無論先秦時期還是秦之後的歷代皇帝尚未發現使用銅棺的先例,所以秦始皇使用銅椁的可能性不大。"劉先生則指出,錫之熔點爲232℃,銅之熔點爲1083℃,木材燃燒點在260℃—330℃,故錫液可用於木節防腐,銅則不可,所謂"下銅致椁"與雍城一號大墓木節防腐不是一回事。始皇棺椁究竟是銅是木,真相有待於最後發掘,但劉先生的説法自有其道理。

秦始皇陵内有水銀,記載見於《史記·秦始皇本紀》,也爲近年的"863"計劃"秦始皇陵遥感與地球物理綜合探查技術"所證實。其水銀含量,有學者推斷爲16255噸。劉先生《秦始皇陵内水銀研究》表列1950—1996年中國汞年産量、1964—1970年世界汞年産量,指出所謂始皇陵使用水銀上萬噸,絶不可信。劉先生又推測始皇陵内水銀主要來源於陝西旬陽水銀山,亦可爲一家言。

"秦兵馬俑研究"部分收文28篇,是全書的重心所在。這一部分探討了兵馬俑坑的建築、内涵、年代、軍陣、製作、焙燒、戰車編制,也對俑坑出土物如木箱、陶環、帶鈎、兵器(戈、戟、鈹、劍、弓弩、承弓器)等加以研究,既有宏觀把握,又有微觀分析,體現了作者的學術功力。

《秦兵馬俑坑建築與内涵》叙述了秦俑坑建築的九道工序,指出兵馬俑在第六道工序(築建木構架)之後放入,然後再置封門木,搭棚木,封土。若没有數十年的考古實踐經驗,這一結論是無法得出的。

對兵馬俑的製作工藝,學人已有很多論述。劉先生並不滿足於紙上談兵,而是希望通過實踐解决一些技術難題。1986年,劉先生考察了始皇陵附近農民趙崇權仿製秦俑的過程,寫了《秦俑的造型和焙燒技術初探》,對秦俑的原料配比、塑泥回性、承重支架、沙袋雙臂、雕塑與髮絲刻劃、小件製作和細部雕飾、俑胎陰乾、焙燒等工藝提出了很多獨到的見解。1992年,《秦俑製作的標準化淺述》就此復加論述。1997年,劉先生又用一個多月的時間,再次考察了兵馬俑博物館複製技工馮朝北仿製原大秦俑的全過程。《原大秦俑製作的考察與研究》從全新的角度審視兵馬俑製作工藝，引人深思。劉先生十餘年間關注一個熱點問題，其精神令人敬佩。

《試論秦俑戰車編制諸問題》依據《周禮》《左傳》《司馬法》《墨子·非攻》等古文獻，討論秦俑戰車編制，指出其爲常制而非擴編制，有理有據，説甚可信。

《秦俑坑出土的銅鈹》是劉先生的早年作品，但在學術界影響較大。秦俑一號坑出土的長柄有鞘劍形兵器，先前學人多稱"短劍"。劉先生據《漢書·高惠高后文功臣表》《左傳·昭公二十七年》《説文》、劉逵《吳都賦》注，以及睡虎地簡《秦律雜抄》"鈹、戟、矛有室者，拔以鬥，未有傷殹"的記載，定其名爲鈹。這一觀點，其後已被學術界普遍接受。

文集中《秦俑坑銅劍考論》《秦俑坑弓弩試探》《秦代弓弩的射程》也都是有份量的作品。

因爲長期關注兵器研究，1991年劉先生參加了《中國古代兵器》的編寫工作，負責漢代以前部分章節的撰寫，包括兵器的起源、原始兵器的製作技術及類型、青銅兵器的發展概況、青銅防護裝具、戰車等。這些研究，立足於秦俑坑出土兵器，但又遠遠超出了兵馬俑坑和秦陵的範疇，從而拓展出一片新天地。

《青銅時代的防護裝具》列舉商、西周、春秋、戰國時代青銅冑、甲、盾、馬具等，着重討論秦俑坑出土鎧甲、盾牌的類型及其發展完善的過程。《秦青銅兵器研究》將秦代兵器分作長兵器（戈、矛、戟、鈹、殳、鉞）、短兵器（劍、匕首、鉤）、遠射兵器（弓、弩、鏃）等類，對其特點、製作工藝、監造制度都有深入細緻的分析。文章充分利用兵器刻銘、現代科學技術成果（如用激光顯微光譜、X光熒光、電子探針檢測秦劍表面含鉻化合物的氧化層），在方法論上也是可取的。

從文集中，我們可以看出，劉先生的學術見解是與時俱進的，隨着時間的推移、研究的深入，他常會對自己的早期看法加以修正。比如製作兵馬俑的原料，劉先生原來也同多數學者一樣，認爲是就地取材，即用秦陵附近的自然黃土、壚土、細砂和泥；2013年，劉先生新作《秦陵兵馬俑製作原料探源》却依據對當代復仿製工廠的考察，參考秦俑一號坑出土兵馬俑陶片的檢測數據，提出兵馬俑製作原料取自臨潼斜口付家村、西灣村一帶的紅壚土，即其一例。

對秦俑學涉及的種種問題，學人見解不同，是很正常的現象。衹有不同觀點的爭辯、碰撞，才能促進學術的發展。讀劉先生的文章，我們不難發現，他對很多問題都有自己獨立的思考，即使對前輩大家的某些説法，也不盲從。對一些非主流的觀點，劉先生也不是黨同伐異，一棍子打死，而是加以分析，非其當非，是其當是。比如劉九生先生近年作文，主張秦兵馬俑隸屬"郎系統"，即禁衛系統，而非正規部隊。該文甫出，即招致一片聲討。劉先生則指出，秦兵馬俑中的介幘俑就是"郎系統"的一部分，劉九生文有其合理内核。這種氣度與寬容，是值得讚揚的。

同任何著作一樣，文集當然也有某些不足，如有些觀點仍可商榷；介紹秦始皇生平的段落行文拖沓；始皇身世之謎難於定論；個別條目古文獻引用不盡規範等。這衹是枝節問題，無傷大雅。

期待劉先生續有新作。

（原載《秦陵秦俑研究動態》2013年第3期。
劉占成《耕播集》2013年由西北大學出版社出版）

《秦璽印封泥職官地理研究》序

　　王偉的博士論文《秦璽印封泥職官地理研究》要出版了，這是令人高興的事。

　　早先的秦璽印封泥研究，在整個古文字乃至秦文字研究中，都是一個薄弱環節。其主要原因是秦文字上承西周文字、下啓漢文字，所以秦璽印封泥在很長一段時間内没能從"周秦印（封泥）""秦漢印（封泥）"中分離出來，成爲獨立的研究對象。20世紀80年代末90年代初，王人聰先生、孫慰祖先生和我都做過一些工作，試圖打破僵局，但成績也很有限。1995年以來，西安北郊相家巷陸續發現大宗秦封泥，引起轟動。2000年中國社會科學院考古研究所漢長安城考古工作隊及西安市原文管會對相家巷遺址進行了科學發掘，弄清了其地層關係。以此爲契機，秦璽印封泥研究在幾年之内迅速形成熱潮，李學勤、孫慰祖、施謝捷、周曉陸、路東之、傅嘉儀、劉慶柱、李毓芳、劉瑞、史黨社、田静、張懋鎔、楊廣泰、龐任隆等先生都曾致力於此，成績卓著。在中國大陸及港臺地區，也有多篇碩士、博士論文以此爲題。

　　王偉2002年至2008年在陝西師範大學文學院從我讀碩士、博士，這幾年正是秦璽印、封泥研究的熱潮時期，我自己的研究重點也是秦文字，所以他以"秦璽印封泥職官地理研究"作爲博士論文題目，是恰當的選擇。

　　前人討論秦職官、地理，多以《漢書》之《百官公卿表》《地理志》爲依據，然《表》《志》作於東漢，上距秦亡已二百餘年，其説有與秦時實際不相符合者，勢不能免。秦官印是秦時中央及地方官員的憑信之物，封泥則是其進呈文書或貢納物品的封緘形式，二者涉及豐富的秦職官和地理信息，是第一手資料。對此加以充分利用，必能在秦職官、地理研究中開闢出一片新天地。

　　秦璽印特别是秦封泥，收藏於多個單位，著録於多種書刊，各書或有重複，或有訛舛。

爲了撰寫論文，王偉首先對秦璽印、封泥資料做了窮盡式搜索與全面清理，其《秦璽印文統計表》列秦官印 218 種 241 枚，《秦封泥（官印）統計總表》列秦封泥 1159 種，6727 枚。二表涉及譜録、書、刊 70 餘種，一一校勘、比對，極爲費時費力。但九層之臺，起於累土，祗有這一步做好了，研究工作纔有一個好的基礎。表對某些璽印、封泥釋文有所訂正，如《秦封泥集》《秦封泥彙考》著録"蘋陽丞印"，"蘋"爲"瀕"之誤；漢城隊發掘一枚封泥，《西安相家巷遺址秦封泥考略》釋文"南陽郎丞"，經與多枚"南陽邸丞"封泥比對，説"郎"爲"邸"之誤；《秦集》《彙考》《新出相家巷秦封泥》著録數種"榦儋都丞"，而里耶秦簡 8-1831 有"榦都儋丞"，表已據陳偉先生説對該條封泥讀序加以調整。

前人研究秦官印（封泥），大多採取逐一討論的形式，並與《百官公卿表》的記載做簡單的對照，缺乏系統性。拙著《秦文字集證》第四章《秦印通論》將秦官印分作丞相印、宮廷事務官印、工官印、田官印、地方官吏印等 18 類；注意了其横向聯繫，但對其縱向聯繫則有所忽略。王偉將秦官印分作職官印、地名印兩大類，前者又分爲中央與地方兩級，中央級分皇帝印、三公、九卿印、後宫私官印、工官系統印、宦官系統印及其他七類，這樣分類，綱舉目張，較爲合理。《百官公卿表》："治粟内史，秦官，有兩丞，景帝後元年更名大農令，武帝太初元年更名大司農。屬官有太倉、均輸、平準、都内、籍田五令丞，榦官、鐵市兩長丞。又郡國諸倉、農監、都水六十五官長丞皆屬焉。"秦文字未見"治粟内史"，而璽印、封泥則有"大（泰）倉""大（泰）倉丞印""倉史""倉印""大（泰）内丞印""右褐府印""榦官""榦都儋丞""鐵市丞印""江左（右）鹽丞"等。王偉説："班固説治粟内史是'秦官'有一定的依據，但容易引起誤解，實際上，漢纔有的'治粟内史'相當於秦時内史和少府的部分職責"；"（治粟内史）名稱中的'治粟'可能與（張家山漢簡）《二年律令》中的'大倉治粟'（秩八百石）有直接關係。從張家山漢簡尚無'治粟内史'之名推斷，其始設年代可能在漢景帝中六年或漢武帝時期"，强調職官的歷史演變。都水、大醫、候、司馬、鐵官等在不同的中央機構如奉常、少府、水衡都尉、詹事等都有設置，論文在相關章節中注意到它們的横向聯繫，减少了片面性。

論文充分利用西周及秦漢金文、簡牘、陶文、石刻、漆木器等出土文獻以及考古、傳世文獻資料，在前人已有成果的基礎上，對秦職官、地理作綜合研究，視野開闊，所得結論多可信從。《封泥考略》著録"皇帝信璽"封泥，其時代沙孟海、趙超和我都主張爲秦，也有朋友以爲漢初，理由之一是該封泥用封泥匣，而秦不用封泥匣。王偉據里耶秦遺址出土封泥匣、西安北郊六村堡秦封泥有使用封泥匣的痕迹，斷定"皇帝信璽"爲秦封泥，殆無可疑。《百官公卿表》："相國、丞相皆秦官。"出土封泥多見"左丞相印""右丞相印"，秦金文則相邦、丞相互見，二者是兩職還是一職，衆説紛紜，王偉引張家山漢簡、秦東陵出土八年相邦薛君、丞相殳漆豆相邦、丞相同時出現的事實，説二者非一職，當是。

秦郡問題是歷代學人關注的大問題，《史記·秦始皇本紀》載秦始皇二十六年"分天下爲三十六郡"，其郡名研究者或信從裴駰集解，或信從早期史料，以《史記》證《史記》，説秦有48（或46）郡。王偉仔細比較王國維《秦郡考》、譚其驤《秦郡新考》、辛德勇《秦始皇三十六郡新考》的説法，説辛文"對以往研究秦郡的方法作了檢討，離析出了秦郡的歷史層次，對歷代秦郡研究的成果進行批判吸收，對秦郡數目的研究既有總結又有推進；其不足在於没有充分利用秦出土文獻，尤其是秦璽印、封泥中的秦郡資料"。王偉據秦出土文獻説秦郡有72個（不含内史），其中洞庭、蒼梧見於封泥，亦見里耶簡；淮陽見封泥"淮陽發弩"和"淮陽弩丞"，亦見睡虎地M4：11木牘"黑夫直佐淮陽"；又説傳世文獻秦郡名應改"潁川"爲"穎川"、"遼東（西）"爲"潦東（西）"、"泗水"爲"四川"，都是很好的意見。

博士論文是王偉學習和研究古文字初始階段的作品。後來又經補充、訂正，取得了一定成績，但問題與不足肯定會有，希望同行給予嚴格批評。也期望王偉能繼續努力，在這一領域取得更大的成績。

（原載《秦陵秦俑研究動態》2014年第1期。
王偉《秦璽印封泥職官地理研究》2014年由中國社會科學出版社出版）

《簡牘秦律分類輯析》序

中國法制史源遠流長。《尚書·吕刑》言："王曰：若古有訓，蚩尤惟始作亂，延及于平民，罔不寇賊鴟義，姦宄奪攘矯虔；苗民弗用靈，制以刑，惟作五虐之刑曰法……三后成功，惟殷于民。士制百姓于刑之中，以教祇德。"《吕刑》據《書序》說，乃周穆王"訓夏贖刑"，亦即孔氏傳所說"訓暢夏禹贖刑之法更從輕以布告天下"之作，其所說的"三后"指堯、舜、禹三王。《漢書·刑法志》亦言："故聖人因天秩而制五禮，因天討而作五刑……自黄帝有涿鹿之戰以定火災，顓頊有共工之陳以定水害，唐虞之際至治之極，猶流共工、放讙兜、竄三苗、殛鯀，然後天下服。夏有甘、扈之《誓》。殷、周以兵定天下矣，天下既定，戢臧干戈，教以文德，而猶立司馬之官，設六軍之衆……三代之盛，至於刑錯兵寢者，其本末有序，帝王之極功也。昔周之法，建三典以刑邦國，詰四方。"黄帝、顓頊、堯、舜、禹、湯綿邈，姑不論，周代中期之後，則民法、刑法和訴訟制度已有其雛形。西周共王時的裘衛盉銘文記矩伯庶人從裘衛處取朝覲用的玉璋、玉虎、蔽膝等物，答應付給裘衛十三塊田，外加一百朋錢作爲補償；土地交割儀式由執政大臣伯邑父、榮伯、定伯、單伯等主持，處理付田者有司土、司馬、司工三有司，這反映了西周中期的土地制度及對私有財產所有權的保護。同類例證還有九年衛鼎、五祀衛鼎、倗生簋等。又如懿王時的㝬匜銘文云："隹（惟）三月既死霸甲申，王在莽上宫。伯揚父乃成讞，曰：'牧牛！瀪乃苟湛（甚），汝敢以乃師訟，汝上迅先誓……我宜鞭汝千，黥（茂）黥（䵷）汝。'""讞"李學勤先生讀爲讞；"誓"即盟誓，有法律的約束力；"鞭"即鞭刑；"黥黥"乃墨刑。西周中晚期訴訟施刑還見於曶鼎、小盂鼎、琱生簋等。

西周已有刑訊、訴訟，《逸周書·嘗麥解》也説："維（成王）四年孟夏，王初祈禱於宗廟，乃嘗麥於太祖。是月，王命大正（大司寇）正（修正）刑書。"但無論是西周金文，還是傳世文獻，尚未見有完整的法律條文。《左傳·昭公六年》："三月，鄭人鑄刑書。"又二十九年："冬，晉趙鞅、荀寅帥師城汝濱，遂賦晉國一鼓鐵，以鑄刑鼎，著范宣子所爲刑書焉。"鄭子產、晉范匄（宣子）所爲刑書內容不詳，但既鑄於鼎上，字數不會很多，還不是嚴格意義上的法律文書。就這樣仍遭到了時人叔向、孔子的譏諷，孔子甚至謂"晉其亡乎，失其度矣"。

　　法制真正成爲體系，得到廣泛實行，是戰國中期以後的事。《漢書·刑法志》云："陵夷至於戰國，韓任申子，秦用商鞅，連相坐之法，造參夷之誅，增加肉刑大辟，有鑿顛抽脅鑊亨之刑。至於秦始皇兼吞戰國，遂毀先王之法，滅禮誼之官，專任刑罰。"《史記·商君列傳》："（秦孝公）以衛鞅爲左庶長，卒定變法之令。令民爲什伍，而相牧司連坐。不告姦者腰斬，告姦者與告敵者同賞，匿姦者與降敵同罰。民有二男以上不分異者，倍其賦。有軍功者，各以率受上爵。爲私鬭者，各以輕重被刑。大小僇力，本業耕織，致粟帛多者復其身，事末利及怠而貧者，舉以爲收孥。宗室非有軍功，論不得爲屬籍，明尊卑爵秩等級，各有差次，名田宅臣妾衣服以家次，有功者顯榮，無功者雖富無所芬華。"《晉書·刑法志》："秦漢舊律，其文起自魏文侯師李悝。悝撰次諸國法，著《法經》。以爲王者之政莫急於盜賊，故其律起自盜賊……商鞅受之以相秦。"李悝《法經》已佚，近人黃奭輯本僅其一鱗半爪。商鞅所制法律文本，少數見於《商君書》《韓非子》《史記·商君列傳》《說苑》《新序》，更多則見於出土秦簡牘之中。睡虎地秦簡《秦律十八種》包括《田律》《廄苑律》《倉律》《金布律》《關市》《工律》《工人程》《均工》《徭律》《司空》《軍爵律》《置吏律》《效》《傳食律》《行書》《內史雜》《尉雜》《屬邦》，涉及農田水利、山林保護、國有牛羊飼養、糧食加工保管分配、貨幣流通、市場、關稅、器物質檢、度量衡器校正、徭役、工程、軍爵賜受、刑徒罪名減免、官吏任免、驛傳供應、文書傳送、物資金錢、少數民族事務等，內容十分豐富。又有《秦律雜抄》，包括《除吏律》《游士律》《中勞律》《除弟子律》《臧（藏）律》《公車司馬獵律》《牛羊課》《傅律》《敦（屯）表律》《捕盜律》《戍律》等，除個別條目，與《秦律十八種》並無重複，涉及軍官任免、游士居留限制、軍糧的領取、從軍勞績的認定、國營手工業產品質量的評比、礦產的開發、緝盜等。又有《效律》，與《秦律十八種》中的《效》相比，知後者祇是摘錄了前者的部分內容。睡簡整理者推測，"《十八種》的每一種都不是該律的全文。抄寫人祇是按其需要摘錄了十八種秦律的一部分"，是有道理的。由此我們知道，今日所見簡牘秦律雖多而詳備，但遠不是秦律的全部，隨着考古工作的陸續開展，今後還會有更多發現。睡簡的抄寫年代，約在秦昭襄王晚年至秦王政三十年（前217）之間，其中有些是對其前舊律（包括商鞅所製者）的繼承，也有很多是根據新情況對舊律的補充與修訂。睡簡《語書》說："今法律令已具矣，而吏民莫用，鄉俗淫泆之民不止，是即廢主之明法殹，而長邪僻淫泆之民，甚害於邦，不便於民。故騰爲是而脩法律令、田令及爲閒（姦）私方而下之，令吏明布，令吏民皆明知之，毋矩於皋。"青川秦牘："二年十一月已酉朔朔日，王命丞相茂、内史匽氏□更脩爲田律。"更修法律之官員爲丞相、内史、郡守，又受"王命"，深具權威性，故新法得以在一郡甚或全國通行。

龍崗簡抄寫於秦統一之後，未見律名。其内容涉及禁苑安保、馳道通行、弩道、甬道、田贏呈租賦稅、盜田處罰，大多不見於睡簡，估計應有《田律》《廄苑律》，而較睡簡相關律文爲詳。

商鞅"改法爲律"。簡牘所見，除律之外，還有各種名目的令。如嶽麓書院藏秦簡1912："内史倉曹令甲卅。"簡1105："縣官田令甲廿八。"簡1266："内史雜律……"律、令同時出現，令即命令、法令，與律不全相同。嶽麓簡令分甲乙丙丁，甲類序號已達三十，數量驚人。令文内容尚未刊佈，讓人期待。

除律令外，睡簡有《法律答問》187條，對秦律的條文、術語及律文的意圖做出解釋，其解釋主體爲刑法。簡69—70："'擅殺子，黥爲城旦舂。其子新生而有怪物其身及不全而殺之，勿罪。'今生子，子身全殹，毋（無）怪物，直以多子故，不欲其生，即弗舉而殺之，何論？爲殺子。"此條對"擅殺子，黥爲城旦舂"這一律文做出界定。秦時人口少，爲了發展生產，政府鼓勵生育。小兒是殘疾人，因而殺死，不予治罪；健康孩子，如不加養育，因多子而把他殺死，仍作殺子論處，黥爲城旦舂。由執法部門對法律加以解釋，今天仍通行。

睡簡有《封診式》，是封守、盜馬、黥妾、遷子、出子等各類案例的彙編。每個案例有調查、檢驗、審訊，文書程式相當完備。《群盜》條是一則完整的聚衆盜竊案例，記錄了某亭主管盜竊事務的校長、求盜乙捕捉及射殺盜賊丁、戊、己及所得罪人兇器，以及丁的供詞。罪犯供其姓名、身份、籍貫、犯罪事實、有無前科，最後還記錄了對罪犯戊首級的驗視。秦時盜多，所以案例中有關於盜牛、盜馬、盜錢、盜衣物等多條。案例中人名皆隱去，代之甲、乙、丙、丁、戊、己，可見衹是舉例性質。《出子》記孕婦甲與同里大女子丙鬥殴，相互廝打，丙將甲摔倒，致其流產。案情調查做得極爲仔細，縣廷命令令史某、隸臣某檢驗嬰兒性別、頭髮和胞衣，由有生育經驗的隸妾對甲做體檢。由男性檢驗胎兒，由女性檢驗女主告，可見秦時的案件調查、檢驗制度已相當完善。嶽麓簡有奏讞類文書252簡，15條，整理者稱"爲獄等狀"，乃江陵、州陵、胡陽等地方守丞對有關奏讞、審議和裁決所做文書。由這些文書我們知道，一個案件的審理文書包括縣級奏讞文書、吏議、郡報三道程序；而縣級奏讞包括原審、本審兩道程序，每次審訊又包括揭發、偵查、勘驗、查詢等程序，已經相當完善。案例可供官吏學習，參照執行。《封診式》開頭提出辦案的原則：詢問案件，要平靜地記錄犯人口供，記錄完發現有疑點，再加追問；一般情況下，不要拷打、恐嚇犯人。辦案嚴禁逼供，現在仍是應遵守的原則。

秦法制已形成了一個完整的體系，它雖對周代法制有所繼承，但其系統完善遠非周法可比。即在戰國中晚期，秦法之嚴密，東方六國也不能望其項背。出土簡牘以秦、楚爲大宗。對比二者，我們會發現一個有趣的現象：楚簡牘多古佚書，如《周易》《老子》《保訓》《説命》《金縢》《緇衣》《容成氏》《孔子詩論》《楚居》《繫年》《芮公諗》等，祇有包山簡中的《受期》《疋獄》等極少量司法文書；秦簡僅王家臺簡《歸藏》是古佚書，而法律文書則占極大的篇幅，二者形成鮮明的反差。這可能是秦、楚治國理念不同的緣故。

秦的法制對後世有巨大的影響。張家山漢簡抄録於漢初（吕后二年），其《二年律令》的《盗律》《置吏律》《傳食律》《田律》《行書律》《徭律》《金布律》等均與睡簡律名同，内容也接近。晋代以後，歷代對秦律都有所借鑒。我們今天强調社會主義法制建設，既要借鑒外國法律，也要吸收中國古代法律包括秦律的合理成分。睡簡《田律》説："春二月，毋敢伐材木山林及雍隄水。不夏月，毋敢夜草爲灰……毋……毒魚鱉，置穽網，到七月而縱之。"秦人在一定時間段禁止砍樹、捉魚，保護資源。我們今天主張一定時間内禁漁、封山育林，在一定範圍内保護野生動物。這種立法，古今並無二致。

簡牘秦律在中國法制史上占有極其重要的地位，故自發現以來，學界對其研究，成果十分豐富。李學勤、于豪亮、劉海年、高恒、林劍鳴、高敏、張金光、馬先醒等著名學者參預其事。專著如栗勁《秦律通論》、劉海年《戰國秦代法制管窺》、傅榮珂《睡虎地秦簡刑律研究》、高恒《秦漢法制論考》、高敏《睡虎地秦簡初探》、張金光《秦制研究》、堀毅《秦漢法制史論考》、冨谷至《秦漢刑罰制度研究》皆煌煌巨著。至於單篇論文，更是數以千計，又散見於各種書刊，不要説普通讀者，即使是專業學者，恐怕也不能遍讀。大家都希望能有一本能對秦律資料及其研究加以綜述的書。

孫銘先生 2002 年畢業於西北政法大學，有深厚的法律專業素養。他到秦陵博物院工作以來，結合自己的專業，致力於簡牘秦律的彙輯和研究。其專著《簡牘秦律分類輯析》將簡牘秦律分爲總論、經濟、行政、民事、刑事、司法六篇，每篇又分爲若干章節，綱舉目張，檢索甚易。對每類資料，作者都運用現代法律術語做簡明扼要的分析，並列舉學界的不同觀點、相關書目，提出個人的新見或傾向性意見。這種工作，費時費力，但對秦史、秦文化，對中國法制史研究，都是有益的。此書出版，必將受到讀者歡迎，促進相關研究。

（原載《秦陵秦俑研究動態》2014 年第 4 期。
孫銘《簡牘秦律分類輯析》2014 年由西北大學出版社出版）

《秦漆器研究》序

　　漆最初是一種天然的粘液塗料，塗於器表，可形成一種保護薄膜，使器物堅韌美觀。我國西自甘肅天水，陝西彬縣、麟游，東到河南商丘，山東菏澤一綫以南，南嶺以北，包括秦嶺、大巴山、巫山、武陵山、大婁山、武當山、邛崍山，古代都盛產漆樹。我國先民製作漆器的歷史，極其綿長。約八千年前浙江杭州蕭山跨湖橋遺址出土的漆弓，是世界上最早發現的漆器。中經商周、秦漢、隋唐，直到現當代，漆器業代有傳承、發展。漆器器種涉及人們生活的方方面面，有日用品、禮器、樂器、棺槨、兵器、車船、房屋建築等。漆器的製作工藝、彩繪紋飾，則是其時代政治、經濟、文化、科技、意識形態的體現。秦人崛起關隴，併吞齊魯吳越，其漆器上承商周，中融楚蜀，下啓兩漢，是中國漆器發展史上的一個高峰，對此加以研究，是秦史、秦文化研究的一項重要課題。朱學文先生長期致力於此，其專著《秦漆器研究》就是這一工作的一個階段性成果。

　　任何研究都離不開對原始資料的整理。這一工作，瑣碎、枯燥，費時費力，但它是研究工作的基礎，是高樓大廈的地基，必須首先做好。在這方面，《秦漆器研究》是花了大力氣的。對甘肅禮縣大堡子山、圓頂山等秦墓出土春秋初期髹漆棺椁、車（轅、衡、輿）、盾、杯、盤；對陝西鳳翔秦公一號大墓出土春秋中晚期之交的漆几、案、箸、盒；對戰國中晚期四川青川秦墓、滎經古城坪秦墓出土漆鴟鴞壺、扁壺、圓壺、碗、耳杯、奩盒；對湖北雲夢睡虎地M9、M11、M27、M36、M45等數十座統一後秦墓出土漆器數百件；對湖北雲夢龍崗、江陵楊家山，河南泌陽秦墓出土的漆器，《秦漆器研究》都加以窮盡式的搜索。此外，《秦漆器研究》還收集了秦生漆資源分布的資料；秦滅楚之先湖南長沙馬益順巷、常德、德山，湖北當陽、江陵拍馬山、雨臺山、天星觀、溪峨山、九店、荊門包山、黃岡曹家崗，安徽舒城秦橋遺址，河南信陽長臺關楚漆器的資料；以及秦滅巴蜀之先四川成都商業街、新都、滎經曾家溝巴蜀漆器的資料。這是極大的工作量，絕非一年半載所能完成。爲了撰寫此書，作者做了充分的前期準備。

對涉及的漆器，《秦漆器研究》都有很好的分析。如第十章綜述秦漆器的各種類型，包括耳杯、圓盒、圓奩、扁壺、卮、盂、樽、雙長耳盒、匕、勺、豆。其中漆扁壺是最典型的秦漆器，不見於其他諸侯國，該器又分圓口、直口、蒜頭形三種；蒜頭形漆扁壺應脱胎於咸陽塔兒坡所出蒜頭青銅扁壺。作者提供給我們的，是一份精心整理過的資料，而不是毫無頭緒的資料堆砌。

對漆器的胎骨製作、裝飾藝術、銘文、手工業管理，作者分專章加以探討。作者把秦漆器放在歷史發展的縱綫上加以觀察，從而展現出它的發展軌迹。秦漆器木胎早先多厚重笨拙，戰國中期以後明顯變薄，晚期至統一後薄巧輕盈。夾紵胎是對木胎的一種發展，也是一種發明。漆器胎骨製作方法有挖製、卷製、削製，多屬早期的木工技法，戰國中期以後出現了鏇製法、釦器法，與夾紵工藝並用，有效克服了薄胎漆器的弱點，標誌着漆器徹底與木器工藝分道揚鑣。漆器彩繪，春秋時期以黑、紅爲主色，輔以褐、橙黄等色，戰國時期出現了白色，秦代出現了棕、灰、粉紅、緑、粉紫、天藍、橘黄、赭等色，色調更加豐富。

《秦漆器研究》將秦漆器與巴蜀、楚漆器加以比較，對之做橫向觀察，從而展示其對蜀、楚文化的吸收、借鑒、融合、改造，顯現秦漆器文化的强大生命力。巴蜀在三千年前的三星堆時期已出現雕花、鏤孔漆木器，春秋戰國時期較早出現鏇製法、白色色調，紋飾中的走龍紋、菱形紋、三角紋、蝴蝶紋等獨具特色，形成了以成都—郫縣—廣漢爲中心的漆業區。秦惠文王遣張儀、司馬錯滅蜀，大量秦移民進入，使之成爲秦統一六國的後方基地。秦漆器製造業吸收巴蜀漆器的優點，也用秦人的藝術風格去改造巴蜀漆器，器類增加了漆扁壺和雙耳長盒；胎骨出現了雕刻手法，與挖製、削製共同運用；還出現了鑲嵌、釦器、烙印、針刻等工藝；紋飾增加了大量動物紋和少量植物紋，多實用性，少抽象性。統一以後的秦巴蜀地區漆器業在原來的基礎上有了長足發展。楚人據有中國生漆資源的中心區域，有發展漆器業的優越條件，因而在秦滅楚之前，漆器業楚遠較秦先進。早期楚漆器中的鎮墓獸、虎座立鳥、俑、梳、笛、龍、竹秤杆、豆、瓚、兵器杆、羽觴、矢箙、座屏等爲早期秦漆器所不見；漆器數量如江陵雨臺山224座楚墓出土漆器854件，九店楚墓出土漆器760件，秦墓漆器亦望塵莫及；楚人崇巫術、善想象，故其漆器彩繪紋飾有S形紋、絢索紋、出行圖、猛禽，更充滿生活氣息和浪漫色彩。秦人敦厚、質樸、現實，但秦人又是善於學習和改造他種文化的民族，秦滅楚後，秦、楚漆器融爲一體，邁上了一個新臺階，荆州、雲夢成爲一個新的秦漆器製造中心。睡虎地M33：26號漆盂内底黑漆地上繪二魚一鷺鳥，鷺鳥單足佇立，形象生動；M33：34號乙種耳杯耳上有"咸亭上""包""告""素"等烙印文字，外底有針刻文字，説明統一後的秦漆器手工業已有明晰的生產工序。"咸亭"指明該器是在秦都咸陽製作或銷售的，但紋飾却有楚器特色，饒有趣味。

秦始皇陵陪葬坑出土的陶俑、陶馬、木戰車、銅車馬、兵器等，多有髹漆彩繪現象，這在其他地方很難見到。如學文所説，這些器物是皇家御用之物、經典之物，代表了當時最高製作水平。本書闢專章分類對此加以研究，是全書的亮點之一。舉世聞名的秦陵二號銅車馬通體彩繪，馬白色，中脊有較粗的墨色綫，雙耳、鼻孔塗粉紅色；車輪、輿、軸、飛輧、伏兔繪菱花紋、幾何紋、磬折紋、夔龍紋、夔鳳紋，塗朱色，車蓋外區底塗藍色，外繪流雲紋、幾何紋；御官俑着天藍色長衣，鑲白色衣領、袖緣，緣上繪幾何紋。車馬漆彩繪幾何紋飾吸收了楚文化的因素而有所發展，代表了當時的最高水平。秦兵馬俑一號坑銅戟之矛、戈頭鞘外裹麻布，通體髹黑色漆，也是秦考古史上的首次發現。秦陶俑原皆彩繪，先在抹光處理過的陶俑上塗刷生漆層，再塗顔料，描畫，暈染。秦兵馬俑約有八千件，其髹漆彩繪耗費大量的資源和財力，更要有技藝嫻熟的工匠，這恐怕也祇有秦這樣的統一王朝纔可以做到。

對前人已有的漆器研究成果，《秦漆器研究》有綜述，有揚棄，在此基礎上，也提出了很多新穎獨到的見解。今日陝西秦嶺以北不產漆，作者據《尚書·禹貢》《山海經》《漢書·地理志》記載、竺可楨先生的研究成果及秦始皇陵的鑽探發掘，認爲秦時該地平均氣溫較現在高 1.5℃左右，雨量也較豐沛，温潤，潮濕，關中地區適宜漆樹生長。秦漆器常見烙印或朱書銘文"亭""鄭亭""成亭""咸亭"等，學者或説"某亭、某市爲某地市府作坊的標記"；或説"標有此類銘文的漆器都爲地方官府製漆手工業的產品"；或説"此類銘文的漆器應是該地市府或該地旗亭管轄的漆器作坊的產品，亦即秦國官工製品"；或説此類漆器"皆非工官作坊生產，即由私人生產"。《秦漆器研究》則指出，秦時亭專管工商和市場，"器物上烙有'亭'或'市亭'銘文，是表示該器物欲到市場銷售必經其加蓋印章，並不表示是亭辦作坊製作的器物"，"此類烙印文字標明了漆器產品的產地，證明了該批漆器經過主管市場的官府機構的檢驗或已經征稅，是合理合法的產品"。這種説法，恐更接近事實。夾紵胎學界普遍認爲始出現於戰國中期楚墓漆器，《秦漆器研究》則認爲春秋中晚期之交的秦公一號大墓漆器殘片已是夾紵胎，遠較楚器爲早。

當然本書也有某些不足，如行文不够簡練、少數引文不盡規範等。

漆器研究是一個不斷深入的過程，希望學文在本書基礎上繼續前行，在該領域取得更大的成績。

（原載《秦陵秦俑研究動態》2016 年第 1 期。
朱學文《秦漆器研究》2016 年由三秦出版社出版）

《古史鉤沉》序

　　與祝中熹先生相識相知，最初緣於秦史、秦文化研究。我是學古文字的，在陝西工作，研究的重點是周秦文字。20世紀90年代初，甘肅禮縣大堡子山盜掘出土大批春秋初期秦青銅器，祝先生和我都曾撰文討論。後來我與幾位朋友去禮縣、蘭州看相關青銅器，曾與祝先生切磋。再後來我讀過他諸多文章，他也有文章在我編輯的《考古與文物》上刊發。祝先生大著《早期秦史》《秦史求知錄》出版，曾蒙賜讀。從後書《前言》中，已知道他有待刊早期論著《古史鉤沉》，久已期待。

　　近日，祝先生電話告知，《古史鉤沉》將在上海印行，並請我作序。對此，我不敢答應，又不敢不答應。我知道，祝先生是山東大學歷史系1961級畢業生，而我是陝西師大中文系1967級畢業生，從學歷上說，祝先生不說是前輩，起碼也是學長。祝先生讀本科時，適逢中國古史分期大討論的熱潮，書生意氣，揮斥方遒。其時我還在讀中學，懵懵懂懂。後來本科讀中文系，雖也讀過幾篇古史分期的文章，但非興趣所在，祇是看熱鬧。再後來有了興趣，然時過境遷，也就沒有了激情。從這個角度說，對祝先生這方面的很多文章，我實在不具備評判的學力與資格。祝先生說："你是歷史學家徐中舒先生的高足，古文字也與歷史關係密切，你對我的文章總能說幾句話的。什麼話都可以直說，想怎麼說就怎麼說。"既然祝先生這樣客氣，我也就不敢再推托了。祇是以下所說，僅僅是我認真拜讀後一點極其粗淺的想法，絕對不敢稱序，就算是讀後感罷。

　　先說有關社會形態的幾篇。《對中國古代社會性質的一點淺見》發表於1980年，與此同時寫作而當時未能發表的還有《郭沫若"商周奴隸社會說"質疑》。1987年發表的《關於西周農業生產者身份的辨析——與顧孟武先生商榷》、2004年發表的《張廣志著〈中國古史分期討論的回顧與反思〉讀後》，則是對前二文的進一步闡發與補充。如《前言》所說，祝先生在學生時代，已開始思索這一問題，很多想法久已潛伏於胸，有大量札記，所以這幾篇材料豐富、說理透徹、文筆犀利，極有分量。

這幾篇討論商周社會生產者的身份、生產資料的所有制、何謂"五種生產方式"，以及其時社會的性質，而其重點，則是對郭沫若先生商周奴隸社會說的質疑與批評。

郭先生及其追隨者（下文僅提郭先生）說商周時代的社會生產者衆、民、臣、庶人等都是奴隸，其理由之一是他們所謂的文字本義。比如郭先生說臣字古文字字形，"像一隻豎立的眼睛，十分形象地表示了對主人要俯首屈從之義"；民字像"目中著刺"，是盲其一目以爲奴的象徵；衆字甲骨文像三人在烈日下勞作，這些字的本義都是指奴隸。郭先生對三字本義的說法新穎而大膽，迥異於《說文》等早期字書的說法。但正如祝先生所說，這都是"斷字取義"。試問：在太陽下勞作的人誰能肯定是奴隸而不是農民？民衹是借用盲字，而非用其本義。刺傷了眼睛，還能很好地爲主人幹活嗎？俯首屈從於主人（包括君主、上級）者，有各種人，高級貴族、大臣屈從於君上，他們也是奴隸嗎？祝先生引大量甲骨文材料及早期文獻如《尚書‧盤庚》《多士》《多方》《酒誥》《詩‧周頌‧臣工》《周禮‧地官》等，說商周時"衆"既參與農作，也參加征戰；"臣"協助王處理政事、雜務，地位頗高；"庶民"是與統治階級對立的勞動群衆，亦即農夫，有自己的勞動工具及獨立的經濟；"民"指人民大衆。四者皆非奴隸，不可隨便賞賜、買賣，更不可任意殺戮。這些說法都極有道理。

爲了證成己說，郭先生引用古籍，多"斷章取義"。《尚書‧盤庚中》："古我先后既勞乃祖乃父，汝共作我畜民。"《禮記‧祭統》："順於禮，不逆於倫，是之謂畜。"鄭玄注："畜，順於道也。"祝先生也解"畜"爲"關顧、照撫"。郭先生却別出心裁，說"畜"即畜牲，說盤庚把民像畜牲一樣對待，可見其地位之低。像這樣亂解古書的例子很多。

也許有人要問：郭先生是歷史學家、文學家、詩人、戲劇學家、古文字學家，一代文化名人、大才子，爲什麼會犯這些在我們今天看來難以理解的錯誤呢？這可能有三方面的原因：

第一，如祝先生所說，郭先生沒有把馬克思主義關於奴隸制的論述同中國古代社會的實際情況相結合，對之做了機械化、片面化的理解。馬克思、恩格斯固然說過，人類社會發展中存在五種生產方式，由此決定了社會可以劃分爲五個時期，前三個即原始公社制社會、奴隸制社會、封建制社會。郭先生認爲這是絕對真理，"放諸四海而皆準"，"在我們中國就不能要求例外"，"中國歷代的生產方式，經過了原始公社制、奴隸制、封建制等，一直發展到現階段，在今天是無可爭辯的事實了"。郭先生以"五種生產方式"作爲研究的前提，先給自己劃下了框框，然後再找材料來證明它；而不是先研究中國古代社會的實際，由事實得出恰當的結論，這就犯了一個邏輯上的大錯誤。既然先認定了結論，再去找事實，當事實與結論不符時，必然要對之加以曲解，以削足適履，證成己說，這不是一個嚴肅的學者所應採取的治學態度。

祝先生說:"無庸諱言,關於原始社會瓦解之後形成奴隸社會的問題,馬克思、恩格斯都曾有過明確的闡述。但能否把這看作各地區、各民族發展中毫無例外的普遍真理呢?我說不能……當馬克思、恩格斯明確闡述原始社會瓦解後形成奴隸制社會時,他們主要依據的是古代希臘、羅馬的歷史……當馬克思、恩格斯把歷史研究的目光轉向希臘、羅馬以外的世界時,他們的闡述就不那麽明確了……革命導師對待科學研究的態度是非常實事求是的,在尚未自信問題已徹底搞清以前,他們並不急於給古代東方的社會的性質下結論,而祇用'亞細亞生產方式'這個地域性的名稱來表明那是不同於希臘、羅馬奴隸制生產方式的另一種經濟構成。"馬克思主義的精髓在於實事求是,具體問題具體分析,而不是盲從其個別具體結論。祝先生又說:"一百多年前的馬克思、恩格斯,把古代希臘、羅馬毒瘤般膨脹起來的奴隸制視爲人類社會發展的必經階段,這在當時的背景下是可以理解的,但我們今天的眼光如果再囿於馬克思主義理論白玉上這點微小的瑕斑中,恐怕要受到後代的嘲笑了。"說馬克思主義還有"瑕斑",這在今天可能沒有什麽,但在36年前的1980年,仍然可能是犯忌的。所以,讀祝先生的文章,除了欽佩其淵博的學識、嚴謹的治學態度外,我更欽佩其不畏權威、敢講真話的學術勇氣。1980年尚是改革開放初期,雖然1978年5月《光明日報》已發表了《實踐是檢驗真理的唯一標準》的文章,在該年末召開的中共十一屆三中全會上也批評了"兩個凡是",但社會上仍然彌漫着各種左傾思潮,人們的思想並未完全解放,不但不能懷疑馬克思主義的個別結論,即使像郭先生這樣的革命歷史學家,也是不能輕易質疑的。《質疑》一文當時寄給某權威歷史刊物,不能刊發,恐怕主要是因爲政治原因,而不是學術水準。

第二個原因是我想到的,比較簡單:郭先生是詩人,詩人多浪漫;郭先生是文學家,文學家善想象;郭先生是才子,才子皆自負。郭先生集三者於一身,所以自視甚高,喜自創新說,不甘像乾嘉學人那般拘謹。

第三個原因,我想也是最根本的原因,是當時的社會環境或學術氛圍對一個人的影響。

清末民初,西方的各種政治、思想、經濟、文化觀念大量輸入中國,求民主、要自由、爭解放的口號高唱入雲,各種舊思想、舊觀念都成爲批判的對象,封建大廈,轟然倒塌。五四前後,各種資產階級思想及馬克思主義同時傳入中國,在各個領域都產生了重大影響,學術風氣也發生了翻天覆地的變化。在歷史研究領域,人們不再是"從文獻到文獻",而是要以出土材料(甲骨、金文、簡帛)與傳世文獻互證,即王國維所倡導的"史學二重證據法";稍後更擴大到大量運用考古資料,即傅斯年所倡導的"上窮碧落下黃泉,動手動腳找東西"。一部分進步的歷史學者,也嘗試用西方的史學理論甚或馬克思主義理論來改造中國舊史學,這在當時,是有積極意義的。郭先生早年參加過北伐戰爭,1927年以後研究中國古代文字、古代歷史，試圖運用馬克思主義的觀點來解析出土和傳世史料，不能不說是一種有益的嘗試。在嘗試中出一點偏差，犯一點錯誤，也不值得大驚小怪，就算是交一點學費罷。祇要日後研究工作中，能逐漸吸取教訓，逐漸成熟，人們是能理解的。祝先生也說，像郭先生這樣的進步的史學家研究中國古史分期，"最初是解決中國革命性質問題的需要，是回擊反革命逆流的需要，後來則是宣傳、維護馬克思主義的需要"。中華人民共和國成立初期，黨中央提倡"百家爭鳴，百花齊放"，郭先生的"殷周奴隸社會"說，儘管有毛病，但作爲一家之言，也是完全可以的。問題在於，1957年以後，高層領導的"左"的思想逐漸抬頭，反右，強化階級鬥爭，乃至最後發動了禍國殃民的"文化大革命"。這段時間，郭先生原來的一些不妥說法不但未糾正，反而被他的一些追隨者放大了，"商周奴隸社會"說一家獨尊，《中國史稿》成爲官方教科書，不容批評。郭先生也志得意滿，儼然史壇霸主，哪裏還會想到要理性思考呢！作爲一代文化名人，郭先生有很多優點，但也有未加深思、緊跟形勢的缺點，有時甚至跟得違心，極不自然。比如郭先生原先對杜甫很是推崇，後來毛澤東主席說他喜歡三李（李白、李賀、李商隱），郭先生馬上說杜甫"屋上還有三重茅"，"是一個地主"，罵貧下中農子女（南村小兒）是"盜賊"，這就完全沒必要了。但形勢的發展有時出乎人的意料，以至於"文化大革命"中一切都亂套了，郭先生也逐漸跟不上了，他和他的子女也遭了很多罪，這可能也是劇作家郭先生的一齣悲劇。事隔多年以後，冷靜地看，郭先生的某些錯誤，也是時代的印記，歷史的傷痕。現實是歷史的發展，歷史是現實的昨天。郭先生是研究歷史的，而今也已走入歷史了。對歷史人物，也要歷史地看，郭先生是文化名人，成績卓越，貢獻巨大；但金無足赤，人無完人，連毛澤東、魯迅都是人，不是神，更何況於郭先生。

《〈周禮〉社會制度論略》《鄉遂制度與周代社會性質》《試論鄉遂制度與亞細亞生產方式》三篇可以看作一個單元，主要依據《周禮》一書討論周代的鄉遂制度及其社會性質。作者以爲《周禮》雖可能成書較晚，但它反映"西周末及春秋時代的社會情況，則是完全可信的"。當時的行政區域可劃分爲：王都稱"國"，國外稱"野"，近國百里稱"鄉"，距國一百至二百里稱"遂"，遂之外爲"都鄙"，是王子弟及貴族的封邑，亦即王畿內許多規模不等的小邦國。《周禮》時代耕地的主體是村社的份地，鄉、遂之間份地與分配原則雖有差異，但均不推行孟子所說的"井田"制，井田制祇存在於此前，是孟子爲滕文公提供的理想治國方案。當時的兩大階級是貴族與庶民，庶民除承擔十分之一或二的剝削率之外，還要服兵役和各種勞役。作者說其時不是奴隸社會，因爲奴隸雖有，但非社會生產主體；也不是封建社會，因爲封建社會要在農村公社徹底瓦解、自耕農兩極分化的情況下纔能產生。作者早期稱這種社會爲庶民社會，後來又稱之爲貴族社會。作者討論這些問題時，從《周禮》本身出發，也引用了同時代文獻如《左傳》《國語》等，反復申說，層層剖析，有很強的思辨性，其結論雖然仍可討論，但無論深度還是廣度，都是目前最好的，卓然爲一家言。

要研究"西周末至春秋時代"歷史，《周禮》是重要典籍，但其成書年代却不能不討論。現在多數學者認爲《周禮》成書於戰國時期，它利用了很多早期資料，也有戰國時期的制度的影子，還有編者理想化的成分，所以對它的内容要具體問題具體分析。斯維至、劉雨、張亞初等先生拿西周金文中的官制材料同《周禮》比對，合者幾近一半，説明它的某些材料也反映了"西周末"以前的情况。而《周禮》中某些内容，則絶對反映的是戰國中晚期的情况，與"春秋時代"無涉。《周禮·地官·司稼》："司稼掌巡邦野……巡野觀稼，以年之上下出斂灋。"鄭玄注："斂法者，豐年以正，凶荒則損。若今十傷二三，實除減半。"賈公彥疏："此觀稼亦謂秋熟時觀稼善惡，則知年上下豐凶，以此豐凶而出税斂之法。"祝先生也説："有了剥削率，還必須瞭解每家份地的糧食總産量，然後纔能確定税收的具體數字。爲此，政府設有'司稼'一官……"觀稼決定税率，我不知道西周春秋時有無其例，但戰國中晚期明確有類似例子。龍崗秦簡150："租者且出以律，告典、田典，典、田典令黔首皆知之。"簡154："黔首皆從千（阡）百（陌）彊（疆）畔之其☐。"楊振紅説簡文"律"就是《史記·漢興以來將相名臣年表》所説的"田租税律"。"大概每年要收田租的時候，鄉部嗇夫都要將國家頒佈的'田租税律'先傳達給'典'（里典）和'田典'，由他們再普告百姓。""部佐進行'程田''程租'時，要把百姓召集到田間地頭，部佐和民户共同核準應繳納田租的土地數量（即當年耕種的土地），測評畝産量和田租率。"簡文年代在戰國末乃至秦代，它反映的可能是戰國時的情况。

中編縱論史事、人物，有幾篇相當精彩。

《史記·殷本紀》《周本紀》《齊世家》記載牧野之戰前，武王曾東伐至盟津，諸侯不期而會者八百，武王以天命未集，乃班師而還。《武王觀兵還師説質疑》以爲揆諸當時情勢，此事絶無可能。考之殷、周之際甲骨、金文，乃至稍晚的《詩》《書》《易》《禮》及更晚的《左傳》《國語》、諸子，也不見其踪影；唯見於古文本《尚書·泰誓》《尚書序》孔氏傳、《今本竹書紀年》，皆僞書。司馬遷誤信伏生弟子所作《尚書大傳》及漢武帝時始出的《泰誓》，而有此説。此文考據精審，極可信從。

前人皆説周文王受天命，稱王翦商。何尊："玟（文）王受兹［大令（命）］。"大盂鼎："不（丕）顯玟（文）王受天有大令（命）。"《尚書·無逸》："文王受命唯中身，厥享國五十年。"《武成》："我文考文王克成厥勳，誕膺天命，以撫方夏。"《文王受命説新探》説徵諸殷墟甲骨文、周原甲骨文，文王時商、周關係甚好，文王恭謹事商，所謂"受命"，乃受商紂"爲西伯"之命。武王以後，欲製造滅商的氣氛，纔造出文王受天命的説法。此説極有道理。何尊是成王時器,大盂鼎是康王時器,《無逸》據《書序》説乃"周公作",《武成》是古文本,總之,都不是文王時作品。祝先生説:"這是周人爲勝利唱的讚歌,也是爲新政權神聖性所造的輿論。"換一個角度看問題,也可以説,所謂"文王受天命"的説法是後人造出來的,在文王生前根本不存在。近年刊佈的清華楚簡《保訓》稱:"隹(惟)王五十年,不瘳。"簡文刊佈後,又有很多人熱議過《無逸》中的那句話,説文王曾受天命稱王。其實,《保訓》是戰國人的作品,是戰國人代周文王所擬的遺訓,絕非周初文獻。《大雅》中的幾首詩,如《大明》《文王》,也應作如是觀,其時代早不過西周晚期。

《密須史事考述》《豳國史事考述》《西戎與犬戎》《嬴秦崛起史事述略》四篇綜論商、周時代甘肅古史,視野寬闊,引據豐富,開掘很深。姞姓密須一度頗有實力,有發達的手工業和工藝技術,終因不順從(狃)周而亡其國。作者引靈台白草坡出土青銅器,特別是一件兵器鎏鋒上飾高耳巨鼻頭像,討論密須與商、周時鬼方的關係,別具隻眼。作者指出,先周文化的前身爲客省莊二期文化,而甘肅的齊家文化又爲客省莊二期文化的源頭。夏末,周人先祖公劉遷居於豳。《括地志》(《史記·匈奴列傳》正義引,據賀次君本)云:"寧州、慶州、原州,古西戎之地,即公劉邑城,周時爲義渠戎國,秦爲北地郡。"作者據此推論早期豳地在今陝、甘相鄰地區,包括今甘肅的寧縣、正寧,陝西旬邑、長武、彬縣一帶;説西戎與周、秦的鬥爭除了歷史原因外,還有農耕經濟同牧獵經濟的矛盾;説犬戎的活動中心地域"太原"在"涇渭之間",即今甘肅平涼、慶陽地區,見解獨到。作者推斷商代中期至春秋中後期流行於甘肅中東部乃至陝西寶雞西部地區的寺窪文化是犬戎族的遺存,也不失爲一種有益的探索。

在《從黃帝傳説看甘肅古史影蹟》《伏羲女媧傳説與甘肅遠古史》《禹的功業及其與甘肅地區的關係》三篇中,作者試圖追尋黃帝、伏羲、女媧、大禹這些神話傳説人物事蹟中的甘肅古史影蹟。神話傳説產生的時代及其與客觀現實的關係極爲複雜,這就決定了以之證史難度很大,風險極高。我向來不敢涉獵這一領域,就是膽子太小,怕無法駕御。作者説:"司馬遷以黃帝爲紐總結的上古史脈一元化體系,不單純是秦漢時代大統一精神的產物,實際上更是史前多元文化區系匯聚成華夏文明中心的史態反映。"這就比較客觀。《國語·晉語》:"黃帝以姬水成,炎帝以姜水成。"姜水公認在寶雞,姬水已難詳考。比較保守,深受古史辨派影響的學者劉起釪先生説:"今甘肅臨夏就有姬家川的地名,而流過臨夏注入黃河就有一條大夏河,夏與姬的淵源關係很深,則姬水也有可能就是這條水。"《水經注·渭水》:"(渭水)又西北入涇谷水,亂流西北出涇谷峽,又西北,軒轅谷水注之,水出南山軒轅溪,南安姚瞻以爲黃帝生於天水,在上邽城東七十里軒轅谷。皇甫謐云生壽丘,丘在魯東門北。未知孰是也。"祝先生説:"黃帝族原來生長活動地區,自今渭水北境,陝西中部,向西至甘肅之境,恰好就是齊家文化區域。"古史學家呂振羽、范文瀾等亦主張夏族自西而來。所以,在甘肅境內尋找黃帝部族蹤蹟不失爲一種有益的工作。但也不要把話說死，連酈道元都不敢肯定黃帝是生在上邽還是山東壽丘，我們還是不妨稍留餘地。

伏羲、女媧的傳說産生時代較晚，大約始見於《莊子》《楚辭·天問》《大招》等。《帝王世紀》《路史·後紀》都説伏羲爲華胥氏子，"生於成紀"，在今甘肅秦安、静寧間，今天水市又有伏羲廟。此地爲大地灣文化流行區，屬石器時代，約與伏羲、女媧生育人類的時代相當。説亦平實。

禹是半人半神的傳說人物，其事見於《尚書·禹貢》《詩·商頌·殷武》《長發》《大雅·文王有聲》，以及西周中期銅器𢙻公盨、春秋中期銅器秦公簋等，可見其影響之大。作者説："禹的時代是國家機構趨於形成的時代，各主要部族已被納入一個權威性統屬體制之内，地域觀念已開始在社會政治思想中凸現出來。"甚有見地。説《禹貢》九州之重在梁、雍二州，可見禹部族最早可能在甘肅。《史記·六國年表》説"禹興於西羌"，或非無根之談。徐中舒師以爲羌有二支，後來一支留居西方，另一支"以羌族爲主建立夏王朝，在進入中原後接受龍山文化的影響，可能就逐漸改變其習俗，形成中原文化。而仍居於西方的羌族則仍保留其文化"。陳夢家先生也有類似説法。祝先生重證此説，不無意義。

值得一提的是，作者據神話討論古史，都是基於對典籍與考古資料的比對與解析，而且一再聲明這祇是"假説"，是一種"嘗試"，要儘量減少想象與傅會，而且完全把這些討論都嚴格限制在純學術的範圍内，如徐旭生先生《中國古史的傳説時代》所做的那樣，絶不受現實政治、經濟的干擾。這種良好的學風如今已經被糟踏得不像樣子了。君不見，近時很多地方政府和學術機構争相召開研討會，或斥巨資修建陵墓。説黃帝應出生於河南新鄭，陵在靈寶；或説黃帝封於浙江縉雲。炎帝出生或活動地，或説在陝西寶雞，或説在湖北隨州，或説在湖南炎陵（原酃縣），每年各處動輒數千人公祭炎帝。很多學者也推波助瀾，喋喋不休，造成了"撥不開的迷霧"（同門趙世超先生語）。這些活動與學術相去甚遠，已墮落爲"文化搭臺，經濟唱戲"的配角，令人嘆息。鑒於這種情況，我覺得發揚良好學風，實有必要。

因爲自己長期作文字考釋，所以我最感興趣的是下編"故實考辨"的几篇。

《也來説"發"》引甲骨文"癹"字字形，闡釋《説文》"癹"字本義。又引段玉裁注，糾正今人誤説。作者文字學功底委實不低。

《先秦獨特的挑戰方式——致師》引《左傳》《史記》《後漢書》諸多戰例，分析致師在戰國之前戰争中的"勵氣"作用，及其在春秋以後逐漸消失的原因，並辨别"致師"與"挑戰"的異同。這可以看作用先秦戰争史來研究訓詁的一個佳例。

《"面縛"辨義》説面縛多用於降者，突出被縛者身體的正面，綁繩在胸前作結，顯示自身受制之義。此文可以看做作者研究訓詁學的努力。至於"面縛"的確切含義，此可爲一說，但仍有討論的餘地。黃金貴先生有《"面縛"考》，刊於《文史》1985年第2輯；張維慎先生有《面縛——古代投降儀式的解讀》，刊於《中州學刊》2004年第2期，2014年又加增補，收於《沙苑子文史論集》。黃文以爲面縛繫頸或繫首，張文以爲面縛既繫雙臂於背，又繫脖頸。一個小問題，能在三十年間引起兩代學者的關注（還不說更遠的杜預、司馬貞、黃生），迄今未定論，感慨之餘，不能不敬佩學人的較真與執着，而這正是訓詁學不斷發展的原動力。

《文史名篇語疑考辨》"舉趾"條解《詩·豳風·七月》"四之日舉趾"。作者重申毛傳、鄭箋，說"舉趾"應與踏耜聯繫起來，批評北大中文系編《先秦文學史參考資料》《古代漢語》"舉足下田"說，發人深省。

《"振旅"新解》據甲骨、金文，說旅、旂二字一形分化，从二人在㫃下，會以旗致衆之意，旅即軍隊。振本揚舉義，引申有奮發、奮揚、整治義，所以"振旅"即"整治軍隊"。《左傳·隱公五年》："三年而治兵，入而振旅。"《公羊傳》《穀梁傳》《爾雅·釋天》《周禮·夏官·大司馬》鄭玄注都說"入曰振旅"，是片面的。整頓軍隊，出入皆可，不能祇強調一個方面。所說亦是。

《關於〈詩·衛風·氓〉的幾個問題》討論"氓"的身份，方法是考據。"抱布貿絲"之"布"，前人或說是金屬貨幣，或說指一般布匹。作者舉睡虎地秦簡《金布律》爲證，說詩中之"布"乃指一種作貨幣流通的紡織品，極有説服力。北京楊廣泰先生藏秦封泥有"御府金府""御府帑府"。御府是王之府庫，其"金府"藏金，即銅半兩錢。"帑府"與"金府"同時設立在御府，其職能應接近而又有分别，帑字从巾，"帑府"極可能藏一種紡織品形式的貨幣。此篇重點在考據故實，與社會形態較爲疏遠，似可移入下編。

祝先生的考據文章，用的雖也是傳統的方法，但探討的問題與運用的資料多與歷史有關，和一般的語言文字學者不盡相同。徐中舒師的某些文章，如《士王皇三字之探原》《弋射與弩之溯原及關於此類名物之考釋》《結繩遺俗考》《黄河流域穴居遺俗考》《古井雜談》，乃至其代表作《耒耜考》《禹鼎的年代及其相關問題》，雖多處考釋文字，但目的仍在考史。這種優良傳統也是應該發揚的。

《從〈堯典〉"光被四表"說開去》提出了一個嚴肅的問題：如何評價乾嘉之學？或者說，如何評價考據之學？

《尚書·堯典》開頭說："曰若稽古帝堯，曰放勳。欽明文思安安，允恭克讓，光被四表，格于上下。"僞孔傳："允，信；克，能；光，充；格，至也。"釋"光"爲"充"，又見《爾雅·釋言》。又《詩·周頌·噫嘻》："噫嘻成王，既昭假爾！"鄭玄箋："噫嘻乎，能成周王之功，其德已著至矣，謂光被四表，格於上下也。"孔穎達疏："……此王既已政教光明，至於天下。德既光明顯著如此，猶能敬重農事……'光被四表，格于上下'，《堯典》文也。注（引者按指鄭玄注）云：'言堯德光耀及四海之外，至於天地。所謂大人與天地合其德，與日月齊其明。'"此後學人或信鄭注孔疏説，或信孔傳、《爾雅》説。清代戴震爲文，力證孔傳、《爾雅》"充"義之訓，贊成者有之，反對者亦有之，遂成清代學術公案之一。

我對這一公案，以往雖也略知一二，但並未深思。讀祝先生文，纔認真想了一下。我以爲，釋"光"爲"光明"，文從字順，也符合《堯典》的時代背景，是很好的。我這樣想，主要是根據古文字材料。

西周、春秋，乃至戰國時人，常説其父、祖或君上、國家有光：

1. 史牆盤："亞且（祖）且（祖）辛……㸔角龏（熾）光。"
2. 禹鼎："敢對揚武公不（丕）顯耿光。"
3. 戎生編鐘："至于辝（台）皇考邵（昭）白（伯），趩趩（桓桓）穆穆……今余弗敢灋（廢）其覭（耿）光。"
4. 虢季子白盤："白（伯）父孔覭（耿）有光。"
5. 晋姜鼎："余佳（惟）司（嗣）朕先姑君晋邦，余不敢妄（荒）寧……每（敏）揚氒（厥）光剌（烈）。"
6. 秦子簋蓋："秦子之光，邵（照）于□（夏？）四方。"
7. 中山王䰜大鼎："憚憚慄慄，忎（恐）隕社稷之光。"
8. 中山王䰜方壺："（余）亡又（有）□息，以明闢（辟）光。"

以上 8 例，"光"皆指光明，或英明。特別是秦子簋蓋一例，與"光被四表"語意極近。秦子是誰，有爭議，多數人認爲是春秋初年的一位秦君或未即位的文公太子静公。他"晶（溫）恭□（穆？），秉德受命屯（純）魯"（亦簋蓋語），與《堯典》頌揚堯德光明顯著如出一轍。秦子之德"溫恭"，堯德"允恭"，完全一致。秦子之光輝能照耀到華夏四方這樣極遠之地（春秋初年秦人尚在西陲，距中原華夏尚遠），而堯之光輝能施及（被）四表荒裔（清俞樾《群經平議·尚書一》："表與裔本義皆屬衣，以其在極外而言則曰四表，猶衣之有表也；以其在極末而言則曰四裔，猶衣之有裔也"）語例正同。

《堯典》爲戰國作品，學人幾無異議。《典》文"允恭克讓"，讓這種品德不見於西周文字，而出土戰國文字却有大量用例。上博楚竹書《容成氏》簡 10："（堯）以求叞（賢）者而壤（讓）焉。堯以天下壤於叞者，天下之叞者莫之能受也。"簡 33："塁（禹）於是虐（乎）壤益，啓於是虐攻益自取。"莒叔之中子平鐘："聖智龏（恭）喰（讓）。"戰國作品用語同於春秋戰國習慣，是正常的。

戴震據僞孔傳"光，充也"的說法，推斷"光"應即《爾雅·釋言》《説文》"桄，充也"之"桄"，與橫音近通用，而"光被"即橫被、廣被。其後錢大昕、段玉裁等又找到了多例"光被"作"橫被""廣被"的異文，於是戴説被很多人所認可。

我不認可戴氏的意見，但我並不貶低他的治學方法。我以爲在學術問題上有不同見解，是正常的，對與己不同的意見，應該擺事實，講道理，進行商榷，而不能一開始就先裁定別人不對，更不能攻擊對方的人格，否定他以及他所代表的那個時代的主流學派的學術成就。但正如祝先生已經指出的，張岩先生《評戴震考據"光被四表"》却正是這樣的。

張文對戴説的有些批評是對的，如説戴氏未能舉出"光被"作"桄被"的證據，異文"橫被""廣被"的時代較晚（前者見《漢書·王莽傳》，後者見漢《成陽靈臺碑》《唐扶頌》），可以看作後人的一種理解〔2019年校記：清華楚簡《攝命》簡2："余亦闓于四方，窓（宏）臂（乂）亡詼（斁）。"整理者注："《墨子·兼愛》引《泰誓》有'光于四方'，《堯典》云'光被四表'，《漢書·王莽傳》《後漢書·崔駰列傳》等作'橫被'，孔傳訓'被'〈光〉爲'充'。"簡文"闓"當然可以讀橫，但"橫于"是否可以等同於"光被"，仍可推敲。"橫"在簡文中是動詞，略同於"光被"之"被"，則其省略的主語仍可能是"光"（余之光）〕。但説戴氏"隱瞞證據""巧避反證""知錯不改"，則是言過其實。張文由此批評清代考據學派學者，説他們"自作聰明""強行立論""捕風捉影""深文周納""牽強附會"，這就不是學術討論了。

考據之學是乾嘉學派的主流，但並非其全體。一代有一代之學術，乾嘉之學是對宋明時程、朱、陸、王之學的反動，是在此基礎上發展起來的學術。宋元以來，學人援佛入儒，創立道學、理學，玄學與禪宗大行其是。到了明代，王陽明倡"明心見性"，成爲學術主流；政府八股取士，一般讀書人更是"束書不觀，游談無根"。清初，顧炎武、黄宗羲、王船山對其流弊痛加指斥，提倡"經世致用"之學，學術風氣爲之一變。康熙、雍正年間，江浙學人標舉漢學，反對宋學。乾隆年間開四庫館，編《四庫全書》，漢學終得正統地位。乾嘉學派雖有皖派、吳派、浙派之分，但其總的精神是實事求是，用梁啓超《中國近三百年學術史》的説法就是："厭倦主觀的冥想而傾向於客觀的考察。"乾嘉學派在經書箋釋、史料搜補鑒別、辨僞、輯佚、校勘、文字訓詁、音韻，乃至金石、地理、方志諸方面都取得了極其輝煌的成績，甚至可以説前無古人，後無來者，這些在梁先生書中都有詳細的叙述。我們知道，梁先生深受西方學術思潮影響，在學術上走的是與乾嘉學人不同的路，但他仍對乾嘉之學表達了崇高的敬意，這就證明了乾嘉之學的主要遺產是值得我們學習、繼承並發揚光大的。

乾嘉之學有無流弊呢？這是肯定的。其主要流弊是：過分強調考據，以"襞積補苴"爲學術的第一要務；同時，輕視理論，不明白學術的目的是要明道——爲社會服務。不過這一缺點在考據派大師戴震身上表現得並不明顯。戴氏博聞強識，於天文、地理、數學、音韻、訓詁、文字皆考證精微，成績卓著，有今人難以企及的成就。但他並未忘記"學以明道"，他的名著《孟子字義疏證》看似講訓詁，實際上却是哲學書。其言："今之……尊者以理責卑，長者以理責幼，貴者以理責賤，雖失，謂之順。卑者幼者賤者以理爭之，雖得，謂之逆。於是下之人不能以天下之同情、天下所同欲，達之於上。上以理責其下，而在下之罪，人人不勝指數。人死於法，猶有憐之者。死於理，其誰憐之？嗚呼，雜乎老釋之言以爲言，其禍甚於申韓如是也。"又曰："酷吏以法殺人，後儒以理殺人，浸浸乎捨法而論理，死矣！更無可救矣！"痛批程、朱"存天理，去人欲"之説。五四時代胡適、魯迅反禮教，爭自由、民主，戴震在一百四五十年前已發其先聲了。我對戴震極其崇拜（這並不是説我贊成他的每一句話），曾有筆記文《戴震之學爲清代學術之縮影》，就是這種心情的表露。

比起戴震時代，當前學術界（這裏主要指歷史文化學界）已有極大進步，這是毋庸置疑的。但在不少地方，似乎也存在着急功近利和浮躁的毛病，不是紮紮實實地做學問，而是輕率立論，不負責任地批評別人，以求轟動效應。就説疑古辨僞罷，唐柳宗元、宋朱熹已開其端，清閻若璩、惠棟、崔述發揚光大，民國年間錢玄同、顧頡剛爲其餘緒，《古史辨》出了多册，影響巨大。20世紀70年代以來，地下出土了很多被前人判爲"僞書"的簡牘，證明疑古派疑古過了頭，於是有人大聲疾呼，要"走出疑古時代"，一時學風丕變。應該説，這種呼籲在一段時間內確有必要，也推動了學術的發展。但任何事物都有一個度，超過了度，走到了另一個極端，對疑古派完全否定，由過分疑古走到一味信古，則不但未完全走出舊的迷霧，反而又走入了新的霧霾，讓人愈加糊塗了。比如有人根據新出豳公盨及部分戰國簡牘，便絕對肯定禹是真實的歷史人物，而非傳説人物；又如據清華簡《保訓》斷定周文王乃至舜已以中道治國，古文《尚書·大禹謨》"允執厥中"的話不僞；又有人説清華簡《耆夜》《周公之琴舞》中的詩都是周武王、成王、周公、畢公親作，而非後人代擬；又如據出土材料，肯定唐、虞、夏、商、周、秦、楚、蜀都是黄帝之後，力圖恢復被顧先生等推翻的黄帝一元、三代同源的古史體系；近年，又有不少人爲已成定論的僞古文《尚書》案翻案。

張岩先生的書《審核古文〈尚書〉案》我未讀過，不敢妄下雌黄。我最近讀到上海一位楊先生批評閻若璩《古文尚書疏證》的文章，該文批評閻氏的辨僞方法是"捏造事實""蒙騙讀者""胡説""無中生有""吹毛求疵"，與張文所加給考據學派的罪名略同，猜想二位應係一派。楊文雖然氣勢很大，但其例證却並不令人信服。如《疏證》説："'湯之官刑'者，正作於商之叔世，其不爲湯所制明矣。"楊文説："《吕氏春秋·孝行覽》引《商書》曰：'罪三百，罪莫重於不孝。'高誘注：'商湯所制法也。'《墨子·非樂》也稱'先王之書'有《湯之官刑》,然則湯時制有刑法是不可否認的。"其實閻氏祇是説《湯之官刑》是商末之書,不是商湯之書。楊氏並未找到新的證據(《漢書·藝文志》記録過?内容如何?),僅是根據後世的高誘注,及《墨子》的模糊説法("先王"可以泛指,無法肯定是湯。《神農本草經》《黃帝素問》就是神農、黃帝等"先王"所作嗎?),就反駁閻氏,太輕率了。湯時有無文字還無法肯定,西周金文纔提到墨刑,春秋時鄭子産、晋范匄"鑄刑書""爲刑書"於鼎上,字也不會多,刑法真正成"書",已是戰國中期以後的事了。所以,閻氏的話還太保守了,楊氏所謂"湯時制有刑法"之"書"是完全可以否認的。

當今是信息爆炸的時代,收集資料極容易,這爲研究提供了更好的條件,但光靠這個顯然不行。張岩先生説,錢、段幫戴氏查"光被"異文,用了十年時間,他用電腦檢索,十天就完成了。但這祇能説時代進步了,却並不表示你的研究水平就超過了前人。其實,像我這樣的笨人,不用電腦,祇查幾本工具書,也就一天多時間就查到了,根本不要十天。我們的運氣比前人好,能看到很多戴震、王念孫、段玉裁,甚至王國維都没有看到的出土資料,然而我們的國學功底,比他們差遠了。有些人説要超越他們,勇氣可嘉,但學術研究,光靠勇氣不行。所以對考據學,首先要認真學習,繼承其成果,取其精華。在"棄其糟粕"時,也要更加理性一點,不要走到另一個極端去。更不能用諷刺、挖苦、攻擊這些低劣的手段。祇有這樣,纔能建立新的歷史學、新的文化。

已經寫得不短,趕快打住。也完全是亂説一氣,請祝先生與朋友們指正。

2016 年 12 月 18 日

(原載《秦始皇帝陵博物院》總第 7 輯,三秦出版社,2017 年。

祝中熹《古史鉤沉》2018 年由上海古籍出版社出版)

《民國初天水出土秦公簋研考論叢》序

秦文字研究的歷史已超過兩千年。《史記·秦始皇本紀》著錄泰山、琅邪、之罘、東觀、碣石、會稽六種秦刻石。許慎《說文》篆文、籀文多來源於秦文字。嶧山刻石原文不載於《秦始皇本紀》，但唐封演《封氏聞見記》、杜甫《李潮八分小篆歌》都提到嶧山碑，可見唐人已將其摹刻上石。唐初天興縣（今鳳翔）發現的石鼓文，轟動朝野。宋代至今出土的秦金文、陶文、石刻、璽印、簡牘、錢幣，更是數以萬計，而其研究也歷久不衰。其成果說是汗牛充棟，絕不爲過。

宋人金石著錄如呂大臨《考古圖》、薛尚功《歷代鐘鼎彝器款識法帖》已著錄秦公鎛鐘（盄龢鐘），楊南仲、歐陽修、趙明誠等曾加研究。民國初年，甘肅天水西南鄉出土秦公簋，至今已近百年。因其銘文深具歷史、考古、文字價值，故自發現之初起，即受到學界的高度重視。1921 年，羅振玉對其加以介紹。1923 年，王國維作《秦公敦跋》，指出："其辭亦與劉原父（引者按指宋人劉敞）所藏秦盄龢鐘大半相同，蓋一時所鑄。字迹雅近石鼓文。金文與石鼓相似者，惟虢季子白盤及此敦耳。……此敦雖出甘肅，然其叙秦之先世曰'十有二公'，亦與秦龢鐘同。雖年代之説，歐、趙以下人各不同，要必在德公徙雍以後……此敦之作，雖在徙雍以後，然實以奉西垂陵廟，直至秦漢猶爲西縣官物，乃鑿款於其上。"王跋雖短，然"大抵近是"，秦公簋於是名噪一時。此後研究者日多，著名學者如郭沫若、于省吾、馬叙倫、容庚、聞一多、柯昌濟、陳夢家、楊樹達、唐蘭、陳直、張政烺、馬承源、李學勤、裘錫圭，紛紛撰文，各抒鴻見，掀起了一波波的研究熱潮。直至近年，這一狀況仍方興未艾，在學術史上並不多見。

在研究秦公簋的衆多學者中，甘肅學者格外引人注目。1944 年，馮國瑞先生編輯《天水出土秦器匯考》，對秦公簋的出土時間、地點、流傳情況有翔實的記載，對簋、鐘銘文亦有獨到深入的考釋。馮先生是天水市人，1926—1927 年在清華大學國學研究院讀書，師從王國維、梁啓超先生，後長期致力於甘肅歷史文化研究。《匯考》收王國維跋、郭沫若《秦公簋韻讀》以及商承祚《秦公簋跋》、時居蘭州的劉文炳《與馮仲翔論秦公簋書》《秦公簋及秦盄龢鐘兩銘爲韻文説》《十有二公後之秦公》三文，還有馮先生的《秦公簋器銘考釋》《秦公鐘器銘考釋》《秦車輨圖説》等，是最早的秦公簋研究論文集。建國以來，甘肅學者丁楠、趙文匯、祝中熹、徐日輝、馬漢江、趙琪偉、康世榮、雍際春、陳澤、賈利民等，亦時有新説。

趙文慧先生原籍天水市，現居山東煙臺市。文慧多年來熱心於鄉邦文獻的整理，尤其沉迷於對秦公簋及其銘文的學習、探討。文慧有《先秦重器——秦公簋》《秦公簋與秦源》及長文《秦公簋集釋》，對秦公簋的器形、紋飾、出土年代、地點、時代、史實、文化價值及其字詞訓釋，作了全方位、多角度的探討，是極爲有益的工作。近日，文慧又將羅振玉、王國維以來的相關研究文章 130 餘篇彙集起來，成《民國初天水出土秦公簋研考論叢》，將在上海出版。比之馮書，此書規模更大，資料更全，對學者也更有用。祝中熹先生曾説過："（秦公簋）學界對它的介紹、闡述、考論、評説和引證，一直保持着相當的熱度，其文化魅力可謂愈久彌昌，馨韻綿長。如能彙集相關著作，必成巨册。"文慧書正是這樣的"巨册"。我自己多年來研究秦文字，自以爲對前人論著較熟悉，但看文慧書，我纔知道有些文章自己以前並未讀過，它使我擴大了視野。

由《論叢》可知，截至目前，對有關秦公簋的一些重要問題，學人已有共識；或分歧逐步縮小，看法逐漸接近。

秦公簋的出土時間，以前有 1916、1917、1919、1921、1922、1923 年諸説。文慧引史樹青《悼念周希丁先生》文，記 1921 年周曾手搨秦公簋；又引羅振玉 1921 年致王國維信中已提到秦公簋，其時器已歸"皖中張氏"，即曾任甘肅都督的張廣建家，器此前在社會上已流傳了一段時間，文慧因謂 1921、1922、1923 年諸説不可信。他同意馮國瑞等的説法，定爲 1919 年，近是。

簋之出土地點，舊有"天水西南鄉""秦州""禮縣紅河王家東臺""廟山""禮縣東境"諸説，或泛指，或具體，其實並不矛盾。秦州爲三國魏置州，治上邽，在今天水市西南，所以"秦州""天水西南鄉"是一個概念。禮縣西漢屬嘉陵道，東漢爲上禄縣，元改置禮店軍民府，在今縣東四十里，明改千户所，在今縣東，清省所入縣。非子所居之犬丘，秦置西縣，故城在今天水市西南百餘里，禮縣之東。故"天水西南鄉""禮縣東境""西"大體上也是一個概念。

康世榮先生《秦都邑西垂故址探源》分析有關西垂、西縣的傳世文獻，考察自然條件與地理位置以及古遺址、出土器物，認爲西垂、犬丘亦即西縣故址在今禮縣紅河鄉岳費家莊，而簋出土於與此相鄰的秦嶺鄉。田有前《西犬丘地望考》對康說有所補充，説紅河流域的費家莊，六八圖遺址有周代遺物，乃秦西縣所在；又説秦公簋發現地廟山屬天水西南鄉，與紅河鎮接壤。至於廟臺的具體位置，學者看法仍有分歧。趙文匯説王家東臺在天臺山的東麓，隋唐慶雲寺在此，後寺廟毀於戰火，僅留臺基，因稱廟山；文慧則認爲王家東臺又稱廟山，天臺山在南，廟山在北，二山隔峁水（紅河，楊廉川）相望。該山之所以稱廟山，可能與秦人在該地有祭祀先祖的宗廟有關。

簋銘："秦公曰：'不（丕）顯朕皇且（祖）受天命，鼏（宓）宅禹賷（蹟）。十又（有）二公，在帝之坏（坯）。'"盠甗鐘銘："秦公曰：'不（丕）顯朕皇且（祖）受天命，竃（肇）又（有）下國。十又（有）二公，不墜才（在）上。'"二器時代同。先祖是誰？十有二公從誰算起？這兩個問題久爭不決，因而簋、鐘之時代便成難猜之謎。十二公或說自中潏始，或說自非子始，或說自秦侯始，或說自秦仲始，或說自莊公始，或說自襄公始。張政烺先生則説十二是法天之數，是虛指而非實指。張説現在基本上無人信從。非子祇是被周孝王"封土爲附庸，邑之秦"，不是諸侯。李零先生説秦公及王姬編鐘、鎛鐘銘文云："我先且（祖）受天命商（賞）宅受（授）或（國）"，"賞宅"即受封邑，把非子"邑于秦"；"受國"即《秦本紀》所説的襄公"於是始國"。先祖自非子至襄公，而"受天命"者乃自追認爲公的莊公算起。李學勤先生、陳平先生同意此説。我以爲，在秦公及王姬鎛、鐘銘文中，"賞宅"與"授國"緊緊相連，是一個完整的詞組，不宜再加分割。《爾雅·釋宮》："宅，居也。"何尊："余其宅此中國。"克罍："克宅匽（燕）。"古文獻有"國宅"一詞：《周禮·地官·載師》："凡任地，國宅無征。"鄭玄注引鄭司農曰："國宅，城中宅也。"玄曰："國宅，凡官所有官室吏所治者也。"先祖既"受天命"，又被賞以宅，被授以國，則非被周平王封爲諸侯"於是始國，與諸侯通使聘享之禮"的襄公莫屬。這猶如燕是周初封的諸侯國，就封者乃召公長子克，而克就封居燕稱"宅"。

莊公是其子襄公追認的，他是否受天命？這種可能性雖有，但並不大。固然，周文王之王號是其子武王追認的，文王生前並未自己稱王，但後世子孫都説文王受天命稱王。毛公鼎："丕顯文、武，皇天引厭厥德，配我有周，膺受天命。"《尚書·武成》："惟先王建邦啓土……我文考文王克成厥勳，誕膺天命，以撫方夏。"問題在於，説莊公受天命，傳世文獻無徵，出土秦文字也無明確記載。盠甗鐘銘文説秦皇祖"肇有下國"，肇者，始也，始有諸侯之名，有秦國也，則祇能是襄公。

所謂十有二公從中潏算起的説法更是如此。中潏祇是"在西戎，保西垂"，並未始國，也未稱公。陳澤先生説十二公之公是尊稱，不是謚號或爵稱，理由欠充分。説中潏到莊公爲十二公，簋爲襄公器。但正如陳平先生所説，秦公簋的器形、紋飾都近於寶雞陽平鎮秦家溝

M1、M2墓所出秦簋，時代在春秋中晚期之交的共、桓、景時期，而絕不可能到春秋初期的襄公時。陳澤說難於成立。

秦仲僅是"西垂大夫"，秦侯連大夫都不是，豈能計入十二公。

十有二公自何公始？秦公及王姬鎛、鐘銘文已給出了明確的答案。銘云："我先祖受天命賞宅授國，剌剌（烈烈）邵文公、静公、憲公不墜在上。"邵陳昭容讀爲紹。《詩·大雅·抑》："女雖湛樂從，弗念厥紹。"毛傳："紹，繼也。"先祖是襄公，所以十二公是從繼後的文公算起。静公雖未即位，但已有謚號，應該計入。憲公之子出子應否計入，爭議很大。秦公及王姬鎛、鐘器主爲憲公原太子武公，是出子之兄，兄不以弟爲先公，是可以的。但簋之器主已是出子的後世子孫，不以出子爲公於理不通。《史記·十二諸侯年表》《漢書·古今人表》已稱出子爲"出公"，所以出子最大可能應計入十二公。十二公指文、静、憲、出、武、德、宣、成、穆、康、共、桓十二公，作簋者爲景公。這在目前雖還不能絕對肯定，但說是多數人的共識，似乎可以。

簋銘字詞、語句多數已可通讀無礙。

"鼏宅禹賣（蹟）。"鼏讀爲宓，《説文》："安也。""禹蹟"即大禹之蹟。《詩·大雅·文王有聲》："豐水東流，維禹之績。"馬瑞辰《毛詩傳箋通釋》："績當爲蹟之假借。九州皆經禹治，因稱'禹蹟'。"《説文》："迹，步處也。从辵，亦聲。蹟，或从足、責。""禹蹟"即天下、宇内、華夏。作器秦公自詡爲華夏族，居住在華夏地域内。

"在帝之𥑗（坏）。"𥑗字从丕从石，不亦聲，于省吾先生釋坏。不與丕通。王國維、吴其昌以爲坏指河南成皋附近之大伾山，殆是。"在帝之坏"即在帝之山，在帝之旁。

"保辥厥（厥）秦。"辥字宋人釋業，楊樹達先生讀爲乂、艾。《尚書·君奭》："率惟茲有陳，保乂有殷。"《詩·小雅·南山有臺》："樂祇君子，保艾爾後。"《爾雅·釋詁》："艾，相也。"保艾即保相、長保。

"虩事蠻（蠻）夏。"《説文》："虩，《易》'履虎尾虩虩'，恐懼也。"段玉裁注："《履》九四爻辭，今《易》虩虩作愬愬。釋文曰：'愬愬，子夏傳云：恐懼貌。馬本作虩虩，云：恐懼也。《説文》同。'按《震》卦辭'震來虩虩'，馬云：恐懼貌。鄭同馬。鄭用費《易》，許用孟《易》，而字同義同也。"所謂"恐懼"，就是小心謹慎。此時秦謹慎地對待蠻（西戎）與華夏，可見秦勢力已向東發展，與華夏諸國接觸日多。叔夷鎛："虩虩成唐。"楊樹達先生讀虩虩爲赫赫。晋公𡉜："虩虩在上。"白川静先生也説"虩虩即赫赫"。虩可讀爲赫，上博楚竹書《緇衣》簡9："虩虩帀（師）尹，民具爾詹（瞻）。"虩今本《禮記·緇衣》作赫。《説文》："赫，火赤兒。"《小爾雅·廣詁》："赫，明也。"《詩·大雅·皇矣》："皇矣上帝，臨下有赫。"朱熹集傳："赫，威明也。"又《詩·商頌·殷武》："商邑翼翼，四方之極。赫赫厥聲，濯濯厥靈。"朱熹集傳："赫赫，顯盛也。"所以楊說、白川說在叔夷鏄、晋公𥎿中是合適的，但用來解釋秦公簋銘則未必恰當。其時秦人的力量還不是很強，對待西戎、華夏（周及其同姓諸侯國），恐怕還是謹慎小心爲好，而不宜居高臨下，以霸主自居。

"咸畜胤士"，此語又見晋公𥎿。盠龢鐘："咸畜百辟胤士。"陳直先生說胤士爲父子承襲之世官，已爲學人普遍認同。孫詒讓讀胤爲尹，郭沫若讀胤爲俊，皆不足取。

"蠚蠚文武，鍰（鎮）静不廷。"此語又見盠龢鐘銘。秦公及王姬鏄、鐘銘："蠚蠚允義，翼受明德。"蠚字或作謚。清華楚簡《周公之琴舞》簡13—14："佐寺（事）王恩（聰）明，其又（有）心不易，畏（威）義（儀）謚謚，大其有慕（謨）。"古盍聲字與曷聲字通用。《文選·班孟堅〈西都賦〉》："軼埃壒之混濁。"李善注："許慎《淮南子注》：'壒，埃也。'壒與壒同。"郭店楚簡《緇衣》簡40："句（苟）又（有）車，必見其歇。"裘錫圭先生按語疑歇讀爲蓋。蠚蠚即謚謚，是形容文武之士的威儀的。蠚字孫詒讓說是遏之異文。蠚蠚郭沫若先生讀爲祛祛，強健也。林劍鳴先生同意郭說，吳鎮烽先生讀爲肅肅。郭、林、吳說可形容武士，於文士則不盡妥。于省吾先生《雙劍誃古文雜識·釋蠚》說蠚即遏，遏遏讀爲藹藹，義同濟濟。于說極是。《說文》："藹，臣盡力之美。从言，葛聲。《詩》曰：'藹藹王多吉士。'"所引見《詩·大雅·文王》，毛傳："藹藹，猶濟濟也。"又《詩·大雅·文王》："思皇多士，生此王國。王國克生，維周之楨。濟濟多士，文王以寧。"毛傳："濟濟，多威儀也。"藹藹、濟濟形容文士、武士，他們"大其有謀"，可能更多指文士。

有幾個詞語，經多位學者考釋，雖仍無共識，但已有了很好的思路。

"作□宗彝"。第二字羅振玉隸作㝷，郭沫若隸作㝷，唐蘭隸作尋。李學勤先生云："作尋（意爲用）宗彝，以紹皇祖。"李家浩先生說尋與作義近，"作尋"猶言"作爲"。從字形上看，此字與春秋尋仲盤尋字作""、遣叔鐘尋字作""近。《左傳·莊公二十八年》："今令尹不尋諸仇讎。"杜預注："尋，用也。"《孔子家語·觀周》："將尋斧柯。"王肅注："尋，用者也。"

"婁（其）嚴□各（格）。"各前一字作""，強運開釋遄，吳闓生釋御，郭沫若隸作遯，謂字从辵，从尋省，鬼聲，殆歸字異文，諸釋於字形皆不盡合，不足取。于省吾釋徵，以爲"徵各猶言昭格。《爾雅·釋言》：'徵，召也。'召昭古通"。秦鳳鳴說："'其嚴昭格'，在此用來表現先祖之光明偉大，德藝雙馨。與其前一句'以昭皇祖'內容相對應。"陳英傑說"徵格"當讀爲"登各"，是偏義副詞，義偏在"各"。董珊說此字與石鼓文《作原》"導遄我嗣"第二字同，此字辵、尤旁以外的部分，應該是尋字之省體，篡銘讀爲就，訓爲至、來。文慧同意秦說。今按徵字睡虎地秦簡《爲吏之道》"因而徵之"作""，曾侯乙磬音調名作"、"，與此字不同，出土文字未見與之全同者，也未見"徵各"的其他辭例，所以此字仍不能確釋。

"高引有□。"引字舊釋弘，于豪亮先生《説"引"字》改釋爲引，義爲長，已得學人公認。末字原作"㦰"，劉心源、羅振玉釋麐，聞一多釋麖，容庚、郭沫若釋慶。今按秦文字慶字作"㪅"（參看王輝等：《秦文字編》，中華書局，2015年，第1618—1619頁），與此字不同。此字當依聞先生説釋麖，但麖讀爲慶，文獻亦未見其例。這裏不妨提出另外兩種推測。一是麖是慶之訛誤。慶字戰國文字或省"夂"旁作"㤎"，或省心旁作"㤎"（參看何琳儀：《戰國古文字典》，中華書局，1998年，第644頁），"文""夂"形近，又"文"字古文字或作"㫃"（令簋），或作"㫃"（伯家父簋），所以簋銘字下部文字也可能是心字之訛誤，字應隸作麖，是慶字之省。從上下文用韻看，釋爲慶較好。二是麖字从鹿，文聲，讀爲聞。文聲字及門聲字通用。《孝經》："言不文。"釋文："文本或作聞。"《淮南子·俶務》："鈍聞條達。"《文子·精誠》聞作閔。《説文》："聞，知聞也。"《論語·顔淵》："在邦必聞，在家必聞。"邢昺疏："聞，謂有名譽使人聞之也。"《尚書·微子》："舊有令聞。"孔氏傳："久有善譽。"蔡沈集傳："聞，譽也。""高引有麖"讀爲"高引有聞"，即長有美譽，亦通。

"𪉦囿四方，宜。"盠駒鐘："𪉦又（有）下國。"𪉦，楊樹達先生讀爲肇。囿、又讀爲有或域。《詩·商頌·玄鳥》："古帝命武湯，正域彼四方……邦畿千里，維民所止，肇域彼四海。"或説𪉦讀爲造，義爲始，亦可。《易·屯·彖傳》："天造草昧。"李鼎祚集解引虞翻曰："造，亦始也。"秦公大墓殘磬銘"𪉦尃（撫）䜌（蠻）夏"。秦伯喪戈"𪉦尃（撫）東方"，𪉦字用法同。

"宜"字盠駒鐘作"永寶宜"，秦子戈、矛、秦政伯喪戈作"用逸宜"，卜淦□高戈作"永寶用逸宜"，宜應爲"永寶用逸宜"之省。宜，李學勤先生初説爲地名，後解爲安。陳平先生説爲祭名，李零先生説爲國族名，林清源先生讀爲儀，黄盛璋先生解爲便利，董珊先生解爲句尾語氣詞。陳英傑以爲諸説皆求之過深，他同意李學勤先生後説，解宜爲安、和順，爲求福之辭，意爲快快樂樂、平平安安。文慧也同意陳先生的説法。這當然不失爲一種較好的選擇。不過這種用例僅見秦文字，一下子還不能完全確定。

"西元器。"西即秦漢西縣。《史記·樊噲列傳》説樊噲擊破"西丞"，即西縣丞。寶雞出土二十六年戈有"西工室閶"，秦封泥有"西丞之印""西鹽""西鹽丞印""西共（供）丞印"。西在今天水西南，禮縣東，或即簋之出土地。

裘錫圭先生説元、原字本相同，意義也接近。元引申有元始、元本等義。原來、原由的原古代用元表示，明代才因避嫌改用原。"西元器"者，西垂古邑原有之器也。説甚是。王國維稱："秦自非子至文公，陵廟皆在西垂。此敦……直至秦漢猶爲西縣官物。"極有見地。

以上是我讀了文慧書得到啓發，一時想到的，説不上對，僅供同好揚榷。由此也可以看出，此書對促進秦公簋的研究是有價值的。

彙集古文字研究論文，並非易事，對一個古文字愛好者而非專門研究者來說更是如此。因爲這些文章多古字、難字，轉錄中極易出錯。建議文慧在書正式出版前仔細校對；或用剪貼影印的方式處理，以保持其原貌。

（原載《秦陵秦俑研究動態》2017年第4期。趙文慧《民國初天水出土秦公簋研考論叢》將在上海出版）

《中國封泥大系》序

　　古人對簡牘文書、物品囊笥常加繩捆紮，在結紮處施以泥團，並在其上捺按璽印，謂之封泥。封泥是璽印的使用形式，其作用在保密和憑信。

　　封泥之名，來源甚早。《後漢書・百官志》少府屬官有"守宮令一人，六百石"。本注："主御紙筆墨，及尚書財用諸物及封泥。"少府掌管皇室事務，是其後勤機構。守宮掌帝王筆墨文書及尚書財用諸物及封泥，可見封泥與文書有關。

　　古封泥的著錄與研究的歷史，已近二百年。清道光二十二年（1842），吳榮光輯《筠清館金文》，摹入"剛羝右尉"等6枚封泥。序云："道光二年（1822），蜀人掘山藥，得一窖，凡百餘枚。估人賷至京師，大半壞裂。諸城劉燕庭、仁和龔定盦，各得數枚，山西閻帖軒藏數枚，餘不知落何處。"祇是當時誤稱"印範子"，不知其實際用途。其後劉喜海《長安獲古編》著錄30枚關中出土封泥，劉鶚《鐵雲藏陶》之《鐵雲藏封泥》著錄114枚封泥，含巴蜀、齊魯兩地所出。光緒三十年（1904），吳式芬、陳介祺《封泥考略》收846枚。"封泥"之名，遂彰於世。1913年，羅振玉、王國維《齊魯封泥集存》印行。1928年，周明泰《續封泥考略》《再續封泥考略》，收從兄周進舊藏山東臨淄、劇縣封泥及陳介祺、羅振玉兩書不與《考略》重複者，並加考釋。1931年，吳幼潛輯成《封泥彙編》，收此前所出封泥1115枚，是古封泥的第一次系統彙輯。除此之外，陳寶琛《澂秋館藏古封泥》、北京大學研究部《封泥存真》、山東省圖書館《臨淄封泥文字》、于省吾《雙劍誃古器物圖錄》亦各就所獲，加以著錄。

　　1994年，孫慰祖先生《古封泥集成》出版，是1993年以前各種封泥著錄的總匯，包括數十年來的考古發掘，如湖南長沙、甘肅肩水金關、安徽阜陽、內蒙古寧城黑城、廣西貴縣羅泊灣、廣州南越王墓、江蘇高郵天山等地所出土者，但數目較少。此書收古封泥2670枚，其中戰國封泥21枚，唐封泥6枚，秦漢魏晉封泥2560枚，另有補遺封泥83枚。所謂"秦漢魏晉"封泥，實則當時能確定爲秦的極少，魏晉的也不是很多，該書所收，以漢封泥爲主體。

1998年，日本人谷豐信《中國の封泥》收錄了部分朝鮮原樂浪郡所出封泥。

孫、谷二書之後，古封泥又有幾次重大發現，其數量亦遠超前代，如：

1987—1988年，西安漢長安城未央宮遺址出土110餘枚封泥，孫慰祖先生推斷爲新莽時物。2003—2004年，漢長安城長樂宮遺址出土"荆州牧印章"及新莽貨幣"貨泉""大泉五十"。2009年又在距未央宮不遠的盧家口村發現大批新莽封泥，馬驥先生《新出新莽封泥選》目錄收715枚。

20世紀90年代以來，陝西咸陽市漢景帝陽陵外藏坑、陪葬墓及其陵邑遺址出土封泥千餘枚，僅公佈了百餘枚。

1996年，吳鎮烽《陝西歷史博物館藏封泥考》公佈了該館藏封泥69枚，據云出土於漢長安城遺址。

1998年，王愷《獅子山楚王陵出土印章和封泥對研究西漢楚國建制及封域的意義》公佈徐州西漢楚國封泥80餘枚。

2002—2004年，山東臨淄劉家寨農民發現漢封泥3000餘枚。西泠印社出版社2005年出版《臨淄新出漢封泥集》公佈了一部分。2004年，徐州土山二號墓出土封泥4500餘枚。李銀德文《徐州出土西漢印章與封泥概述》有簡介。

2005年，《新蔡故城戰國封泥的初步考察》披露河南新蔡縣故城遺址出土戰國封泥700—800枚。

2006年，河南平輿縣古城村出土秦漢封泥3000餘枚。

2008年，西安市在修建三環路施工中，在鄰近漢長安城遺址的焦家村出土封泥百餘枚。

20世紀古封泥的最大發現，是1995年前後西安北郊相家巷村秦封泥的發現。這是20世紀重大考古發現之一。其影響可與秦始皇帝陵兵馬俑坑及睡虎地、放馬灘、里耶、嶽麓書院秦簡牘的發現相媲美。而其最初發現，則純屬誤打誤撞。閻小平原爲西安市南郊客運站汽車修理工，因單位效益不好，遂買斷工齡，沒有職業。閻氏喜歡收藏漢磚石瓦當，故常在漢長安城遺址保護區内轉悠。20世紀90年代初，相家巷村及其周圍村子農民在耕地時常發現古封泥，不知爲何物，稱"泥坨坨"，閻氏看上邊有文字，直覺告訴他，這東西可能是古物，有價值，於是收得千餘枚。一開始，閻氏把這些東西拿給既是書法家又是收藏家的傅嘉儀先生看。傅氏當時未能確切判斷其時代及重大價值，僅收少數，但留下了閻氏的電話。1995年，閻氏認識了在西北大學中文系作家班讀書的北京青年路東之。路氏亦好收藏，於是閻氏把部分封泥拿給了他。但閻氏並沒有把自己的封泥一股腦兒全拿給路氏，而是留下了600餘枚品相較好者。

幾乎與此同時，相家巷秦封泥已有少量流散。澳門蕭春源先生有所收藏，孫慰祖先生鑒定爲秦物。1996 年 7 月，孫先生在香港《大公報》撰文，對此加以介紹。

路氏將其所得封泥拿給西北大學博物館館長周曉陸先生看，認爲應有重要價值。周、路二氏又在西安、北京資詢專家，遂確定爲秦物。1996 年，周、路二氏欲刊發這批資料，其時我在《考古與文物》編輯部工作，極力慫恿首先在該刊發表。1997 年第 1 期的《考古與文物》與《西北大學學報》（哲社版）首次刊發這批封泥，並在西北大學召開了新聞發佈會，組織專家座談，一時引起轟動。稍後，二氏出版《秦封泥集》。

傅嘉儀先生一度與這批封泥失之交臂。一段時間他赴法國辦個人書法展，回來後聽聞其事，頓足感歎。他打電話給閻小平，以 5000 餘圓的價格收集了閻氏留下的 600 余枚封泥。相較於收購價，閻氏並無額外收入，等於將其收藏無償捐獻給了國家。從這個意義上說，閻氏是秦封泥發現的第一人，是有功的。傅氏後來出版有《新出土秦代封泥印集》《秦封泥彙考》，並曾請我加以考釋。傅氏從閻氏處瞭解到秦封泥的確切發現地點，並告訴了西安市文物管理委員會（今西安市文物保護考古研究院）的韓保全先生。韓保全組織人員進行發掘，得封泥若干枚。但因種種原因，這批資料至今未刊佈。再後，中國社會科學院考古所漢長安城考古隊亦對相家巷封泥作了發掘，弄清了地層關係。其資料及研究發表在《考古學報》2001 年第 4 期。

近年，西安六村堡、高陵區等處也出土大批秦封泥，河南靈寶函谷關舊址出土大批漢封泥。楊廣泰先生《新出封泥彙編》《新出陶文封泥選編》對此已有系統整理。

截至目前，古封泥著錄書已有 60 餘種，其出版時間、地點不一，發行量迥異，有的在地方小出版社印行，有的在國外印行，有的僅是私人揭本，未正式出版。研究者、欣賞者欲一睹古封泥的全貌，殊非易事。任紅雨先生多年來熱心於古封泥資料的收集，現在他將 62 種古封泥圖錄書及自藏揭本 5346 張彙爲《中國封泥大系》，去其重複，擇優選取，計 15372 種。這對古代封泥愛好者、研究者，實在是做了一件功德無量的大好事。

對古封泥，學界已有長期研究。即以秦封泥而論，目前已有研究專著數十種、論文數百篇、碩博士論文 20 餘種，一度成爲學術界研究熱點之一。

古封泥對中國古代歷史文化研究，特別是古代官制、地理研究，有極爲重要的意義。

秦封泥有"符離"，見《秦封泥彙考》（以下簡稱《彙考》）第 225—226 頁。徐州土山出土漢封泥有"符離丞印"。《地理志》沛郡有"符離"縣，補注："楚之南寨，見《國策》。秦爲縣。縣人葛嬰、朱雞石，見《陳涉傳》；王孟，見《游俠傳》。武帝封路博德爲侯國，見《表》。《爾雅》：'莞，苻離也。'地多此草，故名，見《元和志》。先謙按：苻離之苻當從草，據莽改'符合',取合符之義,似從竹已久矣。"秦陶文有人名"苻事",信陽楚簡有"荓"字,又秦新郪虎符有"甲兵之符",可見先秦苻、符二字,但竹、艸(草)義近,古字作爲偏旁每可互換,故苻、符也可能是一字。由封泥而言,符離秦漢時作"符",不作苻。《史記·建元以來侯者年表》有"符離侯"。《漢書·景武昭宣元成功臣表》作"邞離侯",邞、苻、符音近字通。路博德封侯在元狩四年(前119),太初元年(前104)以罪失侯。除去路博德封侯的15年,符離皆爲縣。

《地理志》左馮翊首縣"高陵",補注:"先謙曰:'《秦策》:昭王封同母弟顯(引者按秦高陵君名悝,不名顯)爲高陵君,所謂"高陵進退不請"也,是高陵地名,秦時已有。'"1956年,陝西隴縣板橋鄉出土有十五年高陵君鼎,銘文提到"高陵君丞""工師游"。高陵君有家丞,可設工官造器。2009年,洛陽理工學院文物館得十九年高陵君弩機,銘:"十九年高陵君工起金。"以往未見高陵君璽印及封泥。相家巷出土秦封泥有"高陵""高陵丞印""高陵發弩""高陵少内""高陵司空""高陵左尉""高陵右尉",焦家村出土西漢封泥有"高陵丞印""高陵之印""高陵右尉",均高陵縣職官封泥。任紅雨藏封泥揭片有"高陵君丞",可與高陵君鼎銘相參。又有"高陵弄弩"封泥。《爾雅·釋言》:"弄,玩也。"邢昺疏:"謂玩好也。"弄引申有珍貴、寶貴之義。弩本兵器,珍貴兵器,當是高陵君之物,封君而專設機構製造良弩,可見其地位之顯赫。封泥與十九年高陵君弩機可以相參。

秦漢既有相邦(國),亦有丞相,見於傳世文獻、多條兵器銘文。二者是一職還是兩職,學人見解不一。秦封泥有"右丞相印""左丞相印"。2010年,西安市公安局刑偵處繳獲漆豆一件,烙印銘文有"相邦薛君""丞相殳"。"薛君"爲齊孟嘗君田文,"殳"即見於《史記·秦本紀》之"金受"、《戰國策·東周策》之"金投"。秦昭襄王八年(前299),孟嘗君爲相邦,金受爲丞相,足見相邦、丞相是兩職,相邦地位高於丞相,祇有在相邦缺位的情況下,纔由右丞相暫代相邦之職。

《漢書·百官公卿表》:"太尉,秦官,金印紫綬,掌武事。武帝建元二年省。元狩四年初置大司馬。"《史記·秦始皇本紀》:"十年,以(尉繚)爲秦國尉。"正義:"若漢太尉、大將軍之比也。"又《白起王翦列傳》:"起遷爲國尉。"正義:"言太尉。"後人多據此認爲太尉與邦(國)尉爲一職。秦封泥既有"大尉之印""大尉府襄",又有"邦尉之璽""邦尉之印""騎邦尉印""南陽邦尉",又里耶秦簡461:"騎邦尉爲騎□尉,郡邦尉爲郡尉,邦司馬爲郡司馬……"可見秦時大(太)尉與邦尉爲兩職,大尉是最高武官,邦尉則是郡尉。秦統一後,邦尉統稱郡尉,如"東郡尉""參(三)川尉""四川尉印",邦尉的名目就沒有了。

古代中央政府的九卿制度在秦時已基本形成,秦封泥使我們對其職掌及屬官有了更深入的瞭解。

《百官公卿表》:"太僕,秦官,掌輿馬,有兩丞。屬官有大廄、未央、家馬三令,各五丞一尉,又車府、路軨、騎馬、駿馬四令丞,又龍馬、閑駒、橐泉、駼䮷、承華五監長丞。又邊郡六牧師苑令各三丞。"出土秦璽印封泥有"下家馬丞""涇下家馬""上家馬丞""車府""信宮車府""騎馬""騎馬丞印""廄璽""大廄丞印""中廄丞印""中廄馬府""中廄廷府""中廄將馬""左中(廄)馬丞""左中將馬""右中將馬""小廄丞印""小廄將馬""小廄南田""左廄丞印""下廄丞印""宮廄丞印""章廄""章廄將馬""官廄丞印""都廄丞印""御廄丞印"。其中很多廄名爲《百官表》所漏載。中廄規模很大,有令丞,又分左、右,又有自己的府庫(廷府)和主管飼養、放牧的"將馬"。"章廄將馬"印藏上海博物館,羅福頤先生《秦漢南北朝官印徵存》(以下簡稱《徵存》)釋"章"爲"龍",並有《龍字私議》一文專門討論這一印章,説:"《周禮·夏官·司馬》云'馬八尺爲龍',此即太僕屬官龍馬。"拙文《秦印探述》説"章廄"爲章臺廄,是宮廄之一。王人聰先生説同。後出秦封泥有"章臺""章廄""章廄丞印",證明拙説可信。漢璽印封泥有"未央廄丞""未央廄監""左廄將馬"。劉家寨封泥有"齊家馬丞""齊中廄丞""齊廄丞印",則是漢封齊國的廄印。漢封國官制略同中央,於此可見。

《百官表》少府"掌山海池澤之税",掌管皇室財政、事務,負責國君所需物品的製造、貯藏、供應,屬官衆多,人員龐雜。其屬官有"樂府"一職。《漢書·禮樂志》:"至武帝定郊祀之禮……乃立樂府,采詩夜誦。"顔師古注:"始置之也。樂府之名,蓋起於此。"1976年,秦始皇陵飤官遺址出土一件青銅鐘,耳側有"樂府"二字;又西安市長安區神禾塬秦大墓出土編磬有"北宮樂府";證明樂府秦時已有,漢武帝祇是對此機構加以擴充而已。秦封泥有"樂府""樂府丞印""樂府鐘官""樂官""外樂""外樂丞印""左樂鵬鐘",可見樂府內部分工也很細緻。

少府屬官又有"御府",顔師古注:"主天子衣物也。"王先謙補注:"《續志》:御府令宦者,典官婦作中衣服及補浣之屬。"事實上,御府並非單純製作、貯藏衣物,而是製作、貯藏各種器物、金帛,以供君王所用,如蔡邕《獨斷》所説:"天子所進曰御,御者,進也。凡衣服加於身,飲食入於口,妃妾接於寢,皆曰御。"秦封泥有"御廷府印","御廷府"當爲"御府廷府"之省。廷,官署也。睡虎地秦簡《秦律十八種·內史雜》:"毋敢以火入臧(藏)府、書府中。吏已收臧(藏),官嗇夫及吏夜更行官。毋火,乃閉門户。令令史循其廷府。"此廷府爲內史之官署。御府有署衙,可見是一個很大的機構。秦封泥有"御府金府",金府貯藏金錢,即秦半兩錢;又有"御府帛府",帛指布帛,在商業活動中可以交换,後來也用爲貨幣。《詩·衛風·氓》:"抱布貿絲。"《秦律十八種》有《金布律》。漢亦有《金布律》,《漢書·蕭望之傳》顔師古注:"《金布》者,令篇名也,其上有金錢布帛府庫之事。"

又有"御府器府"，爲貯藏宮廷所用各種器物之府。《史記·秦始皇本紀》："三十六年，使者從關東夜過華陰平舒道，有人持璧遮使者……使者奉璧具以聞……使御府視璧，乃二十八年行渡江所沉璧也。"此玉璧殆爲御府器府舊藏，二十八年渡江時祭江神所沉，故讓御府令判定。又有"御府瑟府"。瑟是雅樂器，常用於宗廟祭祀及燕飲奏樂。《漢書·禮樂志》載漢武帝郊祀歌十九章："九歌畢奏斐然殊，鳴琴竽瑟會軒朱。""瑟府"藏各種樂器，不僅瑟一種，還有竽、笙、琴等。又有"御府行府"。"行府"爲"行羞府"之省，貯藏宮廷膳食所需珍饈之物的供應。劉家寨封泥有"齊御府印"，爲漢初齊國御府印。

秦在戰國晚期及統一後，大築苑囿，遍佈宇内，其數量、規模，非商周所能比擬。大量秦封泥證明了這一點。

秦封泥有"上林丞印""上林禁印"，"上林"爲上林苑。禁，禁苑。《史記·秦始皇本紀》："諸廟及章臺、上林皆在渭南。"《李斯列傳》："於是乃入上林齋戒，日游弋獵。"漢人承之，又擴大其規模。《三輔黃圖》卷四："漢上林苑，即秦之舊苑也。《漢書》云：'武帝建元三年開上林苑，東南至藍田宜春、鼎湖、御宿、昆吾，旁南山而西，至長陽、五柞，北繞黃山，瀕渭水而東。周袤三百里。'離宮七十所，皆容千乘萬騎。"《徵存》有"上林郎池""郎池""池印"，爲上林池名。1961年，西安三橋高窑村出土漢上林銅器群，有鼎、鐘、鈁、鋗等22件。各器紀年上起天漢四年（前97），終鴻嘉三年（前18），前後80年，可見延續之久。秦封泥又有"杜南苑丞""宜春禁丞"。《秦始皇本紀》："以黔首葬二世杜南宜春苑中。"學者或以爲杜南、宜春是同一個禁苑在不同時期的不同稱謂，實則秦時爲二地。漢封泥有"上林丞印""宜春左園"，文字筆劃略粗，無界格，與秦封泥明顯不同。

秦封泥有"鼎湖苑丞"，鼎湖前人多以爲在原河南閿鄉縣（今靈寶市西），實際上在西安市藍田縣焦岱鎮附近。該地出有"鼎湖延壽宮"漢瓦當，並有宮殿建築遺址。

秦封泥有"左雲夢丞""右雲夢丞"。雲夢本楚大澤，楚王常遊其處。入秦擴建，規模很大，故丞分左、右。龍崗秦簡288："諸假兩雲夢□□（符傳？）及有到雲夢禁中者。""兩雲夢"即左、右雲夢。

秦封泥所見禁苑還有"阿陽禁""河外禁""東禁""盧山禁""平阿禁""青莪禁""陽陵禁""聲禁""華陽禁""白水苑""東苑""蕡陽苑""高櫟苑""共苑""旱上苑""平陽苑""曲橋苑""楊臺苑""游郎苑""具園""博望離園""康園""杏園""衛邑園""御羞陰園"等，與文獻及出土簡牘結合起來，對考證秦苑囿有十分重大的意義。

《秦始皇本紀》記載秦始皇二十六年（前221），"分天下以爲三十六郡"。《地理志》以爲這記載的是秦代的總郡數。而裴駰《史記集解》認爲這是始皇二十六年的郡數，以後有增設。王國維《秦郡考》以《史記》證《史記》，考秦代郡數爲48個。而秦璽印、封泥、金文、陶文、簡牘等證明秦郡最少有 72 個（不含内史）。其中有的不見於文獻，如江湖、河外、洞庭、蒼梧；有的見於文獻，但用字不同，如"潁川"封泥作"穎川"，"遼東"封泥作"潦東"，"泗水"封泥作"四川"。縣、鄉的情況也是如此。秦封泥爲研究秦郡提供了大量新資料。

容庚《秦金文録》著録新鄭虎符，銘："甲兵之符，右才（在）王，左才（在）新鄭……"此符王國維説爲"秦併天下前二三十年間物"；唐蘭説其時代"在秦始皇十七年滅韓置潁川郡之後，廿六年稱皇帝之前"，大體近是。《地理志》汝南郡有"新郪"縣，顏師古注引應劭曰："秦伐魏取郪丘，漢興爲新郪。"據應説新郪爲漢縣，秦稱郪丘。韓自强先生亦説新鄭虎符爲漢淮南王劉安所作。相家巷秦封泥有"新鄭丞印"，證明新鄭爲秦縣，應劭的説法不對。平輿古城村出土西漢封泥有"新郪丞印""新郪令印""新郪左尉""新郪右尉"，文字筆劃較粗，無界格，與相家巷所出者風格迥異。又有東漢封泥"新郪令印""新郪左尉"。古城村出土兩種"新郪"封泥，風格雖接近，但還是有細微差别的。這些都爲探討秦漢地理沿革和文字發展提供了豐富的資料。

焦家村封泥時代爲西漢。

"長陵丞印"7 枚。"長陵"爲陵縣，奉常屬官。《漢書·高帝紀》："（十二年）五月丙寅，葬長陵。"補注："《黄圖》：長陵北去長安城三十五里。長陵山東西廣一百二十步，高十三丈。長陵城周七里百八十步，因爲殿垣門四出，及便殿掖庭諸官寺在中。"《地理志》左馮翊"長陵"縣，班固自注："高帝置。户五萬五十七，口十七萬九千四百六十九。莽曰長平。"漢初有人口近 18 萬，可見其大。

又有"東園章丞""東園主章""右校丞印"。《百官表》："將作少府，秦官，掌治宫室，有兩丞、左右中候。景帝中六年更名將作大匠。屬官有石庫、東園主章、左右前後中校七令丞，又主章長丞。武帝太初元年更名東園主章爲木工。成帝陽朔三年省中候及左右前後中校五丞。"顏師古注："如淳曰：'章謂大材也。舊將作大匠主材吏名章曹掾。'師古曰：'今所謂木鍾者，蓋章聲之轉耳。東園主章掌大材，以供東園大匠也。'"補注："右校丞見《辛慶忌傳》。《續志》後漢有左校令、右校令各一人。"秦封泥已有"東園大匠"，屬少府，可見將作少府是從少府分出來的。武帝太初元年（前 104）已更名"東園主章"爲"木工"，則該封泥時代在此前。"右校""左校"封泥亦見《古封》，又見《漢印文字徵》及秦陶文，其職責是燒造磚瓦。成帝陽朔三年（前 21）已省"左右前後中校五丞"，該類封泥時代在此前。《後漢書·安帝紀》延光三年（124）"七月丁酉，初復右校令、左校丞官"，但焦家村封泥從文字風格看，絕不會晚至東漢，這就爲封泥斷代提供了絕對標準。

《史記·秦楚之際月表》："秦既稱帝，患兵革不休，以有諸侯也。於是無尺土之封。墮壞名城，銷鋒鏑，鉏豪桀，維萬世之安，然王跡之興，起於閭巷，合從討伐，軼於三代，鄉秦之禁，適足以資賢者，爲驅除難耳。故憤發其所爲天下雄，安在無土不王。"漢吸取了秦速亡的教訓，故從秦楚之際起，就有各種名目被封或自立的王侯。漢興，大封同姓或異姓爲王侯。各諸侯國的職官大體同漢中央而略有省簡。

《百官表》："諸侯王，高帝初置，金璽盭綬，掌治其國。有太傅輔王，内史治國民，中尉掌武職，丞相統衆官，群卿大夫都官如漢朝。景帝中五年，令諸侯王不得復治國，天子爲置吏，改丞相曰相，省御史大夫、廷尉、少府、宗正、博士官，大夫、謁者、郎諸官皆損其員……成帝綏和元年省内史，更令相治民，如郡太守，中尉如郡都尉。"土山、劉家寨封泥對此有充分的反映。

土山封泥有"楚内史印""内史省印""彭城丞印"。《史記·漢興以來諸侯王年表》："楚。"索隱："高祖五年封韓信，六年封弟交也。"又云："都彭城。"瀧川資言考證："韓信都下邳，至劉交始都彭城。"彭城即今徐州。内史在綏和八年（前8）後改爲相，爲此批封泥時代下限，其上限則爲高祖六年（前201）。

又有"楚宫司丞""楚内官丞""楚宦者丞""楚飤官丞""楚中廐丞"。"宫司"之名不見於文獻記載，周明泰以爲是"宫司空"之省，主管宫中罪人。王人聰先生以爲"系楚國少府所屬主宫中婦人疾病者之官"。其實，"宫司空"主管宫中土木建築工程。秦陶文有"左司""右司"，爲"左宫司空""右宫司空"之省。秦封泥有"左司空丞""右司空印""左宫""右宫"。

劉家寨清代及當代都是漢封泥集中出土地，有"齊御史大夫""齊中傅印""齊右宫大夫""齊走士丞""齊鐵官印""齊采鐵長""齊大廐丞""齊中廐印""齊中左馬""齊中右馬""齊大行印""齊大倉印""齊永巷丞""齊大匠丞""齊鍾官長""齊都水印""齊大醫印""齊居室印""齊中謁者""齊宫司長""齊祠祀長""齊大祝印""齊食官長""齊大官丞""齊郎中丞""齊内史丞""其衛士印""齊大僕丞""齊家馬丞""齊内官丞""齊樂府印""齊御府印""齊大官印""齊中尉丞""齊武庫丞"等。幾乎漢朝廷所有的職官，齊國都有。《史記·齊悼惠王世家》："齊悼惠王劉肥者，高祖長庶男也。其母外婦也，曰曹氏。高祖六年，立肥爲齊王，食七十城。諸民能齊言者，皆予齊王。"齊爲大國，如《世家》末司馬遷言："諸侯大國，無過齊悼惠王。以海内初定，子弟少，激秦之無尺土封，故大封同姓，以填萬民之心。"齊王國都臨淄，劉家寨封泥之多且重要以此也。

又有"齊悼惠園""齊悼惠寢"，爲悼惠王陵園、寢廟機構之封泥。《齊悼惠王世家》："齊悼惠王後，尚有二國，城陽及菑川。天子憐齊，爲悼惠王冢園在郡；割臨菑東，盡以予菑川，以奉悼惠王祭祀。"

又有"齊哀園印""齊哀寢印""齊文園長""齊文寢長",乃劉肥之子劉襄、孫劉則之陵園、寢廟封泥。《世家》:"齊哀王八年,高后割齊琅邪郡,立營陵侯劉澤爲琅邪王……齊文王元年,漢以齊之城陽郡,立朱虛侯爲城陽王,以齊濟北郡立東牟侯爲濟北王……齊文王立十四年卒,無子,國除,地入於漢。後一歲,孝文帝以所封悼惠王子,分齊爲王。齊孝王將閭以悼惠王子楊虛侯爲齊王……(吳楚之亂,齊被迫與之聯絡,亂平)齊孝王懼,乃飲藥自殺。景帝聞之,以爲齊首善,以迫劫有謀,非其罪也,乃立孝王太子壽爲齊王,是爲懿王,續齊後……齊懿王立二十二年卒,子次景立,是爲厲王……王因與其姊翁主奸……王年少,懼大罪爲吏所執誅,乃飲藥自殺,絶無後。"齊孝、懿、厲三王時齊國縮勢弱,其王昏憒甚至淫亂,今未見三王園、寢封泥,良有以也。

除王國外,兩漢還封了許多侯國,見於《史記》之《高祖功臣侯者年表》《惠景間侯者年表》《建元以來侯者年表》《建元已來王子侯者年表》;《漢書》之《王子侯表》《高惠高后孝文功臣表》《景武昭宣元成功臣表》《外戚恩澤侯表》《地理志》《百官公卿表》;《後漢書》之《郡國志》《百官志》。侯國職官遠較王國爲少。

劉家寨封泥有"郊侯邑丞"。《地理志》沛郡有"洨侯"國。補注:"趙敬肅王子周舍國,武帝封。又高后封吕産,亦在此。辨見《表》。"《惠景間侯者年表》:"郊。吕后兄悼武王身佐高祖定天下。吕氏佐高祖治天下,天下大安,封武王少子産爲郊侯。(高后)六年七月壬辰,産爲吕王,國除。八年九月,産以吕王爲漢相,謀爲不善。大臣誅産,遂滅諸吕。"索隱:"郊一作洨。"吕産爲郊侯的時間很短。

又有"請郭侯相""請郭邑丞"。《史記·孝文本紀》:"(元年)封……齊王舅父駟鈞爲清郭侯。"集解:"如淳曰:邑名。六國時齊有清郭君。清音静。"索隱:"按《表》駟鈞封鄔侯,鄔屬鉅鹿郡。"考證:"《漢書》'清郭'作'靖郭'。今按《惠景間侯者年表》作'清都','都'乃'郭'字之訛。《外戚恩澤侯表》有'鄔侯駟鈞'。補注:"鄔,太原縣。《本紀》作'靖郭',《史表》作'清都'。"《戰國策·齊策一》有"靖郭君",乃孟嘗君父田嬰封邑。駟鈞始封于靖郭,後徙封鄔。清、請、靖通用。

古城村所出有秦封泥,亦有兩漢封泥。

古城村封泥有"慎陽侯相""慎陽國丞""慎陽長印""慎陽丞印""慎陽尉印"。《地理志》:汝南郡"慎陽"縣。顔師古注:"應劭曰:'慎水出東北,入淮。'師古曰:'慎字本作滇,音真,後誤作慎耳。今猶有真丘、真陽縣,字並單作真,知真音不改也。'闞駰云:'永平五年失印更刻,遂誤以水爲心。'"補注:"高帝封樂説爲侯國,見《表》。索隱引如説作'音震',疑又顔所改。若闞駰合作順陽,《續志》作'滇陽'。洪頤煊云:據此闞駰謂'誤以水爲心',是以順陽作慎陽,川、水篆形相近,滇陽慎陽之訛字也。《後漢書·黃憲傳》'汝南慎陽人'，李注：'南陽有慎陽國，而流俗書此作順者誤。即闞駰本。《續志》後漢因。《淮水注》：'慎水出慎陽縣西，東巡縣故城南，縣取名焉。'"由以上五枚封泥看，則縣名（或侯邑名）漢時本作慎陽，闞駰、顏師古的說法都是不對的。《集韻·真韻》："滇，滇陽，縣名，在汝南。"《字彙補·水部》："滇，滇陽，漢縣名，在汝南郡。"二書皆據顏說而誤。封泥對訂正古文獻訛誤，是有重要意義的。

古城村封泥有"征羌侯相""征羌國丞""征羌國尉"。《漢印文字徵》2·11 有"征羌國丞"。"征羌"字印文、封泥全同。《後漢書·來歙傳》："歙乃大修攻具，率蓋延、劉尚及太中大夫馬援進擊羌於金城，大破之，斬首虜數千人，獲牛羊萬餘頭，穀數十萬斛，又擊破襄武賊傅栗卿等……（歙亡，光武）乃賜策曰：'中郎將來歙，攻戰連年，平定羌隴，憂國忘家，忠孝彰著，遭命遇害，嗚呼哀哉！使太中大夫贈歙中郎將、征羌侯印綬，諡曰節侯……'以歙有平羌隴之功，故改汝南之當鄉縣爲征羌國焉。"來歙之後，嗣侯位者有其子褒（袖）及孫歷。此爲東漢封泥，至爲明確。兩漢封泥從風格上有時不易區別，此枚封泥提供了一個斷代標準。東漢征羌侯國在今河南鄾城縣。

古城村封泥有"鮦陽侯相""鮦陽邑令""鮦陽邑丞""鮦陽之印""鮦陽丞印"。《地理志》汝南郡有"鮦陽"縣，但《漢書》諸《表》均無鮦陽侯，可見以上封泥時代非西漢。《後漢書·郡國志》汝南郡有"鮦陽"侯國。《後漢書·陰興傳》："永平元年，詔曰：'故侍中衛尉關內侯興，典領禁兵，從平天下，當以軍功顯受封爵；又諸舅比例，應蒙恩澤。興固讓，安乎里巷。輔導朕躬，有周昌之直；在家仁孝，有曾閔之行。不幸早卒，朕甚傷之。賢者子孫，宜加優異。其以汝南之鮦陽封興子慶爲鮦陽侯。'……慶卒，子琴嗣。建初五年，興夫人卒，肅宗使五官中郎將持節即墓賜策，追諡興曰翼侯。琴卒，子萬全嗣。"又《吳祐傳》："（祐）長子鳳，官至樂浪太守……鳳子馮，鮦陽侯相。"以上封泥爲鮦陽侯國及其後縣物。

東漢侯國《郡國志·汝南郡》所見者還有新陽、灈強、安城、安陽、富波、朗陵、弋陽、思善、褒信、原鹿、定潁、固始、山桑。封泥所見有"富波侯相""褒信侯相""原鹿侯相""定陵侯相""固始侯相""朗陵侯相""朗陵國尉""山桑侯相"。但《郡國志》仍有遺漏。如古城村封泥有"西華邑丞"，《郡國志·汝南郡》僅有"西華"縣，不稱侯國。《後漢書·鄧晨傳》："（建武）十三年，更封南蠻侯……明年，定封西華侯。"則"西華邑"乃鄧晨所封侯邑。也有些侯國兩漢皆有，出土封泥的時代從文字風格不易區別。如古城村封泥有"吳房侯相""吳房邑丞"。《地理志》汝南郡"吳房"縣。補注："《周語》：'昭王取以封吳，故曰吳房。'……高帝封楊武爲侯國，見《表》。"《高惠高后文功臣表》有"吳房嚴侯楊武"，其後有"侯去疾"。《後漢書·鄧晨傳》："光武即位……封晨長子汎爲吳房侯。"封泥"吳房侯"時代不易判定。

又有"宋公國尉""宋公相印"數十枚。《郡國志・汝南郡》："宋公國，周名鄝丘，漢改爲新鄝。章帝建初四年，徙宋公於此。"宋是殷商微子啓之國，周初封宋，原在今河南商丘市南，東漢章帝建初四年（79）徙宋公於此，曰宋公國，即今安徽太和縣。

靈寶所出主要爲西漢弘農郡封泥。《地理志》："弘農"郡。班固自注："武帝元鼎四年置。"補注："全祖望曰：'故屬京兆尹，武帝分置。'錢坫曰：'《武紀》：元鼎三年冬，徙函谷關於新安，以故關爲弘農縣。然則置郡亦當在三年，四字疑誤。'"又"弘農"縣，班固自注："故秦函谷關。"補注："《一統志》：故城今靈寶縣南四十里。"函谷關舊址正弘農郡治所在。

靈寶封泥有"弘農大守章""弘農守丞""弘農都尉章""弘農鐵長""弘農鐵丞""弘農水長""弘農獄丞"，都是弘農郡職官。所轄縣封泥有"弘農令印""盧氏丞印""陝令之印""宜陽令印""黽池丞印""丹水長印""丹水丞印""新安令印""新安丞印""新安左尉""新安右尉""商丞之印""商尉之印""商右尉印""陸渾長印""陸渾丞印""陸渾右尉""析長之印""析丞之印""析左尉印""析右尉印""上雒長印""上雒丞印""上雒右尉"。

值得注意的是，西漢弘農郡漢初不含屬京兆尹的華陰、湖縣，靈寶封泥不見此二縣，足見是武帝元鼎三年（前114）以後物。《郡國志》東漢亦有弘農郡，但其時上雒、商縣劃歸京兆尹，丹水、析縣劃歸南陽郡，所以這批封泥時代也不可能到東漢。

函谷關封泥有"南陽大守章""河內大守章"，亦鄰近郡太守之印。

縣、道官封泥亦有多枚值得注意。

焦家村封泥有"槐里丞印"。《地理志》右扶風有"槐里"縣，班固自注："周曰犬丘，懿王都之。秦更爲廢丘。高祖三年更名。"補注："汪遠孫曰：'《史・高紀》二年，更名廢丘爲槐里。本書《高紀》同。三當爲二。'吳卓信曰：'……據《周勃、樊噲傳》，漢初有廢丘，又有槐里，或其後置縣，乃統謂之槐里耳。'"秦有"灋丘左尉"印（《徵存》36），又有"廢丘丞印"封泥，而不見"槐里"。右扶風西漢治長安，東漢治槐里。"槐里丞印"封泥從文字風格看，是西漢物而非東漢物。

古城村封泥有"均陵長印""均陵丞印"。《地理志》無均陵。均陵見《史記・蘇秦列傳》："秦欲攻魏重楚，則以南陽委于楚曰：寡人固與韓且絕矣，殘均陵……"索隱："均陵在南陽，蓋今之均州。"正義："均州故城在隨州西南五十里，蓋均陵也。"《地理志》南陽郡"武當"縣，補注："《一統志》：故城今均州北，武當山在州南百里。"由這二枚封泥看，漢時有均陵縣，《地理志》漏收。這樣的例子還有一些。

劉家寨封泥有"弟其丞印"，亦見《漢印文字徵》9・7及《古封》1277、1278。《地理志》《郡國志》均無地名弟其，此應即前者之"不其"縣，後者之"不期"侯國。弟字從山，弗聲，弗與不通用。《易·乾·文言》："先天而天弗違。"《論衡·初稟》引弗作不。《說文》："岪，山脅道也。"《楚辭·招隱士》"塊兮軋山曲岪。"洪興祖補注："岪，山曲也。"《地理志》琅邪郡"不其"縣。補注："武帝幸此，見《紀》。如淳注：'不其，山名。因以爲縣。'……何武侯國，見《武傳》。縣人房鳳，見《儒林傳》。後漢改屬東萊，《續志》作'不期'，字誤。伏湛封不其侯，不作期。《一統志》：故城今即墨縣西南二十七里不其社。"由封泥看，縣名本作"弟其"，"不其""不期"皆誤。由封泥訂正文獻，例證多有。

鄉里名可考者不多，然亦有可注意者。

秦封泥有"郝丞之印"，又有"郝卿（鄉）"多枚。《說文》："郝，右扶風鄠、盩厔鄉。"段玉裁注："鉉本如此，謂右扶風之鄠縣、盩厔縣皆有郝鄉也……前《志》曰'右扶風盩厔'。按在今陝西省西安府盩厔縣。"王筠句讀："小徐衍'鄠鄉'二字，大徐刪之未盡爾。《玉篇》無鄠字。顔注《急就篇》曰：'郝'，京兆盩厔鄉名也。"據此，郝爲盩厔（今改作周至）鄉名。郝既有丞，秦應爲縣名，不是鄉名。《百官表》："縣令、長皆秦官……皆有丞、尉……十亭一鄉，鄉有三老，有秩，嗇夫、游徼。"又鄉官有"守""嗇夫""佐"（參里耶秦簡8-651、8-746、8-770、8-809），無丞。秦時郝既爲縣名，亦爲鄉名。如咸陽既爲秦都，又有"咸陽右鄉"；高陵既爲秦縣，又有"高陵鄉"。至漢，郝縣改爲盩厔縣，《漢印文字徵》10·13有"盩厔右尉"，郝則爲其一鄉。《急就篇》："郝利親。"顔師古注："郝，京兆盩厔鄉名也，因地以名氏焉。"澳門蕭春源先生珍秦齋藏一枚秦箴言印，一面刻"郝氏"，其他幾面刻"忿""罙（深）冥""欲""毋思"。"郝氏"爲秦郝縣大族。

新莽封泥職官名與漢多不同。王人聰、孫慰祖、馬驥等先生已有深入研究。

以上僅是舉例性質，即此已可見古封泥對古代官制、地理、歷史、文化研究的重大意義。至其書法、藝術價值，更值得探討。

希望有更多古封泥出土，希望有更多未刊佈古封泥資料儘早刊佈，希望古封泥的整理、研究工作能取得更大的成績。

（原題爲《古封泥的發現、著録及其研究概説》，原載《陝西歷史博物館館刊》第24輯，三秦出版社，2017年。任紅雨《中國封泥大系》2018年由西泠印社出版社出版）

唐代玉册的重要發現
——《唐惠昭太子陵發掘報告》評介

　　唐代的太子墓，已發掘數座，如陪葬乾陵的章懷太子李賢墓、懿德太子李重潤墓，早爲世人所熟知。由陝西省考古研究所、臨潼縣文物園林局於1990年底至1991年初發掘的唐憲宗故太子李寧墓，是發現的又一座唐代太子墓。該墓位於臨潼縣西泉鄉椿樹村南。墓因盜掘嚴重，出土器物較少，但出土的《册鄧王爲皇太子文》《惠昭太子哀册》等玉册，共127枚，却居唐墓之冠，是極爲重要的發現，爲研究唐代的册命、哀册制度以及歷史、文學、書法等提供了翔實的資料。《報告》文字不長，但條理清晰，分析入微，對這批材料的義蕴作了深刻的揭示。

　　中國古代的册命制度，始見於西周金文及早期文獻如《尚書·顧命》等。以後歷代相承，多有名篇傳世，梁昭明太子蕭統《文選》所收《册魏公九錫文》即其一。但唐以前多用竹册，易於腐爛，故無實物出土。唐、五代多用玉册，故出土者多其時物。《報告》據出土實物推測玉册長、寬比例及其聯綴形式，合乎實際。

　　《册鄧王爲皇太子文》見於《唐大詔令集》及《全唐文》，但二者文字略有出入。據出土玉册，可對二書文字進行校勘。如《唐大詔令集》"莫親而（爾）父"一句，"而"字《全唐文》作"匪"。玉册亦作"匪"，知《全唐文》是。又如《唐大詔令集》："我唐受天明命，垂二百年，欽惟十聖，虔嗣寶曆，亦罔越於丕子，傳叙相受……"《全唐文》"亦罔越於丕子"，"子"後多一"責"字。玉册作"亦罔越於丕矩"，矩，規矩，法則，故知《唐大詔令集》《全唐文》皆誤。

　　從《册鄧王爲皇太子文》看，李寧在被册封爲皇太子前，已顯示出治國的才能。册文稱讚他："寬厚之量，匪由師訓；温文之德，禀自生知"，"執事惟敬，勤龔（恭）子道，左右朕志"。正因如此，他深得憲宗寵愛。在此之前，憲宗諸子皆覬覦太子之位，憲宗"思建儲貳，須假五載，相時一德，允屬於爾元子鄧王寧"，經過五年考察、挑選，最後確立李寧爲皇太子。祇是李寧短命，兩年後死去，令憲宗極爲悲哀。憲宗令元老重臣于頔、鄭餘慶爲李寧辦理喪事，並"以日易月"，廢朝十三日，爲其服喪，這是一般未即位的太子所沒有的殊榮，故其哀册亦引人注目。

册作爲一種文體，後世應用漸繁，有祝册、立册、封册、哀册、贈册、謚册、祭册、賜册等。哀册頌揚帝王、太子、后妃等生前功德，多爲韻文，且多由德高望重的大臣撰文。《惠昭太子哀册》98 號："吏部尚書上柱國榮陽縣開國□□□□□勑撰並書。""國"與"勑"之間應補"公鄭餘慶奉"五字。《舊唐書·鄭餘慶傳》云："餘慶奉詔撰惠昭太子哀册，文辭甚工。"鄭餘慶"始以衣冠禮樂行於山東，餘力文章，遂成志學，出入清近，盈五十年"，由他撰寫哀册，可謂得人。雖然《全唐文》鄭餘慶名下未收此文，出土哀册亦有殘缺，難於恢復原貌，但對證史補史，仍有其重要價值。

比如惠昭太子陵的位置，《唐會要》卷二十一記憲宗景陵陪葬有惠昭太子寧，依其説，則惠昭陵在陝西蒲城縣。又清乾隆四十一年《臨潼縣志》記惠昭太子陵在新豐鎮西一里處。出土哀册 13 號："丁酉葬於驪山之北原惠……"今陵所在之椿樹村正位於驪山之北的鳳凰原（或名銅人原），證明《唐會要》《臨潼縣志》的記載均誤。哀册證明，惠昭太子陵是由憲宗勅賜，爲"號墓爲陵"的唐代陵園之一。

出土玉册特别是哀册的書法端莊秀美，氣韻流暢，頗似褚遂良體，是唐代書法中難得的佳品。

此外，惠昭太子陵的發掘對考證唐代太子陵墓的結構及臨潼縣的地理沿革，亦有幫助。這也説明，《報告》的價值是多方面的。

（《唐惠昭太子陵發掘報告》，陝西省考古研究所、臨潼縣文物園林局編，三秦出版社 1992 年版。）

（原載《考古與文物》1993 年第 4 期，與鞏啓明合寫）

《墨子》城守諸篇研究的新突破
——讀史黨社《〈墨子〉城守諸篇研究》

　　墨學是先秦時代的重要學術流派，其創始人墨翟，春秋戰國之際遊歷宋、齊、魯與南楚之間，聚徒講學，提倡兼愛、非攻、尚賢、尚同、節葬、節用。爲了反對非正義戰爭，墨翟曾親至楚都郢，與公輸般演練攻守之術。戰國中後期，墨分爲三，成爲當時的顯學，有相里氏之墨、相夫氏之墨、鄧陵氏之墨，即東墨、南墨、秦墨。《墨子》是墨家學派著作的總彙，其中《備城門》以下二十篇（現存十一篇）爲秦墨作品，主要内容爲對多種攻城之法的防禦、物資人員的調度及其法令等，也間雜有禱牲、望氣等軍事迷信，習稱"城守諸篇"。秦漢以降，墨學研究中衰，直到清代中晚期畢沅、孫詒讓之後，方有起色。城守諸篇因言防禦之術，十分難讀，歷來不受重視。1958年，岑仲勉先生《墨子城守各篇簡注》出版，情況纔有所改觀。20世紀初，河西漢簡大量出土；特別是1972年，山東臨沂銀雀山出土漢簡《守法》《守令》諸篇，1975年，湖北雲夢睡虎地出土多種秦簡法律文書，有些與城守諸篇吻合或相似，勞榦、陳夢家、陳直、李學勤、加拿大葉山等先生著文討論，掀起了一個小小的熱潮。但因城守諸篇文字多錯、訛、衍、漏，又多戰國軍事術語，所以仍有不少問題有待深入研究。

　　史黨社先生研究秦史、秦文獻、秦文化多年，已嶄露頭角。近十餘年來，他集中精力對城守諸篇作校勘、注釋，並從學術史的角度探討其源流、價值。其最新的研究成果，即2010年由中華書局出版的《〈墨子〉城守諸篇研究》及即將出版的《〈墨子〉城守諸篇校注》。我近日拜讀前書一過，深感其資料全、視野闊、開掘深、觀點新，是該研究領域的新突破。

　　校釋古籍，研究學術史，對已有資料及研究成果的搜集，須竭澤而漁，力求其全。在這方面，黨社是做得極好的。他不但搜集了《墨子》的各種版本，清代至今以及日本、歐美學者研究城守諸篇的書籍、論文，還對睡虎地秦簡法律文書、銀雀山竹簡《守法》《守令》等篇的研究成果多有考索。爲此，黨社花費了大量的時間和精力。即以版本而言，本來已有吴毓江《墨子舊本經眼錄》、顧實《墨子書目考》可供參考，但黨社並不滿足假手轉引，而是多次到國家圖書館、上海圖書館、浙江省圖書館、陝西省圖書館、西北大學圖書館、陝西師大圖書館、復旦大學圖書館等訪求，照相、複印、摘抄，仔細比較其優劣。這種工作，看似迂遠，但没有這個基礎，所謂研究，就祇能是空中樓閣。睡虎地秦簡法律文書内容與城守諸篇多相合，李學勤先生《秦簡與〈墨子〉城守各篇》已舉多例，史著在此基礎上更作全面梳理，補充了龍崗秦簡及其他秦文字資料，列舉 72 例，大大豐富了比較的内容。《墨子·號令》："分里以爲四部，部一長，以苛往來不以時行，行而有他異者，以得其姦。""吏卒民無符節而擅入里巷，官府吏、三老守閭者失苛止〈止〉皆斷。""苛"應讀呵，詰問、喝叱，孫詒讓已言之。睡虎地秦簡《田律》："河禁所殺犬，皆完入公。"同樣的話又見於龍崗秦簡 164，"河"亦讀爲呵。"公"又見秦簡及秦兵器，即官府。《號令》："諸行賞罰及有治者心出於功（公）。""功""心"道藏本如此，畢本已改作"公""止"，但畢沅祇是"以意改"，無他本異文佐證，簡文、兵器證明畢改是，也從而證明城守諸篇是秦人著作。這祇是一個小例子，但也可看出，史著的結論都是在收集大量例證的基礎上得出的，是可信的。

　　史著研究城守諸篇，但絶不局限於諸篇，而是將其置於墨學研究這樣一個廣闊的學術背景下。第一章探討墨學"從'役夫之道'到周秦顯學，再從'中興'到'墨離爲三''墨俠之辨''墨學在秦'"等有關墨學流傳的大問題，看似疏遠，其實與城守諸篇的研究有着極爲密切的關係。正因爲墨翟及其後學多出自社會下層，《荀子·王霸》鄙其學説爲"役夫之道"，所以纔反對非正義戰爭，擅長守城技術，也纔有城守諸篇這些既有實踐經驗又有理想成分的作品。三墨之分在戰國中晚期，學者無異議，但其活動地域及各派特色則諸説不一。蒙文通先生説："三墨者，即南方之墨，東方之墨，秦之墨。秦之墨爲從事一派，東方之墨爲説書一派，南方之墨爲談辯一派，此墨離爲三也。"城守諸篇託於子墨子與禽子的問答，即爲明證。《吕氏春秋·首時》記秦惠文王時，墨者田鳩入秦，秦又有墨者鉅子腹䵍，禽子、田鳩都是齊人，所以秦墨與東方之墨在師承上都與禽子有關。由此，黨社得出結論："城守諸篇，大約是較早形成的東方墨者作品與秦墨作品的合編。"明乎此，我們就不難理解，城守諸篇何以有秦法家的法制主義特色，以及漢簡本《守法》《守令》何以出於齊地臨沂，因爲"竹書《守法》可能與城守諸篇有着共同的來源，即東方齊魯宋衛一帶墨者的作品"。

　　對城守諸篇内容，黨社都不是淺嘗輒止，而是向縱深開掘，以揭示其義藴。《迎敵祠》《號令》二篇有兵陰陽家色彩。《迎敵祠》："敵以〈從？〉東方來，迎之東壇，壇高八尺，堂密八,年八十者八人,主祭青旗。青神長八尺者八,弩八,八發而止。將服必青,其牲以雞……敵以〈從?〉北方來……"説的是迎四方之敵的巫術,迎敵祈勝於東方青神、南方赤神、西方素神、北方黑神,且與壇、主祭者、旗、將服等之數及顏色相配。相似内容見於《吕氏春秋》十二紀、《禮記·月令》《新書·胎教》,但作者没有停留在簡單比附,復引《左傳·昭公二十九年》《禮記·内則》《山海經·海外經》《淮南子》,以至馬王堆帛書《五十二病方》中的祝由術、居延破城子漢簡、漢代鎮墓石文、吐魯番阿斯塔墓唐代方書,討論四方神的淵源及其歷史影響。這樣的討論,無疑加深了我們對城守諸篇的理解。

史著儘可能吸收了已有研究成果,更在很多方面有其全新見解。在《韓非子》的《五蠹》《顯學》諸篇中,"儒墨""儒俠"對舉,且墨家有"以力助人"的主張,有武俠的傳統,因之前賢多認爲墨即是俠,或俠出於墨,清代的陳澧,近現代的康有爲、梁啓超、馮友蘭等都有此主張。黨社力排衆議,獨標新説,指出:"戰國時代,'以自苦爲極',擁有兼愛、非攻和守小國理想的墨家集團,與帶劍的游俠,存在着較大的差別。游俠……的行動,最多可算作一種'私鬥',與墨家決然不同。游俠行事的無組織、無紀律性,與墨家的嚴密的紀律性,也是相互抵觸的……墨俠之界,決然而清晰,不容混淆。"類似的例子,書中俯拾皆是。

當然,史著個别地方似還可以稍加改進:

1.有少數資料還可略加補充。如第六章第68例説《備城門》《迎敵祠》的"守"即《號令》的"太守",此習慣亦見睡虎地秦簡,《封診式》有"大守",《法律答問》有"郡守"。可補充者,秦兵器有"上郡守""蜀守""漢中守"等數十件,秦封泥有"四川大(太)守""大(太)原守印"等。

2.引文應依通例,即殘文以意補足者加[ ],通假字加( ),訛誤字加〈 〉,不能一律加( );或把原字放在( )中,把通假字放在( )外。

(原載《文博》2012年第4期)

創闢創新　求真求實
——讀《平頂山應國墓地Ⅰ》

　　河南省平頂山應國墓地發現於 1979 年，至今已逾 30 年。該墓地的考古發掘工作，從 1986 年至 2007 年，歷時 21 年，共發掘西周早期至漢代的古墓 500 餘座，出土了一大批精美絕倫的青銅器、玉石器、陶瓷器，多件青銅器銘文內容極其重要，爲研究應國歷史文化開闢了一片廣闊天地。應國墓地 1996 年被評爲全國十大考古新發現之一，2001 年入選河南省 20 世紀 20 項重要考古發現之一，2006 年被國務院公佈爲國家級重點文物保護單位。考古發掘報告《平頂山應國墓地》是 1996 年國家哲學社會科學資助項目，已於 2005 年結項。2012 年 7 月，由王龍正、姜濤任主編，袁俊傑、王勝利、王紅衛任副主編的《平頂山應國墓地Ⅰ》（以下簡稱《應Ⅰ》）由大象出版社出版，刊佈了 M232、M231、M242、M229、M230、M48、M50、M213、M210、M86、M84、M85 以及七座小型墓等西周早中期應國墓葬資料，並進而討論了"傳世應國有銘銅器""應國墓地出土器物及其組合關係""料器、瓷器成分與分析""玉石器製作工藝及礦物學分析""銅錫器的金相分析""應國歷史及相關問題綜合研究"等。我近日認真拜讀了該報告，深感其蕴涵豐富、視野開闊，體例上創闢創新、研究上求真求實，是近年少見的考古報告精品。報告主要執筆者王龍正、姜濤、袁俊傑等先生多年來在學術上一絲不苟、忘我拼搏的精神，令我深受感動。作爲同道，我對他們的工作極爲欽佩。

　　《緒言》第五節提出《應Ⅰ》"在編寫體例與格式等方面，在吸收其他考古報告優點的基礎上，進行了一些必要的改進與改革，以期能更科學、多方位地反映該墓地發掘資料的情況"，又對編寫體例及其特點分 15 個方面加以說明，立意甚高。第七條説："在隨葬器物的描述中,我們試圖對每一件器物都儘可能進行更爲細緻的分級定名,即依次劃分爲大類、類、品種、亞種、型、亞型等,以便從其名稱上就能看出它們各自的年代特徵。"第八條説:"在隨葬器物的描述中,除其尺寸大小之外,對於銅器和玉器,大都附加了'重量'的項目;對於作爲容器的銅禮器和人們日常生活中使用的陶容器,特附加了'容量'的項目。前者可測量出銅材和玉材的多少,能反映出墓主人的身份與地位;後者可測量出該器物在同類器物的用途中所起作用的大小。"通讀了《應Ⅰ》我以爲作者是完全做到了這兩點的。例如第二章第一節介紹 M232 應公墓隨葬器物,先分作銅器、金器、玉器瑪瑙器、陶器瓷器、角器牙器、其他等幾個大類;銅器又分作禮器、兵器、工具、車器、馬器、宗教物品等類;兵器分爲戈、矛、盾鍚、劍等品種;盾鍚分作圓泡形盾鍚、組合璜形盾鍚等亞種;圓泡形盾鍚又分作高隆型、低隆型二型;高隆型圓泡盾鍚又分作大、中、小三個亞型。如此劃分,條理分明、科學合理。M232 慘遭 7 個盜洞的嚴重盜擾,隨葬器物所剩無幾,其中銅禮器僅有 2 件銅匕和 2 塊殘銅片。對殘缺大半的 M232∶17 匕,《應Ⅰ》仍然仔細描述了其形制(橢圓形,淺腹,圓底;柄部大致呈長條形,其後段曲而不折,末端平齊且稍闊)、紋飾(匙内飾纖細的獸面紋,柄部正面飾淺浮雕式花紋,前段飾一組凸目獸面紋,中段飾一組相對稱的彎曲成 S 形的夔龍紋,後段飾一組倒置的凸目獸面紋)、殘長、柄寬、厚、重量等。對一些青銅重器,如 M242∶12 柞伯簋、M229∶1 應事鼎、M229∶2 應事簋、M229∶3 應事觶、M229∶4 應事爵、M50∶1 匍盉、M84∶76 應侯鼎、M84∶68 應侯再盨等,更是以較大篇幅分部位加以介紹,以至於連外底範形狀,底範邊綫中部的澆鑄口、底範中心鑄造時置入的爲控制器壁厚度的長方形芯式銅墊片也不放過。《應Ⅰ》爲我們提供的,是一份經過深入分析與科學整理的完整資料。《應Ⅰ》刊佈的資料,據書末所附 17 個器物登記表統計,已逾萬件,能對每件介紹的器物不管重要與否都作出精細、準確的描述,真是談何容易。這需要作者爲此付出巨大的精力,也是對作者毅力的一個考驗。事實證明,《應Ⅰ》在這方面是做得極好的。

《應Ⅰ》採用以樓宇棟先生爲責任編輯的考古發掘報告《三門峽虢國墓(第一卷)》的編纂方式,於每章每節之後均附以結語或小結,使之各自成爲一個單元,以避免像許多考古報告那樣,將所有墓葬年代、墓主人等問題皆集中於總結語中論述的脱節混亂現象,以期達到層次分明,條理清晰。《應Ⅰ》對此條例貫穿始終,並有所改進。以第二章第三節 242 號墓(冘墓)叁"小結"爲例,該節對冘鼎、柞伯簋銘文、墓葬年代、墓主人年代、性別與疾病、墓主人之名與身份、墓主人與胙國的關係等都作了深入分析。"墓葬年代"部分,作者將 M242 出土器物置於西周早期考古的大背景下,與北京琉璃河燕國墓地、昌平白浮墓地、陝西寶雞強國墓地、岐山賀家村墓地、長安鎬京墓地、張家坡墓地、河南殷墟劉家莊墓地、濬縣辛村墓地、洛陽北窑墓地、鹿邑太清宫長子口墓、山西曲沃天馬—曲村墓地、絳縣橫北墓地，山東滕縣前掌大墓地、濟陽劉臺子墓地、高青陳莊墓地，河北元氏西張村墓地等一大批殷末至西周早中期墓地相關出土器物的形制、紋飾相比勘，並製作出相關器物互相比照的圖表，便於讀者參驗、查對，從而推斷該墓年代爲西周早期晚段。這種工作，至爲細碎、費時，它要求作者對商周考古出土器物有通盤的瞭解，有寬闊的視野，從而也體現出作者的專業水準。比如旡鼎絢索耳、垂腹、近圜底、矮柱足，飾兩周凸弦紋，作者指出其與琉璃河西周早期晚段墓所出 M1026：2 雙弦紋鼎、山東壽張"梁山七器"之一的憲鼎形制酷似，又與岐山賀家村西周早期晚段墓所出 M5：總七五 26 庚兹鼎、長安花園村西周昭穆王之際墓所出 M17：5 銅鼎接近。憲鼎銘文有"召伯父辛"的稱謂，與燕侯旨鼎銘"父辛"同，旨與憲爲兄弟輩，王世民、陳公柔、張長壽《西周青銅器分期斷代研究》定憲鼎爲周康王時器。正是基於這樣細密、紮實的分析，M242 的斷代至爲可信。

《應Ⅰ》第四章《應國墓地出土器物及其組合關係研究》以較大篇幅，將判斷器物年代的意圖與工作方法作了介紹。作者將應國墓地西周早期或中期的所有墓葬視爲一個基本單元，闡述其隨葬器物的基本特徵，並將這個相對獨立的基本單元與其他西周時期貴族墓地同時期典型墓葬進行比較，分析二者出土器物之間的組合關係，搜索該墓地出土器物所揭示的時代信息。第三節討論西周早期墓葬隨葬器物在年代學上的組合特徵。作者將 M232、M231、M230、M242、M229、M48 視爲西周早期墓，分析其器物組合特徵，指出：西周早期晚段橫寬型、垂腹型的銅禮器已經摒棄了殷墟晚期那種追求恐怖與凝重的風格，既有追求紋樣縟麗纖細與生動活潑的一面（如柞伯簋的凸筋式獸面紋與應事簋的獨目雙身變形夔紋），又有趨向樸實無華的一面（如雙弦紋應公簋）；這批銅器沒有見到西周早期前段的方座簋，以及何尊那樣有殷末風格的大型鼓腹銅尊。本節還討論到這批墓葬出土陶鬲、酒器組合與應公方鼎、組合玉項飾、組合玉珮、銅車馬器、陶瓷、硬陶器、礪石、海貝、蚌飾的年代學特徵。在第四節更分析了這批墓葬在器物類型學上的相互認同，爲其年代判定提供了數個很有參考價值的參照坐標系。考古類型學，是由中國考古的先行者李濟先生、蘇秉琦先生創立的，並首先在考古報告《陝西省寶雞縣鬥雞臺發掘所得瓦鬲的研究》以及《洛陽中州路（西工段）》中得到實踐。《應Ⅰ》是對蘇先生理論的又一次成功實踐，認爲："任何墓葬與其年代相鄰的墓葬相比，在隨葬器物風格上都會表現出對上一代有所繼承與改進，其本身也有所發展與演變的狀態；同時也面臨一些器物品種的消失與新品種的出現或者萌芽等局面……不僅墓葬如此，其實任何事物在時間坐標中都具有承上啓下的特點，所以當需要對它在時間上進行定位的時候，就必須遵循一個原則，即捨其上下而取其中間的原則。"應該說，這種感悟是對蘇先生理論的進一步深化與充實。

對應國墓地出土的重要銅器銘文，如柞伯簋、匍盉，因其簡報發表較早，報告作者王龍正、袁俊傑、姜濤等先生以及其他學者已有很多研究。除報告作者外，柞伯簋研究者有李學勤、劉雨、陳劍、葛英會、馮時、周寶宏等，匍盉研究者有李學勤、陳昌遠、劉桓、王冠英等。現在，對這幾篇銘文的理解，學術界已有很多共識，但仍有很多沒有解決的問題。在報告中，作者對已有研究成果擇善而從，對自己最初的意見或訂正，或在進一步論述的基礎上加以堅持，然後以專文的形式收入，即第六章第四節王龍正《匍盉銘文補釋並再論覜聘禮》（以下簡稱王文）、第五節袁俊傑《再論柞伯簋與大射禮》（以下簡稱袁文）。匍盉銘文之地名"氐"，簡報（《匍鴨銅盉與覜聘禮》，《文物》1998年第4期）讀爲軹，說在今河北省元氏縣境；李學勤先生讀爲泜，認爲即今沙河（濊水）之古稱，見於《左傳·僖公三十三年》。"青公"之"青"簡報原讀爲邢，說"青公"即邢公；李先生讀如本字，認爲"青公"即作冊吳方彝之"青尹"。王文堅持了原看法，且以較大篇幅重加論證。王文指出，"青尹"之"青"是謚號，"青公"是生稱（可贈物於人），二者非一人，"青公"是青（邢）國之公；泜水《說文》云"在常山"，段玉裁注："今泜水在元氏縣。"國當時附屬於邢國。又如"司史"之"史"簡報讀爲使，說"司史爲邢國專門管理出使他國或接待他國來使的官吏"；李先生則說"司史"是史官，盉銘與覜聘之禮無關。王文仍持舊說，說："匍是應國派往青國的使臣，所以青公才命青國的外交官——司史爲其送行並贈物。也就是說，這是一次發生在諸侯國之間的覜聘活動。""司史"後一字簡報釋"倪"，說爲見字異體，李先生釋"艮"，陳昌遠先生釋"信"，王文改釋"皃（貌）"，讀爲懋。"束"字簡報讀爲肩，又疑爲束字之誤，陳先生讀"束"爲管，是鄭州附近的地名，劉桓先生讀爲館舍之館，王文仍釋束。器簡報稱"鴨盉"，陳先生稱"雁盉"，王文則改從李先生逕稱"匍盉"；簡報說"匍用邢公所賜的銅作了這件銅盉"，陳先生改"賜"爲"贈送"，王文從之。柞伯簋"王偋（遲）赤金十反（鈑）"之"偋"，簡報（王龍正、姜濤、袁俊傑：《新發現的柞伯簋及其銘文考釋》，《文物》1998年第9期）原讀爲遺，訓贈與、給予，劉雨先生讀爲遲，陳劍釋"遲"，讀爲矢、尸，訓陳，周寶宏訓陳列，袁文改採陳、周說。"敬又☆隻（獲）則取"之"☆"字，簡報斷句作"敬又（友）！又隻則取"，說"'敬友'原是兄弟之間互相尊敬友愛的禮儀"。"☆"字徐錫臺、劉雨先生釋"又"，讀佑；李學勤先生釋"夬"讀決，說指射箭時鈎弦的扳指；陳劍讀"☆"爲賢，義爲"多於""勝過"，說"'敬有賢獲則取'即恭敬而又射中次數多的人可以取得赤金十鈑"，葛英會從之；馮時釋"叉"，義爲手指挾取。袁文對諸家之說有評判，有抉擇，斷句作"敬又☆（叙），隻（獲）則取"，釋"☆"爲"叙"，讀爲掔，解爲持弓矢審固。姑不論《應I》最後的釋讀意見是否能得到學術界的完全認同，但作者十多年來對這些銘文（包括應侯禹盨、應事諸器、M95所出公作敬簋等）多次著文（如《應國墓地有銘銅器》，《收藏家》2001年第3期，袁文亦刊於《華夏考古》2011年第2期），反覆研讀，這種求真求實的精神還是值得稱道的。

由於歷代特別是近現代盜墓之風的猖獗，以及其他原因（如磚廠取土）等，傳世及流散海內外而被收集、回購的珍貴青銅器、玉石器數量甚大。《應Ⅰ》在第二、三兩章之末增闢專節，對傳世及盜掘的應國文物，特別是有銘青銅器加以介紹、分析，成爲全書的亮點之一。這些器物是研究應國歷史、考古的學者所關心的，理應成爲《應Ⅰ》的有機組成部分。第二章第八節介紹了《殷周金文集成》著録的二件應公方鼎、二件十六字應公鼎、上海博物館購藏應公鼎、清宫舊藏夔龍紋應公簋及雙弦紋應公簋、臺灣"故宫"藏應公壺、山東師範大學藏獸面紋應公觶、吴式芬舊藏有銎應公觶以及下落不明之應公卣、何鳳明舊藏應叔方鼎、1958 年江西餘干縣出土的應監甗。對這些器物，先前已有郭沫若、徐中舒、陳夢家、陳佩芬等先生加以研究，《應Ⅰ》在此基礎上對每件器的形制、紋飾、銘文做了分析，推測它們的時代都在西周早期早段的成康時期，最初皆可能出自嚴重被盗的 M232。《應Ⅰ》認爲"應叔""應公""應監"是同一位應公，"叔"爲排行，"公"爲爵稱，有時稱"侯"，"監"爲初封之稱，皆可信從。

第三章第八節對傳世西周中期應國有銘銅器加以討論，包括《集成》著録的潘祖蔭舊藏應姚鼎、《考古圖》所收應侯作生伐姜鼎、上海博物館購藏應侯盨甲、紐約美籍華人崔如琢藏應侯盨乙、北京保利博物館藏禹簋、應侯盤等。以上諸器研究者有李家浩、王世民、陳佩芬等。《應Ⅰ》認爲應姚鼎時代爲西周中期偏早，"應姚"與 M95、M96 西周晚期墓器所見"應姚"不是一人；禹簋主人應從李家浩説，即 M84 墓主人應侯禹；應侯盨甲、乙年代屬西周中期晚段的懿、孝王時期；應侯盤之"應侯"應是應侯見工；應侯作生伐姜簋乃應侯爲其外甥女作陪嫁器，簋銘"應侯"很可能也是應侯見工，這些都不失爲一種合乎情理的推測。

第九節討論傳世及出土的 24 件應侯見工器：4 件應侯見工編鐘（其中一件爲 1974 年陝西藍田縣出土，一件藏於東京書道博物館，二者共同組成一篇銘文；另二件爲保利博物館購藏），上海博物館購藏應侯見工鼎，2000 年平頂山西高皇村魚塘撈出的鼎、盨、盤、匜、車轄等 12 件應侯器（盨銘："應侯作旅盨，其邁（萬）年永寶"），保利博物館購藏應侯見工簋二件、壺二件，還有《考古圖》《宣和博古圖》著録的應侯作姬原母簋甲，美籍華人胡盈瑩与范季融首陽齋藏應侯作姬原母簋乙、應侯見工簋蓋丙等。對這些銅器作過研究的有李朝遠、陳佩芬、朱鳳瀚、王世民、王龍正、裘錫圭、韌松、吴鎮烽等，從 1975 年至 2009 年，前後 30 餘年，不斷有文章發表，幾乎形成了一個學術討論熱點。《應Ⅰ》對諸家之説慎加選擇，認爲諸器多數時代應從王世民先生説，定在孝王或夷王時期，個別可晚至夷、厲王之際；諸器應出自滍陽嶺應國墓地南區中段一座當地人稱作"將軍墓"，實則應侯見工墓（M87）及其夫人墓（M88）之中；諸器在宋代之前即有出土，20 世紀二三十年代及末期又有兩次集中流散，與其時開挖大溝及近年的大肆盜掘有關，這些説法都很有道理。對諸器銘文的字、詞、時代背景，《應Ⅰ》也有一些很好的意見。

作爲一個大型考古發掘報告（130餘萬字），雖然作者付出了艱辛的勞動，傾注了全部的熱情，但因爲資料的龐雜，問題的複雜，所以《應Ⅰ》也不可能做到盡善盡美（恐怕任何書都做不到）。兹就閲讀所及，提出幾點需要改進或值得進一步討論的問題。

1.《應Ⅰ》校讀質量總的説是很好的，但仍有個别錯、漏、訛誤。如：

第368頁第2行"概井字亦爲聲符，故通於井，可讀爲邢"，"概"應改爲"蓋"，説"井"通於"井"，亦難理解。

第712頁倒3行、715頁倒13行"蔑贅禹身"，"蔑贅"应改爲"减宝"。

第715頁倒2行"殘瀝"應改爲"殘泐"。

第726頁第6行"朕刺"，"刺"應改爲"刺"。

第737頁應侯見工簋釋文第1—2行"饗醱（醴）"，"醱"應改爲"醱"，此字從西，履聲，與醴音近。

第864頁末行"河北平陸縣"，"河北"應改爲"山西"。

第903頁倒3行，905頁第7行、11行三例"邵"字應改爲"邵"。

第905頁商鞅量"齊遣大夫衆來聘"，"大夫"前漏一"卿"字。

第928頁注12、13"葛英會·説甲骨金文中的字·紀念王懿榮⽂發現甲骨文一百週年論文集"，"⽂"應提到"字"之前。

……

2. 有個别文字的隸定或解釋明顯不妥。

第285頁少姜壺釋文"少姜作用壺"。所謂"少姜"揭本作"㚣"，上邊四點可隸作少。對"㚣"字，第288頁解釋説："姜字從羊從女，其義爲牧羊女。鑒於牛和羊同爲食草動物，對放牧者而言，二者無甚區別，故此字以'牛'形偏旁代替'羊'形偏旁也是可以理解的。"今按姜字並非"從羊從女"的會意字，而是從女羊聲的形聲字，故其羊旁絶不能換作牛（甲骨文"牢"字可作"宰"，牛、羊皆義符，與此不同）。同書第716頁應侯作生妷姜簋"姜"字作"㚣"，與"㚣"明顯有異。"㚣"字實際從女，生聲，即"姓"字。高明、涂白奎《古文字類編》（增訂本）第159頁已隸此字作"姓"，是對的。"姓"已見於殷墟甲骨文（《合集》18052），用爲女名。壺銘"姓"字究竟是人名還是姓氏（《姓觿》引《姓源》説"姓"爲"蔡公孫姓之後"，似乎過晚），抑或應讀爲甥，還可推敲，但其爲"姓"字應無問題。

第726頁上海博物館藏應侯見工鼎釋文"囗命踐伐南夷毛（苗）"，"伐"字前一字依原形應隸作"戩"，劉釗先生讀爲翦或踐，林澐、李朝遠先生不同意，《應Ⅰ》又説"該字實即俗語鏟除之'鏟'的本字"。《應Ⅰ》從劉釗説讀爲踐,没什麽不可以的,但應釋作"戔(踐)",不能直接隸作"踐"。同理,"南夷"應作"南尸(夷)"。

類似的例子書中還有幾例,不備舉。

3. 有些説法前後缺乏照應。

應侯見工器銘"見"字,近年裘錫圭先生改釋爲"視",得到不少學者認同,但也有不少學者仍持舊説。《應Ⅰ》全書釋"見",這當然是見仁見智的事,可以不論。但《應Ⅰ》第905頁談到匍盉所見覜聘禮時,却説:"覜聘禮所用的動詞,除上述'使''省''安''寧'等字之外,西周金文還用'視'等字。"在引了史牆盤"方蠻亡不規視"、鈇(胡)鐘"南夷東夷具視,二十又六邦"、九年衛鼎"眉敖者膚卓使視于王"三例有"視"字的銘文之後,又説:"'視'字舊釋爲見,近年裘錫圭先生改釋爲視,並引《周禮·春官·大宗伯》'時聘曰問,殷覜曰視'的記載,認爲覜、視同訓……金文中的'視'字被識出,是覜聘禮研究方面的一大進展。"依其説,則"見工"器應改稱"視工",裘錫圭先生、李學勤先生就是這樣。《應Ⅰ》對同一個字,或釋"見",或釋"視",前後不一。

第742頁應侯見工鐘釋文"辛未,王各(格)于康宫","各"讀爲格,是對的。各的本義訓至。甲骨文、金文作"各"或"徦"(師虎簋"徦于大室")、"逄"(庚嬴卣"王逄于庚嬴宫")、"客"(衛簋"王客于康宫")、"洛"(隞作父乙尊"洛于官[館]");文獻作"格"(《尚書·堯典》"格于上下")、"假"(《易·家人》"王假有家")、《詩·商頌·玄鳥》"四海來假"),皆各之通假,孔安國、鄭玄等皆訓至。但第908頁却説:"在西周金文中,記載有'王各周廟''王各大室''王客于康宫(衛簋)''王各大師宫(善鼎)''王各吴大廟(師西簋)''侯各于耳(耳尊)'之類的内容很多。這可能是王或侯以賓客身份暫時小憩或客居於主家宗廟的一種待客禮儀,其中的'各''客'應爲客居之義,表明其非長期居住之地。這就是説,以往學界主張的訓'各'爲'至',很可能是錯誤的。"這種説法,顯然與前文矛盾。"王客于康宫"僅一例,據一例而否定多例,似不妥。再説,王各(格)某處,也不盡是"待客",還有册命、賞賜、命臣下征伐種種内容,不應以偏概全。

4. 對某些疑難問題的論述,應留有伸縮餘地。

(1)應國始源、初封地、世系及其曾否南遷,都是歷史難題,就目前的資料,似乎還不能完全解决。最早的應是否少昊、太昊的東夷部落,不能僅憑應字本像鳥(鷹)來肯定。應初封地,本有郭沫若等的平頂山説和何光岳的山西長子説二説。《應Ⅰ》採何光岳説,但缺乏充分論證。説應曾舉族南遷,詳舉彭、吕、鄂、鄘、唐、長、黎南遷爲旁證;又説滍水得名與蚩尤有關,M232應國墓所出陶三足甕與天馬——曲村晉墓M6049所出陶三足甕幾乎完全相同,"可能揭示了應國自山西遷來的歷史事實"。復引何光岳説,謂"姬姓應國在西周早期的初封地是山西長子縣，大約在西周昭王時纔遷來平頂山的"。實則如果缺乏文獻記載，何説衹可視爲一家言，恐難信從。歷史上古族遷徙，事例多有，本不必大節大段徵引。即令這些都是事實，也不能作爲旁證，他族遷徙過，不能證明此族必然遷徙過。應、晉墓地出土陶器類同，原因可能很複雜，不能僅據此而下結論，猶如陝西韓城芮國墓地出土有紅山文化 C 形玉龍，並不能由之討論芮與紅山文化的關係。西周晉、應皆姬姓，文化本同源，器之類同，本不足奇。説應昭王時纔到平頂山，與第 85 頁斷 M232 墓爲 "西周康王時期偏晚階段" 也有矛盾。

（2）匍盉銘文："青公事（使）司史（使）兒曾（贈）于（以）柬（束）。"《應 I》解 "司史" 爲外交官，固然可爲一家言，但同一句話 "事" "史" 皆讀爲使，殊不可解。"司史" 古文獻未見，金文亦首見，《應 I》說即《周禮·秋官》的 "行人"，還應再加論證。第 909 頁作者説對此有 "另文詳述"，至爲期待。"兒曾"，首字是否 "兒" 字，難以遽定，據未定字討論通假，説 "兒曾" 應讀爲懋贈，意爲厚賞，稍涉率意。

（3）冘鼎銘文："冘拜稽首，皇兄考（孝）于公，宔畢（厥）事。弟不敢不擇衣，夙夜用占𧗞公。" 鼎銘起首突兀，有的字、詞爲金文首見，不易索解。《應 I》對此加以探討，第 170 頁云："本銘文中的冘爲人名，是 M242 的墓主人；皇兄是冘對其兄長的美稱……公是冘與其兄長的父親，同時也指應國國君應公；宔字義爲賞賜；弟指冘自己，與上文的皇兄相對應；擇衣義爲選擇衣服，這裏是指冘爲其新死的父親身着喪服；占字義爲占卜；𧗞字義爲祭祀。" 又説："整篇銘文大意是説，冘的父親——公剛死不久，冘的哥哥作爲嫡長子享祭孝敬於公（大概由於已經開始作爲應國國君的繼承人主持應國政務），並賞賜給冘處理父親喪葬的職事或者其他職事；冘對其兄長叩首拜謝，並鄭重承諾穿着喪服恭敬祭祀，早晚不敢怠慢，爲他們新死的父親占卜埋葬的日子（即廟號）或謚號，以及處理其他與喪葬禮儀相關的事宜。" 看本頁腳注，王龍正、袁俊傑等先生另有大作《冘鼎與喪服禮》待刊。2012 年 4 月間，在清華大學召開的國際中國禮學研討會上，袁俊傑先生撰文討論冘鼎銘文。記得在那次會議上，我和張光裕先生初睹此銘文，倉卒間不敢置一詞。此後反覆思索，仍有幾個字未有滿意的意見。"宔" 解爲賞賜是于省吾、唐蘭先生的舊説，但 "宔厥事" 是一人的行爲，不是某賞賜某一種職事。近年陳劍説，"宔" 下的 "亍" "✥" 等爲玉琮的象形字，"宔" 應讀爲寵，義爲光寵、休美、賞賜（陳劍：《釋 "琮" 及相關諸字》，《甲骨金文考釋論集》，綫裝書局，2007 年）。鼎銘 "宔" 字似應讀爲寵或崇，義爲尊重（《國語·周語》："寵神其祖。" 韋昭注："寵，尊也。"《禮記·祭統》："崇事宗廟社稷。" 鄭玄注："崇，尊也"），"宔厥事" 就是敬重其事。"事" 指祭祀，《左傳》説："國之大事，在祀與戎。" "擇衣" 金文首見，文獻亦乏例，解爲 "穿着喪服" 勉强也可通，但孤證難爲定論。喪服西周時孝子有無差等不知，春秋以後則有親疏差等的齊衰、緦麻等，但不管怎麽説，喪服無法自己選擇。"擇衣"之"衣"作"介"，與衣的通常寫法（仌）仍有差別。我懷疑它是"行"字（沇）之訛（銘文"首"字、"弟"字已有訛誤），"擇行"是選擇善行或作有益的事（後世有"擇善而行"的説法，唐魏徵《十漸不克終疏》："此直意在杜諫者之口，豈曰擇善而行者乎？"衹是例子太晚；"擇行"又見《孝經·卿大夫》："是故非法不言，非道不行，口無擇言，身無擇行。"《漢語大詞典》解釋"擇行"爲"敗壞的德行或不合法度的行爲"，但這未必是最早的"擇行"本義），但也不能自信。"占"字作"占"，不見於甲骨文、金文（下部口中皆無一短横），而見於戰國中期的包山楚簡（245 簡），我們不能排除包山簡繼承了西周早期金文"占"的寫法，但中間有缺環。"占"解爲占卜倒是文從字順，但恐衹能是選擇吉日，而非"占卜埋葬的日子（即廟號）或謚號"，因爲无爲姬周後人，"周人不用日名"，特別是周昭、穆王以後（《應Ⅰ》説无爲 M230 墓主應侯之弟，後者去世也可能"遲至穆王初期"）。

對以上三個問題，《應Ⅰ》作者的看法自有其道理，也可以是一家之言，但既然不能完全解決問題，就不妨把話説得活一點，留有伸縮餘地。

相對於《應Ⅰ》的巨大成就，我們提到的幾點，有些衹是白璧微瑕，有些甚至不算瑕，衹是建議或討論。期望能早日讀到《平頂山應國墓地》的其他三卷，這樣，我們對應國墓纔會有一個更全面、清晰的認識。

（原載《華夏考古》2014 年第 2 期）

中國古代青銅器的系統整理與深層次研究
——讀張懋鎔主編多卷本《中國古代青銅器整理與研究》

　　中國古代青銅器是我國夏商周時代，特別是商周時代一顆耀眼的明珠，在古人的物質和政治文化生活中占有極其重要的地位。對此加以綜合研究，是中國考古學、歷史學、博物館學、古文字學，乃至文化、禮制、藝術、冶金史研究的重要課題。

　　中國古代青銅器研究的歷史，可謂源遠流長。兩漢隋唐，已有青銅器出土的零星記述。北宋真宗以後，金石學勃然興起，青銅器及其銘文的研究，是其主要內容。呂大臨《考古圖》、佚名《續考古圖》、王黼《宣和博古圖》、薛尚功《歷代鐘鼎彝器款識法帖》、王俅《嘯堂集古錄》、歐陽脩《集古錄跋尾》、趙明誠《金石錄》等，或描繪器形，或摹寫銘文，或考釋文字。青銅器之名，如鐘、鼎、鬲、甗、簋、敦、簠、豆、爵、角、斝、觚、觶、觥、卣、尊、壺、盤、盉、匜，大多爲宋人所定。青銅器紋飾如饕餮、蟠螭等名，亦出自宋人。但總體上看，宋人青銅器研究，重銘文，輕器形，較爲粗疏。

　　清代乾隆、嘉慶以後，學人崇尚"通經致用"，考據之學大興。考據之基礎在小學，而金石文字之學又是小學的基礎，於是青銅器的著錄及研究深受重視。梁詩正《西清古鑑》、王傑《西清續鑑》、劉喜海《長安獲古編》、潘祖蔭《攀古樓彝器款識》、端方《陶齋吉金錄》、吳大澂《愙齋集古錄》、阮元《積古齋鐘鼎彝器款識》等，皆煌煌巨著。清人對青銅器定名，每有創見。如錢坫認定"毁"即"簋"，而非宋人所說的"敦"。黃紹箕說簠爲圓器，糾正了許慎《說文》簠爲"黍稷方器"的誤說。不過總體上看，清人的青銅器研究，仍未脫宋人範疇，沒有走上科學的道路。

近現代，特别是 1949 年以來，隨着現代考古學的引入，經過科學發掘而出土的青銅器數量大增，青銅器研究纔擺脱了金石學的束縛，成爲一門獨立的、全新的學科。各種銅器著録、考古發掘報告數以百計，其器物影像或用彩版，清晰直觀；考古類型學的建立，使對器物器形、紋飾的描述更加準確；地層的劃分，也有助於器物的斷代。新的思路、視角、切入點，促使青銅器研究有了長足的進步。羅振玉、王國維利用甲骨、金文材料，研究青銅斝等的定名、功用，多有創見。李濟對 1928 年以後殷墟出土青銅器的研究，運用考古類型學的理論，爲之分型分式，並爲之排定早晚順序，探討其演化趨勢，爲青銅器研究奠定了新的基礎，開闢了新的道路。郭寶鈞《商周銅器群研究》是對李氏學説的繼承和發展，而更加注意青銅器群的組合、發展演化階段的劃分，以及鑄造工藝的探討。郭沫若《兩周金文辭大系圖録考釋》分青銅器爲四期，探討各期器物形制、銘文、紋飾的特點；對東周器物則分國研究，開青銅器區域研究的先河。容庚《商周彝器通考》（以下簡稱"《通考》"）是現代青銅器研究的第一座高峰，既有通論，又有專論，對青銅器的起源、發現、類別、時代、銘文、花紋、鑄造、辨僞、收藏等做了全方位的考察。陳夢家《中國銅器概述》對青銅器分時期、地域、國族、分類、形制、紋飾、銘辭、文字、鑄造、鑒定加以綜述。其地域一節分列國銅器爲東、西、南、北、中五系，爲此後學者所遵循。陳氏《西周銅器斷代》更是劃時代巨著。朱鳳瀚《古代中國青銅器》（以下簡稱"《銅器》"）及其修訂版《中國古代青銅器綜論》（以下簡稱"《綜論》"）是青銅器研究的第二座高峰。該書分通論與分論兩編，材料更豐富，分類更科學，視野更寬闊，分期更合理，討論更深入。此外，馬承源《中國青銅器研究》及其主編《中國青銅器》（以下簡稱"《青銅》"），王世民、陳公柔、張長壽《西周銅器分期斷代研究》（以下簡稱"《分期斷代》"），彭裕商《西周青銅器年代綜合研究》，各有建樹。至於單篇論述某一類或某一地域、某一群組青銅器的論著，更是數以百計。

對青銅器研究，此前已取得了顯著的成績，但仍然存在很多不足。如家底不清，各類器物的定名及其之間的關係，器物、紋飾之間的互動及其對斷代的作用，尚有許多沒有完全解決的問題，有待於後繼者深入研究，再做努力。

張懋鎔先生多年來致力於商周青銅器的研究，有《西周方座簋研究》《兩周青銅盨研究》《西周青銅器斷代兩系説芻議》《試論中國古代青銅器器類之間的關係》《青銅器自名現象的另類價值》《試論西周青銅器演變的均衡性問題》《簡論仿陶銅器與非仿陶銅器》等論文，從器類、定名、斷代、發展演變、相互關係等多角度、多層面對青銅器進行解析，已在學術界產生了重大影響，確立了其青銅器研究專家的地位。

從 1990 年開始，張先生指導他的研究生對青銅器做分類研究。他們各人研究一類或某一部分青銅器或紋飾、文字，已完成二十餘篇碩士、博士論文。自 2012 年起，這些論文以"中國古代青銅器的整理與研究"叢書的名義,陸續由綫裝書局、科學出版社推出。截至2015年底,已推出六種,即張翀《商周時期青銅豆整理與研究》(以下簡稱"《豆》卷"),張婷、劉斌《商周時期青銅盤整理與研究》(以下簡稱"《盤》卷"),任雪莉《寶雞戴家灣商周銅器群的整理與研究》(以下簡稱"《戴》卷"),裴書研《青銅壺卷》(以下簡稱"《壺》卷"),馬軍霞《青銅卣卷》(以下簡稱"《卣》卷"),吳偉《青銅斝卷》(以下簡稱"《斝》卷")。還有十餘種據說也會很快推出。我近日因工作關係,細讀已出版的六種一過,深感其對青銅器的研究無論在深度還是廣度上均已超越前人,取得了優異的成績。

各卷對所要討論的器類或器群的資料做了詳盡而系統的整理,可謂竭澤而漁,網羅殆盡。這些資料既包括傳世器,也包括出土器,涉及各種典籍、圖錄、考古報告、簡報、論文,甚至近年興起的網上資料庫等,全面搜索,費時費力。但這是研究工作的基礎,必須首先做好。以《壺》卷為例,該卷收出土器676件、傳世器498件、僅存器蓋者19件、僅存搨片者82件,四者合計1275器,而容氏《通考》、朱氏《銅器》、馬氏《青銅》皆不足百器,屬舉例性質,顯得單薄。

各卷附錄以表的形式列舉各類銅器之名稱、通高、口徑、腹深、重量、銘文、主體紋飾、共存器、墓室面積、棺槨、出土時間地點、資料出處、收藏單位等,更能使讀者對該類器有一個全面的瞭解。

對彙集的資料,各卷都做過一番清理與訂正的功夫。如清人著錄豆器33件,中有5件容庚定為偽器,《豆》卷加以剔除。周素豆(《西甲》29.42)容庚定為真器,劉雨定為偽器,《豆》卷採劉説。周林豆(《西甲》13.9)、周蟠夔豆(《西乙》13.4)自名為壺,《豆》卷歸壺。陳佩芬《夏商周青銅器研究》收有"鑲嵌獸紋豆",解説承襲前人,《豆》卷改稱"鍑",糾正了陳氏誤說。陝西扶風縣城關鎮五郡村出土一器,銘稱"白(伯)湄父乍(作)雪(䵼)毁"。簡報説:"此器自名為簋,其實是豆。"該器斜折沿,沿面內外邊起凸棱,深腹,圜底,喇叭形圈足,有豆的特徵。張先生説:"豆與簋發展到西周時,數量較多。此時它們之間發生一種相生關係,由於相生影響,產生一種介於豆、簋之間的器物。"伯湄父器與同墓出土作父辛簋器形相近(腹稍淺),仍應稱簋。《豆》卷對此加以辨析,極是。

各卷對所收器類均做了很好的型式劃分,比之前人,更加科學、合理。比如對盤的劃分,前人着眼點及標準並不統一。朱氏《銅器》按盤腹部形制分作三型:A型腹壁圓轉內收,腹較深;B型腹壁近直或略斜直,腹較淺,作扁平狀,口沿較窄而外侈;C型折腹,上腹壁近直,至腹中部斜直,內收形成折棱,口沿寬薄外侈。王世民等《分期斷代》則按盤耳及圈足形制把西周銅盤分為Ⅰ型無耳圈足盤、Ⅱ型有耳圈足盤、Ⅲ型雙耳圈三足盤、Ⅳ型匜形盤和Ⅴ型方盤。《盤》卷説:"統觀商周時期的銅盤,有一個共同的特徵就是大口、腹寬淺,適合盛水，其形制最明顯的變化主要表現在銅盤耳部及足部……（本卷）以盤耳的有無及盤耳的不同形狀把商周時期的銅盤分爲六類，然後再結合銅盤足部的差異細分型式。"六類是：無耳盤、附耳盤、立耳盤、錾形耳盤、銜環耳盤、半環耳盤。其中附耳盤 195 件，占考古出土銅盤 344 件一半以上。《盤》卷分附耳盤爲四型：A 型附耳圈足；B 型附耳無圈足；C 型附耳圈三（或四）足；D 型附耳無圈足，盤底直接三或四足。A 型又以附耳橫截面是圓形還是扁條形、耳高度是否超過口沿、是否外撇、圈足有無折邊等分爲七式。而保利藝術博物館藏龍形附耳盤、河南陝縣後川 M2061 出土附耳獸足盤、《故宮青銅器》著錄的西周早期束盤等因數量單一，作爲特例處理，不做型式劃分。應該说，這種劃分法，是目前最好的。

再比如斝，馬氏《青銅》分作"大口圓腹圓底空錐足式""侈口筒形丁字足式""深分襠式""寬體分段平底式""侈口束頸垂腹式"等 17 式，混型式爲一，缺乏統一標準，很難把握。朱氏《銅器》按斝腹底形制分作三型：A 型杯底；B 型圜底；C 型腹底近鬲。A 型又按足部形制分 a、b 兩個亞型，Aa 型瘦長空心袋足，此亞型又分二式。朱氏有統一的分型標準，但僅着眼於腹底部形制，仍稍感空疏。《斝》卷依據整體形制和器身橫斷面的區別，將斝區分爲釜形斝、鬲形斝、罐形斝和方斝四型，突出了腹部特徵，給人以深刻的印象。其中 A 型共 160 件，占全部青銅斝 479 件的 66.4%。作者又據其整體特徵和腹部差異，分爲三個亞型。Aa 型器身橫斷面呈圓或橢圓形，器壁較薄，該型又分三式。如此劃分，綱舉目張、細緻準確。《斝》卷還有一個特色，即重視紋飾和文字對劃分型式的作用，如 Ab 型六式各器皆指明其紋飾。又在總結中特別指出："Ⅰ式青銅斝在出現時爲素面。自Ⅱ式青銅斝開始，在頸部下端開始出現裝飾，常見紋飾內容主要是弦紋、聯珠紋和網格紋……Ⅳ式、Ⅴ式青銅斝多在頸部下端和腹部各裝飾一周細綫雲紋組成的獸面紋，與以前的粗綫條歧尾獸面紋迥然有別，體現出時人審美旨趣的變化。Ⅵ式青銅斝裝飾面積進一步擴大，在口沿下飾有蕉葉紋，頸部下端和腹部則飾以獸面紋，並以雲雷紋襯底。柱帽上除了渦紋外，還見三角雷紋或蕉葉紋。"作者獨特的切入點，精細的觀察與描述，爲類型學的運用做出了示範。

在類型劃分的基礎上，各卷下力氣討論了各類器的分期斷代與演變。以豆爲例，馬氏《青銅》指出"青銅豆出現在殷代晚期，盛行於春秋戰國"，但衹是在舉例各器下約略注明時代（殷代晚期，西周、春秋、戰國各分早、中、晚期），未明確指出分爲幾期，朱氏《銅器》略同。《豆》卷將銅豆分爲商代晚期、西周早期、西周中晚期、春秋早期、春秋中期、春秋晚期至戰國早期、戰國中期、戰國晚期至西漢共八期。其一期爲產生期，二、三期爲停滯期，四、五期爲復蘇期，六期爲繁榮期，七期爲衰退期，八期爲消亡期。將西周中期與晚期、春秋晚期與戰國早期、戰國晚期與西漢各合併爲一期，從器形特點看，更爲合理。作者指出："銅豆在春秋晚期至戰國早期發展變化不甚明顯，以至於有些器物不能截然劃分是春秋晚期還是戰國早期。"所以這樣的分期是符合實際的、穩妥的。《豆》卷將此八期分爲早、中、晚三個階段，早段含一、二、三期，中段含四、五、六期，晚段含七、八期，並對豆在各期的發展歷程有清晰的叙述。張先生在爲此卷所寫的序中指出，早期銅豆爲淺盤無蓋豆，其功用爲盛放醬菜、調味品、乾果；中期豆增高增寬，並出現了新的形態——鋪，其功用是盛放稻粱；晚期流行有蓋深腹豆，其功用爲盛放粟、稷，逐漸具備了簋、敦的功能。春秋中期豆蓬勃發展，簋則開始衰落；戰國中期，敦肆意擴張，豆則走向衰落。把銅容器的器形演變與功能、盛衰聯繫起來，則其演化軌跡及原因便豁然開朗了。

戴家灣銅器包括 1907 年端方的收藏、1928 年黨毓琨的盜掘品、1930 年鬥雞臺溝東區墓葬的發掘品，以及 1980 年的新發現，情況較爲複雜。其器類有食器鼎、甗、鬲、簋、豆、匕，酒器尊、卣、觥、方彝、罍、斝、觚、爵、禁、斗，水器盤、盉、盂，兵器戈、戟、劍等。《戴》卷對其一一做細緻的形制分析，並據以分期斷代，難度很大。該卷分戴器爲四期：一期爲殷墟四期至商、周之際；二期爲西周武、成之際至康王前期；三期爲康王後期至昭王；四期爲西周中晚期。因爲有科學的類型學支撑，並與時代明確的其他銅器做比對，故其説極爲可信。如 A 型鼎共 4 件，均長方形器身、直立耳、平折沿、方唇。D:D01 甲田告方鼎、03 鳳鳥紋方鼎、04 作寶彝方鼎與 D02 方鼎除足不同（前者爲柱形，後者爲立鳥形）外，器形、紋飾多相同。盠方鼎有銘文"隹（惟）周公于征伐東夷，豐伯薄姑咸戈（翦）"，説到周公東征，是成王時的標準器，則其他三件鼎時代約略相同。

《戴》卷仔細分析了戴器上的紋飾，特別强調鳥紋、尖刺乳釘紋、直棱紋的時代特點，這對銅器斷代有極爲重要的意義。比如戴器 Aa 型 D:U1 鼎卣蓋面與器身飾四道寬邊的扉棱，除蓋頂及上腹部飾一周直棱紋外，其餘均爲大小不一的鳥紋。D:U3—D:U5 亦飾鳳鳥紋。這種紋飾還見於上海博物館藏鳳鳥紋簋，乃至近年發掘出土的陝西寶雞石鼓山 M3 户卣、M4 球腹簋，以及陝西韓城梁帶村 M27 卣、江西南昌西漢海昏侯墓卣。梁帶村墓、海昏侯墓二卣爲收藏品或仿製品。這類紋飾具有明顯的西周早期特徵，是周人的創造。

各卷都闢有專章討論器類組合，並由此出發討論各類器之用途、器主的身份，或以此爲據區分近似器。《壺》卷指出商代早中期銅壺數量很少，且除出土於湖北盤龍城墓葬外，餘均爲窖藏。陝西城固、洋縣銅器點出壺 3 件，龍頭鎮出三足壺之青銅器點應是祭祀臺；鄭州向陽回族食品廠 H1 所出之壺造型獨特，爲高級貴族所有。此時壺與罍、尊、卣、觚、斝等成酒器組合，在組合中享有很高的地位。商代晚期的安陽小屯 M5 所出青銅酒器組合爲斝、尊、觥、盉、方彝、壺、瓿、卣、罍、觶、觚、爵。M5 主人爲殷王武丁之配偶婦好，地位尊貴，故墓中所出兩件貫耳壺高度爲 59.9 厘米，爲殷墟二、三期銅壺之冠。《壺》卷又指出，周人戒酒，故西周酒器地位逐漸降低，水器地位逐漸上升。在西周早期的寶雞竹園溝 M13

中，卣、尊、盉、觚、觶放置在一起，爲酒器組合；而壺與盤放置在一起，爲水器組合，這在當時，僅限於關中地區。到了西周晚期，酒器組合幾乎消失，食器、水器組合盛行，壺在水器組合中地位甚高。春秋中期之後，周王室衰落，飲酒之風復盛，此時壺之形制有較大變化。春秋晚期墓葬中，壺多與罍、鉼組合，甚至獨出，説明酒器地位上升。據銅壺形制、組合、功用的變化、反覆，作者指出："舊有的傳統觀念認爲春秋、戰國時期是將傳統禮制破壞瓦解的時期，而根據墓葬中出土的青銅禮器組合情況來看，非但没有破壞，反而有所恢復……春秋早期以後，並没有廢除禮器或者食器，而是在舊有的基礎上繼續發展，並且又將酒器增加到了墓葬的酒器中來，因此在這一時期的器物組合中，酒器組合多爲壺、尊、罍或壺、鉼等，可以説是一種新的完備的酒器組合。由此可以看出，春秋戰國時期的禮制應當是不斷完善和加強的。"其結論符合實際，也對人深有啓發。

對青銅器劃分地域進行分析，此前學者已加重視。朱氏《銅器》對殷商、西周、春秋、戰國各時段内殷墟、河南、山西、山東、河北、江蘇、關中、漢淮、北方、湖廣、古越、巴蜀、滇黔等地區銅器分别討論。叢書各卷多繼承了這一做法，而分器類闡述，增大了篇幅，敘述就更深入。如《豆》卷將銅豆的分布區劃爲中原地區（以鄭州、洛陽爲中心，包括晉南）、關中地區（以岐周、宗周爲中心）、北方地區（北京、河北、内蒙古、晉北）、山東半島地區（海岱地區）、長江中下游地區（豫南、兩湖、蘇、皖、浙）、巴蜀滇地區，舉例分析其地域特徵。如中原地區盛行作者劃分的 BdI 式豆，低矮，腹部綫弧形，多無銘文，素面；關中地區盛行乙類豆（鏤空柄豆），紋飾以重環紋爲主，北方地區銅豆受北方草原文化影響較大，以 BC 型Ⅰ、Ⅱ式爲主，多環耳蓋豆，紋飾精美繁複，並使用紅銅鑲嵌工藝。内蒙古寧城縣甸子鄉小黑石溝出土六聯豆，形制尤爲特殊；海岱地區豆作三環鈕或三個可却置的支足，取代了中原陶豆的圓形捉手等。作者分析了各區域銅豆的淵源及其演變軌跡，加深了讀者對銅豆的認識。《壺》卷附錄《膠東地區西周橢口短貫耳壺初探》説西周時期關中和洛陽地區多流行腹部呈橄欖形的長體貫耳銅壺，而膠東地區（主要指今煙臺、威海地區）流行之貫耳壺則腹部呈橢圓形，頸部甚粗，二者差異明顯。後者爲萊、紀、過、夷等國族物，有强烈的地方特色。

張先生爲各卷所寫的序文高屋建瓴、畫龍點睛，更是爲叢書增色不少。

一套大型叢書，涉及面廣，問題複雜，所以儘管各卷作者投入了大量精力，做了極大努力，也不可能達到完美無缺的境界，似乎還有可以討論或改進的空間。以下提出幾點不成熟的意見，説不上對，僅供作者參考。

一、引用資料少數仍需復核

《豆》卷第 72 頁討論東周六期銅豆，引固始堆方豆爲例，說："固始方豆銘文'邵之御 𣪘'，簡報將第三字釋爲'飤'，不確，我們認爲應將其釋爲'御'，因爲'御'字也有飲用之意。《禮記·曲禮上》'御食於君'，鄭玄注曰：'勸侑曰御。'末字字形還能體現出本器方豆的用途。左上'金'旁、下部'皿'顯示方豆的器種與材質。右上似一人形舉手捧豆，頗具玩味。"細看第 73 頁圖 4-86"固始堆方豆銘文"，與作者所說全不搭界。此圖是《殷周金文集成》4662，釋文應是"邵之飤盨"，第一字作者誤作"邵"，第三字明確是"飤"字。作者本應貼《集成》4660 或 4661 圖，卻誤貼了 4662。御有服用之義，《文選·班孟堅〈東都賦〉》："珍羞御。"呂向注："御，食也。"但例甚晚，且"食"衹是服用義的引申，不能直接解作"飲用"。食器、酒器都與食有關，"飲用"則衹與酒器有關，所以作者用"御"字義來證明該器是酒器，是不行的。至於說"𣪘"字右上"似一人形舉手捧豆"，純出想象。該字有人隸定爲"盨"，可讀作𠤎，或觶，是一種飲酒器，暫不能定，闕疑可也。

《豆》卷第 72 頁提到哀成叔豆，第 73 頁圖 4-10a 爲其器形，圖 4-10b 爲其銘文。但此銘文釋文應是"哀成弔（叔）之鋞"，是鋞銘而非豆銘，鋞也是一種飲酒器。豆銘見《集成》4663，釋文"哀成弔（叔）之䀇（䁍）"。看來也是作者把《集成》4650 的鋞銘誤當成了豆銘。

《卣》卷第 20 頁："《甲骨文字典》認爲卣的腹部像圓壺形酒器，下有圈足。"又說："《甲骨文字典》對'壺'字的解釋是：'像壺形。上像蓋，旁爲兩耳。中之口像環繞之紋，下爲圈足。'《說文》：'壺，昆吾圜器也。象形，从大，像其蓋也。'"第一個"像"是現在的用法，未加引號，是可以的；其餘的"像"字用了引號，原文都作"象"，是傳統用法，引文特別是引《說文》，絕不能用"像"。

《卣》卷第 17—18 頁"單個器物研究"重點討論三件卯（此字有卯、邜兩種隸定法，但絕不能隸作邧）其卣的真僞問題，說："張政烺先生回顧器物流傳過程，根據銘文所刻位置和内容認爲二祀邜其卣和四祀邜其卣銘文是假的……孫稚雛先生認爲六祀邜其卣銘文毫無問題，但對於二祀邜其卣和六祀邜其卣，則不同意張政烺提出的疑點。"張文出處腳注爲"《故宫博物院院刊》1998 年第 4 期"，實際上張政烺先生 1945 年已疑二祀、四祀卯其卣爲僞器，其後與郭沫若、徐森玉、李濟、高去尋、葉慈、松丸道雄等爭辯，1986 年在中國古文字研究會長島年會上有論文油印稿，次年刊發於《出土文獻研究》第 3 輯，《故宫博物院院刊》衹是摘録轉刊。引孫稚雛說，前句已說六祀卣無問題，後句"六祀"必爲"四祀"之誤。

類似問題其他卷亦有，不備舉。

二、各卷架構及重點不全相同，有的未必合理

　　各卷內容不同，涉及的問題不同，因而架構及重點不同，是應該的，也是本叢書的特色。比如《卣》卷重點討論卣的定名與用途、卣與提梁壺、卣和相關酒器的關係；《盤》卷重點討論陶盤與銅盤的關係，銅盤的起源與衰落；《斝》卷也討論到陶斝與銅斝的關係；《豆》卷重點討論銅豆與鋪、簠、敦、鍑的關係，也討論到豆的紋飾；《壺》卷重點討論壺與卣、提鏈壺與鉈、觶形壺與觶的區分；《戴》卷由戴家灣器群的推定，進而討論其器形、紋飾風格、族屬及文化因素、墓地性質等。這些都是很好的。但有些內容，本來是應該有的，卻為某些卷所忽略或輕輕帶過，讓人稍感遺憾。比如《壺》卷收銅壺1174件，對其做了很好的類型學分析，但卻未設專章討論其地域特色（僅附錄討論到膠東貫耳壺，畢竟單薄）。《盤》卷設專章討論盤之紋飾及鑄造工藝，這兩點其他各卷雖也在其他章提到，但多蜻蜓點水，不得要領。如《卣》卷討論鑄造工藝，僅二百字。

　　有幾卷某些章節內容詳略失當。如《卣》卷第九章第二節探討銅卣的發展規律及族屬國別，此節非該卷重點，不足千字本無可厚非，但既提到《考古圖》著錄的丙卣、涇陽縣高家堡出土的戈卣，卻隻字不提更著名的效卣（上海博物館藏）、庚嬴卣（美國哈佛大學福格美術館藏）、叔趯父卣（1978年河北元氏縣西張村出土），未免輕重失衡。對三件𠂤其卣的討論連帶腳注近兩千字，實無必要，因為叢書主要研究器形，祇需點到三卣的真偽即可。

三、有些老大難問題仍有待討論

　　卣是宋人定名，因傳世及出土器無一自定名為卣，故宋人定名是否準確及卣應含哪些器種，今人仍聚訟不已，沒有定論。

　　甲骨文、金文中習見"秬鬯幾卣"的文句。如《甲骨文合集》35355："……卯二牢，鬯一卣……"大盂鼎："易（賜）女（汝）鬯一卣。"呂鼎："王易（賜）呂秬三卣。"此例亦見於傳世文獻。《尚書·洛誥》："予以秬鬯二卣。"《詩·大雅·江漢》："釐爾圭瓚，秬鬯一卣。"卣字甲骨文、金文作"🝩""🝪""🝫""🝬"諸形。李孝定說卣字："當象其形，圓底，上象提梁，下其座也。"朱鳳瀚以為李說"似不可信"。張懋鎔先生以為可信，並說這"顯示卣這種器物有三個特點：一是口部較小，頸部較短。二是頸與腹分界不明顯，腹部碩大。三是器上有提梁。"《卣》卷分析了甲骨文卣字字形，說："確認卣形器物至少具有以下兩個方面特徵：一是近似圓形的腹部且口部較小，二是有圈足。"分析了金文卣字字形、辭例，又說："'秬鬯一卣'中的卣是量詞，亦即一卣酒，那這裏講的卣就和我們要分析、判斷的有蓋、有

提梁、鼓腹、有圈足、整體呈渾圓飽滿態勢的青銅器無關了。"這就不免讓人困惑。

《卣》卷據字形製定的卣的判斷標準，是很難把握的，作者自己似乎也未嚴格執行。比如殷墟大司空村M535：32卣，器形似兩隻相背而立的鴞，雙首爲蓋，蓋鈕爲四阿式屋頂形，雙鴞身合爲器腹，雙鴞各二足合成蹄足，有提梁。日本泉屋博物館藏虎食人卣，形作一虎以二前足抱一人，後二足與尾爲器足，鑿頂爲蓋，有提梁。此二器有提梁、足、大腹，符合卣的主要特點，前人皆視爲卣，但《卣》卷不收，也未詳細闡述理由。

相反，《通論》178祖辛器、甘肅靈臺白草坡出土𤷾伯器、寶雞竹園溝M13出土筒形器，器爲筒形，並無鼓腹、圈足，口也不小，按説就不該是卣，但《卣》卷却收入了。值得注意的是，這種器《卣》卷定名爲卣，《壺》卷定名爲壺，讓一般讀者無所適從。當然，同一叢書各卷作者對同一問題認識不同，是正常的，也是允許的，是學術民主與自由的體現，但也應該有所照應與説明。此類器王國維稱鉶，陳夢家稱圜器，裘錫圭稱圓器，又稱鋞（日本寧樂美術館藏一件丟失提梁的筒形器，銘："河平元年共工昌造銅鋞"）。二十年前，拙文《卣之定名及其他》曾説依自名原則，"這種直筒形的器物，應從卣中排除出去"。張先生説："如果僅僅從外觀來看，這樣説也不是没有道理，問題在於商末周初筒形提梁卣距漢代河平元年（前28）鋞的出現，至少有一千多年的時空跨度，要想説這兩者之間有聯繫，恐怕很難。"這問題很難回答。但卣從無自名者，筒形器又不符合《卣》卷所定卣的標準，爲什麽非得稱卣呢？

區别銅卣與銅壺（特别是其中的提梁壺），也是很難的。《卣》卷提出壺長頸深腹，器蓋子口，蓋舌插入頸内；而卣則母口罩在頸外，短頸圓腹，口較小。但正如張先生序所説："要單憑從形制上將二者區别開來，有諸多困難。因爲有些器像壺又像卣，不胖不瘦，介於標準的卣與壺之間；至於子母口的問題，有些卣的蓋是子口，有些壺的蓋卻是母口，也不是一個很嚴格的標準。"比如上舉竹園溝筒形器，蓋爲内插式，《壺》卷稱爲壺，《卣》卷稱爲卣；故宮博物院藏四祀㣇其器有提梁，器瘦高，與山東滕州前掌大M120出土提梁壺形制幾乎全同，《壺》卷定爲壺，《卣》卷定爲卣，同一叢書已分歧如此，一般讀者該信誰呢？

大概是爲了彌合這些分歧，《卣》卷又提出了一個新標準："判斷一件器物是壺還是卣，如果據器形判斷有疑點，可從組合方面分析。""與尊形成固定組合的青銅卣，往往與尊銘文相同、紋飾相同，或銘文、紋飾均相同。"張先生以爲這是《卣》卷的"一大貢獻""最重要"，復舉多例加以闡發。應該説，這一説法有其道理。但這一標準似乎也不是絶對的。正如《卣》卷第57頁所説："……如果判斷一件器物首先從組合出發，則結論未必正確。因爲提梁銅壺在成王時期曾參與了與尊的組合。在殷墟四期，可能也作爲酒器，與尊組合，用以彰顯墓主人的身份。"北京琉璃河M253：4、M253：5二器與M253：2尊紋飾相同，《卣》

卷判定爲壺，《壺》卷第 168 頁附表判定爲卣，即是例子。

所謂"鏤空柄豆"的定名，也是學人久爭不決的問題。《豆》卷説豆類器有實柄與鏤空柄兩類，前者爲豆，前人無分歧，後者則頗多爭拗。鏤空柄類器整體器形與豆相近，但盤邊窄而底平，與一般豆盤作碗形或缽形有別；柄多粗矮，與一般豆柄細瘦而高有別。此類器多自名爲"鋪""䐇""匲"，個別自名爲"豆"（《博古圖》著録單昊生豆），甚或"毁"（山東沂水劉家寨子 M1 出土 7 件）。此類器馬氏《青銅》稱鋪。朱氏《銅器》則曰："對於這種器型，學者或以爲即典籍所載之籩，專用於盛乾果、乾肉之器；另一説則認爲此種器物正是典籍所言之簠，即《説文》所言爲'黍稷圜器'之簠。以上二説，釋爲籩，器形合於《爾雅》《説文》，特別是此種器型柄部鏤空尤似竹編器，且盤淺，盛乾菜、乾肉較爲合宜。故可爲一説。惟此種器自名之字由甫得聲，與籩聲不可通，是否即籩尚難肯定。至於以此器爲《説文》之簠，音同字合，且器形特徵亦大致相符，不無道理。惟此種器型是否即是典籍所見之簠，尚需再考……綜言之，此種器型尚難與典籍中某種器名相印證，故可逕以其自名稱之，本書即統一稱此種器爲'鋪'，因其器型總的特徵合於豆，或説屬於豆類……故本書將之列爲豆的第二類器型。"朱先生態度游移，祇是不得已而已。《豆》卷不加分析地承襲朱説，將鏤空柄類器依蓋之有無劃分爲二型。

宋人吕大臨、薛尚功等所説的"簠"，並不指鋪類器，而是指一種長方形、斗狀，器蓋同形的器物，其自名作"匡""鉅""𨫔""𦥑""匵""獸""笑"等。20 世紀 70 年代末，唐蘭先生最早提出此類器應定名爲瑚或胡，而鏤空柄豆類器纔是真正的簠，稍後高明先生作專文復加申説，學者翕然風從。本世紀初，周聰俊、李學勤等先生著文，質疑唐、高新説，其理由主要是戰國古文字甫、古聲字有通用之例，又簠爲方器合於《周禮》《儀禮》鄭玄注，舊説一時又占上風。朱先生《綜論》亦"暫從舊説，將長方形斗狀器仍稱爲簠"，將鏤空柄豆形器仍稱爲"鋪"。但既是"暫從"，可見朱先生還在猶豫。近日趙平安先生著文《"簠""鋪"再辨》則指出，古、甫聲字通用，祇是戰國中期以後人的習慣，且較罕見；《説文》"簠"字排在"簋""籩"之間，其説"簠"爲"黍稷圜器"不能簡單否定；《禮》書及其鄭注反映戰國中期以後甫、古聲字混用的情況，是一種錯亂。他的結論是："長方形、斗狀，器蓋同形器和有鏤空高圈足的豆型器的定名應以器物自名爲主，一個定名爲'𨫔'，一個定名爲'鋪'。不必依據錯亂的傳世文獻，相互否定，各執一端，使本來清晰的分類陷於混亂的境地。"依其説，"鋪"實際上就是《説文》所説的"簠"，現在學者所説的"簠"則是瑚。他的説法也極有道理。

以上僅就卣、豆的定名及分類略加討論，類似的問題還有。平心而論，對這類老大難問題，叢書各卷作者也下力氣試圖解決，提出了自己的解決方案。但應該説，其方案未必完美,問題並没有完全解決,還應繼續深入研究;另外,在行文中也應留有伸縮餘地,不要輕易做絕對肯定或否定的結論。

叢書據説還將陸續推出十餘卷,至爲期待。也期望張先生及其弟子能堅持不懈,在青銅容器之外,其研究還能擴展到樂器,乃至兵器。這對中國古代青銅器研究,將有不可估量的意義。

2016 年 12 月 4 日

(原載《出土文獻》第 10 輯,中西書局,2017 年;
又載《秦陵秦俑研究動態》2017 年第 1 期)

在《殷周青銅器綜覽》第一卷中譯本
新書座談會上的發言

　　林巳奈夫先生是日本研究中國商周秦漢考古與青銅器的著名專家，其《殷周青銅器綜覽》是研究商周青銅器的煌煌巨著，具有劃時代的意義。該書第一卷現由青年考古學者廣瀬薰雄先生、近藤晴香小姐翻譯，郭永秉先生潤文，上海古籍出版社出版，是爲學術界做了一件大好事，我們應該表示由衷的感謝。

　　中國古代青銅器研究的歷史源遠流長。北宋真宗以後，金石學勃然興起，青銅器及其銘文研究爲其主要內容。宋人對青銅器或描繪器形，或摹寫銘文，或考釋文字，或據經典定器之名稱、紋飾。宋人研究，雖有開創之功，但重銘文，輕器形，較爲粗疏。清人崇尚"通經致用"，其青銅器研究每多創見，如對器之定名，時或糾正宋人誤説。但總體上看，清人研究仍未脱宋人藩籬。近現代，隨着科學考古學的引入，青銅器研究逐漸擺脱了金石學的束縛，走上了全新的道路。李濟運用考古類型學的理論，對殷墟出土青銅器分型分式。郭寶鈞注意青銅器的組合、發展演化及其鑄造工藝。郭沫若分商周青銅器爲四期，探討各期器物形制、銘文、紋飾的特點，又對東周青銅器分國，開地域研究之先河。容庚《商周彝器通考》對青銅器的起源、發現、類別、時代、銘文、花紋、鑄造、辨僞、收藏等做了全方位的考察，是建國前青銅器研究的一座高峰。陳夢家《中國銅器概述》《西周銅器斷代》也是青銅器綜合研究的典範之作。此後，中國大陸因"文化大革命"等政治運動的干擾，青銅器研究一度相對沉寂。

　　《綜覽》第一卷出版於1984年，而其寫作則在其前10餘年間。在此期間，林先生長期關注安陽殷墟、洛陽、三門峽、長沙馬王堆、陝西岐山、扶風等地的考古新發現，並據以探討商周青銅器的年代及其銘文。《綜覽》收青銅容器、樂器4600餘件，圖版清晰，説明仔細，遠超容氏《通論》收器991件的規模，是當時資料最爲豐富的商周青銅器研究專著。此書第二編第一章第三節《青銅器各類各型之形制的時代演變》對馬衡、容庚、郭沫若、陳夢家、高本漢、凱恩、唐蘭、水野清一、白川靜等中外學者的青銅器斷代標準有所批評，認爲他們過於重視銘文，而輕視器形。林先生以表格的形式列舉各類有代表性的青銅器，爲之分型分式，以確定其時代。作者分商代至春秋早期的鼎爲17型，分析各型特點，極爲深入。

此書第一編第三章《青銅器種類的命名》分青銅器爲食器、酒器、盥洗器、樂器、雜器等五類，酒器又分溫酒器、煮鬱器、盛酒（水、羮等）器、飲酒器、挹注器、盛尊器等6小類，比之容、陳二氏分類，更爲科學、合理。作者將每種器注明自名命名、依據自名以外的確切的根據命名、缺乏命名的根據但承襲傳統的稱呼、採用名稱以外的自名，至爲清楚。鼎自名爲鼎或貞，貞字容氏或釋鼏，說鼏是斂口的鼎，林先生以容釋爲誤。對"善鼎""行鼎""會鼎""飤鼎""鐈鼎""鉈鼎""盂鼎""飤䰛""胚鼎""石沱""礁䰜""飤䤾""䰞""鬲鼎""方鼎"的特徵、用途、時代都結合文獻、出土地加以剖析，對研究者深有啓迪。

青銅器的主要用途是供王或諸侯、卿、大夫、士祭祀及接待賓客，此書第一編第四章《殷、西周時代禮器的類別與用法》對之有中肯的論述。作者結合《周禮》《儀禮》《詩經》《左傳》等傳世文獻與金文器用文例、青銅器器形，分析其在祭禮中的用途，令人信服。作者論證時每每使用最新的出土資料，且經過深入的思考，絕不盲從前人之説。如作者引河北元氏縣出土叔趯父卣銘文"余畦女（汝）小鬱彝"，説明卣是盛放鬱鬯的；並申述陳夢家的説法，盛鬱鬯的器爲了防止香味消失，其蓋子一定要密封器口，卣上有提梁，拿掉器蓋不易。這些都很有見地。《周禮·鬱人》注引鄭司農説云："鬱，草名，十葉爲貫，百二十貫爲築，以煮之鐎中，停於祭前。"鬱究竟是一種什麽植物，作者引張光直的看法，並託臺灣朋友去買或説是其别名的"薑黃葉"，親自依古法實驗，以決定其説是否可信，這種凡事追問到底的精神在中國人的著作中並不多見。

青銅器上的紋飾及其演變，是青銅器饒有趣味的研究課題。此書第二卷《殷周時代青銅器紋飾之研究》對此有全面、詳細的討論，而在第一卷第二編則專設一章，歸納青銅器上花紋、附加裝飾的形制、表現技法的時代特徵，以及各個時代使用的紋飾種類及其演變、衰落。作者分饕餮紋爲10種，分析其地紋、平凸、帶狀、輪廓綫、透雕等特徵，指出其屬商或西周某期，因爲前提是依據器形的分期，故其説絕對可信。作者將渦紋地高凸附帶細羽渦紋分散饕餮劃歸商代晚期Ⅱ、Ⅲ，説其角、目、眉毛不相連，"好比福笑的'おかあ（okame）'"，別具隻眼。

從1984年到現在，又過去了30多年。30多年間，無論在中國還是在海外，中國古代青銅器研究都有了長足的進展，朱鳳瀚《古代中國青銅器》及其修訂版《中國青銅器綜論》是其代表。陝西作爲青銅器出土最多的省，也有多位學者於此多有建樹，如吴鎮烽、張懋鎔、曹瑋等。對青銅器研究，此前已取得了顯著的成績，但仍然存在着很多不足，如家底不清，各類器之定名及其之間的關係、器物、紋飾之間的互動、金文字體、辭例對斷代的作用，尚有許多没有完全解決的問題，有待後繼者深入研究，再做努力。期望林先生《綜覽》第二、三兩卷中譯本儘早出版，讓我們沿着林先生等前輩開闢的道路，不斷前行。

（座談會上發言限於時間，比較簡短，本文有所補充。
2017年9月4日在復旦大學出土文獻與古文字研究中心發言。
上海《文匯學人》第315期有摘録）

《秦出土文獻編年訂補》跋

　　1998年4至7月間，我應饒宗頤先生和香港中華文化促進會之邀，到香港中文大學編撰《秦出土文獻編年》。此書作爲饒先生主編的《補資治通鑑史料長編》叢書中的一種，2000年由臺灣新文豐出版有限公司印行，饒先生專爲此本寫了序，稱"此書將與馬氏之《秦集史》、徐氏之《秦會要》並行，大有功於史學"。"馬氏"指秦史專家馬非百先生，"徐氏"指曾訂補清孫楷《秦會要》的語言文字學家徐復先生，都是對有關秦的傳世文獻研究的前輩大家，拙著不能望其項背，賤名也絶不敢與前輩並列，這衹能看作饒先生對後學的勉勵期待。書出之後，受到同行的好評，認爲把秦出土文獻加以彙集、簡略分析和編年，對秦史、秦文化研究，是有益的工作。有幾位前輩和同行，還希望著者能隨時以文章的形式對原書加以訂補。

　　1999年之後，秦出土文獻多有重要發現，也有舊資料首次系統刊佈。如甘肅禮縣大堡子山秦公墓地祭祀坑出土秦子鎛鐘，澳門蕭春源先生珍秦齋收藏秦子簋蓋，美國范季融、胡盈瑩夫婦收藏秦公諸器，法國高美斯先生收藏宜陽鼎以及多件秦兵器的刊佈；2011年八年相邦薛君、丞相殳漆豆的收繳；2001年關沮秦簡牘的刊佈，2004年王家臺部分秦簡牘的刊佈；2002年以後里耶秦簡牘的陸續刊佈，2009年以後嶽麓書院藏秦簡牘的陸續刊佈；2002年孫慰祖先生刊佈上海博物館藏秦封泥178枚，歷年來北京楊廣泰先生文雅堂、南京藝蘭齋收藏秦封泥數千枚，2007年中國社會科學院考古研究所漢長安城考古工作隊對秦相家巷遺址進行發掘，得封泥300餘枚；關中地區秦陶文有幾批重要發現。十多年來，秦文字研究，特別是秦簡牘研究，也有了日新月異的進展。鑒於這種情況，2002—2008年，我與王偉、楊宗兵君曾作《〈秦出土文獻編年〉續補》四篇。其中資料的收集、校核，王偉出力甚多。2008年之後，我們也隨時對拙著加以訂補。

　　訂補本力求反映秦出土文獻的最新狀況，也儘可能吸收學界已有定論的研究成果，因此無論是釋文還是按語，都對初版本有很多補充和訂正，也與秦出土文獻最早的著錄如考古簡報、報告等不盡相同。對資料來源、各家的說法，我們在按語中多有說明，但限於體例，未能詳盡，抉擇也未必完全妥當。對某些研究成果，如簡牘的綴聯、詞語訓釋的新穎見解而有爭議者，暫未採納。對秦出土文獻原始資料的發掘者、最早整理刊佈者，對多位秦文字、秦史研究者，我們深表謝意，同時也期望得到朋友們的諒解、批評與指正。

訂補本仍將饒宗頤先生原序冠於卷首。一則作爲紀念，二則序文求真求實、勇於探索的精神也是我們應該繼承和發揚的。近年，我與臺灣"中研院"史語所陳昭容研究員以及王偉君合著《秦文字通論》，即將由中華書局出版，該書更多地闡述了我們對秦出土文獻的一些認識，是本書的姊妹篇，我願在這裏自我推薦。

2008 年，本書訂補本擬出版時，李學勤、裘錫圭二位先生寫了熱情的推薦信，對此我們是很感激的。2013 年末，饒宗頤先生年近期頤，仍爲本書題署，尤令著者感動。同窗陳復澂兄題寫扉頁，陝西省考古研究院王煒林院長、秦陵博物院曹瑋院長、中國秦文研究會賈雪陽會長、秦文研究所巫民選先生在本書撰寫出版中曾給予很多協助，三秦出版社韓宏偉先生在改稿中做了大量的工作，打字師傅造字不辭辛勞，我們亦深致謝意。

秦出土文獻的著錄與整理，是一個不斷完善的過程，絕不可能畢其功於一役，近日里耶秦簡牘、嶽麓書院藏秦簡又刊佈了很多新資料，北京大學藏秦簡也有概述文章發表，但書稿已送排，我們未加收錄。馬王堆帛書《陰陽五行》（《式法》）、楊家山簡時代或說是秦，或說是漢初，亦未收錄。再過幾年，隨着新資料的增加、研究的深入，我們或許會對本書再作新的訂補。我們以個人的微薄之力，多年來孜孜於茲，但限於條件與學力，本書肯定還存在種種缺點與不足，亟望讀者批評。

（原載《秦陵秦俑研究動態》2014 年第 2 期。
《秦出土文獻編年訂補》，王輝、王偉編著，三秦出版社，2014 年。
令人遺憾的是，因爲編輯的疏忽該書封面題署並非饒先生字，而是出版社自己集字）

《秦文字通論》跋

　　我1967年從陝西師範大學中文系畢業，正好趕上"文化大革命"，因爲家庭成份不好，於是被分配到秦巴山區的白河縣，先是勞動鍛煉一年，接着教中學，一待十年。

　　1978年，我考取四川大學歷史系研究生，師從徐中舒先生學習漢語古代文字。1980年寫碩士論文《殷人火祭說》，討論的是殷墟甲骨文。畢業後到陝西省考古研究所工作，依所裏的規矩，先到咸陽窑店、鳳翔八旗屯秦都雍城、咸陽工地參加考古發掘。1982年末，我到《考古與文物》編輯部做考古編輯，直到2003年。

　　陝西是周秦王畿地區，出土西周金文、春秋戰國秦文字資料歷來居全國之冠。我是學古文字的，所以經常會看到周秦文字的最新出土資料，引發濃厚的研究興趣。比如鳳翔南指揮村秦公一號大墓出土殘編磬銘文多條，不幾天後我就看到了，單位也要求我儘快對之做出解釋。因爲這些機緣，從20世紀80年代初起，學習和研究秦文字，便成爲我工作的重點。我最初做秦銅器銘文研究，逐步擴大到秦陶文、石刻、璽印封泥，近年又擴大到簡牘。三十多年來，我的研究範圍涉及西周金文、戰國六國文字，乃至漢簡，但其中心衹有兩個：一是秦文字研究，一是古文字通假字整理。

　　2007年，我打算寫一本通論性的小書，對先前的秦文字研究做一個階段性的小結，將學界和自己的一些認識加以歸納、去取、綜述，以爲這對自己，對同行都是有益的。

　　開始寫作之後，纔發現因材料的龐雜，任務艱巨，不是一個人短時間内能夠完成的，於是邀請到臺灣"中研院"史語所陳昭容研究員以及我的學生王偉（陝西師範大學文學院副教授）參與其事。對他們的工作，我是極爲感謝的。

　　本書各章的執筆人是：王輝，第一至五章；王偉，第六至八章，以及兩種附錄；陳昭容，第九至十章。最後由我根據全書的體例統稿。我們力圖寫出一本對普通讀者和專業研究者都有用的書，所以既注意了行文的可讀性，又力求内容有一定的深度；對學界的種種意見，既有綜述，也有評議，而其結論，則反映我們目前的認識。本書涉及的資料及研究，時間下限一般爲 2009 年，但在修改的過程中部分章節則延至 2013 年 5 月以前，以求反映秦文字研究的最新動態。六年多來，我們爲此做出了自己的努力，但是否能達到目的，則要聽取同行的意見，我們衷心希望得到批評與指教。

對秦文字，我的認識也是逐漸深化的，有的觀點現在與三十年前或二十年前不同，當以後來的看法爲準。比如"秦子"，我 1986 年的文章認爲是前出子，現在則覺得陳平先生原先的看法（"秦子"爲文公太子静公）是有道理的。又如秦駰玉版的"駰"我最初未確定是誰，現在則同意多數學者的意見："駰"即秦惠文王"駰"（"駰"是"駰"的訛字）。但對有些問題，經過思考，我仍堅持自己的看法。比如秦人的族源，我原來傾向於"東來説"，後來則傾向於"西來説"。近年，隨著甘肅甘谷毛家坪等考古工作的進展，特别是清華楚簡《繫年》提到："飛廉東逃于商蓋氏。成王伐商蓋，殺飛廉，西遷商蓋之民于邾虐，以御奴虘之戎，是秦先人"，"東來説"是目前的主流意見，但我仍傾向"西來説"，以爲考古證據仍有另作解釋的空間，《繫年》的説法時代偏晚，且有種種漏洞，不能遽作定論。

還要説明的是，我們三人對秦文字涉及的絶大多數問題看法是一致的，但對個别問題仍存在分歧。對各人執筆章節中的不同意見，我在統稿中都儘量加以保留，而不強求一致。這也算是一種學術自由與民主的體現罷。

饒宗頤先生以 97 歲的高齡爲本書題署，至爲感激。秦陵博物院曹瑋院長、中國秦文研究會賈雪陽會長、秦文研究所巫民選先生後期爲我們提供了很多幫助，中華書局秦淑華先生在審稿中做了大量的工作，同窗陳復澂兄爲題寫扉頁，謹此致謝。

（原載《秦陵秦俑研究動態》2014 年第 2 期。
《秦文字通論》，王輝、陳昭容、王偉著，中華書局 2016 年出版）

《秦文字編》跋及附記

20世紀80年代初,我開始走上學習和研究秦文字的道路,二十多年來沉潛其間,撰有《秦銅器銘文編年集釋》《秦文字集證》《秦出土文獻編年》三本書。在工作中,我經常使用幾種出版已久的秦文字工具書,如袁仲一《秦文字類編》、劉信芳《睡虎地秦簡文字編》、張守中《睡虎地秦簡文字編》、許雄志《秦印文字彙編》;也使用幾種典範的戰國文字工具書,如湯餘惠《戰國文字編》、何琳儀《戰國古文字典》等。這些書有很多優點:或用複印剪貼,或摹寫較精,多附有辭例,有的還有簡單而必要的訓釋。但無可諱言,這些書也有某些不足:限於體例,戰國文字工具書收秦文字較少;秦簡、秦印文字編祇收某一門類甚或某一門類中的一部分的秦文字,看不出秦文字的全貌;出版時間較早,很多新見字漏收;摹本或有失真;有的沒有辭例,有的辭例較少。鑒於這種情況,我曾有一個宏願,想自己動手新編一本《秦文字編》,以反映秦文字的全貌,同時附較多辭例及必要的訓釋,以方便讀者。但因爲總是忙,荏苒數年,這個願望一直未能實現。楊宗兵同學原在北京師範大學隨秦永龍教授讀博士,2005年春,他的博士論文《秦文字字體研究》送我審閱,論文後附有《秦文字字表》近500頁,引起了我的興趣。當年秋,宗兵提出想到陝西師範大學文學院隨我讀博士後,我即建議他以編撰《秦文字編》爲課題,希望自己多年的願望由他而得以實現。後來這個課題得以確立,並獲得了國家博士後基金的贊助。

在《秦文字編》編纂之初,我曾給宗兵定下了4條原則:

1. 字形儘量掃描,以存其真;

2. 摹本準確者,也可適當選用;

3. 每個字形下皆附有辭例;

4. 有簡明扼要的注釋。

按這幾條原則，兩年來，宗兵的工作可以說是日夜兼程。因爲他在讀博士後期間，原單位仍有工作任務，《秦文字編》大多是利用業餘時間：雙休日不休息，晚上經常幹到凌晨兩點。經過近兩年緊張的工作，字編終於在今年5月拿出了初稿。從5月末到7月中旬，我用一個半月時間做了大量修改。應該說，本書基本上達到了以上4條要求，但也不可能做到盡善盡美，仍然存在一些不盡人意之處：

1. 字形用掃描的初衷是好的，但簡牘之類有些字影印本原質量較差，掃描後雖作了技術處理，仍不是很清晰；

2. 摹本輾轉迻錄，最初的摹寫者有的見過實物，有的僅據照片，仍有走形。研究戰國文字特別是兵器、簡牘的人都知道，最好能目驗實物，但這不是一般人都能做到的。我自己見過不少實物，但大多數仍祇能看照片、揭本，宗兵就見得更少了。兵器上很多字細如髮絲，是揭不出來的，早先的技術也很難照清楚。因此，本書摹本僅供參考；

3. 因爲辭例求多求全，使書的部頭較大。權、衡、詔版之類銘文雷同，數字、干支、常用字出現頻率極高，封泥、璽印、陶文同一職官印或私印有的有數枚，或不同書重複著錄，這就使得有的字項有數十頁。我雖稍有刪削，但一則封泥之類核對查重絕非短時間所能完成；二則又想到資料求全也能起到秦文字引得的作用，可統計某些字詞的使用頻率，對讀者仍有某種利用價值，故未盡刪。好在各辭例皆標明出處，讀者在使用中可根據需要加以選擇：

4. 簡牘特別是天水放馬灘《日書》乙、龍崗簡多殘缺，斷句較困難。我自己多年來研究、整理秦文字，自以爲對材料很熟悉，但對某些句子該如何斷，仍猶豫再三。

應該說，有些不足是因爲我的指導思想而造成的，責任應由我承擔。不過，祇要本書比先前的幾種秦文字工具書收字更全、辭例更多、解說更詳細，就自有其價值。

《秦文字編》的時間斷限，上起秦莊公未即位前數年內，下迄秦漢之際，大體包括春秋、戰國時的秦國和秦王朝兩段。部分傳世璽印字畫細勁，方中寓圓，與西安北郊相家巷村出土秦封泥風格一致，而與典型的漢印有別，我們將之看作秦印。馬王堆帛書中的《五十二病方》《足臂十一脈灸經》《陰陽十一脈灸經》甲、《脈法》《陰陽脈死候》等書法秀麗，字體近篆，用"殹"，不用"也"，竹字作"竹"，與楚文字同，學者多以爲"寫於秦始皇稱皇帝期間"，本書也加以收錄。但時代明確的漢初文字，如張家山漢簡抄寫於呂后二年（前186）前後，雖然文字風格與秦文字相同，我們則不加收錄。

本書所收文字的分部及編排順序，仍依《說文》。先前的秦文字工具書或重新分部編序，有得有失。嚴格說來，秦文字屬古文字的範疇。研究古文字的學者對《說文》部首及其歸字較爲熟悉。裘錫圭先生《文字學概要》第62頁說："《說文》收集了九千多個小篆，這是最豐富最系統的一份秦系文字資料。但是《說文》成書於東漢時期，當時人們所寫的小篆的字形，有些已有訛誤。"《說文》篆文雖有訛誤，然而它最接近秦篆，而迥異於六國文字，則是不爭的事實。《秦文字編》據《說文》分部，應是較好的選擇。

不過，根據秦文字的實際，我們對《說文》分部、歸字也略有變通，如：

《說文》晨、曟（晨）二字，"晨"爲"早昧爽"，"曟"爲"房星"，秦文字皆作"晨"，今卷三、卷七皆收入。

肚，《說文》在卷十四丑部，云："食肉也。从丑，从肉。"徐鍇繫傳："从肉、丑，丑亦聲。"今改置四卷肉（月）部。鳳、朋、鵬《說文》一字，我們將鳳鳥之"鳳"與朋友之"朋"看作兩字。

亯、享、亨《說文》一字，我們將享、亨看作兩字。

《說文》改、攺二字，音、義亦不同，但秦文字中"攺"或讀"改"，如詛楚文"外之則冒攺毕心"，"冒攺"即"昧改"，此猶侯馬盟書"而敢或（有）敊（變）攺（改）"，今隸作"攺"，注明用同"改"。

《說文》卷六有無字，卷十二有橆字，二者本一字，後者爲前者的注音形聲字，《說文》分爲二字，"橆"又有異體"无"。從秦文字看，有無之字皆作"無"，下不加"亡"。今有無字皆置六卷，而將"无"附卷十二"橆"下。

卿、鄉本爲一字，秦時已分化爲二字，《說文》分置於卷六、卷九。秦時雖已分化，但二字或分用（如卿大夫、西鄉），或同用（如"民各有卿俗""西卿門"之卿仍同"鄉"或"嚮"）。本書將讀同"鄉"的"卿"置於卷六。

穜、種《說文》分爲二字，但秦文字有"穜"無"種"，今在"穜"字後括注"種"字。

《說文》卷五有鬱字，卷六有欝字，二者實爲一字，秦文字有"鬱"無"欝"，今二卷皆收入。

《說文》卷十二聞字从耳，門聲，秦戰國文字同。春秋時秦懷后磬"聞于四方"聞字突出人耳聽聞之狀，乃其本字，即《說文》婚字籀文"慐"，《說文》"聞"讀爲"婚"。今將磬文置於聞字下。

《說文》"顛"訓"顛頂"，"願"訓"謹"，"顙"訓"大頭"。秦文字有顛、願而無顙。段玉裁云："《篇》（引者按指《玉篇》）、《韻》（引者按指《廣韻》）皆云顛、願二同。"又云："按毛詩願字首見於《終風》'願言思鬳'而無傳，則毛意謂與今人語同耳。《釋詁》曰：'願，思也。'"欲思義典籍多用"願"，而秦文字用"顛"，今仍隸作"顛"，而注明用同"願"。秦吉語印"慎言敬愿"，愿爲恭謹義，與"願"異義，仍另立一字頭。

《說文》雲、云一字，但後世用法有別。秦文字"云"用爲助詞，"雲"爲雲氣，我們列爲兩個字頭。

巳、已一字分化，《説文》作一字看，但秦文字中二者各有用例，我們仍看作兩字。

有些字如兵字《説文》篆文作"𠬿"，籀文作"兵"，今通用"兵"，今字頭仍標作"𠬿"，而在其後括注兵字。又如攀字《説文》篆文作"𢫦"，攀爲其異文，秦文字作"攀"，今在"𢫦"後括注攀字。

當然，這種選擇也不是没有缺點。比如毀字置竹部簋字下而不置於殳部，疢字置頁部而不置於疒部，就未必合理。任何選擇都有利有弊，我們祗是選擇利大而弊小的處理方式。

注釋力求簡略，凡有爭議的詞語祗列有代表性的看法。對不同看法的取捨力求公允，不全以我自己先前的説法爲標準。秦公及王姬編鐘、鎛鐘"匍有四方"之"匍"我原讀爲"溥"，同時指出有學者讀"撫"。馬王堆帛書《足臂十一脈灸經》之"𥁕"我原隸作"温"，讀"筋"，本書仍從衆讀"脈"。當然，對學者的説法我們是有抉擇的，並非一概採用。詛楚文有地名"於"，於、烏《説文》一字，學者或説"𨞪"即"鄔"，但《説文》："鄔，太原縣。"𨞪則在河南、陝西界上，我們仍隸作"𨞪"，看作《説文》所無字。

近幾年秦文字不斷有新資料出土或刊佈，爲《秦文字編》的編纂提供了有利的條件。但放馬灘秦簡《日書》乙、王家臺秦簡、里耶秦簡都祗發表了零星資料，我們未能完整利用，又有些許遺憾。若干年後，我們期待能對本書加以訂補。兩年以來，我們做了很多努力，但時間畢竟短，加上其他原因，本書肯定還有種種不足乃至錯誤，誠懇歡迎同行批評指正。

蒙李學勤先生賜序，饒宗頤先生、秦永龍先生題寫書名，於此致謝。

2007 年 7 月 18 日

附記：因爲種種原因，本書印行從 2007 年拖延至今。李學勤先生的序和拙跋幾年前已經發表，所以常有朋友問書出版没有，我皆無言以對。2012 年末，書稿正式發排，今年 6 月排出初樣。六七月份，我又仔細校改一過，包括有些文字、辭例的改動、增刪、挪移，有些《説文》篆文、古籀文的添補、隸定，有些體例的前後統一等。時值酷暑，近五十天間，每天工作十個鐘頭，極感疲憊，但想到書終於可以印出，又是很高興的。有兩點需要説明：

1. 六年來，又有若干秦文字資料刊佈。如《天水放馬灘秦簡》完整刊佈了天水放馬灘秦簡《日書》甲、乙及木板地圖；《嶽麓書院藏秦簡（壹、貳）》刊佈了三種《質日》《爲吏治官及黔首》《占夢書》《數》；《里耶秦簡（壹）》《里耶秦簡牘校釋（第一卷）》刊佈了千餘枚里耶簡；秦金文、陶文、封泥也有一些新發現。我本想對《秦文字編》加以增補，但一則考慮到不久仍會有大宗資料刊佈（如里耶簡、嶽麓書院簡、北大藏秦簡），不如索性再等一等，二則短期内時間和精力也不允許，故書仍大體保持 2006 年的舊貌，祗對放馬灘簡引到的辭例，根據新資料略有訂正、增刪。全面的訂補，俟諸異日。

2. 有些掃描文字排版公司已經作了一些技術上的處理，但效果仍不甚理想。對不清晰的字例我本想刪去，或用摹本、符號代替。但字既不清晰，摹本不可能準確；用符號代替，則原字是否應如此隸定易致讀者懷疑。我想，有些字雖祇有模糊的輪廓，但原始資料刊佈者對其隸定絕大多數是可信的（因爲有上下文、辭例），祇有極個別字已是漆黑一團，才用〇代替。《秦文字編》對2006年以前資料的收錄較爲完整，又有簡單訓釋，在某種程度上具備字典及引得的功能，所以不忍割捨，希望得到讀者的諒解。

後期工作中得到秦陵博物院曹瑋院長和研究室朱學文主任的很多幫助，很是感謝，彭文、蔣文孝也參加了部分工作，於此說明。

2013年8月24日

（原載《秦陵秦俑研究動態》2014年第2期。

《秦文字編》，王輝主編，楊宗兵、彭文、蔣文孝編著，2015年由中華書局出版）

《〈秦文字編〉讀後記》編輯後記

同名王輝君《〈秦文字編〉讀後記》指出拙主編《秦文字編》存在的數十條問題，我仔細核對過，知其所説大多是對的，亦深覺後生可畏，是學術的希望所在。《秦文字編》出版於2015年4月，但書初稿成於2006年末，2007年交出版社。從2007年到2015年的8年間，秦文字資料的著録及研究有了長足的進展，我在多次校稿中也力圖吸收新説。如0343條"達"字注文説或隸作"連"，即已注意到有學者釋此字爲"連"，但因字形模糊，故未否定釋"達"；又如0726條按語説亦有學者隸作"省"，讀"省"，却未能肯定。但有些條目因爲疏忽，不僅未留意到後來學者的意見，甚至連自己早先的看法也忘記了。例如1506條，第1110頁右欄收"朵"字，《讀後記》以爲應從陶安、陳劍2011年的説法釋"朵"，甚是。實際上1999年出版的拙著《秦文字集證》第270頁已釋"朵"，謂"朵於禾上加一短豎，爲指示字"。一些技術性的錯誤也是因爲粗心。如第719頁右欄誤置"上"字形在"工"字條下，該條辭例"櫟陽工上造閒"，編者本應切取"工"字，却誤切了下字"上"；又如第791頁誤置"丘"字在"刑"字條下，該條辭例"與戰刑（邢）丘城"，本應切取"刑"字，却誤切了"丘"字。這些都是不應有的錯誤，我們要引爲深刻的教訓。對詞語的注釋大多沿襲原注，後來有很多學者提出了不同意見，見仁見智。如睡虎地秦簡《法律答問》"當三環之不"，"環"原整理者讀"原"，意爲寬宥從輕，後來張家山漢簡整理者、錢理群、夏利亞提出各自的看法，《讀後記》認爲錢先生的説法甚佳，"環"訓返還。此類問題形成定論有一個過程，似仍有討論的餘地。拙編有4册，約400萬字，存在的不足乃至錯誤恐遠不止以上這些，後來我自己也發現了一些，如0153、3262二條"苗"應合併；0757、2540二條"雍"應合併；0537、2032二條"誘"應合併；1148、2370二條"憂"字應合併；0745、2600二條"翼"字應合併。誠懇盼望讀者繼續指正！

（原載《考古與文物》2015年第6期，是我作爲責任編輯所寫的後記）

中國古文字研究會第五屆年會在西安召開

　　中國古文字研究會第五屆年會於1984年8月27日至9月2日在西安召開。中國社會科學院歷史研究所研究員、著名古文字學家胡厚宣先生主持了這屆年會。出席年會的有來自全國十七個省市自治區的歷史、考古、文博科研單位，高等院校以及新聞出版單位的代表95人，西北大學、陝西師範大學、華東師範大學、湖南師院、湘潭大學等校的古文字研究生25人列席了會議。著名學者張政烺、李學勤、裘錫圭、高明、姚孝遂、張頷、柯昌濟、曾憲通、劉啓益、中國古文字研究會秘書長趙誠，以及陝西省文化文物廳副廳長陳全方、陝西省社會科學院顧問何微、陝西省考古研究所所長石興邦等出席了這次會議。陝西省社會科學院院長郭琦、陝西師大副校長陳俊民、前陝西省文物局副局長王修出席了開幕式。陝西省委副書記周雅光、副省長林季周、省委宣傳部副部長張鼎蒙特邀出席了會議閉幕式，林副省長在閉幕式上講了話，對會議的成功表示祝賀。

　　這次會議是受理事會委託，由陝西省考古研究所籌辦的。中共陝西省委、省政府，省委宣傳部、省文化文物廳都極爲支持。

　　這屆年會共收到論文近百篇，涉及殷墟甲骨文、周原甲骨文、西周金文、戰國貨幣、漢簡、帛書、璽印、銅鏡、秦漢陶文以及文字考釋、天象曆法、西周文法等方面的問題。這次年會採用討論的方式，共討論了70餘篇。在作者宣讀論文要點之後，進行辯論，各位代表不分年齡、資歷，對學術問題暢所欲言，會議氣氛熱烈，體現出百家爭鳴的良好學風。

　　胡厚宣先生《八十五年來甲骨文材料之再統計》一文，對1899年以來85年間殷墟出土甲骨文的收藏情況重新作了統計，這是對他1937年《甲骨文材料之統計》、1951年《五十年甲骨文發現的總結》兩篇文章的補充。據胡先生的統計，殷墟甲骨文國內98個單位收藏95880片，私人收藏1731片，臺灣省收藏30204片，香港收藏89片，國外12國收藏26700片，國內外合計收藏154604片。十五萬片甲骨對歷史和甲骨文的研究具有極爲重要的意義。

沈之瑜《殷墟卜辭新獲》公佈了未經著録的甲骨文 26 版，内容涉及氣象、王事、祭祀、農業等。

林澐《無名組卜辭父丁稱謂的研究》一文以爲甲骨文中無名組卜辭所見父丁稱謂，既有祖甲之稱武丁，又有武乙之稱康丁。要明確哪些指武丁，哪些指康丁，關鍵在對無名組字體作進一步分析。根據字形組合和書體風格，對甲骨進行斷代，這在甲骨斷代上是一個創見。裘錫圭贊成林澐的意見，認爲要對書體風格、稱謂組合、卜人集團作綜合考察。也有的先生認爲根據字體斷代，在實踐上困難很多。

高明《商代卜辭中所見王與帝》一文提出，商代稱王者甚多，王是部落聯盟的酋長，是軍事民主政治制度下的軍事首領，而人君帝則是君主政治的產物，他的説法引起了代表們的濃厚興趣。

這届年會在金文研究方面的論文比較多。

張政烺《矢王簋蓋跋》以爲寶雞縣賈村塬出土的矢王簋蓋銘文中的奠姜是姜姓之女嫁於奠（鄭）者，大概是矢王之女，矢爲姜姓。張先生由此推論西周金文所謂豐王、吕王都是姜姓，不是周之諸侯，王國維《古諸侯稱王説》云"古時天澤之分未嚴，諸侯在其國自有稱王之俗"，這是不符合事實的。王世民對張先生的説法加以補充。

李學勤《班簋續考》是爲了悼念于省吾先生逝世而作的。前此考釋班簋者有十餘家，于先生《毛伯班簋考》一文影響較大。李先生以爲"王命毛公以邦冢君、徒馭、戜人"涉及當時軍隊制度，"徒"指徒兵，"馭"指御者，"戜"讀爲秩，秩人即《司馬法》之樵汲，是運輸糧草者。李先生還根據班簋與長安張家坡一組盂簋都飾相對鳥紋這一點，定其時代在穆王早期，這些都是很對的。

曾憲通《關於釋讀曾侯乙編鐘銘文的若干問題》把曾侯乙鐘銘文分作記事銘、標音銘、樂律銘三種。據他統計，曾侯乙編鐘銘文出現的音階名有 68 個，通過實測，證明曾侯乙編鐘的音階體系爲十二個半音所組成，十二音階還有衆多的别名，即在十二音前後加大、小、反、珈等字。他還指出，"旋宫"就是轉調。經過他的深入研究，使我們基本上讀通了曾侯乙編鐘的銘文。

斯維至《關於召伯虎簋的定名及"附庸土田"問題》指出"附庸"指没有得到周天子分封的氏族或小部落，他們不全是奴隸，其地位略同於古代羅馬的"被保護民"，對《詩經·魯頌·閟宫》"土田附庸"一詞提出了新解。

盧連成《序地與昭王十九年南征》一文以爲西周銅器銘文霌卣、趞尊等之地名序即作册麥尊、駒尊之殷，其地在汧渭之會，昭王十九年南征荆楚之先，曾在此行執駒之禮，做戰前的準備工作。但有的代表以爲，昭王十九年南征前的情況，文獻不足徵，還要進行深入研究。

王慎行《子黄尊銘文通釋譯論》介紹了西安市文管會藏的殷代銅器子黄尊，該器銘文有

"出百牢"，出字用法同殷墟甲骨，引起了代表們的興趣。但李學勤先生懷疑此器不是尊，也有的先生對器主是否爲子黄，表示懷疑。

郭子直《戰國秦封宗邑瓦書銘文新釋》一文引起了代表們的濃厚興趣。瓦書1948年出於鄠縣，後藏段紹嘉處，陳直先生作過考釋，郭文糾正了陳先生釋文數處，並對瓦書反映的戰國秦封邑制度、地名、人名、秦及漢初曆法等多所闡述。

張頷《"成皋丞印"跋》考釋周叔弢舊藏"成皋丞印"，張文引《後漢書·馬援傳》李賢注，稱頌了馬援在璽印文字規範化問題上的功績，批評了當前篆刻家多寫別字的壞習氣。

陳煒湛《詛楚文獻疑》從文字、情理、史實、詞語四個方面，對詛楚文的真實性提出疑問，認定這是抄襲《左傳·文公十三年》"吕相絕秦"一文的偽作。張政烺、胡平生等不同意陳説，以爲秦楚相惡，因而秦詛楚乃情理中事。

劉彬徽、李零對楚國銅器作了系統研究，周世榮對湖南出土的漢鏡文字作了綜述。

這屆年會單純考釋文字的文章不多，其中孫常叙《釋囧毘》一文較有份量，他以爲"囧毘"當釋"冒母"，借爲"霡晦"，可同文獻相印證。

劉啓益這幾年來一直進行西周曆法的研究，這屆年會的論文是《再談西周金文中的月相與西周銅器斷代》。劉先生主張西周月相定點説，馬承源、龐懷靖主張四分説，在會上進行了熱烈的爭論。曆法問題牽扯到天文學知識，牽扯到對銅器的斷代，短時間內似難有定論。

姚孝遂《〈殷契粹編〉校讀》、崔志遠《讀〈甲骨文編〉札記》對二書引用的材料及解釋多有糾正。柯昌濟《讀〈金文編〉札記》對該書附錄文字的解釋亦多有可採。

趙誠《甲骨文虚詞探索》對甲骨文虚詞作了綜合研究。伍仕謙《怎樣認識甲骨文字》列舉了考釋甲骨文字的方法，如比較法、推勘法、偏旁分析法、歷史的考證等，但有的代表對他舉例中的"望""見"二字在甲骨文是否一字有疑問。

王世民在會上介紹了《商周銘刻集録》（2016年校記：即後來的《殷周金文集成》）的編撰體例及進展情況。他還介紹了陳夢家先生的生平及學術成就。張振林介紹了容庚先生的生平及治學道路。代表們對已逝世的前輩學者分外緬懷。

年會期間，代表們到岐山、扶風周原文管所、陝西省博物館、西安市文管會、秦兵馬俑博物館等處參觀了青銅器、銅車馬，對陝西的出土文物留下了美好的印象。

陝西地區的古文字研究工作者大多參加了會議，受益良多，會議對今後陝西地區古文字研究工作起到了積極的推動作用。

（原載《考古與文物》1984年第6期，是我以"《考古與文物》

編輯部"名義所寫的會議紀要）

我的爲學之路

我原來是學中文的，1967年畢業於陝西師大中文系，因爲出身不好，又在"文化大革命"中，於是被分配到陝南山區的白河縣教中學，一待十年。其間曾做過語文教研組長，也教過歷史。因受外祖父和家庭的影響，我從小喜讀古書，大學當古漢語課代表，一頭扎進故紙堆，是"白專道路"的典型。在白河時，山區中學條件很差，我仍在教書之餘刻苦學習《說文》《左傳》等，樂以忘憂。1978年國家首次恢復招研究生，一方面是不安於現狀，另一方面是想要學習一點東西，我於是考取了四川大學著名歷史學家、古文字學家徐中舒先生的碩士研究生。1980年末畢業分配時，想到陝西是考古文物大省，剛從省文管會分出來的陝西省考古研究所擁有極爲豐富的古文字資料，考古專家徐錫臺、袁仲一、吳鎮烽等先生也作古文字研究，該年資深編審樓宇棟先生剛創辦了《考古與文物》雜誌，加之自己又是陝西人，便希望能到省考古所來工作。剛好這年10月中國古文字研究會第三屆年會在川大召開，我遂向與會的袁仲一、吳鎮烽二位先生表達了這一願望。他們回所不久就轉達了所領導明確的答覆。1980年底，我很高興地到所報到。

我不是學考古的科班出身，所以到所之初，先下工地學習。雖然已經三十多歲了，但對考古發掘，我仍是小學生，一切從頭學起。1981、1982兩年，我先後參加秦都咸陽、鳳翔雍城等地考古發掘，跟隨陳國英、韓偉等先生學習，逐漸熟悉了佈方、看土、劃分地層、器物排比，這對自己以後的研究大有裨益。1981年冬，我有幾個月待在岐山縣賀家村周原溝西文管所，與徐錫臺、龐懷靖、巨萬倉等先生一起整理周原出土甲骨文。那時住在農民家裏，生活孤寂、單調，但能親手摩挲一片片指甲蓋大的甲骨文，用放大鏡仔細辨認芝麻大小的字，又有無窮的樂趣。其間我曾同龐、巨二位一起去成都，向徐中舒師請教周原甲骨文的釋讀問題。徐師對這批材料極爲重視，其後作有名文《周原甲骨文初論》，還請龐、巨二位到家吃飯，令我深受感動。

1982年冬，我到《考古與文物》編輯部工作，一直到2003年退休（退休後仍幫忙審閱部分稿件）。1982 年樓宇棟先生已調往北京，由吳鎮烽先生主持編務。22 年間，我主要看商周考古的稿件（也有短時間看秦漢考古稿件）。因有兩年的考古發掘實踐，又經常看發掘簡報、論文，我對商周考古逐漸熟悉。一段時間過去，對全國主要商周考古遺址、墓葬的發掘經過、出土器物類型及其時代；對有代表性的商周考古學家的經歷及其學術成就、觀點都能做到心中有數；對一些學術熱點問題也有較深入的瞭解。這樣，在稿件取捨、編排上便能做到得心應手。因爲長期打交道，我同一些中年考古學家也逐漸成了朋友，很多考古信息我得以較早瞭解。在自己後來的研究工作中，我總是力圖使古文字材料同傳世古文獻、考古資料緊密結合，解決一些實際問題，這同自己長期作考古編輯不無關係。

在編輯工作中，我力爭儘快刊發考古資料。西安相家巷出土秦封泥、眉縣楊家村窖藏單氏家族銅器群、扶風縣五郡村出土琱生尊等重要考古資料，我都是儘快與當事人聯絡、爭取，較早在《考古與文物》上刊佈。

我一貫主張學術民主，鼓勵學術討論。方酉生先生討論鄭州商城的文章、陳平先生討論燕侯克器的文章、蔣祖棣先生討論夏商周斷代工程的文章，都是在他處難於刊發，而由我推薦刊發的。我自己在學術上也常同一些朋友有爭論，如 1986 年與陳平先生爭論秦子戈、矛的釋讀，1994 年與張亞初先生爭論卣之定名，2003、2004 年與徐暢先生爭論石鼓文的時代，都是互不相讓，爭得臉紅脖子粗。我向來主張"學術歸學術，朋友歸朋友"，這也爲很多朋友所認可。陳平先生在其論文集《燕秦文化研究》的《前言》中特別提出我倆未因當年的爭論而心存芥蒂，至今仍是知心好友，即是一例。

因我是學古文字的，《考古與文物》在很長時間內也刊發了較多的古文字論文，成爲刊物的特色之一。記得《考古與文物》第 100 期紀念筆談時，裘錫圭先生、李學勤先生對此都加以肯定，希望繼續發揚。20 多年間，經我手編輯出版了三本《考古與文物》專刊《古文字論集》，這在全國的考古刊物中是絕無僅有的。20 世紀 80 年代，古文字稿極難刊發。那時很多古文字、生僻字要用 5 號鉛條刻，或整篇文章用硫酸紙手抄製鋅版，都極爲麻煩。1983 年，第一本《古文字論集》在一家小印刷廠印，我多次去車間，當面看着刊物刻字工李淑琴一個個刻字，或指導工人在鋅版下釘木塊拼版，費盡周折。這一本印得很差，但很多文章屢爲學人稱引，有的當年初出道的作者現在也是名家了，26 年過去，而今也已是一本難求了。

省考古所歷屆領導對古文字研究都是很支持的。1982 年，李聖庭先生任副所長（當時所長空位）。李所長是抗日老幹部，行政領導，但他傾心支持專業研究。這一年，中國古文字研究會第四屆年會在太原召開，李所長要我們向理事會申請由省考古所舉辦下一屆年會，結果得到了批準。經過努力，1984 年，中國古文字研究會第五屆年會終於在西安召開。我那時名不見經傳，祇是幫着李所長、石所長（會議召開時石興邦先生已接任所長）、徐錫臺先生辦會務，聯絡專家，迎來送往。會議在人民大廈召開，幾位省上領導、很多前輩學者如胡厚宣、張政烺、張頷、柯昌濟等都參加了，由胡先生任召集人。這是改革開放後省考古所第一次主辦全國性的學術研討會，擴大了其影響。石所長每次獲得新的古文字資料，都會同我討論。殷墟劉家莊玉璋朱書文字，石先生首先拿給我，並命我作文。石先生和孟順慶書記主持所務時，所裏還成立了古文獻（即古文字）研究室，由袁仲一先生任主任，我爲副主任。該室實際上祇有我一個人（嚴格説祇有半個人，因我同時還兼《考古與文物》的編輯），也祇存在了短短幾年，但畢竟借室的名義收集了很多資料，買了一點書。所裏在"文化大革命"前，據説因爲王家廣前所長的喜好，買了極多的金石書，多爲綫裝，少數爲平裝。因爲所裏研究古文字的祇有兩三個人，這些書我多得以借讀，有些還借用過好幾年，在那個没有古文字引得、没有電腦的時代，這是做學問的一個優越條件。我那時祇想看書，不願做其他事。大約在1985年，所裏機構調整，孟書記曾提出要我主持《考古與文物》編輯部。我説，我這個人，祇會看書、看稿、作文，不會管人，婉拒了他。後來，我的很多同學都作了所長、院長、校長，我則始終一介草民。做官當然有做官的好處，但不是那塊料，又何必去追求！草民没有某些利益，但能專心讀書作文，避免了很多紛擾，也未必是壞事。

因爲在省考古所工作，很多陝西出土古文字資料我看到較早。1985年，鳳翔秦公一號大墓出土殘編磬26枚，我很快趕赴工地，在焦南峰先生、馬振智先生的協助下通讀了上面的銘文。銘文有"天子匽喜，龔趄是嗣"，我當場提出墓主爲秦景公，"龔趄"爲秦共、桓二公。後來我們的文章在臺灣"中央研究院"《歷史語言研究所集刊》發表，"景公説"也似乎已爲學界公認。丹鳳縣出土虎簋蓋、長安縣出土吳虎鼎、眉縣出土單氏家族銅器群，我們都及時組織陝西專家座談，由我執筆寫了座談紀要。對逑盤、四十二年逑鼎、五年琱生尊我還寫了較長的考釋文章。2006年，拙著《商周金文》由文物出版社出版，也得益於自己的這些經歷。

因爲在省考古所工作，我看到的秦文字資料較别人多，所以從1985年以來，我便將秦文字作爲自己研究的重點。1990年，拙著《秦銅器銘文編年集釋》由三秦出版社出版，吳鋼先生、鞏啓明所長、馬恩洲書記都大力支持。1992年，該書獲全國首屆古籍整理圖書二等獎。1999年，拙著《秦文字集證》由臺灣藝文印書館出版，程學華先生提供資料，協助最多。1998年，饒宗頤先生招我到香港中文大學，寫《秦出土文獻編年》。該書後由臺灣新文豐出版公司出版，饒老序稱："本書將與馬氏之《秦集史》、徐氏之《秦會要》並行，大有功於史學。""馬氏"指秦史專家馬非百先生，"徐氏"指語言文字學大師徐復先生，賤名得與二位前輩並列，極爲惶恐。2005—2007年，楊宗兵在陝西師大文學院讀博士後，在我指導下作《秦文字編》，李學勤先生爲該書作序，稱我的秦文字研究"既專深又廣博，確立了秦文字專家的美譽"。溢美之詞，令人汗顏。2015年4月，該書由中華書局出版，獲當年全國優秀古籍圖書一等獎。2014 年 8 月，我與王偉君編著的《秦出土文獻編年訂補》由三秦出版社出版；2016 年元月，我與陳昭容先生、王偉君合著的《秦文字通論》由中華書局出版，亦得好評。多年以來，我在秦文字研究上做了很多事，說了很多話，引起了學界的注目，這首先要歸功於陝西這片秦人故土，歸功於所裏的支持。

《考古與文物》的辦刊宗旨是"立足陝西，面向全國"，已故原陝西師大、西北大學校長郭琦先生曾多次鼓勵陝西學人"打出潼關去"。遵從郭校長的教導，我的研究視野也絕不限於陝西一地，有時也會關注殷墟甲骨、三晋兵器、齊魯璽印錢幣，特別是楚簡研究。雖然對這些研究，我祇是客串，不是主角，但這對提昇自己的學力是十分必要的。從 1984 年起，我開始作古文字通假字整理、研究。1993 年，拙著《古文字通假釋例》由臺灣藝文印書館據作者手抄稿影印。書出後受到學界重視，裘錫圭先生說該書"既是很有用的工具書，又是很好的研究性著作"；高明先生說"學界就需要這樣的好書"，並建議在北京、西安重印。2008 年 2 月，該書訂補改編本《古文字通假字典》由中華書局印行。這本書涉及古文字的所有門類，歷經 24 年，字數 150 餘萬，可以算自己的代表作之一，頗得學人好評。劉釗先生稱讚此書在古文字通假字研究上有"開創性意義"，"對學術界來說稱得上是一件大事"，"完全可以與高亨先生的《古字通假會典》一書媲美，兩本書一個收傳世典籍資料，一個收出土文字資料，兩美並列，堪稱雙璧"。2009 年，該書獲陝西省社科優秀成果一等獎。這也是受陝西考古界、學術界良好學風影響的結果。

近 40 年來，我在陝西省考古研究所學習、成長，在考古編輯與古文字研究領域取得了一點微不足道的成績。2002 年，我的第一本論文集《一粟集——王輝學術文存》在臺灣出版，書名取自蘇軾《前赤壁賦》"寄蜉蝣於天地，渺滄海之一粟"，自以爲對古文字研究的學術整體而言，這本小書不過是"滄海之一粟"。2008 年，我的第二本論文集《高山鼓乘集——王輝學術文存二》由中華書局出版，書名濃縮自睡虎地秦簡《爲吏之道》"雖有高山，鼓而乘之"。在書的末尾，我說："對古文字研究這座高山，我也許不會登上頂峰，但我生活着，攀登着，快樂着，這不就很好麼！"張懋鎔先生書評稱書中論文對古文字及出土文物的研究比之先前"立意更高，開掘更深，也更有氣勢"，並稱讚作者是歷史學界"東征陝軍中的一員大將"。2020 年，我的第三本文集《視月集——王輝文存三》即將由商務印書館出版。這些成績的取得歸功於省考古研究所（院）優越的研究環境，濃厚的學術氛圍，尊重知識、重視人才的領導，互相砥礪的同仁。

（原載《陝西歷史博物館館刊》第 16 輯，三秦出版社，2009 年。
2018 年 9 月略有修改）

白河十年雜記

我1967年從陝西師大中文系畢業，這是"文化大革命"的第二年，畢業生"留校鬧革命"，不分配。1968年分配時，班上一部分原造反派同學分到寧夏回族自治區青銅峽市和本省大荔縣的部隊農場，一部分原保守派和出身不好的同學則分到陝北、陝南邊遠縣。我"文革"中是保守派，家庭出身又是地主，於是工宣隊就讓我在陝北榆林地區和陝南安康地區之間挑選。我想陝北乾旱少雨，冬季氣候寒冷，而安康在秦嶺巴山之間，氣候溫潤，山青水秀，於是選擇了後者的白河縣。對白河縣，我以前知之甚少，祇知道它在漢江之南，縣城濱臨漢江，人稱小漢口，其東不遠就是湖北鄖陽縣，猜想一定不錯。

1968年10月，我先到安康地委文教局報到，住了六七天，再到白河報到。當時交通極不方便，從西安坐長途汽車翻越秦嶺到安康，差不多要兩天。從安康到白河，在漢江坐小火輪下水兩天；從白河到安康，上水則要三天。到了白河，纔發現其縣城很小，沿江有一條一里多長的河街，有商店、飯館、電影院等，稍熱鬧。江對面就是湖北鄖西縣的老關廟。老縣城在半山，有政府機關、招待所、銀行、醫院、中學、烈士亭等，如同關中的一個鎮。我的心涼了半截，但既然來了，也就祇能認命。

在縣招待所住了七八天，我纔知道像我這樣分配來的大學生有將近百人。他們大多來自省城西安，也有的來自北京、上海。據說"文革"以前，外地分來白河的大學生很少，現在一下子來了這麼多，縣上也很歡迎，這也是特殊時期的特殊現象罷。"同是天涯淪落人"，我們一下子就熟了，極談得來。後來我們雖然分到了不同的單位，但很多人多年都保持着友誼。比如李東兄，他是原西安市長時逸之的兒子（"文革"中時逸之被打倒，李東恐是改名），後來到宋家公社勞動鍛煉，再後來在一中教書。我在二中教書，每到縣上，必住在他的宿舍，有時一住數日。

七八天后，縣文教局通知我到設在茅坪鎮的第二中學報到。茅坪鎮在白河中部，距縣城九十里，其中縣城到構扒溝口四十多里通公路，其餘僅通馬車路。我搭了一輛拉貨物的馬車，搖搖晃晃，走了一整天，纔趕到鎮上。茅坪是一個小壩子，長約四里，寬不足二里，但這已是白河最大的壩子。鎮上有政府、糧站、醫院、商店、中小學，居民祇有幾十户。二中當時僅有初中，一個二層磚木結構的小樓辦公用，兼做教師宿舍。三排一層土牆瓦屋是教室，另有一個小禮堂。當時全國中學停課，留校的祇有老校長張春華和管財務的晏開賢，以及三四個教師，校園顯得十分冷清。

　　比我早到幾天的還有西北大學數學系畢業分配來的華向孔先生。華兄長我一歲，是鄰縣旬陽棕溪鎮人。因為有相似的經歷，我們一見如故。此後我們共事十年，結下了深厚的友誼，如同親兄弟。在教學上，我們配合默契，往往我們同帶兩個班，各當一個班的班主任，他教數學，我教語文、歷史，該補什麼課，兩個班沒有不同，學生們也都處得很好。在生活上，我們互相照顧。經常有這樣的情景：深夜了，改學生作業告一段落，華兄、我，還有晚兩年分來的教英語的譚新民先生就會在一起煮雞蛋、麵條吃（那時學校每天祇吃兩頓飯），錢則是誰有誰出，從不算賬。有一年寒假，我未回高陵老家，而是同去他棕溪家中，這裏有他獨居的老母親。我們白天幫老母親砍柴，晚上圍塘烤火、喝酒。這種情誼，一直保持到現在。我從川大畢業以後，某年暑假，華兄和譚老弟還來過我高陵家中，盤桓數日；我2003年也去過他後來任教的旬陽一中。我們都退休之後，他每來西安女兒家，必到我家。他雖學數學，但文史功底很好，能背很多古詩文，談吐不俗。他還能寫一手漂亮的柳楷，行草書也不錯。1990年，拙著《秦銅器銘文編年集釋》以手抄影印的形式由三秦出版社出版，正文由我抄寫，而李學勤先生的序文則由華兄抄寫，為拙著增色不少。

　　因為學校停課，按文教局的安排，我們的工作關係在二中，但要先到農村去勞動鍛煉。在二中住了一段時間後，向孔兄去了南岔公社，我則去歌風公社。

　　從茅坪到歌風有七十五里路，當時連馬車也不通，祇能步行，出進木材、日用品都要人肩扛擔挑，十分不便。我穿着草鞋，背着鋪蓋，涉水翻嶺，奔波一天半，累得腰酸背痛，終於到達。

　　歌風公社在白河最後山，山高坡陡，幾乎沒有平地，人都住在半山腰，河谷很少人家。南邊有韓家山、天寶寨、五龍尖等山峰，最高達1901米，是大巴山的主脊，也是陝、鄂的界嶺。嶺上有斷續一百餘里的古代石牆遺址，或説築於戰國時代，是秦、楚的界牆。

　　我勞動鍛煉的大隊叫聯絡，六個小隊，二百多口人，分住在三面山坡上。我所在的四隊，不到二十户散佈在六七個點，一個點最多五户，少則一户。我吃住在王隊長家，他是貧農，住的是土改時分的原先地主的房子，有堂屋、偏廈、閣樓，是隊上最好的，但同平原地區比起來仍顯得寒酸。堂屋是烤火和隊上開會、記工的地方，閣樓上下兩層是隊裏的倉庫，他夫妻和一兒一女住在偏廈兩間屋。我住在倉庫樓上，周圍都是雜物。沒有高腳床，祇有一個棕床墊，下面鋪些苞穀殼。沒有桌櫈，一盞馬燈放在一塊石頭上，睡覺時點亮，睡下就吹熄了。顯然，這裏是不能看書的。

這裏農民的貧困，遠遠超出了我的想象：一家僅有兩床破被褥，有的甚至祇有一床，晚上幾個人合蓋，冬夏都睡在光光的竹席上，不鋪任何東西；一人一兩身破衣服，個別家庭幾個人一條褲子，誰出門誰穿；因爲營養不良，加之一條溝內七八戶人家，結婚生子血緣較近，所以每五個人就有一個殘疾或弱智者；土地坡度大，水土流失嚴重，糧食產量很低，根本填不飽肚子，每年春天，餓死人的事時有發生；除糧食外，農民收入很少，油鹽醬醋等日用品，要先砍樹或竹子，扛到七八里外的公社商店去賣三四圓錢，纔能買回來，一次往返要大半天甚或一整天。

我吃飯也在王隊長家。雖然我有國家供應的每月 30 斤糧，也每天繳三角錢的伙食費，但當地生活普遍差，我也不能搞特殊。每天祇吃兩頓飯，飯以苞穀糊爲主，輔以南瓜、土豆、紅薯，偶爾纔能吃一次大米飯（這裏雖雨量充足，但山地坡度大，梯田少，所以稻穀不多）。蔬菜種在屋前屋後，也僅有芋頭、青菜、蘿蔔等，品種較少。

我很快就融入了農民的生活，一段時間過去，已同他們沒什麼差別。我同鄉親們一起上山挖地、薅草、背糞，赤腳下田插秧，中午在地頭吃烤紅薯，晚上在火塘（這裏每家堂屋都有一個圓形凹下的坑，架上木柴，可以烤火，也可以吊一個鐵罐煮飯吃）邊用木盆洗腳、聊天；也同他們一樣穿布襪、草鞋，一樣用大碗喝柿子酒，用長杆煙袋抽旱煙。

我老家雖也在農村，但深山溝的農村比之關中平原農村，其差距仍極大。祇有在這裏，我纔真正瞭解到中國農民的實際生活狀況。1968、1969 年，尚是"文革"初期，大隊也有造反派，隊裏晚上偶爾也組織社員學時事政治，開批判會，部分公社、隊幹部也靠邊站。不過相對而言，山溝農民還是很厚道、很樸實的，他們對山外的事不太關心，對所謂的"走資派"並無深仇大恨，鬥、批、改往往流於形式。他們最關心的，還是如何種好地，不餓肚子。

我也想爲改變這裏的落後狀況盡一點綿薄之力，所以鼓勵他們多修梯田，少砍樹，減少水土流失。修梯田，要有好的鐵工具，以及開石炸藥等。一次，我和一位曹姓大叔、幾個年輕人翻越界嶺去湖北竹山縣大廟供銷社採購物資（湖北那邊交通較方便，貨物價格低）。我們兩日間背着背簍，往返百餘里。界嶺上人跡罕至，茅草有一人多高，因怕有野獸出沒，雖然累得不行，腳步也不敢稍停。

這裏春天鬧饑荒，農民常吃觀音土；或挖一種俗名叫火藤根的植物根莖吃，這東西味極苦，用煎水漂一下稍好點，但吃多了拉不下來，也很要命。每到這時，政府就會發放救濟糧。救濟糧申請手續要到區公所辦,再到三十多里外的宋家公社去領,而且每人每天半斤糧,祇能救命。一次我去區上幫大隊辦申請手續,爲了搶時間,天不亮就出發,七十五里路大半天就趕到了,辦妥手續後,顧不得在二中住一晚,立馬往回趕路,當晚宿宋家公社。一天走一百二十里路,困得邊走邊要摔倒。但想到也許會少死一個人,内心還是很寬慰的。

初冬時候,我也會同鄉親們一起,上山去砍碗口粗的花栗樹幹枝燒木炭,再背到外邊去賣。木炭在山坡上空曠處挖個坑鋪起來燒,要一個通夜,全部燒透無煙,纔覆土斷絶空氣。怕燃燒引起山火,要人整夜守護。前面烈火熊熊,臉烤得發燙;後面山風嗖嗖,脊背冷得打顫,根本無法入睡。大家唱着山歌,東家長西家短地閑侃,苦中作樂。

因爲長時間同鄉親們摸爬滾打在一起,我們之間也結下了深厚的友誼。一次我去宋家公社買糧,歸時遇到雷暴雨,白石河水頓漲,無法涉水過河。我於是背着背簍向南邊山坡上走,因爲從這裏翻過一道嶺,也可以到聯絡大隊。幾里上山路,還未到嶺上,天就黑了,我於是留宿近嶺的一户人家。主人問明情況,當晚熱情款待,第二天又讓其小兒子爲我引路,翻過嶺又送一程。回到隊上纔聽説昨天未歸,隊上怕我出事,還派了幾個人沿河去找。知我平安返回,他們纔放心了,這讓我深受感動。我曾在幾家搭過伙,儘管困難,主家每隔六七天就會改善一次生活,吃大米飯,外加竹筍、臘肉、木耳。鄉親們各家有喜慶事,也常會請我去吃酒,如同家人。

對我在歌風一年半的表現,時任茅坪區委書記曾在一次知青工作會議上大加讚揚。

1970 年,全國中學復課,我被縣文教局分配到了西營區的小雙公社初中班任教,這是一個很小的學校,祇有五六十名學生,教師也很少。我教語文、歷史,甚至還教過數學。

1971 年暑假,縣文教局召開教育工作會議,會後,我又被調回二中。從 1971 年 8 月至 1978 年 9 月,我都在二中工作。

受"文革"中"停課鬧革命"的影響,當時學生文化課的基礎很差。初中一年級學生很多人連漢語拼音都未掌握。我在課本之外,給他們從最基礎的知識補起,包括拼音、識字、組詞、簡單語法等。山區孩子很聽話,學習也較刻苦,一個學期下來,成績大有提高。一個叫朱愛的女同學,後來到地區廣播電視臺工作,40 年後到西安看我,還滿懷感激之情地説起當年的這些事。

"文革"中語文課政治色彩濃,古詩文入選極少。爲了彌補這一薄弱環節,我於是選取古詩文名篇,用蠟紙刻出,再油印發給學生,講解之後,要求他們背誦。這些内容依初中、高中的不同,有多有少,幾年下來,總計八十多篇。這種做法,不符合當時教育部門的指導思想,得不到支持,甚至還可能受批評。但我自認爲這對學生有益,加之張校長對此也是睜一隻眼閉一隻眼,終於堅持了下來。當年評法批儒,批林批孔,評《水滸》,批宋江的投降路綫，我卻利用這一機會給學生們講解《論語》《孟子》的名句、名段，講《水滸》中的故事，而刻意淡化其批判色彩。這種課很受學生歡迎。1975年，上邊批鄧，反擊"右傾翻案風"，批"資産階級教育路綫回潮"，但學生們並沒有聯繫實際給我們貼大字報，也沒有在會上批評我們。這一方面是山區學生忠厚，另一方面則是"文革"後期，大家對"四人幫"的一些號召早已厭倦了，嘴上不說，但行動上不配合，也就是一種消極反抗。

當時學生們作文水平很低，我把作文分爲叙事與説理兩種，要求他們加強練習，逐步提高。我要求作文初中生每篇最少五百字，高中生每篇最少八百字，叙事具體、生動，説理文論點突出、説理透徹。對每篇學生作文，我都會認真批改，從謀篇、佈局到用字、造句、分段，乃至標點符號，任何問題都不會放過。每次發作文時，我都會用一節課的時間進行講評。很多晚上，我在煤油燈下批改學生作文，會到十一點，時不時還有學生圍看、議論。爲了讓學生們把文章寫通順，我常會把他們文章中的病句收集起來，仿照吕叔湘先生的做法，編成《改病句練習五百例》，分門别類指出其致錯原因。這種做法針對性强，效果很好。

山區中學條件很差。學校有一個圖書館，藏書衹有一千多種，少得可憐，其中一半還是政治書，没什麽用。我自己大學時節衣縮食，買過一百多本書，但工作起來，也完全不夠用。"文革"中除課本外，基本上没有教輔材料。爲了讓學生和自己開闊視野，多學一點知識，我多次托親戚朋友在西安買或借書寄給我。借助有限的課外書，我力求把課講得生動、有趣。比如講文言文斷句，我引用過一個小故事：一張姓富翁早年生一女兒，晚年生一兒子，姐弟相差三十多歲。坊間風言風語，説這老頭年近古稀，兒子是不是他親生的呢？富翁將辭世，心事重重。家産給兒子，然而女兒已成人招婿，必招其怨恨，或會加害幼子；給女兒，又心有不甘。富翁思忖多日，終得一計。他給幼子起名張一飛，暱稱一兒，省稱張一。富翁臨終前，招來女兒、女婿、幼子，並請來族長。富翁拿出遺囑"張一非我子也家財盡予我婿外人不得干預"，念道："張一非我子也，家財盡予我婿，外人不得干預。"家財給了女兒女婿，他們很高興。遺囑由族長保管，富翁要族長照看幼子，並暗中告訴幼子，成人後去找縣官，呈上遺囑，就會得到家財。幼子成人後去縣衙，呈上遺囑。縣官左看右看，恍然大悟。縣官召來富翁女兒、女婿、兒子，讀出遺囑："張一飛（飛有異體作𩙪，非、飛通用），我子也，家財盡予。我婿外人，不得干預。"縣官將家産判給張一飛，終了富翁心願。又如講歧義，我舉了對杜甫詩"嬌兒不離膝，畏我復卻去"，一種理解是：嬌兒一直不離開我膝前，害怕我（不願意我）再一次離别家庭；另一種理解是：嬌兒看見我回來了，開始時很是親熱，不離膝前，但因長期没同我生活在一起，後來又有點怕我，生疏地走了。諸如此類，例子很多。有一年暑假開縣教師代表會，我發了言，很多同行覺得我的做法值得借鑒。

爲了提高學生的寫作水準，我也常寫一些散文，或叙事，或抒情，有時也會油印散發給學生，雖說不上示範，但能同學生互動，也深得其喜愛。每逢節假日，學校各年級都會辦壁報。對自己班的壁報，從欄目設計、選文，乃至插圖，我都會指導學生做，有時還親自動手。學生同老師打成一片，在實踐中共同提高，現在看，也不失爲一種好的教學方式。

有一年，縣上讓二中辦一個爲期一年的小學教師進修班，開的課有語文、數學等，由我和向孔兄任課。進修班有三十多名教齡不短的小學教師，其年齡同我們差不多。這種班以前沒辦過，完全沒有教材。教材要任課者自編，要着眼於小學教學需要，又要有助於拓寬小學教師知識面。我編的教材涵蓋語法、修辭、寫作、中外名篇選析、古漢語常識等，邊編邊油印邊講。一年下來，聽講者都說大有收穫。

"文革"時中學生除了文化課，還要花費大量時間"學工""學農"。這在今天來看，有點過分。從內心說，我也是不滿的，但卻無力反抗。學校前面有幾畝地可以種蔬菜，我經常同學生們一起給蔬菜施肥、澆水、除蟲，既學到了知識，也鍛煉了身體，還改善了師生們的生活。

在學校操場前邊，白石河繞成一"U"字形，新修的簡易公路在河對岸，往來很不方便。學校決定先修河堤，再在河上架一座鐵索橋。山區中學生，特別是高中生，極爲能幹，其吃苦耐勞精神是今天城裏中學生無法相比的。他們生長在山溝，從小跟着父母幹活，所以穿草鞋、打鋼釬、給鑽眼裏放炸藥、接導火索、放炮開石、喊號子抬石頭、石頭對碴、補空，都不在話下。我那時年輕，又在後山勞動鍛煉過，所以常同學生們一起修堤、架橋，不光是動嘴皮子。

學校在四新公社彭家灣大隊辦有農場。有一年整整一個月時間，我帶領高中一個班在農場蓋房子、種地。我們選址，夯地基，築板牆，砍粗樹做檁條、小樹做椽子，砍毛竹覆蓋、開石板做瓦，十多天，三間屋子就蓋起來了。我們還一起掰苞穀、挖紅薯、趕野豬（高山上常有野豬出沒，糟蹋莊稼，夜間要鳴鑼驅趕）。屋內，我們用木頭做成連排的兩層簡易床，晚上女生住一層，用一個草苫子隔開；男生則住二層。晚上或雨天，我們吃着自己種的土豆、紅薯，講故事，說笑話，打撲克，有時也上課。這種經歷，恐怕祇有在那個特殊年代纔會有。我同學生的關係既是師生，也是父子，還像朋友。作爲班主任，我對學生的事不分大小都過問，他們也願意同我說心裏話，這在今天恐怕也是比較少見的。學生們每到畢業前夜，常會整夜唱歌、嬉鬧，我也會坐到下半夜，依依惜別。這種情景，至今仍歷歷在目。

有一段時間，上邊提倡"開門辦學"，讓學生用學到的知識爲農民服務。比如物理課上講了發動機原理，就讓學生組成支農小分隊，下鄉去教農民修農機馬達。我還依據學生們的實踐，寫了一個小劇，由他們演出過。現在看來，這種活動耽誤了學生的正常學習，並非必要。但在其時，我們還是熱情滿滿。人總是無法跳出時代，不受其影響。

1978年，國家恢復研究生考試，我報了名。這一方面是想再多學點知識，以提高自己；

另一方面則出於自私,想要離開山區,改善一下處境(白河十年,我的老母親及妻小仍在高陵老家,其時交通不便,往返一次路上要走十天,所以每年大多祇能回家一次。想要調回關中,縣上又不放)。我報考了四川大學著名歷史學家徐中舒先生的漢語古代文字研究生。從報名到考試,祇有短短兩個月時間,其時我還帶着一個高三畢業班,工作十分緊張。每天晚上,我抓緊時間,讀《說文》《左傳》及相關歷史書、外語。七月縣上初考,後又到成都復試,終於考取。九月初,我到川大報到,終於離開了白河。

白河十年,如果單從個人讀書做學問的角度看,可以說沒有多少長進。但從瞭解社會、服務社會的角度看,也不是毫無意義。作爲一個中學教師,雖然受當時大環境影響,不可能事事都做得很好,但捫心自問,對教學工作,我是盡心盡力、極爲認真的;對學生,我是關心、愛護的。我教過的學生,後來有的上了大學,有的參了軍,有的到外地工作,有的在縣上擔任過領導,有的在中學教書。四十多年後,很多老學生仍同我有聯繫,會來西安看我。從這個意義上說,白河十年,並不完全是荒廢的十年。這段人生經歷,仍是我的寶貴財富,沒有遺憾。

2018 年 12 月 8 日

附記:老學生聶國寶在白河二中工作。一次他和現在的二中領導來看我,希望我能寫一點回憶文章,說這也可以是二中校史的一部分。現在十(堰)天(水)高速公路經過茅坪鎮,茅坪到西安祇要四個多小時。二中新蓋了漂亮的教學樓,教師、學生數量都大有增加,教學也更加規範,教育質量大有提高,早已今非昔比。"文革"時的二中,走過曲折的路,個人的那段經歷也並非完美。但那畢竟是二中歷史的一部分,在今天或許仍有其借鑒意義,因拉雜敘述如上。

卷五 視月筆記

一、學者筆名
二、矮子齋
三、秦始皇二十六年詔版
四、北池頭村、春臨村
五、高陵
六、明玉珍墓
七、洈水
八、岐山臊子麵
九、乾縣鍋盔饃
一〇、周原甲骨文之最初發現
一一、鳳翔靈山
一二、華羅庚論詩
一三、畫眉鳥
一四、苞穀窩
一五、周原甲骨文摹本
一六、大雁塔
一七、青龍寺
一八、唐東渭橋遺址
一九、新凡、兰田、岐山
二〇、四霸天
二一、夏伐秦龍氏
二二、夫子題季子墓十字碑
二三、西陽雜且
二四、碎與毀
二五、恩代、辦掘、腔漢
二六、某氏談學術道德
二七、涇陽待客
二八、七、十易淆
二九、种幼
三〇、胡順利、葉愛國
三一、王慎行

三二、學書忌有名
三三、東晴西暗
三四、副編審與《汗簡》
三五、鋈錫
三六、背書
三七、油抹爐壁
三八、呼延、呼
三九、迪山早寒
四〇、發巔
四一、石興邦
四二、深川
四三、東城坊
四四、毗沙村
四五、洽川、夏陽瀵、莘野
四六、炎帝故裏、十裏香
四七、出徵、準
四八、奮起湖
四九、偽新甲骨刻辭
五〇、偽秦玉戈
五一、孔子授業雕像
五二、雁塔晨鍾
五三、廬江
五四、何琳儀
五五、蘭州青銅器博物館
五六、偽秦襄公鼎
五七、李鴻章是中國近代史上媚外賣國的典型人物嗎？
五八、裘錫圭
五九、李學勤
六〇、衹、祇、秖、秪、只
六一、袟、袠、幒、幃

六二、薛瑞生

六三、櫟陽

六四、戴震之學爲清代學術之縮影

六五、楊才玉與《收藏》

六六、郭子直

六七、黨與党、蕭與肖

六八、清凉寺

六九、費姓古本有二讀

七〇、不姓之音讀

七一、知、智一姓

七二、閻、閆一姓

七三、摇耬撒種

七四、於、于二姓

七五、《桯史》

七六、雕塑一條街

七七、尖沙咀、任家咀

七八、孫達人

七九、林劍鳴

八〇、耑、峬

八一、量詞石

八二、讀書字音不出錯難

八三、日常説話音不出錯亦難

八四、宋元明字書收録先秦古字

八五、吴鎮烽、杜葆仁

八六、趙氏孤兒

八七、袁仲一

八八、吴鋼

一、學者筆名

偶翻閱《文物》1977年第7期，此期皆陝西文博考古界之文章，而作者却甚生疏。詢諸吳鎮烽先生，始知史言爲袁仲一先生，周文爲雒忠如先生，秦中行爲杜葆仁先生，秦言爲西北大學歷史系某教師。文學家之用筆名，人所熟知。學術文章之用筆名且近年如此集中，則爲罕見之現象。因憶吳先生曾用筆名羅昊；中國社會科學院歷史研究所李學勤先生曾用筆名凌襄、周瑗、晏琬；中國社會科學院考古研究所張長壽、陳公柔二位先生合用筆名陳壽，鄭光先生曾用筆名石加，郭振禄、劉一曼、曹定雲、溫明榮四位先生合用筆名蕭楠（諧小屯南地，以共同發掘殷墟小屯村南甲骨也），又用邨笛（諧村南地）；中國科學院地理研究所黄盛璋先生曾用筆名盛張；山東省博物館王恩田先生曾用筆名齊文濤；北京大學裘錫圭先生曾用筆名趙佩馨、小丙、北文（北京大學與文物出版社）；中華書局趙誠先生曾用筆名肖丁（諧音趙誠）。考學者用筆名原因，約有四端：一爲一時風氣，如"文化大革命"前鄧拓、吳晗、廖沫沙作文署名三家村，廖又署名繁星，"文化大革命"時中央文革小組發文署名梁效（北大、清華兩高校）；二則"文化大革命"中壓制學術討論，動輒觸及文網，用筆名易於掩護；三則對某問題的看法未能自信，恐别人提出批評，用筆名則本人不直接面對文責；四則地方刊物，發表文章對本地區本單位學者講機會均等，如《考古與文物》規定本所科研人員每年在其上發文不得超過兩篇，用筆名則難於追查。

2016年補記：現在很多年輕學者在網上發表文章也常用筆名，但正式在刊物上發表時，則改用本名。大概他們覺得網上見解衹是提供討論，不是最終看法；而正式發表的文章，如用筆名，評職稱、評獎，都不算數。

二、矮子齋

己未秋末，輝在四川大學歷史系參加碩士論文答辯，答辯委員有胡厚宣、張政烺、李學勤、徐永年四位先生。事畢，輝陪張先生遊武侯祠、人民公園等處。歸時天色將晚，而先生令在鹽市口下車，一同往尋矮子齋飯店，説："近日《成都晚報》上有文稱此家小吃店品類繁多，且服務態度熱情。"當時是改革開放之初，飯店還收糧票，品種單一，態度亦差，個别突出者便會有新聞報道。輝陪先生步行三四里，方找到這家小吃店，然已門可羅雀。一問，纔知唯售麻辣牛肉、擔擔麵，所謂"名小吃"云云，衹在中午賣兩個鐘頭。此時饑腸轆轆，遂匆匆一餐而返。回到校招待所，先生以《成都晚報》示輝，説："真没想到，實在對不住老弟了！"先生學問淹博，爲一代國學巨擘。然先生又是性情中人，慈祥、敦厚、和善、喜美食，絕無宋儒道家面孔。中華書局出版的《張政烺文史論集》收有1936年先生在中央研究院歷史語言研究所附近之南京雞鳴山蹲坐吃地瓜的照片，憨態可掬。自題："四百六十鳳凰齋吃地瓜之圖。"而旁立者乃著名語言學家丁聲樹先生，革履布袍，一手背後，一手扠腰，作欣賞狀。先生是古文字與先秦史專家，但抗戰時隨史語所"漂泊西南天地間"，涉獵各種雜書如小說、戲曲、筆記、唐宋人文集、佛經、道藏，於目錄、版本、校勘皆深有造詣。其後曾兼任中華書局副總編輯，實至名歸。其《玉皇姓張考》《宋江考》《一枝花話》《〈封神演義〉漫談》，即使專門研究文學、神話、宋遼金史的學者，也鮮有企及。中華書局點校本二十四史中的《金史》由先生任其事，是最合適的人選。

2016年補記：孫機先生在其名著《中國古代物質文化》中提到白薯在明萬曆二十一年（1593）始由菲律賓（呂宋）傳入，其產量爲穀子的十餘倍。"白薯的推廣在一定程度上緩解了我國的糧食問題。我國的人口在西漢時已達六千萬，然而直到明末還祇有一億人。可是到乾隆時就猛增到兩億，清末就是四萬萬同胞了，其中新大陸傳入的玉米、白薯及其他高產作物的作用不可低估。在北大上學的時候，張政烺老師常強調這一點，愛開玩笑的人還給這種看法送了個'唯薯史觀'的雅號。"白薯又稱甘薯、山芋、紅苕、地瓜，本極普通之物，張先生青年時（1936年在北大歷史系畢業，到史語所做圖書管理員）喜食之，20世紀50年代初宣揚"唯薯史觀"，且被他的學生在60年後（孫書初版於2014年）還記得，成爲史壇佳話。看來對學術和生活均深有嗜好，纔能有成就，纔是真正的學者。

三、秦始皇二十六年詔版

壬戌四月，咸陽市長陵車站附近村民某掘地得秦銅器數件，中有秦始皇二十六年詔版，與1962年長陵車站北沙坑中發現者形制略同。秦王政二十六年統一全國，天下大定，立尊號爲皇帝，乃統一度量衡，命丞相隗狀、王綰等製作詔版。詔版四角有孔，分發各地，可釘在經過校驗的衡量器之上；詔文也可直接刻在衡量器上，曰："廿（二十）六年，皇帝盡并（併）兼天下諸侯，黔首大安，立號爲皇帝。乃詔丞相狀、綰：灋（法）度量則，不壹歉疑者，皆明壹之。"詔版乃當時政府公文，發行量甚大。隋顏之推《顏氏家訓》記開皇三年長安發現兩詔（外加秦二世元年詔）銅權。趙宋以來之金石書如《歷代鐘鼎彝器款識法帖》《陶齋吉金錄》《貞松堂集古遺文》《秦金文錄》多著錄之，本不足珍。本所某君以爲"統一文字詔版，全國第二次發現"，秘不示人，雖劉副所長、韓秘書及諸同事亦難一睹。而咸陽市博物館未知底細，小題大做，上報市政府。市政府下文公社，限考古隊某日繳出此詔版，否則斷水電。某君懼而無措，遂繳之。雙方均無常識矣。

四、北池頭村、春臨村

大雁塔東二里許，芙蓉東路北，有村名北池頭。余多次經過此地，而不知命名之由。日前同趙賦康君散步至曲江池村，見其東、西、南三面皆有塬，唯此處低下，乃悟曲江池村即昔日之池底，今雖無水，而池形猶在；而所謂北池頭者，原為曲江池之北頭也。歸誦杜甫《哀江頭》："少陵野老吞聲哭，春日潛行曲江曲。江頭宮殿鎖千門，細柳新蒲為誰綠？"推想"池頭""江頭"皆為"曲江池頭"之省稱。西安為周、漢、隋、唐舊都，很多村名都有來歷。

2016年補記：二十多年後，在北池頭村南築大唐芙蓉園，鑿芙蓉湖，又於其旁鑿曲江南湖，建曲江池遺址公園。二湖相連，應即漢唐之曲江池也。康駢《劇談錄》："曲江池，本秦時隑州。開元中疏鑿為勝境。南有紫雲樓、芙蓉苑，西有杏園、慈恩寺。花卉環周，煙水明媚，都人遊玩，盛於中和上巳之節。"樂史《太平寰宇記》："曲江池，漢武帝所造，名為宜春苑。其水曲折，有似廣陵之江，故名。"宜春苑之名，秦時已有，西安北郊相家巷出土秦封泥有"宜春禁丞"。《三輔黃圖》："宜春宮，本秦之離宮，在長安城東南杜縣東。"《史記·秦始皇本紀》："二世皇帝享國三年，葬宜春。"秦二世胡亥墓在曲江池南半里，東一里有村名春臨村。臨與鄰通用，《史記·貨殖列傳》："北鄰烏桓、夫餘。"索隱："鄰一作臨。"未審"春臨"可否讀為"春鄰"，解為近宜春宮苑之村？此雖難於考實，但可能性還是很大的。

五、高陵

余出差隴縣，逆旅令簽登記表。表中"籍貫"欄余簽"高陵"。主人視之，曰："如此路近，尚住店乎？"余告高陵距隴縣三百餘里，主人曰："我縣亦有高 lìng，故誤會爾！"觀牆上所貼隴縣地圖，方知主人所謂"高 lìng"，乃指縣城北八里唐家莊公社北高堎村。按堎、陵一从阜，一从土，土、阜二偏旁固有通用者，如《說文》阯之別體作址，但絕大多數字絕不混淆。堎音 lèng，陵音 líng，亦不同。隴縣人讀堎為 lìng，為訛讀。陵甲金文已多見，堎則出現甚晚，其用為地名指土堆、土坡，如隴縣有公社名堎底下，江西新喻〈渝〉縣（今改作新餘市）有長坡堎。陵用為地名則指丘陵或土塬，高陵因境內有奉正塬，故名。高陵古縣，秦有高陵君，見於《戰國策·秦策》。1956年隴縣東南公社板橋村出土高陵君鼎，其後洛陽又徵集有高陵君弩機。漢時高陵為左馮翊首縣。逆旅主人不通文墨，當不知此。但高陵地近西安，人稱"陝西的白菜心"，關中人而不知高陵，無法理解。

六、明玉珍墓

孫中先生往四川大足縣參加石棺葬學術研討會，返經重慶市，宿市博物館。孫詢問何故四川召開之研討會，重博無人參加？答曰："館內近日發生重大事故，自顧不暇，遑及其他。"問何事，則云重慶某基建工地發現一座古墓，上報市博，市博令某氏赴現場察看。某氏略看一遭，謂此是明清墓，不在清理範圍，讓基建單位照常施工。後來墓中出土龍袍，又報市博，某氏以爲舊時優伶服龍袍者多矣，未加深究。再後墓誌上半露出"大夏國主"四字，某氏仍未重視。墓誌全出，方知爲明玉珍墓。按明玉珍乃元末隨州人。元至正十一年，集鄉兵屯青山反元。後率衆投紅巾軍徐壽輝部，爲元帥。至正十七年，由巫峽入川，攻克重慶、成都，據有川蜀。至正二十年，陳友諒殺徐壽輝稱帝，玉珍遂自稱隴蜀王。後二年，玉珍稱帝，建號夏，年號天統。死後子昇嗣位，於明洪武四年降明。農民起義領袖墓建國後發現者可謂鳳毛麟角，此墓之發現，意義重大。某氏業務不精，對川蜀史缺乏常識，却又自信，輕率判斷。已見"大夏國主"四字誌文，猶未悟爲明玉珍墓，實不可諒。此事一出，渝市嘩然。重博前身爲建國初成立的西南博物院，首任院長爲徐中舒師，副院長則爲著名考古學家馮漢驥先生及周素園先生、方國瑜先生，著名學者鄧少琴任秘書。其時人才濟濟，爲全國文博考古重鎮之一。三十年後，中經"文革"，不意竟出此憾事。

七、滈水

滈水出長安縣水寨村附近，其上源乃潏水。潏水上源出秦嶺大峪、小峪，初名大峪河、小峪河，至下紅廟村北，合稱潏河。至水寨村，分爲二支，一支西南流，與滈水合，仍稱潏水（一說稱交水），西行注入灃水。一支北流，今稱滈水，古稱沈水或潏水（《集韻》以爲沈、潏一字）。《水經注·渭水》："南有沈水注之，水上承皇子陂水於樊川……西北流，經杜縣之杜京西，西北流……沈水又北逕長安城，西與昆明池水合……沈水又北流注渭，亦謂是水爲潏水也。"又云："沈水又西北枝合故渠，渠有二流，上承交水，合於高陽原，而北逕河池陂東，而北注沈水。"滈水經上塔坡村、杜城村、丈八溝、魚化寨、阿房宮、六村堡，在草灘附近入渭。余曾經六村堡、大劉寨去漢未央宮遺址考察，過滈水。見河面雖不寬，但水不小，且清澈。河南北行，當在漢長安城章城門外。滈一作皁。近年改滈作淦，可能以交爲淦，但古交水入灃而不入渭，改之無理。古淦水有二，一源於河北井陘，東南流至晉寧縣注於釜陽河；一在安徽靈壁縣，或名沱河，東南流入淮。改洇作洨，反而混淆。

八、岐山臊子麵

　　岐山臊子麵爲關中西府名小吃，其麵長、細、筋、硬，口感滑、爽。臊子麵有瘦肉末、胡蘿蔔、生薑末、韭末、葱花、黃花、豆腐、木耳等，加湯、醋、油潑辣子，油而不膩，酸辣可口。碗中麵少湯多，食之時，有三五人接踵爲客人換麵，年輕人有能接連吃十餘碗者。去年余在岐山縣賀家村周原文管所小住，縣文教局于副局長爲其子完婚，余往賀之。于家在祝家莊，北依東西崛山（岐山），鄰近古岐陽，民風純樸，古道熱腸。于家以此麵待客，端麵之執客有十餘人。"臊子"一名見《水滸全傳》第三回："要十斤精肉，切做臊子，不要見半點肥的在上頭。"臊字或作燥，宋吳自牧《夢粱錄·肉鋪》："且如豬肉名件，或細抹落索兒精，鈍刀丁頭肉，條擔精燥子肉。"近年寶雞、西安，乃至外省多有岐山臊子麵館，多用臊字。但外地麵館多非岐山人開，不能保持原汁原味。西安南門外曾有一家"日夜岐山麵館"，門面三間，服務員三人，用機壓之三角斜花麵，臊子偷工碱料，市民稱其爲"掛羊頭賣狗肉"，開張僅一年，已被迫停業矣。

九、乾縣鍋盔饃

　　1984 年 4 月間，余往遊乾陵。晨自乾縣縣城出發，步行前往，參觀乾陵及永泰、章懷、懿德諸墓，又步行返回縣城東關，往返二十餘里。此時既熱且渴，又饑腸轆轆。長途汽車站門前小攤有賣涼粉及鍋盔饃，即食之。其涼粉爲綠豆粉，白如雪，滑如冰，軟如綿，調料蒜液濃，芥末麻，醋味香，油亦好，食之，美不可言。鍋盔爲乾縣名小吃，厚一寸半，用慢火烙成，麵白，焦花適中，或油酥，或鬆乾，面上多有模壓之花瓣，色香味俱佳，遠勝佳肴珍羞。歸後在大雁塔見賣涼粉者，呈灰黑色，量少，調料變味。鍋盔或生或焦，麵碱亦不均匀，食之，即欲嘔吐。所食同物，而感覺有天壤之別矣。

一〇、周原甲骨文之最初發現

　　殷商甲骨文 1899 年（或說 1898 年）發現於河南安陽小屯村，至今已有約 15 萬片。殷周相承，周亦應有甲骨文。《詩·大雅·綿》："周原膴膴，堇荼如飴。爰始爰謀，爰契我龜。曰止曰時，築室于茲。"鄭玄箋："齊契作挈。"班固《幽通賦》："旦算祀於挈龜。"顏師古注："挈，刻也。《詩・大雅・綿》之篇曰：'爰挈我龜。'言刻開之，灼而卜之。"由《詩》可知，周在古公亶父（太王）時即有甲骨文。然 20 世紀 50 年代以前，並未發現。1956 年，山西洪洞縣坊堆村發現西周牛胛骨卜辭，始得證實。此後，周甲骨在山西、陝西、北京、河南、山東續有出土，但多零星，影響甚微。1977 年 5 月，岐山縣古岐邑北的鳳雛村周初宗廟遺址西廂二號房灰坑 11、32 內出土周初甲骨 17275 片，有卜辭者 293 片，字數 903，內容涉及祭祀、卜問年成、出入、田臘、征伐等，內容廣泛，對研究周代政治、經濟、文化皆極具價值，轟動海內外。至其最初發現，則純屬偶然。徐錫臺先生告訴我：1977 年，他任周原考古隊（由北京大學、陝西省考古研究所、陝西省文管會聯合組成）辦公室主任，負責清理遺址灰坑。灰坑出土碎骨一筐，因年代久遠，有的已成骨末，學員未加重視，將當作廢物倒掉。適逢陝西師範大學歷史系教授斯維至先生及黨總支書記某來周原，斯因有疑，遂撿出幾塊問徐是何物，徐審視良久，見骨背有鑽鑿及灼痕，乃知為甲骨殘片。徐再細察之，又知上有刻劃，似文字，於是讓辦公室副主任于得濤發電報給國家文物局。三日後故宮博物院唐蘭先生來，始確認為甲骨文。斯先生抗戰期間曾在成都從徐中舒、蒙文通二位先生學習先秦文獻、甲骨、金文，又在齊魯大學旁聽文化人類學、民族學、考古學，學殖深厚。斯先生中華人民共和國成立前作《兩周金文所見職官考》《殷代風之神話》，屢為學人徵引；中華人民共和國成立後曾參加姜寨遺址的發掘。因為這些經歷，所以他初次看到該筐碎骨，立即敏感到其中可能有甲骨文。

2016 年補記：徐先生 1981 年冬告我此事，今已 35 年。徐先生辭世已 20 年。而斯先生 2015 年辭世，享年 100 歲。2003 年，北京大學徐天進先生在鳳凰山下、周公廟旁的廢棄水渠中發現兩片帶字甲骨；2004 年 3 月至 5 月，北大與陝西省考古研究所合組考古隊在周公廟南門外不遠的廟王村灰坑一、二清理有字甲骨 82 片；2008 年冬，考古隊又在周公廟東南大溝中清理有字甲骨 685 片。以上幾次均屬科學發掘。

一一、鳳翔靈山

鳳翔、汧陽二縣界上有山名靈山。每年 4 月間此地有廟會，自百千里外來此進香者絡繹不絕。今歲余在虢鎮車站遇雨暫歇，見往來火車下來乘客多為老太太，有一節車廂竟下六十餘人，問之，皆往靈山進香者。按釋家以靈鷲山為靈山。《傳燈錄》："（釋迦在靈山會上）手拈一花示衆，迦葉見之，破顏微笑，世尊遂付以正法眼藏。"道家以蓬萊山為靈山，左思《三都賦》："巨鼇贔屭，首冠靈山。"呂向注："靈山，海中蓬萊山。"全國名靈山之地甚多，北京，河北曲陽縣、元氏縣，山東臨朐縣、膠縣、棲霞縣，河南淇縣、羅山縣，安徽廣德縣，江西上饒縣，浙江龍游縣，四川閬中縣、廬山縣，廣東潮陽縣皆有之，鳳翔之靈山並不算出名。當地傳説，靈山古名九頂蓮花山，以秦穆公狩獵，於此見靈鷲鳥而得名。然此説不見於《史記》《漢書》，殆後人杜撰（佛教入華在漢時，春秋中期的秦穆公不可能知道靈鷲鳥）。山巔凈慧寺，始建於唐，時代甚晚。《史記·秦本紀》："寧〈憲〉公生十歲立，立十二年卒，葬西山。"正義："《括地志》云：'秦寧公墓在岐州陳倉縣西北三十七里秦陵山。'《帝王世紀》云：'秦寧公葬西山大麓，故號秦陵山也。'"唐陳倉縣城即原寶雞縣城虢鎮，其"西北三十七里"正今靈山所在，而當地今無"秦陵山"之名，疑"靈山"爲"陵山"之訛。古音陵蒸部來紐，靈耕部來紐，二字雙聲，韻部不同，古書未見通用例，但在關中西府方言中，讀音相同，可能後代訛陵爲靈，又與佛教結緣，遂致香火旺盛。

一二、華羅庚論詩

唐盧綸《塞下曲》之三："月黑雁飛高，單于夜遁逃。欲將輕騎逐，大雪滿弓刀。"數學家華羅庚先生以詩諷之，以爲大雁雪夜高飛，北方無此現象。後有人在《文學評論》上著文，引大量唐詩，證明盧詩符合實際。以余觀之，這種爭論本無必要。文學重在創造一種意境，一種生活氛圍，重在感染人，文學真實與科學真實之間不能劃等號。杜甫《古柏行》："孔明廟前有老柏，柯如青銅根如石。霜皮溜雨四十圍，黛色參天二千尺。"沈括《夢溪筆談·譏虐》説此柏"太細"。古人以圍計量圓周，指雙手食指、拇指合圍的長度，或説五寸，或説三寸，以五寸爲計，四十圍爲二百寸，即二十尺，而柏高二千尺，粗高比爲一百比一，豈非"太細"？不過圍又指人兩胳膊合圍的長度，至少五尺，四十圍應有二百尺，世間又絶不可能有如此粗樹。其實少陵祇是説老柏高大而已，本不必計算。《莊子·人間世》："匠石之齊，至於曲轅，見櫟社樹。其大蔽數千牛，絜之百圍。"陸德明釋文："'百圍'，李云徑尺爲圍，蓋十丈也。"但即使徑十丈之木，也絶不可能"蔽數千牛"。其實很多文學作品中的故事、人物都與實際不全符。《三國演義》中的曹操、諸葛亮、關羽，《水滸傳》中的宋江，《白蛇傳》中的法海，《鍘美案》中的陳世美，都不盡同於其真人。科學與文學，是兩個行當，各有其規則。一人能兼幾個行當，固然很好，但一般是不可能的。

一三、畫眉鳥

大雁塔東楓林中，清晨常有售鳥者。畫眉鳥每隻有售三十圓者，亦有售百二十圓者（2016年校記：西安20世紀80年代初一般幹部月工資多爲四五十圓）。畫眉鳥長大半尺，背羽綠褐色，腹淡黃色，頭色較深而有黑斑。眼圈白色，一綫向後延伸，呈蛾眉狀，有如女子畫眉，故名。此鳥鳴聲婉轉，甚得人喜愛。宋范成大《山徑》："行到竹深啼鳥鬧，鵓鳩老怨畫眉嬌。"今有喜玩鳥者，於其所喜愛，百金一擲，在所不惜。

一四、苞穀窩

西安北郊與高陵交界處，渠井雙保險，乃商品糧基地。7月間，余因事經西韓路去高陵，車下一坡，見苞穀沃黑茁壯，與塬上之黃瘦乾枯迥異。司機丁師傅乃述當地諺語云："下了于家坡，進了苞穀窩。"諺語或云："下了漕渠坡，進了苞穀窩。"坡臨近于家村及古漕渠，故云。按《史記·河渠書》："是時鄭當時爲大農，言曰：'異時關東漕粟，從渭中上，度六月而罷。而漕水道九百餘里，時有難處。引渭穿渠，起長安，並南山下，至河，三百餘里，徑易漕，度可令三月罷。而渠下民田萬餘頃，又可得以溉田。此損漕省卒，而益肥關中之地得穀。'天子以爲然，令齊人水工徐伯表，悉發卒數萬人穿漕渠，三歲而通，通以漕，大便利。其後漕稍多，而渠下之民，頗得以溉田矣！"《水經注·渭水》："（渭水）又東北逕新豐縣，右合漕渠，漢大司農鄭當時所開也。以渭難漕，命齊水工徐伯表發卒穿渠引渭。其渠自昆明池，南傍山原，東至於河，且田且漕，大以爲便，今無水。"漢昆明池在周都鎬京旁，今長安縣鬥門村、西張村東、石匣口村北、南豐鎬村南。漕渠（昆明故渠）自昆明池傍鳳棲、洪固塬東北行入渭，其中一條支流逕故秦枳道亭北，穿過灞水，經過于家坡。漕渠後代已乾涸，但今日之灞惠渠及其支渠仍有可能利用部分漕渠故道。所以漕渠的名稱仍存。苞穀爲玉米別名，玉米傳入中國在明正德年間，漢代農作物是五穀，即黍、稷、麻、麥、豆。

一五、周原甲骨文摹本

周原甲骨文1977年出土於岐山縣鳳雛村周初宗廟遺址西廂二號房內，遂即藏於周原考古隊溝西隊（駐地賀家村），即後來的周原岐山文管所。最初接觸甲骨文實物者爲徐錫臺、陳全方二位先生。周原甲骨文字多數小如粟米，無法摳揭，祇能做摹本。因各種原因，徐、陳二位各做各的，互不交流。徐先生摹本先由其對文字加以辨認，再由學員仵君魁在放大鏡下臨摹。陳先生摹本則由另外的學員臨摹。同一個字，因指導者認識不同，臨摹結果每每互有出入。如H11：8："□□事，乎宅商西。"首二字陳氏隸作"六年"，首字徐氏隸作"乂"，釋爲入，皆不確。H11：14："楚白（伯）乞（迄）今犛（秋）來即于王，其則。"即字徐摹作"󰀀"，釋爲"邟"；陳摹作"󰀀"，釋爲"由"，讀爲斯，皆不通。H11：86僅一個"畢"

字，而徐摹本倒置。

2016 年補記：1997 年朱歧祥先生《周原甲骨研究》末附《陳全方〈周原與周文化〉描本和徐錫臺〈周原甲骨文綜述〉描本對照表》甚便參考。但徐、陳二書出版於 1989 年、1988 年，與最初發表資料如周原考古隊《陝西岐山鳳雛村發現周初甲骨文》（《文物》1979 年第 10 期）、周原考古隊《岐山鳳雛村兩次發現周初甲骨文》（《考古與文物》1982 年第 3 期）、陳全方《陝西岐山鳳雛村西周甲骨文概論》（《古文字研究論文集》，《四川大學學報》叢刊第 10 集，1982 年）等亦不完全相同。2002 年，曹瑋先生《周原甲骨文》出版，圖版部分全用放大彩色照片，再無摹本之弊。

一六、大雁塔

大雁塔在大慈恩寺內。寺創建於隋代，原名無漏寺。唐貞觀二十一年，高宗李治爲太子時，爲追念其亡母文德皇后改建爲大慈恩寺。寺有十餘院，重樓復殿，雲閣禪房，近一千九百間。後歷遭兵燹，焚燬無餘。今所存者，皆明清兩代建築，且僅一院，房舍百餘間。寺北牆外原有小村曰太平堡，有七八户人家。塔建於唐永徽三年，乃高宗爲玄奘法師安置其由印度取回的佛經而建，原五層，長安年間，武則天施錢重修，改爲七層。1949 年前後，寺院荒廢，遊人稀少。1960 年至 1963 年，余在陝西師大附中讀高中。附中原在陝西師大南院（原西安師院）內，後遷至北院（原陝西師院，包括今西安統計學院）內，即今址。附中東距慈恩寺不過三百米，學生中常有人下課後去寺內讀書、做作業，以其環境幽雅安靜也，寺僧也從不干擾。近日余又去，纔知道進寺要買門票，登塔又要另外買票。因懷舊情緒，遂買票再登。登上七層，知塔北太平堡已拆遷，堡址一片狼藉，據云將新建僧院。大雁塔爲西安標志性建築，僅有的唐代遺存，外地遊客必登之，雖買票，仍登者甚夥。

一七、青龍寺

青龍寺在西安城東南鐵爐廟村北樂游原上，居高臨下，遠望極爲壯觀。寺建於隋開皇二年，初名靈感寺，唐睿宗景雲二年，改名青龍寺。佛教大乘教派後期與婆羅門教義結合，宣揚身、口、意"三密相應""即身成佛"，是爲密教。其創立者爲龍樹。龍樹傳於龍智，龍智傳於金剛智、善無畏。唐開元初，金剛智、善無畏來華，譯《大日經》《金剛頂經》，居大興善寺，創立密宗。善無畏傳一行，金剛智傳不空，不空傳青龍寺慧果。青龍寺遂爲中國密教之重要寺院。唐貞元二十年，日僧空海謁密宗七祖慧果於青龍寺，將密宗傳入日本，稱真言宗。空海漢學根柢深厚，著《文鏡秘府論》，綜論六朝隋唐詩體制、聲韻；又有《篆隸萬象名義》，綜論漢語言文字。空海之外，圓仁、惠遠、圓珍、宗叡等日僧亦至青龍寺受法。因爲這些原因，青龍寺在日本享有極高聲譽，被視爲東密（日本真言宗）的祖庭。宋元祐元年，寺院被毀，後人鮮有知之者。1979 年始，中科院考古所西安研究室對其遺址加以發掘，引起了日本佛學界的重視，1981 年，日僧捐資修空海紀念碑，設計者爲梁思成先生弟子張錦秋女士。近年以日本遊客頗盛，寺中廣種櫻花，已成西安一景。唐朱慶餘《題青龍寺》詩："寺好因崗勢，登臨值夕陽。青山當佛閣，紅葉滿僧廊。竹色連平地，蟲聲在上方。最憐東南靜，爲近楚城牆。"今南塬邊雖有新築城牆，衹是已無往日的竹色與寧静。

一八、唐東渭橋遺址

唐東渭橋遺址在高陵縣耿鎮公社周家村白家嘴西南三百米處，北距今渭河主河道約五里，距今西韓公路上的渭河大橋約七里。橋長約五百五十米，二橋樁間寬約二十米。1981 年至 1983 年，王仁波、羅宏才等先生曾對該遺址做了調查和試掘。發現木柱二十二排，四百一十八根；人工雕鑿長方形青石條合砌之分水金剛牆四處；鎮壓水怪的青石雕獸頭一件；鐵釘、版、栓、銅錢、佛像等百餘件。推測原橋寬十米左右，爲木樁橋。橋迎水面有分水金剛牆，由青石砌成，青石一般長一米，寬零點五米，高零點二米，鑿有卯，以鐵水澆鑄鐵栓版相連，石縫灌以鐵水，石頭之間空隙打有鐵木樁。1967 年 11 月在橋址南發現《東渭橋記》六面體殘石幢。碑文記唐開元九年（721），京兆尹孟溫禮奏請玄宗修此橋，後經恩准，由孟"總統群務"、"（聚）工徒詳力役，經遠邇，度高卑……曾未逾月，其功乃口"。負責具體事務者還有"京兆府士曹彭城劉帷超、奉先尉渤海吳貫之"等十人。橋建成之後"抗星柱，延虹梁，如長雲，橫界極浦"，很是壯觀。

東渭橋是唐長安城通往黄河渡口蒲津關的必經之地，也是攻守長安的戰略咽喉。唐德宗時，朱泚叛亂，佔據長安，唐將李晟率兵屯於東渭橋，並最終收復京師。李晟後封西平郡王，兼中書令，卒葬高陵渭水北塬，即今榆楚公社馬北村，村中尚存"唐故太尉兼中書令西平郡王贈太師李公神道碑"，碑由裴度撰文，柳公權書，世稱"三絶碑"。唐文宗時，日本第十八次遣唐使經此橋入長安，日僧圓仁《入唐求法巡禮行記》云"南行三十五里，到高陵渭橋，水闊一里許，橋闊亦爾"，與今遺址所見相符。唐末，黃巢部將朱溫亦於廣明元年（880）屯兵東渭橋。宋趙明誠《金石錄》著錄元和二年（807）《唐東渭橋河運院記》已佚，故《東渭橋記》是研究東渭橋的重要資料。五代之後，渭水不斷北移，東渭橋逐漸傾圮。

渭水北移，當代亦然。猶記1958年，余在高陵縣崇皇中學讀初中，當時大煉鋼鐵，學校組織學生到船張村涇渭交滙處河灘揀鵝卵石燒石灰，親見渭河北邊崖岸下臨湍急漩渦冲刷，不斷崩塌。三十餘年過去，渭河又北移近百米。

2016年補記：渭水北移，不光高陵段如是，西安段亦如是。2015年，中國社會科學院考古研究所漢長安城考古隊及陝西省考古研究院發掘漢長安城橫門及厨城門之間的渭河故道、漢橋遺址，出土長近十米的漢代木船，以及橋樁等。該遺址位於相小堡村至唐家村之間，距今渭河亦有五六里。近年西安在涇渭三角區設經濟開發區，已有十萬以上人口，儼然一衛星城，渭河北岸很多段都用水泥加固，加之氣候變化，水量變小，渭河北移的速度已大大趨緩。

一九、新凡、兰田、岐山

地名用字古今屢有變化，一地轄區古今沿革不同，今人或不明此理，以致出現種種錯誤。四川成都市北九十里有縣名新繁，即《漢書·地理志》蜀郡繁縣，北周改新繁。其地曾有考古發掘，出土青銅器多件，1959年某期《文物》發表簡報，誤繁為凡，後人引用，亦每致誤。陝西西安市東南八十里有藍田縣，《地理志》屬京兆尹，班固自注："山出美玉，有虎候山祠，秦孝〈獻〉公置也。"藍田為名縣，見於《戰國策》《史記·楚世家》《竹書紀年》《漢書·外戚傳》，二千年來相沿不改。今人每誤藍作兰，即該縣文化館某君作文亦如此。按兰為蘭之簡化字，而非藍之簡化字，本縣文化人士，絕不應不知此。陝西扶風縣齊村，與岐山縣京當、賀家村一溝之隔，清代皆屬岐山縣。某青銅器清時出於齊村，學者記"器出岐山"。今某文博人員作考釋文章，則云："前人云出岐山，殆誤，實出扶風黃堆公社齊村大隊。"不知已之淺陋而輕誣古人。永壽縣下孟村為著名的石器時代遺址，20世紀60年代初陝西省考古研究所曾做發掘，發簡報時適逢陝西合併大縣，永壽合併於彬縣，故簡報稱"彬縣下孟村"，很多文博考古人員不知大縣早已不存在，引用該批資料時仍沿舊稱，而不改作"永壽下孟村"，誤甚。

二〇、四霸天

1979年余在四川大學讀研期間，曾與諸同門外出考察。至扶風縣看青銅器，當地人為余等介紹縣圖博館羅西章先生，曰："此人俗號西霸天。"所謂"西霸天"，乃指其在寶雞地區（關中西府）文博界影響極大，為一方霸主，並無貶義（如電影《紅色娘子軍》中的南霸天）。羅先生是本縣人，初做小學教師，後來參加文博工作。扶風、岐山北部為西周早期都城岐邑所在，故出土西周青銅器歷來都居全國之冠。中華人民共和國成立之後，農民取土多次發現青銅器窖藏，或零星出土青銅器，羅氏皆動員農民繳獻國家（給以適當補助，但在今天看是極低的），很多青銅器的收藏、著錄，厥功甚偉。青銅器上多有重要銘文，羅先生每每打成搨片，寄給天津的陳邦懷先生、北京的唐蘭先生，請他們先做考釋，再根據他們的意見寫成簡報，在《文物》或《考古》上發表。時日既久，羅先生自己對周原出土青銅器及其銘文也已爛熟於心，成爲該領域的行家裏手。

回陝西工作之後，又聽同仁説，在陝西文博界，趙康民爲東霸天，郭榮章爲南霸天，姬乃軍爲北霸天。一説南霸天爲漢中博物館唐金裕，北霸天爲銅川博物館盧建國。

趙康民原在臨潼縣文化館工作。1974 年 3 月，秦始皇陵東側西楊村農民打井發現秦代陶俑殘件，趙先生運回館中修復，適逢新華社記者藺安穩省親（其愛人在館工作），遂寫了一則内參消息，被時任副總理李先念看到，指示陝西省委、省政府派考古人員發掘。秦俑之發掘，趙先生與有力焉。趙先生對秦始皇陵、唐華清池遺址的保護、研究也做了很多工作。

郭榮章原爲陝西省考古研究所職工，後調至漢中市博物館工作，對漢鄐君開通褒斜道、楊淮楊弼表記，曹魏李苞通閣道題名、司隸校尉犍爲楊君頌、右扶風李君通閣道、北魏石門銘、南宋晏袤鄐君開通褒斜道、釋潘宋韓仲元李苞通閣道題名、山河堰落成記等摩崖石刻及漢隸大字 "玉虎、玉盆、袞雪" 等加以研究、注釋，探討其史學、文學、書法價值。郭先生還參加過漢中的一些考古發掘項目。

姬乃軍稍年輕，20 世紀 80 年代畢業於西北大學歷史系考古專業，曾任延安市文管會主任。除參加延安地區的一些考古調查和發掘外，姬先生的主要工作是對中共延安革命舊址，如鳳凰山、楊家嶺、棗園、王家坪、陝甘寧邊區政府、陝甘寧邊區參議會禮堂的保護。

陝西是文博大省，除省城西安外，地縣也是人才濟濟，寶雞市博物館的李仲操先生、岐山縣博物館的龐懷靖先生、榆林市文管會的康蘭英女士，也都是在全國叫得響的人物。

二一、夏伐秦龍氏

龐懷靖先生告余：某氏文稱 "夏伐秦龍氏"，初讀不知典出何處，久之方悟此乃 "夏代豢龍氏" 之誤。按《左傳·昭公二十九年》晉太史蔡墨答魏獻子（舒）問曰："昔有飂叔安，有裔子曰董父，實甚好龍，能求其耆（嗜）欲以飲食之，龍多歸之。乃擾畜龍以服事帝舜，帝賜之姓曰董，氏曰豢龍……故帝舜氏世有畜龍。及有夏孔甲，擾于有帝，帝賜之乘龍，河、漢各二，各有雌雄，孔甲不能食，而未獲豢龍氏。有陶唐氏既衰，其後有劉累，學擾龍于豢龍氏，以事孔甲，能飲食之。夏后嘉之，賜氏曰御龍，以更豕韋之後。"《史記·夏本紀》："帝孔甲立，好方鬼神，事淫亂，夏后氏德衰，諸侯畔之。天降龍二，有雌雄，孔甲不能食，未得豢龍氏。陶唐既衰，其後有劉累，學擾龍于豢龍氏，以事孔甲，孔甲賜之姓，曰御龍氏。"據此，豢龍氏舜時已有，夏代則有御龍氏，所謂"夏伐秦龍氏"殆指夏代孔甲時之豢龍氏，而誤"代"爲"伐"，誤"豢"爲"秦"，又其實事孔甲之劉累爲御龍氏，故某氏語五字有三誤。某氏畢業於名校，按說不應有此類錯誤，余亦不敢信。今歲改某氏稿，見其百餘字引文，竟有四處錯誤：引《說文》"亥……復从一起"作"復丛起"（丛爲叢之簡化字），"从一"原豎排，某氏誤爲一字"丛"，又在《說文》中叢不能簡化作丛；引《爾雅·釋天》"（太歲）在巳曰大荒落"作"在巳昊荒落"；引《說文》"巳，巳也。四月陽气巳出，陰气巳藏，萬物見，成文章"作"四月昜气已出，陰氣已藏，萬物見成，文章"，古巳、已一字，今人引"巳出"作"已出"固不爲大病，但誤陽爲昜，誤將"見成"連讀，不可原諒。此時思龐先生語，方知其說不誣。

二二、夫子題季子墓十字碑

耀縣藥王山博物館藏清順治十六年（1659）耀州知州唐翰輔刻《石鼓文》碑四塊（碑石原置縣文廟儀門兩側，1971年始遷至藥王山），除摹刻明楊慎《石鼓文音釋》外，附刻唐韋應物及韓愈兩篇《石鼓歌》、宋蘇軾《後石鼓歌》，以及所謂的《夫子題季子墓十字碑》。後者作"🔲🔲🔲🔲🔲🔲🔲🔲🔲🔲"，釋文："嗚呼有吳延陵季子之墓。"耀縣水泥廠某君在《西安晚報》著文，以爲此乃孔子手書真迹。該縣中學某教師著文斥之，某君不服，投書晚報，喋喋申辯。晚報編輯陳連康問及余，余曰："此碑爲往日金石書所著錄，然其非春秋末或戰國初文字，而爲戰國中期以後三晉風格文字。如'嗚呼'近於中山王器'🔲🔲'（於虖）；'呼'，又近於侯馬盟書'🔲'；'陵'字近於陵里車軎'🔲'，肯定不是孔子手書。"余又爲之介紹銅川市博物館盧建國先生以瞭解情況，盧云某君向來道聽塗説，其言不足信。余憶及先前在成都望江公園一篆刻展覽中有所謂"周文王印""周武王印"，亦其類也。

二三、西陽雜且

某博物館圖書室某君嘗告人曰："近日購得一書，名《西陽雜且》。"人不知何書，後見之，實唐段成式之《酉陽雜俎》也。按《酉陽雜俎》二十卷，《續集》十卷，雜記仙佛鬼怪、異事秘藏、動植物產，體例略近於晉張華《博物志》，多可供考證，資談助。宋宋敏求《長安志》、元李好文《長安志圖》，皆據以考訂唐長安街巷。身爲博物館圖書管理人員，絕不應不知此書。某君又言："我從事考古工作三十年，成立省考古學會可任理事。"聞者哂之。

二四、硒與毁

　　商周秦漢青銅食器簋，《説文》作𠥗，云："黍稷方（實應爲圓）器也。从竹皿皀。匭，古文簋。从匚食九。匭，古文簋。从匚軌。朹，亦古文簋。"據（段玉裁《説文解字注》本）傳世典籍若《詩》《易》《周禮》《儀禮》《孝經》皆作簋。出土文字如甲骨金文或作毁、从殳，皀象有底座之簋，殳則以手取食之也；或作𣪘（芮公簋），食作"𠊊"，象簋之有蓋也；或作盤（蔡侯申簋）；或作軌（洛陽西宮出土軌簋）；或作朹（阜陽漢簡《詩》"每食八朹"）。今文字學者提到簋，多寫爲毁，其實不盡妥當。余以爲若古文字銘文用嚴式隸定，固不妨寫作毁，甚或盤、朹，但在一般叙述中，仍以作簋爲宜。一則毁易與《説文》毁字混淆。《説文》："毁，揉曲也。从殳，从𠂤。𠂤，古文叀字。"李孝定《甲骨文字集釋》按："'𠂤'爲'毁'之初文，'𣪘'則合體象形，'簋'則爲增體象形，蓋从竹言其質，从皿舉其類……至許書'毁'訓'揉曲'，蓋因'毁'之初誼已爲後起之'簋'所專。初誼既湮，遂以他字之義羼入，復誤以象手持匕栖之形爲从'殳'，遂有此義耳。"毁、𣪘本一字，但《説文》已誤其構形及意義。二則排字工人不識毁，易誤爲毀或殷。簋有銅質，亦有陶質、竹質、木質，漢人所用多竹木質，故字从竹。今考古出土者多爲銅陶質，而不見竹木質者，以後者易朽毁也。又石器時代有砍削器銶，學者或以爲此爲石器，非青銅器，故另造一硒字，亦冬烘先生也。文字爲語言交流之符號，字既有通行者，義無變更，無須再造新字。如古人結木爲柵欄，《後漢書·段熲傳》："乃遣千人於西縣結木爲柵。"《墨子·非攻上》："至入人欄廐，取人牛馬者，其不仁義，又甚攘人犬豕雞豚。"後代柵欄或以鐵爲之，而不新造从金之鉵鑭（《玉篇》有鉵字，音 shàn，指鐵器；《龍龕手鑒》山卓反，音 shuò，同稍。鑭見《玉篇》："金光皃"；現代又指化學元素 La [lanthanun]。二字皆與柵欄無關）。清代學者有人喜寫古文字，而爲有識者所不齒。王士禛《古夫于亭雜録·古文刻書》云："同年汪鈍翁琬晚刻《類稿》，字書多用古文，時人亦有效之者。宋景文云：'吾友楊備得《古文尚書釋文》，讀之大喜，於是書訊刺字皆用古文，僚友多不之識，指爲怪物。'要之，亦有所不必也。"

　　2016 年補記：前時有新聞報道：四川有高考學生用甲骨文、金文答題，被某閱卷者大加讚揚，以爲有才。其實此考生祇能説嘩衆取寵。而讚揚者的見識甚至連清代的士大夫還不如。

二五、恩代、辦掘、腔漢

　　今歲余承乏《考古與文物》編輯，校稿中每見排字之舛誤有出人意料者。如"周代"誤作"恩代"，"發掘"誤作"辦掘"，"秦漢"誤作"腔漢"。久之，乃悟此乃工人爲圖方便，鉛盤不盡以部首、音序排字，而將常用詞所用之字歸置一處。"周"誤"恩"者，以"周恩來"總理爲名人也。"發"誤"辦"者，以"辦法"爲常用詞，而"發"與"法"同音也。"秦"爲"腔"者，以"秦腔"爲本省地方劇也。近歲青工多，工作馬虎，又乏常識，故此類笑話屢見不鮮。

2016年補記：此條寫於三十四年前，現在早已不是鉛排時代，但電腦打字，輸入一個讀音，往往出來一個常用詞，故此類錯誤依然不斷出現。糾正之法，仍在認真二字。

二六、某氏談學術道德

閱近日報紙，見記者訪問某博物館某氏，某氏對其大談學者要有學術道德，不應剽竊他人著作以爲己有，初讀以爲極是。昨日開省考古學會，某博參會者某君爲余述某氏其人。云某氏曾在數年前編寫一書，某女士出力甚多。書出版時，某氏僅署己名，在後記中隻字未提某女士之名。如此作爲而大談學術道德，令人不解。某君告余某女士語："他日某氏逝世，送花圈莫寫'博物館全體同志挽'，小女子不在其內也！"

二七、涇陽待客

關中稱婚喪嫁娶以宴席款待客人爲待客，而各縣豐盛程度不同。涇陽待客飯前有十道菜，雜以果盤四，更有梨羹、八寶飯、醪糟等甜食；正式吃飯，再上熱冷四盤四碗。高陵則規格稍遜。至涇渭交滙處之梁村塬、馬家灣、陳家灘等地，更極其簡單，僅有四菜四湯而已。故涇陽諺語云："涇陽一席開銷，足抵河南（涇河南）三席。"此無他，蓋涇渭三角地帶在旱塬上，無涇惠渠灌漑之利，民多貧困，若待客鋪張，事後自己就要餓肚子。

2016年補記：十多年前，涇渭三角地帶闢爲西安經濟技術開發區，有陝重汽、長慶油田總部入駐，已有十餘萬人口，與西安城區無別，往日冷清的陳家灘因有"涇渭分明一日遊"，農家樂飯館滿村都是，其待客之奢華涇陽早已不能比肩了。三十年河東，三十年河西，看來民俗也不是一成不變的。

二八、七、十易淆

四川大學歷史系教授張勛燎有名文《"七""十"考》，指出在東漢永平六年（63）以前七字多作"十"，十字多作"十"，二字之區別僅在橫豎二畫之長短比例不同。七字秦會稽刻石作"㐅"，新莽始建國三年（11）至地皇二年（21）作"杢"，部分居延簡作"十"或"ナ"，但皆特例而非常規。因此之故，七、十這兩個字在傳世典籍的傳寫和出土文獻的隸定中極易混淆。張先生舉例說，《荀子·禮論》云"天子棺槨十重，諸侯五重，大夫三重，士再重"，《莊子·天下》則云"古之喪禮，貴賤有儀，上下有等，天子棺槨七重，諸侯五重，大夫三重，士再重"，《讀書雜志》疑"十"爲"七"之誤而未下斷語，實可肯定；《史記·高祖本紀》云"五年……十月，燕王臧荼反"，《漢書·高帝紀》則云"秋七月，燕王臧荼反，上自將征之。九月，虜荼"，後者是；1959年出版的《居延漢簡甲編》釋文多據勞榦先生舊釋，誤七爲十者尤多；居延新出漢簡2081號陳公柔先生釋文"始元十年"，然昭帝始元年號祇有七年，没有十年；啓功先生《古代字體論稿》圖版標有"五鳳元年十月丁巳朔"字樣，但此年十月朔日丙午，七月朔日纔是丁巳。此雖小題目，然是大文章。

二九、种幼

蒲城縣近日出土高力士碑半截，有"种幼未仕"語。种，《説文》未收。《廣韻》："种，稚也。"《玉篇》："种，人姓。"《姓氏急就篇》："种氏，仲山甫之後。後漢种暠。唐种如願。宋种放、种世衡、种師道。"幼稚義之种，文獻通作沖。《尚書·盤庚下》："肆予沖人。"《漢書·翟方進傳》："洪惟我幼沖孺子。"《説文》："沖，涌摇也。从水、中。讀若動。"顔元孫《干禄字書》平聲有沖、种二字，云："上沖和，下种幼。"不過，"沖和"之沖，"种幼"之种，"沖人"之沖，皆非其本義。幼小義的种、沖，似皆應讀爲童或僮。"肆予沖人"孔氏傳："沖，童，童人。"孔穎達疏："沖、童聲相近，皆是幼小之名。"朱駿聲《説文通訓定聲》沖字："假借爲僮。"中山王𰯼大鼎："昔者，虘（吾）先考成王，曩（早）棄（棄）群臣。煢（寡）人學（幼）堕（童）未甬（通）智，佳（唯）俌（傅）侽（母）氏（是）從。"蔡邕《與人書》："叔父親之，猶若幼童。""种幼"即"幼童"，亦即"幼沖"，《尚書·大誥》："洪惟我幼沖人，嗣無疆大歷服。"《漢書·循吏傳》："孝昭幼沖，霍光秉政。"

三〇、胡順利、葉愛國

江浙爲明清以來學術昌明、人物薈萃之處，不説學者，即一般市井小民，亦有熱心學術者。江蘇鎮江某糧油加工廠工人胡順利，常有短文糾正《文物》《考古》《考古學報》上名人文章引文之誤。其所糾正之文，上至石器斷代，下至宋元碑刻釋文，範圍頗廣。葉愛國爲泰州勝利煙酒店職工，近日來信，指出《考古與文物》今年第 1 期錯誤數十處，且大多準確，令人嘆服。

三一、王慎行

王慎行先生 1942 年生於西安馬坊門。幼時在其父督責下，熟讀經史及古詩文。高中畢業，曾在 1960 年考取陝西師範大學數學系，但因父親被錯定爲"歷史反革命"遣送回鄉，家中又有母親及四個年幼的弟妹，生活困頓，祇好輟學做工。他曾在建築公司工作二十年，做過普工、瓦工、木工、電工，乃至材料員、文書、宣傳幹事。雖身處逆境，仍刻苦自學文史知識及書法篆刻。慎行曾手抄《甲骨文編》《甲骨文字研究》《卜辭通纂》《殷契粹編》《殷周青銅器銘文研究》《兩周金文辭大系考釋》《金文叢考》《西周銅器斷代》《殷虛卜辭綜述》等書，從而熟悉了前人研究古文字的思路和方法。慎行曾去北京大學請教裘錫圭、高明兩位教授，想考研究生，終因單位不願發讀書期間工資而作罷。1979 年，慎行協助西安市文物局籌辦赴日本金石搨片展，爲之作金文釋考，遂得重視，1980 年調入該局研究室。1983 年，慎行又在于省吾教授主辦的古文字研討班學習。1984 年慎行調入陝西省社會科學院《人文雜誌》編輯部，終得展其才華。慎行有論文《乙卯尊銘文通釋譯論》《鼓簋銘文考釋》《師詢鼎銘文通釋譯論》《周公攝政稱王質疑》《從兵器銘刻看戰國時代秦之冶鑄手工業》等。在古文字研究領域已嶄露頭角。余與慎行交往十餘年，多次去他在馬坊門及小寨西路的家中，相談甚歡。

2016 年補記：慎行五十歲出頭辭世，今已二十餘年，但他的文章仍不時有人引用，亦可含笑九泉矣。

三二、學書忌有名

徐錫臺先生說他前幾天去北京，奉所領導之命往北京師範大學教授啟功先生家，求其爲題寫單位門牌及《考古與文物》刊頭。叩門之後，出者爲其家人，告先生外出未歸，實婉轉拒客也。先生與徐熟識，聞其聲，乃自裏屋出，徐終得完命。近年啟老書名大振，求書者紛至沓來，幾至大中學生，亦慕名而至，應接不暇。先生開出潤格，凡公家求字者，每字數千圓；私人求字者，須待空暇時爲之，亦收費，然仍上門者眾多。不得已，先生乃令家人拒客。昔顏之推戒其子學書勿精，良有以也。

三三、東晴西暗

暗字普通話讀去聲，而關中土語讀平聲。吾鄉諺語："東晴西暗，等不得端碗。"意即辰、巳之時，東方晴朗，西方陰雲密佈，不過朝食，必大雨滂沱。此諺暗、碗皆讀去聲，以求協調。

三四、副編審與《汗簡》

某出版社副編審某氏，爲考古刊物編輯多年。余嘗見其所改一稿，稿中凡引《汗簡》云云，某氏逕改"汗"爲"漢"。按《汗簡》爲宋郭忠恕彙集之"古文"字書，"汗"取義於"殺青簡以寫經書"，明其所謂"古文"來源於古人竹簡所書經文。此書收 2960 字，對研究戰國文字有重要參考價值。古文字學者劉心源、羅振玉、于省吾，都曾據《汗簡》以考釋文字。近年張頷先生爲張守中《中山王嚳器文字編》作序，更大聲疾呼，要爲《汗簡》"揚一善"。"漢簡"則非書名，僅是對漢代竹簡的稱呼。這些都是常識。又稿述某銅器"形制"如何，某氏逕改"形"作"型"。按器形、器型爲二事，形制爲傳統說法，指器之形狀、款式，《晉書·輿服志》："皁輪車，駕駬牛，形制猶如犢車。"型指類型，考古講究器物類型學，乃以器口之直、大、侈、斂、頸之長、短、肩之廣、窄、沿之捲、折、腹之鼓、收等不同爲之排比，爲一類器物分型分式。形、型之別，極爲清楚，考古編輯不應不知道。

三五、鋈錫

某考古學者作一短文，論古代青銅器之裝飾工藝。文中數次提到"鋈錫"，初讀不知何意，查書始知"錫"爲錫字之誤。《詩·秦風·小戎》："游環脅驅，陰靷鋈續。"毛傳："鋈，白金也。"鄭玄箋："鋈續，白金飾續靷之環。"以鋈爲名詞。也有學者以鋈爲動詞。《釋名·釋車》："鋈，沃也，冶白金以沃灌靷環也。"《小戎》孔穎達疏："《釋器》云：'白金謂之銀，其美者謂之鐐。'然則白金不名鋈。言'鋈白金'者，鋈非白金之名，謂銷此白金以沃灌靷環，非訓鋈爲白金也。金銀銅鐵總名爲金，此說兵車之飾，或是白銅白鐵，未必皆白銀也。"後說是。其所鋈之金，或說是白銀，或說是白銅（參看《辭海》），實應是錫。《說文》："錫，銀鉛之間也。"徐鍇繫傳："錫，一名鈏，即今白鑞也。"雲南晉寧石寨山出土小銅斧鍍錫，張子高教授《從鍍錫銅器談到鋈字本義》據以立論，學者多信從。錫則指馬額頭上的金屬裝飾物，馬走動時振動有聲。《詩·大雅·韓奕》："玄袞赤舃，鉤膺鏤錫。"亦指盾背裝飾。《禮記·郊特牲》："朱干設錫。"鄭玄注："干，盾也。錫，傅其背如龜也。"孔穎達疏："謂用金琢傅其盾背。盾背外高，龜背亦外高，故云'如龜也'。"某氏"鎏錫"不辭。

2016年補記：關於青銅器鍍錫，朱鳳瀚先生《古代中國青銅器》第七章有更詳細的論述。

三六、背書

前人多喜背書，蓋熟讀方能有所得也。清戴震據云能背十三經注，近人陳寅恪據云能背十三經，今之學者凡有成就者亦多如是。四川大學歷史系教授繆鉞，治魏晉南北朝史及唐宋文學，卓然一家。己未五月，輝負笈蓉城，曾聽繆老講宋詞。時先生雙目已眇，由助手板書，然凡引用兩宋諸大家如蘇、辛、姜、范、柳、陸詞及明、清相關詞話，皆能背誦，一字不差，無不爲之噓唏。又川大中文系教授楊明照，爲當代研究《文心雕龍》專家，自云《文心》五十篇皆能背得，如此，在鉤稽類書中與之有關資料時，過目便無所遺漏。

2016年補記：而今是資訊爆炸的時代，任何資料，在網上查，頃刻即得。以文史言，十三經、二十四史，乃至《四庫全書》、整個漢籍，都有資料庫可查，各種引得、索引更是層出不窮。於是，學問好做了，年輕人不但無需背書，甚至也無需通篇讀書了。任何事都有兩面性，我們不能不承認，用電腦有助於研究，特別是有助於資料搜集；但過分依賴它，不下苦功夫讀書，對古籍便無語感，在研究中也難有靈感。戴震、段玉裁、王念孫、錢大昕、梁啓超、王國維的時代，工具書極少，引得更無，但從總體上看，他們的學問，當今又有幾個人超過了呢？

三七、油抹爐壁

20世紀80年代，農村做飯用竈，燒柴禾；城市用鐵皮火爐，燒煤球、煤餅，而燒蜂窩煤，已是後來的事了。家母言，火爐爐壁抹油，可延長其壽命。蓋爐瓦易破，爐壁易熱，鐵皮常被火烤，壽命必短。爐壁抹油，鐵皮之熱傳給油，油揮發，爐壁降溫。人之出汗散熱，亦此理也。故每食肉，母必以有毛之肉皮擦抹爐壁。如此，廢物亦得利用矣。

三八、呼延、呼

呼延，複姓，亦作"呼衍"。《漢書·匈奴傳》："其大臣皆世官，呼衍氏、蘭氏，其後者有須卜氏，此三姓，其貴種也。"顏師古注："呼衍即今鮮卑姓呼延者是也。"後爲遼人姓氏。

今姓呼延者已是漢族，乃民族融合之結果也。呼延子孫或省姓呼。顧炎武《日知錄》："今有呼姓，本呼延，明初改。"本所呼林貴，扶風縣人，研究秦漢考古，有聲於時。

三九、連山早寒

吳鋼先生告余樓觀臺石刻有"連山早寒"四字，"連"字不識。按連魏元悅墓誌作"遳"，魏元珏墓誌作"逹"，余疑"連"亦連字。《文選·張平子〈西京賦〉》："於前則終南、太一，隆崛崔崒，隱轔鬱律，連崗乎嶓冢。"王維詩《終南山》："太乙近天都，連山到海隅。"刻石、詩之"連山"應即賦之"連崗"，謂山崗接續不斷。終南指關中南部的秦嶺山脈，爲總名；太一又稱太乙、太壹、太白，是秦嶺的主峰，位於武功縣南，今周至、眉縣、太白三縣界上。《水經·渭水注》："《地理志》曰：縣有太一山，古文以爲終南，杜預以爲中南也。亦曰太白山，在武功縣南，去長安二百里，不知其高幾何。俗云：武功太白，去天三百。山下軍行，不得鼓角，鼓角則疾風雨至。杜彥達曰：太白山南連武功山，於諸山最爲秀傑，冬夏積雪，望之皓然。"連山積雪，其寒必早。祖詠《終南望積雪》："終南陰嶺秀，積雪浮雲端。林表明霽色，城中增暮寒。"樓觀臺在太白之陰，重巒疊嶂，正所謂連山也。又古有《連山易》，《周禮·春官·太卜》："掌三《易》之灋，一曰《連山》，二曰《歸藏》，三曰《周易》。其經卦皆八，其別皆六十有四。"鄭玄注："名曰《連山》，似山出內（納）氣也。"賈公彥疏："此《連山易》，其卦以純艮爲首，艮爲山，山上山下，是名《連山》。雲氣出內（納）於山，故名易爲《連山》。"樓觀爲道教盛地，傳老子西遊入關，在此築臺，著《道德經》五千言，闡明陰陽辯證之理，與《易》相通。邵雍《皇極經世書·觀物外編》："老子，知《易》之體者也。"不知"連山早寒"與道教有無關係？

四〇、發顛

六朝以後石刻多見發願文，乃佛教信徒爲超度亡父母或他事向神佛發願，敬造佛像。願字多作顛，如白水縣中學出土妙覺寺北魏造像碑："仰顛皇祚永康。"又唐王氏故妻墓誌："有顛莫從。"郭子直先生語余，省博物館某氏考釋造像文字，却不識顛字，認作顛，云："'發顛'爲發狂，一種病瘵，與癲癇相類。"按古固有"發顛"一詞，馮夢龍《古今譚概·文戲·舊律易字》："廣東二貢士争名，至相毆。友人用舊律更易誚之曰：'南北齋生多發顛。'"亦作"發癲"，《魯迅書信集·致章廷謙》："我想該鼻未嘗發癲，乃是放刁，如潑婦裝作上吊之類。"但造像或佛經許心願，祇能説"發願"。《法華經·提婆達多品》："於多劫中常作國王，發願求於無上菩提，心不退轉。"《阿彌陀經》："衆生聞者，應當發願，願生彼國（按指西方極樂世界）。"白居易《畫彌勒上生幀記》："常日日焚香佛前，稽首發願，願當來世與一切衆生，同彌勒上生，隨慈氏下降。"元無名氏《連環計》第二折："還待要花言巧語將咱騙，你恰纔個焚香告青天，深深頂禮親發願。"文博人員認顚爲顛，是不應該的。

四一、石興邦

陝西考古元老石興邦先生，前中央大學邊政系畢業，後在浙江大學師從夏鼐先生學習考古。中華人民共和國成立初期入中國科學院考古研究所，曾在河南、河北、山西等地進行田野發掘。而使其名噪一時者則爲1954年至1957年對西安半坡新石器遺址的發掘。該遺址有房屋基址四十五座、圈欄二座、地窖二百多個、陶窯六座、墓葬二百五十座。出土骨石工具有斧、錛、鑿、刀、鏟、磨棒、箭頭、網墜、紡輪、錐、針、魚鈎、魚叉。生活用具有鉢、盆、碗、壺、甕、罐、甑等，上或有彩繪魚紋及刻劃符號。1958年，半坡博物館建成，該館是中國第一個遺址博物館，數十年來觀衆絡繹不絕，已成西安一景。

因爲長期做田野工作，石先生身體特好。2009年，先生已八十六歲，仍寫作不輟。10月間，陝西省人事廳組織專家到臨潼省煤礦療養院做體檢，余與先生同住一室。先生帶有上大學時沙孟海先生爲他們講金石學的聽課記錄，晚上整理至十時半；第二天黎明五點，又起來工作。體檢結果，除前列腺肥大外，餘皆正常，在同年齡段老年人中，殊爲罕見。

2015年重陽節，院裏組織退休老人到漢陽陵秋遊，先生已九十二歲，仍能隨車前往，到處轉悠。惟此時老伴病逝，精神受到刺激，頭腦已不大清楚。他大兒子（石先生原配是父母之命，比石先生大幾歲，他們的大兒子祇比石先生小十五歲）的小兒子原在老家耀縣讀書，後考入西北大學考古專業，幾年間晚上住在石家，現在漢陽陵博物館工作，聽説爺爺來了，就來和姐姐（也是先生現在的照看者）扶他走走。石先生問："你是誰？我怎麽不認識？"

四二、深川

某氏，中華人民共和國成立初期國家文物局第一屆考古訓練班學員，曾任陝西省某博物館負責人。吳鎮烽先生言：改革開放初期，某氏曾去廣東，返回後見人即稱"這幾年深川發展很快"，聽者多不解，久之始悟"深川"即"深圳"，某氏認字祇認半邊也。第一屆考古班學員中很多人，後來成爲各省考古臺柱，如河南之安金槐、湖北之譚維四、湖南之高至喜，而四川之于豪亮，尤爲成績佼佼者。也有少數人成績平平，某氏殆其一矣。

四三、東城坊

余祖籍高陵縣（現西安市高陵區）東城坊村，在縣城西南十八里。村東、北靠土塬，塬邊可挖窯洞。離塬稍遠，每戶蓋有偏廈、門房，大戶則有四椽廳，有的還有炮樓。村中部土塬凹成一簸箕形，其內有一小土城，周四十丈餘，高三丈餘。南有鐵門，入門西北有地道。老輩傳說，清同治年間陝西回亂，殺戮漢民，村民挖地道以躲避，俗稱窨子，土城亦名"窨子城"。村名"城坊"或與此有關。距村西南三里有村名"西城坊"，其得名原因略同。

王氏家族十餘戶，百餘口人，據說明末來自山西。余家爲村中大戶。祖父兄弟五人，祖父排行老大，三十多歲時辭世。祖母王雷氏，三里外灣雷村人。其父曾爲高陵縣丞，人稱"雷半縣"。雷家爲高陵望族。1958年，該村西南出土元順帝至元三年（1337）雷士元（德詮）墓誌，士元爲"興元路蒙古字教授"，即當時漢中地區的屯衛教官，教行伍學習蒙古語，正九品。1960年，該村北一里出土雷德誼墓誌，德誼字士宜，乃士元族弟。德誼父雷禧，曾任耀州知州，卒後撰墓誌者爲一代名儒同恕。雷德誼曾任中部尉、清澗主簿。誌銘曰："高陵雷氏，族華且盛。善積德累，介膺多慶。奕葉秀異，以吏以儒。或緋或紫，榮著鄉閭。"（以上墓誌均收入《高陵碑石》，三秦出版社1993年版）

余五叔祖王振業，清末參加同盟會，與陝西民主革命元老胡笠僧交誼甚篤，後屈死獄中。五叔祖幼年喪母，由祖母撫養長大，長嫂如母，他成年後也未另立門戶。五叔祖母出身西安大戶秦家，畢業於西安師範學校，婚後與丈夫在富平、蒲城等地教書，參加革命活動。五叔祖亡後，叔祖母攜二幼女回家，與祖母妯娌相親，土改後始去北京，與其妹同住。

余父王學智兄弟四人，土改前亦未分家。大伯父王學德，曾任國軍團長，後吸食鴉片，早卒。二伯父王學道，曾任三原、淳化兩縣保安團長，後因同僚傾軋，被其對手僱人槍擊而亡。四叔十七歲時離家出走，據說是去參軍，此後杳無音信。余父一人主持家事，年僅三十六歲即勞瘁而卒。先父亡後，由叔祖母當家。

民國時期，二伯父出資在村中辦一小學，其老師李志俄是中共地下黨員，長期吃住在家中。二伯父在淳化時資助過窮學生張曉中，張後在村小學任教，又與二伯父長女王潤身（劉雲，到延安後改從舅家姓）結婚，去共產黨辦的安吳青訓班學習，抗戰中到了延安。張兄中華人民共和國成立後在解放軍總後勤部工作，後任新疆軍區北疆軍分區政委。二伯父朋友王益吾，淳化鄉賢，常往來余家，一住數月。其子王民中爲中共黨員，中華人民共和國成立後爲駐波蘭大使館首任武官。余父初娶段氏女，育有三女，即余之三姊。段家爲姬家村大戶。姊舅段文義，長期在陝甘寧邊區關中分區工作，中華人民共和國成立後爲首任中共高陵縣委書記，"文化大革命"前任陝西省人事廳長，"文化大革命"中含冤而逝。高陵首任婦聯主任，爲五叔祖長女，余之四姑秦萱（原名王蔚青，到延安後改從舅家姓）。

段氏亡後，父親又娶余母蕭菊茹。先父棄養，母親二十八歲，長姊十五歲，二姊十三歲，三姊十一歲，余三歲。母親哀憫劬勞，撫育三姊及余成人。父親兄弟四人，除小叔無音信外，子女祇余一個男孩。余兒時身體羸弱，近兩歲才會走路，祖母慮其夭折，爲取乳名定柱，諧音釘住，用心亦良苦矣。余體弱，母親常抱着去寺院進香念佛，乞其保佑，並求得一項圈，套在余脖上，怕余離開。三個姐姐，也常去田間挖野菜，包拇指大的小餃子餵我。其時情景，至今仍歷歷在目。自余記事起，家中除長工外，二十多口人別無男子。後來祖母爲大伯母收養一李姓男孩，方有二男。土改時，三百餘畝田地、四院房子都分給貧農。土改後不幾年，大伯母與其養子分户，二伯母改嫁，三個姐姐中學畢業，建國前後陸續參加工作，家中祇有祖母、母親及余相依爲命。

1958 年，祖母逝世。1959 年，余到西安讀初中二年級，住在大姐工作的陝西省地質局。1965 年"社教"，工作組又没收了土改時分留的房子，母親遂搬至塬上臨時蓋的兩間偏厦，有圍牆而無院門，三面透風。母親有一段時間在西安幫大姐帶孩子，"文化大革命"中又被定爲"地主分子"，遣送回老家勞動改造。

余在東城坊成長、讀書、娶妻、生子，前後四十餘年（上大學及在陝南教書時寒暑假仍回村），1986 年遷居西安，但老屋一直保留着，余對其深有感情。2011 年，高陵姬家鄉將十幾個村子出售給某企業，東城坊亦其一。不出半年，村將不存，思之極爲傷感。

四四、毗沙村

毗沙村在東城坊村西一里餘，乃余外祖家村也。村在 1965 年以前有城，周四里餘，有東、西、南三門。南門外路東有一隕石，高二米餘，重約二噸，暗紅色。老輩言清末某年，一日西南天空突紅如火，有霹靂聲自遠而近，忽見火球墜地，乃隕石也。

村民流行諺語："先有毗沙堡，後有西安城。"按西安城牆乃明初所築，距今不過六百餘年，而毗沙村考之史實，最少當在八百年以上，民諺不虚。毗沙本佛教語。《金光明經·四天王品第六》："爾時毗沙門天王、提頭賴吒天王、毗留勒叉天王、毗留博叉天王，俱從座起。"毗沙門天王又稱多聞天王、托塔天王，爲佛教護法天神。唐宋時敕諸府、州、軍建天王堂，奉祀之。又唐羈縻都督府名，原在新疆于闐。太宗時内附，高宗上元二年（675）置府，德宗貞元六年（790）後廢。毗沙城是都督府遺民所築，還是奉祀毗沙門天王之天王堂遺民所築，文獻有闕，已難深究。但遼金以來，村史記載有緒。村西門外有地名隆昌寺，遺址建一高級小學，余曾就讀兩年。1988 年，寺址一金代磚式墓出土金禪杖及一石棺，棺銘：

"平陽府霍山塔下釋迦如來真身舍利，時大金明昌陸年歲次乙卯十月口日分葬入塔口口口。"金明昌六年爲1195年，距今已逾八百年。金代高陵曾置毗沙鎮，轄今毗沙村及周圍幾個村子，《金史·地理志中》有載。

1979年，村中出土《明中議大夫四川敘州府知府前户部廣西清吏司郎中靜庵蕭公暨配誥累封恭人王氏合葬墓誌銘》，墓誌四十三行，行五十五字，計二千三百六十五字。蕭靜庵慷慨磊落，正直清廉，人望甚高，其人雖未入《明史》，但撰誌人耿定力、篆蓋人馮琦均《明史》有傳。誌云："君諱自修，字希善，號靜庵，言庵其再號也。家世爲高陵甲族。先是君遠祖諱廷禮者，有大夫子三：曰肅、曰鼎、曰鼐。鼎最肖，舉成祖朝鄉進士，給事中垣，凜凜有直聲。後歷官懷慶口。鼎四傳，是爲君父，贈奉直公孝穎先生諱韶……五六歲時，口授之《爾雅》、小學諸書，輒授輒成誦。奉直公心奇之，曰：'是兒當亢吾宗。'里中人識者亦莫不奇也，嘖嘖稱口蕭氏有子……（靜庵）君雖遊於録仕口，然其裼身務潔白，皭然不淄。其取予口義，至秋毫無苟，諸生有以束贄見者，一切謝絶之，甘旨取其升斗而已。間委視篆，往來口邑，獨身與圖書俱，未嘗入民片詞。至遇大獄疑訟，有郡長吏累歲所不能决者，或以屬君，君立析之，如迎刃解，於是蕭君名譽藉藉動京師矣。逾年擢國子學正，再擢禮部司務……尋擢户部員外郎，督明智草場。大都諸草場以中貴人猾商表裏乾没，故稱弊窟。往時當事者，莫可誰何。君覺察之。商以八百金行賂，君怒立奏之。或有以牴牾中貴人爲言者，君曰：'若所云，奈何不畏朝廷法而畏一中貴邪？上悦其奏，寘諸商於法，且命銓曹録君之功。其旨儲德州倉也。倉有羨千六百餘金，久未登籍，勢不得問出入。'君曰：'即錙銖，公帑也，矧以千計乎？'輒籍之而立上大司農，毫無私焉。已而，君以户部郎中擢守敘州。敘州接攘（壤）蠻夷，編伍錯處；又其民好訟，而俗善訐，豪點睥睨，扞網舞文者比肩而是，號稱難治。君至，下令與民更始，廉其不悛者，輒以三尺繩之，人人奉約束惟謹，不寒而栗，四境翕然大治。而又以其間修明學官，令進諸生親課之，拔其尤者。自是所漸，皆爲名士，顯者多出其門。先是，敘州疲於九系之役，十室九罄。君嘆曰：'民不堪矣！'遂爲之罷行市，停里甲一切供億，不以煩民。民鼓舞稱便若蘇生。會烏蒙土酋構黨爲梗，密使人持千金爲壽賞君，君厲聲詞曰：'若酋以金溷守耶？使守而可以若酋金也溷者，則主藏也謂守何？'立責其人而遣之，酋謀遂寢。君守敘凡五載，前後列薦剡者，不啻什數。敘之士民德君者，至尸而祝之。搢紳大夫聚族而談，稱良二千石必首君。"

蕭家世代以吏以儒，清廉自守。外祖父蕭南晴先生，清末秀才，曾教私塾，在河南爲縣府小吏。又曾在四川成都經商，在西安教會辦的廣仁醫院（今西安市第四醫院）教英國醫生漢語，也從對方學會英語。中年之後，外祖父回鄉，教子弟及鄉人讀書，人稱"蕭先生"，子弟學生中很多人品學皆優。堂舅蕭友三，黄埔軍校學生，曾在舊軍隊任職。五舅蕭省三，抗戰中青年從軍，後又加入中共地下黨。

母親蕭菊茹爲外祖父之次女。因爲家庭環境的熏陶，母親雖未進過學堂，也能讀報紙和一般書籍。母親多才多藝，能紡紗、織花布、裁衣、剪窗花。因爲父親長期生病，當時農村缺少西醫，她還學會了注射藥物，中華人民共和國成立後又學會了接生。母親樂於助人，鄉鄰不管有什麼事都會幫忙。因爲這個原因，即使"文化大革命"中，她以"地主分子"的身份接受改造，除大隊支書外，貧下中農、隊長（也是原來家中的長工），乃至工作組對她都很好。余七八歲時，外祖父已是耄耋老人，仍用歐體小楷抄寫《千字文》教我讀，並教我背唐詩。余後來之喜歡文史，與此不無關係。

毗沙村、灣雷村、東城坊村都是歷史悠久的村子，再過幾個月就要永遠消失了。再過十年，年輕人恐怕都不知道曾存在過這幾個村子。以上兩條稍長，祇是想立此存照，留住一段鄉愁。

四五、洽川、夏陽潰、莘野

2011年8月12日，與家人去合陽縣洽川風景區遊玩。未去之前，女兒從網上查詢相關資料，輸入"hé 川"，查不出來；輸入"qià 川"，有三千餘字的資料。外孫女問："洽究竟該怎麼讀？"余告應讀 hé，她笑道："教授也讀不對這個字！"余默然。車行至合陽縣城，詢問路人，告洽讀 hé。至風景區附近，相距五里有兩塊去洽陽的指示牌，洽字一注 qià 音，一注 hé 音，仍茫然無所適從。當晚宿洽川所在的莘野村張姓農家樂，問主人，告古音讀 hé，始釋然。按《說文》："洽，霑也。从水，合聲。"《廣韻》侯夾切，緝部匣紐。洽川、合（舊作郃）陽都得名於洽水，而洽又作合。《漢書·地理志》左馮翊"郃陽"縣，注："應劭曰：'在郃水之陽也。'師古曰：'音合，即《大雅·大明》之詩所謂"在洽之陽"。'"王先謙補注曰："戰國魏地，文侯築合陽，見《魏世家》。後入秦。高帝封合陽侯喜，見《表》（引者按指《高惠高后文功臣表》）。"洽水今名金水河，發源於縣西北，東南流入黃河。

風景區今在莘野村東黃河濕地。蘆葦十里，蓮荷萬畝，水道彎曲，乘遊艇繞行其間，好鳥合鳴，蟬聲時聞，蜻蜓間至，宛如江南。近岸有一泉，今名"處女泉"，水溫終年恒定三十一度，據云當地少女出嫁前一日，必在此泉洗浴。莘音 shēn，《廣韻》所臻切。《水經注·河水四》："河水又東逕郃陽城東，周威烈王之十七年，魏文侯伐秦至鄭，還築汾陰郃陽，即此城也。故有莘邑矣，爲太姒之國。《詩》云'在洽之陽，在渭之涘'，又曰'纘女維莘，長子維行'，謂此也。城北有瀵水，南去二水各數里，其水東逕其城內，東入於河。又於城內側中，有瀵水東南出城，注於河。城南又有瀵水，東流注於河。水南猶有文母廟，廟前有碑，去城十五里，水即郃水也，縣取名焉。故應劭曰：'在郃水之陽也。'河水又南，瀵水入焉。水出汾陰縣南四十里，西去河三里，平地開源，濆泉上涌，大幾如輪，深則不測，俗呼之爲瀵魁。古人壅其流以爲陂水，種稻。東西二百步，南北百餘步，與郃陽瀵水夾河。河中渚上，又有一瀵水，皆潛相通。故吕忱曰：《爾雅》'異出同流爲瀵水'。"莘野村北六里許，有夏陽瀵，大小五瀵，曰王村瀵、渤池瀵、西鯉瀵、熨斗瀵、小瀵。《爾雅·釋水》："瀵，大出尾下。"邢昺疏："尾，猶底也。言源深大出於底下者名瀵。瀵，猶灑散也。"瀵爲深涌泉，陝西合陽、山西臨猗（古汾陰）皆有，隔黄河潛通。晨與村民談，言周圍有七十二瀵，水含磷，灌溉農田，無需施肥。其説可信。

早餐後驅車去二十五里外之東雷抽水站，見路東稻田一望無際，間有蓮藕、棉花、蔬菜，碧色連天。東雷抽水站爲亞洲最大抽水工程之一，引黄河水上塬，灌溉合陽、澄城、蒲城農田數十萬畝。抽水站内又有"黄河魂"景區，可漂流黄河，可踩泥。登其山頂小閣，黄河九派恣肆，洲渚衆多；東岸山西樓屋幾不可見，與上游韓城龍門河寬百米，二山夾峙迥異。合陽舊縣在距莘野不遠的夏陽，是黄河上的重要渡口。

四六、炎帝故裏、十裏香

炎帝故里何處，衆説紛紜。陝西寶雞市清姜河東有炎帝陵。《國語·晉語四》："昔少典娶于有蟜氏，生黄帝、炎帝。黄帝以姬水成，炎帝以姜水成。"炎帝生於寶雞市，傳説淵源有自。湖北隨州市亦有炎帝陵。《左傳·昭公十七年》："昔者黄帝氏以雲紀，故爲雲師而雲名。炎帝以火紀，故爲火師而火名。"《漢書·律曆志》："炮犧氏没，神農氏作。言共工伯而不王，雖有水德，非其序也。以火承木，故爲炎帝，教民耕農，故天下號曰神農氏。"王先謙補注："錢大昕曰：孔穎達云《帝系》《世本》皆謂炎帝即神農氏，炎帝，身號；神農，代號也。譙周《古史》以爲炎帝與神農各爲一人。按神農氏亦稱烈山氏。《祭法》'厲山氏之有天下也'，賈逵、鄭玄皆云：烈山，炎帝之號。《帝王世紀》云神農本起烈山，蓋初封烈山，爲諸侯，後爲天子，猶帝堯初爲唐侯也。"唐司馬貞《補史記三皇本紀》："炎帝神農氏，姜姓。母曰女登，有媧氏之女，爲少典妃，感神龍而生炎帝。人身牛首，長於姜水，因以爲姓。火德王，故曰炎帝。以火名官，斲木爲耜，揉木爲耒，耒耨之用，以教萬人。始教耕，故號神農氏。於是作蜡祭，以赭鞭鞭草木，始嘗百草，始有醫藥。又作五弦之瑟。教人日中爲市，交易而退，各得其所。遂重八卦爲六十四爻。初都陳，後居曲阜。立一百二十年崩，葬長沙。神農本起烈山，故《左氏》稱烈山氏之子曰柱，亦曰厲山氏。"自注："皇甫謐曰：厲山今隨之厲鄉也。"厲山在隨州，炎帝也曾居之。炎帝"葬長沙"之説，來源較晚。湖南炎陵縣有炎帝陵，因前國家主席江澤民同志曾爲題寫陵名，遂名聲大噪。炎帝三陵，孰爲本眞，實在無法考證。炎帝本爲傳説的半人半神人物，其事不見於《尚書》《詩經》，更不見於甲骨文、金文，祇見於春秋以後書，且書時代愈晚事蹟愈具體，皆後人杜撰也。今人之大修炎帝陵，占地恒千畝，其目的本不在宣傳歷史文化，而在所謂旅遊。2011年10月末，余參加武漢大學舉辦的"楚簡楚文化學術研討會"，會間去隨州市看戰國曾侯乙墓、西周初葉家山曾國墓，亦至炎帝陵。陵前有石雕炎帝立像，高十數米，望之巍然。像前巨石上有篆刻文字："炎帝故裏——隨州市人民政府立。"按里、裏古本二字，鄉里用里，裏外用裏，今裏簡化爲里，但鄉里之里絶不能逆推繁化爲裏，這本是常識。人造文化景區而無文化，大煞風景。

又2015年，中央電視臺八頻道上映連續劇《十里香酒坊》，劇中伍永和在戎州（今四川宜賓市）經營之酒坊名"十里香"，蓋喻其酒醇厚，香溢十里外。其招牌赫然書作："十裏香酒坊。"可能導演認爲故事發生在清末民初，當時不用簡化字，故繁作裏。中央臺播出名劇，全國乃至全世界華人都在看，出現如此低級錯誤，委實不該。

2019年補記：近日網傳某作家爲山西長治市安昌村牌樓題字："安昌村——傅作義將軍故裏。"一個作家分不清里、裏，眞是情何以堪。

四七、出徵、準

近日北京電視臺熱播連續劇《少帥》，主演文章、李雪健、宋佳。該劇劇情跌宕起伏，演員演技出神入化，極富個性，爲近來少見之佳作。唯劇中個別細節可議。張學良率軍入關，討伐吳佩孚，後敗歸。張行前，其妻于鳳至作詩名《送漢卿出徵》。又張作霖批示部屬所呈公文，每每書一"準"字。按徵、征本二字。征爲遠行，《楚辭·離騷》："濟沅湘以南征兮。"王逸注："征，行也。"當代所説的"紅軍二萬五千里長征"，猶此義也。引申指征伐。《尚書》有《胤征》篇，孔氏傳："奉辭伐罪曰征。"孔穎達疏："奉責讓之辭，伐不恭之罪，名之曰征。"徵之本義爲召。《史記·五帝本紀》："於是黄帝乃徵師諸侯，與蚩尤戰於涿鹿之野。"《説文》："徵，召也。"段玉裁注："召者，評也……按徵者證也，驗也，有證驗斯有感召，而事以成，故《士昏禮》注、《禮運》注又曰：'徵，成也。'"徵引申有徵收、徵聘、徵婚、徵兆等義；又音zhǐ（陟里切），爲古五聲音階（宫商角徵羽）的第四音。徵今簡化爲征，徵召可寫成征召，但討伐義的征絶不能逆推繁化作徵。準字俗字作准，唐宋以後公文表示許可、依照等意義，用准不用準。《説文》："準，平也。从水，隼聲。"段玉裁注："天下莫平於水，水平謂之準，因之製平物之器亦謂之準……《五經文字》云《字林》作准，蓋魏晉時恐與淮字亂而別之耳。"准、準在很多場合通用無別。《戰國策·中山策》：

"若乃其眉目准頰權衡，犀角偃月，彼乃帝王之后，非諸侯之姬也。"《漢書·高帝紀》："高祖爲人，隆準而龍顏。"二例准、準皆指鼻頭。準字今又簡化作准。導演可能覺得民國時用準不用准，然而錯了。宋周必大《二老堂雜志》："勑牒準字，去十爲准，或謂本朝因寇準爲相而改，又云曾公亮、蔡京父皆名準而避，其實不然。余見唐告以作准，又考五代堂判依然。頃在密院令吏輩用準字，既而作相，又令三省如此寫，至今遂定。"周氏以宰相之尊，想要去除俗字"准"，一律改寫正字"準"，但周氏之後，公文仍用"准"不用"準"，其倡議收效甚微。宋李上交《近事會元·金銀銅魚帒》："至垂拱二年正月，諸部都督刺史並准京官帶魚帒。"張作霖是草莽梟雄，當然弄不清准、準的淵源，可以寫爲準。但半文盲寫字捨簡用繁，却是有悖常理。于鳳至是才女，出身富商家庭，受過良好教育，聰慧淑雅。張作霖任陸海空大元帥時，住北京某王府，僕從擇王府舊藏名畫懸掛，于氏能讀懂徐渭葡萄圖題辭，謂是"懷才不遇"；又能賞識陳洪綬畫，要僕從裝箱保存，以免損壞。于氏既能賦詩贈夫，却不知道征、徵之別，無論如何都是說不過去的。這祇能證明編劇、導演、演員文化素養不足。

四八、奮起湖

2012 年 6 月，余與張懋鎔先生往臺北參加第四屆國際漢學會議，會後同遊阿里山。山間有小鎮名奮起湖，鎮上原有日僞時期所築窄軌鐵路，可通往祝山森林區。後因山石崩塌，已停駛。但小鎮建築古樸，風味小吃極具特色，故名聲遠播，遊客蜂至。余不解鎮何以名"奮起湖"，詢諸司機，曰：此地原名"笨雞湖"，所謂"湖"者，乃小水潭也。"笨雞"不雅，乃諧音"奮起"。湖今已淤塞。此猶基隆原名"雞籠"也。

四九、僞新甲骨刻辭

三秦出版社編輯高峰帶一收藏者來余宅，出示甲骨文數版，求爲鑒定。骨上皆有刻辭，多者達百餘字。藏者告余此乃其家藏物，其亡母原在藥店，視此爲龍骨，已收藏數十年。又云骨版經西安交通大學藝術系某先生看過，勸其捐贈交大，交大可給一套房子。余熟視良久，告此乃僞物。此骨背無鑽鑿（真甲骨除習刻干支表外皆有鑽鑿），骨又甚新。其刻文雖可通讀，但刀法稚拙，文字柔弱，顯然是從現有的甲骨著錄書中摹錄而來。其所謂"龍骨"云云，也來自王懿榮、劉鶚在清光緒二十五年（1899）初次鑒定甲骨的傳說，其時距今已一百一十多年，藏者之母藏此骨僅"數十年"，可能早已聽聞該傳說，也不應再視爲龍骨了。

余告高峰：此物若真，價值將在數百萬甚或千萬，豈一套房所能換得（交大校內房沒有產權，每平米僅二千圓）。高又告余，若此物真，他們將爲藏者出書。余曰："此物既假，若出書，祇會砸出版社的牌子。"高頷首。

五〇、僞秦玉戈

關中民俗博物館藏玉戈四枚，玉質甚好，形制亦與戰國中晚期秦戈近。戈胡部有刻文，字大一厘米見方。2011年冬，館長邀余鑒定，告余已經北京某先生、西安某先生看過，以爲真物。余曰：此戈玉質好，有可能是和田玉，但其文字顯然是僞刻。戰國兵器刻銘多爲"物勒工名"式，記其監造者、造器者名、工匠名，製造時間、地點、收藏府庫，使用地點等，其文字多鏨刻，細如蚊腳。玉戈銘文與此不類，而是雜湊秦銅禮器秦公鎛、簋銘文，如"我先祖受天命商（賞）宅受（授）或（國），剌=（烈=）卲（昭）文公、靜公、憲公不豕（墜）于上""余雖小子，穆=帥秉明德"，雖百餘字却不可連讀，且筆畫多錯訛。又春秋早期秦戈多中胡，三角形援，與民俗博物館玉戈形制不同。澳門蕭春源先生藏秦子戈銘："秦子乍（作）造（造）左辟元用，左右帀鮇用逸宜。"又蕭氏藏伯喪戈銘："秦政（正）白（伯）喪戮政（征）西旁（方），乍造（造）元戈喬（鐈）黃，竃（肇）專（撫）東方，帀鮇用逸宜。"亦與民俗博戈迥異。余以所知告館長，彼似不悦。作爲學者，余不敢說違心的話。讀書人的學術良心、個人聲譽應比金錢重要。該館還藏有木牘數十枚，上邊墨書文字已不很清晰，祇能分辨有《漢書》中的人名，年代、真僞無從判斷。余曾建議將木牘送西北大學化學系檢驗，館長未置可否，此事遂無下文。收藏者喜聽假話，忌聽真話，藏界僞物之充斥以此也。

五一、孔子授業雕像

西安育才路在中共陝西省委大院南，長安大學雁塔校區（原西安地質學院）北，東接雁塔路，西接翠華路。路北西段原來還有西安師範學校（後改名西安聯合大學、西安文理學院，今已搬遷），所以路名"育才"，是有來歷的。育才路東端路南有花崗岩"孔子授業"雕像。孔夫子面東，頭微揚，左手握簡卷，右手比劃，侃侃而談。像前弟子五人，或少年，或有髭鬚，殆顔回（子淵）、曾參（子輿）、冉雍（仲弓）、仲由（子路）、端木賜（子貢）之徒，而不能必。子路少孔子九歲，曾參少孔子四十六歲，諸子之師從夫子，未必同時，但夫子授業，不分長幼、貴賤、智愚，循循善誘，弟子亦祁祁濟濟。弟子或低頭沉思，或翻閱簡卷，或持筆記錄，或問詢，體態各異。育才路端雕夫子授業像，是協調的。

五二、雁塔晨鍾

西安大雁塔北廣場建於 2003 年，雖爲人造景觀，但占地數百畝，耗資數億，其音樂噴泉號稱"亞洲第一"，故遊人摩肩接踵，名聞遐邇。廣場有文字雕刻多處，或有錯謬，有的先生譏爲"文化露短"，固然不一定準確，但也應引爲教訓。

一方塊巨石造型上刻"雁塔晨鍾"四字，某先生以爲"鍾"爲鐘之誤，云："'晨鐘暮鼓'現在變成了和尚晨不打鐘，而是敲酒罈子了。"此說有其道理，但原刻用篆文，更應從篆文的角度分析。按《說文》："鍾，酒器也。从金，重聲。"又云："鐘，樂鐘也。秋分之音，物種成。从金，童聲。古者垂作鐘。銿，鐘或从甬。"《說文》所說符合戰國及秦漢的一般用字習慣。楚器留鎛："留爲平叔鎝禾（和）鐘。"信陽楚簡："鐘小大十又三。"曾侯乙鐘："濁穆鐘。"天水放馬灘秦《日書》簡："貞在黃鐘，天下清明。"睡虎地秦簡《秦律十八種》："及載縣（懸）鐘虡〈虡〉用輻（膈）。"秦封泥有"雍左樂鐘"，以上鐘皆樂器。《正字通》："鍾，壺屬。漢大官銅鍾，即壺也。俗謂酒厄。"《孔叢子·儒服》："堯舜千鍾，孔子百觚。"亦借重字爲之。安邑下官鍾："安邑下官重。"春成侯鍾："半（半）重。"從這個角度說，"晨鍾"之"鍾"，確實錯了。再說，小篆鍾字也是作"鐘"，不作"鍾"。不過，古文字重、童皆東部定紐字，鐘、鍾作爲形聲字原來應該是同一個字的異體，所以在很多情況下（特別是戰國以前）是互用無別的。邾公牼鐘、邾公華鐘、邵平鐘、屬羌鐘皆樂器，而自名爲"鍾"。《說文》鍾字條下段玉裁注也說："（鐘）經傳多作鍾，假借酒器字。"《詩·小雅·白華》："鼓鍾于宮，聲聞于外。"韓勅碑："鍾磬瑟鼓。"《周禮·考工記》："鳧氏爲鍾。"《通典》引"鍾"作"鐘"。從這個角度說，刻文也還可以辯解。

雁、鴈《說文》本二字，云："雁，雁鳥也。从隹从人，厂聲。"又云："鴈，鵝也。从鳥、人，厂聲。"段玉裁注："此（雁）與鳥部鴈別。鴈从鳥爲鵝，雁从隹爲鴻雁。"又云："許意隹部雁爲鴻雁，鳥部鴈爲鵝，鳴鵝爲野鵝，單呼鵝爲人家所畜之鵝。今字雁、鴈不分久矣。《禮經》單言鴈者，皆鴻雁也。言舒鴈者，則鵝也。"雁塔得名於佛教故事，唐玄奘《大唐西域記·摩揭陀國》："有比丘經行，忽見群雁飛翔，戲言曰：'今日衆僧中食不充，摩訶薩埵宜知是時。'言聲未絕，一雁退飛，當其僧前，投身自殞。比丘見已，具白衆僧，聞者悲感，咸相謂曰：'如來設法，導誘隨機，我等守愚，遵行漸教……此雁垂誡，誠爲明導，宜旌厚德，傳記終古。'於是建窣堵波，式昭遺烈，以彼死雁，瘞其下焉。"後因指佛塔爲雁塔。據此說，"雁塔"不應寫作"鴈塔"。但"雁、鴈不分久矣"，混寫亦不足怪。唐元稹《大雲寺二十韻》："鶴林縈古道，雁塔沒歸雲。"一本作"鴈塔"。小篆鴈作"鴈"，刻石作"鴈"，誤。

西安有大小二雁塔，在唐大慈恩寺者爲大雁塔，在大薦福寺者爲小雁塔。後者寺内有金明昌三年（1192）鑄的二萬餘斤的大鐵鐘，所謂"雁塔晨鐘"之"鐘"應指此鐘所發之洪亮聲音，現在刻石放在大雁塔北廣場，似亦不妥。

五三、廬江

兒時讀漢樂府詩《孔雀東南飛》，熟記其序"漢末建安中，廬江府小吏焦仲卿妻劉氏……"。今安徽有廬江縣，在巢湖之南，舒城之東南，余向以爲此即漢末廬江府治所在。2013年8月往合肥開會，會後往遊天柱山，晚宿潛山縣城。導遊説漢末廬江在潛山。歸後翻書，始知廬江秦已置郡。里耶秦簡8-1873："☐妻曰備，以户遷廬江，卅（三十）五年☐。" 8-2056："☐廬江不更户一☐。"又嶽麓書院藏秦簡0556："丞相上廬江假守書言：廬江莊道時敗絶不補，即莊道敗絶不遹（補）而行水道，水道異遠。"陳松長先生《嶽麓書院藏秦簡中的郡名考略》已有説。《漢書·地理志》有"廬江郡"，班固自注："故淮南。文帝十年別爲國。"漢淮南國秦爲九江郡，九江與廬江秦時轄地範圍目前尚不清楚。西漢廬江治舒，即今舒城縣。臧勵龢《中國古今地名大辭典》云："廬江郡，漢末徙治，在今安徽潛山縣。"潛山漢時名皖（後訛作皖），晋爲懷寧縣，元泰定中始名潛山縣。

五四、何琳儀

亡友何琳儀先生，1943年8月生，2007年3月病逝。余1943年9月生，晚琳儀一個月。琳儀與余早期經歷相似：大學本科皆讀中文系，余在陝西師大，琳儀在東北師大；1967年畢業後皆曾教中學語文十年；1978年同時考取古代文字碩士生，琳儀在吉林大學，師從于省吾先生，余在四川大學，師從徐中舒先生。1980年秋，中國古文字研究會第三屆年會在成都召開，徐師爲召集人，余與陳復澂師兄等參與會務，與何相識。

1983年，余任《考古與文物》編輯，曾編《古文字論集》（一），爲該刊增刊之一，約琳儀作文，有《釋寬》刊發。此增刊發有陳直、李學勤、裘錫圭、黄盛璋、劉慶柱、徐錫臺、袁仲一諸家文；也有何琳儀、湯餘惠、曹錦炎、黄錫全、彭裕商、方述鑫及余文。余等彼時名不見經傳，三十年後，有的已有小名，此增刊今已難覓。此後琳儀曾數次投稿，經余手刊出，其間書信往還，遂相稔熟。約1985年，琳儀來陝西，余陪同參觀秦陵兵馬俑博物館、唐華清池遺址、周原文管所。

二十餘年間，余與琳儀時有過從。琳儀著《戰國文字通論》，初版及訂補本皆贈余。拙著《古文字通假釋例》，琳儀曾求羅繼祖先生爲題寫書名，後雖未用（用顧廷龍先生題寫者），高情厚誼亦令人感動。《釋例》後欲出訂補本，琳儀爲聯繫江蘇教育出版社，告余出版社可付稿費，條件甚優厚。訂補本最終改名《古文字通假字典》，2008年在中華書局出版，琳儀已不及見，余引爲憾事。

《戰國文字通論》出版後，琳儀在古文字學界已名聲鵲起。然其人清高孤傲，不喜攀援，故職稱評定一波三折。1993、1994兩年，琳儀申報教授，據說因與領導不睦，投票未過。此後數年，琳儀曾調至上海博物館（館長馬承源賞識其才），但終因前妻儲冬好不適應南方氣候，未幾又回到吉大；稍後婚變，又孤身回到故鄉江西九江，鬱悒不得志。

1998年，黃德寬先生（于省吾先生大弟子姚孝遂先生博士生）任安徽大學校長，將琳儀調入。安大十年，琳儀作文七十四篇，有專著六部，培養博士、碩士數十名，盡展其才，而安大古文字、古文獻專業在其帶動下，亦成全國重鎮。琳儀能詩，有詩集《樗散韻語》。騷客善飲，加之勞累過度，終患肝病，2007年3月30日在爲學生授課時當堂暈倒，31日辭世，終年六十四歲。當年，琳儀被評爲"感动安徽·最美人物"。

2013年，安大開"紀念何琳儀先生誕辰七十週年暨古文字學國際學術研討會"，其同年、吉大副校長吳振武先生稱琳儀雖未長壽，但多年後仍有人記得他，亦可謂不朽矣。

五五、蘭州青銅器博物館

2012年10月，得蘭州某先生電話，稱自藏青銅器百餘件，市上欲爲其建立"蘭州青銅器博物館"，邀余約請專家二人赴蘭鑒定。余乃於11月初與張懋鎔先生、王偉君前往。某先生藏品近二百件，幾乎全爲贗品，且作僞手法極爲拙劣。如仿製秦銅車馬上竟有西周銅器銘文；有的楚式青銅器上有周原出土史牆盤銘文；一巨型器，高近兩米，應爲張衡地動儀之仿品，全用現代工藝。鑒定當日晚宴，某先生請有甘肅省政協副主席某、省文物局副局長某。副主席稱他是外行，請我們拿出意見。余曰："器絕大部分（未說全部，是顧及某先生面子）都有問題，我們不是陝西省文物局鑒定組成員，不能出鑒定書。"副局長則頗直率，指出某先生上當受騙，售器者有些是專門爲他製作的。某先生原爲省地礦局工程師，後自己開礦，頗有資產，想收藏青銅器却不大懂。我問："一件青銅器動輒幾十乃至上百萬，爲什麼事先不發在網上，請專家們把把關呢？"彼竟無言。某先生對我們極客氣，飛機往返坐頭等艙，招待也很熱情。但越是這樣，我們越不能說假話，學者應有學術良心。

五六、僞秦襄公鼎

近日網上流傳一秦銅鼎銘文摹本。銘七十九字（其中重文二），曰："隹（惟）五月初吉，王東遷，秦開受大命從王，渡渭郲（越）崤，至于洛水之陽。王封秦開白（伯）爵、岐西田土食邑。易（賜）玄衣、屯（純）黹、赤市（韍）、朱黄（衡）、旂、攸（鋚）勒，用事。秦開拜頴（稽）首，敢對揚天子不（丕）顯魯休令，乍（作）寶鼎，子子孫孫其萬年永寶用。"

器主爲"秦開"，銘文提到"王東遷……至于洛水之陽"。考之史事，則"王"宜爲周平王，"秦開"應是秦襄公，器可定名爲秦開鼎或秦襄公鼎。

余熟視良久，疑此爲僞器。今試説其理由：

一曰字形不似東西周之交秦文字，有的甚至不似秦文字。秦字作"🀄"，與戰國中晚期之交的惠文王駰禱病玉版"有秦……"、戰國晚期至秦代的睡虎地秦簡《封診式》"秦綦履"、會稽刻石"秦聖"、秦陶文"寧秦""杜秦"相近，皆从一禾。而春秋早期秦器秦字皆从二或三禾，有的且加曰字，如上海博物館所藏甘肅禮縣大堡子山出土秦公簋二作"🀄"、紐約拉利行藏秦公壺作"🀄"。又如遷字作"🀄"，而里耶秦簡"遷陵"遷字作"🀄"，絶不同，後者時代雖較晚，但值得注意的是，前者在其他古文字中也從未出現過（參考高明、涂白奎《古文字類編》增訂本，第1126頁）。開字作"🀄"，與秦嶧山刻石作"🀄"（以開爭理）不同，却近於戰國中山王䁑大鼎字（闢啓封疆）、與齊刀幣"🀄"（闢封即開封）。岐字秦春秋文字未見，秦封泥作"🀄"（岐丞之印）。崤字戰國以前文字未見。

二曰有些詞語出現時代較晚。銘曰"秦開受大命"。"大命"在戰國以前皆指天命。毛公鼎："不（丕）顯文武，皇天引猒（厭）氒（厥）德，配我有周，雁（膺）受大命……用卬（仰）邵（昭）皇天，䚄（申）圌（紹）大命。"蔡侯申盤："蔡侯䚄（申）虔共（恭）大命。"《尚書·太甲上》："天監厥德，用集大命，撫綏萬方。"《康誥》："天乃大命文王殪戎殷，誕厥命。"戰國之後，帝王的命令始偶稱大命。《荀子·臣道》："《詩》曰：'國有大命，不可以告人，妨其躬身。'此之謂也。"所引爲逸《詩》。《後漢書·王常傳》："臣蒙大命，得以鞭策，託身陛下。"一般情况下仍多稱命，中山王䁑方壺："中山王䁑命相邦……"《説文》："渡，濟也。"段玉裁注："《方言》曰：'過度謂之涉濟。'凡過其處皆曰渡，假借多作度。"朱駿聲通訓定聲："渡，子、史皆以度爲之。"王筠句讀："渡，亦省作度。"可見早期文獻皆以度爲渡。《戰國策·趙策二》："與師度清河。"《吕氏春秋·異寶》："丈人度之絶江。"《史記》《漢書》度、渡互見。《史記·高祖本紀》："大司馬怒，度兵汜水，士卒半渡，漢擊之。"上文"度"與下文"渡"義同。《史記·屈原賈生列傳》："及度湘水。"《漢書·賈誼傳》

"度"作"渡"。伯爲古代五等爵位的第三等。《禮記·王制》:"王者之制祿爵,公、侯、伯、子、男,凡五等。"《孟子·萬章下》:"天子之制,地方千里,公侯皆方百里,伯七十里,子、男方五十里。"《孟子》的時代爲戰國,《王制》的時代更在秦漢之際(盧植云:"漢文帝令博士諸生作此篇")。春秋秦爲伯爵,《左傳》習見,如定公四年稱秦哀公爲"秦伯";文公十年、十二年、十三年稱康公爲"秦伯",十八年又稱"秦伯罃";襄公十四年、僖公九年、昭公元年稱秦景公爲"秦伯";僖公九年、十三年、十五年、二十三年、二十四年,文公元年、三年稱秦穆公爲"秦伯",文公六年稱"秦伯任好"。然出土春秋秦器則秦君自稱公。如甘肅禮縣大堡子山出土鼎、簋、壺、鎛皆云"秦公作";寶雞太公廟出土秦公編鐘:"我先祖受天命商(賞)宅受(授)或(國),剌=(烈=)卲(昭)文公静公憲公不豕(墜)于上。"民國初天水出土秦公簋:"十又二公,在帝之坯(坏)。"《石鼓文·吾水》:"天子永寧,日隹丙申……公謂大□。"《公羊傳·隱公五年》:"天子三公稱公,王者之後稱公,其餘大國稱侯,小國稱伯、子、男。"僞秦襄公鼎銘稱"伯",依《春秋》筆法,而不依秦人習慣(僭稱),甚不可解,適露其馬脚。又即使稱伯,東西周間亦絶無"封伯爵"之語,"伯爵"一詞出現甚晚。克罍:"令(命)克侯于匽(燕)。"宜侯夨簋:"王令(命)虞侯夨曰:鄩(遷)侯于宜。""侯"用爲動詞"爲侯",不稱"封侯爵"。《史記·吳太伯世家》:"吳太伯。"集解:"韋昭曰:'後武王追封爲吳伯,故曰吳太伯。'"索隱:"《國語》曰:'黄池之會,晋定公使謂吳王夫差曰:"夫命圭有命,固曰吳伯,不曰吳王。"'是吳本伯爵也。"我們還看到更晚的例子,清末中日《馬關條約》稱伊藤博文、李鴻章爲"一等伯爵";李亡後光緒上諭:"朝廷特沛殊恩,晋封伯爵,翊贊綸扉……追贈太傅,晋封一等伯爵,入禮賢良祠。"可見"封秦開伯爵"這樣的句子絶不應出現在春秋初期銘文中。作爲世禄封地的"食邑"一詞出現亦較晚。先秦封賞臣下地但曰邑,不曰食邑。宜侯夨簋:"易(賜)土:氒(厥)川(甽)三百□,氒(厥)□百又□,氒(厥)宅邑卅(三十)又五。"庚壺:"公曰:'甬(勇)!甬(勇)!商(賞)之台(以)邑。'"《左傳·成公二十六年》:"賜子産次路,再命之服,先六邑。"《國語·晋語四》:"公食貢,大夫食邑,士食田,庶人食力,工商食官,皂隸食職,官宰食加。"此"食邑"是一動賓結構詞組,與名詞性的卿大夫封地"食邑"不同。後者最早出現於秦漢之際。《史記·樊噲列傳》:"賜食邑杜之樊鄉。"《史記·曹相國世家》:"參將兵守景陵二十日,三秦使章平等攻參,參出擊,大破之。賜食邑於寧秦。"

三曰很多文句摹仿已有器銘及傳世典籍的痕迹明顯。清孫楷《秦會要》卷十一引《通鑑》云:"宋太宗時,襄公冢壞,得銅鼎,狀方而四足。銘:'天公遷洛,岐、豐錫公,秦之幽宫,鼎藏於中。'"《史記·周本紀》:"平王立,東遷于雒邑,避戎寇。"《秦本紀》:"七年春,周幽王用褒姒,廢太子,立褒姒子爲適,數欺諸侯,諸侯叛之。西戎、犬戎與申侯伐周,殺幽王酈山下，而秦襄公將兵救周，戰甚力有功。周避犬戎難，東徙雒邑。襄公以兵送周平王，平王封襄公爲諸侯，賜之岐以西之地，曰：'戎無道，侵奪我岐、豐之地，秦能攻逐戎，即有其地。'與誓，封爵之。"清華楚簡《繫年》簡9："晉文侯乃逆坪（平）王于少鄂，立之于京𠂤（師）。三年，乃東遷（徙），止于成周。"僞鼎銘"東遷"與《周本紀》"東遷"同；與《秦本紀》"東徙"、《繫年》"東徙"意近。僞鼎銘"至于洛水之陽"脫胎於虢季子白盤"博（搏）伐厰（玁）𤞞（狁），于洛之陽"。祇是虢盤"洛之陽"，指陝西的北洛水之陽，僞鼎銘"洛水之陽"指東周洛陽，即《周本紀》《秦本紀》之"雒邑"。僞鼎銘"封……伯爵、岐西田土食邑"近於《秦本紀》"封襄公爲諸侯……封爵之"，不過給予土地先秦稱"易"（賜、錫），不稱封，僞銘連貫而下，似乎"岐西土田食邑"也是封的對象，不妥。

由以上三點，余固敢肯定此鼎爲僞器。

五七、李鴻章是中國近代史上媚外賣國的典型人物嗎？

《辭海》1979年版"李鴻章"條末尾評其爲"中國近代史上媚外賣國的典型人物"。近讀梁啓超《李鴻章傳》（以下簡稱"《李傳》"），知《辭海》之評李，非公允之論。

《李傳》寫於李氏辭世後一月，縱論李未達前後中國之時勢，李之軍事、洋務、外交活動及其功過。其《序例》曰："合肥之負謗於中國甚矣。著者於彼，於政治上爲公敵，其私交亦泛泛不深，非必有心爲之作冤詞也。顧書中多爲解免之言，頗有與俗論異同者。蓋作史必當以公平之心行之，不然，何取乎禍梨棗也？"章學誠《文史通義》有《史德》篇。梁氏《中國歷史研究法補編》第二章《史家之四長》首標"史德"，云："實齋所謂史德，乃是對於過去毫不偏私，善惡褒貶，務求公正。"《李傳》實踐行其理論之範本。《李傳》轉錄中日《馬關條約》全文，曰："觀李鴻章此次議和情狀，殆如春秋齊國佐之使於晉，一八七〇年法爹亞士之使於普。當戎馬壓境之際，爲忍氣吞聲之言，旁觀猶爲酸心，況鴻章身歷其境者！回視十年前天津定約時之意氣，殆如昨夢。嗟呼！應龍入井，螻蟻困人，老驥在櫪，駑駘目笑，天下氣短之事，孰有過此者耶？當此之際，雖有蘇、張之辯，無所用其謀；雖有賁、育之力，無所用其勇。舍卑詞乞憐之外，更有何術？或者以和議之速成爲李鴻章功，固非也，雖無鴻章，日本亦未有不和者也。而或者以是而叢訴於李之一身，以爲是秦檜也，張邦昌也，則盍思使彼輩處李之地位，其結局又將何如矣？要之，李之此役，無功焉，亦無罪焉。其外交手段，亦復英雄無用武之地。平心論之，則李之誤國，在前章所列失機之十二事，而此和議，不過其十二事之結果，無庸置論者也。"第十二章《結論》將李鴻章與霍光、諸葛亮、郭子儀、秦檜、曾國藩、左宗棠、李秀成、張之洞、袁世凱、梅特涅、俾士麥、格蘭斯頓、爹亞士、井伊直弼、伊藤博文等相比較，實是將李置於古今中外的大背景下，予以評價。如云："李鴻章與諸葛亮。李鴻章忠臣也，儒臣也，兵家也，政治家也，外交家也。中國三代以後，具此五資格而永爲百世欽者，莫如諸葛武侯。李鴻章所憑藉，過於諸葛，而得君不及之。其初起於上海也，僅以區區三城，而能奏大功於江南，創業之艱，亦略相類。後此用兵之成就，又遠過之矣。然諸葛治崎嶇之蜀，能使士不懷姦，民咸自勵，而李鴻章數十年重臣，不能輯和國民，使爲己用；諸葛之卒僅有成都桑八百株，而鴻章以豪富聞於天下，相去何如耶？至其鞠躬盡瘁，死而後已，犬馬戀主之誠，亦或仿佛之。"又云："李鴻章與俾士麥。或有稱李鴻章爲東方俾士麥者，雖然，非諛詞，則妄言耳。李鴻章何足以望俾士麥？以兵事論，俾士麥所勝者敵國也，李鴻章所夷者同胞也；以內政論，俾士麥能合向來散漫之列國而爲一大聯邦，李鴻章乃使龐然碩大之支那降爲二等國；以外交論，俾士麥聯奧、意而使爲我用，李鴻章聯俄而反墮彼謀。三者相較，其霄壤何如也！此非以成敗論人也，李鴻章之學問、智術、膽力，無一能如俾士麥者，其成就之不能如彼，實優勝劣敗之公例然也。"其結論曰："要而論之，李鴻章有才氣而無學識之人也，有閱歷而無血性之人也。彼非無鞠躬盡瘁死而後已之心，然彼彌縫偷安以待死者也。彼於未死之前當責任而不辭，然未嘗有立百年大計以遺後人之志。諺所謂'做一日和尚撞一日鐘'，中國朝野上下之人心莫不皆然，而李亦其代表人也。雖然，今日舉朝二品以上之大員，五十歲以上之達官，無一人能及彼者，此則吾敢斷言也。"可謂的評。

五八、裘錫圭

今日國內研究古文字之大老，首推裘錫圭、李學勤二位先生。裘先生爲著名甲骨學家胡厚宣先生弟子，後到北京大學中文系，晚年到復旦大學出土文獻與古文字研究中心。在北大時，得王力、朱德熙、郭沫若、張政烺、唐蘭賞識，在甲骨文、金文、戰國文字、漢簡等研究領域都有輝煌的成就，其《文字學概要》更是典範教材。其成就的取得，主要原因即在執著與嚴謹，在這方面，海內外無出其右者。

2015年，裘先生已八十歲，視力極差，看書要用十六倍之放大鏡，放在眼前五厘米處，然每日工作六個小時以上。年末，復旦大學主辦之"戰國文字研究的回顧與展望"在上海白玉蘭賓館舉行，先生仍堅持參會到底。12月12日上午，先生發言，談侯馬盟書的主盟人及時代，引張頷、唐蘭、高明諸家說及《左傳》《史記》，全憑記憶。會議本限定每位代表發言十分鐘，而先生站着一講就是四十多分鐘。夫人董老師怕先生勞累，幾次讓學生送水，要他少講一點，並示意會議主持人陳松長先生制止他。陳說多年未聽過裘先生的精彩講演了，未加制止。講完後別人問裘先生累不累,答:"一説起來就忘記了時間,根本不累。"全身心投入纔能有一流成果,先生爲後學樹立了光輝的榜樣。

裘先生與人談學術問題,極爲直率。即使對師長、學生,不同意見都是互相争論,直抒己見,從不顧及對方情面。某年在安徽大學開會,其弟子沈培發言,裘先生不同意其説,師徒當場争論,黄德寛先生説這纔是真正的學者風範。裘先生的學風也傳給了其弟子。《左傳・桓公十一年》:"卜以决疑,不疑何卜。"胡厚宣先生屢引此語,説殷墟卜辭命辭是問句。裘先生主張命辭不全是疑問句,而弟子某先生看法却不盡同。學術是學術,師生是師生,祇有這樣,學術纔能進步。

五九、李學勤

李學勤先生 1933 年生人,今年已八十三歲,而身體尚好,仍寫作不輟,頻繁參加各種學術活動。

李先生人聰明,出道早。20 世紀 50 年代初,李先生在清華大學哲學系讀書,未畢業即到中國科學院考古研究所、歷史研究所參與整理殷墟甲骨文,得前輩學者陳夢家、胡厚宣賞識,有《殷代地理簡論》問世,嶄露頭角。1959 年發表《戰國題銘概述》,分戰國文字爲齊、楚、燕、三晉、秦五系,是對王國維東土、西土兩系文字説的發展,是戰國文字研究的開創之作。當時作者還是一個二十出頭的青年。五十多年後,2012 年,先生又提出吴越文字應從楚系文字中獨立,是爲戰國文字六系説。能多年保持學術青春,是先生給人最深的印象。

李先生的學術視野極爲寬闊,對新石器時代的刻劃符號、殷墟甲骨文、周原甲骨文、商周金文、戰國文字、中國古代文明、近代學術思想史、考古學、歷史學都有深入獨到的研究。近年,先生以八十高齡主持、指導清華大學藏戰國竹簡的整理研究,更是做出了非凡的貢獻。説其貢獻超過了西晉的束皙、荀勖等,絶不爲過。先生有專著四十多部,文章二千篇,在當代學者中罕有其匹。

李先生能始終站在學術研究的最前沿,時刻關注最新的學術動態。無論哪個地方考古出土了新的甲骨文、青銅器、簡牘帛書、璽印封泥,他都會在最短的時間内親臨現場,仔細觀察。幾十年内,他的足迹遍及多個省市區。即以陝西而論,他到過西安、寶雞、岐山、扶風、鳳翔多次,也到過眉縣、韓城、臨潼。每到一地,當地文物幹部都會向他求教,他也會更加深入地瞭解器物的形制、紋飾、組合,出土地的地貌、環境。出土文物簡報在《文物》等刊物上發表時,編輯或會請他審稿,所以很多時候會簡報與李先生的研究文章同期刊發。據説李先生從來不做卡片,但因他對材料勤於實際考察,記性又特别好,所以寫文章特快,很多材料多能信手拈來。不僅國內如此，李先生到過國外很多地方講學，每到一地，都會到博物館或收藏家的庫房去考察流散中國文物，其《英國所藏甲骨集》《瑞典斯德哥爾摩遠東古物博物館藏甲骨文字》《歐洲所藏中國青銅器遺珠》及《海外訪古記》系列文章在國内影響巨大。

李先生對晚輩多有獎掖，爲很多書寫序，耽誤了他很多時間。李先生參加過我的碩士論文答辯，也曾賜序給幾本拙著，是本人極爲尊敬的前輩。

李先生的文章有開創性，能引領一時風氣，當然也會引起一些爭議。比如殷墟甲骨歷組卜辭的時代，舊説屬武乙、文丁時，李先生提出應屬武丁及祖庚、祖甲時。李説得到裘錫圭、林澐、彭裕商、黄天樹的支持，近年治甲骨文的年輕學者多信從，幾成定論。反對的學者有曹定雲、劉一曼、溫明榮、陳煒湛等，雖從者寥寥，但至今未認輸。

20世紀二三十年代，以古史學家顧頡剛先生爲首的"疑古"學派風行一時，認爲中國古史是"層累"造成的，很多古書出於後人僞作。這種學説撕去了儒家經典的神聖外衣，破除對古書的一味迷信，確有其積極意義。李先生1992年發表《走出疑古時代》的學術講演，説根據出土材料，疑古派對很多古書僞作（如《孔子家語》《孫子兵法》《尉繚子》《鶡冠子》）的判定過了頭，並試圖"恢復被古史辨派推翻的黄帝一元、三代同源的古史體系"，"認定唐（堯）、虞（舜）、夏、商、周、楚、蜀都是黄帝之後"，在20世紀末以來的學術界影響極爲深廣。李先生的很多弟子更對其説加以闡發、引申、渲染（有些已不盡符合李先生本意）。對此，學界有很多批評。裘錫圭先生《中國古典學重建中應該注意的問題》指出某些學者將《列子》和古文《尚書》當作先秦古書使用，"輕率信古"。黄永年先生《評〈走出疑古時代〉》説："君不見今天不知什麼緣故又刮起了一股'復古風'或曰'信古風'，力主黄帝、炎帝等確有其人。找遺址，修陵墓，以致想拍他們的歷史故事電影。"林澐先生亦有長文，批評《走出疑古時代》。看來，"疑古"過頭不對，但走到另一個極端，一味"信古"，也不可取。李先生有一個優點，常會説自己以前文章某一處講錯了，現在加以糾正。對《走出疑古時代》記録稿，李先生也曾删去某些不妥的話（見李零《維錚先生二三事》，《上海早報·上海書評》2012年4月12日）。又如清華簡中的《説命》不同於東晉梅賾所獻孔傳本《説命》；簡本《伊誥》或稱《咸有一德》，李先生也曾指出，此與孔傳本《咸有一德》截然不同，孔傳本是僞作。但從總體上説，李先生至今仍是堅持其看法的。其功過是非，相信後人是會做出判斷的。

李先生最具爭議的一件事是夏商周斷代工程。中國歷史年代，有明確記載者爲西周共和元年（前841）。此前年代，如西周武、成、康、昭、穆、恭、懿、孝、夷、厲、宣諸王在位年數及其起訖、周武王伐紂滅商之年，乃至夏、商年代框架，皆模糊不清。原中科院院士宋健先生等學者有感於此段曆年不如西曆清楚，乃倡導開展夏商周斷代工程。工程以李先生爲首席科學家，組織歷史、考古、古文獻、古文字、天文等學者近百人聯合攻關。工程歷經五年，花費巨資，經過奮鬥，終於出了階段成果報告簡本，定武王伐紂年爲前 1046 年，西周各王也給出了明確年數。對此結論，肯定者有之，非議者更大有人在。批評者指出其不用古本《竹書紀年》資料，反而用所謂"五星聚於房"等較晚説法。更爲致命的一點是，很多新出土的時代明確的西周青銅器銘文紀年、干支無法套進去，可見該結論經不起檢驗。余以爲該工程問題的關鍵是：資料太少，巧婦難爲無米之炊。西周金文四要素（年、月、日、干支）齊備的不過百餘件，月相術語（初吉、既生霸、既望、既死霸）的含義無有定論，典籍天文資料（天再旦、日月食、五星聚）難於考究，考古出土資料（如木質物的碳十四測年）有上下誤差。這一研究，換成任何人，都是做不出來的。學術上的老大難問題，學者自行研究（如董作賓之殷曆研究，劉朝陽、趙光賢、西方學者倪德衛的西周年曆研究）各説各話，其結論雖難得公認，但其精神值得讚揚。然以集體名義做，其未確定結論容易誤導一般人，似不妥。

李先生是名家、大家，這是絶對肯定的。他的某些見解有爭議，也很正常。一個學者永遠正確，永遠無爭議，纔是不正常的。連朱熹、王陽明、羅振玉、郭沫若、陳寅恪、錢穆、馮友蘭、高亨都有爭議，何況李先生。

2019 年 2 月 24 日補記：此條寫於三年前。今晨驚聞李先生辭世，無限哀悼。先生功業已成歷史，後人自可評説，過譽過毁似皆偏頗。但今天仍健在的老一輩文史學者，較少有人能超越李先生，則是不爭的事實。

六〇、衹、祇、祗、秖、秪、只

今日報章雜誌用簡體字，重印古籍及部分學術文章用繁體字，但二者如何對應，有時却很難把握。如只作爲副詞用，意義相當僅僅。《世説新語·任誕》"襄陽羅友有大韻"劉孝標注引《晉陽秋》："我只見汝送人作郡，何以不見人送汝作郡？"王安石《泊船瓜州》："京口瓜州一水間，鍾山只隔數重山。"或相當於就。賈島《尋隱者不遇》："松下問童子，言師採藥去。只在此山中，雲深不知處。"這種意義，相當於古書中的啻、適。《孟子·告子上》："飲食之人無有失也，則口腹豈適爲尺寸之膚哉！"趙岐注："口腹豈但爲肥長尺寸之膚哉！"《説文》："啻，語時，不啻也。从口，帝聲。一曰：啻，諟也。讀若鞮。"徐灝注箋："時當作詞，字之誤也。"杜荀鶴《旅中卧病》："故園何啻三千里，新雁纔聞一兩聲。"現代人多以爲只是簡體，繁體爲衹、祇（《現代漢語詞典》），或異體爲秖（《漢語大字典》），故文章用繁體字者衹、祇、祗互見，難於統一。《説文》："緹，帛丹黄色。从糸，是聲。衹，緹或作衹。"段玉裁注："按唐石經《周易》'衹既平'、《詩》'衹攪我心''亦衹以異'、《左傳》'衹見疏也'、《論語》'以衹以異'，以及凡訓適之字，皆从衣、氏，蓋有所受之矣。張參《五經文字》，經典字畫之砥柱也，衣部曰：'衹，止移切，適也。'《廣韻》本孫愐《唐韻》曰：'衹，章移切，適也。'《玉篇》衣部亦曰：'衹，之移切，適也。'舊字相承可據如是。至《集韻》云：'祇，章移切，適也。'始从示，然恐轉寫轉刊之誤耳。至《類篇》則祇、衹二文皆訓適，至《韻會》而从示之祇訓適矣。此其遞譌之原委也。衹之訓適，以其音同在十六部而得其義。凡古語詞，皆取諸字音，不取字本義，皆叚借之法也。考毛公《我行其野》傳曰：'衹，適也。'鄭《何人斯》箋、《論語》注曰：'衹，適也。'服虔《左傳·襄廿九年》解云：'衹，適也。'王弼注《坎卦》曰：'衹，辭也。'顏師古《竇嬰傳》注曰：'衹，適也。'此古字古言之存者章章也。自宋以來刊版之書多不省照，衣改从示者不少，學者所宜訂正。錢氏大昕《養新録》乃云《説文》無衹字，《五經文字》承《玉篇》之誤，未免千慮一失耳。衹譌祇，俗又作祗，唐人詩文用之，讀如支。今則改用只，讀如質。此古今推移之變也。若《史記·韓安國傳》云'禔取辱耳'，此用衹之同音字；如《周易》'衹既平'，他家作禔而異其義，要是同音。"又云："顏元孫《干禄字書》石本'祇、衹'注云：'上神祇，巨移反。下適衹，章移反。'是則衹字起於唐初，蓋六朝俗字。"又《説文》："只，語已詞也。"段玉裁注："宋人詩用只爲衹字，但也，今人仍之，讀如隻。"依段氏説，只、衹都是假借字，無本字。祇、祗則是衹之譌字。今按衹還譌作祇。《廣雅·釋言》："祇，適也。"曹丕《煌煌京洛行》："多言寡誠，祇令事敗。"韓愈《雜説四首》之四："故雖有名馬，祇辱於奴隸人之手，駢死於槽櫪之間，不以千里稱也。"又譌作祗，徐幹《中論·務本》："祗足以追亡國之迹，而背安家之軌也。"柳宗元《南磵中題》："索莫竟何事，徘徊祗自知。"衹、只並非繁簡關係，今皆可用；祇、衹、祗、祗不宜作副詞用。

六一、帙、袠、幒、幝

《説文》："帙，書衣也。从巾，失聲。袠，帙或从衣。"段玉裁注："書衣謂用裹書者，亦謂之幒。陸德明撰《經典釋文》三十卷，合爲三帙。今人曰函。"古字巾、衣義近，可以互換。如帬之異體裙，已見秦簡。睡虎地11號木牘："可以爲襌裙襦者。"里耶簡J1（16）6背："走裙行尉。"常之異體作裳，已見包山楚簡244："衣裳。"帙、袠（袟）雖爲一字之異，但後世用法並不完全相同。除作書衣義外，袠引申又指囊。《正字通》："袠，囊也。"《禮記·內則》："右佩箴管線纊，施縏袠。"袟引申指劍衣，見《集韻》。又通秩，秩序，次第也。《廣雅‧釋言》："袟，程也。"王念孫疏證："袟，通作秩，又作䄷，秩與程古聲義并同。《說文》：'程，品也。'又云：'䄷，爵之次弟也。'"《呂氏春秋‧制樂》："謹其禮秩。"《韓詩外傳》三引秩作袟。

《說文》"幒，幝也。從巾，悤聲。一曰帙。㡓，幒或從松。"又云："幝，幒也。從巾，軍聲。裈，幝或從衣"段玉裁注："《方言》：'裈，陳楚江淮之間謂之㡓。'《釋名》：'裈，貫也，貫兩腳上繫腰中也。'按今之套褲，古之絝也。今之滿襠褲，古之裈也。自其渾合近身言曰裈，自其兩襱孔穴言曰幒。"幒爲滿襠褲，義近借用爲書衣袟。

六二、薛瑞生

1960年秋至1963夏，余在陝西師範大學附中讀高中。高三時，語文老師是薛瑞生（睿笙）先生。薛先生那時纔從陝西師範大學中文系畢業一年，年輕英俊，講課趣味橫生，深受學生崇拜。余讀高中時並無偏科現象，所以臨近最後一學期文理分班，仍未決定學文還是學理。而最終決定學文者，或是受了先生的影響。1963年高考成績尚不錯，但當時"以階級鬥爭爲綱"，余家成份爲地主，於是被錄取到了陝西師範大學中文系。1967年大學畢業，又趕上了"文化大革命"，被分到了秦巴山區的白河縣，先是勞動鍛煉，接着教中學，學業少有長進，與先生再無聯繫。1978年，余去成都讀研，後分配到陝西省考古研究所。

20世紀80年代初，一次與女兒同學黃巧雲的父亲（當時在陝西省委接待室任職）閒聊，他說："現在西北大學中文系真正做學問而又有水平的教授祇有薛瑞生。"始知先生在西大，但仍未聯繫。直到某次在陝師大文學院共同參加郭芹納先生博士生的訓詁學論文答辯，纔同先生見面。四十餘年過去，先生仍健談，精神頗好。

先生多年治紅學、唐宋文學，成就可謂有口皆碑。所著《紅樓採珠》《紅樓夢讕論》《樂章集校注》《東坡詞編年箋證》《誠齋詩集箋證》《柳永別傳》《周邦彦別傳》以及主編《唐宋八大家文鈔校注集評》《中國古典小說六大名著鑒賞辭典》等久已風行海內外。《樂章集校注》曾得啓功先生擊賞，多次重印，2015年出增訂本，爲《中國古典文學基本叢書》之一。《柳永別傳》爲其姊妹篇，將柳永仕履行實與宋代官制相聯繫，探討柳詞之編年，創獲極多。宋人謂柳永以作艷詞而得罪仁宗，吏部不敢改官，終官屯田員外郎，蹉跎終生；柳周旋於妓女間，卒由衆妓女集資葬之。先生考證：柳永早年蹉跎，並非因得罪仁宗，乃對真宗佞道有微詞。仁宗親政，景祐元年，柳中進士，四年後改官陵（前人或誤作靈）臺令，管理先帝陵寢。青年時柳與前妻感情破裂，遠遊浙江、兩湖，有不少愛情詞，世人誤爲妓女詞。柳終官郎中，見柳淇所作《墓誌銘》與《說郛》所引俞文豹《吹劍續錄》。柳後因《醉蓬萊·漸亭皋葉下》而得罪仁宗，於是官大而差遣小。其説發前人所未發，是柳永研究的一大突破。

又如楊萬里爲南宋中興四大詩人之一，與陸游齊名，然仕途僅止於吏部左司郎中、秘書監、寶謨閣學士，未嘗大用。其未被大用之原因，《宋史》本傳云："提舉廣東常平茶鹽。盜沈師犯南粤，帥師往平之。孝宗稱之曰'仁者之勇'，遂有大用意。""孝宗始愛其才，以問周必大，必大無善語，由此不見用。"先生對此加以考辨，指出楊第一次由太常博士、太常丞出知筠州時，"爲正常遷轉，且必大其時亦未至侍從，即使欲'無善語'，亦無以上達"。楊第二次以直龍圖閣出爲江南東路轉連副使，"此時黨爭已開其端，王藺、周必大首嬰黨禍之鋒，後與趙汝愚、留正被列爲僞黨四魁，且周必大於淳熙十六年五月即罷相出判潭州，不赴，乞奉祠，九月即歸故里。既然周必大罷相在前，誠齋出朝外任在後，所謂'必大無善語，由此不見用'，豈非無中生有？"而真正未大用的原因，乃在高宗崩後議廟號、配饗，又有太子參決庶務之爭，萬里疏請以張浚配饗，並反對太子參決庶務，"孝宗覽疏不悦，曰：'萬里以朕爲何如主！'"先生指出："其實所謂周、楊生隙，不惟無中生有，亦且顛倒黑白。原二人一生，相知相契，相引相護，終生不渝。不僅觀二人集中詩文往來、書劄應答可知。尤其在二人被傾軋排擠提前退休之後，書啓往來不斷，其友情之篤厚，是有目共睹的。"又云："推誠齋終生未被大用之原因，蓋在孝宗惡其逆己，權臣則惡其直而不黨耳。若揭諸深層原因，亦與其詩人氣質太重，而政治家之度量太淺至關重大。"其他如"誠齋以詩諫放翁不應爲韓侂冑作《南園記》及誠齋拒作《南園記》事考辨""誠齋死於淋病考辨"，皆能抽絲剥繭、明察秋毫、洞顯真相。而唯其如此，也纔能知人論世，對所箋證的古詩文作出深入而獨到的解析，爲古人千秋知己，爲今人研習導師。

六三、櫟陽

櫟陽爲秦都之一。《史記·秦本紀》："（獻公）二年，城櫟陽。"集解引徐廣曰："徙都之。"又秦孝公《求賢令》云："獻公即位，鎮撫邊境，徙治櫟陽，且欲東伐，復繆公之故地，脩繆公之政令。"《本紀》又云："（孝公）十二年，作爲咸陽，築冀闕，秦徙都之。"《漢書·地理志》左馮翊"櫟陽"縣下班固自注："秦獻公自雍徙。"王先謙補注："'徙'下語意不完，蓋奪'此'字。"又云："《項羽紀》：司馬欣都。高祖三年都櫟陽，七年徙長安。"據此則秦漢之際櫟陽亦曾爲都城。櫟陽故城在今西安市閻良區武屯鄉關莊、御寶屯一帶。《水經注·渭水》："（白渠）又東逕櫟陽城北……白渠又東逕秦孝公陵北。"20世紀80年代，中國社會科學院考古研究所劉慶柱等勘探、發掘其遺址，據説南城牆殘長1640米，西城牆殘長 1420 米，有門址三處；城內有東西嚮幹道六條，南北嚮幹道七條。因爲當時祇出土有漢代陶器，故王子今力主櫟陽非秦都，而劉榮慶則爲文駁王説，久争不决。近日該所劉瑞又在劉慶柱發掘地西北約五公里處發掘，出土陶筒瓦飾細繩紋，又有陶文"櫟市"，櫟陽秦都説似乎可以證實。

按《殷周金文集成》1136 著録秦惠文君前元四年（前 334）之相邦樛斿戈有"櫟陽工上造間"，1975 年遼寧寬甸縣出土元年丞相斯戈有"櫟陽左工去疾"，證明秦曾在櫟陽設工官製作兵器，其地位與雍（《雙劍誃吉金圖録》下五十條十六年大良造鞅戈"雍𥃩"、西安市公安局繳獲八年相邦薛君丞相殳漆豆"雍工師效"）、咸陽（飛諾藝術品工作室藏王八年内史操戈二"咸陽工帀（師）□"）、西（洛陽市文物收藏學會藏王二年相邦儀戈"西工封"、珍秦齋藏元年相邦疾戈"西工師誠"、湖南博物館藏二十年相邦冉戈"西工師□"）相當；又新出秦封泥有"咸陽工室""咸陽工室丞""雍工室丞""櫟陽左工室""櫟陽左工室丞""櫟陽右工室丞"，更可證明此點。

劉瑞之發掘，成爲近日重大新聞。然省市報章、電視臺報道多讀櫟爲 lì，誤也。櫟《廣韻》本有郎擊、以灼二切，前者音 lì，後者音 yuè。櫟作爲木名（麻櫟）或搏擊、超越等義音 lì，單字作爲地名亦音 lì。春秋鄭有櫟地，見於《春秋·桓公十五年》，在今河南禹縣。楚有櫟地，見於《左傳·昭公四年》，在今河南新蔡縣。晉有櫟地，《左傳·襄公十一年》："己丑，秦晉戰于櫟，晉師敗績，易秦故也。"杜預注："櫟，晉地。"或説在今山西永濟縣西南。櫟陽與晉地櫟或説有關係。顧祖禹《讀史方輿紀要·陝西二·櫟陽城》："櫟陽城在（臨潼）縣北三十里，渭水北。或曰本晉之櫟邑，晉悼公十一年，'秦取我櫟'是也。杜氏《釋例》云：'櫟，蓋在河北。'"顧棟高《春秋地理考實》："櫟乃河上之邑。有謂臨潼櫟鄉城即此，不知櫟鄉去河甚遠，非此櫟也。"後顧説是。櫟陽之櫟讀 yuè，當地人亦如此讀，有可能是古音遺留。

某些人名字讀音亦如此，當依地方音或習慣，而不應依普通話。著名學者陳寅恪之"恪"本人讀 què，普通話恪守、恪尊之恪音 kè。凹普通話讀 āo，如凹凸不平、凹透鏡。地名凹讀 wā，山西有地名核桃凹，字又作窪。著名作家賈平凹，凹亦讀 wā。賈爲陝西丹鳳人，關中及商洛市人讀凹爲 wā。賈原名平娃，成名後可能覺得娃字太俗，乃改爲凹。

六四、戴震之學爲清代學術之縮影

戴震（東原）是清代乾嘉學派的著名學者、思想家。戴氏生於雍正元年（1723）。二十歲時，師從婺源江永。乾隆年間修《四庫全書》，召爲制度、名物纂修官。戴氏博聞强識，於天文、數學、地理、音韻、文字皆考證精微，弘大顧炎武、閻若璩開創之風氣，爲其嫡派傳人，漢學皖派之中堅。

其治《詩》，力闢毛序，云："就全《詩》考其字義名物於各章之下，不必以作《詩》之意衍其説。蓋字義名物，前人或失之者，可以詳核而知，古籍俱在，有明證也。作《詩》之意，前人既失其傳者，難以臆見定也。"（《詩補傳·序目》）治《周禮》，有《考工記圖注》；其校《大戴禮記》，參撰《五禮通考》，考證禮制，任大椿、程瑤田、凌廷堪皆深受其影響。治小學，有《爾雅文字考》，補郭璞注之漏，正邢昺疏之失；有《方言疏證》，"廣按群籍之引用《方言》及注音交互參訂，改正譌字二百八十一，補脱字二十七，删衍字十七，逐條詳證之"。於《説文》，戴氏自幼即用功，雖無專著，然與江永往復討論六書，創四體二用之説。其弟子段玉裁作《説文解字注》，實得傳授。於音韻學，戴氏有《聲類表》《聲韻考》，區別等呼洪細與韻異同，析上古音爲二十五部，與弟子段玉裁十七部、王念孫二十一部互有出入，又立陰陽入對轉之例。其《轉語序》云："人之語言萬變，而聲氣之微，有自然之節限……今各從乎聲以原其義。聲自微而之顯，言者未終，聞者已解，辨於口不繁，則耳治不惑。人口始喉下抵唇末，按位以譜之，其爲聲之大限五，小限各四。於是互相參伍，而聲之用蓋備矣……凡同位則同聲，同聲則可通乎其義。"其弟子王念孫及子王引之弘揚其説，作《廣雅疏證》《經義述聞》，人稱王念孫爲清代小學之第一人，而其門徑則源自戴氏。

戴在四庫館時，曾據《永樂大典》校《水經注》，發現其經注分別三例，是爲特識。同時校《水經注》者，尚有全祖望、趙一清，後人或謂趙襲戴，或謂戴襲趙，或謂全襲趙、戴。然正如梁啓超先生《中國近三百年學術史》所説："三君皆好學深思，治此書各數十年，所根據資料又大略相同，則閉門造車，出門合轍，並非不可能之事。東原覃精既久，入館後覩趙著先得我心，即便採用，當屬事實；其所校本屬官書，不一一稱引趙名，亦體例宜爾。此不足爲戴病也。趙氏子弟承制府（引者按指湖廣總督畢沅）垂盼，欲益榮其親，（梁）曜北兄弟以同里後學董其事，亦欲令趙書盡美無復加；趙、全本世交，則購採全稿潤益之；時戴本既出，則亦從而擷採——凡此，恐皆屬事實。全氏本爲斯學開山之祖，然趙、戴本既盛行，全本乃黮没百餘年。其同里後學王（艤軒）、董（覺軒）輩深爲不平，及得遺稿，亦欲表章之使盡美，其間不免採彼兩本，以附益其所未備，恐亦屬事實。要而論之，三家書皆不免互相剿，而皆不足爲深病。三家門下，各尊其先輩，務欲使天下之美，盡歸於我所崇敬之人，攘臂迭争，甚無謂也。"其説公允平正，當可平亭此獄。

乾嘉之學本是對宋、明理學程、朱、陸、王之反動，梁啓超先生説其主潮是"厭倦主觀的冥想而傾向於客觀的考察"，故於經史古籍之考釋、校注、辨僞、輯佚皆成績輝煌，遠超前代。其流弊則爲大部分學者祇知考據，不求明道，以"襞積補苴"爲唯一任務，東原先生却絕無此弊。其《古經解鉤沉序》云："後之論漢儒者，輒曰：'故訓之學云爾，未與於理精而義明。'則試詰以'求理義於古經之外乎？猶若存古經中也，則鑿空者得乎？'嗚呼，經之至者，道也。所以明道者，其詞也。所以成詞者，未有能外乎小學文字者也。由文字以通乎語言，由語言通乎古聖賢之心志，譬之適堂壇之必循其階而不可以躐等也。是故鑿空之弊有二：其一，緣詞生訓也；其一，守譌傳謬也。緣詞生訓者，所釋之義非其本義；守譌傳謬者，所據之經並非其本經……二三好古之儒，知此學之不僅在本訓，則以志乎聞道也。"戴氏有《原善》《原象》《孟子字義疏證》，力闢程朱之理氣二元論，主張"一陰一陽，流動不已，夫是之爲道而已"，即理氣一元論。戴氏論人道云："道者，居處、飲食、言動，自身而周於身之所親，無不該焉也。"又云："宋儒合仁義禮而統謂之理，視之如有物焉，得於天而具於心，因以此爲形而上，爲冲漠無朕；以人倫日用爲形而下，爲萬象紛羅；蓋由老、莊、釋氏之捨人倫日用而別有所貴道，遂轉之以言夫理。在天地則以陰陽不得謂之道；在人物則以氣禀不得謂之性，以人倫日用之事不得謂之道，六經、孔、孟之言，無與之合者也。"戴氏論性即氣質之性，與阮元同。程、朱主張"存天理，去人欲""餓死事極小，失節事極大"，戴氏對此痛加捂擊，云："今之治人者，視古聖賢體民之情，遂民之欲，多出於鄙細隱曲，不措諸意，不足爲怪。而及其責以理也，不難舉曠世之高節，著於義而罪之。尊者以理責卑，長者以理責幼，貴者以理責賤，雖失，謂之順。卑者幼者賤者以理爭之，雖得，謂之逆。於是下之人不能以天下之同情，天下所同欲，達之於上。上以理責其下。而在下之罪，人人不勝指數。人死於法，猶有憐之者。死於理，其誰憐之！嗚呼，雜乎老釋之言以爲言，其禍甚於申韓如是也！六經、孔、孟之書，豈嘗以理爲如是物焉，外乎人之性之發爲情欲者，而强制之也哉？"對此，胡適《戴東原的哲學》給予極高的評價："這一段真沉痛。宋明以來的理學先生們往往用理責人，而不知道他們所謂'理'往往祇是幾千年因襲下來的成見與習慣……乾嘉時代的學者稍稍脫離宋儒的勢力，頗能對於那些不近人情的禮教，提出具體的抗議。吳敬梓、袁枚、汪中、俞正燮、李汝珍（小說《鏡花緣》的著者）等，都可算是當日的人道主義者，都曾有批評禮教的文字。但他們祇對於某一種制度，下具體的批評。祇有戴震能指出這種種不近人情的制度所以能殺人吃人，全因他們撑着'理'字的大旗來壓迫人，全因爲禮教的護法諸神——理學先生們——抬出'理'字來排斥一切以生以養之道：'雖視人之饑寒號呼，男女哀怨，以至垂死冀生，無非人欲。'"戴氏又云："酷吏以法殺人，後儒以理殺人，浸浸乎捨法而論理，死矣！更無可救矣！"這些說法，在其生前身後，擁護者有之，反對者亦有之。反對者有彭允初、程晉芳、朱筠、翁方綱、姚鼐、方東樹。擁護者有其弟子洪榜及凌廷堪、焦循、阮元。但即使戴氏弟子段玉裁，乃至其子戴中立，也不能全部領會戴氏哲學之精藴所在。清末民初，西學東漸，思想界提倡自由、民主，反對舊禮教、舊傳統，戴氏"理學殺人"的號呼纔又引起了極大的反響，即胡適、魯迅等人亦無不在一定程度上受其啓迪。戴氏之學，實爲清代學術之縮影。

六五、楊才玉與《收藏》

楊才玉先生 1943 年生於陝西省商縣。曾在商洛地區工作多年，後任原陝西省委第一書記馬文瑞秘書、省委統戰部副部長、省文史研究館館長。

楊先生喜歡文史、收藏，1993 年創辦《收藏》雜誌，是同類刊物中較早的。《收藏》的辦刊宗旨是"背靠文博，面向市場"。一方面，依靠陝西文博、書畫、收藏界力量，吳梓林、戴應新、戴南海、王長啓、李自智、張懋鎔、陳根遠、杜文、李裕民、程征、戎畋松、張渝及余皆有一段時間參預其事，而石興邦、吕濟民、李學勤、楊新、徐山林、徐湖平、王世襄、徐邦達、閻振堂、楊伯達、耿寶昌、張德勤、鄭欣淼、戴志强、孫軼青、劉九庵等先生爲顧問，禚振西、劉雲輝、王瑞榮、陳國勇等先生爲理事。楊先生禮賢下士，尊重專家，不是讓顧問、理事掛個虛名，而是不定期召開座談會請大家對刊物的宗旨、内容、圖版設計等提出建議，對年長者還常會登門拜訪看望，請他們指導、批評。雜誌常常約請專家審稿、寫稿，使其質量得以提昇。

另一方面，雜誌既關注高端市場，如對各大拍賣行的年、季拍賣會的品評；也關注草根藏家，組發一批短小精悍的通俗短文，介紹烟標、郵票、徽章、根雕、竹刻、泥塑、藏書票、入場券、明信片的有關知識，追求雅俗共賞。雜誌闢有金銀器、青銅器、錢幣、玉器、陶瓷、字畫、碑刻、古籍、古家具、竹木雜器等專欄，延聘專家主持，每期都有多篇文章，成爲藏家和一般收藏愛好者共同的朋友。

雜誌關注考古新發現，如對陝西眉縣楊家村西周青銅器窖藏，韓城市芮國青銅器、玉器等都有專題報道。雜誌特別關注傳世及出土文物，先後推出過陝西、山西、河南、新疆、内蒙古、西藏、遼寧、湖北、湖南、廣東、南京、北京故宫等文物專號，介紹各大博物館及私家珍品，開闊讀者視野。雜誌以獨到的視角爲切入點，配合重大政治、歷史事件策劃專號。如 2000 年推出"抗美援朝勝利五十週年"專號；2003 年第 6 期推出"失落的伊拉克文明"專號，介紹兩河文明及文物（該年 3 月美國進攻伊拉克）；2006 年推出"'文革'與收藏文化筆談"專號；2008 年"5·12"汶川大地震後，推出兩期有關地震中文物保護的專號；同年還推出了奧運會文物專號。字畫欄目除古書畫外，尤其關注當代嶄露頭角的新秀，這些人引導新潮流，其作品可能是未來的收藏熱點。雜誌社每週五有文物鑒定活動，刊物有"辨僞識真"欄目，揭穿贗品面目，深受讀者歡迎。

2013 年以後，楊先生因年事已高，乃由其次女楊敏接手主持。年輕人有新觀念、新視野，更關注潮流時尚，又在北京開編輯室，辦副刊《收藏趨勢》。雜誌至今已延續二十多年，在全國八千餘種刊物中讀者關注度一度曾在前一百名內，每期發行七八萬冊，殊屬不易。

近時因種種原因，已稍式微。

六六、郭子直

郭子直先生出生於陝西省岐山縣。其家爲岐山望族，多藏書籍、字畫、碑帖、古玩，從小深受熏陶。20世紀40年代，先生就讀於北京大學中文系，畢業回陝後教中學。因其文史知識淵博，又寫得一手好字（其字篆隸兼長，章草尤具特色），久已名揚關中。1960年，原西安師範學院、陝西師範學院合併，成立陝西師範大學，時任校黨委副書記、副校長郭琦爲了讓文史系學生打下紮實的基礎，乃禮聘先生爲中文系教授。余1963年入讀陝師大中文系，曾聽先生講"現代漢語"及"工具書使用法"。後一種課其他高校很少開設，由先生自編講義，課前油印發給學生。其内容涉及語言、文字、音韻、訓詁、類書、官制、地理、書法、金石、版本、目錄、校勘、曆法、年表、索引、字典、詞典的簡介與使用，系統深入，通俗易懂，爲學生擴大視野、自學深造指出了門徑。油印本由先生手刻，其書法亦深得學生喜愛。

"文化大革命"開始後，郭校長受到衝擊，被定爲"走資派""反動學術權威的保護傘"。郭先生受到牽連，被遣送到岐山中學任教，鬱鬱十年。但先生在陝師大的課已給學生留下了深刻的印象，有一批崇拜者。一位姓惠的往日學生還從漢中趕到岐山，再次向先生請教。"文化大革命"後，這位學生在天津某理工大學讀研、任教，編著一本包括科技工具書的新工具書使用教材，有較大影響，但其動因，未始不是受到先生啟迪。

"文化大革命"後，先生又回到陝師大，爲古文字碩士研究生導師，講授《説文》及甲骨文、金文、碑刻。其弟子黃天樹後又從裘錫圭先生讀博士，現爲首都師範大學甲骨文研究中心主任，是著名的甲骨學家。還有幾位弟子目前在先秦史研究中有一定成績。

先生對樓觀臺刻本古文《老子》及陝師大圖書館所藏鄠縣發現的秦封宗邑瓦書深有研究，其説法甚得學人信從。先生熟悉漢、唐碑帖，20世紀八九十年代，陝西省古籍整理辦公室編印《陝西金石文獻彙集》《全唐文補遺》，延請先生審稿，先生對釋文、斷讀常會提出中肯的意見。

余"文化大革命"後數次去郭宅請益，多得教誨，並蒙題寫書名，賜篆書條幅。與先生往還書信數封，至今珍存。

六七、黨與党、蕭與肖

　　黨、党爲二姓。黨音 zhǎng。《左傳·定公七年》："己巳，王入于王城，館于公族黨氏。"杜預注："黨氏，周大夫。"釋文："黨音掌。"《左傳·莊公三十二年》："公築臺，臨黨氏。"杜預注："黨氏，魯大夫。"《氏族典·四四二》："黨叔，魯人，見《左·襄二十九年》。晉黨同，見《姓譜》。明黨緒，嘉靖進士，見《無錫縣志》。"党音 dǎng。《元和姓纂》："党，本出西羌。姚秦將軍党耐虎，自云夏后氏之後，代爲羌豪。又吳平南党娥，子孫居同州、馮翊，後魏寧州刺史、北地公党弘。六代孫仁。華陰，姚秦羽林監党成。"今人以党爲黨之簡化字。後人亦誤以党爲黨，《萬姓統譜·養韻》："党，與黨姓通，晉大夫黨氏之後也。"陝西師範大學教授党懷興，余曾當面問其姓源，云是羌人後裔。按党教授本籍合陽，爲古同州地，則其說是也。

　　蕭、肖亦二姓。《古今姓氏書辨證》："蕭，子姓。商帝乙庶子微子啓，周封爲宋公。弟仲衍八世孫戴公生子衎，字樂父。裔孫大心，平南宮長萬有功，封於蕭，以爲附庸，今徐州蕭縣是，子孫因以爲氏。楚滅蕭，裔孫不疑爲楚相春申君客，世居豐、沛。漢有丞相酇侯何、御史大夫望之……晉淮南令蕭整。整子鎋。鎋子副。副子道賜。道賜次子順之。順之子衍，梁高祖武帝也。衍八子：統，昭明太子……《唐史》稱蕭氏自瑀至遘，八葉宰相，以爲盛族。《左傳》成王分魯公伯禽商民六族，一曰蕭氏。其後無聞。晉（引者按指五代後晉）開運末，耶律德光以蕭翰爲宣武節度。翰，契丹呼爲國舅，及將受節鉞，李崧爲制姓名曰蕭翰，自是始姓蕭。而蕭氏女，世爲契丹后云。"可見其來源不一。蕭音 xiāo。肖音 xiào。《氏族典》："《統譜》：'漢肖安國、肖垍、肖玉、肖零、肖同，均見《印藪》。明肖靖，襃城人。宣德解元。'《濮州志》：'肖詔，成化十七年任州判。'"

　　今按漢時蕭、肖判然二姓。《漢印文字徵》1.13 蕭字條下收姓名私印有"蕭中孺""蕭尊""蕭咸""蕭章印""蕭尚印""蕭廣私印"；4.13 收肖姓名私印有"肖德""肖利印"。肖姓還可以追溯得更遠。《古璽彙編》4131"肖秦"，4132"肖纏"，4136"肖角生"。《侯馬盟書》346"肖弧"。《古陶文彙編》9.95"肖旂"；又二十七年大梁司寇鼎有"肖亡智"，皆戰國肖姓。肖又作郣。《侯馬盟書》346 有"郣弧"，與上"肖弧"爲同一人。《璽彙》2696 又有"郣脁"。肖、郣皆應讀爲趙，《侯馬盟書》委質類被誅討人"肖喬"或作"趙喬"可證。漢之肖姓或即戰國肖、郣姓。今人蕭姓有自省作肖者，字典亦多混淆。《漢語大字典》云："肖，姓。也作'蕭'。"《現代漢語詞典》："蕭，xiāo，姓。"肖字下則云："肖，xiāo，姓（'蕭'俗作肖）。"令人莫知所從。

　　今人用繁體印古籍，每每把党姓印作黨，把肖姓印作蕭；書、報簡體則黨党統作党，蕭肖統作肖，有失嚴謹。

六八、清涼寺

清涼寺在長安區上塔坡村。寺在鳳棲塬尾，自西南視之，兀然高突；自東北視之，居高臨下，視野極爲開闊。寺初建於隋代，唐時爲華嚴宗主寺。後屢毀屢建，直至"文化大革命"前猶有香火。"文化大革命"中大殿拆毀，基址仍存。2000 年後，原長安縣於原址建大雄寶殿、僧舍，信徒遊客始多。寺東牆之外，有臺灣省中國國民黨前主席連戰祖母墓塋。2003 年，連戰訪問西安，曾至此祭拜，並到寺祈福，寺遂名聲漸隆。近年，區政府將上塔坡村遷出，建占地千餘畝之清涼寺遺址公園。寺西新開山門，旁有廂房。寺外依山勢建湖、道、橋、亭、閣、臺、榭，栽松、柏、楓、榆、楊、柳數千株，篁竹十萬竿，乃至兒童娛樂項目過山車、大轉輪、蹓蹓板、蹦索、石膏像描繪室等；此外修隋帝楊堅立馬銅像、民國初年陝西護國軍軍長井毋幕墓，於是遊人漸多。每年二月初二前後三天及每月初一有廟會，賣食品衣物者、捏泥人者、表演拳術體操者、玩猴戲雜耍者，動輒數萬人，綿延三四里，人流摩肩接踵。寺內上香需排隊多時。寺僧售紅布條給信徒，每條一圓，日入數萬圓；至於功德箱，更是月逾二百萬圓。清涼寺在西安本不算名寺，但因地處近郊，環境又頗幽雅，故其名氣近年反倒在名寺香積寺、草堂寺、大興善寺、興教寺之上，祇是不及大慈恩寺、大薦福寺而已。

六九、費姓古本有二讀

《姓觿·五未》引洪适《隸釋》云："費字有兩姓，音讀不同，源流亦異。其一音茞，嬴姓，伯益之後。《史記》載費昌、費中，楚費無極，漢將軍費直，費長房、費禕是也。其一姬姓，出於魯季友，《姓苑》所載琅邪費氏是也。其餘皆誤。又夷姓，後魏費連氏改爲費氏，《北史》尚書右丞費穆是也。"《古今姓氏書辨證》："顓帝之後。女華生大費，佐舜調訓鳥獸，舜賜之嬴姓。其子若，爲費氏。其玄孫曰費昌，當夏之季，去桀歸商，爲湯御，以敗桀於鳴條。"又《廣韻·未》："費，姓，夏禹之後，出江夏。"是費姓不止二源。魯費邑亦作鄪，《廣韻》兵媚切，音 bì。今人則不別，通讀 fèi 音，如名人費孝通、費新我、費翔皆如此。《辭源》《漢語大字典》姓氏費，音 fèi，而魯鄪邑今費縣音 bì，讓人糊塗。

七〇、不姓之音讀

《晉書·束皙傳》:"太康二年,汲郡人不準盜發魏襄王墓,或言安釐王冢,得竹書數十車。"作爲姓氏的不,《廣韻》甫鳩切,音 fōu,《通志·氏族略》:"不氏,晉時有汲郡人不準,發魏襄王冢,得竹書科斗文者。姚興有安遠將軍不蒙。"最上追到晉代。我注意到,不丕古本一字,後者是從前者分化出來的。古文字及古文獻中的不多可讀爲丕。天亡簋:"衣(或隸作卒)祀于不顯考文王。"虎簋蓋:"不顯朕刺(烈)且(祖)考粦明。"《詩·周頌·清廟》:"不顯不承。"《孟子·滕文公下》引《詩》"不顯"作"丕顯"。《古璽彙編》2153:"㠱达(去)疾。"首字左旁與天星觀楚簡"不欲飲"、者汈鐘"女亦虔秉不涇(經)德"不字作"㠱"同,故字可隸作邳或邳。古姓加邑旁後起,故邳即不姓也。《廣韻·脂韻》:"邳,姓。《風俗通》云:'奚仲爲夏車正,自薛封邳,其後爲氏。'後漢有信都邳肜。"《元和姓纂·六脂》:"邳,《左傳》晉大夫邳鄭、邳豹。""邳鄭""邳豹"之"邳"《左傳》作"丕",實即者汈鐘不字之誤隸。汲郡戰國魏地,春秋晉地,故不準不排除爲丕鄭、丕豹後人的可能。丕姓音 pī。上古音不之部幫紐,邳之部並紐,二字疊韻,旁紐,通用無別。傳山東嶧縣出土二罍(一稱缶),銘:"隹正月初吉丁亥,不白(伯)夏子自乍(作)隣罍。"王獻唐、黃盛璋說"不伯"即"邳伯",可見戰國時"邳"仍可寫作不。又《尚書·禹貢》:"(河)東過洛汭,至于大伾。""大伾"即大伾山,在漢河南成皋縣(今滎陽鞏縣間),距汲縣不遠。"伾"字又作"𠂤"(競卣)、"𨻶"(鄂侯鼎),夏人活動於豫西地區,奚仲爲夏車正,其初封地當在大伾山附近,其後居薛地邳,是遷徙後把原居地名帶了過去,後人不察,以爲奚仲始封地山東邳地,非也。由上所論,不、邳可能原爲一姓。後世複姓不更音 fōu láng,或與秦爵不更有關;不夷音 fōu yí,不茅音 fōu tí,不羹音 fōu gēng,不茅音 fōu máo,不蒙音 fōu méng,不雨音 fōu yǔ,諸不皆音 fōu,其實與不姓、邳姓之讀音無關。

七一、知、智一姓

《續通志·八六·補遺》:"知氏,見《姓苑》。宋知浹,通《春秋左傳》。明知陝,景泰進士。"又《姓觿·四寘》:"《世本》:'晉大夫智首,食邑於智,是爲智莊子。'《千家姓》:'河東族。'《左傳》晉有智罃,智朔、智盈、智躒、智瑤其後也。《宋史》高宗時有智浹。"按知、智古本一字,皆作𢆉,戰國時或省作知。睡虎地秦簡《日書》乙簡 45、46:"入月六日、七日、八日、二旬二日皆知。"《說文》已分爲二字。周金文智多讀爲知。毛公鼎:"引唯乃智余非。"中山王𰴕大鼎:"含(今)舍(余)方壯,智天若否。"又云:"詒(辭)死辠

（罪）之又（有）若（赦），智爲人臣之宜（義）施（也）。""迲（使）智社稷之賃（任）。"晋六卿之智氏，《左傳》《吕氏春秋》作知，《戰國策》《史記》作智。

七二、閻、闇一姓

《新華字典》（第10版）收閻、闇二字，皆音 yán。闇義項爲姓。閻義項有二：一爲里巷之門，二爲姓。據此，則閻、闇二姓。《漢語大字典》則説闇同閻。《改併四聲篇海·門部》引《俗字背篇》："闇，與閻同。"清謝振定《遊上方山記》："及闇王嶋，雨益密，行益窘。"依其説，則闇、閻一姓。今按後説是。巫惠聲《中華姓氏大典》引《元和姓纂·二十四鹽》："閻，周文王之後。武王封太伯曾孫仲奕於閻鄉，因氏焉。一云唐叔虞之後，公族有食采於閻邑，因氏焉。漢末居滎陽。後漢尚書閻章，生暢，侍中，宜春侯。"《姓解》："楚大夫閻敖。魏大夫閻須。秦閻樂……唐閻巨源、閻立德、立本。"巫氏按云："唐元和間林寶編《元和姓纂》，即由於'朔方別帥，天水閻某'屯戍有勞績，封邑於太原。他本人上書皇帝，説：'封乖本郡，恐非舊典。'唐憲宗於是詔太常編撰《姓纂》。林寶迫於功令，匆忙中杜撰了個'太伯曾孫仲奕封於閻鄉'去塞責……此説欺騙了歐陽脩、鄧名世等大家。鄭樵一曰'太伯無後'，再曰'未聞仲奕'，可謂有見地。"其説極是。今所見先秦閻姓，大多爲晋、楚、秦人。《古璽彙編》2970"胎坿"、2978"胎沽"、2972"胎羣"，此皆三晋璽。胎讀閻，晋閻邑大夫之後。包山楚簡193"邵腏"，邵讀爲閻。睡虎地秦墓11號木牘："爲黑夫、驚多問夕陽吕嬰，匜里閻諍大人得毋恙。"此秦之閻姓。秦統一後"書同文字"，於是閻取代了胎、邵。

七三、摇耬撒種

20世紀80年代初，農民播種大麥、小麥、大豆、高粱等，尚用耬車，簡稱耬；芝麻、油菜等微小種子則撒播。耬據説爲漢武帝時趙過創製，二千年來在農村行用不衰。《農政全書·農器》："其制兩柄上彎，高可三尺，兩足中虚，闊合一壠，横桄四匝，中置耬斗，其所盛種粒，各下通足竅。仍旁挾兩轅，可容一牛，用一人牽傍，一人執耬，且行且摇，種乃自下。"余兒時所見猶如此。泰山翁言：摇耬撒種人皆云用力須均匀，其實不然。摇耬，開始時須用力大，摇動快，蓋其時耬斗種滿，壓力大，耬竅漏籽粒不暢，故須用力大。斗中存籽粒不足一半時，耬竅大開，下籽快，此時用力宜小，摇動宜慢。如此用力，一畝之內，禾苗方能稀稠均匀。撒種亦然，遇土壤乾燥及板結處須下籽重，遇墒情好及耙耪仔細處，下籽宜輕，以後者每粒必出，前者則不易出齊故也。翁爲老農，故有此經驗之談。

七四、於、于二姓

　　於、于本爲二字，但皆可作介詞用，表地點、對象、方式、目的、動作趨嚮。大體上說，商周甲骨文、金文用于，春秋器銘亦然。戰國中期以後用於較多，簡牘中也不乏于、於混用的例子。今日介詞皆用于，不用於。於是很多人認爲于是於的簡化字，其繁體爲於，其實是不對的。古文獻中很多詞祇能用于，不用於。如《詩·周南·桃夭》"之子于歸"、《周禮·考工記》鐘唇"謂之于"。於、于作爲姓氏，是二而非一。《廣韻·虞韻》："于，姓。周武王子邘叔，子孫以國爲氏，其後去邑，單爲于。漢有丞相東海于定國。"《通志·二六·以國爲氏》："又《後魏·官氏志》有萬紐氏，改爲于氏。又有自東海隨拓拔鄰徙代改爲萬紐于氏者，後魏文帝時復爲于氏。又淳于氏避唐憲宗嫌名改爲于氏。"《姓氏急就篇》："黃帝臣於則造履。《漢·功臣表》涉安侯於單。唐於士澄，以魏州降。"《姓觿·六魚》："《世本》：'黃帝臣於則始作履。'封於。今鄧之内鄉有於村，與商近，《史記》楚商於地是也。《路史》：'魯公族。《（後）漢書·袁紹傳》有於授。'"黃帝的傳說形成於戰國，《世本》成書時代亦偏晚，則於姓無法排除是于姓在戰國的另一種寫法。不過兩漢既有于定國，又有於單、於授；唐既有于志寧、于頔、于休烈、于琮、于劭、于敖，又有於士澄，則漢唐人視于、於爲二姓。《漢印文字徵》4·9有"於王孫印""於禹私印"。當代古文字學家于省吾、于豪亮，繁體或排作於省吾、於豪亮，誤甚。於姓今則罕聞。

七五、《桯史》

　　宋人筆記有《桯史》一種，乃岳飛之孫岳珂所著。《四庫全書總目提要》云該書"其間雖多俳優詼謔之詞，然惟《金華士人》《看司命》諸條，不出小說習氣，爲自穢其書耳。餘則大旨主於寓褒刺，明是非，借物論以明時事，非他書所載徒資嘲戲者比"。評價甚高。

　　桯字何義，諸說不一。宋陳振孫《直齋書錄解題》卷十一云："《桯史》十五卷，岳珂撰。《桯史》者，猶言柱記也。"又自注："《說文》：'桯，牀前几也。'"宋馬端臨《文獻通考》說同。清周中孚《鄭堂讀書記·補逸》卷二十八："此本（引者按指雲間陳璧文東先生校本）前有嘉定甲戌倦翁自序，稱亦齋（引者按倦翁、亦齋皆岳珂之號，後者亦是其書齋名）有桯焉，介几間，髹表可書，余或從搢紳間聞，聞見見歸，倦理鉛槧，輒記其上，編已，則命小史錄藏去，月率三五以爲常云云。則桯爲牀前几，蓋無疑義。"《四庫全書總目提要》則云："惟其以《桯史》爲名，不甚可解。考《說郛》載柳珵《常侍言旨》，其第一條記明皇遷西内事，末云：'此事本在朱崖太尉所續《桯史》第十六條内。'則李德裕先有此名。蓋此書《唐志》不著録，疑即德裕《次柳氏舊聞》之别名。珂蓋襲而用之。然《考工記》曰：'輪人爲蓋達常圍三寸，桯圍倍之。'注曰：'桯，車槓也。'《說文解字》曰：'桯，牀前几也。'皆與著書之義不合。至《廣韻》訓爲碓桯，《集韻》訓與楹同，義更相遠。疑以傳疑，闕所不知可矣。"周中孚的說法不能說没有道理。古牀爲坐榻，其前置几自然可以寫字。但考之古文字，余則以爲陳振孫之說爲近是。陳氏距岳珂生平年代（1183—1234）不遠，與岳珂又先後任嘉興知府，當能知人論世，瞭解書名含義。自文字言，桯讀爲楹，或爲楹字異體，最有可能。郭店楚簡《老子》甲本簡 10："保此衍（道）者，不谷（欲）耑（常）呈。"呈馬王堆帛書《老子》甲、乙本及王弼本皆作盈。又郭店《老子》甲本簡 37、38："枼（持）而涅之，人不若已……金玉涅室，莫能獸（守）也。"涅馬帛本《老子》甲、乙皆作盈；王弼本作滿，與盈義近，不作盈，乃避漢惠帝劉盈諱。又馬帛《老子》乙本卷前古佚書《十六經·正亂》："帝曰：毋乏吾禁，毋留（流）吾酤（醢），毋亂吾民，毋絶吾道。止〈乏〉禁、留（流）酤（醢）、亂民、絶道，反義逆時，非而行之，過極失當，擅制更爽，心欲是行，其上帝未先而擅興兵，視之（蚩）尤共工。屈其脊，使甘其箭（窬）。不死不生，慤（慤）爲地桯。"影本注桯讀爲楹，地楹，地之支柱。馬王堆一號漢墓出土彩繪帛畫，地輿之下有螭虬之屬撐挂其間，蓋即蚩尤。《述異記》說蚩尤龜足蛇首，《蘇氏演義》說其爲水獸之形，《山海經》說其與應龍戰，蓋變爲虬。楹既訓柱，則"楹史"即柱史也。《史記·張丞相列傳》："張丞相蒼者，陽武人也。好書律曆。秦時爲御史，主柱下方書。"集解引如淳曰："方，版也，謂書事在版上者也。秦以上置柱下史，蒼爲御史，主其事。"柱下史又稱柱史，《水經注·渭水》："昔李耳爲周柱史，以世衰入戎。"《後漢書·張衡傳》："庶前訓之可鑽，聊朝隱乎柱史。"柱史又是御史的别名。後世御史職能主要是監察。岳珂好議論時事，意緒激越，"情見乎詞"，以"楹史"名其書，可能是有深意的。

明代王鏊官至文淵閣大學士，曾與權臣劉瑾對抗，救韓文、楊一清、劉大夏等。其著《震澤長語》《震澤紀聞》，評論時事，一無所忌。鏊玄孫禹聲，官至承天府（今湖北鍾祥縣）知府。時稅監陳奉横行，民聚揭竿，遭守陵太監杜茂屠戮。禹聲著《鄖事紀略》，爲民伸張正義。民國十年（1921），鏊十四世孫王季烈再次刻印其先祖書。跋云："先文恪公正色立朝，中涓氣沮。先承天公爲民請命，邦直堪風。皆著忠藎於當時，立臣道於萬世。宜乎楹書貽後。等於韋氏之一經；庭誥傳家，勝彼魏公之片笏矣。""楹書""楹史"意近。

七六、雕塑一條街

西安交通大學第一附屬醫院門前大道名健康路，此路向東穿過朱雀大街、長安路，稱緯二街。緯二街、健康路西伸，正對西安美術學院東大門。近年，美院在此街兩側製作雕塑五十餘座，西安人俗稱爲"雕塑一條街"，而其正式名稱則爲"雁塔美術一條街"。其雕塑題裁有自然物，如楓葉、雪花；有器具，如酒器犧尊、几案；有動物，如馬、牛、羊、雞、鴨；亦有衆多人物。其人物有古人，如杖節牧羊之蘇武、持壺臥飲之李白、行吟澤畔之屈原、肩扛禪杖之魯智深。有今人，如演雜技倒立、騎單車之小童，蹁躚起舞之少年。亦有外國人，如托腮深思之黃髮女郎、踽踽獨行之白鬍長者。其手法有寫實，如蘇武所杖節節毛可見，所牧之三羊或齧草或仰視主人；亦有誇張，如童子頭身不成比例，跳探戈之男女腳不着地。或說這些雕塑皆學生實習之作，但其水平確實不低。

陝西是中華文明的發祥地，西安是中國文化教育的中心之一，有深厚的文化藝術底蘊，街頭雕塑亦其體現。除此之外，如西門外的"絲綢之路"群雕、臨潼之"秦王掃六合"群雕，大雁塔，曲江南湖的雕塑，也都頗具特色，吸引了遊客的目光。

七七、尖沙咀、任家咀

香港九龍有地名尖沙嘴。2013年10月，余去香港九龍塘附近之浸會大學開會，見路旁指示牌箭頭南指者，皆標"尖沙咀"三字。又咸陽附近有地名任家嘴，而2005年科學出版社出版的考古發掘報告名《任家咀》。查《漢語大字典》，咀音jǔ，品嚐、玩味也。唐韓愈《進學解》："沉浸濃郁，含英咀華。"亦通詛，音zǔ，《宋史·盧多循傳》："通達語言，咒咀君父。"《新華字典》《現代漢語詞典》則云咀爲嘴之俗字。港人殆多年習用咀字，故製路標者習焉不察。大陸推行簡化字，也有不少人以咀爲嘴的簡化字，其實皆誤。上海有地名陸家嘴，用嘴不用咀，是正確的。

七八、孫達人

孫達人先生原爲陝西師範大學歷史系教授。孫氏早年研究歷史上的農民戰爭，因批翦伯贊先生的"讓步政策"而出名，據說曾受到中央領導的稱讚。

20世紀80年代初，孫氏任陝西省副省長，主管文教科研。陝西省考古研究所成立於1958年，原隸屬於中國科學院陝西分院哲學社會科學部（即今陝西省社會科學院）。"文化大革命"中省考古所與省文物管理委員會、省博物館合併，在今碑林博物館內辦公。1979年，省考古所恢復建制，借駐在中科院考古研究所西安研究室大樓內，並擬易地重建。省考古所是科研機構，又與文物部門關係密切，所以它該歸省社科院管，還是歸省文物局管，甚或由兩個部門共管，一時引起爭論。1982年，孫氏曾來所裏，聽取領導和群衆的意見。余在會上說："一個媳婦難於侍候兩個婆婆，還是一個的好。考古與文物有千絲萬縷的聯繫，誰也離不開誰，省考古所歸省文物局管，理所當然。"余當時來所不久，人微言輕，不想孫氏却説："這個意見好。"從此省所歸省文物局。在我當時的印象中，孫氏温文爾雅，平易近人，更像學者，不像官員。

七九、林劍鳴

　　林劍鳴先生，1961年畢業於西北大學歷史系，後師從著名歷史學家陳直先生攻讀秦漢史，之後留校任陳先生的助手。林先生繼承了乃師深厚的舊學功底、以出土文獻證史考史的優良傳統，同時吸收了中華人民共和國成立以來的先進史學理論，拓寬了乃師的治學領域。20世紀80年代以來，林先生相繼推出了《秦國發展史》《秦史稿》，填補了一項學術空白。稍後林先生又出版了《秦漢史》。相比於前人的同類著作，林著資料更新、更豐富，視野更寬闊，體例更完善，論述也更精準到位，更加深入。在世紀之交，林先生成爲西北地區一顆耀眼的史學新星，確立了其權威學者的地位。林先生有才華，行文有氣勢，極思辯，又富有感情色彩。他對秦漢政治、經濟、軍事、文化史都深有研究，有多篇論文影響深遠。林先生還曾主編《秦漢文化史大辭典》，功德無量。

　　林先生對睡虎地秦簡中的法律文書有很多獨到的解析。對睡虎地秦簡的《日書》甲、乙兩種專門組織研讀班，由他的弟子張銘洽、李曉東、張强、吳小强、賀潤坤、黃曉芬等組成，每週研讀討論。研讀結束時，有集體論文《日書：秦國社會的一面鏡子》。吳小强有系列論文《論秦人宗教思維特徵——雲夢秦簡〈日書〉的宗教學研究》等，又有專著《秦簡日書集釋》。賀潤坤有系列論文《從〈日書〉看秦國的穀物種植》等。張銘洽有《秦簡〈日書·玄戈〉篇解析》等。林先生對寶雞太公廟出土秦公及王姬編鐘、鎛鐘，對四川青川秦武王二年秦更修田律木牘也有獨到的見解。

　　林先生晚年調往北京，任中國政法大學教授，卒年62歲，惜哉！

　　林氏的導師陳直先生一生困頓，長期居於斗室。雖然學問極好，外地高校多次請他去講課，禮遇有加，但在西大歷史系，很多人却對他心存偏見，認爲他祇知考據，不懂馬列主義的史學理論，所以改革開放之後纔評上教授。陳先生自甘寂寞，潛心著述，成《摹廬叢著》十一種，皆足傳世。中國當代研究秦漢史的學者，應推陳先生爲第一。

八〇、耑、峏

耑字甲骨文作""（《戰後京津新獲甲骨集》49·59），金文作""（義楚耑）。《説文》小篆作""，曰："物初生之題也，上象生形，下象其根也。"段玉裁注："題者，領也。人體頭爲最上，物之初見即其領也。古發端字作此，今則端行而耑廢，乃多用耑爲專矣。"耑本象形字，《説文》以之爲部首，然此部僅此一字，後代字書如《康熙字典》《漢語大字典》歸而部，無理據。《廣韻》又有峏字，如之切，音 ér，"山名"，則是从山而聲字。古文字偏旁位置不定，故有人誤認峏、耑爲一字，實則二字也。

八一、量詞石

古有量詞石，其義有三。一爲重量，重一百二十斤。《説文》："䄷，百二十斤也。"段玉裁注："四鈞爲䄷，古多假石爲䄷，《月令》'鈞衡石'是也。"李富孫《辨字正俗》："鈞石字當作䄷。蓋五權皆以秬黍爲率，故字从禾。今通作石而䄷字廢矣。"然證之古文字，則許、段、李之説皆不確。西安三橋出土高奴禾石銅權正面銘文："三年漆工熙、丞詘造，工隸臣牟。禾石。高奴。""禾石"上下排列，中間有距離，是二字而非一字。背面加刻秦始皇二十六年詔書及"高奴石"三字，益證"䄷"乃許氏誤造字。高奴權重 30750 克，以 120 除之，每斤合 258 克，大體符合秦制。中國國家博物館藏戰國中山國器司馬成公權銘文："以禾石，八石甹石。"高奴權爲秦昭王三年物。睡虎地秦墓簡牘量詞作石，不作䄷。睡虎地秦簡《倉律》："入禾倉，萬石一積而比黎之爲户。"《田律》："入頃芻槀，以其受田之數，無豤（墾）不豤（墾），頃入芻三石，槀二石。"二爲容量。《説苑·辨物》："十斗爲石。"《國語·周語下》："關石、和鈞，王府則有。"韋昭注："石，今之斛也。"趙翼《陔餘叢考》："古時一石重一百二十斤，與一斛之數不甚相遠。蓋古時十斗爲斛，一斛即是一石。"然此與秦制似不盡相合。上海博物館藏商鞅方升，容積 202.15 立方厘米，十升爲斗，十斗爲石，則一石水約重 20 千克，秦斤重約今之 250 克，120 斤重 30 千克，故容量之石與重量之石名同而實不同也。

至於秦漢俸禄之石，與以上二者又不盡同。《漢書·百官公卿表》篇下顏師古注："漢制，三公號稱萬石，其俸月各三百五十斛穀。其稱中二千石者，月各百八十斛；二千石者，百二十斛；比二千石者，百斛。千石者，九十斛；比千石者，八十斛。六百石者，七十斛；比六百石者，六十斛。四百石者五十斛；比四百石者四十五斛。三百石者，四十斛；比三百石者，三十七斛。二百石者，三十斛；比二百石者，二十七斛。一百石者十六斛。"其石數與俸禄數之斛並不成正比，二千石級俸禄不是四百石級之五倍。所謂若干石，祇是一種秩級標誌。

石之讀音，《廣韻》常隻切，鐸部禪紐，舊讀 shí。今音或讀 dàn，起源甚晚。

八二、讀書字音不出錯難

漢字形聲字多據聲旁得音，而古今音變頗巨，故讀書人不讀錯字音者幾乎没有。

掣肘之掣音 chè，而鳳凰衛視主持人或讀 zhǐ。

脅肩諂笑之脅，《漢語大字典》及《故訓匯纂》讀 xǐ，引《集韻》迄及切，是也。而《現代漢語詞典》《新華字典》皆音 xié，令人不知何所是從。

敦字，治理義音 duī，如《詩·魯頌·閟宫》："敦商之旅。"《詩·邶風·北門》："王事敦我。"義爲逼迫。《説文》："敦，怒也。"此義音 dūn，《廣韻》都昆切，如《荀子·議兵》："有離俗不順其上，則百姓莫不敦惡。"今之誠懇義亦此音，如敦厚、敦請、敦促。以上二音爲常見音，此外尚有八音：一音 tuán，如《詩·大雅·行葦》："敦彼行葦。"敦，聚也；二音 diāo，如《詩·周頌·有客》："敦琢其旅。"敦，與雕通也；三音 dùn，如《爾雅·釋丘》："丘一成爲敦丘。"郝懿行義疏以爲敦，與頓通，也有學者説敦即後世墩字；四音 dào，《集韻》杜皓切，如《周禮·春官·司几筵》："每敦一几。"鄭玄注："敦讀曰燾，燾，覆也。"五音 duì，爲古黍稷器名；六音 diàn，通殿，《逸周書·武順》："一卒居後曰敦。"盧文弨注："敦猶殿，軍後曰殿。"七音 zhūn，通淳，《荀子·君道》："斗斛敦槩者，所以爲嘖也。"王先謙集解引盧文弨曰："敦槩即準槩。"八音吞 tún，布陳、屯聚也。《詩·大雅·常武》："鋪敦淮濆。"鄭玄箋："敦，當作屯。"

投字，習見讀頭 tóu。亦用同逗，讀 dòu，《文選·馬融〈長笛賦〉》："觀法於節奏，察變於句投。"

鋭一音 duì，《尚书·顧命》："一人冕執鋭，立于側階。"鋭爲矛屬兵器。一音 yuè，《方言》："孟謂之銚鋭。"

鎬作爲掘土器，音 gǎo；西周都城鎬京之鎬則音 hào。

鐺作爲温器名（烙餅用的平底鍋）音 chēng；鎖繫囚人鐵索之鋃鐺鐺音 dāng；作爲兵器的鐺則音 tāng。

大字一般音 dà。又音 tài，如官名大祝、大宰、大僕，樂律名大蔟，人名大皥。《駢雅訓纂·釋名稱》："古人太字多不加點，如大極、大初、大素、大室、大廟、大學之類。後人加點，以别小大之大，遂分而爲二矣。"

祭祀之祭音 jì；國名如《逸周書·祭公解》之祭音 zhài。

衰之聚集義讀 póu，如《詩·小雅·常棣》："原隰裒矣，兄弟求矣。"又音 bāo，同褒，指衣襟寬大。

墮字，脫落、墜落義讀 duò，如《管子·弟子職》："有墮代燭。"毀、廢義讀 huī，如《左傳·僖公三十二年》："墮軍實而長寇讎。"祭名墮讀 huì，如《儀禮·士虞禮》："祝命佐食墮祭。"

古地名身毒，即今之印度，故今人極容易把身毒之身誤讀爲 shēn。實則應讀爲 juān。《史記·西南夷列傳》："從東南身毒國，可數千里。"唐司馬貞索隱："身音捐，毒音篤。一本作乾毒。《漢書音義》：'一名天竺也。'"

《説文》："胖，半體肉也。一曰廣肉。从半，从肉。半亦聲。"《廣韻》普半切，音 pàn。《周禮·天官·腊人》："共豆脯、薦脯、膴、胖"。又音 pán，大也，安舒也。《禮記·大學》："心廣體胖。"人體胖瘦之胖，音 pàng，元以後始如此讀。元馬致遠《耍孩兒·借馬》："逐宵上草料十番，餵飼得膘息胖肥。"

《爾雅·釋天》："（太歲）在申曰涒灘。"涒从水，君聲，易誤讀爲 jūn。實則讀 tūn，《廣韻》他昆切，是也。

苴作麻籽解，音 jū，補苴之苴音同。枯草義之苴讀 chá，如《詩·大雅·召旻》："如彼棲苴。"土苴之苴音 zhǎ，《莊子·讓王》："其土苴以治天下。"古民族名苴，即巴，《集韻》班交切，音 bāo，《史記·張儀列傳》："苴、蜀相攻擊，各來告急於秦。"

莜麥又稱油麥、裸燕麥，莜音 yóu。《論語·微子》："以杖荷莜。"莜《廣韻》徒弔切，音 diào。而《集韻·錫韻》："盛種於器謂之蓧，或省。"莜亭歷切，音 dí。

訐，《説文》："面相斥罪，相告訐也。从言，干聲。"但《廣韻》居竭切，今音 jié。又《集韻》："訐，直言。九刈切。"音 jì。

悛，《説文》："止也。从心，夋聲。"《廣韻》此緣切，今音 quān。《集韻》又有音須倫切，今音 xún，同恂，《史記·李將軍列傳論贊》："余睹李將軍悛悛如鄙人。"《漢書·李廣傳》"悛悛"作"恂恂"。

斜，《廣韻》似嗟切，舊讀 xiá，今讀 xié。張志和《漁歌子》"青箬笠，綠蓑衣，斜風細雨不須歸"，斜讀 xié，是。但劉禹錫《烏衣巷》"朱雀橋邊野草花，烏衣巷口夕陽斜"、杜牧《山行》"遠上寒山石徑斜，白雲深處有人家"、韓翃《寒食》"春城無處不飛花，寒食東風御柳斜"、李嶠《風》"過江千尺浪，入竹萬竿斜"，諸"斜"字爲葉韻，最好依舊音讀 xiá。但今日之新版語文課本皆讀 xié。又終南山谷名有褒斜谷，斜音 yé，《廣韻》以遮切。

同例如近日網傳，賀知章《回鄉偶書》"少小離家老大回，鄉音無改鬢毛衰"，衰舊音 cuī，今小學語文課本音 shuāi；杜牧《過華清宮》"一騎紅塵妃子笑，無人知是荔枝來"，騎舊音 jì，今語文課本音 qí。其理據説多數人都這樣讀，必須從衆，此説得到很多人的支持。但也有很多人認爲一味媚俗，以錯爲對，破壞了語音的歷史傳承，不可取。課本採未定之論，將使普通人無所適從。

土，《廣韻》他魯切，音 tǔ。又徒古切，音 dù，通杜。《集韻·姥韻》："土，桑根也。《方言》：'東齊謂根曰土。'通作杜。"《詩·豳風·鴟鴞》："徹彼桑土，綢繆牖户。"釋文："土，音杜。韓詩作杜，義同。"又《詩·大雅·緜》："民之初生，自土沮漆。"王引之述聞："土，當從《齊詩》讀爲杜。"又《集韻》丑下切，音 chǎ，云："土，土苴，糟魄也。"《莊子·讓王》："道之真以治身，其緒餘以爲國家，其土苴以治天下。"釋文："司馬云：'土苴，如糞草也。'李云：'土苴，糟魄也。'皆不真物也。"

喁，《説文》："魚口上見。"喁喁，指衆人仰望如魚口之上嚮。《史記·司馬相如列傳》："延頸舉踵，喁喁然，皆争歸義。"《廣韻》喁，魚容切，音 yóng。喁喁《辭源》《漢語大詞典》《故訓匯纂》皆音 yóng，而《辭海》此義則音 yú。後音見《集韻》，元俱切，音 yú，但此音祇用於喁喁的随聲附和義及低聲説話義，如《史記·日者列傳》："公之等喁喁者也，何知長者之道乎！"清紀昀《閲微草堂筆記·灤陽續錄三》："惟聞封閉室中，喁喁有人語聲，聽之不甚了了耳。"此 yú 音《辭源》亦音 yóng，令人無所適從。

《説文》："膴，無骨腊也。楊雄説，鳥腊也。从肉，無聲。"本指無骨肉。《廣韻》荒烏切，音 hū。《周禮·天官·腊人》："凡祭祀共豆脯、薦脯、膴、胖凡腊物。"膴又指大塊魚肉，《儀禮·有司徹》："皆加膴祭於其上。"又解爲法，《詩·小雅·小旻》："民雖靡膴，或哲或謀。"《廣韻》又音文甫切，音 wǔ，指肥美、厚腴，《詩·大雅·緜》："周原膴膴，菫荼如飴。"而《集韻·灰韻》則云："脢，《説文》：'背肉也。'或作膴。"模杯切，音 méi。

蠍，《字彙》許謁切，音 xiē，指蠍子。《酉陽雜俎·廣動植之二》："陳州古倉有蠍，形如錢，螫人必死。"而《廣韻》胡葛切，音 hé，指木中蛀蟲。《爾雅·釋蟲》："蠍，蛣蝠。"郭璞注："木中蠹蟲。"《國語·晋語一》："雖蠍譖焉避之。"韋昭注："蠍，木蟲也。"hé 音極易讀錯。

鱖，《廣韻》居衛切，音 guì。鱖魚又名桂魚、鯚花魚，體側扁，背隆起，青黄色，有不規則黑色斑紋，是我國名貴淡水魚類之一。張志和《漁歌子》："西塞山前白鷺飛，桃花流水鱖魚肥。"《廣韻》又音居月切，音 jué。鱖鯞又名鰤魚。《廣韻·月韻》："鱖，魚名。"李時珍《本草綱目·鱗部·鰤魚》："鰤魚，即《爾雅》所謂鱖鯞，郭璞所謂妾魚、婢魚，崔豹所謂青衣魚，世俗所謂鳑魮鯽也。似鯽而小且薄，黑而揚赤，其形〈行〉以三爲率，一前二後，若婢妾然，故名。"

賁至少有八種讀音：一、《廣韻》彼義切，音 bì，指文飾華美、卦名。《周易·賁卦》：

"象曰：山下有火，賁。"《詩·小雅·白駒》："皎皎白駒，賁然來思。"二、《廣韻》符分切，大也，音 fén。《詩·大雅·靈臺》："虡業維樅，賁鼓維鏞。"《尚書·盤庚下》："用宏此賁。"此以賁爲大龜之名。三、《廣韻》博昆切，音 bēn，指膈，《素問·繆刺論》："無故善怒，氣上走賁上。"又與奔通，《尚書·牧誓序》："武王戎車三百兩，虎賁三百人。"孔穎達疏："若虎之賁走逐獸，言其猛也。"四、《集韻》父吻切，音 fèn，通墳、憤、債、奮。《穀梁傳·僖公十年》："覆酒於地而地賁。"《左傳》《國語》作墳；《禮記·樂記》："粗厲、猛起、奮末、廣賁之音作，而民剛毅。"鄭玄注："賁讀爲憤，憤，怒氣充實也。"《禮記·射義》："賁軍之將，亡國之大夫……"鄭玄注："賁讀爲債，債，猶覆敗也。"《荀子·堯問》："忠誠盛於內，賁於外，形於四海。"梁啓雄柬釋引劉師培說賁讀同奮。五、《廣韻》符非切，音 féi。《通志·二七·以字爲氏》："賁氏，縣賁父之後。《風俗通》：'魯有賁浦。'賁音奔，又音肥。《漢·功臣表》有賁赫。"《古今姓氏書辨證·二十三魂》："賁音奔，《元和姓纂》曰：'魯縣賁父之後。晉有賁浦。漢有郎中賁光。晉又有汝南賁嵩。又庾琛女適汝南賁氏。又有長水校尉賁顥。謹按：後漢董憲將賁休。'注：'前《書》有賁赫，音肥；今有此姓，賁音奔。是隋、唐以來音變而有此氏。'"依其說，賁姓也可讀 bēn。六、《集韻》逋還切，音 bān。《集韻·刪韻》："辩，《說文》：'駁文也。'或作斑、辬，古作賁。"七、《集韻》力竹切，lù。《公羊傳·宣公三年》："楚子伐賁渾戎。"賁渾《左傳》《穀梁傳》作"陸渾"。八、《集韻》孚袁切，音 pān。《山海經·海内南經》："桂林八樹在賁隅東。"郭璞注："賁隅音番禺，今番禺縣。"

悝字，《說文》云："啁（嘲）也。从心，里聲。《春秋傳》有孔悝。一曰病也。"《廣韻》苦回、良士二切。《漢語大字典》《漢語大詞典》標 kuī 一音。《辭源》病、憂義標 kuī、lǐ 二音；嘲謔義標 huī 音，同詼；人名標 kuī 音，云："春秋衛有孔悝，戰國魏有李悝。"近日中央電視臺播出電視劇《大秦帝國之崛起》，秦昭襄王嬴稷同母弟高陵君公子悝，其本人（演員）及其母（芈八子，亦即宣太后）皆讀 lǐ，依字典、詞典標音，似乎錯了，依《說文》"里聲"說，似乎又不錯，讓人左右爲難。

古代旗子一類的東西稱幢，又刻佛號、經咒之石柱稱石幢，幢音 chuáng。房子一座稱一幢，幢音 zhuàng。

以上僅是信手拈來之例，說不上生僻。但這些字，若不查字書、韻書，一般讀書人，誰也不敢保證都讀得對。讀書人，特別是常讀古書的人，一定要把《漢語大字典》《漢語大詞典》《辭源》《故訓匯纂》之類的書置於案頭，隨時翻查。有的字書、韻書說法不一，還要自己思考。切不可祇看一個字的聲旁，隨意亂讀。

八三、日常說話音不出錯亦難

讀書字音不出錯難，日常說話要每句話每個字讀音都不出錯，也極難做到。

阿妹、阿公之"阿"音 ā，阿膠、阿諛逢迎之"阿"音 ē。啊表讚諾音 ā，或作呵；表示追問音 á，表疑惑則音 ǎ，表應答或醒悟音 à，表示催促或列舉則音 a，以上諸例字也可作呵。而呵又音 hē，表怒責、笑聲、呵護。

艾音 ài，是草本植物。又音 yì，如自怨自艾。

耙用作弄碎土塊的農具，音 pá，字又作鈀；而鈀作爲金屬元素 Pd，音 bǎ。

伯在"大伯子"一詞中音 bǎi，伯父之"伯"音 bó。

和作爲連詞用及和平、溫和、和解義音 hé。和泥、和麵、和藥、和糖之和音 huò。打麻將贏了稱和了，音 hú。

水邊稱滸，音 hǔ。地名滸墅關、滸浦之滸音 xǔ。

期一般音 qī。期年、期月之期音 jī。

詰屈之詰音 jí。反詰之詰音 jié。

倉頡之頡音 jié。頡頏之頡音 xié。

濬井、濬河、疏濬之濬音 jùn。河南濬縣之濬音 xùn。

咖啡之咖音 kā。咖喱之咖音 gā。

吭聲之吭音 kēng。引吭高歌之吭音 háng。

巷道之巷音 hàng。巷子之巷音 xiàng。

僂儸又作嘍囉，音 lóu·luo。傴僂音 yǔ lǚ。

地名六安、六合之六音 lù。

嗎作疑問助詞音 ma，輕聲。嗎啡之嗎音 mǎ，第三聲。

脈搏之脈音 mài。含情脈脈之脈音 mò。

摩挲，用手撫摩，音 mó suō。又一義指用手按着一下一下地移動，音 mā·sa。

繆，姓氏，音 miào。未雨綢繆之繆音 móu。紕繆之繆音 miù。

堡字作小城或軍事上的防禦建築解，音 bǎo，如碉堡、堡壘。又土隄亦音 bǎo。《集韻·皓韻》："堡，隄。"有城牆的集鎮或鄉村名堡，音 bǔ，如陝西吳堡縣、河北柴溝堡。地名字堡又音 pù，同鋪，如十里堡。

泊，停船靠岸稱泊船，音 bó。湖泊，泊音 pō。

側一般音 cè，如側目、側重。嚮一邊傾斜稱側棱，音 zhāi·leng。側又同仄，音 zè。

顫動之顫音 chàn。顫栗、打冷顫、寒顫之顫音 zhàn。

澂清之澂音 chéng。把水澂清之澂音 dèng。

啜茗、啜粥之啜音 chuò。啜作爲姓氏音 chuài。

水波起伏曰澹澹，安静曰恬澹，澹音 dàn。單姓及複姓澹臺之澹音 tán。

嘮叨之叨音 dāo。叨光、叨教、叨擾之叨音 tāo。

山洞義之峒音 dòng。崆峒山之峒音 tóng。

胸脯之脯音 pú。鹿脯、兔脯、桃脯、杏脯之脯音 fǔ。

伽一音 gā，如伽馬射綫。一音 qié，伽藍，佛寺。一音 jiā，如伽利略、伽耶琴。

夾音 jiā，表相持或相對，如"兩條山夾着一條小河""夾着尾巴跑了"。夾衣之夾音 jiá。而夾肢窩之夾音 gā。

勁通常音 jìn。但勁旅、勁敵、剛勁、疾風知勁草之勁音 jìng。

老撾之撾音 wō。其他意義音 zhuā，《三國演義》："操於省廳上大宴賓客，令鼓吏撾鼓。"又同抓，《儒林外史》第十四回："撾着了這一件，掉了那一件。"後者通用抓，故撾之音極易誤讀爲 wō。

無字表没有、不、毋義讀 wú，但佛教語"南無阿彌陀佛"中，南無讀 nā mó，是梵語 namas 的音譯，意爲尊敬或皈依。

地名河南滎陽之滎音 xíng，四川滎經之滎音 yíng。

《説文》："噱，大笑也。"噱談之噱音 jué。而噱頭、發噱之噱音 xué。

鑰匙之鑰音 yào，此音《辭源》未列。鎖鑰之鑰音 yuè，此音《漢語大字典》祇括注"又讀"。按鑰《廣韻》以灼切，而《辭源》音 yuè，《漢語大字典》《故訓匯纂》音 yào，《辭海》注口語音 yào，讀書音 yuè，令人無所適從。

靨，《廣韻》於葉切，音 yè，酒靨、笑靨音此。《集韻》於琰切，音 yǎn，指面上黑痣。

殷紅、朱殷之殷音 yān，指黑紅色。

知識之識音 shí，而款識、博聞强識之識音 zhì。

長吁短嘆、氣喘吁吁之吁音 xū。吆喝牲口之吁音 yū。呼吁（籲）之吁音 yù。

以上皆極習見之字詞，日常説話也不見得人人都能説準，更不要説稍不常用之詞語。平常説話，要想不出或少出錯，也祇有常查《新華字典》《現代漢語詞典》等纔行。而且，查字典、詞典還要查最新的版本。因爲很多常用詞語，原先有一個讀音，但大多數人都讀錯了，後出版的版本往往從衆，以錯爲對，對原先的讀音加以更改。如呆板之呆原讀 ái，新版改讀 dāi；説服、游説之説原讀 shuì，新版讀 shuō；誰原讀 shéi，新版讀 shuí。字之讀音是否要從衆以錯爲對，學者意見不一。但既然新版字典、詞典改了，普通人也就祇能以之爲標準。這其實造成了更大的混亂。

八四、宋元明字書收録先秦古字

一般認爲，先秦古字已爲《蒼頡篇》，特别是《説文》等收羅殆盡。但有不少先秦古字却僅見於宋元明以後字書，而爲此前字書所漏載。

遥字不見於《説文》，而見於宋丁度《集韻·侵韻》，云："遥，過也。"又明張自烈《正字通·辵部》："遥，過也，與遥别。"遥實爲先秦古字。清華楚簡《命訓》簡9："民傀（畏）則遥祭，遥祭則皮（罷）家。"又簡13—14："敌（藝）不遥，豐（禮）有旹（時）……敌（藝）遥則割（害）於材（才）。"遥从辵，至聲。辵有疾走義。《廣雅·釋宫》："辵，犇也。"《六書故·人九》："辵，循道疾行也。"遥之訓過，乃其本義。淫已見於清華楚簡《保訓》簡3—4："今朕疾允病，恐弗念冬（終），女（汝）以箸（書）受之。欽才（哉）！勿淫！"又簡10—11："不及尔（爾）身受大命，敬才（哉）！母（毋）淫！"同是楚簡，一用遥，一用淫，皆訓爲過，或過度（淫逸）。此現象楚簡常見。今本《逸周書·命訓》遥作淫，乃用借字。《説文》："淫，侵淫隨理也。从水，至聲。一曰久雨爲淫。"段玉裁注："侵淫者，以漸而久也。""久雨"之淫後又繁化作霪。《玉篇》："霪，久雨也。"清張廷璐《岍山招遊雲龍山》："今年盛夏霪潦，茅簷白雨如翻盆。"引申爲過度。古文《尚書·大禹謨》："罔淫于樂。"僞孔傳："淫，過也。"藝過則爲淫巧。從楚簡看，遥並非後世所造字。

又《命訓》簡11："秏之以季（惠）。"秏《説文》所無。《集韻·陽韻》："秏，稻穧也。"《正字通·禾部》："秏，與芒通，禾芒。"《説文》："芒，艸耑。从艸，亡聲。"秏、芒皆爲稻麥之芒，艸、禾義近通用。芒後又引申指鋒芒、光芒、芒刺，秏則漸亡。簡本秏讀爲撫。

又清華楚簡《湯處於湯丘》簡16："不備（服）仳（過）文，器不敫鏤。"望山楚簡遣策37："一敫柢。"敫字《説文》未見。《集韻》："敫，禦也。"之由切，音zhōu。此字實是彫字或讀爲彫。《左傳·哀公元年》："昔闔廬食不二味，居不重席，室不崇壇，器不彤鏤，宫室不觀，舟車不飾，衣服財用，擇不取費。"阮元校勘記："陸粲《附注後録》云：彤當作彫，文相近而譌也。惠棟云：彤古雕字。""器不敫鏤"即"器不彫鏤"，是彫即敫字。从彡爲其有文采，从攴則以手持物（刀具）雕刻之也。彫、敫皆形聲字而形旁不同。後世或用雕字，假借也。《集韻》雖收敫字，但音、義皆非。

又清華楚簡《湯在啻門》簡7："（人）三月乃刑（形），四月乃胠（固）。"睡虎地秦簡《法律答問》："人奴妾治（笞）子，子以胠（枯）死，黥顔頯畀主。"山西榆社縣出土吴季子劍銘："工鹵（吴）王胠（姑）發……"胠不見於《説文》。《集韻·姥韻》："股，《説文》：'髀也。'或作胠。"

曾侯乙墓竹簡183、184："鞘迭（路）。"鞘《廣韻》私妙切，音qiào。《集韻》師交切，音 shāo。古字韋、革義近通用，故鞀爲鞘之異文。《集韻·爻韻》："鞀，《博雅》：'鞴謂之鞀。'或从韋。"鞀、鞘本謂刀室，《漢將王陵變文》："寶劍利拔長離鞘，雕弓每每換三弦。"又指馬鞍的鞗飾，即鞴。鞘也可能是鞘的異文。《玉篇·車部》："鞘，兵車也。"《集韻·爻韻》："鞘，兵車，以鹿皮爲飾。"既然鞘以鹿皮爲飾，則作鞘亦可。

《古璽彙編》2005："郵（董）毣。"毣爲人名。《廣韻·號韻》："毣，鳥輕毛。"《集韻·號韻》："毣，輕毛。"

《石鼓文·車工》："避（吾）車既好，避（吾）馬既駓。"《正字通》："駓，音與《詩》'駉驖孔阜'之阜通，言馬肥大也。"《詩·秦風·駉驖》："駉驖孔阜。"馬瑞辰傳箋通釋："阜通作駓。石鼓文'我馬既駓'，駓即阜也。"阜本指大陸，引申爲高大、強健、肥壯。《詩·小雅·吉日》："四牡孔阜。"孔穎達疏："爲之禱祖，求馬之強健也。"阜古音幽部並紐，缶古音幽部幫紐，二字疊韻，幫並旁紐，應可通用。

戰國中山王䯽大鼎：郾（燕）君子噲"猶粣（迷）惑於子之而迮（亡）其邦，爲天下僇"。長沙子彈庫戰國楚帛書丙篇："可以聚衆，會者（諸）侯，型（刑）首事，僇不羛（義）。"《正字通》："僇，戮字。"

《古璽彙編》0017："洵城鄝司徒。"5543："洵城鄝右司馬。"此皆燕璽，洵爲水名。《集韻·遇韻》："洵，水名，在北地。""北地"，北方之地，而非秦漢時之北地郡。顧祖禹《讀史方輿紀要·直隸二·順天府》："洵河在縣北，自薊州平谷縣流入縣境，又東南流入寶坻縣界，合於鮑邱河。《竹書》梁惠成王十六年，齊師及燕戰於洵水，齊師遁。或以爲即是水也。"

《古璽彙編》3688："氷生異。"氷从水，求聲，姓氏。《集韻·尤韻》："氷，水名。"包山楚簡63："求朔。"又《古璽彙編》2204："邾疆。"2104："邾參。"求、邾、氷一姓。《元和姓纂》："求氏，本裘氏改焉。"《姓觽》："求，本作邾。"《姓考》："衛大夫食邑，因氏。"從古文字看，先有求、氷、邾姓，裘爲後來的繁化。

這種現象大量存在，他日有暇，加以搜集，或可成書。

八五、吳鎮烽、杜葆仁

1960 年，成立僅兩年的陝西省考古研究所招收四名高中生，學習和參加考古發掘，吳鎮烽先生爲其中一人。吳氏聰明好學，在實際工作中鍛煉提高，不斷成長。陝西寶雞地區是周秦文明的發祥地，出土周秦青銅器歷來居全國之冠，吳氏在岐山、扶風、鳳翔等地做發掘，發表過多篇考古簡報。他對考古出土的文字資料，特別是青銅器銘文從不滿足於簡單隸定，而是深入鑽研，探討其歷史、文化義蘊。對考古資料，吳氏不僅做個案研究，更着意於綜合考察，使之上昇到理論、體系。通過多年的奮鬥，吳氏終於成爲著名青銅器、金文研究專家。其著作有《陝西出土青銅器》《陝西金文彙編》《商周金文資料通鑑》《商周青銅器銘文暨圖像集成》《金文人名彙編》《中國古代青銅器》《陝西地理沿革》等，可謂著作等身。對秦半兩錢，對商、周陶器，吳氏亦有文章論及。

與吳氏同時來所的還有杜葆仁先生。杜氏曾在漢中地區做考古調查、發掘，涉及石門石刻及史前考古，也曾短時間參加秦始皇陵兵馬俑坑的發掘。而杜氏最爲世人所知者則爲多年對銅川黃堡耀州古窰址的發掘。杜氏來所時二十歲，工作勤奮努力，領導和同事對他都深有好感。幾年後，因志趣相投，他與從西北大學歷史系考古專業1961級畢業的禚振西結婚。此後三十多年間，夫婦二人一直在銅川及渭南地區發掘古窰址，研究古陶瓷，是該領域的著名專家，耀瓷研究的領軍人物。他們有多部考古發掘報告、論著，也帶出了王小蒙、邢福來等年輕的古陶瓷學者。其子杜文，從小跟隨父母，耳濡目染，加上自己努力，近年在古陶瓷研究領域亦已嶄露頭角。

做考古工作，既要學習理論，更要重視實踐。在實踐中學習考古，亦能成名。近時高校規定，凡未取得博士學位者，不能評副教授以上職稱，看來不全合理。

與吳、杜氏同時來所的另二人，多年來也做過很多工作，但成績平平。自學可成才，但能否成才，除了環境外，關鍵還在個人努力。

八六、趙氏孤兒

趙氏孤兒事見諸《史記·趙世家》，云："晉景公之三年，大夫屠岸賈欲誅趙氏……屠岸賈者，始有寵於靈公。及至於景公，而賈爲司寇，將作難。乃治靈公之賊，以致趙盾……韓厥告趙朔趣亡，朔不肯，曰：'子必不絕趙祀，朔死不恨。'韓厥許諾，稱疾不出。賈不請而擅與諸將攻趙氏於下宮，殺趙朔、趙同、趙括、趙嬰齊，皆滅其族。趙朔妻成公姊，有遺腹，走公宮匿。趙朔客曰公孫杵臼。杵臼謂朔友人程嬰曰：'胡不死？'程嬰曰：'朔之婦有遺腹，若幸而男，吾奉之。即女也，吾徐死耳！'居無何，而朔婦免身生男。屠岸賈聞之，索於宮中……乃二人謀取他人嬰兒負之，衣以文葆，匿山中。程嬰出，謬謂諸將軍曰：'嬰不肖，不能立趙孤，誰能與我千金，吾告趙氏孤處。'諸將皆喜，許之，發師隨程嬰攻公孫杵臼。杵臼謬曰：'小人哉程嬰！昔下宮之難，不能死，與我謀匿趙氏孤兒，今又賣我。縱不能立，而忍賣之乎？'抱兒呼曰：'天乎！天乎！趙氏孤兒何罪？請活之，獨殺杵臼可也！'諸將不許，遂殺杵臼與孤兒。諸將以爲趙氏孤兒良已死，皆喜，然趙氏真孤乃反在。程嬰卒與俱匿山中。居十五年，晉景公疾，卜之，大業之後不遂者爲祟。景公問韓厥，厥知趙孤在，乃曰：'大業之後在晉絕祀者，其趙氏乎？……'景公問：'趙尚有後子孫乎？'韓厥俱以實告……於是召趙武、程嬰……諸將遂反與程嬰、趙武攻屠岸賈，滅其族。復與趙氏田邑如故。"而《左傳·成公八年》則曰："晉趙莊姬爲趙嬰之亡故（引者按趙嬰與莊姬通姦，被趙同、趙括逐出奔齊，客死齊國，見《左傳·成公五年》），譖之于晉侯，曰：'原、屏將爲亂，欒、郤爲徵。'六月，晉討趙同、趙括，武從姬氏畜于公宮，以其田與祁奚。韓厥言於晉侯，曰：'成季之勳，宣孟之忠，而無後，爲善者其懼矣！'……乃立武而反其田焉。"明顯與《趙世家》不同。即《史記·晉世家》亦言："（景公）十七年，誅趙同、趙括，族滅之。韓厥曰：'趙衰、趙盾之功，豈可忘乎？奈何絕祀。乃復令趙庶子武爲趙後，復與之邑。"亦與《趙世家》異，而與《左傳》接近。

對《趙世家》的説法，前人多有辯駁。如《左傳·成公八年》杜預注："莊姬，晉成公女。"與《趙世家》説莊姬爲成公姊不同。孔穎達疏："案《傳》，趙衰適妻是文公之女，若朔妻成公之姊，則亦文公之女，父之從母，不可以爲妻。且文公之卒，距此四十六年，莊姬此時尚少，不得爲成公姊也。賈、服先儒，皆以爲成公之女，故杜從之。《史記》又稱有屠岸賈者，有寵於靈公，此時爲司寇，追論趙盾弑君之事，誅趙氏，殺趙朔、趙同、趙括，而滅其族。案《二年傳》'欒書將下軍'，則於時朔已死矣，同、括爲莊姬所譖，此年見殺，趙朔不得與同、括俱死也。於時晉君明、諸臣彊，無容有屠岸賈輒厠其間，如此專恣。又説云公孫杵臼自取他兒代武死，程嬰匿武於山中；居十五年，因晉侯有疾，韓厥乃請立武爲趙氏後，與《左傳》皆違。馬遷妄説，不可從也。"梁玉繩《史記志疑》云："案下宫之事，《左·成八年》疏、《史通·申左》篇，並以《史》爲繆，後儒歷辨其誣……匿孤報德，視死如歸，乃戰國俠士刺客所爲，春秋之世無此風俗，則斯事固妄誕不可信。而所謂屠岸賈、程嬰、杵臼，恐亦無其人也。"近日黃樸民先生《真相難覓：〈趙氏孤兒〉背後的歷史重構》一文亦云："《趙世家》關於趙氏孤兒一事的記叙，顯然是一場由忠姦雙方演繹的悲喜劇，其具有極強的故事性，渾不似史家手筆，倒更像是一段可歌可泣的傳奇小説，讀來令人血脈賁張，蕩氣迴腸。後世戲劇、民間故事裏的'趙氏孤兒'内容，除了事件發生的時間由景公期間换成了更早的晉靈公時期，以及被殺的孩子由第三者的孩子改成了程嬰自己的孩子之外，基本上就是對《史記·趙世家》所記述内容的文學再現而已。"

今按黃氏所説適合於元雜劇《冤報冤趙氏孤兒》、明傳奇劇《八義記》、近代京劇《八義圖》（又名《搜孤救孤》）之類。至於近年拍攝之電影、電視劇《趙氏孤兒》，更是超越前人，狀程嬰之多智近於妖，過於神，反倒沖淡了《趙世家》原有的主題。

八七、袁仲一

袁仲一先生，江蘇徐州市人，1932年生。曾當小學教師，後以調幹生的名義考入華東師範大學歷史系，本科畢業後又讀先秦史研究生。"文化大革命"前夕，袁先生分來陝西省考古研究所。初在寶雞地區做考古發掘。1974年春，原臨潼縣西楊村村民掘井，發現兵馬俑陶片，引起縣、省、中央的重視。同年7月，以袁先生爲首的考古隊入駐。從這年起，直到2008年，袁先生主持發掘了秦兵馬俑一、二、三號坑，參與籌建秦始皇帝陵兵馬俑博物館。此間雖有多人參與工作，但袁先生始終堅持在發掘和研究的第一綫。其著作有《秦始皇陵兵馬俑坑一號坑發掘報告》《秦始皇陵銅車馬發掘報告》《秦兵馬俑的考古發現與研究》《秦代陶文》《秦陶文新編》《秦文字類編》《秦文字通假集釋》等，有論文百餘篇。多年後看，雖其個別學術觀點還可商榷，但無論從深度還是廣度上說，當代國內外秦陵、秦俑、秦陶文研究，當推袁先生爲第一人。

袁先生爲忠厚長者，對同時參加工作的老朋友如杭德洲、程學華、屈鴻鈞、趙康民、王玉清，即使有的人已過世，仍時時念及，不忘他們在艱苦歲月做出的成績，不把功勞都攬在一人身上。王玉清在發掘二號坑時多次病倒，袁先生在其逝世後作《長相思》："訥於言，敏於行，秦俑奇葩血染成，病倒二號坑。臥陋室，孤零零，矢志不離生死情，鬼神亦動容。"對晚輩如張仲立、吳曉叢，袁先生也多有稱許，以爲是學術前進的希望所在。對一些多年跟隨自己的老技工，如丁寶乾、吳學功，誰幫自己揭過陶文、繪過圖、整理過資料，在自己著作的《後記》中也會一再提及。

對秦俑、秦文化研究的很多問題，學者見解不同，是極正常的事。袁先生雖有大名，也不妨礙年輕人對他的某些說法提出異議。如2000年發掘的秦始皇陵園內城西南角的K0006陪葬坑，袁先生以爲是馬廄坑，而趙化成、何宏、王勇、張仲立等皆不信其說。對不同意見，袁先生總是站在平等的立場上，申述自己的看法，請讀者評判取捨。絕不把成績都説成自己的，把錯誤都歸給別人；對不同意見的人，也絕不訓斥、諷刺、挖苦。在學術問題上，前輩與後學、權威與一般學者，都是平等的。袁先生態度謙和，反倒贏得了同行的尊重。袁先生今年已八十四歲，身體仍硬朗，能正常看書作文，祇是久已不去外省市開會了。

八八、吳鋼

吳鋼先生是原陝甘寧邊區的老幹部，"文化大革命"前曾任中共陝西省委宣傳部副部長。20世紀80年代初離休後到陝西省社會科學院，任古籍整理辦公室主任，爲古籍整理做了實實在在的事。他曾主編《陝西金石文獻彙集》叢書，收有徐錫臺《周原甲骨文》、吳鎮烽《陝西金文彙編》、拙著《秦銅器銘文編年集釋》、董國柱《高陵碑石》、張江濤《華山碑石》、王忠信《樓觀臺道教碑石》、張沛《昭陵碑石》、劉北鶴《重陽宮道教碑石》《户縣碑刻》、劉蘭芳《潼關碑石》《富平碑刻》、李慧《旬陽碑刻》、張鴻傑《咸陽碑刻》（上、下）、張進忠《澄城碑石》、荆勤學《華山摩崖題刻》、趙康民《臨潼碑刻》、姚生民《淳化金石文存》等。吳先生主編《全唐文補遺》（十輯），對清人所輯《全唐文》多有補充訂正。又與吳樹平先生共同主編《隋唐五代墓誌匯編》，收傳世及新出墓誌五千餘方，是目前收隋、唐、五代碑刻文字最多的書。

吳先生還曾約請著名歷史地理學家史念海先生，主持《古長安叢書》校注工作，先後組織出版了《三輔黃圖校注》《隋唐兩京叢考》等著作，深受學界好評。

拙著《秦銅器銘文編年集釋》1990 年由三秦出版社出版。此前幾年，我已與吳先生相識。在我的印象中，他根本不像一個高級幹部，却更像一介書生，一位老教授。在他家那間二十餘平米的書房兼卧室中，一個個大紙袋裝滿了各種碑石揭本，一排一排擺起來有兩米多高。每次見面，他都戴着高度老花鏡，伏在案上，用毛筆小楷抄録碑石，其態度之認真，渾如一個優等中學生在做作業。碰到疑難字、異構字、別字，又在字書中查不到的，吳先生總是用一個本子照樣抄下來，按部首、筆畫歸類，並留有空格，以後再見到同樣寫法的，就抄歸一處。如此日積月累，多年之後竟有好多本。他知道我是學古文字的，有時就會問一些字的源流、結構及其簡化、繁化、演變規律，並根據上下文來探討某些怪字可能是什麼字，一談就是兩個小時。後來我去他家少了，碰到疑難字，他常會抄在兩張紙上，讓他在陝西省考古研究所工作的女兒吳大敏（時任行政辦公室主任）帶給我看，其中有些字我認識，有些字我思考多時，仍辨認不出。他有時也會請教同輩的郭子直先生，甚或晚輩的張沛先生，從來不因爲自己年齡大，又做過黨政高官而放不下架子。按説，他是離休老人，生活不愁，兒女也都事業有成，本可以含飴弄孫、頤養天年，用不着吃這份苦。之所以這樣，衹能説是一種對中國傳統文化的摯愛，一種高尚的情操。

2004 年，吳先生著《唐碑俗字録》出版。這是一本二百多頁的小册子，説不上巨著。但我知道，這是吳先生多年心血的結晶，不是近年某些急功近利的學者能做出來的，對碑刻界來説，應該是嘉惠後學，功德無量。吳先生已辭世數年，但他伏案抄碑的情景，仍時時閃現在我的腦際，無形中對我是一種鞭策。

卷六 小說

羑里之秋

昔西伯拘羑里，演周易。

——司馬遷《史記·太史公自序》

一

　　距今三千多年前商紂王統治時的一個秋季，湯河邊上的小城堡羑里。

　　四十多天來，除了一兩天稍停外，陰雨一直連綿不斷。洪水把大路切割出一道道小溝，而周圍的空地被大雨淋板結了，長出一片片的苔蘚，人走在上邊，一不小心就會摔跤。

　　羑里有一大片房子，這些房子有兩面坡的瓦屋，也有四阿重屋式的茅屋，順着地勢錯落地排列着。這些屋子有一個共同的特點，即牆都很矮，屋內地面比外邊低，是一種半地穴式的建築，而且每間屋子的東北角開有一個一尺見方的小窗戶。先輩人說，羑里又叫牖里，所謂牖，就是小窗子，這個名稱可謂形象極了。在矮房的周圍有一道高大的圍牆，圍牆北面開着一個大門，門兩旁各有五間廡房，住着二十多個獄卒。羑里實際上是一座監獄，裏邊住着很多重犯，周方伯姬昌就是其中之一。

　　姬昌住在城堡西北角一間屋子裏，距大門二十餘丈。他這年六十五歲，雖然滿頭白髮，但身子骨還挺硬朗。他是西邊岐山一帶周方國的諸侯，被關在這裏已經整整七個年頭了。此刻，他正躺在火塘邊的地鋪上，蓋着一床破枲麻被，望着屋頂出神。

　　許多往事斷斷續續地在姬昌的眼前浮現：

　　姬昌記得，當初商王紂把他關在這裏時，並未宣布罪名，祇說是請他來"共商國是"。他的夫人太姒——一個極其賢惠的女人——是商的方國有莘氏族的女子，而商的先祖湯也娶過有莘氏之女為妃。這樣說來，他和商王紂還算是遠親呢。原先，他們之間的關係，還算不錯。祇是後來，他聽說紂殺比干，誅九侯、鄂侯，又用所謂炮烙之刑，鬧得天下怨聲載道，便同崇侯虎議論了幾句，誰知這崇侯虎是一個兩面三刀的人，馬上到紂那兒，添鹽加醋地告發，紂一怒之下，便把他"請"來了。

姬昌清楚地記得，他來此之後，紂王曾不冷不熱地說："聽說你老兒對朕很有一些意見，所以'請'你來，多住一些時候，讓你給朕提意見。"紂的寵妃妲己也在旁邊幫腔："這次'請'你來，就是讓你發牢騷的。"姬昌還想申辯幾句，祇見紂吩咐衛士："送這老頭到羑里去，意見不提完，就不要離開。"說着一甩袖子，離開了座位。

姬昌清楚地記得，他初來羑里，日子過得極其枯燥、無聊。為了打發這難挨的時光，他常到野外去走走，但總由獄卒丙"陪伴"着。

一天，姬昌在河邊發現了一堆牛骨，他如獲至寶，便挑選了其中的幾塊肩胛骨，帶了回來，想占卜一下自己的命運。他聽先輩說過，早先太皞伏羲氏在陳地（淮陽）湖中捉得一個白龜，從龜身上的花紋得到啓發，於是創立八卦，以卜吉凶，此後夏禹王、商湯王都用龜版占卜。但北方龜少，不敷應用，於是從商高宗武丁之後，又常用牛肩胛骨占卜。這方法也挺簡單：在骨背上用小刀挖成鑿與鑽，然後用火灼燒，從正面的裂紋就可推知吉凶。他記得自己小時候，常見爺爺古公亶父這樣做，占卜之後還常把卜骨埋在宗廟中。想到古公亶父，姬昌不禁鼻子一陣發酸，他知道爺爺生前最喜愛自己，把周興起的希望寄託在自己身上，自己現在身陷囹圄，愧對先祖。這念頭一閃而過，姬昌立即又在心中告訴自己說："我不能這麼頹唐下去，先祖保佑我，周會興盛的。而紂逆天而行，說不定死期不遠了。"

第二天天一亮，姬昌即起，找出銅刀，開始整治牛肩胛骨。

突然，羑里總管蕩侯韓渥帶着獄卒丙闖了進來。

"哈哈，姬昌老頭，你倒蠻有閒情，整治這玩意兒。怎麼樣，還想交個好運？王讓你提意見，都提完了？王可是讓你在這兒一心一意給他提意見的！這幾塊破骨頭嘛，還是讓丙幫你扔掉罷！"韓渥說着，向丙使了一個眼色。

丙嘿嘿地笑着，向前一步："你說呢，姬老頭？"

姬昌微慍，兩眼射出鄙夷的光："不就是兩塊骨頭嘛，也值得你去報告？這回該能領賞了吧？"

"嚇！你還敢侮辱我！難道活得不耐煩了？要知道這裏是羑里，不是你的老家岐周！"丙氣勢洶洶，搶過兩塊肩胛骨，摔在地上，用腳狠狠地踩下去。

韓渥帶着丙揚長而去。

姬昌氣鼓鼓地，半天也不說話，祇是扶着窗欞，呆望着外邊。

一個時辰過去了，姬昌仍然呆坐着，連獄卒午來給他送飯，也未察覺。這獄卒午是專給各牢送飯的，他爲人厚道，又敬重姬昌的爲人，是獄中難得的好人。

聽説了丙的作爲，午也爲姬昌不平。

"姬老頭，您也要想開點，同小人鬥氣，傷了身子，何必呢！"午小聲地説。

姬昌身子顫抖着，頗爲感動。

"獄中難得有您這樣的好人，不然，受此奇辱，我真想一死了之，我可殺不可辱啊！"

"姬老頭，您這話就説錯了。"午説："您一死事小，可那些小人不就高興了麽？您偏活下去，讓他們不舒服。其實，不就是兩塊牛骨麽，要占卜，還是有别的法子的。您看，窗外是什麽？"

"什麽？"姬昌不解。

"您再看看。"

"不就是一叢野草麽！"

"野草？這是蓍草呀！您難道不知道，用蓍草演算出數字，排出卦象，也可以占卜吉凶麽？"

姬昌向外仔細一看，不禁喜出望外：果然，窗外長着一片青灰色的、高約四尺的蓍草，大約總有幾千根。

"哎呀，我怎麽忘了這個！原先，你們商人和我們周人，不都是用它筮卦麽？這東西取之不竭，易於收藏，真是天賜我也。"

姬昌一邊説着，一邊向屋外走了出去。……

一陣冷風吹開了窗戶，冷風隨之而入，姬昌打一個寒噤，思緒纔又回到現實中來。他推了推枲麻被，站了起來，去關窗子。

二

令人討厭的陰雨又淅淅瀝瀝地下起來了，天空灰蒙蒙的一片，囚室顯得十分昏暗。

大概因爲長期的牢獄生活，姬昌對外邊發生的一切，似乎都麻木了。此時，他正彎着腰，專心致志地在地上用蓍草筮卦。

在姬昌的左邊放着六七十根備用的蓍草棍，右邊是一塊十分堅硬而光亮的地板，上面一粒塵土也沒有。在這光亮的地板旁邊，放着幾塊灰色的板瓦片。

姬昌挑出四十九根蓍棍，放在手中搖動一下，分作兩攤，又從上邊一攤取出一根，置於上下攤之間。然後，姬昌把上攤四個四個地分，分不盡的餘數置於左上方；下攤也四個四個地分，餘數置於右下方。這一道手續完了之後，他將上下兩個餘數取走，然後又把上下兩攤合在一起，依上法重新數之。如此進行三遍，結果上下兩部分蓍棍之和爲九、八、七或六之四倍。於是每分三次之後，姬昌便用板瓦片在光地上記下一個或六或七或八或九的數字，算作一爻。他要將以上過程反覆六遍，才能得到六個數字，成爲一卦。一卦之形成，大約需要經過這樣很多遍的反覆揲數，至少需要一個時辰。姬昌一邊揲數，嘴裏還不斷地念念有詞："凡天地之數五十有五，此所以成變化而行鬼神也……天一，地二，天三，地四。""天地變化，造物秘密，人事休咎，筮算皆能知之，其用可謂大矣。"

光亮的地板上記下了六個爻，姬昌或喜或憂，對着六位數字看了又看，像是欣賞一道風景，然後長出一口氣，站起來活動一下麻木的下肢，在一丈多見方的囚室裏走上五六個來回，或從小窗呆望一會天邊低沉的雲，仿佛思考着什麽問題。獄卒們每天看着姬昌做這些枯燥而乏味的數字遊戲，都覺得他是個有點神經質的怪老頭，不去干涉他。衹有午例外，經常同姬昌聊聊天。

"姬老頭，今兒個又有不少收穫吧？"午跟姬昌打招呼。

"嗨，今兒又筮得一卦，六位數字都是九，是老陽之數，這叫乾卦，是天的卦象。天行健，君子以自強不息。筮得這個卦，就是上天昭示我：周族將要繁榮昌盛，要我堅持下去。"姬昌神情興奮，仿佛是一個天真的孩子。

"是嗎？難道這些數字還有那麽多道理嗎？"午問。

"這裏面的學問可深啦！這個卦的六爻都是九，初九處在下位，像潛藏而受壓抑的龍，我目前的處境就是這樣啊！上天啓示我要沉默、忍耐、静觀時變。"

"那麽，您就永遠這麽待下去麽？"

"那纔不，這卦第二爻也是九，象徵龍雖仍處在下位，但逐漸上昇。上天要我保持健旺的精神，以待將來。"

"那麽，這第五爻的九，大概就表示龍將乘雲騰飛罷！"午在姬昌的啓發下，似乎也懂了一點。

"説得好，您真是個聰明人。"姬昌高興起來，仿佛找到了一個知音。

三

後半夜起，氣温驟然下降。從河邊刮來的冷風順着門縫不斷地鑽進來，一會，冷氣就彌漫了整個囚室。姬昌先是覺着脖頸發冷，接着，薄薄的枲麻被難禦寒氣，他的小腿肚也抽起筋來。他再也睡不着了，乾脆披衣起來，摸到火塘邊，撥開被灰埋着的火種，同時折了一把黍稈，彎下身用嘴吹火。不知什麼原因，火一直吹不着，滿屋子都是煙，姬昌被嗆得咳嗽起來。

屋外似有敲門聲。

這會能有誰呢？姬昌心想可能是門被風掀動了，於是坐着未動。

門又響了幾下，這回響聲雖輕，但却有節奏，姬昌終於聽明白了。

"誰呀？"他小聲問。

"是我，姬老頭，我看您屋内火亮了，來看看。"午輕輕地說。

門開了半扇，午稍微猶豫了一下，進來了。

"快到火塘邊來，外邊風大，没着涼吧？我一直睡不着，心神不寧，該不是要出什麼事吧？"姬昌説着，又咳嗽起來。

"唉！"午嘆了口氣，没有說話。

"有什麼事嗎？"

"唉！"午又嘆了口氣："您老還不知道？聽人說，昨兒個——"午突然停住，未說下去。

"昨兒有什麼事？"姬昌迫不及待地問。

"也没什麼，没什麼……"午自覺失言，以致語無倫次。

"究竟有什麼事，您倒是快說呀！"姬昌也發急了。

"我怕您……挺不住……"

"唉呀，您這個人！您難道還不了解我姬昌嗎？我什麼難没經過，什麼罪没受過？快說罷，不要再吞吞吐吐了。"

"是這麼回事"，午壓低了聲音，"聽外邊說，十天以前，您老的大公子伯邑考從岐周來殷，求告紂王，願以身代您受苦。開頭，紂王還稱讚大公子的孝行，讓他住在驛館裏，向他問起沿途見聞和老百姓對朝廷的意見。"

"什麼，問對朝廷的意見？這可是紂王慣用的花招呀！"姬昌插了一句。

"是呀，可大公子年輕，人也太耿直。千不該萬不該，他不該在紂王面前說起，外邊老百姓議論紛紛，說這幾年王疏遠賢人，寵信姬妾……結果王勃然大怒，將大公子處以……"

"什麼？"姬昌急問。

"是，是……是極刑啊……"午未說完，先小聲哭了起來。

姬昌一下子癱倒在地上，眼淚順着他瘦削的臉頰直流下來："天啊，你爲什麼不讓我這老頭子去死，却讓這孩子平白無辜地遭這個殃？"

午也說不出話，祇是默默地將姬昌扶起。……

終於，姬昌站了起來。他慢慢地走向地鋪，捧起裝蓍草的陶罐，又回到火塘邊，雙膝跽跪於地，開始筮卦。

火光很暗，蓍棍也不大看得清楚。但在姬昌，這好像沒有什麼影響。幾年間他天天筮卦，對其程序早已爛熟於心，官知止而神欲行，以神遇而不以目視。他眼睛微閉，雙手快速地數着蓍棍。夜很靜，連蓍棍撥動的聲音似乎都能聽到。

大半個時辰過去了，姬昌不再撥動蓍棍，兀然不動，臉上毫無表情。午知道，筮卦已經結束了。

"是什麼卦？"午問。

"數占得七六六七一八，此卦上艮下巽，名叫蠱卦。"姬昌平靜地説。

"怎麼講？"

"蠱是腹中之蟲，也是鬼魅作祟。鬼魅作祟，施禍於人，我們父子合當有此禍殃啊！"姬昌頓了一下："蠱之初爻辭説'幹父之蠱，有子，考無咎'，伯邑考這孩子，碰上了父親的禍殃，他有孝心，代父受過，我才免除了殃咎啊！祗是這孩子死得太早了。"姬昌説着，眼淚又流了下來。

午趕快勸他："既然是天意如此，您老就要節哀。您老大難不死，必有後福。您要挺下去，看看崇侯虎、蕩侯韓渥他們有怎樣的下場，看看妲己、王紂有怎樣的下場，也不負大公子的一片孝心啊！"

東方開始發白，午悄然退了出去。

四

整日西風狂吹，滿地都是枯枝敗葉，漸近黃昏，太陽暗淡無光。

"唉！"姬昌望望天，嘆了口氣，走向火塘邊的地鋪，準備早點睡覺。

突然，午又神秘地走了進來，四顧無人，他悄聲對姬昌説：

"您的四公子姬旦和閎夭從豐京趕來了……"

"啊！他們來了？在哪兒？"姬昌急問，但又覺得有點出乎意外。

"他們午前就趕來了，怕白天不方便，所以躲在河邊的樹林裏，祗是派人給我捎了個話。一會我引他們來見您。"

"對，等天黑再説吧！"姬昌説着，站了起來，走向門邊。

一會，暮色之中，午引着一老一少兩個人朝這邊走來。午給守大門的獄卒打了招呼，並向他懷裏塞了一件什麼東西，三個人一閃就進了牢門。

姬旦約三十二三歲，長得濃眉大眼，十分魁偉。閎夭是周西邊的盟友矢國君主的叔父，約六十餘歲，兩鬢斑白，他是姬昌的老朋友。他倆身着交領長袖衣，扮作商人模樣。

一進門，姬旦就跪了下來："爹，您受苦了！"說著，鼻子一酸，眼淚唰地就掉下來了。

閎夭衹是拱了拱手，"真難爲了您，周方伯，身子還好？"

姬昌很是激動，身子顫抖著，拉着閎夭的手："好，好，我不是挺好嘛！"說著，他也笑了起來："有人想把我拖垮，沒想到我却挺過來了。"他又轉向姬旦："四小子，快起來，說說岐周的情形，我可真是急瘋了啊！"

"岐周在二哥的治理下，日見興旺發達了。去年，岐周新築了城牆，還在灃水兩岸開墾了大片荒地。今年，我們的部隊經過擴充，整編爲六個師……"姬旦從容地說。

閎夭也在旁插話："周方伯，您可是有幾個好兒子啊！大公子伯邑考孝行感人。二公子姬發治理國家，有條不紊。就說四公子吧，也是二公子的好幫手，友于兄弟，結好鄰邦，是一個難得的人才。對岐周的事，您就不要老惦念了。"

"這就好，這就好。"姬昌緩了口氣，"四小子，一定要結好鄰邦，不要像紂，搞成了孤家寡人。"

"是，爹。"姬旦答應着："我們按您原先的教導，同南邊的散、微、蜀、庸、巴，西邊的呂，北邊的涇、密須這些國族，都搞好了關係。連遠在江漢的楚、淮南的巢，前一向也派人來同我們聯絡。"

閎夭又插了一句："外邊議論紛紛，都說天下三分，有兩分是跟着周跑的。"姬昌一愣："都這麽說嗎？可不能光聽這種話。力量強盛了，更要謹慎小心。四小子，回去告訴你二哥，要在岐周我們的祖廟旁邊，爲商先王帝乙建立廟宇，按時祭祀。"

閎夭笑了起來："祭祀商人的先祖幹什麽？不是他的子孫，神怕也不食用您的祭品。"

姬旦也面有難色："爹，商人折磨得您還不夠嗎？要祭祀商先王，二哥及國人怕也想不通。"

姬昌看了看閎夭和姬旦，緩緩地說："這些我都知道。但你們想想，紂王不正是怕我們強大嗎？我們越是強大，越要小心謹慎，臣事於商，不能讓紂王多心。他的心事可多啦！"

"原來如此，您這個鬼老頭。"閎夭狡黠地說。

姬旦也似有所悟："爹，您放心，我們照您的吩咐辦。"

"爹還得待多長時間？"姬旦又問。

"不知道，不過要告訴你二哥，趕快設法搞到良馬、美女，向紂進貢。這個昏頭，就喜歡這些。"姬昌叮嚀道。

"是！"

"趁着夜裏風大，趕快走吧！"

"爹，您……"姬旦又要哭。

"去罷，還像個男子漢嗎？"姬昌微愠。

姬旦擦了擦眼淚，終於同閎夭退了出去。

姬昌走向窗子，看着他們的影子消失在夜幕中。

五

經過多日連綿陰雨之後，天氣終於放晴，姬昌覺得心情比往日舒暢，便出來走走。

旭日穿過薄霧，空氣顯得異常清新。田裏，成熟的穀子稀稀落落，有幾十名農夫正在收割、搬運。他們腳着草鞋，衣衫襤褸，而幾個田官卻站在旁邊，拿着皮鞭，指手劃腳。

姬昌不禁想到：岐周比這兒節令略晚，但也快秋收了，岐周的土地是先祖公劉時開墾的，異常肥沃，今年該又是一個豐收年成吧！他又想到，自己在岐周時，每逢農忙也穿着短衣，同農夫們一起割禾打穀。而紂呢，祇知酗酒作樂，把成湯的基業糟蹋得不成樣子。他想着想着，不覺走出了很遠。

"姬昌，你怎麼跑這麼遠，真讓我好找喲！"忽然，羑里總管韓渥帶着兩個獄卒氣喘吁吁地向這邊走來。

"快，跟我回去，大王派一個亞侯來傳達命令，要你到宮裏去一趟。"

姬昌大惑不解：韓渥今天怎麼一改平日那趾高氣揚的毛病？

"什麼事？"姬昌問，"大王我可是好幾年都未見到了啊！"

"聽亞侯的口氣，大王今兒挺高興的，他肯定不會責備你。"韓渥淡淡地說。

姬昌跟隨韓渥來到羑里的大門外，祇見一輛曲轅馬車停在那兒，車上兩服兩驂都未卸下，御者也站在旁邊，看樣子是準備馬上走。但幹嘛用駟馬車來接他這個囚犯，姬昌也猜不出。

姬昌同亞侯打了招呼，立即從輿後邊登上車。他用左手抓住了軾，對亞侯說："咱們走吧！"說着，又對韓渥略一拱手，算是告別。

亞侯同御者都上了車。御者一緊轡繩，一揚馬策，四匹馬就一起走動了。久雨後道路坑窪不平，車子顛簸着，向着北方馳去。

晡時剛過，姬昌的車子就來到了殷商城。

這殷商城居洹水之南，洹水從城西、北、東三面環繞而過。自盤庚遷都以來，殷商已經過八代人的經營，除了王的宮殿外，還有祭祖的宗廟及貴族的宅邸、工業作坊，所以遠遠望去，宮室肅穆，屋舍櫛比，倒也很有氣派。

紂的宮殿位於殷商城正北的一片高臺上，是一座四阿重屋式的建築。殿前衛士們手執斧鉞，列成兩行，顯得十分森嚴。

車子在殿前很遠就停了下來，姬昌同亞侯下了車，整整衣冠，來到殿前。

亞侯同一個衛士說了幾句，那個衛士便進去通報。

一會，祇見那個衛士走了出來，高叫道："請周方伯進見——"

怎麼還用一個"請"字？姬昌不覺愕然。但他也來不及細想，便大步向殿門走去。

姬昌一進殿門，紂王便從几旁席子上站了起來，臉上似笑非笑："周方伯，可真對不起你呀，讓你吃了這麼多苦頭。""都是崇侯虎這傢伙挑撥朕與你的關係。他這個爛舌根子的，專說別人的壞話，說你圖謀不軌，朕差一點上了他的當。可是前幾天費仲說，周方國奉你的命令，派人給朕送來了二十多個有莘氏的美女，還有驪戎的四匹赤鬣縞身馬、有熊氏的良馬三十六匹，以及其它珍奇好玩之物。另外，西邊來人說你以商的養子自居，你的兒孫們還修宗廟祭祀商先王。可見你還是愛朕的，朕錯怪了你。"

姬昌這才醒悟，他趕緊跨前一步，拜手稽首至地，顯得十分激動："我王聖明，臣姬昌感恩不盡。"

"你還有什麼要說的嗎？"

姬昌猶豫了一下，終於鼓起了勇氣："臣個人沒什麼要求，祇是希望我王能廢止炮烙之刑，這樣國人就會更愛戴您了。爲了這個，臣願獻出洛河以西周方國的土地給我王。"

紂的臉色沉了一下，但立即恢復了平靜，他乾笑了兩聲，說："好嘛！好嘛！朕從今兒起就廢止炮烙之刑。原先朕也不過隨便玩玩罷了，日子久了也覺膩味。"

"那麼，姬昌就替群臣、百姓謝謝我王了。"

"好，好，好，朕今天召你來，是要冊封你爲西方諸侯之長，稱西伯。今後大河以西岐周、涇渭、豐鎬一帶方國，都歸你教導。你要忠心事朕，作商的西方屏障。讓史官宣讀冊命罷。"

史官戊大步走上前，把一卷簡冊展開，高聲唸道："惟九月辰在丁亥，王在商命昌。王若曰：'昌，汝先祖考亶父、季歷有勞于商邦，佑闢四方，汝肇不墜。余蔑汝歷，命汝更乃祖考服，屏王位，作四方極，佑乃辟余一人。命汝侯于周，賜汝厥土田自岐至于豐、鎬，厥宅邑四十又三，暨厥有司，庶人千又五十夫。賜汝圭、瓚、矩鬯一卣、玄衣黹純、彤弓一、彤矢百、盧弓十、盧矢千、斧十、鉞十、金車、雕幃較、朱鞹鞃。允哉！汝惟敬德，無攸違，夙夜用事。'"

這有點出乎姬昌的意外。冊命念完之後，他立即作出感恩不盡的樣子，向前一步，再次稽首至地："臣姬昌對揚王休，一定夙夜敬德無違，忠心事奉我王，我王壽考無疆。"

"在這兒住一兩天，你就可以回去了。"紂說着，伸了一下懶腰，似乎就要退朝了。

"是！"姬昌再一次叩頭，退了出來。

從殿門出來，他纔聞到一股濃烈的酒味，聽說這兒有酒池肉林，恐怕名不虛傳。

六

　　第三天，姬昌乘車返回岐周。

　　想到不久就可以回到離別七年的故國，姬昌的心情是不平靜的。而想到這七年的牢獄生活，他又有一種苦澀的感覺。"七年啊，真沒想到還能回去！"他嘆喟着，登上了馬車。

　　正在這時，祇見遠處塵土飛揚，幾個人飛奔而來，近了，才看清是獄卒午等。

　　午等急奔過來。

　　"西伯——"不知怎麽，午今天也改變了對姬昌的稱呼。"聽說您要走，真是又喜又捨不得。我從羑里匆匆趕來，送給您一樣東西，留作紀念。"

　　"什麽東西，值得這麽遠費神送來？"姬昌笑道。

　　"您看"，午説着，從懷裏取出一個小包，一層層解開來，露出一把蓍草棍。"這是您用過的七十多根蓍草棍，它們可伴隨了您整整七年呀……"

　　"噢，原來是這個！"姬昌從午手裏接過小包，鄭重地揣入懷中，他對午深深一揖，眼圈也不覺濕潤了。

　　"願你善自珍重，我們後會有期。"

　　"後會有期？"午咀嚼着這句話，看着姬昌的車子慢慢走動了。

　　西邊山坡上，丹楓似火，野菊灑金。

　　姬昌的車子，漸漸没入一片秋色之中。

（原載《通俗文藝家》1991 年第 3 期）

附錄：王輝論著目

一、著作

1. 《秦銅器銘文編年集釋》，三秦出版社，1990年。
2. 《古文字通假釋例》，臺灣藝文印書館，1993年。
3. 《秦文字集證》（王輝、程學華著），臺灣藝文印書館，1999年初版，2010年修訂再版。
4. 《漢字的起源及其演變》，陝西人民出版社，1999年。
5. 《秦出土文獻編年》，臺灣新文豐出版公司，2000年。
6. 《一粟集——王輝學術文存》，臺灣藝文印書館，2002年。
7. 《商周金文》（中國古文字導讀叢書之一），文物出版社，2006年。
8. 《古文字通假字典》，中華書局，2008年。
9. 《儀禮注疏》（整理）（十三經注疏之一），上海古籍出版社，2008年。
10. 《高山鼓乘集——王輝學術文存二》，中華書局，2008年。
11. 《秦出土文獻編年訂補》（王輝、王偉編著），三秦出版社，2014年。
12. 《秦文字編》（王輝主編，楊宗兵、彭文、蔣文孝編著），中華書局，2015年。
13. 《秦文字通論》（王輝、陳昭容、王偉著），中華書局，2016年。
14. 《甲骨文字典》（徐中舒師主編，王輝參編），四川辭書出版社，1988年。
15. 《秦物質文化史》（王學理主編，王輝參編），三秦出版社，1994年；修訂版更名《秦物質文化通覽》，科學出版社，2017年。

二、論文

1.《正、足、疋同源說》,《考古與文物》1981 年第 4 期。

2.《殷人火祭說》,《四川大學學報》叢刊第 10 輯,1982 年。

3.《駒父盨蓋銘文試釋》,《考古與文物》1982 年第 5 期。

4.《逆鐘銘文箋釋》,《考古與文物》叢刊第二號《古文字論集》,1983 年。

5.《羖羿鼎通讀及其相關問題》,《考古與文物》1983 年第 6 期。

6.《吉服駿鼎跋》,《人文雜誌》1983 年第 3 期。

7.《銘刻考跋四則》,《陝西省考古學會第一屆年會論文集》,1983 年。

8.《洛陽紙貴 未必佳作——論左思〈三都賦〉》,《陝西師範大學學報》(哲社版)1984 年第 1 期。

9.《西周畿内地名小記》,《考古與文物》1985 年第 3 期。

10.《關於秦子戈、矛的幾個問題》,《考古與文物》1986 年第 2 期。

11.《古璽釋文二則》,《人文雜誌》1986 年第 2 期。

12.《馬王堆帛書〈六十四卦〉校讀札記》,《古文字研究》第 14 輯,中華書局,1986 年。

13.《幾件銅器銘文中反映的西周中葉的土地交易》,《遼海文物學刊》1986 年第 2 期(與陳復澂合寫)。

14.《揚州平山漢墓遣策釋讀試補》,《文物》1987 年第 7 期。

15.《戰國府之考察》,《中國考古學研究論集——紀念夏鼐先生考古五十週年》,三秦出版社,1987 年。

16.《二年寺工壺、雍工敀壺銘文新釋》,《人文雜誌》1987 年第 3 期。

17.《説"麗山茜府"》,《考古與文物》1988 年第 4 期。

18.《秦器銘文叢考》,《文博》1988 年第 2 期。

19.《〈武威漢代醫簡〉疑難詞求義》,《中華醫史雜誌》1988 年第 2 期。

20.《跋朔縣揀選的四年郘相樂宭鈹》,《考古與文物》1989 年第 3 期。

21.《論秦景公》,《史學月刊》1989 年第 3 期。

22.《秦器銘文叢考(續)》,《考古與文物》1989 年第 5 期。

23.《讀〈"秦子戈矛考"補議〉書後》,《考古與文物》1990 年第 1 期。

24.《秦印探述》,《文博》1990 年第 5 期;又《秦文化論叢》第 1 輯,西北大學出版社,1993 年。

25.《子湯簠銘文試解》,《文物研究》總第 6 輯,黃山書社,1990 年。

26.《史密簋釋文考地》,《人文雜誌》1991 年第 4 期。

27.《周秦器銘考釋（五篇）》,《考古與文物》1991 年第 6 期。

28.《出土醫學簡帛札記》,《慶祝武伯倫九十華誕論文集》, 三秦出版社, 1991 年。

29.《"逡磬"辨偽》,《古文字研究》第 19 輯, 中華書局, 1992 年。

30.《關於"吴王胐發劍"釋文的幾個問題》,《文物》1992 年第 10 期。

31.《秦樂匋論》,《秦陵秦俑研究動態》1992 年第 1 期。

32.《黄龍陶文釋讀補正》,《秦陵秦俑研究動態》1992 年第 1 期。

33.《圂、䛐、𠅤、䵮𩃬、䵮𠅤諸辭再考辨》,《西周史研究論文集》, 陝西人民教育出版社, 1993 年。

34.《䵮字補釋兼論春秋公冠禮》,《第二屆國際中國古文字學研討會論文集》, 香港中文大學, 1993 年。

35.《"都官"顏注申論》,《人文雜誌》1993 年第 6 期。

36.《"光曜坎宇"瓦當考釋》,《文博》1993 年第 5 期。

37.《研究古文字通假的必要性及應遵循的原則》,《考古學研究——紀念陝西省考古研究所成立三十週年》, 三秦出版社, 1993 年。

38.《儒與秦文化》,《秦文化論叢》第 3 輯, 西北大學出版社, 1994 年。

39.《"富春大夫"甑跋》,《考古與文物》1994 年第 4 期。

40.《由"天子""嗣王""公"三種稱謂説到石鼓文的時代》,《中國文字》新 20 期, 臺灣藝文印書館, 1995 年。

41.《徐銅器銘文零釋》,《東南文化》1995 年第 1 期。

42.《金文"荓京"即秦之"阿房"説》,《陝西歷史博物館館刊》第 3 輯, 三秦出版社, 1996 年。

43.《〈由"天子""嗣王""公"三種稱謂説到石鼓文的時代〉一文補記》,《中國文字》新 21 輯, 臺灣藝文印書館, 1996 年。

44.《秦公大墓石磬殘銘考釋》, 臺灣《"中央研究院"歷史語言研究所集刊》第 67 本 2 分册, 1996 年 (與焦南峰、馬振智合寫)。

45.《十九年大良造鞅殳鐏考》,《考古與文物》1996 年第 5 期。

46.《殷墟玉璋朱書文字蠡測》,《文博》1996 年第 5 期。

47.《殷墟玉璋朱書"戎"字解》,《于省吾教授百年誕辰紀念文集》, 吉林大學出版社, 1996 年。

48.《新出王盉考跋》,《第三屆國際中國古文字學研討會論文集》, 香港中文大學, 1997 年。

49.《虎簋蓋銘座談紀要》,《考古與文物》1997 年第 3 期。

50.《秦公大墓石磬殘銘考略》,《中國書法全集·戰國秦漢石刻簡帛卷》,北京文寶齋,1997 年。

51.《秦兵三戈考》,《陝西歷史博物館館刊》第 4 輯,西北大學出版社,1997 年。

52.《秦文字釋讀訂補(八篇)》,《考古與文物》1997 年第 5 期。

53.《阮元〈儀禮注疏校勘記〉補正》,《中國典籍與文化論叢》第 4 輯,中華書局,1997 年。

54.《卣之定名及其他》,《容庚先生百年誕辰紀念文集》(古文字研究專號),廣東人民出版社,1998 年。

55.《吳虎鼎銘座談紀要》,《考古與文物》1998 年第 3 期。

56.《新出秦封泥選釋(二十則)》,《秦文化論叢》第 6 輯,西北大學出版社,1998 年。

57.《秦印零拾(十則)》,《秦陵秦俑研究動態》1998 年第 2 期。

58.《也談禮縣大堡子山秦公墓地及其銅器》,《考古與文物》1998 年第 5 期。

59.《也談西安北郊出土封泥的斷代》,《中國文物報》1998 年 1 月 7 日 3 版。

60.《咸陽塔兒坡新出陶文補讀》,《陝西歷史博物館館刊》第 5 輯,西北大學出版社,1998 年。

61.《古禮"寢苫枕凷"別解》,《殷都學刊》1998 年第 1 期。

62.《"祝由"新解》,《文史》第 44 輯,中華書局,1998 年。

63.《秦史三題》,《陝西歷史博物館館刊》第 6 輯,陝西人民教育出版社,1999 年。

64.《能原鎛臆解》,《故宮博物院院刊》1999 年第 4 期。

65.《史籀篇時代重探》,《中國古文字研究》(創刊號),吉林大學出版社,1999 年。

66.《從考古與古文字的角度看〈儀禮〉的成書年代》,《傳統文化與現代化》1999 年第 1 期。

67.《秦印考釋三則》,《中國古璽印學國際研討會論文集》,香港中文大學文物館,2000 年。

68.《周秦職官異同論》,《秦俑秦文化研究》,陝西人民出版社,2000 年。

69.《釋龠、䚃》,《古文字研究》第 22 輯,中華書局,2000 年。

70.《由郭店楚簡〈唐虞之道〉說到〈尚書·堯典〉的整編年代》,《古籍研究》2000 年第 3 期。

71.《郭店楚簡零釋》,《中國文字》新 26 期,臺灣藝文印書館,2000 年。

72.《秦印封泥考釋(五十則)》,《四川大學考古專業創建四十週年暨馮漢驥教授百年誕辰紀念文集》，四川大學出版社，2001 年。

73.《西安中國書法藝術博物館藏秦封泥選釋》，《文物》2001 年第 10 期。

74.《秦曾孫駰告華大山明神文考釋》，《考古學報》2001 年第 2 期。

75.《西安中國書法藝術博物館藏秦封泥選釋續（六十則）》，《陝西歷史博物館館刊》第 8 輯，三秦出版社，2001 年。

76.《出土文字所見之秦苑囿》，《考古與文物》叢刊第 4 號《古文字論集》（二），2001 年。

77.《郭店楚簡釋讀五則》，《簡帛研究二〇〇一》，廣西師範大學出版社，2002 年。

78.《王家臺秦簡〈歸藏〉索隱——兼論其成書年代》，《古文字研究》第 24 輯，中華書局，2002 年。

79.《古璽印文雜識（十八則）》，《陝西歷史博物館館刊》第 9 輯，三秦出版社，2002 年。

80.《秦封泥的發現及其研究》，《文物世界》2002 年第 2 期。

81.《〈秦出土文獻編年〉續補（一）》，《秦文化論叢》第 9 輯，西北大學出版社，2002 年。

82.《王家臺秦簡〈歸藏〉校釋（二十八則）》，《江漢考古》2003 年第 1 期。

83.《也談齊"六字刀"的年代》，《中國錢幣》2003 年第 2 期。

84.《新見銅器銘文考跋二則》，《考古與文物》2003 年第 2 期（與蕭春源合寫）。

85.《寶雞眉縣楊家村窖藏單氏家族青銅器群座談紀要》，《考古與文物》2003 年第 3 期（署名：《考古與文物》編輯部）。

86.《逨盤銘文箋釋》，《考古與文物》2003 年第 3 期。

87.《單氏家族青銅器漫議》，《收藏》2003 年第 6 期。

88.《四十二年逨鼎銘文箋釋》，《第四屆國際中國古文字學研討會論文集》，香港中文大學，2003 年；又《陝西歷史博物館館刊》第 10 輯，三秦出版社，2003 年。

89.《秦封泥所見的三個地名》，《秦文化論叢》第 10 輯，三秦出版社，2003 年。

90.《散氏盤新解》，《周秦社會與文化研究——紀念中國先秦史學會成立二十週年學術研討會論文集》，陝西師範大學出版社，2003 年。

91.《〈石鼓文·吳人〉集釋——兼再論石鼓文的年代》，《中國文字》新 29 期，臺灣藝文印書館，2003 年。

92.《讀上博楚竹書〈容成氏〉劄記（十則）》，《古文字研究》第 25 輯，中華書局，2004 年。

93.《珍秦齋藏王二十三年秦戈考》，《故宮博物院院刊》2004 年第 4 期（與蕭春源合寫）。

94.《陝西地區新出土青銅器銘文搨片介紹》，臺灣"中央研究院"歷史語言研究所，"數位典藏研討會"會議論文，2004 年。

95.《秦文字在漢字發展史中的相對位置》(講演提綱),2004年12月在臺灣"中央研究院"歷史語言研究所及臺灣中興大學演講。

96.《再與徐暢先生討論石鼓文的時代》,《黃盛璋先生八秩華誕紀念文集》,中國教育文化出版社,2005年;又《考古與文物》2005年增刊《古文字論集》(三)。

97.《珍秦齋藏王八年內史操戈考》,《故宮博物院院刊》2005年第3期(與蕭春源合寫)。

98.《珍秦齋藏秦銅器銘文選釋(八篇)》,《故宮博物院院刊》2006年第2期(與蕭春源合寫)。

99.《〈秦出土文獻編年〉續補(二)》,《秦文化論叢》第13輯,西北大學出版社,2006年(與王偉合寫)。

100.《上博楚竹書(五)讀記》,《中國文字》新32期,臺灣藝文印書館,2006年。

101.《"作大子丁蹲彝"卣跋》,《收藏》2007年第2期。

102.《讀扶風縣五郡村窖藏銅器銘文小記》,《考古與文物》2007年第4期。

103.《新見秦宜陽鼎跋》,《收藏》2007年第9期。

104.《也說崇源新獲楚青銅器群的時代》,《收藏》2007年第11期;又《中國文字》新33期,臺灣藝文印書館,2007年;又《古文字學論稿》,安徽大學出版社,2008年。

105.《〈秦出土文獻編年〉續補(三)》,《秦文化論叢》第14輯,三秦出版社,2007年(與楊宗兵合寫)。

106.《二年平陶令戈跋》,《考古與文物》2007年第6期(與王沛合寫)。

107.《秦子簋蓋補釋》,《華學》第9、10輯,上海古籍出版社,2008年。

108.《是漢字研究的"創新",還是偽科學?——評任學禮的"漢字生命符號文化"研究》,《社會科學評論》2008年第1期。

109.《琱生三器考釋》,《考古學報》2008年第1期。

110.《上博楚竹書(六)讀記》,《古文字研究》第27輯,中華書局,2008年。

111.《〈秦出土文獻編年〉續補(四)》,《秦文化論叢》第15輯,三秦出版社,2008年(與王偉合寫)。

112.《珍秦齋藏元年相邦疾戈跋》,《湖南省博物館館刊》第5輯,嶽麓書社,2008年。

113.《楚文字柬釋二則》,《高山鼓乘集——王輝學術文存二》,中華書局,2008年。

114.《清華楚簡〈保訓〉"惟王五十年"解》,《考古與文物》2009年第6期。

115.《古文字所見的早期秦楚》,《古文字與古代史》第2輯,2009年。

116.《秦封泥等出土文字所見內史及其屬官》,《青泥遺珍——戰國秦漢封泥文字國際學術研討會論文集》,西泠印社出版社,2010年。

117.《讀清華楚簡〈保訓〉箚記（四則）》，《出土文獻》第 1 輯，中西書局，2010 年。

118.《也說清華楚簡〈保訓〉的"中"字》，《古文字研究》第 28 輯，中華書局，2010 年。

119.《秦族源、秦文化與秦文字的時空界限》，《秦俑博物館開館三十週年國際學術研討會暨秦俑學第七屆年會論文集》，三秦出版社，2010 年。

120.《八年相邦薛君、丞相殳漆豆考》，《考古與文物》2011 年第 2 期（與尹夏清、王宏合寫）。

121.《〈天水放馬灘秦簡〉校讀記》，《秦始皇帝陵博物院》總第 1 輯，三秦出版社，2011 年；部分內容又載《簡帛》第 6 輯，上海古籍出版社，2011 年；又《陝西歷史博物館館刊》第 17 輯，三秦出版社，2010 年。

122.《一粟居讀簡記（一）》，《陝西歷史博物館館刊》第 18 輯，三秦出版社，2011 年。

123.《聘禮的起源及其演變》，《秦始皇帝陵博物院》總第 2 輯，三秦出版社，2012 年；又《禮樂中國——首屆禮學國際學術研討會論文集》，上海書店出版社，2012 年。

124.《"秦新郪虎符"析疑》，《古文字研究》第 29 輯，中華書局，2012 年。

125.《一粟居讀簡記（三）》，《陝西歷史博物館館刊》第 19 輯，三秦出版社，2012 年；又《簡帛·古典·古史》，上海古籍出版社，2013 年。

126.《一粟居讀簡記（二）》，《楚簡楚文化與先秦歷史文化國際學術研討會論文集》，湖北教育出版社，2013 年。

127.《一粟居讀簡記（四）》，臺灣"中央研究院"第四屆國際漢學會議論文集《出土材料與新視野》，2013 年；又《陝西歷史博物館館刊》第 20 輯，三秦出版社，2013 年。

128.《釋文雅堂藏幾枚與府有關的秦封泥》，《陝西歷史博物館館刊》第 21 輯，三秦出版社，2014 年；又《出土文獻與中國古代文明——李學勤先生八十壽誕紀念論文集》，中西書局，2016 年。

129.《一粟居讀簡記（六）》，《古文字研究》第 30 輯，中華書局，2014 年。

130.《一粟居讀簡記（五）》，《清華簡研究》第 2 輯，中西書局，2015 年。

131.《一粟居讀簡記（七）》，《出土文獻與古文字研究》第 6 輯，上海古籍出版社，2015 年；又《陝西歷史博物館館刊》第 19 輯，三秦出版社，2015 年。

132.《一粟居讀簡記（八）》，《古文字研究》第 31 輯，中華書局，2016 年。

133.《一粟居讀簡記（九）》，《華學》第 12 輯（饒宗頤教授百歲華誕慶賀專號），中山大學出版社，2017 年；又《陝西歷史博物館館刊》第 23 輯，三秦出版社，2016 年。

134.《秦文字研究的回顧與展望》，《秦始皇帝陵博物院》總第 6 輯，陝西師範大學出版總社，2016 年；又《戰國文字研究的回顧與展望》，中西書局，2017 年。

135.《平湖璽印篆刻博物館藏兩漢封泥選釋》，待刊；部分內容原載《秦始皇帝陵博物院》總第 5 輯，陝西師範大學出版總社，2015 年。

136.《一粟居讀簡記（十）》，2018 年 11 月 17 日在清華大學"紀念清華簡入藏暨清華大學出土文獻研究與保護中心成立十週年國際學術研討會"上宣讀，待刊。

137.《秦西漢懷德縣小考》，2018 年 10 月 21 日在四川大學"紀念徐中舒先生誕辰一百二十週年國際學術研討會"上宣讀，《考古與文物》2020 年第 2 期。

三、序、跋、書評、雜文

1.《近年來陝西文物考古的重大發現》，《先秦史研究動態》1983 年第 3 期（與李西興合寫）。

2.《中國古文字研究會第五屆年會在西安召開》，《考古與文物》1984 年第 6 期。

3.《系統研究秦陶文的新成果——評袁仲一〈秦代陶文〉》，《古籍整理出版情況簡報》第 208 期，1989 年。

4.《考古、文獻、古文字緊密結合，是秦文化研究深入的必由之路》，《秦陵秦俑研究動態》1991 年第 1 期。

5.《羑里之秋》，《通俗文藝家》1991 年第 3 期。

6.《唐代玉冊的重要發現——〈唐惠昭太子陵發掘報告〉評介》，《考古與文物》1993 年第 4 期（與鞏啟明合寫）。

7.《秦俑考古的科學結集——評〈秦始皇陵兵馬俑坑一號坑發掘報告〉》，《陝西社科信息》1994 年第 1 期。

8.《著錄陝西銅器精粹 展現周秦物質文明——評〈陝西青銅器〉》，《文博》1996 年第 2 期（與石興邦合寫）。

9.《蘇秉琦先生簡歷》，《考古與文物》1997 年第 6 期。

10.《結構宏大 新見迭出——讀周曉陸〈漢字藝術〉》，《西北大學學報》（哲社版）1998 年第 3 期。

11.《史學"多重證法"的典範之作——評斯維至〈中國古代社會文化論稿〉》，《陝西歷史博物館館刊》第 5 輯，陝西人民教育出版社，1998 年。

12.《立德立言 歸於不朽》，《徐中舒先生百年誕辰紀念文集》，巴蜀書社，1998 年。

13.《文字新詮 銅器新論——讀張懋鎔〈古文字與青銅器論集〉》，《考古與文物》2003 年第 4 期。

14.《西陲秦史的新篇章——讀徐日輝〈秦早期發展史〉》,《秦陵秦俑研究動態》2004年第2期。

15.《須臾静掃衆峰出　仰見突兀撐青空——讀陳平學術文集〈燕秦文化研究〉》,《秦文化論叢》第11輯,西北大學出版社,2004年。

16.《香港書畫名家易越石》,《收藏》2004年第5期。

17.《易越石〈石鼓文論考〉序》,易書後改名《石鼓文通考》,上海人民出版社,2009年。

18.《〈古文字通假字典〉凡例》,《古文字研究》第26輯,中華書局,2006年。

19.《〈古文字通假字典〉後記》,《考古與文物》2006年第6期。

20.《商周青銅器與古文字研究的重要成果——讀張懋鎔〈古文字與青銅器論集(第二輯)〉》,《中國文物報》2007年5月16日4版。

21.《〈秦文字編〉後記》,《秦文化論叢》第14輯,三秦出版社,2007年;又修改後易名《〈秦文字編〉跋及附記》,《秦陵秦俑研究動態》2014年第2期。

22.《河南博物院慶祝建院八十週年》,《收藏》2008年第2期。

23.《史語所文物集粹》,《收藏》2009年第8期。

24.《我的爲學之路》,《陝西歷史博物館館刊》第16輯,三秦出版社,2009年。

25.《〈墨子〉城守諸篇研究的新突破——讀史黨社〈墨子城守諸篇研究〉》,《文博》2012年第4期。

26.《在〈裘錫圭學術文集〉發佈會上的發言摘要》,《中國典籍文化》2013年第4期。

27.《〈新出陶文封泥選編〉序》,《秦始皇帝陵博物院》總第3輯,三秦出版社,2013年。

28.《〈耕播集〉序》,《秦陵秦俑研究動態》2013年第3期。

29.《高山仰止　景行行止——寫在張政烺先生誕辰一百週年之際》,《秦始皇帝陵博物院》總第3輯,三秦出版社,2013年。

30.《〈沙苑子文史論集〉序》,《秦始皇帝陵博物院》總第3輯,三秦出版社,2013年。

31.《〈秦璽印封泥職官地理研究〉序》,《秦陵秦俑研究動態》2014年第1期。

32.《創闢創新　求真求實——讀〈平頂山應國墓地Ⅰ〉》,《華夏考古》2014年第2期。

33.《〈秦出土文獻編年訂補〉跋》,《秦陵秦俑研究動態》2014年第2期。

34.《〈秦文字通論〉跋》,《秦陵秦俑研究動態》2014年第2期。

35.《〈《秦文字編》讀後記〉編輯後記》,《考古與文物》2015年第6期。

36.《〈簡牘秦律分類輯析〉序》,《秦陵秦俑研究動態》2014年第4期。

37.《〈秦漆器研究〉序》,《秦陵秦俑研究動態》2016年第1期。

38.《〈古史鉤沉〉序》,《秦始皇帝陵博物院》總第7輯,三秦出版社,2017年。

39.《中國古代青銅器的系統整理與深層次研究——讀張懋鎔主編多卷本〈中國古代青銅器整理與研究〉》,《出土文獻》第 10 輯,中西書局,2017 年;又《秦陵秦俑研究動態》2017 年第 1 期。

40.《古封泥的發現、著錄及其研究概説》,《陝西歷史博物館館刊》第 24 輯,三秦出版社,2017 年;又名《〈中國封泥大系〉序》,《中國封泥大系》,西泠印社出版社,2018 年。

41.《〈民國初天水出土秦公簋研考論叢〉序》,《秦陵秦俑研究動態》2017 年第 4 期。

42.《在"〈殷周青銅器綜覽〉第一卷中譯本新書發佈座談會"上的發言》,2017 年 9 月 4 日在復旦大學出土文獻與古文字研究中心發言。上海《文匯學人》第 315 期有摘録。

43.《白河十年雜記》,未刊。

44.《〈金篆齋藏秦印〉序》,《金篆齋藏秦印》,西泠印社出版社,2020 年。

後 記

  這可能是我的最後一本書。

  截至 2016 年 6 月，我已出版學術專著 13 部，發表論文 135 篇，序、跋、書評、雜文 37 篇，其内容涉及先秦時期出土文字及其反映的歷史、文化、語言研究，個别篇目時代下延到漢。2002 年，我在臺灣藝文印書館出版《一粟集——王輝學術文存》，收文 58 篇。2008 年，我在中華書局出版《高山鼓乘集——王輝學術文存二》，收文 44 篇。2008 年以後，我陸續發表的論文、雜文又有三十多篇。74 歲過後，隨着年齡漸大、體力漸衰，有時就想：應把這些文章歸攏一下，再出一本書。這本書出後，我就該從學術界淡出了，如身體尚好，雖仍可寫些短文，但長篇及大部頭的書大概不寫了。長江後浪推前浪，一代新人勝舊人，這是一條規律，誰也無法逃脱。近四十年間，我在古文字、古史、古文獻、古文化研究領域學習、探索，做了自己能做的事，雖説不上有什麽成就，但也已盡力了。晚年給自己留一點時間，享受一下生活，誰又能説不可以呢！

  本來是想編一本單純的學術文集，如以上兩本那樣。但結果却鬼使神差，弄成了現在這個樣子，不倫不類。不過，這也不是没有原因的。我大學本科讀中文系，其後又在秦巴山區的白河縣教中學語文近十年，因而年輕時曾酷愛文學，寫過一些散文，有的小劇在當地還演出過。1978 年我考取四川大學歷史系碩士研究生，隨徐中舒師學習漢語古代文字。畢業後到陝西省考古研究所，從此與古文字、考古、歷史結緣，參加過考古發掘，三十多年參與《考古與文物》的編輯工作，同時也做自己的研究，爲此，幾乎投入了全部精力。但積習難改，偶爾也會寫點帶有文學色彩的東西。

  我早年喜讀唐、宋、明、清筆記，如《大唐新語》《封氏聞見記》《北夢瑣言》《桯史》《老學庵筆記》《齊東野語》《歸潛志》《草木子》《古夫于亭雜録》等，工作間隙，臨睡牀上，隨意翻讀，趣味盎然。久之，也學着試寫一些類似短文。其内容有的也涉及學術，如語言、詞彙、文字、音韻、文學評論、學術史、思想史、學人逸聞、文物辨偽等；也有的涉及社會生活。這些筆記，其風格或白話文，或文白夾雜，皆一時興趣所在，今一仍其舊，不復統一。有的涉及學術，但却不是嚴格意義上的學術短文，祇是一時感想，隨想隨記，説不上全面、精準。比如某些條目提到幾位學界前輩或同仁，祇取其少數事蹟，做白描式的叙述，絕不是全面、客觀的評價；雖透露出對他們的景仰、崇拜之情，然不乏詼諧與調侃，儻或佛頭着糞，這裏要先行告罪了。個別條目涉及名人或朋友，今或隱去其名，稱某先生、某氏，爲賢者諱，略存忠厚之意。

這些筆記，大多可以看作個人對社會的一種觀察，一種審視，從來没想過要發表，本來可以讓其自行消亡（如 1978 年之前我的一些散文、劇本那樣）。但這些短文畢竟都是有感而發，個人對它們還是有感情的。由此可以知道某些社會情狀，也可以知道我並不是祇鍾情於考古、古文字，而不食人間烟火。弊帚自珍，難於割捨，最終還是把它們收了進來。

《世説新語·文學》："褚季野語孫安國云：'北人學問淵綜廣博。'孫答曰：'南人學問清通簡要。'支道林聞之，曰：'聖賢固所忘言，自中人以還，北人看書如顯處視月，南人學問如牖中窺日。'"褚説："北方人做學問廣博深厚而能融會貫通。"孫説："南方人做學問清新通達而能簡明扼要。"支説："聖賢就不用説了，從一般讀書人的角度來看，北方人讀書，好像在顯豁處看月亮，視野雖廣，但難以周詳；南方人做學問，如同從窗户裏望太陽，視野雖窄，但精密專一。"褚裒（季野）、孫盛（安國）是東晉玄談派的代表人物。"謝太傅（安）絕重褚公，常稱：'褚季野雖不言，而四時之氣亦備。'"孫與殷浩玄談，"往返精苦，客主無間。左右進食，冷而復煖者數四"。支道林（遁）是東晉極有學問的和尚，"三乘佛家滯義"，經他"分判"，便"炳然"清朗；善講佛經小品，造著《即色游玄論》，發揮般若學的性空思想；論《莊子·逍遥游》，"作數千言，才藻新奇，花爛映發"，王逸少（羲之）初對他"殊自輕之"，聽其講論後，"遂披襟解帶，流連不能已"。褚、孫、支所説的"學問""看書"，自然是指玄談、釋典，但也無妨從更寬泛的角度來理解。我生於關中，長於關中，長期在西安（長安）學習、工作，是標準的"北人"。作爲"北人"的我，看書，做學問，觀察社會，恐怕都正如支道林所説的是"顯處視月"，面雖然廣，但未必周詳，也難以企及"南人"那樣清通簡要，那樣精密專一。這大概同個人的氣質、經歷，及所處的環境有關，是没有辦法的事。今名此筆記曰《視月筆記》，此集曰《視月集》，皆取此意。此本僅稱"文存"，去掉"學術"二字，表示兼有學術與非學術二者。

此集分作六卷。卷一爲銘文考釋 9 篇，是對秦虎符、封泥、漆器、漢封泥、遣策，以及楚、徐、吴青銅器銘文的考釋，其中有幾篇寫於 2008 年以前，而爲前兩本論文集所未收，因爲仍有人引用，故此次收入。卷二爲簡牘考釋，收入對上海博物館藏戰國楚竹書、清華大學藏戰國竹簡（清華楚簡）、甘肅天水放馬灘秦簡牘、湖北荆州王家臺秦簡、湖南大學嶽麓書院藏秦簡、湖北江陵嶽山秦牘的考釋文字14篇（小條目有80餘則），涉及字詞訓釋、簡序編聯、地名、篇名、時代、人物、器主、史實、中外文化交流等，是近年讀簡的一孔之見。卷三爲古史、古文化研究5篇，涉及秦、楚族源、文化、秦文字研究史、禮儀、歷史地理。卷四爲序、跋、書評、雜文22篇，涉及考古、歷史、古文字、古文獻、會議簡訊、爲學心得、往事瑣記。卷五爲《視月筆記》，寫於20世紀80年代初或2005年以後，個別條目2016年後有訂補。卷六爲小説《羑里之秋》，作於1991年。這是一篇文學作品，免不了想象與演繹（如商紂册命姬昌爲西伯的文字乃是我的杜撰，並非實有其文），但也融入了我對商周數字卦及周人在岐山鳳雛宗廟祭祀商先王的理解，也可以看作文史糅合的一種探索吧。

本集原來還收有新舊詩一卷、筆記文近百條，現在都遵囑删去了。這在我雖然稍覺遺憾，但還是十分感謝的。我不善詩，有的舊詩或不盡合格律，有的新詩詩味較淡，删去免得出醜。删去的筆記文多涉及社會生活，而自己觀察社會不免幼稚，删去可免掉很多糾葛。删去這些之後，此集多少像是一本學術著作，這也讓我稍感寬慰。

凡已發表的論文、雜文大體依照原樣，祇是改正個別錯字。少數篇目內容原有重複，現在有的加以删削，有的爲了保持通篇內容的完整未删。注釋原發表時各刊物體例不一，今儘量統一，但仍恐有個別遺漏。這些都請朋友們諒解。

中國文化遺產研究院研究員劉紹剛先生和北京大學李宗焜先生分別爲本書題寫封面、扉頁，陝西省考古研究院在後期工作中多有幫助，院長孫周永先生、副院長王小蒙女士幾次過問，商務印書館編輯同志在改稿中做了大量工作，中西書局田穎女士、原吉林大學博士馬智忠先生、韋婷女士等校看一過，有所訂正，皆於此深表感謝。

2016年6月8日於陝西省考古研究院
2019年7月18日有所補充